시작하세요! **하둡 프로그래밍**

빅데이터 분석을 위한 하둡 기초부터 YARN까지

개정2판

시작하세요! 하둡 프로그래밍

빅데이터 분석을 위한 하둡 기초부터 YARN까지

지은이 정재화

펴낸이 박찬규   엮은이 이대엽   디자인 북누리   표지디자인 아로와 & 아로와나

펴낸곳 위키북스   전화 031-955-3658, 3659   팩스 031-955-3660

주소 경기도 파주시 문발로 115 세종출판벤처타운 #311

가격 42,000   페이지 760   책규격 188 x 240mm

초판 발행 2012년 10월 26일

개정 1판 2015년 01월 05일

개정 2판 1쇄 2016년 05월 12일

개정 2판 2쇄 2017년 03월 15일

ISBN 979-11-5839-038-9 (93000)

등록번호 제406-2006-000036호   등록일자 2006년 05월 19일

홈페이지 wikibook.co.kr   전자우편 wikibook@wikibook.co.kr

이 도서의 국립중앙도서관 출판시도서목록 CIP는

e-CIP 홈페이지 http://www.nl.go.kr/cip.php에서 이용하실 수 있습니다.

CIP제어번호 CIP2016010405

개정2판

시작하세요! 하둡 프로그래밍

Beginning Hadoop: Learn from basic to practical techniques

빅데이터 분석을 위한 하둡 기초부터 YARN까지

정재화 지음

위키북스

이 책은 저에게 정말로 많은 것을 선물한 책입니다. 이 책을 통해 새로운 직장을 얻을 수 있었고, 새로운 커리어를 만들어갈 수 있었습니다. 또한 온라인과 오프라인에서 이 책을 통해 하둡을 시작하는 데 많은 도움을 받았다는 분들을 만날 때마다 책을 쓴 보람을 느낄 수 있었습니다. 그래서 집필 과정은 힘들었지만 저의 수고가 많은 분들에게 도움이 되기를 바라며 완주할 수 있었습니다. 앞으로도 이 책이 새롭게 하둡을 시작하는 모든 분들에게 좋은 친구가 됐으면 하는 바람입니다.

올해는 하둡 탄생 10주년을 맞는 해입니다. 하둡은 빅데이터 플랫폼 기술의 표준으로 자리를 잡았으며, 엔터프라이즈 분야로 영역을 넓혀가고 있습니다. 성능을 높이는 것과 별개로 보안성과 안정성, 관리 편의성 등 엔터프라이즈 플랫폼을 위한 요건들을 강화해가고 있습니다. 또한 하둡을 중심으로 에코시스템도 더욱 견고해지고 있습니다. 최근 크게 주목받고 있는 메모리 기반의 범용 데이터 처리 엔진인 스파크, 하둡에 저장된 데이터를 빠르게 SQL로 분석할 수 있는 타조, 대용량 데이터를 실시간으로 분석할 수 있게 해주는 칼럼 기반 스토리지인 쿠두 등 다양한 에코시스템이 개발되고 있습니다.

개정2판을 쓸 수 있게 해주신 하나님께 감사를 드립니다. 4년 전 이 책을 기획할 때만 해도 상상하지 못했던 감격스러운 순간입니다. 바쁜 시간을 쪼개서 리뷰에 임해주신 그루터의 박종영 책임님과 로엔엔터테인먼트의 윤병화 PL님께 다시 한번 감사드리며, 긴 시간을 기다려주신 박찬규 대표님과 열심히 교정에 임해주신 이대엽 님께도 진심으로 감사드립니다.

이번 집필 과정은 어느 때보다도 힘든 과정이었습니다. 저를 응원해준 가족들이 없었다면 아마도 여전히 집필을 진행하고 있거나 중간에 포기했을지도 모릅니다. 집필 과정 동안 저를 위한 기도와 격려를 아끼지 않으신 양가 부모님들, 집필 때문에 많은 시간을 함께하지 못했음에도 언제나 아빠에게 안겨서 아빠의 피로를 씻어준 사랑하는 두 아들 시원이와 누리, 마지막으로 제 인생의 동반자이자 멘토, 지칠 때마다 저를 일으켜 세워준 사랑하는 아내 계림이에게 진심으로 고맙고 사랑한다는 말을 전하고 싶습니다.

2016년 4월
정재화

구글과 같은 웹 스케일의 대용량 데이터를 처리하고 분석하고자 세상에 나온 지 벌써 10년이 넘은 하둡은 이제 빅데이터의 표준을 넘어 데이터 플랫폼의 중심이 되고 있습니다. 하둡의 비약적인 발전은 빅데이터를 정의하는 기준이 되기도 했던 정형 및 비정형 데이터에 대한 구분을 무의미하게 만들었을 뿐 아니라 다양한 에코시스템의 발전으로 인해 하둡은 이들과 함께 통합 데이터 플랫폼으로서 손색이 없을 정도로 발전했습니다. 특히 지난 수년간 빅데이터 분야를 뜨겁게 달궈온 SQL 온 하둡 기술은 빅데이터뿐 아니라 기존의 벤더 중심의 엔터프라이즈 데이터 플랫폼 시장에도 영향을 미쳐 더 이상 빅데이터가 하둡 엔지니어들의 전유물이 아니라 일반 데이터 분석가에게도 중요한 시스템으로 다가가고 있습니다.

초판이 나온 이후 이 분야에서 가장 많이, 그리고 꾸준히 사랑을 받아온 이 책이 이제는 엔터프라이즈 진영에 들어선 하둡과 관련된 최근의 다양한 기술과 기능까지 소개함으로써 관련 개발자들에게 필독서가 되리라 믿어 의심치 않습니다.

그루터 권영길 대표이사

빅데이터에 관심이 높아지면서 하둡과 관련한 기술 도서가 넘쳐나고 있다. 아마존에서 'Hadoop'이라는 키워드로 검색해 보면 무려 170여 권의 관련 서적이 나온다. 국내의 온라인 서점에서도 '하둡'으로 검색해보면 국내 저자가 직접 쓴 책과 번역서를 포함해 30여 권의 도서를 찾아볼 수 있다. 이렇게 넘쳐나는 하둡 관련 기술 서적 중에서 국내의 다양한 빅데이터 프로젝트 경험과 최근 SQL on Hadoop 프레임워크로 유명한 타조(Tajo)의 커미터로 활동하고 있는 정재화 책임이 자신의 실전 경험을 바탕으로 쓴 이 책은 반드시 눈여겨볼 필요가 있다.

특히 Hadoop 2에 대한 내용과 타조에 대한 내용이 추가되면서 처음 하둡을 접하는 프로그래머뿐만 아니라 Hadoop 2와 SQL on Hadoop에 대한 전반적인 내용을 빠르게 이해하고자 하는 분들에게도 크게 도움될 것이다. Hadoop 1에서 Hadoop 2로의 전환을 앞두고 있는 분들도 놓치지 않고 챙겨봤으면 한다. 더불어 앞으로 이 분야의 여러 프로그래머들이 직접 겪은 소중한 경험과 지식을 많이 공유했으면 하는 바람이다.

줌인터넷 김우승 연구소장

2013년 1월, 정재화 책임을 처음 만나 인터뷰했던 기억이 난다. 모 대기업에서 구애의 손짓을 보냈지만 빅데이터 플랫폼 기술을 제대로 배워보고 싶어 '벤처' 기업을 선택했다는 이야기가 인상적이었다. 그는 『시작하세요! 하둡 프로그래밍』을 통해 많은 이들에게 하둡에 입문할 수 있게 도왔다. 하둡은 전 세계 많은 개발자들의 후원과 활용에 힘입어 빅데이터 플랫폼의 대표주자로 우뚝 섰다.

이런 상황에서 2013년 10월경에 하둡 2.0도 나오면서 기능들도 빠르게 업그레이드됐다. 2014년의 마지막 달에는 아파치 하둡 2.6.0 버전까지 나왔다. 하둡 생태계는 갈수록 탄탄해지고 있다. 하둡 2.0 버전은 잡 스케줄링과 클러스터 리소스 관리를 위한 프레임워크인 얀(YARN)을 제공한 것이 가장 큰 특징 중 하나다. 이 내용도 이번 책에서 밀도 있고 손쉽게 다뤘다.

또 하나 주목할 만한 건 SQL on Hadoop의 하나로 올해 아파치 최상위 프로젝트로 승격된 아파치 타조에 대한 내용이다. 정재화 책임이 근무하는 그루터는 그동안 전 세계 많은 이들의 관심을 받았던 만큼 '타조'라는 귀한 선물을 공개하고, 빠르게 성능을 개선해 나가고 있다. 맵리듀스를 통하지 않고 기존 표준 SQL 언어를 통해 빅데이터 플랫폼을 활용할 수 있다.

책 내용과는 별개로 정재화 책임은 '행복한 개발자'라는 블로그(http://www.blrunner.com)를 통해 꾸준히 관련 소식을 전하고 있다. 주기적으로 올라오는 글들은 맨 땅에 헤딩하면서 체득한 내용들로, 다 피가 되고 살이 되기에 충분해 보인다. 책을 읽다가, 혹은 블로그 글에 대해 궁금한 부분이 있다면 서울 강남 선릉역 근처에 있는 그루터 사무실을 기습 방문해서 대면해보는 것도 좋을 것 같다. 가끔 놀러가는데 언제나 반갑게 맞이해준다. 그루터가 미국 진출을 위해 애쓰고 있던데 정재화 책임도 미국에 갈지 모르니 내년으로 미루지 마시기 바란다.

추천사를 쓰지만 정작 나 스스로도 이 책을 통해 빅데이터 플랫폼들의 변화를 배운다. 책을 읽은 모든 독자들과 정재화 책임 등 모두가 2015년에도 행운이 함께하시길.

테크수다 도안구 대표

개정 1판 수정 사항

1. 삭제된 내용

초판에서 하둡 적용 사례 중 일부와 부록 부분을 삭제했습니다.

- 13장 2절 넥스알 하둡 생태계를 활용한 KT 분석 플랫폼 구축 사례
- 13장 3절 그루터 빅 데이터 기술을 이용한 소셜 네트워크 데이터 분석 서비스
- 부록A 윈도우 환경에서 설치하기
- 부록B 하둡 2.0 소개

2. 추가된 내용

개정 1판에서는 다음과 같은 내용이 새롭게 추가됐습니다.

- 5장 1절 맵리듀스 잡의 실행 단계
- 8장 7절 압축 코덱 선택
- 9장 1절 클러스터 계획하기
- 9장 11절 셸 스크립트를 이용한 배포 관리
- 10장 3절 MR유닛
- 12장 하둡2 소개
- 13장 하둡2 설치
- 14장 얀 애플리케이션 개발하기
- 15장 얀 아키텍처 이해하기
- 16장 얀 클러스터 운영하기
- 17장 4절 파티션 테이블
- 17장 5절 데이터 정렬

- 17장 6절 데이터 저장 포맷
- 18장 스쿱
- 19장 타조 활용하기
- 20장 2절 아프리카TV의 추천 시스템 구축 사례
- 20장 3절 타조를 이용한 코호트 분석
- 부록A 하둡 개발환경 설정하기

3. 수정된 내용

기존 내용을 새롭게 작성했습니다.

- 3장 2절 HDFS 아키텍처
- 4장 1절 맵리듀스의 개념
- 4장 2절 맵리듀스 아키텍처
- 5장 1절 맵리듀스 잡의 실행 단계
- 5장 2절 분석용 데이터 준비

4. 예제 코드

기존 예제 코드를 모두 리팩터링했으며, 빌드 방식도 ANT 기반에서 Maven 기반으로 변경했습니다.

5. 실습 소프트웨어의 버전 변경

- 하둡 1.0.3 → 하둡 1.2.1, 하둡 2.6.0
- 하이브 0.8.1 → 하이브 0.14.0

개정 2판 수정 사항

1. 추가된 내용

개정 2판에서는 다음과 같은 내용이 새롭게 추가됐습니다.

- 9장 12절: 리눅스 서버 커널 설정 중 튜닝이 필요한 요소에 대한 설명을 추가했습니다.
- 12장 8절: SSD, 메모리 등을 하둡에서 효율적으로 활용할 수 있는 헤테로지니어스 스토리지를 소개합니다.
- 15장 4절: 얀에서 리소스를 효율적으로 관리하기 위한 프리엠션 기능을 소개합니다.
- 15장 5절: 얀에서 실행되는 애플리케이션의 이력을 관리하기 위한 타임라인 서비스를 소개합니다.
- 부록B: HDFS를 온라인 상태에서 업그레이드할 수 있는 롤링 업그레이드를 소개합니다.

2. 수정된 내용

기존 원고를 다음과 같이 보완했습니다.

- 1장 3절 하둡 에코시스템: 최근 동향에 맞게 다양한 종류의 하둡 에코시스템을 추가했습니다.
- 12장 7절 단락 조회: "단락"이라는 용어를 "쇼트 서킷"으로 수정했습니다.
- 16장 3절 맵리듀스 설정: 얀에서 맵리듀스 환경 설정에 대한 상세한 설명을 추가했습니다

3. 실습 소프트웨어의 버전 변경

- 하둡 2.6.0 → 하둡 2.7.2
- 하이브 0.14.0 → 하이브 2.0.0
- 스쿱 1.4.5 → 스쿱 1.4.6
- 타조 0.9.1 → 타조 0.11.1

PART 02 맵리듀스 애플리케이션 개발

PART
03 하둡 운영 및 활용

PART 04 하둡2와의 만남

PART
05 하둡 에코시스템

PART 06 하둡 적용 사례

부록

PART

01

하둡 기초

1장에서는 빅데이터의 등장 배경과 하둡의 기초 개념과 에코시스템 구성을 소개합니다.

2장에서는 하둡을 설치하기 위한 환경을 구성한 후, 완전 분산 모드로 하둡을 설치합니다.

3장에서는 하둡 파일 시스템(HDFS)의 구조와 파일 제어 방식을 소개하고, HDFS 파일을 제어하는 예제 프로그램을 작성합니다.

4장에서는 하둡에 저장된 파일을 배치 처리하는 맵리듀스의 구조와 동작 방식을 소개하고, 단어 개수를 산출하는 WordCount 프로그램을 작성합니다.

01

하둡 살펴보기

이 책을 읽고 있는 독자분들은 한 번쯤 빅데이터라는 용어를 들어보셨을 것입니다. 그리고 빅데이터를 다루는 기술을 소개할 때 하둡도 함께 소개되는 것을 본 적이 있을 것입니다. 1장에서는 빅데이터와 하둡이 무엇이고, 둘 간에 어떤 관계가 있는지 소개하겠습니다.

1.1 빅데이터의 시대

2012년 가트너 그룹은 주목해야 할 IT 기술로 빅데이터를 선정했고, IDC는 2012년이 빅데이터의 해가 될 것이라고 발표했습니다. IBM, HP, EMC, SAP, 마이크로소프트, 오라클 같은 대형 IT 벤더는 앞다투어 빅데이터 솔루션을 쏟아내고 있으며, 빅데이터와 관련된 세미나와 교육 프로그램도 우후죽순으로 늘어나고 있습니다. 그리고 2년이 지난 지금, 빅데이터의 열풍이라고 해도 과언이 아닐 정도로 빅데이터 관련 서적이 앞다투어 출판되고, 지상파와 케이블 등 방송 매체에서도 다양한 빅데이터 뉴스가 쏟아져 나오고 있습니다. 빅데이터가 과연 무엇이길래 이렇게 주목을 받는 것일까요? 문자 그대로 큰 규모의 데이터를 빅데이터라고 하는 것일까요?

1.1.1 빅데이터의 개념

사실 지금까지 빅데이터의 정의에 대해 명확하게 합의가 된 적은 없습니다. 맥킨지와 IDC에서는 다음과 같이 빅데이터를 정의했습니다.

- **데이터의 규모에 초점을 맞춘 정의**

  기존 데이터베이스 관리도구의 데이터 수집, 저장, 관리, 분석하는 역량을 넘어서는 데이터 — 맥킨지 2011년 5월[1]

- **업무 수행 방식에 초점을 맞춘 정의**

  다양한 종류의 대규모 데이터로부터 저렴한 비용으로 가치를 추출하고, 데이터의 빠른 수집, 발굴, 분석을 지원하도록 고안된 차세대 기술 및 아키텍처 — IDC 2011년 6월[2]

위 두 가지 정의만으로는 빅데이터를 이해하기에 부족한 감이 있습니다. 이번에는 빅데이터를 이해하는 데 도움이 되는 빅데이터의 3대 요소(3V)를 설명하겠습니다. 그림 1.1은 BI/DW 리서치 기관인 TDWI에서 정의한 빅데이터의 3대 요소(3V)를 나타낸 그림입니다.[3]

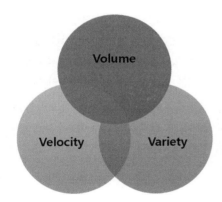

그림 1.1 빅데이터의 3대 요소

빅데이터의 3대 요소(3V)란 크기(Volume), 속도(Velocity), 다양성(Variety)을 의미하며, 각 요소에는 다음과 같이 특징이 있습니다.

---

1 출처: http://www.mckinsey.com/insights/mgi/research/technology_and_innovation/big_data_the_next_frontier_for_innovation
2 출처: http://idcdocserv.com/1142
3 출처: http://tdwi.org/research/2011/12/sas_best-practices-report-q4-big-data-analytics.aspx

■ **크기(Volume)**

비즈니스 특성에 따라 다를 수 있지만 일반적으로 수십 테라바이트(terabyte) 혹은 수십 페타바이트(petabyte) 이상이 빅데이터에 해당합니다. 참고로 1테라바이트는 1024기가바이트(gigabyte)이며, 1페타바이트는 약100만 기가바이트에 해당합니다. 이때 1페타바이트는 6기가바이트짜리 DVD 영화를 17만 4000편 담을 수 있는 용량입니다. 이러한 빅데이터는 기존 파일 시스템에 저장하기 어려울뿐더러 데이터 분석을 위해 사용하는 기존 데이터웨어하우스(DW; Data warehouse) 같은 솔루션에서 소화하기 어려울 정도로 급격하게 데이터의 양이 증가하고 있습니다. 이러한 문제를 극복하려면 확장 가능한 방식으로 데이터를 저장하고 분석하는 분산 컴퓨팅 기법으로 접근해야 합니다. 현재 분산 컴퓨팅 솔루션으로는 구글의 GFS와 아파치의 하둡이 있고, 대용량 병렬 처리 데이터베이스로는 EMC의 GreenPlum, HP의 Vertica, IBM의 Netezza, 테라데이터의 Kickfire 등이 있습니다

■ **속도(Velocity)**

빅데이터의 속도적인 특징은 크게 실시간 처리와 장기적인 접근으로 나눌 수 있습니다. 우리는 매일 매 순간 데이터를 생산하고 있습니다. 교통카드로 지하철과 버스를 이용할 때도 교통비와 탑승 위치를 남기고, 금융 거래를 할 때도 금융 기관의 데이터베이스에 데이터를 만들게 됩니다. 인터넷 검색을 할 때도 모든 검색어가 저장되고, 쇼핑몰이나 포털 사이트 같은 곳을 이용할 때도 우리가 클릭한 이력이 모두 저장됩니다. 스마트폰에서 SNS나 지도 같은 앱을 이용할 때도 우리의 위치 정보가 기록됩니다.

이처럼 오늘날 디지털 데이터는 매우 빠른 속도로 생성되기 때문에 데이터의 생산, 저장, 유통, 수집, 분석이 실시간으로 처리돼야 합니다. 예를 들어, 게임의 채팅창에서 누군가 불건전한 내용을 입력할 경우 시스템에서 이러한 문구를 바로 분석해 다른 사용자에게 피해가 없도록 조치해야 합니다. 또한 온라인 쇼핑몰에서 고객이 책을 주문할 경우 주문한 책과 유사한 장르나 비슷한 성향의 고객이 구입한 책을 추천한다면 매출을 늘리는 데 도움될 것입니다.

물론 모든 데이터가 실시간 처리만을 요구한 것은 아닙니다. 수집된 대량의 데이터를 다양한 분석 기법과 표현 기술로 분석해야 하고, 장기적이고 전략적인 차원에서 접근할 필요가 있습니다. 이때 통계학과 전산학에서 사용되던 데이터 마이닝, 기계 학습, 자연어 처리, 패턴 인식 등이 이러한 분석 기법에 해당합니다.

■ **다양성(Variety)**

다양한 종류의 데이터들이 빅데이터를 구성하고 있습니다. 데이터 정형화의 종류에 따라 정형(structured), 반정형(semi-structured), 비정형(unstructured)으로 나눌 수 있습니다.

정형 데이터는 문자 그대로 정형화된 데이터로, 고정된 필드에 저장되는 데이터를 의미합니다. 예를 들어, 우리가 온라인 쇼핑몰에서 제품을 주문할 때 이름, 주소, 연락처, 배송주소, 결제정보 등을 입력한 후 주문을 하면 데이터베이스에 미리 생성돼 있는 테이블에 저장됩니다. 이때 테이블은 고정된 필드로 구성되는데, 이처럼 일정한 형식을 갖추고 저장되는 데이터를 정형 데이터라고 합니다. 정형 데이터는 기존의 솔루션을 이용해 비교적 쉽게 보관, 분석, 처리 작업을 진행할 수 있습니다.

반정형 데이터는 고정된 필드로 저장돼 있지는 않지만 XML이나 HTML 같이 메타데이터나 스키마 등을 포함하는 데이터를 의미합니다.

비정형 데이터란 고정된 필드에 저장돼 있지 않은 데이터를 의미합니다. 유튜브에서 업로드하는 동영상 데이터, 페이스북이나 트위터 같은 SNS나 블로그에서 저장하는 사진과 오디오 데이터, 메신저로 주고받은 대화 내용, 스마트폰에서 기록되는 위치 정보, 유무선 전화기에서 발생하는 통화 내용 등 다양한 비정형 데이터가 존재합니다. 빅데이터는 이러한 비정형 데이터도 처리할 수 있는 능력을 갖춰야 합니다.

이러한 빅데이터의 3대 요소 가운데 두 가지 이상만 충족한다면 빅데이터라고 볼 수 있습니다. 예를 들어, 화장품 쇼핑몰에서 사용자가 클릭하는 로그가 하루에 200GB씩 쌓인다고 해봅시다. 기존에 이 로그 파일을 데이터베이스로 처리하는 데 1시간이 소요된 작업을 하둡 같은 솔루션을 이용하면 수 초 내에 분석을 끝낼 수 있습니다. 이러한 경우 데이터의 크기는 조금 부족하지만 속도와 다양성은 빅데이터의 요건에 부합니다.

1.1.2 빅데이터의 출현 배경

우리는 데이터 폭증의 시대에 살고 있습니다. 최근 2년간 생산된 데이터가 인류가 지금까지 생산한 데이터보다 많다고 합니다. 스마트폰과 같은 디지털 기기의 보급과 소셜 네트워크 서비스(SNS; Social Network Service)의 부상으로 엄청난 양의 데이터가 생산되고 있습니다. 특히 SNS의 성장과 스마트폰과 같은 모바일 기기의 확산이 결합되면서 데이터가 급격하게 증가하고 있습니다. 2011년 5월 맥킨지에서 발표한 자료에 의하면 매달 300억 개의 콘텐츠가 페이스북에서 공유되며, 전 세계에서 만들어지는 데이터의 양은 매년 40%씩 증가하고 있습니다.

스토리지 전문기업인 EMC가 발표한 자료에 따르면 2011년에 전 세계에서 생성된 디지털 데이터의 양은 1.8제타바이트(Zetabytes)에 이릅니다. 1.8ZB는 약 1조 8천억 기가바이트(GB)에 해당하는 수치입니다. 이는 우리나라 전 국민이 18만 년 동안 쉬지 않고, 1분마다 트위터 글을 3개씩 게시하는 것이나 마찬가지입니다. 또한 2시간이 넘는 HD 영화 2000억 편을 한 사람이 쉬지 않고 4천700만 년 동안 시청할 분량에 해당합니다. 이를 32GB짜리 아이패드에 저장할 경우 575억 개의 아이패드가 필요하고, 이는 서울 면적의 2.1배에 해당하는 양입니다. 이러한 데이터는 앞으로도 매년 2배 이상씩 증가할 것이라고 예상됩니다.

그렇다면 이러한 빅데이터가 왜 중요한 것일까요? 빅데이터는 기업, 정부, 의료, 교육 분야에서 그 가치가 입증되고 있습니다. 우선 빅데이터를 적극적으로 활용하는 기업은 비즈니스 성과를 개선합니다. 글로벌 패션기업인 자라(ZARA)는 빅데이터 분석을 통해 상품 공급 프로세스를 혁신했습니다. 재고 수량을 최적화함으로써 2007년 당시 매출이 2억3천만 달러가 증가하고, 영업이익은 2천8백만 달러가 증가했습니다. 세계 4위의 제지기업인 노르스케 스쿠그(Norske Skog)에서는 미래 수요, 환율, 원자재 가격과 같은 위험요소를 고려한 시나리오 준비에 빅데이터 분석을 적용해 생산거점 통폐합을 실시했습니다. 이러한 작업의 결과로 2010년 당시 매출의 3%에 달하는 연간 1억 달러의 비용을 절감하는 데 성공했습니다.

빅데이터는 의료 분야에서도 적용이 확대되고 있습니다. 최근 일본 IBM과 도호대학은 의료 정보를 분석해 미래 질병을 예측할 수 있는 시스템을 개발했다고 발표했습니다. 도호대학 의료센터인 오모리 병원의 전자 의무 기록 시스템에서 관리하는 5천만 건의 의료 기록을 토대로 일본IBM의 텍스트 분석 기술을 활용해 시스템을 개발한 것입니다. 건강 진단 결과를 바탕으로 병명을 예측할 수 있어 질병의 조기 발견 및 치료에 활용될 수 있습니다. 또한 DNA 연구 분야에서도 빅데이터 기술이 활발하게 적용되고 있습니다. 인간의 DNA를 구성하는 염기서열 1쌍당 4테라바이트의 이미지 데이터가 생성되며, 이러한 데이터는 여러 단계를 거쳐 복잡한 분석 과정을 거치게 됩니다. 또한 이러한 DNA 데이터는 한 사람의 데이터만 분석하는 것이 아니라 모집단에서 여러 사람의 데이터와 비교해 패턴을 추출해야 합니다. 이러한 작업을 효율적으로 처리하기 위해 빅데이터 기술이 적용됐습니다. EMC의 인터뷰 자료에 의하면 1995년에는 유전자 하나를 분석할 때마다 1천만 달러가 들었지만 빅데이터 기술이 적용된 이후 2009년에는 1만 달러 미만으로 줄었습니다. 또한 수년씩 걸리던 DNA 정보 수집 작업도 2012년을 기준으로 1~2주밖에 걸리지 않을 정도로 단축됐습니다.

국가 차원에서도 빅데이터에 대응하기 위한 다양한 정책이 발표되고 있습니다. 2011년 3월 미국 백악관은 국가 차원의 빅데이터 R&D 추진안을 발표했습니다. 대통령 직속 기관인 과학기술정책국(OSTP)을 중심으로 추진되며, 미 정부 산하 6개 기관이 대용량 디지털 데이터 저장 및 분석과 관련해 총 2억 달러를 투자하기로 했습니다. 또한 백악관은 이 기술을 통해 과학 및 엔지니어링 분야의 발전을 촉진하는 한편 국가 안보 및 교육도 증진할 것으로 기대한다고 밝혔습니다. 일본의 경우도 총무성과 국가전략회의를 중심으로 빅데이터 R&D를 추진하고 있습니다. 우리나라에서도 빅데이터의 중요성을 인식하고, 각 정부 산하 조직에서 빅데이터 R&D 추진을 진행하고 있습니다.

1.2 하둡이란?

빅데이터에 대한 신문 기사와 기술 보고서를 보면 하둡(Hadoop)이 꼭 함께 소개되고 있습니다. 또한 IT 분야에 몸담고 있는 사람들은 대부분 빅데이터 하면 하둡을 떠올릴 정도입니다. 하둡은 대용량 데이터를 분산 처리할 수 있는 자바 기반의 오픈소스 프레임워크입니다.

하둡은 구글이 논문으로 발표한 GFS(Google File System)와 맵리듀스(MapReduce)를 2005년에 더그 커팅(Doug Cutting)이 구현한 결과물입니다. 처음에는 오픈소스 검색 엔진인 너치(Nutch)에 적용하기 위해 시작했다가 이후 독립적인 프로젝트로 만들어졌고, 2008년에는 아파치 최상위 프로 젝트로 승격됐습니다. 하둡은 분산 파일 시스템인 HDFS(Hadoop Distributed File System)에 데 이터를 저장하고, 분산 처리 시스템인 맵리듀스를 이용해 데이터를 처리합니다.

하둡의 공식 사이트는 http://hadoop.apache.org/입니다. 이 사이트에서는 하둡에 대한 다양한 소식, 기술 문서, 하둡 설치 파일 등을 확인할 수 있습니다. 하둡이라는 조금은 생소한 이름은 더그 커팅의 아들이 노란색 코끼리 장난감 인형을 하둡이라고 부르는 것을 듣고 지은 이름입니다. 그래서 하둡의 로고로 노란색 코끼리가 사용되는 것입니다. 또한 이러한 프로젝트 명명규칙 때문에 이후 하 둡 관련 서브 프로젝트도 모두 동물과 관련된 이름을 사용하게 됩니다.

1.2.1 왜 하둡인가?

그렇다면 왜 하둡이 빅데이터에서 가장 주목받게 된 것일까요? 앞서 빅데이터를 소개할 때 설명했 듯이 현재 엄청나게 많고 다양한 종류의 데이터가 쏟아져 나오고 있습니다. 정형 데이터의 경우 기 존의 관계형 데이터베이스(RDBMS)에 저장할 수 있지만 웹 로그 같은 비정형 데이터를 RDBMS에 저장하기에는 데이터 크기가 너무 큽니다. 상용 RDBMS가 설치되는 곳은 대부분 고가의 장비인데, 데이터를 감당하기 위해 무한정 스토리지를 늘릴 수도 없는 노릇입니다.

이에 반해 하둡은 오픈소스 프로젝트이기에 소프트웨어 라이선스 비용에 대한 부담이 없습니다. 시 스템 운영이나 데이터베이스 관련 업무를 해보신 분이라면 상용 RDBMS의 라이선스 비용이 얼마나 큰지 아실 것입니다. 또한 값비싼 유닉스 장비를 사용하지 않고, x86 CPU에 리눅스 서버면 얼마든 지 하둡을 설치해서 운영할 수 있습니다. 데이터 저장 용량이 부족할 경우, 필요한 만큼 리눅스 서버 만 추가하면 됩니다. 또한 하둡은 데이터의 복제본을 저장하기 때문에 데이터의 유실이나 장애가 발 생했을 때도 데이터 복구가 가능합니다.

그리고 기존 RDBMS는 데이터가 저장된 서버에서 데이터를 처리하는 방식이지만 하둡은 여러 대의 서버에 데이터를 저장하고, 데이터가 저장된 각 서버에서 동시에 데이터를 처리하는 방식입니다. 하 둡은 이러한 분산 컴퓨팅을 통해 기존의 데이터 분석 방법으로는 상상도 못했던 성과를 보여줬습니 다. 2008년 뉴욕 타임즈는 130년 분량의 신문 기사 1,100만 페이지를 아마존 EC2, S3, 하둡을 이용 해 하루 만에 PDF로 변환하는 데 성공했습니다. 이때 소요된 비용은 200만원에 불과했습니다. 이 변환 작업은 그 당시 일반 서버로 진행할 경우 약 14년이 소요될 정도로 작업량이 엄청났습니다.

하둡의 저렴한 구축 비용과 비용 대비 빠른 데이터 처리, 그리고 장애를 대비한 특성은 많은 기업의 구미를 당기게 했습니다. 하둡은 초기에 야후에서만 주도적으로 사용됐지만 현재는 아마존, 이베이, 페이스북, 마이스페이스 등 글로벌 서비스 업체에서 주로 이용하고 있으며, 국내에서는 네이버나 다음카카오 같은 포털 기업과 KT나 SKT 같은 이동통신사에서 사용되고 있습니다. 참고로 현재 야후에서는 약 5만 대, 페이스북에서는 1만 대 이상의 하둡 클러스터를 운영하고 있습니다.

2011년 7월 세계적인 DW 업체인 테라데이타(Teradata)의 댄 그레험(Dan Graham) 엔터프라이즈 시스템 총괄 매니저는 하둡은 철광석이고, 테라데이타는 이를 가공하는 제철소라고 밝혔습니다. 하둡이라는 철광석을 철강으로 만들기 위해 많은 글로벌 기업들이 빅데이터 시장에 뛰어들고 있습니다. EMC, IBM, 테라데이타, 오라클, 델, 마이크로소프트, HP 등은 2011년부터 하둡과 관련된 제품을 쏟아내고 마케팅을 강화하고 있습니다. 또한 미국에서는 클라우데라, 호튼웍스 같은 하둡 컨설팅 업체가 활발히 활동하고 있으며, 국내에서는 그루터, 클라우다인 같은 기업들이 하둡과 연계한 자체 솔루션을 선보이고 있습니다.

1.2.2 하둡이 지나온 길

구글은 자사의 인터넷 서비스를 위해 개발한 분산 처리 기술인 GFS와 맵리듀스를 각각 2003년과 2004년에 논문을 통해 발표했습니다. 오픈소스 검색 엔진인 너치를 개발 중이던 더그 커팅과 마이크 카파렐라(Mike Cafarella)는 웹 검색에서 발생된 데이터를 분산 처리하는 데 어려움을 느끼고 있었는데, 구글의 논문을 접한 후 2005년에 이를 자바로 구현하기 시작했습니다. 이렇게 개발된 소프트웨어가 바로 하둡이며, 초기에는 너치의 서브 프로젝트로 있다가 2008년 아파치의 최상위 프로젝트로 승격됩니다.

하둡은 브랜치(branches) 버전으로 그 역사를 이해할 수 있습니다. 브랜치는 SVN이나 CVS 같은 소프트웨어 형상 관리 도구에서 현재 개발 버전에서 다른 버전이나 차기 버전을 개발하기 위해 분기할 때 사용합니다. 하둡의 브랜치 버전은 표 1.1과 같습니다.

표 1.1 하둡 브랜치 버전

브랜치 버전	내용
0.20.x	2009년에 0.20.1, 2010년에 0.20.2가 출시됐습니다. 이후 보안 기능이 추가되어 0.20.203, 0.20.204가 출시됐으며, 덧붙이기(append)에 대한 기능을 추가하기 위해 0.20.205가 새로 브랜치로 만들어졌습니다. 0.20.205가 출시 몇 주 후에, 0.20 브랜치는 1.0으로 새롭게 버전이 부여되면서 하둡 1.0 정식 버전이 탄생합니다.

브랜치 버전	내용
0.21.0	2010년에 출시됐으며, 대용량의 확장 가능한 자동 테스트 프레임워크, HDFS에 저장된 파일에 대한 덧붙이기 기능, 파일 시스템에 대한 심볼릭 링크 기능, 분산 RAID 파일 시스템, 백업 노드 및 체크포인트 노드 등 다양한 기능을 제공합니다. 하지만 불안정한 버전이라서 상용 서비스에 적용하기에는 무리가 있습니다.
0.22.0	2011년에 출시됐으며, 0.21 버전에서 제공했던 덧붙이기 기능, 분산 RAID 파일 시스템, 심볼릭 링크 기능, 백업 노드 및 체크포인트 기능이 포함됐습니다. 새로운 맵리듀스 API가 제공됐으며, H베이스에서 hflush와 hsync를 지원하게 됩니다. 하지만 이 버전에서도 맵리듀스의 보안 기능은 강화되지 않았습니다. 또한 0.21 버전과 마찬가지로 불안정해서 상용 서비스에 적용하기에는 적합하지 않습니다.

2012년 1월, 아파치 하둡 프로젝트 팀은 정식 1.0 버전을 발표했습니다. 1.0 버전은 0.20 버전대의 기능을 합쳐서 출시됐으며, 일부 기능은 세부적인 조정 과정에서 빠졌습니다. 하둡이 개발된 지 무려 7년만에 정식 버전이 출시됐는데, 1.0이라는 숫자는 많은 의미를 내포하고 있습니다. 가장 큰 의미는 이제 시스템이 많이 안정화되어 정식적으로 서비스해도 문제가 없다는 것입니다.

하둡 1.0 버전에는 크게 다음의 세 가지 기능이 추가됐습니다.

첫째, 강력한 보안 기능입니다. 하둡은 커버로스(Kerberos) 인증을 통해 네트워크 전체에 걸쳐 보안을 확보할 수 있습니다. 그동안 보안 때문에 주저하던 기업에게 하둡에 대한 신뢰를 준 것입니다.

둘째, WebHDFS REST(REpresentational State Transfer) API를 제공합니다. 웹 기술을 이용해 하둡을 잘 모르는 관리자와 개발자들이 하둡을 더 쉽게 사용하고, 다양한 기능을 만들 수 있는 계기를 마련했습니다.

셋째, H베이스가 완벽하게 구동됩니다.

마지막으로 2011년 0.21과 0.22를 합쳐서 0.23.x 버전이 출시됐습니다. 2013년 10월에 이 버전을 기반으로 하둡 2.0 정식 버전이 출시되기도 했습니다. 2.0 버전에 대한 자세한 내용은 12장부터 자세히 설명하겠습니다.

1.3 하둡 에코시스템

하둡은 비즈니스에 효율적으로 적용할 수 있게 다양한 서브 프로젝트를 제공합니다. 이러한 서브 프로젝트가 상용화되면서 하둡 에코시스템(Hadoop Ecosystem)이 구성됐습니다. 참고로 하둡 에코시스템은 하둡 생태계라고 표현하기도 합니다. 그림 1.2는 하둡 에코시스템을 나타낸 것입니다. 분산 데이터를 저장하는 HDFS와 분석 데이터를 처리하는 맵리듀스가 하둡 코어 프로젝트에 해당하고, 나머지 프로젝트는 모두 하둡의 서브 프로젝트입니다. 아파치 하둡 프로젝트에 속하는 프로젝트도 있지만 업체에서 자사의 솔루션으로 이용하다가 오픈소스로 공개한 프로젝트도 있습니다.

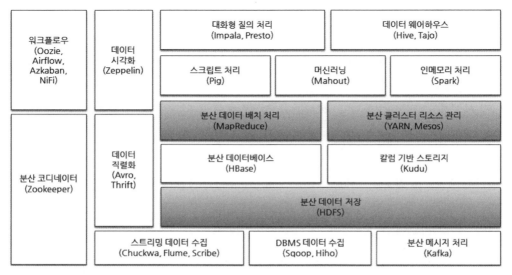

그림 1.2 하둡 에코시스템

각 서브 프로젝트의 특징은 다음과 같습니다.

코디네이터

- Zookeeper(http://zookeeper.apache.org)

  분산 환경에서 서버 간의 상호 조정이 필요한 다양한 서비스를 제공하는 시스템으로, 크게 다음과 같은 네 가지 역할을 수행합니다. 첫째, 하나의 서버에만 서비스가 집중되지 않게 서비스를 알맞게 분산해 동시에 처리하게 해줍니다. 둘째, 하나의 서버에서 처리한 결과를 다른 서버와도 동기화해서 데이터의 안정성을 보장합니다. 셋째, 운영(active) 서버에 문제가 발생해서 서비스를 제공할 수 없을 경우, 다른 대기 중인 서버를 운영 서버로 바꿔서 서비스가 중지 없이 제공되게 합니다. 넷째, 분산 환경을 구성하는 서버의 환경설정을 통합적으로 관리합니다.

리소스 관리

- **YARN(http://hadoop.apache.org)**

  얀(YARN)은 데이터 처리 작업을 실행하기 위한 클러스터 자원(CPU, 메모리, 디스크 등)과 스케줄링을 위한 프레임
  워크입니다. 기존 하둡의 데이터 처리 프레임워크인 맵리듀스의 단점을 극복하기 위해 시작된 프로젝트이며, 하둡
  2.0부터 이용할 수 있습니다. 맵리듀스, 하이브, 임팔라, 타조, 스파크 등 다양한 애플리케이션들은 얀에서 리소스를
  할당받아서 작업을 실행하게 됩니다. 얀에 대한 자세한 설명은 12.3절을 참고하시기 바랍니다.

- **Mesos(http://mesos.apache.org)**

  메소스(Mesos)는 클라우드 인프라스트럭처 및 컴퓨팅 엔진의 다양한 자원(CPU, 메모리, 디스크)을 통합적으로 관
  리할 수 있도록 만든 자원 관리 프로젝트입니다. 메소스는 2009년 버클리 대학에서 Nexus 라는 이름으로 시작된
  프로젝트이며, 2011년 메소스라는 이름으로 변경됐으며, 현재는 아파치 최상위 프로젝트로 진행 중입니다. 페이스
  북, 에어비엔비, 트위터, 이베이 등 다양한 글로벌 기업들이 메소스로 클러스터 자원을 관리하고 있습니다. 메소스는
  클러스터링 환경에서 동적으로 자원을 할당하고 격리하는 메커니즘을 제공하며, 이를 통해 분산 환경에서 작업 실
  행을 최적화할 수 있습니다. 1만 대 이상의 노드에도 대응 가능하며, 웹 기반의 UI, 자바, C++, 파이썬 API를 제공합
  니다. 하둡, 스파크(Spark), 스톰(Storm), 엘라스틱 서치(Elastic Search), 카산드라(Cassandra), 젠킨스(Jenkins)
  등 다양한 애플리케이션을 메소스에서 실행할 수 있습니다.

데이터 저장

- **HBase(http://hbase.apache.org)**

  H베이스(HBase)는 HDFS 기반의 칼럼 기반 데이터베이스입니다. 구글의 빅테이블(BigTable) 논문을 기반으로 개
  발됐습니다. 실시간 랜덤 조회 및 업데이트가 가능하며, 각 프로세스는 개인의 데이터를 비동기적으로 업데이트할
  수 있습니다. 단, 맵리듀스는 일괄 처리 방식으로 수행됩니다. 트위터, 야후, 어도비 같은 해외 업체에서 사용하고 있
  으며, 국내에서는 2012년 네이버가 모바일 메신저인 라인에 H베이스를 적용한 시스템 아키텍처를 발표했습니다.

- **Kudu(http://getkudu.io)**

  쿠두(Kudu)는 칼럼 기반의 스토리지로서, 특정 컬럼에 대한 데이터 읽기를 고속화할 수 있습니다. 물론 기존에도
  HDFS에서도 파케이(Parquet), RC, ORC와 같은 파일 포맷을 사용하면 컬럼 기반으로 데이터를 저장할 수 있지만
  HDFS 자체가 온라인 데이터 처리에 적합하지 않다는 약점이 있었습니다. 그리고 HDFS 기반으로 온라인 처리가
  가능한 H베이스의 경우 데이터 분석 처리가 느리다는 단점이 있었습니다. 쿠두는 이러한 문제점을 보완해서 개발한
  컬럼 기반 스토리지이며, 데이터의 발생부터 분석까지의 시간을 단축할 수 있습니다. 클라우데라에서 시작된 프로젝
  트이며, 2015년말 아파치 재단의 인큐베이션 프로젝트로 선정됐습니다.

데이터 수집

- **Chukwa(http://chukwa.apache.org)**

  척와(Chuckwa)는 분산 환경에서 생성되는 데이터를 HDFS에 안정적으로 저장하는 플랫폼입니다. 분산된 각 서버에서 에이전트(agent)를 실행하고, 콜렉터(collector)가 에이전트로부터 데이터를 받아 HDFS에 저장합니다. 콜렉터는 100개의 에이전트당 하나씩 구동되며, 데이터 중복 제거 등의 작업은 맵리듀스로 처리합니다. 야후에서 개발했으며, 아파치 오픈소스 프로젝트로 공개돼 있습니다.

- **Flume(http://flume.apache.org)**

  플럼(Flume)은 척와처럼 분산된 서버에 에이전트가 설치되고, 에이전트로부터 데이터를 전달받는 콜렉터로 구성됩니다. 차이점은 전체 데이터의 흐름을 관리하는 마스터 서버가 있어서 데이터를 어디서 수집하고, 어떤 방식으로 전송하고, 어디에 저장할지를 동적으로 변경할 수 있습니다. 클라우데라에서 개발했으며, 아파치 오픈소스 프로젝트로 공개돼 있습니다.

- **Scribe(https://github.com/facebook/scribe)**

  페이스북에서 개발한 데이터 수집 플랫폼이며, Chukwa와는 다르게 데이터를 중앙 집중 서버로 전송하는 방식입니다. 최종 데이터는 HDFS 외에 다양한 저장소를 활용할 수 있으며, 설치와 구성이 쉽게 다양한 프로그램 언어를 지원합니다. HDFS에 저장하려면 JNI(Java Native Interface)를 이용해야 합니다.

- **Sqoop(http://sqoop.apache.org)**

  스쿱(Sqoop)은 대용량 데이터 전송 솔루션이며, 2012년 4월에 아파치의 최상위 프로젝트로 승격됐습니다. Sqoop은 HDFS, RDBMS, DW, NoSQL 등 다양한 저장소에 대용량 데이터를 신속하게 전송하는 방법을 제공합니다. 오라클, MS-SQL, DB2 등과 같은 상용 RDBMS와 MySQL, 포스트그레스큐엘(PostgreSQL)과 같은 오픈소스 RDBMS 등을 지원합니다.

- **Hiho(https://github.com/sonalgoyal/hiho)**

  스쿱과 같은 대용량 데이터 전송 솔루션이며, 현재 깃헙(GitHub)에 공개돼 있습니다. 하둡에서 데이터를 가져오기 위한 SQL을 지정할 수 있으며, JDBC 인터페이스를 지원합니다. 현재는 오라클과 MySQL의 데이터 전송만 지원합니다.

- **Kafka(http://kafka.apache.org)**

  카프카(Kafka)는 데이터 스트림을 실시간으로 관리하기 위한 분산 메세징 시스템입니다. 2011년 링크드인에서 자사의 대용량 이벤트처리를 위해 개발됐으며, 2012년 아파치 탑레벨 프로젝트가 됐습니다. 발행(publish)—구독(subscribe) 모델로 구성되어 있으며, 데이터 손실을 막기 위하여 디스크에 데이터를 저장합니다. 파티셔닝을 지원하기 때문에 다수의 카프카 서버에서 메세지를 분산 처리할 수 있으며, 시스템 안정성을 위하여 로드밸런싱과 내고
장성(Fault Tolerant)를 보장합니다. 다수의 글로벌 기업들이 카프카를 사용하고 있으며, 그중 링크드인은 하루에 1
조1천억건 이상의 메세지를 카프카에서 처리하고 있습니다.

데이터 처리

- **Pig(http://pig.apache.org)**

  피그(Pig)는 야후에서 개발했으나 현재는 아파치 프로젝트에 속한 프로젝트로서, 복잡한 맵리듀스 프로그래밍을 대
  체할 피그 라틴(Pig Latin)이라는 자체 언어를 제공합니다. 맵리듀스 API를 매우 단순화한 형태이고 SQL과 유사한
  형태로 설계됐습니다. SQL과 유사하기만 할 뿐, 기존 SQL 지식을 활용하기가 어려운 편입니다.

- **Mahout(http://mahout.apache.org)**

  머하웃(Mahout)은 하둡 기반으로 데이터 마이닝 알고리즘을 구현한 오픈소스 프로젝트입니다. 현재 분류
  (classification), 클러스터링(clustering), 추천 및 협업 필터링(Recommenders/collaborative filtering), 패턴 마
  이닝(Pattern Mining), 회귀 분석(Regression), 차원 리덕션(Dimension reduction), 진화 알고리즘(Evolutionary
  Algorithms) 등 주요 알고리즘을 지원합니다. 머하웃을 그대로 사용할 수도 있지만 각 비즈니스 환경에 맞게 최적화
  해서 사용하는 경우가 많습니다.

- **Spark(http://spark.apache.org)**

  스파크(Spark)는 인메모리 기반의 범용 데이터 처리 플랫폼입니다. 배치 처리, 머신러닝, SQL 질의 처리, 스트리밍
  데이터 처리, 그래프 라이브러리 처리와 같은 다양한 작업을 수용할 수 있도록 설계돼 있습니다. 2009년 버클리 대
  학의 AMPLab에서 시작됐으며, 2013년 아파치 재단의 인큐베이션 프로젝트로 채택된 후, 2014년에 최상위 프로
  젝트로 승격됐습니다. 현재 가장 빠르게 성장하고 있는 오픈소스 프로젝트 중 하나이며, 사용자와 공헌자가 급격하
  게 증가하고 있습니다.

- **Impala(http://impala.io)**

  임팔라(Impala)는 클라우데라에서 개발한 하둡 기반의 분산 쿼리 엔진입니다. 맵리듀스를 사용하지 않고, C++로 개
  발한 인메모리 엔진을 사용해 빠른 성능을 보여줍니다. 임팔라는 데이터 조회를 위한 인터페이스로 HiveQL을 사용
  하며, 수초 내에 SQL 질의 결과를 확인할 수 있습니다. 2015년말 아파치 재단의 인큐베이션 프로젝트로 채택됐습
  니다.

- **Presto(https://prestodb.io)**

  프레스토(Presto)는 페이스북이 개발한 대화형 질의를 처리하기 위한 분산 쿼리 엔진입니다. 메모리 기반으로 데이
  터를 처리하며, 다양한 데이터 저장소에 저장된 데이터를 SQL로 처리할 수 있습니다. 특정 질의의 경우 하이브 대
  비 10배 정도 빠른 성능을 보여주며, 현재 오픈소스로 개발이 진행되고 있습니다.

- Hive(http://hive.apache.org)

    하이브(Hive)는 하둡 기반의 데이터웨어하우징용 솔루션입니다. 페이스북에서 개발했으며, 오픈소스로 공개되며 주목받은 기술입니다. SQL과 매우 유사한 HiveQL이라는 쿼리 언어를 제공합니다. 그래서 자바를 모르는 데이터 분석가들도 쉽게 하둡 데이터를 분석할 수 있게 도와줍니다. HiveQL은 내부적으로 맵리듀스 잡으로 변환되어 실행됩니다.

- Tajo(http://tajo.apache.org)

    타조(Tajo)는 고려대학교 박사 과정 학생들이 주도해서 개발한 하둡 기반의 데이터 웨어하우스 시스템입니다. 2013년 아파치 재단의 인큐베이션 프로젝트로 선정됐으며, 2014년 4월 최상위 프로젝트로 승격됐습니다. 맵리듀스 엔진이 아닌 자체 분산 처리 엔진을 사용하며, HiveQL을 사용하는 다른 시스템과는 다르게 표준 SQL을 지원하는 것이 특징입니다. HDFS, AWS S3, H베이스, DBMS 등에 저장된 데이터 표준 SQL로 조회할 수 있고, 이기종 저장소 간의 데이터 조인 처리도 가능합니다. 질의 유형에 따라 하이브나 스파크보다 1.5 ~ 10배 빠른 성능을 보여줍니다.

워크플로우 관리

- Oozie(http://oozie.apache.org)

    우지(Oozie)는 하둡 작업을 관리하는 워크플로우 및 코디네이터 시스템입니다. 자바 서블릿 컨테이너에서 실행되는 자바 웹 애플리케이션 서버이며, 맵리듀스 작업이나 피그 작업 같은 특화된 액션으로 구성된 워크플로우를 제어합니다.

- Airflow(http://nerds.airbnb.com/airflow)

    에어플로우(Airflow)는 에어비앤비에서 개발한 워크플로우 플랫폼입니다. 데이터 흐름의 시각화, 스케줄링, 모니터링이 가능하며, 하이브, 프레스토, DBMS 엔진과 결합해서 사용할 수 있습니다.

- Azkaban(https://azkaban.github.io)

    아즈카반(Azkaban)은 링크드인에서 개발한 워크플로우 플랫폼입니다. 링크드인은 자사의 복잡한 데이터 파이프라인을 관리하기 위해 아즈카반을 개발했으며, 이를 오픈소스로 공개했습니다. 아즈카반은 워크플로우 스케줄러, 시각화된 절차, 인증 및 권한 관리, 작업 모니터링 및 알람 등 다양한 기능은 웹UI로 제공합니다.

- Nifi(https://nifi.apache.org)

    나이파이(Niagarafiles, Nifi)는 데이터 흐름을 모니터링하기 위한 프레임워크입니다. 여러 네트워크를 통과하는 데이터 흐름을 웹UI에서 그래프로 표현하며, 프로토콜과 데이터 형식이 다르더라도 분석이 가능합니다. 또한 데이터를 흘려보낼 때 우선순위를 제어할 수 있습니다. 나이파이는 원래는 미국 국가안보국(NSA)에서 개발한 기술로, NSA의 기술 이전 프로그램인 TTP를 통해 처음 외부에 공개된 오픈소스 기술입니다.

데이터 시각화

- **Zeppelin (https://zeppelin.incubator.apache.org)**

  제플린(Zeppelin)은 빅데이터 분석가를 위한 웹 기반의 분석 도구이며, 분석 결과를 즉시 표, 그래프로 표현하는 시각화까지 지원합니다. 아이파이썬(iPython)의 노트북(Notebook)과 유사한 노트북 기능을 제공하며, 분석가는 이를 통해 손쉽게 데이터를 추출, 정제, 분석, 공유할 수 있습니다. 또한 스파크, 하이브, 타조, 플링크(Flink), 엘라스틱 서치, 카산드라, DBMS 등 다양한 분석 플랫폼과 연동할 수 있습니다. 2013년 엔에프랩의 내부 프로젝트로 시작됐으며, 2014년 아파치 재단의 인큐베이션 프로젝트로 선정됐습니다.

데이터 직렬화

- **Avro(http://avro.apache.org)**

  RPC(Remote Procedure Call)와 데이터 직렬화를 지원하는 프레임워크입니다. JSON을 이용해 데이터 형식과 프로토콜을 정의하며, 작고 빠른 바이너리 포맷으로 데이터를 직렬화합니다. 경쟁 솔루션으로는 아파치 쓰리프트(Thrift), 구글 프로토콜 버퍼(Protocol Buffer) 등이 있습니다.

- **Thrift(http://thrift.apache.org)**

  쓰리프트(Thrift)는 서로 다른 언어로 개발된 모듈들의 통합을 지원하는 RPC 프레임워크입니다. 예를 들어, 서비스 모듈은 자바로 개발하고, 서버 모듈은 C++로 개발됐을 때 쓰리프트로 쉽게 두 모듈이 통신하는 코드를 생성할 수 있습니다. 쓰리프트는 개발자가 데이터 타입과 서비스 인터페이스를 선언하면 RPC 형태의 클라이언트와 서버 코드를 자동으로 생성합니다. 자바, C++, C#, 펄, PHP, 파이썬, 델파이, 얼랭, Go, Node.js 등과 같이 다양한 언어를 지원합니다.

1.4 하둡에 대한 오해

하둡에 대한 가장 큰 오해 중 하나는 오라클, MS-SQL, Sybase, MySQL 같은 RDBMS를 대체한다는 것입니다. 그래서 하둡을 도입할 때 DBA나 DW 담당자분들이 하둡에 대해 거부감을 보이곤 합니다. 결론부터 말하자면 하둡은 기존 RDBMS를 대체하지 않습니다. 오히려 RDBMS와 상호보완적인 특성을 띠고 있습니다.

BI(Business Intelligence)나 OLAP(On-line Analytical Processing) 시스템을 사용하는 기업은 분석을 위한 데이터를 처리하기 위해 ETL 과정을 거치게 됩니다. ETL(Extraction, Transformation, Loading)이란 RDBMS나 로그 파일 등 다양한 데이터 소스로부터 필요한 데이터를 추출(Extraction)하고, 변환(Transformation)한 후 DW(Data Warehouse) 혹은 DM(Data

Mart)에 전송과 적재(Loading)하는 과정을 의미합니다. ETL은 자체적으로 셸 스크립트나 SQL 문을 이용해 진행하거나, DataStage 같은 상용 솔루션을 이용해 진행합니다. 하둡은 바로 이러한 ETL 과정에 도움을 줄 수 있습니다.

그리고 온라인 쇼핑몰에서 제품을 구매할 때 생성되는 데이터와 인터넷 뱅킹에서 자금을 이체할 때 생성되는 데이터는 신속하게 처리돼야 하며, 데이터의 무결성도 보장돼야 합니다. 하둡은 이와 같은 트랜잭션이나 무결성이 반드시 보장돼야 하는 데이터를 처리하는 데 적합하지 않습니다. 그 이유는 하둡은 배치성으로 데이터를 저장하거나 처리하는 데 적합한 시스템으로 구성돼 있기 때문입니다. 그래서 데이터 무결성이 중요한 데이터는 트랜잭션별로 무결성을 보장하는 기존 RDBMS에서 처리하고, 하둡은 배치성으로 데이터를 저장하고, 처리해야 합니다.

그렇다고 하둡으로 실시간 처리가 절대로 불가능한 것도 아닙니다. 스크라이브나 플럼 같은 솔루션을 통해 데이터를 실시간으로 HDFS에 저장하고, H베이스를 이용해 HDFS에 저장된 데이터에 실시간으로 접근하면 됩니다.

하둡에 대한 또 한 가지 오해는 바로 하둡이 NoSQL이라는 것입니다. 하둡이 RDBMS에 속하는 것은 아니지만 NoSQL의 핵심 기능인 데이터베이스 시스템의 역할을 수행하는 것은 아닙니다.

NoSQL이란?

NoSQL이란 관계형 데이터 모델과 SQL문을 사용하지 않는 데이터베이스 시스템 혹은 데이터 저장소를 의미합니다. 문자 그대로 No SQL(SQL이 아니다)라고 하기도 하고, Not Only SQL(SQL만은 아니다)이라고 부르기도 합니다. NoSQL의 탄생 배경은 빅데이터가 출현하게 된 배경과 비슷합니다. 기존 RDBMS이 분산 환경에 적합하지 않기 때문에 이를 극복하기 위해 NoSQL이 고안된 것입니다.

기존 RDBMS는 엔티티 간의 관계에 중점을 두고 테이블 구조를 설계하는 방식이었습니다. NoSQL의 데이터베이스는 단순히 키와 값의 쌍으로만 이뤄져 있고, 인덱스와 데이터가 분리되어 별도로 운영됩니다. 또한 조인이 없고, RDBMS에서는 여러 행(row)으로 존재하던 데이터를 하나의 집합된 형태로 저장합니다. 또한 샤딩(Sharding)이라는 기능이 있어서 데이터를 분할해 다른 서버에 나누어 저장합니다.

NoSQL은 기존 RDBMS처럼 완벽한 데이터 무결성과 정합성을 제공하지 않습니다. 기업의 핵심 데이터에는 RDBMS를 이용하고, 핵심은 아니지만 데이터를 보관하고 처리해야 하는 경우에 NoSQL을 이용하면 됩니다.

이처럼 RDBMS와는 데이터 구조와 시스템이 전혀 다르기 때문에 어떤 식으로 데이터를 저장하고 애플리케이션에서 조회할지 많은 고민이 필요합니다. 또한 현재 MongoDB, H베이스, CouchDB, Cassandra, Redis 등 다양한 NoSQL 솔루션이 출시되고 있습니다. 각 솔루션마다 데이터와 시스템 구조가 상이하므로 어떤 NoSQL을 도입해야 할지 신중하게 접근해야 합니다.

국내에서는 MongoDB가 가장 많이 사용되며, 네이버, 다음카카오, SK커뮤니케이션즈, 모바일 개발 업체 등에서 사용되고 있습니다.

1.5 하둡의 과제

많은 기업에서 하둡 도입을 검토하고 있지만 하둡이 100% 완벽한 시스템은 아닙니다. 모든 시스템이 그러하듯 하둡도 장단점을 모두 가지고 있습니다. 이번 절에서는 하둡의 문제점을 소개하겠습니다.

- **고가용성 지원**

  하둡의 가장 큰 문제는 바로 고가용성(HA; High Availability)입니다. 가용성(Availability)이란 시스템 장애 발생 후 정상으로 돌아오는 상태를 분석하는 척도를 말합니다. 고가용성(HA)은 99.999% 상태의 가용을 의미하며, 이는 일 년 중 30분 정도를 제외하고 서비스가 가능한 수치입니다. 하둡은 HDFS에 파일을 저장하고 조회합니다. HDFS는 네임노드(Name Node)와 데이터노드(Data Node)로 구성되는데, 네임노드가 HDFS에 저장하는 모든 데이터의 메타 정보를 관리합니다. 만약 네임노드에 장애가 발생한다면 데이터를 더는 HDFS에 저장할 수가 없고, 네임노드의 데이터가 유실될 경우 기존에 저장된 파일도 조회할 수 없게 됩니다. 현재까지 출시된 하둡 버전에는 네임노드에 대한 고가용성이 지원되지 않았습니다. 그래서 클라우데라, 야후, 페이스북 같은 회사에서는 자체적인 고가용성 솔루션을 만들어 공개했습니다. 다행히 하둡도 2013년 2.0 정식 버전부터는 네임노드의 고가용성을 지원합니다.

- **파일 네임스페이스 제한**

  네임노드가 관리하는 메타 정보는 메모리로 관리되기 때문에 메모리의 용량에 따라 HDFS에 저장하는 파일과 디렉터리 개수가 제한을 받습니다.

- **데이터 수정 불가**

  하둡의 또 다른 단점은 한 번 저장한 파일은 더는 수정할 수 없다는 것입니다. HDFS에 파일을 저장하면 파일의 이동이나 이름 변경과 같은 작업은 가능하지만 저장된 파일의 내용은 수정할 수 없습니다. 그래서 파일 읽기나 배치 작업만이 하둡에 적당합니다. 하지만 이러한 문제점도 조금씩 개선되고 있습니다. 하둡 0.21 버전에서는 기존에 저장된 파일에 내용을 붙일 수 있는 덧붙임(append) 기능이 제공됩니다.

- **POSIX 명령어 미지원**

  기존 파일 시스템에서 사용하던 rm, mv 같은 POSIX 형식의 파일 명령어를 이용할 수 없습니다. 하둡에서 제공하는 별도의 셀 명령어와 API를 이용해 파일을 제어해야만 합니다. 다행히 하둡 셀 명령어는 POSIX와 명명규칙이 비슷하기 때문에 익숙해지기까지 오랜 시간이 걸리지 않을 것입니다.

- **전문 업체 부족**

  오라클이나 MS-SQL 같은 상용 DBMS는 벤더나 다양한 유지보수 업체가 있지만 아직까지 국내에는 하둡과 관련된 다양한 업체가 부족한 것이 현실입니다. 또한 IBM, HP 등 다양한 외산 벤더들이 저마다 하둡 솔루션을 선보이고 있지만 아마존, 페이스북, 야후처럼 오랫동안 이 분야에 기술력과 노하우를 쌓아온 인터넷 업체에 비해 내공이 떨어질 수밖에 없습니다. 그래서 빅데이터나 하둡을 도입하려는 곳에서는 고민할 수밖에 없는 것입니다. 막대한 예산을 투입해 무리하게 프로젝트를 진행하기보다는 내부에서 소규모 하둡 클러스터라도 운영해보기를 권장합니다. 소규모로 시작해 점점 규모를 확장해가면서 기술력과 노하우를 쌓고, 기업 스스로 해결할 수 있는 방향을 찾는 것이 하둡을 도입하는 가장 올바른 방향일 것입니다.

1.6 하둡 배포판

리눅스에 레드햇(RedHat), CentOS, 우분투(Ubuntu) 등 다양한 배포판이 존재하는 것처럼 하둡도 다양한 배포판이 출시되고 있습니다. 하둡 아파치 사이트(http://hadoop.apache.org)에서 기본 버전을 다운로드할 수 있지만 기본 버전의 버그 및 하둡 에코시스템 간의 상호 호환성에 문제가 있습니다. 그래서 다양한 업체에서 이러한 문제점을 보완한 상용 배포판을 출시하고 있습니다. 이러한 배포판은 하둡뿐 아니라 하둡 에코시스템의 서브 프로젝트까지 함께 포함되어 기업에서 더 효과적으로 하둡을 이용할 수 있게 도와줍니다.

참고로 배포판에도 무료 버전과 상용 버전으로 두 가지가 있습니다. 또한 배포판을 출시하는 회사에서는 배포판을 이용해 기술 지원, 컨설팅, 교육 등 다양한 서비스를 제공합니다. 표 1.2는 주요 하둡 배포판을 정리한 것입니다. 물론 그 밖에도 다양한 배포판이 있지만 가장 많이 사용되는 배포판만 소개합니다.

표 1.2 주요 하둡 배포판

업체	배포판 명칭 및 특징
Cloudera (클라우데라)	• **명칭:** CDH(Cloudera's Distribution for Apache Hadoop) • **특징:** 클라우데라가 배포하는 하둡 배포판이며, 서비스에서 활용되는 대부분의 하둡 에코시스템이 포함돼 있습니다. 클라우데라는 아파치 배포판과 차별화 전략으로 일부 기능 및 버그 패치를 CDH에 먼저 적용합니다. 참고로 하둡 2.0 버전에서는 맵리듀스가 얀(YARN)이라는 프레임워크로 통합됐는데, CDH는 하둡1의 맵리듀스 프레임워크를 별도로 제공하고 있습니다. 클라우데라가 개발한 관리툴인 HUE(휴)를 이용해 하둡 에코시스템을 관리할 수 있는 것도 장점이며, 클라우데라 매니저를 이용해 쉽게 CDH를 설치할 수 있습니다. 다만 최근에는 아파치 배포판의 출시 주기가 빨라지면서 CDH의 하둡 버전이 뒤처지는 현상이 나오고 있습니다. 또한 클라우데라 매니저를 이용할 경우 업그레이드 작업 시 어려움을 경험할 수도 있습니다. • **다운로드 URL:** http://www.cloudera.com/content/cloudera/en/downloads.html
Hortonworks (호튼웍스)	• **명칭:** HDP(Hortonworks Data Platform) • **특징:** HDP는 CDH와의 차별화 전략으로 철저하게 아파치 배포판을 중심으로 구성됩니다. 클라우데라가 아파치 배포판의 기능을 추가하는 것과는 달리, 호튼웍스는 아파치 버전을 수정하지 않고 원본 그대로 사용합니다. 또한 호튼웍스가 개발한 암바리(Ambari)를 이용해 설치 및 하둡 에코시스템 관리를 편리하게 수행할 수 있습니다. • **다운로드 URL:** http://hortonworks.com/download/
MapR Technologies (MapR 테크놀로지스)	• **명칭:** MapR EDITIONS • **특징:** 하둡은 자바 기반인 데 반해 MapR은 성능 개선을 위해 자바에 C를 더한 것이 특징입니다. HDFS를 자사의 플랫폼으로 대체했으며, 맵리듀스, H베이스, 피그, 하이브, 머하웃 등을 지원합니다. • **다운로드 URL:** https://www.mapr.com/products/hadoop-download

02

하둡 개발 준비

이 장에서 다루는 내용

- 실행 모드 결정
- 리눅스 서버 준비
- 하둡 다운로드
- 하둡 실행 계정 생성
- 호스트 파일 수정
- 인코딩 방식 설정
- 자바 설치
- SSH 설정
- 하둡 압축 파일 풀기
- 하둡 환경설정 파일 수정
- 하둡 실행
- 예제 실행

아파치 하둡 사이트를 방문하면 0.20 버전부터 2.7.2 버전까지 다양한 하둡 버전을 내려받을 수 있습니다. 1장에서 설명한 대로 버전마다 특징이 다르지만 이 책에서는 하둡1의 가장 안정적인 버전인 1.2.1 버전을 기준으로 설치와 예제 코드 작성을 진행합니다.

하둡 설치 파일은 소스코드를 컴파일해서 설치할 수 있는 RPM 파일과 미리 컴파일되어 패키징돼 있는 TAR 파일로 제공됩니다. 이번 장에서는 손쉽게 설치할 수 있는 패키징 파일을 이용해 설치를 진행합니다.

2.1 실행 모드 결정

우선 어떤 방식으로 하둡을 실행할지 결정해야 합니다. 하둡은 표 2.1과 같이 세 가지 실행 모드가 있습니다. 하둡을 설치하려는 용도에 맞게 모드를 선택해 하둡을 설치해야 합니다. 이때 가상 분산 모드를 선택할 경우 한 대의 장비만 준비하면 되고, 완전 분산 모드를 선택할 경우 최소 2대 이상의 장비를 준비해야 합니다. 이 책에서는 리눅스 환경에서 설치할 때는 완전 분산 모드를 선택했습니다.

표 2.1 하둡 설치 방식

실행 모드	용도
독립 실행(Standalone) 모드	하둡의 기본 실행 모드입니다. 하둡 환경설정 파일에 아무런 설정을 하지 않고 실행하면 로컬 장비에서만 실행되기 때문에 로컬 모드라고도 합니다. 하둡에서 제공하는 데몬을 구동하지 않기 때문에 분산 환경을 고려한 테스트는 불가능합니다. 단순히 맵리듀스 프로그램을 개발하고, 해당 맵리듀스를 디버깅하는 용도로만 적합한 모드입니다.
가상 분산(Pseudo-distributed) 모드	하나의 장비에 모든 하둡 환경설정을 하고, 하둡 서비스도 이 장비에서만 제공하는 방식을 말합니다. HDFS와 맵리듀스와 관련된 데몬을 하나의 장비에서만 실행하게 됩니다. 주로 하둡을 처음 공부하는 분들이 이와 같은 방식으로 테스트 환경을 구성합니다.
완전 분산(Fully distributed) 모드	여러 대의 장비에 하둡이 설치된 경우입니다. 하둡으로 라이브 서비스를 하게 될 경우 이와 같은 방식으로 구성합니다.

2.2 리눅스 서버 준비

하둡 실행 방식을 결정했다면 이제 하둡을 설치할 장비를 준비해야 합니다. 단순한 학습이나 테스트 용이라면 데스크톱 수준의 장비만 준비해도 충분히 테스트할 수 있습니다. 참고로 필자는 이 책에 나오는 예제를 테스트하기 위해 다음과 같은 사양의 장비를 4대 준비했습니다.

- CPU: 듀얼 코어 2.93GHz
- 램: 2.0GB
- 하드디스크: 100GB
- 운영체제: CentOS 6.4(64비트)

서비스용으로 하둡을 구축한다면 더 다양한 요소를 고려해야 합니다. I/O가 얼마나 빈번하게 발생하는지, 맵리듀스를 이용한 분석 작업이 CPU에 얼마나 부하를 주는지, 데이터 보관 위주로 하둡을 운영하는지 등 여러 요소에 대해 고민해야 합니다. 참고로 클라우데라의 블로그[1]에서 서비스별 용도에 따른 장비 권장 사양을 확인할 수 있습니다.

하둡은 리눅스 및 다양한 유닉스 계열 운영체제에서 설치할 수 있습니다. 이 책에서는 레드햇 계열의 CentOS 6.6에서 설치를 진행합니다. 필자는 리눅스 환경에서 하둡을 설치하기 위해 4대

---

[1] http://www.cloudera.com/blog/2010/03/clouderas-support-team-shares-some-basic-hardware-recommendations/

의 서버를 준비했습니다. 각 서버의 호스트명은 wikibooks01, wikibooks02, wikibooks03, wikibooks04로 설정하고, 표 2.2와 같이 하둡을 설치하려고 합니다.

표 2.2 하둡 테스트 환경 구성

호스트명	하둡 설치 내용
wikibooks01	네임노드(NameNode)
wikibooks02	보조네임노드(SecondaryNameNode), 데이터노드(DataNode)
wikibooks03	데이터노드
wikibooks04	데이터노드

보통 보조네임노드는 네임노드가 설치되는 서버와 동일한 사양의 서버에 설치하며, 데이터노드 같은 다른 데몬을 설치하지 않습니다. 왜냐하면 보조네임노드는 네임노드와 동일한 용량의 메모리를 요구하기 때문입니다. 또한 이후에 다시 설명하겠지만 보조네임노드는 네임노드의 장애 발생에 대비하는 용도이기 때문에 더욱 별도의 서버에 설치해야 합니다. 필자는 테스트 환경이라서 wikibooks02 서버에 보조네임노드와 데이터노드를 함께 설치했지만 실제로 서비스 용도로 준비하실 때는 보조네임노드만 단독으로 설치하길 권장합니다. 그럼 이제 실제 하둡 설치를 진행하겠습니다.

2.3 하둡 다운로드

하둡 설치 파일은 다음 사이트에서 내려받을 수 있습니다.

```
http://www.apache.org/dyn/closer.cgi/hadoop/common/
```

위 사이트를 방문하면 그림 2.1과 같은 화면이 나타납니다.

그림 2.1 하둡 다운로드 사이트

화면에 나온 링크는 하둡 파일 다운로드 사이트의 미러링 사이트로서, 어떤 링크를 클릭해도 동일한 버전의 하둡 파일을 내려받을 수 있습니다. 첫 번째 링크[2]를 클릭하면 그림 2.2와 같이 여러 하둡 버전 목록이 나타납니다. 사이트 안내 문구에도 안정적인 버전을 내려받기를 권고하는 내용을 확인할 수 있습니다. 버전 목록에서 stable1을 클릭하면 그림 2.3과 같은 설치 파일 목록이 나타납니다.

Index of /hadoop/common

Name	Last modified	Size	Description
Parent Directory		–	
current/	26-Jan-2016 10:30	–	
hadoop-1.2.1/	15-Oct-2015 10:09	–	
hadoop-2.5.2/	15-Oct-2015 10:11	–	
hadoop-2.6.0/	15-Oct-2015 10:09	–	
hadoop-2.6.1/	15-Oct-2015 10:12	–	
hadoop-2.6.2/	31-Oct-2015 06:05	–	
hadoop-2.6.3/	18-Dec-2015 11:50	–	
hadoop-2.6.4/	12-Feb-2016 21:37	–	
hadoop-2.7.0/	15-Oct-2015 10:12	–	
hadoop-2.7.1/	15-Oct-2015 10:07	–	
hadoop-2.7.2/	26-Jan-2016 10:30	–	
stable/	26-Jan-2016 10:30	–	
stable1/	15-Oct-2015 10:09	–	
stable2/	26-Jan-2016 10:30	–	
readme.txt	21-Apr-2015 10:32	184	

Apache Server at apache.mirror.cdnetworks.com Port 80

그림 2.2 하둡 버전별 다운로드 페이지

---

2 http://apache.mirror.cdnetworks.com/hadoop/common/

파일 목록에서 hadoop-1.2.1.tar.gz 파일을 내려받아 하둡을 설치할 서버에 저장합니다.

Index of /hadoop/common/stable1

Name	Last modified	Size	Description
Parent Directory		-	
hadoop-1.2.1-1.i386.rpm	06-Nov-2014 22:22	39M	
hadoop-1.2.1-1.i386.rpm.mds	06-Nov-2014 22:22	1.1K	
hadoop-1.2.1-1.x86_64.rpm	06-Nov-2014 22:22	35M	
hadoop-1.2.1-1.x86_64.rpm.mds	06-Nov-2014 22:22	1.1K	
hadoop-1.2.1-bin.tar.gz	06-Nov-2014 22:22	36M	
hadoop-1.2.1-bin.tar.gz.mds	06-Nov-2014 22:22	1.1K	
hadoop-1.2.1.tar.gz	06-Nov-2014 22:22	61M	
hadoop-1.2.1.tar.gz.mds	06-Nov-2014 22:22	958	
hadoop_1.2.1-1_i386.deb	06-Nov-2014 22:22	39M	
hadoop_1.2.1-1_i386.deb.mds	06-Nov-2014 22:22	1.1K	
hadoop_1.2.1-1_x86_64.deb	06-Nov-2014 22:22	35M	
hadoop_1.2.1-1_x86_64.deb.mds	06-Nov-2014 22:22	1.1K	

Apache Server at apache.mirror.cdnetworks.com Port 80

그림 2.3 하둡 안정 버전 다운로드 페이지

위와 같은 방법으로 하둡을 내려받기가 번거롭다면 다음과 같이 wget 명령어를 이용해 파일을 내려받을 수도 있습니다. 이때 wget의 파라미터로 안정 버전의 다운로드 URL을 지정합니다.

```
wget "http://www.eu.apache.org/dist/hadoop/common/hadoop-1.2.1/hadoop-1.2.1.tar.gz"
```

2.4 하둡 실행 계정 생성

리눅스가 설치된 서버가 준비되면 하둡을 설치하고 실행할 계정을 생성해야 합니다. root 계정으로도 하둡을 실행할 수 있지만 root로 관리하는 것은 좋은 방법이 아닙니다. root 계정으로 사용하다가 실수라도 하게 되면 리눅스 시스템 자체를 사용할 수 없는 상태가 될 수도 있기 때문입니다. 하둡을 사용할 때뿐만 아니라 리눅스에서 다른 작업을 할 때도 root 계정으로 작업을 하는 것은 결코 좋은 습관이 아닙니다.

root 계정으로 로그인한 후 adduser [계정명]을 입력해 필요한 계정을 생성합니다. 하둡 실행 계정은 하둡 클러스터를 구성하는 모든 서버에 동일하게 생성해야 합니다. 필자는 편의상 hadoop이라는 계정을 wikibooks01 ~ wikibooks04 서버에 모두 생성했습니다.

2.5 호스트 파일 수정

하둡은 서버 간에 SSH 프로토콜을 이용해 통신합니다. SSH로 다른 서버에 접근할 때는 IP 혹은 호스트명으로 접속할 수 있습니다. CentOS, 우분투 등 대부분의 리눅스에는 기본적으로 SSH가 설치되며, 대부분의 유닉스 계열 운영체제에도 기본으로 설치됩니다. 만약 SSH가 설치돼 있지 않다면 http://www.openssh.com/에서 패키지 파일을 내려받아 설치해야 합니다.

SSH란?

SSH(Secure Shell)란 네트워크 상의 다른 컴퓨터에 로그인하거나 원격 시스템에서 명령을 실행하고, 다른 시스템으로 파일을 복사할 수 있게 해주는 응용 프로토콜이나 응용 프로그램 또는 그 프로토콜을 가리킨다. 기존의 rsh, rlogin, telnet 등을 대체하기 위해 설계됐으며, 강력한 인증 방법 및 안전하지 못한 네트워크에서 안전하게 통신할 수 있는 기능을 제공한다. 기본적으로는 22번 포트를 사용한다. SSH는 암호화 기법을 사용하기 때문에 통신이 노출된다 하더라도 이해할 수 없는 암호화된 문자로 보인다. — 출처: 위키백과

IP로 SSH 접속을 하거나 하둡 환경설정 파일을 정의할 경우 별다른 문제가 없습니다. 하지만 호스트명을 이용할 경우 서버 간에 호스트명이 어떠한 IP를 보유하고 있는지 정의해야 합니다. 호스트 파일에서 IP를 찾지 못할 경우 정상적인 하둡 데몬 실행이 불가능합니다. 호스트 정보는 root 계정으로 로그인해서 다음과 같이 수정하면 됩니다. 호스트 정보는 4대의 서버에 모두 동일하게 적용해야 합니다.

```
[root@wikibooks01 ~]$ vi /etc/hosts
192.168.56.120 wikibooks01
192.168.56.121 wikibooks02
192.168.56.122 wikibooks03
192.168.56.123 wikibooks04
```

2.6 인코딩 방식 설정

하둡은 인코딩 방식으로 UTF-8을 사용합니다. 준비한 서버의 인코딩 방식이 UTF-8이 아닌 다른 방식으로 돼 있다면 문자열을 처리할 때 문제가 발생합니다. 특히 한글로 작성된 파일을 처리할 경우 십중팔구 글자가 모두 깨질 것입니다.

우선 echo 명령어로 서버의 인코딩 방식을 확인합니다. 아래와 같이 LANG 파라미터의 값이 UTF-8이 아니라면 리눅스 시스템 변수에 등록된 인코딩 방식을 변경해야 합니다.

```
[root@wikibooks01 ~]# echo $LANG
ko_KR.eucKR
```

root 계정으로 로그인한 후 아래와 같이 인코딩 방식을 변경합니다.

```
[root@wikibooks01 ~]# vi /etc/sysconfig/i18n
LANG="ko_KR.UTF-8"
SUPPORTED="en_US.UTF-8:en_US:ko_KR.eucKR:ko_KR:ko"
SYSFONT="lat0-sun16"
SYSFONTACM="8859-15"
```

i18n 편집이 끝나면 source 명령어를 이용해 수정한 i18n 파일을 시스템에 적용합니다.

```
source /etc/sysconfig/i18n
```

이제 다시 echo 명령어로 LANG 파라미터를 확인하면 UTF-8이 정상적으로 나타나는 것을 확인할 수 있습니다.

```
[root@wikibooks01 ~]# echo $LANG
ko_KR.UTF-8
```

다시 한 번 정확하게 확인하기 위해 locale 명령어를 입력하면 다음과 같이 모든 언어 관련 파라미터가 UTF-8로 설정된 모습을 확인할 수 있습니다.

```
[root@wikibooks01 ~]# locale
LANG=ko_KR.UTF-8
LC_CTYPE="ko_KR.UTF-8"
LC_NUMERIC="ko_KR.UTF-8"
LC_TIME="ko_KR.UTF-8"
LC_COLLATE="ko_KR.UTF-8"
LC_MONETARY="ko_KR.UTF-8"
LC_MESSAGES="ko_KR.UTF-8"
LC_PAPER="ko_KR.UTF-8"
LC_NAME="ko_KR.UTF-8"
LC_ADDRESS="ko_KR.UTF-8"
```

```
LC_TELEPHONE="ko_KR.UTF-8"
LC_MEASUREMENT="ko_KR.UTF-8"
LC_IDENTIFICATION="ko_KR.UTF-8"
```

2.7 자바 설치

하둡을 설치하려면 반드시 자바가 미리 설치돼 있어야 합니다. 하둡은 자바로 개발됐고, 데몬을 구동할 때 JAR 파일을 수정하기 때문에 반드시 자바가 필요합니다. 자바는 JDK 1.7 버전 이상을 권장하며, 오라클 사이트[3]를 방문해 JDK를 내려받을 수 있습니다. 오라클 사이트를 방문하면 그림 2.4와 같은 화면이 나타납니다. 화면 중앙에 있는 라이선스 동의(Accept License Agreement)를 체크한 후 jdk-7u79-linux-x64.tar.gz 파일을 선택해 다운로드합니다. 32비트 버전의 리눅스를 설치했다면 jdk-7u79-linux-i586.tar.gz 파일을 내려받습니다.

Java SE Development Kit 7u79

You must accept the Oracle Binary Code License Agreement for Java SE to download this software.

○ Accept License Agreement   ● Decline License Agreement

Product / File Description	File Size	Download
Linux x86	130.4 MB	jdk-7u79-linux-i586.rpm
Linux x86	147.6 MB	jdk-7u79-linux-i586.tar.gz
Linux x64	131.69 MB	jdk-7u79-linux-x64.rpm
Linux x64	146.4 MB	jdk-7u79-linux-x64.tar.gz
Mac OS X x64	196.89 MB	jdk-7u79-macosx-x64.dmg
Solaris x86 (SVR4 package)	140.79 MB	jdk-7u79-solaris-i586.tar.Z
Solaris x86	96.66 MB	jdk-7u79-solaris-i586.tar.gz
Solaris x64 (SVR4 package)	24.67 MB	jdk-7u79-solaris-x64.tar.Z
Solaris x64	16.38 MB	jdk-7u79-solaris-x64.tar.gz
Solaris SPARC (SVR4 package)	140 MB	jdk-7u79-solaris-sparc.tar.Z
Solaris SPARC	99.4 MB	jdk-7u79-solaris-sparc.tar.gz
Solaris SPARC 64-bit (SVR4 package)	24 MB	jdk-7u79-solaris-sparcv9.tar.Z
Solaris SPARC 64-bit	18.4 MB	jdk-7u79-solaris-sparcv9.tar.gz
Windows x86	138.31 MB	jdk-7u79-windows-i586.exe
Windows x64	140.06 MB	jdk-7u79-windows-x64.exe

그림 2.4 JDK 다운로드 페이지

---

3 http://www.oracle.com/technetwork/java/javase/downloads/java-archive-downloads-javase7-521261.html#jdk-7u79-oth-JPR

JDK를 내려받았으면 해당 파일을 FTP 클라이언트를 이용해 서버에 업로드합니다. 이때 JDK 파일은 /usr/local/ 폴더에 저장하기 바랍니다. FTP 전송이 완료되면 root 계정으로 서버에 로그인해 JDK를 설치합니다. JDK는 Tar 파일의 압축을 푸는 것만으로 간단히 설치할 수 있습니다. 우선 다운로드 폴더에 접근해 다음과 같이 파일 실행 권한을 수정한 후 압축을 풉니다.

```
[root@wikibooks01 pkgs]# cd /usr/local/
[root@wikibooks01 local]# chmod 755 jdk-7u79-linux-x64.gz
[root@wikibooks01 local]# tar xvfz jdk-7u79-linux-x64.gz
```

압축을 풀고 나면 JDK 경로를 쉽게 찾을 수 있게 다음과 같이 심볼릭 링크를 생성합니다.

```
[root@wikibooks01 local]# ln -s jdk1.7.0_79 java
```

ls 명령어로 확인하면 java라는 심볼릭 링크가 생성된 것을 확인할 수 있습니다.

```
[root@wikibooks01 local]# ls -al
drwxr-xr-x. 18 root    root        4096 2016-02-14 21:31 .
drwxr-xr-x. 13 root    root        4096 2015-03-16 13:47 ..
drwxr-xr-x.  2 root    root        4096 2015-03-16 15:29 bin
drwxr-xr-x.  2 root    root        4096 2011-11-01 17:47 etc
drwxr-xr-x.  2 root    root        4096 2011-11-01 17:47 games
drwxr-xr-x.  3 root    root        4096 2015-03-16 15:29 include
lrwxrwxrwx.  1 root    root          11 2016-02-14 21:31 java -> jdk1.7.0_79
drwxr-xr-x.  8 uucp     143        4096 2015-04-11 03:53 jdk1.7.0_79
drwxr-xr-x.  3 root    root        4096 2015-03-16 15:29 lib
drwxr-xr-x.  2 root    root        4096 2011-11-01 17:47 lib64
drwxr-xr-x.  2 root    root        4096 2011-11-01 17:47 libexec
drwxr-xr-x.  2 root    root        4096 2011-11-01 17:47 sbin
drwxr-xr-x.  6 root    root        4096 2015-03-16 15:00 share
drwxr-xr-x.  2 root    root        4096 2011-11-01 17:47 src
```

JDK를 설치하고 나면 다음과 같이 /etc/profile 파일에 자바 경로 관련 환경변수를 등록합니다.

```
export JAVA_HOME=/usr/local/java
export PATH=$PATH:$JAVA_HOME/bin
export CLASS_PATH="."
```

profile 파일을 수정하고 나면 source 명령어를 이용해 변경된 profile을 시스템에 적용합니다.

```
[root@wikibooks01 local]# source /etc/profile
```

profile 적용이 완료되면 java 명령어에 버전 파라미터를 지정한 후 실행해 정확한 자바 버전을 설치했는지 확인합니다.

```
[root@wikibooks01 local]# java -version
java version "1.7.0_79"
Java(TM) SE Runtime Environment (build 1.7.0_79-b15)
Java HotSpot(TM) 64-Bit Server VM (build 24.79-b02, mixed mode)
```

위와 같은 방법으로 하둡을 설치해야 하는 모든 서버에 JDK를 설치합니다.

2.8 SSH 설정

공개키는 사용자 계정의 홈 디렉터리에 있는 .ssh 폴더에 생성됩니다. 이제 생성된 공개키를 ssh-copy-id 명령어를 이용해 다른 서버에 복사합니다. ssh-copy-id 명령어는 대상 서버의 .ssh 디렉터리 안에 있는 authorized_keys 파일에 공개키를 입력하며, 다음과 같은 형식으로 실행합니다.

ssh-copy-id -i [복사할 공개키 경로] [대상 서버 계정]@[대상 서버]

여기서는 네임노드의 SSH 공개키를 데이터 노드로 전송하기 때문에 다음과 같은 방식으로 명령어를 실행합니다. 이때 커넥션을 계속 유지할지를 묻는데, yes를 입력합니다.

```
[hadoop@wikibooks01 ~]$ ssh-copy-id -i /home/hadoop/.ssh/id_rsa.pub hadoop@wikibooks02
28
The authenticity of host 'wikibooks02 (192.168.56.103)' can't be established.
RSA key fingerprint is 35:be:2d:2f:67:30:30:1a:b6:1d:05:cc:c2:e3:1f:54.
Are you sure you want to continue connecting (yes/no)? yes
```

```
Warning: Permanently added 'wikibooks02,192.168.56.103' (RSA) to the list of known hosts.
hadoop@wikibooks02's password:
Now try logging into the machine, with "ssh 'hadoop@wikibooks02'", and check in:
.ssh/authorized_keys
to make sure we haven't added extra keys that you weren't expecting.
```

이제 네임노드 서버에서 데이터노드로 SSH 접속을 시도합니다.

```
[hadoop@wikibooks01 ~]$ ssh wikibooks02
Last login: Mon Jul 30 16:00:40 2012 from wikibooks01
```

보다시피 암호를 묻지 않고 바로 데이터노드에 접속하는 것을 확인할 수 있습니다. ssh-copy-id 명령어를 이용해 모든 데이터노드에 공개키를 복사하고, 암호를 입력하지 않고도 SSH 접속이 되는 지 확인하기 바랍니다.

```
[hadoop@wikibooks01 ~]$ ssh-copy-id -i /home/hadoop/.ssh/id_rsa.pub hadoop@wikibooks03
[hadoop@wikibooks01 ~]$ ssh-copy-id -i /home/hadoop/.ssh/id_rsa.pub hadoop@wikibooks04
[hadoop@wikibooks01 ~]$ ssh-copy-id -i /home/hadoop/.ssh/id_rsa.pub hadoop@wikibooks01
```

2.9 하둡 압축 파일 풀기

지금까지 하둡을 설치하기 위한 모든 준비 작업을 진행했습니다. 이제 하둡 사이트에서 내려받은 tar 파일을 다음과 같이 압축을 풉니다. tar 파일은 하둡 설치 계정의 홈 디렉터리로 미리 옮겨둔 상태여야 합니다.

```
[hadoop@wikibooks01 ~]$ tar xvfz hadoop-1.2.1.tar.gz
```

압축을 풀고 나면 hadoop-1.2.1 디렉터리에 대한 심볼릭 링크를 생성합니다.

```
[hadoop@wikibooks01 ~]$ ln -s hadoop-1.2.1 hadoop
```

네임노드로 사용할 서버뿐 아니라 데이터노드로 사용할 서버에도 위와 같이 하둡 압축 파일을 풀고 심볼릭 링크를 생성합니다.

2.10 하둡 환경설정 파일 수정

이제 하둡 환경설정 파일만 수정하면 모든 설치 작업이 마무리됩니다. 수정할 파일은 모든 하둡 홈 디렉터리의 하위 디렉터리인 conf에 저장돼 있습니다. 이곳에서 표 2.3과 같이 여섯 개의 파일을 수정해야 합니다.

표 2.3 하둡 환경설정 파일

파일명	용도
hadoop-env.sh	하둡을 실행하는 셸 스크립트 파일에서 필요한 환경변수를 설정합니다. 하둡 홈 디렉터리의 아래에 있는 bin 디렉터리에 있는 셸 스크립트 파일이 hadoop-env.sh를 사용합니다. 이 파일에는 JDK 경로, 클래스 패스, 데몬 실행 옵션 등 다양한 환경변수를 설정할 수 있습니다.
masters	보조네임노드를 실행할 서버를 설정합니다.
slaves	데이터노드를 실행할 서버를 설정합니다.
core-site.xml	HDFS와 맵리듀스에서 공통적으로 사용할 환경 정보를 설정합니다. core-site.xml은 hadoop-core-1.2.1.jar에 포함돼 있는 core-default.xml을 오버라이드한 파일입니다. core-site.xml에 설정값이 없을 경우 core-default.xml에 있는 기본값을 사용합니다.
hdfs-site.xml	HDFS에서 사용할 환경 정보를 설정합니다. hdfs-site.xml은 hadoop-core-1.2.1.jar에 포함돼 있는 hdfs-default.xml을 오버라이드한 파일입니다. hdfs-site.xml에 설정값이 없을 경우 hdfs-default.xml에 있는 기본값을 사용합니다.
mapred-site.xml	맵리듀스에서 사용할 환경 정보를 설정합니다. mapred-site.xml은 hadoop-core-1.2.1.jar에 포함돼 있는 mapred-default.xml을 오버라이드한 파일입니다. mapred-site.xml에 설정값이 없을 경우 mapred-default.xml에 있는 기본값을 사용합니다.

위 설정 파일 가운데 core-site.xml, hdfs-site.xml, mapred-site.xml은 파일 하나에 수십 개의 프로퍼티를 설정할 수 있습니다. 이번 장에서는 테스트 환경을 구성하는 데 반드시 필요한 프로퍼티만 소개하고, 이 책의 후반부에서 설정 가능한 모든 프로퍼티에 대해 자세히 설명하겠습니다.

2.10.1 hadoop-env.sh 파일 수정

우선 hadoop-env.sh 파일에 JAVA_HOME 파라미터를 실제 JDK가 설치된 경로로 수정합니다.

```
export JAVA_HOME=/usr/local/java
```

hadoop-env.sh 파일은 다양한 옵션을 사용해 하둡 데몬을 실행할 수 있게 도와줍니다. 이때 하둡 데몬에 설정 가능한 옵션은 표 2.4와 같습니다.

표 2.4 하둡 데몬 실행 옵션

데몬 이름	파라미터
NameNode	HADOOP_NAMENODE_OPTS
DataNode	HADOOP_DATANODE_OPTS
SecondaryNameNode	HADOOP_SECONDARYNAMENODE_OPTS
JobTracker	HADOOP_JOBTRACKER_OPTS
TaskTracker	HADOOP_TASKTRACKER_OPTS

예를 들어, 네임노드 데몬에 parallelGC 옵션을 설정하고 싶다면 hadoop-env.sh 파일에 다음과 같이 설정합니다. 자바는 프로그램이 사용하고 남아 있는 메모리 공간을 가비지 컬렉터가 자동으로 찾아서 지우는 작업을 수행하는데, 이를 가비지 컬렉션이라고 합니다. 개발자는 다양한 가비지 컬렉터를 선택할 수 있으며, 그 중 가비지 컬렉션을 병렬로 수행하는 컬렉터(Parallel Collector)가 있는데, 이 컬렉터를 사용하려면 parallelGC 옵션을 지정하면 됩니다.

```
export HADOOP_NAMENODE_OPTS="-XX:+UseParallelGC ${HADOOP_NAMENODE_OPTS}"
```

만약 네임노드의 최대 힙 크기를 변경한다면 다음과 같이 보조네임노드의 최대 힙 크기도 함께 변경해야 합니다. 보조네임노드가 요구하는 메모리 크기는 네임노드가 요구하는 메모리 크기와 동일하기 때문입니다.

```
export HADOOP_NAMENODE_OPTS=-Xmx2048m ${HADOOP_NAMENODE_OPTS}
export HADOOP_SECONDARYNAMENODE_OPTS=-Xmx2048m ${HADOOP_SECONDARYNAMENODE _OPTS}
```

HADOOP_HOME 설정

하둡 운영 시 하둡 홈 디렉터리에 손쉽게 접근하기 위해 사용자 계정의 프로필 파일(/home/hadoop/.bash_profile)에 다음과 같은 설정을 추가할 수 있습니다.

```
HADOOP_HOME=/home/hadoop/hadoop-1.2.1
```

위와 같이 설정하면 현재 어떤 디렉터리에 있든 "cd $HADOOP_HOME"이라고 입력하면 하둡 홈 디렉터리로 이동할 수 있습니다.

그런데 위와 같은 설정한 후 하둡을 재구동하면 다음과 같은 오류 메시지가 발생합니다.

```
Warning: $HADOOP_HOME is deprecated.
```

이것은 하둡을 구동하는 셸 스크립트에서도 HADOOP_HOME을 정의하기 때문이며, 이 문제를 방지하려면 hadoop-env.sh 파일에 다음과 같은 설정을 추가해야 합니다.

```
export HADOOP_HOME_WARN_SUPPRESS="TRUE"
```

hadoop-env.sh에는 하둡 데몬 실행 옵션 외에 다른 유용한 정보도 설정할 수 있습니다. 해당 옵션은 표 2.5와 같습니다.

표 2.5 hadoop-env.sh에 설정 가능한 옵션

파라미터	내용
HADOOP_CLASSPATH	맵리듀스 프로그램을 실행할 때 외부 라이브러리를 참조하고 싶을 경우 해당 라이브러리의 경로를 설정합니다.
HADOOP_HEAPSIZE	하둡 데몬에서 사용해야 할 메모리 크기입니다. 기본 메모리 크기는 1,000MB(1GB)입니다.
HADOOP_SSH_OPTS	하둡 클러스터 간에 SSH 연결을 할 때 추가로 사용할 옵션을 설정할 수 있습니다.
HADOOP_LOG_DIR	하둡 데몬에서 생성되는 로그를 저장할 디렉터리를 설정할 수 있습니다. 별도의 설정값이 없을 경우 하둡 홈 디렉터리의 logs 디렉터리를 사용합니다.
HADOOP_SLAVES	데이터노드가 등록된 파일 경로를 설정합니다. 기본값은 하둡 홈 디렉터리의 conf에 있는 slaves 파일입니다.
HADOOP_MASTER	보조네임노드가 등록된 파일 경로를 설정합니다. 기본값은 하둡 홈 디렉터리의 conf에 있는 masters 파일입니다.

마지막으로 HADOOP_PID_DIR을 설정합니다. 이 파라미터는 하둡 데몬의 PID 정보를 저장하는 디렉터리를 의미합니다. 기본값은 /tmp 디렉터리로 돼 있기 때문에 반드시 다음과 같이 별도로 설정해야 합니다.

```
export HADOOP_PID_DIR=/home/hadoop/hadoop-1.2.1/pids
```

2.10.2 maters 수정

masters 파일에는 보조네임노드를 실행할 서버를 설정합니다. 2개 이상의 보조네임노드를 설정할 수 있으며, 한 줄에 하나씩 서버를 기재하면 됩니다. 서버는 호스트명 혹은 IP로 기재합니다. 이 책에서는 별도의 보조네임노드 서버를 준비하지 않고 데이터노드용 서버에 보조네임노드를 구동했습니다.

```
wikibooks02
```

2.10.3 slaves 수정

saves 파일에는 데이터노드를 실행할 서버를 설정합니다. 2개 이상의 데이터노드를 설정할 수 있으며, 한 줄에 하나씩 서버를 기재하면 됩니다. 서버는 호스트명 혹은 IP로 기재합니다.

```
wikibooks02
wikibooks03
wikibooks04
```

2.10.4 core-site.xml 수정

예제 2.1은 core-site.xml 파일을 작성한 내용입니다. fs.default.name과 hadoop.tmp.dir 속성을 추가하고, 다른 프로퍼티는 core-default.xml에 있는 기본값을 사용합니다.

예제 2.1 core-site.xml

```
<?xml version="1.0"?>
<?xml-stylesheet type="text/xsl" href="configuration.xsl"?>
<!-- Put site-specific property overrides in this file. -->
<configuration>
  <property>
```

```
    <name>fs.default.name</name>
    <value>hdfs://wikibooks01:9000</value>
  </property>
  <property>
    <name>hadoop.tmp.dir</name>
    <value>/home/hadoop/hadoop-data/</value>
  </property>
</configuration>
```

- **fs.default.name**

  HDFS의 기본 이름을 의미하며, URI 형태로 사용됩니다. 기본값은 "file://"로 돼 있지만 실제로는 "hdfs://
  localhost:9000"과 같은 형식으로 사용됩니다. 데이터노드는 여러 작업을 진행하기 위해 반드시 네임노드의 주소
  를 알고 있어야 합니다. 예를 들어, 네임노드로 하트비트나 블록 리포트를 보낼 때 바로 이 값을 참조해 네임노드를
  호출합니다.

- **hadoop.tmp.dir**

  하둡에서 발생하는 임시 데이터를 저장하기 위한 공간입니다. 기본적으로 root 디렉터리의 하위 디렉터리인 tmp 디
  렉터리에 데이터를 생성합니다. root에 할당돼 있는 로컬 파일의 크기가 작을 수도 있기 때문에 hadoop 계정의 데
  이터가 들어 있는 home 디렉터리의 하위 디렉터리로 설정했습니다. 물론 root의 용량이 충분하다면 기본값을 사용
  해도 무방합니다.

2.10.5 hdfs-site.xml 수정

예제 2.2는 hdfs-site.xml의 내용입니다.

예제 2.2 hdfs-site.xml

```
<?xml version="1.0"?>
<?xml-stylesheet type="text/xsl" href="configuration.xsl"?>
<!-- Put site-specific property overrides in this file. -->
<configuration>
    <property>
        <name>dfs.replication</name>
        <value>3</value>
    </property>
```

```
    <property>
        <name>dfs.http.address</name>
        <value>wikibooks01:50070</value>
    </property>
    <property>
        <name>dfs.secondary.http.address</name>
        <value>wikibooks02:50090</value>
    </property>
</configuration>
```

- **dfs.replication**

  이 속성은 HDFS의 저장될 데이터의 복제본 개수를 의미합니다. 이 값을 1로 설정하면 가상 분산 모드로 하둡을 실행하겠다는 의미입니다. 이 책에서는 완전 분산 모드로 하둡을 구성하므로 이 값을 3으로 설정합니다. 이제 HDFS에 데이터를 저장하면 3개의 복제본이 생성됩니다.

- **dfs.http.address**

  네임노드용 웹서버의 주소값입니다. 기본값은 0.0.0.0:50070으로 설정돼 있습니다. 완전 분산 모드로 설치할 경우 반드시 이 속성을 설정해야 합니다. 이 속성이 없을 경우 보조네임노드가 네임 노드에 접속하지 못하기 때문입니다.

- **dfs.secondary.http.address**

  보조네임노드용 웹서버의 주소값입니다. 기본값은 0.0.0.0:50090으로 설정돼 있습니다.

2.10.6 mapred-site.xml 수정

mapred-site.xml 파일에는 mapred.job.tracker 속성을 추가하며, 예제 2.3과 같이 작성합니다. mapred.job.tracker는 잡트래커(JobTracker) 데몬의 주소를 의미하며, 데이터노드에서 이 주소로 맵리듀스 작업을 요청하게 됩니다.

예제 2.3 mapred-site.xml

```
<?xml version="1.0"?>
<?xml-stylesheet type="text/xsl" href="configuration.xsl"?>
<!-- Put site-specific property overrides in this file. -->
<configuration>
    <property>
```

```
    <name>mapred.job.tracker</name>
    <value>wikibooks01:9001</value>
  </property>
</configuration>
```

네임노드에서 모든 수정 작업이 완료되면 다음과 같이 scp 명령어를 이용해 모든 데이터노드 서버로 네임노드의 하둡 환경설정 파일을 전송합니다.

```
[hadoop@wikibooks01 ~]$ scp hadoop.tar.gz hadoop@wikibooks02:/home/hadoop/
[hadoop@wikibooks01 ~]$ scp hadoop.tar.gz hadoop@wikibooks03:/home/hadoop/
[hadoop@wikibooks01 ~]$ scp hadoop.tar.gz hadoop@wikibooks04:/home/hadoop/
```

파일 전송이 완료되면 다음과 같이 SSH 명령어를 이용해 전체 서버에 하둡을 설치합니다.

```
[hadoop@wikibooks01 ~]$ ssh hadoop@wikibooks02 "cd /home/hadoop; tar xfz hadoop.tar.gz; rm
hadoop.tar.gz"
[hadoop@wikibooks01 ~]$ ssh hadoop@wikibooks03 "cd /home/hadoop; tar xfz hadoop.tar.gz; rm
hadoop.tar.gz"
[hadoop@wikibooks01 ~]$ ssh hadoop@wikibooks04 "cd /home/hadoop; tar xfz hadoop.tar.gz; rm
hadoop.tar.gz"
```

SSH 명령어를 이용하면 위와 같이 원격 서버에서 명령어를 실행할 수 있습니다. 실행 방법은 다음과 같습니다.

> SSH 접속 계정@접속 호스트명 "명령어"

참고로 명령어는 세미콜론(;)을 구분자로 써서 여러 개를 실행할 수 있습니다.

가상 분산 모드 설치

개발 PC에서 직접 하둡을 실행하거나 서버가 하나밖에 준비되지 않은 경우에는 가상 분산 모드로 하둡을 설치해야 합니다. 이 경우 앞서 설정한 여섯 개의 환경설정 파일의 서버 정보를 모두 localhost 혹은 127.0.0.1로 설정하면 하나의 서버에서 모든 하둡 데몬이 실행됩니다.

2.11 하둡 실행

이제 네임노드를 초기화하고 모든 데몬을 실행하면 하둡이 실행됩니다. 네임노드 서버에 SSH로 로그인한 후 다음과 같이 hadoop 명령어를 호출해서 초기화합니다.

```
./bin/hadoop namenode - format
```

hadoop 명령어는 하둡 홈 디렉터리의 하위에 있는 bin 디렉터리에 저장돼 있습니다. 네임노드를 초기화하면 다음과 같은 로그가 출력됩니다. 모든 과정이 정상적으로 진행되면 마지막 네임노드용 파일을 저장할 로컬 디렉터리(/tmp/hadoop-계정명/dfs/name)가 초기화됩니다.

```
[hadoop@wikibooks01 hadoop-1.2.1]$ ./bin/hadoop namenode -format
14/11/07 00:14:31 INFO namenode.NameNode: STARTUP_MSG:
/************************************************************
STARTUP_MSG: Starting NameNode
STARTUP_MSG:   host = wikibooks01/192.168.56.120
STARTUP_MSG:   args = [-format]
STARTUP_MSG:   version = 1.2.1
STARTUP_MSG:   build = https://svn.apache.org/repos/asf/hadoop/common/branches/branch-1.2 -r
1503152; compiled by 'mattf' on Mon Jul 22 15:23:09 PDT 2013
STARTUP_MSG:   java = 1.7.0_71
************************************************************/
14/11/07 00:14:31 INFO util.GSet: Computing capacity for map BlocksMap
14/11/07 00:14:31 INFO util.GSet: VM type       = 64-bit
14/11/07 00:14:31 INFO util.GSet: 2.0% max memory = 1013645312
14/11/07 00:14:31 INFO util.GSet: capacity      = 2^21 = 2097152 entries
14/11/07 00:14:31 INFO util.GSet: recommended=2097152, actual=2097152
14/11/07 00:14:31 INFO namenode.FSNamesystem: fsOwner=hadoop
14/11/07 00:14:31 INFO namenode.FSNamesystem: supergroup=supergroup
14/11/07 00:14:31 INFO namenode.FSNamesystem: isPermissionEnabled=true
14/11/07 00:14:32 INFO namenode.FSNamesystem: dfs.block.invalidate.limit=100
14/11/07 00:14:32 INFO namenode.FSNamesystem: isAccessTokenEnabled=false
accessKeyUpdateInterval=0 min(s), accessTokenLifetime=0 min(s)
14/11/07 00:14:32 INFO namenode.FSEditLog: dfs.namenode.edits.toleration.length = 0
14/11/07 00:14:32 INFO namenode.NameNode: Caching file names occuring more than 10 times
14/11/07 00:14:32 INFO common.Storage: Image file /home/hadoop/hadoop-data/dfs/name/current/
```

```
fsimage of size 112 bytes saved in 0 seconds.
14/11/07 00:14:32 INFO namenode.FSEditLog: closing edit log: position=4, editlog=/home/hadoop/
hadoop-data/dfs/name/current/edits
14/11/07 00:14:32 INFO namenode.FSEditLog: close success: truncate to 4, editlog=/home/hadoop/
hadoop-data/dfs/name/current/edits
14/11/07 00:14:32 INFO common.Storage: Storage directory /home/hadoop/hadoop-data/dfs/name has
been successfully formatted.
14/11/07 00:14:32 INFO namenode.NameNode: SHUTDOWN_MSG:
/************************************************************
SHUTDOWN_MSG: Shutting down NameNode at wikibooks01/192.168.56.120
************************************************************/
```

이제 bin 디렉터리에 있는 start−all.sh 셸을 실행하면 하둡과 관련된 모든 데몬이 실행됩니다.
slaves 파일과 ssh 공개키 설정이 제대로 됐다면 데이터노드용 서버에서 데이터노드와 태스크트래
커 데몬을 각각 실행합니다.

```
[hadoop@wikibooks01 hadoop-1.2.1]$ ./bin/start-all.sh
starting namenode, logging to /home/hadoop/hadoop-1.2.1/libexec/../logs/hadoop-hadoop-namenode-
wikibooks01.out
wikibooks04: starting datanode, logging to /home/hadoop/hadoop-1.2.1/libexec/../logs/hadoop-
hadoop-datanode-wikibooks04.out
wikibooks02: starting datanode, logging to /home/hadoop/hadoop-1.2.1/libexec/../logs/hadoop-
hadoop-datanode-wikibooks02.out
wikibooks03: starting datanode, logging to /home/hadoop/hadoop-1.2.1/libexec/../logs/hadoop-
hadoop-datanode-wikibooks03.out
wikibooks02: starting secondarynamenode, logging to /home/hadoop/hadoop-1.2.1/libexec/../logs/
hadoop-hadoop-secondarynamenode-wikibooks02.out
starting jobtracker, logging to /home/hadoop/hadoop-1.2.1/libexec/../logs/hadoop-hadoop-
jobtracker-wikibooks01.out
wikibooks03: starting tasktracker, logging to /home/hadoop/hadoop-1.2.1/libexec/../logs/hadoop-
hadoop-tasktracker-wikibooks03.out
wikibooks04: starting tasktracker, logging to /home/hadoop/hadoop-1.2.1/libexec/../logs/hadoop-
hadoop-tasktracker-wikibooks04.out
wikibooks02: starting tasktracker, logging to /home/hadoop/hadoop-1.2.1/libexec/../logs/hadoop-
hadoop-tasktracker-wikibooks02.out
```

하둡 데몬 실행 여부는 자바에서 제공하는 jps를 이용해 확인할 수 있습니다. jps는 Java Virtual Machine Process Status Tool의 약자로, 시스템에서 실행 중인 자바 프로세스를 출력합니다. 네임노드용 서버에서 jps를 실행하면 다음과 같이 NameNode, JobTracker가 출력돼야 합니다.

```
hadoop@wikibooks01 hadoop]$ jps
7115 NameNode
7399 JobTracker
26809 Jps
```

데이터노드용 서버에서 jps를 실행하면 다음과 같이 TaskTracker, DataNode가 출력돼야 합니다. 데이터노드용 서버 중 wikibooks02에는 보조네임노드를 설치했으므로 SecondaryNameNode가 추가로 출력돼야 합니다.

```
[hadoop@wikibooks02 ~]$ jps
3005 Jps
16889 TaskTracker
16768 DataNode
7308 SecondaryNameNode
```

하둡은 사용자 편의를 위해 웹 인터페이스를 제공합니다. 웹 브라우저에서 http://NameNode서버 IP:50070으로 접근하면 그림 2.5와 같은 화면이 나타납니다. 이 페이지에서는 HDFS 용량, 데이터 노드 개수 등 기본적인 HDFS의 상태 정보와 네임노드에 적재된 하둡 로그, 그리고 HDFS에 저장된 파일도 조회할 수 있습니다.

```
NameNode 'wikibooks01:9000'

Started:     Fri Nov 07 00:14:44 KST 2014
Version:     1.2.1, r1503152
Compiled:    Mon Jul 22 15:23:09 PDT 2013 by mattf
Upgrades:    There are no upgrades in progress.

Browse the filesystem
Namenode Logs
_____

Cluster Summary

7 files and directories, 1 blocks = 8 total. Heap Size is 56.44 MB / 966.69 MB (5%)
Configured Capacity              : 19.44 GB
DFS Used                         : 84.04 KB
Non DFS Used                     : 7.4 GB
DFS Remaining                    : 12.04 GB
DFS Used%                        : 0 %
DFS Remaining%                   : 61.93 %
Live Nodes                       : 3
Dead Nodes                       : 0
Decommissioning Nodes            : 0
Number of Under-Replicated Blocks : 0
```

그림 2.5 HDFS 관리용 웹 페이지

2.12 예제 실행

하둡은 개발자들이 하둡을 쉽게 배울 수 있게 예제 코드와 예제 코드를 패키징한 jar 파일을 제공합니다. 이번에는 예제로 제공되는 wordcount라는 단어 개수를 세는 프로그램을 이용해 hadoop-env.sh 파일의 단어 개수를 계산해보겠습니다. 예제를 실행하기 전에 우선 다음과 같이 hadoop-env.sh 파일을 HDFS에 업로드합니다. fs 명령어는 3장에서 자세하게 설명할 예정이니 우선 예제를 가벼운 마음으로 따라 해 보길 바랍니다.

```
[hadoop@wikibooks01 hadoop-1.2.1]$ ./bin/hadoop fs -put conf/hadoop-env.sh conf/hadoop-env.sh
```

파일이 업로드되면 다음과 같이 하둡 명령어를 이용해 jar 파일을 실행합니다. 참고로 아래 예제에서는 hadoop-examples-*.jar 파일에 있는 wordcount 클래스를 실행하는데, 입력값으로 conf/hadoop-env.sh 파일을, 출력값으로 output 폴더를 지정했습니다.

```
[hadoop@wikibooks01 hadoop-1.2.1]$ ./bin/hadoop jar hadoop-examples-*.jar wordcount conf/hadoop-
env.sh wordcount_output
14/11/07 01:07:17 INFO input.FileInputFormat: Total input paths to process : 1
14/11/07 01:07:17 INFO util.NativeCodeLoader: Loaded the native-hadoop library
14/11/07 01:07:17 WARN snappy.LoadSnappy:      Snappy native library not loaded
14/11/07 01:07:18 INFO mapred.JobClient: Running job: job_201411070014_0001
14/11/07 01:07:19 INFO mapred.JobClient: map 0% reduce 0%
14/11/07 01:07:28 INFO mapred.JobClient: map 100% reduce 0%
14/11/07 01:07:35 INFO mapred.JobClient: map 100% reduce 33%
14/11/07 01:07:37 INFO mapred.JobClient: map 100% reduce 100%
14/11/07 01:07:40 INFO mapred.JobClient: Job complete: job_201411070014_0001
14/11/07 01:07:40 INFO mapred.JobClient: Counters: 29
14/11/07 01:07:40 INFO mapred.JobClient: Job Counters
14/11/07 01:07:40 INFO mapred.JobClient: Launched reduce tasks=1
14/11/07 01:07:40 INFO mapred.JobClient: SLOTS_MILLIS_MAPS=9956
14/11/07 01:07:40 INFO mapred.JobClient: Total time spent by all reduces waiting after reserving
slots (ms)=0
14/11/07 01:07:40 INFO mapred.JobClient: Total time spent by all maps waiting after reserving
slots (ms)=0
14/11/07 01:07:40 INFO mapred.JobClient: Launched map tasks=1
14/11/07 01:07:40 INFO mapred.JobClient: Data-local map tasks=1
14/11/07 01:07:40 INFO mapred.JobClient: SLOTS_MILLIS_REDUCES=9378
```

```
14/11/07 01:07:40 INFO mapred.JobClient:   File Output Format Counters
14/11/07 01:07:40 INFO mapred.JobClient:     Bytes Written=3253
14/11/07 01:07:40 INFO mapred.JobClient:   FileSystemCounters
14/11/07 01:07:40 INFO mapred.JobClient:     FILE_BYTES_READ=4195
14/11/07 01:07:40 INFO mapred.JobClient:     HDFS_BYTES_READ=3804
14/11/07 01:07:40 INFO mapred.JobClient:     FILE_BYTES_WRITTEN=123377
14/11/07 01:07:40 INFO mapred.JobClient:     HDFS_BYTES_WRITTEN=3253
14/11/07 01:07:40 INFO mapred.JobClient:   File Input Format Counters
14/11/07 01:07:40 INFO mapred.JobClient:     Bytes Read=3685
14/11/07 01:07:40 INFO mapred.JobClient:   Map-Reduce Framework
14/11/07 01:07:40 INFO mapred.JobClient:     Map output materialized bytes=4195
14/11/07 01:07:40 INFO mapred.JobClient:     Map input records=83
14/11/07 01:07:40 INFO mapred.JobClient:     Reduce shuffle bytes=4195
14/11/07 01:07:40 INFO mapred.JobClient:     Spilled Records=470
14/11/07 01:07:40 INFO mapred.JobClient:     Map output bytes=5255
14/11/07 01:07:40 INFO mapred.JobClient:     Total committed heap usage (bytes)=176230400
14/11/07 01:07:40 INFO mapred.JobClient:     CPU time spent (ms)=1270
14/11/07 01:07:40 INFO mapred.JobClient:     Combine input records=407
14/11/07 01:07:40 INFO mapred.JobClient:     SPLIT_RAW_BYTES=119
14/11/07 01:07:40 INFO mapred.JobClient:     Reduce input records=235
14/11/07 01:07:40 INFO mapred.JobClient:     Reduce input groups=235
14/11/07 01:07:40 INFO mapred.JobClient:     Combine output records=235
14/11/07 01:07:40 INFO mapred.JobClient:     Physical memory (bytes) snapshot=252391424
14/11/07 01:07:40 INFO mapred.JobClient:     Reduce output records=235
14/11/07 01:07:40 INFO mapred.JobClient:     Virtual memory (bytes) snapshot=1454247936
14/11/07 01:07:40 INFO mapred.JobClient:     Map output records=407
```

wordcount를 실행하면 맵리듀스 프로그램의 진행률과 다양한 로그 메시지가 출력됩니다(각 출력
값은 4장에서 자세히 설명합니다). 그럼 wordcount를 실행한 출력값이 정상적으로 생성됐는지 확
인해보겠습니다. fs 명령어에 cat 파라미터를 지정해 HDFS에 저장된 출력값을 확인해 보면 다음과
같이 hadoop-env.sh 파일의 단어별 개수가 출력되는 것을 볼 수 있습니다.

```
[hadoop@wikibooks01 hadoop]$ ./bin/hadoop fs -cat wordcount_output/part-r-00000
#             35
$HADOOP_BALANCER_OPTS"   1
$HADOOP_DATANODE_OPTS"   1
```

```
$HADOOP_HOME/conf/slaves        1
$HADOOP_HOME/logs        1
$HADOOP_JOBTRACKER_OPTS"        1
$HADOOP_NAMENODE_OPTS"    1
$HADOOP_SECONDARYNAMENODE_OPTS" 1
$USER    1
'man     1
(fs,     1
-o       1
/tmp     1
1000.    1
A        1
All      1
(생략)
```

하둡 분산 파일 시스템

HDFS(Hadoop Distributed File System)는 수십 테라바이트 또는 페타바이트 이상의 대용량 파일을 분산된 서버에 저장하고, 많은 클라이언트가 저장된 데이터를 빠르게 처리할 수 있게 설계된 파일 시스템입니다. 이번 장에서는 HDFS의 동작 방식을 알아보고, 하둡에서 제공하는 명령어와 API를 이용해 HDFS를 제어하는 예제를 작성하겠습니다.

3.1 HDFS 기초

기존에도 DAS, NAS, SAN과 같은 대용량 파일 시스템이 있었으며, HDFS 또한 이러한 대용량 파일 시스템과 유사한 점이 많습니다. 아래의 표 3.1은 기존 분산 파일 시스템 중 가장 범용적으로 사용하는 DAS, NAS, SAN을 정리한 내용입니다.

표 3.1 대용량 파일 시스템

대용량 파일 시스템	특징
DAS (Direct-Attached Storage)	서버에 직접 연결된 스토리지(storage)이며, 외장형 하드디스크로 이해하면 됩니다. 여러 개의 하드디스크를 장착할 수 있는 외장 케이스를 이용하는 방식입니다.
NAS (Network-Attached Storage)	일종의 파일 서버입니다. 별도의 운영체제를 사용하며, 파일 시스템을 안정적으로 공유할 수 있습니다. 주로 첨부 파일이나 이미지 같은 데이터를 저장하는 데 많이 사용합니다.
SAN (Storage Area Network)	수십에서 수백 대의 SAN 스토리지를 데이터 서버에 연결해 총괄적으로 관리해주는 네트워크를 의미합니다. DAS의 단점을 극복하기 위해 개발됐으며, 현재 SAN 기법이 시장의 절반 이상을 차지합니다. DBMS와 같이 안정적이고 빠른 접근이 필요한 데이터를 저장하는 데 사용합니다.

HDFS와 기존 대용량 파일 시스템의 가장 큰 차이점은 저사양 서버를 이용해 스토리지를 구성할 수 있다는 것입니다. 기존 대용량 파일 시스템이 혹은 데이터베이스 서버를 구성하려면 고성능 서버를 준비해야 하며, 이러한 고사양 서버는 웹 서버 같은 서버에 비해 상당히 많은 비용이 발생합니다. 하지만 HDFS를 이용하면 수십 혹은 수백 대의 웹 서버급 서버를 묶어서 하나의 스토리지처럼 사용할 수 있습니다. 이때 HDFS에 저장하는 데이터는 물리적으로는 분산된 서버의 로컬 디스크에 저장돼 있지만, 파일의 읽기 및 저장과 같은 제어는 HDFS에서 제공하는 API를 이용해 처리됩니다.

물론 HDFS가 기존 대용량 파일 시스템을 완전히 대체하는 것은 아닙니다. DBMS처럼 고성능과 고가용성이 필요한 경우에는 SAN을, 안정적인 파일 저장이 필요한 경우에는 NAS를 사용합니다. 또 전자상거래처럼 트랜잭션이 중요한 경우는 HDFS가 적합하지 않으며, 대규모 데이터를 저장하거나, 배치로 처리를 하는 경우에 HDFS를 이용하면 됩니다

HDFS는 다음과 같이 네 가지 목표를 가지고 설계됐습니다.

1. 장애 복구

HDFS를 구성하는 분산 서버에는 다양한 장애가 발생할 수 있습니다. 예를 들어, 하드디스크에 오류가 생겨서 데이터를 저장할 때 실패할 수 있고, 디스크 복구가 불가능한 경우 데이터가 유실되는 심각한 상황이 발생할 수 있습니다. 또한 네트워크에 문제가 생겨서 특정 분산 서버에 대한 네트워크가 차단될 수도 있습니다.

HDFS는 장애를 빠른 시간에 감지하고, 대처할 수 있게 설계돼 있습니다. HDFS에 데이터를 저장하면, 복제 데이터도 함께 저장되어 데이터 유실을 방지합니다. 또한 분산 서버 간에는 주기적으로 상태를 체크해 빠른 시간에 장애를 인지하고, 대처할 수 있게 도와줍니다.

2. 스트리밍 방식의 데이터 접근

HDFS는 클라이언트의 요청을 빠른 시간 내에 처리하는 것보다는 동일한 시간 내에 더 많은 데이터를 처리하는 것을 목표로 합니다. HDFS는 이를 위해 랜덤 방식의 데이터 접근을 고려하지 않습니다. 그래서 인터넷 뱅킹, 인터넷 쇼핑몰과 같은 서비스에서 기존 파일 시스템 대신 HDFS를 사용하는 것은 적합하지 않습니다.

HDFS는 랜덤 접근 방식 대신 스트리밍 방식으로 데이터에 접근하도록 설계돼 있습니다. 그래서 클라이언트는 끊김 없이 연속된 흐름으로 데이터에 접근할 수 있습니다. 참고로 데이터에 접근하는 자세한 방법은 3.2.3절에서 자세히 다룰 예정입니다.

3. 대용량 데이터 저장

HDFS는 하나의 파일이 기가바이트에서 테라바이트 이상의 크기로 저장될 수 있게 설계됐습니다. 그래서 높은 데이터 전송 대역폭과 하나의 클러스터에서 수백 대의 노드를 지원할 수 있습니다. 또한 하나의 인스턴스에서는 수백만 개 이상의 파일을 지원합니다.

4. 데이터 무결성

데이터베이스에서 데이터 무결성이란 데이터베이스에 저장되는 데이터의 일관성을 의미합니다. 즉, 데이터의 입력
이나 변경 등을 제한해 데이터의 안전성을 저해하는 요소를 막는 것을 의미합니다. HDFS에서는 한 번 저장한 데이
터는 더는 수정할 수 없고, 읽기만 가능하게 해서 데이터 무결성을 유지합니다. 데이터 수정은 불가능하지만 파일
이동, 삭제, 복사할 수 있는 인터페이스를 제공합니다. 다행스럽게도 데이터 수정이 불가능하다는 문제는 하둡 0.20
버전부터 검토돼 왔고, 현재 출시된 하둡 2.0 알파 버전부터는 HDFS에 저장된 파일에 append가 가능합니다.

3.2 HDFS 아키텍처

이번 절에서는 HDFS의 아키텍처에 대해 알아보겠습니다.

3.2.1 블록 구조 파일 시스템

HDFS는 블록 구조의 파일 시스템입니다. HDFS에 저장하는 파일은 특정 크기의 블록으로 나뉘져
분산된 서버에 저장됩니다. 블록 크기는 기본적으로 64MB로 설정돼 있으며, 하둡 환경설정 파일이
나 다른 방법으로 얼마든지 변경할 수 있습니다. 여러 개의 블록은 동일한 서버에 저장되는 것이 아
니라 여러 서버에 나눠서 저장됩니다. 이렇게 분산된 서버에 나눠서 데이터를 저장하기 때문에 로컬
서버의 하드디스크보다 큰 규모의 데이터를 저장할 수 있는 것이고, 저장할 수 있는 용량을 수십 기
가, 테라, 페타바이트까지 확대할 수 있는 것입니다.

그런데 블록의 크기가 왜 64MB나 되는 걸까요?

첫째, 디스크 시크 타임(seek time)의 감소입니다. 디스크의 탐색 시간은 데이터의 위치를 찾는 데
걸리는 시간인 시크 타임과 원하는 데이터의 섹터에 도달하는 데 걸리는 시간인 서치 타임(search
time)의 합입니다. 하둡이 개발됐던 시기의 일반적인 디스크 시크 타임은 10ms, 디스크 전송 대역
폭은 100MB/s였습니다. HDFS는 시크 타임이 디스크 전송 대역폭의 1%만을 사용하는 데 주안점을
뒀습니다. 그래서 100MB에 근접한 64MB를 사용한 것입니다. 참고로 하둡 2.0 버전부터는 기본 블
록 크기가 128MB로 늘어났습니다.

둘째, 네임노드가 유지하는 메타데이터의 크기 감소입니다. 네임노드는 블록 위치, 파일명, 디렉터
리 구조, 권한 정보와 같은 메타데이터 정보를 메모리에 저장하고 관리합니다. 예를 들어, 100MB
크기의 파일을 저장할 경우, HDFS는 두 블록의 메타데이터만 저장하면 됩니다. 하지만 일반적인
파일 시스템은 블록의 크기가 4k ~ 8k이기 때문에 동일 크기의 파일을 저장할 경우 훨씬 많은 메타
데이터가 생성됩니다.

참고로 네임노드가 관리하는 블록의 개수는 네임노드에 할당된 힙 메모리 크기에 영향을 받게 됩니다. 일반적으로 100만 개의 블록을 저장할 경우, 힙 메모리는 1GB가 필요합니다. 만약 기본 블록 크기보다 작은 파일을 HDFS에 저장하는 경우 네임노드가 사용할 수 있는 블록 개수도 빠른 속도로 줄어들 것입니다. 결국 제한된 메모리 크기에서 네임노드가 관리할 수 있는 블록 개수가 줄어들어서 많은 양의 데이터를 HDFS에 저장할 수 없게 됩니다.

셋째, 클라이언트와 네임노드의 통신 감소입니다. 클라이언트가 HDFS에 저장된 파일을 접근할 때 네임노드에서 해당 파일을 구성하는 블록의 위치를 조회합니다. 클라이언트는 스트리밍 방식으로 데이터를 읽고 쓰기 때문에 특별한 경우를 제외하고는 네임노드와 통신할 필요가 없어집니다.

그림 3.1은 200MB 크기의 파일을 HDFS에 저장했을 때 블록이 복제되는 것을 나타낸 그림입니다. 파일은 네 개의 블록으로 분리된 후 블록당 3개씩 HDFS에 저장돼 있습니다.

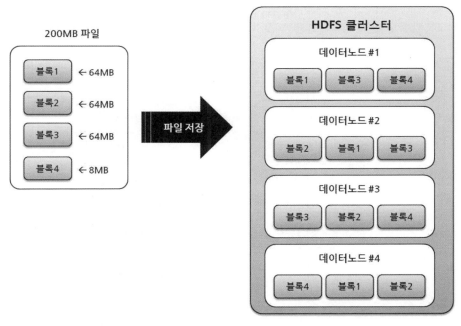

그림 3.1 HDFS 파일의 복제 구조

HDFS는 블록을 저장할 때 기본적으로 3개씩 블록의 복제본을 저장합니다. 블록이 복제돼 있기 때문에 특정 서버의 하드디스크에 오류가 생기더라도 복제된 블록을 이용해 데이터를 조회할 수 있습니다. 그리고 HDFS의 블록 크기처럼 복제본의 수도 하둡 환경설정 파일에서 수정할 수 있습니다.

HDFS의 기본 블록 크기인 64MB 이하의 작은 파일도 HDFS에 저장할 수 있습니다. 또한 크기가 작은 파일이더라도 무조건 64MB 크기의 블록을 차지하는 것이 아니라 크기에 맞게 블록이 저장됩니다. 예를 들어, 블록 크기가 64MB인 HDFS에 10KB인 파일을 저장할 경우 해당 파일은 10KB의 디스크 공간만을 차지합니다.

3.2.2 네임노드와 데이터노드

HDFS는 마스터-슬레이브(Master-Slave) 아키텍처입니다. 마스터 서버는 네임노드(NameNode)이며, 슬레이브 서버는 데이터노드(DataNode)입니다. 그림 3.2는 HDFS의 아키텍처를 나타냅니다. 참고로 보조네임노드는 3.2.5절에서 설명할 예정입니다.

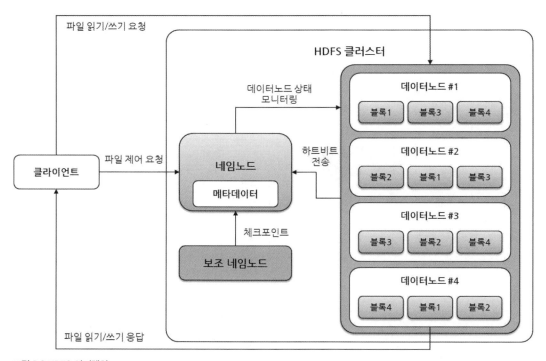

그림 3.2 HDFS 아키텍처

네임노드

HDFS의 마스터 서버인 네임노드는 다음과 같은 기능을 수행합니다.

■ **메타데이터 관리**

네임노드는 파일 시스템을 유지하기 위한 메타데이터를 관리합니다. 메타데이터는 파일 시스템 이미지(파일명, 디렉터리, 크기, 권한)와 파일에 대한 블록 매핑 정보로 구성됩니다. 네임노드는 클라이언트에게 빠르게 응답할 수 있게 메모리에 전체 메타데이터를 로딩해서 관리합니다.

■ **데이터노드 모니터링**

데이터노드는 네임노드에게 3초마다 하트비트(heartbeat) 메시지를 전송합니다. 하트비트는 데이터노드 상태 정보와 데이터노드에 저장돼 있는 블록의 목록(blockreport, 블록리포트)으로 구성됩니다. 네임노드는 하트비트를 이용해 데이터노드의 실행 상태와 용량을 모니터링합니다. 그리고 일정 기간 동안 하트비트를 전송하지 않는 데이터노드가 있을 경우 장애가 발생한 서버로 판단합니다.

■ **블록 관리**

네임노드는 다양한 방법으로 블록을 관리합니다. 우선, 네임노드는 장애가 발생한 데이터노드를 발견하면 해당 데이터노드의 블록을 새로운 데이터노드로 복제합니다. 또한 용량이 부족한 데이터노드가 있다면 용량에 여유가 있는 데이터노드로 블록을 이동시킵니다. 마지막으로 네임노드는 블록의 복제본 수도 관리합니다. 만약 복제본 수와 일치하지 않는 블록이 발견될 경우 추가로 블록을 복제하거나 삭제해줍니다.

■ **클라이언트 요청 접수**

클라이언트가 HDFS에 접근하려면 반드시 네임노드에 먼저 접속해야만 합니다. HDFS에 파일을 저장하는 경우 기존 파일의 저장 여부와 권한 확인의 절차를 거쳐서 저장을 승인합니다. 또한 HDFS에 저장된 파일을 조회하는 경우 블록의 위치 정보를 반환합니다.

데이터노드

데이터노드는 클라이언트가 HDFS에 저장하는 파일을 로컬 디스크에 유지합니다. 이때 로컬 디스크에 저장되는 파일은 두 종류로 구성됩니다. 첫 번째 파일은 실제 데이터가 저장돼 있는 로우 데이터이며, 두 번째 파일은 체크섬이나 파일 생성 일자와 같은 메타데이터가 설정돼 있는 파일입니다.

3.2.3 HDFS의 파일 저장

HDFS의 파일 저장은 클라이언트가 네임노드에게 파일 저장을 요청하는 단계, 클라이언트가 데이터노드에게 패킷을 전송하는 단계, 클라이언트가 파일 저장을 완료하는 단계로 구성됩니다. 이번 절에서는 파일 저장의 단계별 세부 동작 방식을 알아보겠습니다.

파일 저장 요청

클라이언트가 HDFS에 파일을 저장하는 경우 파일을 저장하기 위한 스트림을 생성해야 합니다. 그림 3.3은 클라이언트가 네임노드와의 통신 과정을 통해 파일 저장용 스트림 객체를 생성하는 과정을 나타냅니다.

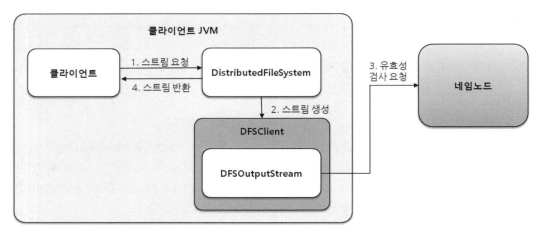

그림 3.3 파일 저장 스트림 객체 생성

1. 하둡은 FileSystem이라는 추상 클래스에 일반적인 파일 시스템을 관리하기 위한 메서드를 정의합니다. 그리고 이 추상 클래스를 상속받아 각 파일 시스템에 맞게 구현된 다양한 파일 시스템 클래스를 제공합니다. HDFS에 파일을 저장하는 경우에는 파일 시스템 클래스 중 DistributedFileSystem을 사용합니다. 클라이언트는 DistributedFileSystem의 create 메서드를 호출해 스트림 객체를 생성합니다.

2. DistributedFileSystem은 클라이언트에게 반환할 스트림 객체로, FSDataOutputStream을 생성합니다. FSDataOutputStream은 데이터노드와 네임노드의 통신을 관리하는 DFSOutputStream을 래핑하는 클래스입니다. DistributedFileSystem은 DFSOutputStream을 생성하기 위해 DFSClient의 create 메서드를 호출합니다.

3. DFSClient는 DFSOutputStream을 생성합니다. 이때 DFSOutputStream은 RPC 통신으로, 네임노드의 create 메서드를 호출합니다. 네임노드는 클라이언트의 요청이 유효한지 검사를 진행합니다. 이미 생성된 파일이거나, 권한에 문제가 있거나, 현재 파일 시스템의 용량을 초과한다면 오류가 발생합니다. 네임노드는 파일 유효성 검사 결과가 정상일 경우 파일 시스템 이미지에 해당 파일의 엔트리를 추가합니다. 마지막으로 네임노드는 클라이언트에게 해당 파일을 저장할 수 있는 제어권을 부여합니다.

4. 네임노드의 유효성 검사를 통과했다면 DFSOutputStream 객체가 정상적으로 생성됩니다. DistributedFileSystem은 DFSOutputStream을 래핑한 FSDataOutputStream을 클라이언트에게 반환합니다.

패킷 전송

클라이언트가 네임노드에게서 파일 제어권을 얻게 되면 파일 저장을 진행합니다. 이때 클라이언트는 파일을 네임노드에게 전송하지 않고 각 데이터노드에 전송합니다. 그리고 저장할 파일은 패킷 단위로 나눠서 전송합니다. 그림 3.4는 클라이언트의 패킷 전송 과정을 나타냅니다.

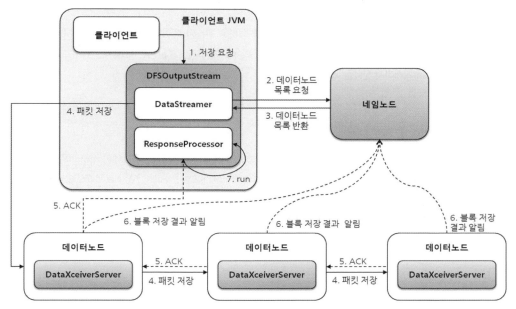

그림 3.4 패킷 전송 과정

1. 클라이언트는 스트림 객체의 write 메서드를 호출해 파일 저장을 시작합니다. DFSOutputStream은 클라이언트가 저장하는 파일을 64K 크기의 패킷으로 분할합니다.

2. DFSOutputStream은 전송할 패킷을 내부 큐인 데이터큐(dataQueue)에 등록합니다. DFSOutputStream의 내부 스레드가 데이터큐에 패킷이 등록된 것을 확인하면 DFSOutputStream의 내장 클래스인 DataStreamer는 네임노드의 addBlock 메서드를 호출합니다.

3. 네임노드는 DataStreamer에게 블록을 저장할 데이터노드 목록을 반환합니다. 이 목록은 복제본 수와 동일한 수의 데이터노드를 연결한 파이프라인을 형성합니다. 예를 들어, HDFS의 복제본 수가 3으로 설정돼 있다면 데이터노드 3개가 파이프라인을 형성합니다.

4. DataStreamer는 파이프라인의 첫 번째 데이터노드부터 패킷 전송을 시작합니다. 데이터노드는 클라이언트와 다른 데이터노드로부터 패킷을 주고받기 위해 DataXceiverServer 데몬을 실행합니다. DataXceiverServer는 클라이언트 및 다른 데이터노드와 패킷 교환 기능을 제공합니다.

첫 번째 데이터노드는 패킷을 저장하면서, 두 번째 데이터노드에게 패킷 저장을 요청합니다. 두 번째 데이터노드도 패킷을 저장하면서, 세 번째 데이터노드에게 패킷 저장을 요청합니다. 마지막으로 세 번째 데이터노드가 패킷을 저장합니다.

또한 첫 번째 데이터노드에 패킷을 저장할 때 DFSOutputStream은 내부 큐인 승인큐(ackQueue)에 패킷을 등록합니다. 승인큐는 패킷 전송이 완료됐다는 응답을 기다리는 패킷이 등록돼 있으며, 모든 데이터노드로부터 응답을 받았을 때만 해당 패킷이 제거됩니다.

5. 각 데이터노드는 패킷이 정상적으로 저장되면 자신에게 패킷을 전송한 데이터노드에게 ACK 메시지를 전송합니다. ACK 메시지는 패킷 수신이 정상적으로 완료됐다는 승인 메시지입니다. 승인 메시지는 파이프라인을 통해 DFSOutputStream에게까지 전달됩니다.

6. 각 데이터노드는 패킷 저장이 완료되면 네임노드의 blockReceived 메서드를 호출합니다. 이를 통해 네임노드는 해당 블록이 정상적으로 저장됐다는 것을 인지합니다.

7. DFSOutputStream의 내부 스레드인 ResponseProcessor는 파이프라인에 있는 모든 데이터노드로부터 승인 메시지를 받게 되면 해당 패킷을 승인큐에서 제거합니다. 만약 패킷을 전송하는 중에 장애가 발생하면 승인 큐에 있는 모든 패킷을 데이터큐로 이동합니다. 그리고 네임노드에서 장애가 발생한 데이터노드가 제거된 새로운 데이터노드 목록을 내려받습니다. 마지막으로 새로운 파이프라인을 생성한 후 다시 패킷 전송 작업을 시작합니다.

파일 닫기

이제 스트림을 닫고 파일 저장을 완료할 차례입니다. 그림 3.5는 클라이언트가 파일을 닫는 과정을 나타냅니다.

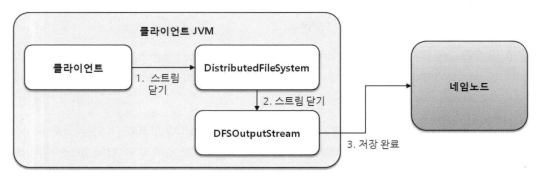

그림 3.5 파일 닫기

1. 클라이언트는 DistributdFileSystem의 close 메서드를 호출해 파일 닫기를 요청합니다.

2. DistributedFileSystem은 DFSOutputStream의 close 메서드를 호출합니다. 이 메서드는 DFSOutputStream에 남아 있는 모든 패킷을 파이프라인으로 플러시(flush)합니다.

3. DFSOutputStream은 네임노드의 complete 메서드를 호출해 패킷이 정상적으로 저장됐는지 확인합니다. 네임노드의 최소 블록 복제본 수만 저장됐다면 complete 메서드는 true를 반환합니다. DFSOutputStream은 true를 반환받으면 파일 저장이 완료된 것으로 설정합니다.

3.2.4 HDFS의 파일 읽기

이번 절에서는 HDFS에 저장된 파일을 조회하는 과정을 단계별로 알아보겠습니다.

파일 조회 요청

클라이언트는 입력 스트림 객체를 이용해 HDFS에 저장된 파일을 조회할 수 있습니다. 그림 3.6은 클라이언트가 입력 스트림 객체를 생성하는 과정을 나타냅니다.

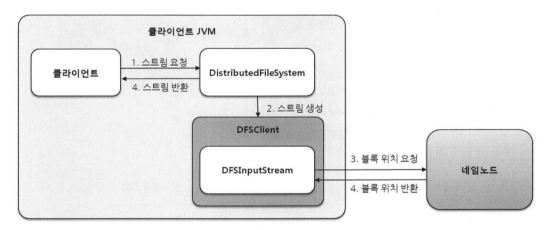

그림 3.6 파일 조회 요청 과정

1. 클라이언트는 DistributedFileSystem의 open 메서드를 호출해 스트림 객체 생성을 요청합니다.

2. DistributedFileSystem은 FSDataInputStream 객체를 생성합니다. 이때 FSDataInputStream은 DFSDataInputStream과 DFSInputStream을 차례대로 래핑합니다. DistributedFileSystem은 마지막에 래핑이 되는 DFSInputStream을 생성하기 위해 DFSClient의 open 메서드를 호출합니다.

3. DFSClient는 DFSInputStream을 생성합니다. 이때 DFSInputStream은 네임노드의 getBlockLocations 메서드를 호출해 조회 대상 파일의 블록 위치 정보를 조회합니다. 참고로 DFSInputStream은 한 번에 모든 블록을 조회하지 않고, 기본 블록 크기의 10배수만큼 블록을 조회합니다. 예를 들어, HDFS의 기본 블록 크기가 64MB이면 640MB의 블록을 조회합니다.

4. 네임노드는 조회 대상 파일의 블록 위치 목록을 생성한 후 목록을 클라이언트에 가까운 순으로 정렬합니다. 정렬이 완료되면 DFSInputStream에 정렬된 블록 위치 목록을 반환합니다. DistributedSystem은 DFSClient로부터 전달받은 DFSInputSteam을 이용해 FSDataInputStream으로 생성해서 클라이언트에게 반환합니다.

블록 조회

이번에는 클라이언트가 실제 블록을 조회하는 과정을 알아보겠습니다. 그림 3.7은 클라이언트가 로컬 서버와 원격 서버에 있는 블록을 조회하는 과정을 나타냅니다.

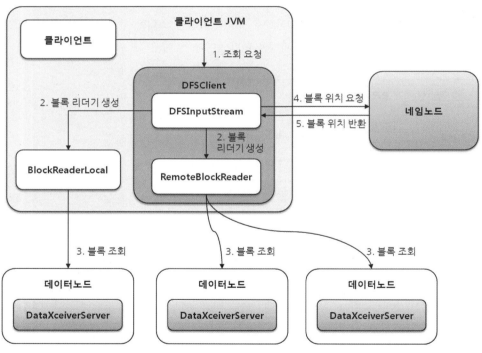

그림 3.7 블록 조회 과정

1. 클라이언트는 입력 스트림 객체의 read 메서드를 호출해 스트림 조회를 요청합니다.

2. DFSInputStream은 첫 번째 블록과 가장 가까운 데이터노드를 조회한 후, 해당 블록을 조회하기 위한 리더기를 생성합니다. 클라이언트와 블록이 저장된 데이터노드가 같은 서버에 있다면 로컬 블록 리더기인 BlockReaderLocal을 생성하고, 데이터노드가 원격에 있을 경우에는 RemoteBlockReader를 생성합니다.

3. DFSInputStream은 리더기의 read 메서드를 호출해 블록을 조회합니다. BlockReaderLocal은 로컬 파일 시스템에 저장된 블록을 DFSInputStream에게 반환합니다. 그리고 RemoteBlockReader는 원격에 있는 데이터노드에게 블록을 요청하며, 데이터노드의 DataXceiverServer가 블록을 DFSInputStream에게 반환합니다. 참고로 DFSInputStream은 조회한 데이터의 체크섬을 검증하며, 체크섬에 문제가 있을 경우 다른 데이터노드에게 블록 조회를 요청합니다.

4. DFSInputStream은 파일을 모두 읽을 때까지 계속해서 블록을 조회합니다. 만약 DFSInputStream이 저장하고 있던 블록을 모두 읽었는데도 파일을 모두 읽지 못했다면 네임노드의 getBlockLocations 메서드를 호출해 필요한 블록 위치 정보를 다시 요청합니다. 위와 같이 파일을 끊김 없이 연속적으로 읽기 때문에 클라이언트는 스트리밍 데이터를 읽는 것처럼 처리할 수 있습니다.

5. 네임노드는 DFSInputStream에게 클라이언트에게 가까운 순으로 정렬된 블록 위치 목록을 반환합니다.

입력 스트림 닫기

클라이언트가 모든 블록을 읽고 나면 입력 스트림 객체를 닫아야 합니다. 그림 3.8은 입력 스트림을 닫는 과정을 나타냅니다.

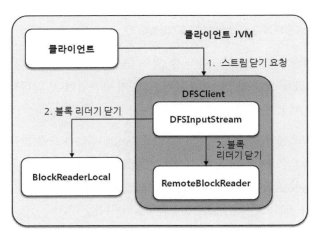

그림 3.8 입력 스트림 닫기

1. 클라이언트는 입력 스트림 객체의 close 메서드를 요청해 스트림 닫기를 요청합니다.

2. DFSInputStream은 데이터노드와 연결돼 있는 커넥션을 종료합니다. 그리고 블록 조회용으로 사용했던 리더기도 닫아줍니다.

3.2.5 보조네임노드

앞서 네임노드는 메타데이터를 메모리에서 처리한다고 설명했습니다. 하지만 메모리에만 데이터를 유지할 경우 서버가 재부팅될 경우 모든 메타데이터가 유실될 수 있습니다. HDFS는 이러한 문제점을 극복하기 위해 editslog와 fsimage라는 두 개의 파일을 생성합니다.

editslog는 HDFS의 모든 변경 이력을 저장합니다. HDFS는 클라이언트가 파일을 저장하거나, 삭제하거나, 혹은 파일을 이동하는 경우 editslog와 메모리에 로딩돼 있는 메타데이터에 기록합니다. 그리고 fsimage는 메모리에 저장된 메타데이터의 파일 시스템 이미지를 저장한 파일입니다. 네임노드가 구동될 경우, 다음과 같은 단계로 위 두 개의 파일을 사용합니다.

1. 네임노드가 구동되면 로컬에 저장된 fsimage와 editslog를 조회합니다.

2. 메모리에 fsimage를 로딩해 파일 시스템 이미지를 생성합니다.

3. 메모리에 로딩된 파일 시스템 이미지에 editslog에 기록된 변경 이력을 적용합니다.

4. 메모리에 로딩된 파일 시스템 이미지를 이용해 fsimage 파일을 갱신합니다.

5. editslog를 초기화합니다.

6. 데이터노드가 전송한 블록리포트를 메모리에 로딩된 파일 시스템 이미지에 적용합니다.

위 단계는 평상시에는 아무런 문제가 없지만 editslog의 크기가 클 경우 문제가 될 수 있습니다. 왜냐하면 editslog는 별도의 크기 제한이 없기 때문에 무한대로 커질 수 있기 때문입니다. 그래서 editslog가 너무 크다면 3번 단계를 진행할 때 많은 시간이 소요될 것입니다.

이러한 문제점을 해결하기 위해 HDFS는 보조네임노드(Secondary Name Node)라는 노드를 제공합니다. 보조네임노드는 주기적으로 네임노드의 fsimage를 갱신하는 역할을 하며, 이러한 작업을 체크포인트(checkpoint)라고 합니다. 그래서 흔히 보조네임노드를 체크포인팅 서버라고 표현하기도 합니다. 다음 그림 3.9는 보조네임노드의 체크포인팅 단계를 나타낸 그림입니다.

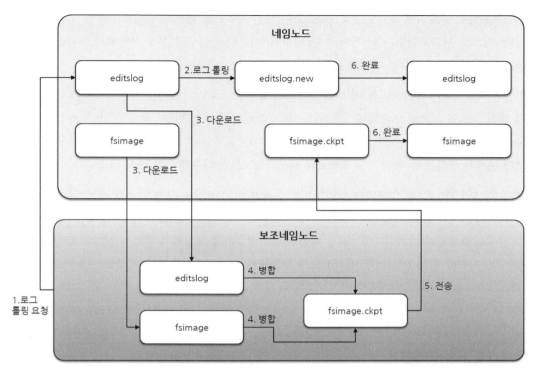

그림 3.9 체크포인팅 단계

그림 3.9의 각 단계는 다음과 같이 진행됩니다.

1. 보조네임노드는 네임노드에게 editslog를 롤링할 것을 요청합니다(로그 롤링은 현재 로그 파일의 이름을 변경하고, 원래 이름으로 새 로그 파일을 만드는 것입니다).

2. 네임노드는 기존 editslog를 롤링한 후, editslog.new를 생성합니다.

3. 보조네임노드는 네임노드에 저장된 롤링된 editslog와 fsimage를 다운로드합니다.

4. 보조네임노드는 다운받은 fsimage를 메모리에 로딩하고, editslog에 있는 변경 이력을 메모리에 로딩된 파일 시스템 이미지에 적용합니다. 메모리 갱신이 완료되면 새로운 fsimage를 생성하며, 이 파일을 체크포인팅할 때 사용합니다. 이때 파일명은 fsimage.ckpt로 생성됩니다.

5. 보조네임노드는 fsimage.ckpt를 네임노드에게 전송합니다.

6. 네임노드는 로컬에 저장돼 있던 fsimage를 보조네임노드가 전송한 fsimage.ckpt로 변경합니다. 그리고 editslog.new 파일명을 editslog로 변경합니다.

체크포인팅이 완료되면 네임노드의 fsimage는 최신 내역으로 갱신되며, editslog의 크기도 축소됩니다. 참고로 체크포인팅은 1시간마다 한 번씩 일어나며, 하둡 환경설정 파일에서 fs.checkpoint. period 속성값을 수정해서 제어할 수 있습니다.

하둡을 처음 접한 독자는 보조네임노드를 중요하게 생각하지 않거나 보조네임노드가 마치 네임노드의 백업 노드인 것으로 오해할 수 있습니다. 하지만 앞에서 설명했듯이 보조네임노드는 네임노드의 fsimage를 축소시켜주는 역할을 담당할 뿐 백업 서버가 아닙니다. 운영체제가 잘못되거나 네트워크에 문제가 생기는 등 여러 가지 원인으로 보조네임노드가 다운돼 있을 수도 있습니다.

보조네임노드가 다운돼 있더라도 네임노드가 동작하는 데는 전혀 문제가 없기 때문에 하둡 운영자 및 개발자는 아무런 조치를 취하지 않을 수 있습니다. 하지만 네임노드가 재구동하는 상황이 발생할 경우 editslog의 크기가 너무 커서 네임노드의 메모리에 로딩되지 못하는 상황이 발생할 수 있습니다. 이러한 장애를 사전에 방지하도록 주기적으로 보조네임노드가 제대로 구동되고 있는지, editslog의 용량이 과도하게 증가하지는 않았는지 꼭 확인해야 합니다.

3.3 HDFS 명령어

하둡은 사용자가 HDFS를 쉽게 제어할 수 있게 셸 명령어를 제공합니다. 이 셸 명령어는 FileSystemShell(이하 fs 셸)이라고 하며, 다음과 같은 형식으로 하둡 홈 디렉터리에서 실행할 수 있습니다.

```
./bin/hadoop fs - cmd [args]
```

cmd는 사용자가 설정한 명령어이고, args는 해당 명령어를 실행할 때 필요한 파라미터를 의미합니다. 그리고 args에 생략부호(…)을 사용한 경우에는 해당 args를 여러 번 반복해서 사용할 수 있다는 표시입니다.

fs 셸에서 제공하는 대부분의 명령어는 유닉스 계열에서 사용하는 명령어와 비슷하게 사용할 수 있으며, fs 셸에서 어떤 명령어가 제공되는지는 "hadoop fs -help"라고 입력하면 확인할 수 있습니다. fs 셸은 파일에 대한 권한 부여, 파일의 복사 및 삭제와 같은 일반적인 파일에 대한 작업을 대부분 지원하며, 파일의 복제 정보에 대한 변경과 같은 HDFS의 특정 작업도 지원합니다.

그럼 이제 fs 셸에서 어떤 기능을 제공하는지 알아보겠습니다.

파일 목록 보기 – ls, lsr

ls

지정한 디렉터리에 있는 파일의 정보를 출력하거나, 특정한 파일을 지정해 정보를 출력하는 명령어입니다. 파일 및 디렉터리의 권한 정보, 소유자, 소유 그룹, 생성일자, 바이트 수 등을 확인할 수 있습니다.

사용법

./bin/hadoop fs –ls [디렉터리|파일 …]

사용예

경로를 지정하지 않을 경우 해당 계정의 홈 디렉터리를 조회합니다.

```
[hadoop@wikibooks01 hadoop-1.2.1]$ ./bin/hadoop fs -ls
Found 2 items
drwxr-xr-x   - hadoop supergroup   0 2014-11-07 01:07 /user/hadoop/conf
drwxr-xr-x   - hadoop supergroup   0 2014-11-07 01:07 /user/hadoop/wordcount_output
```

디렉터리를 지정할 경우 해당 디렉터리에 저장돼 있는 파일 목록을 출력합니다.

```
[hadoop@wikibooks01 hadoop-1.2.1]$ ./bin/hadoop fs -ls wordcount_output
Found 3 items
-rw-r--r--   3 hadoop supergroup      0 2014-11-07 01:07 /user/hadoop/wordcount_output/_SUCCESS
drwxr-xr-x   - hadoop supergroup      0 2014-11-07 01:07 /user/hadoop/wordcount_output/_logs
-rw-r--r--   3 hadoop supergroup   3253 2014-11-07 01:07 /user/hadoop/wordcount_output/part-r-00000
```

lsr

ls 명령어는 현재의 디렉터리만 출력하는 반면 lsr 명령어는 현재 디렉터리의 하위 디렉터리 정보까지 출력합니다.

사용법

./bin/hadoop fs –lsr [디렉터리|파일 …]

아래 예제는 wordcount_output 디렉터리의 모든 하위 디렉터리를 조회합니다.

```
[hadoop@wikibooks01 hadoop-1.2.1]$ ./bin/hadoop fs -lsr wordcount_output
-rw-r--r--   3 hadoop supergroup  0 2014-11-07 01:07 /user/hadoop/wordcount_output/_SUCCESS
drwxr-xr-x   - hadoop supergroup  0 2014-11-07 01:07 /user/hadoop/wordcount_output/_logs
drwxr-xr-x   - hadoop supergroup  0 2014-11-07 01:07 /user/hadoop/wordcount_output/_logs/
history
-rw-r--r--   3 hadoop supergroup  13822 2014-11-07 01:07 /user/hadoop/wordcount_output/_logs/
history/job_201411070014_0001_1415290038125_hadoop_word+count
-rw-r--r--   3 hadoop supergroup  49812 2014-11-07 01:07 /user/hadoop/wordcount_output/_logs/
history/job_201411070014_0001_conf.xml
-rw-r--r--   3 hadoop supergroup  3253 2014-11-07 01:07 /user/hadoop/wordcount_output/
part-r-00000
```

파일 용량 확인 – du, dus

du

지정한 디렉터리나 파일의 사용량을 확인하는 명령어로, 바이트 단위로 결과를 출력합니다.

사용법

./bin/hadoop fs –du [디렉터리|파일 …]

사용 예

경로를 지정하지 않을 경우 사용자 계정의 홈 디렉터리에 있는 모든 디렉터리를 출력합니다.

```
[hadoop@wikibooks01 hadoop-1.2.1]$ ./bin/hadoop fs -du
Found 2 items
3685        hdfs://wikibooks01:9000/user/hadoop/conf
66887       hdfs://wikibooks01:9000/user/hadoop/wordcount_output
```

wordcount_output 디렉터리의 사용량을 출력합니다.

```
[hadoop@wikibooks01 hadoop-1.2.1]$ ./bin/hadoop fs -du wordcount_output
Found 3 items
0           hdfs://wikibooks01:9000/user/hadoop/wordcount_output/_SUCCESS
63634       hdfs://wikibooks01:9000/user/hadoop/wordcount_output/_logs
3253        hdfs://wikibooks01:9000/user/hadoop/wordcount_output/part-r-00000
```

dus

du 명령어는 디렉터리와 파일별로 용량을 출력하지만 dus는 전체 합계 용량만 출력합니다.

사용법

./bin/hadoop fs -dus 〈디렉터리/파일 …〉

사용 예

경로를 지정하지 않을 경우 사용자 계정의 홈 디렉터리에 있는 모든 디렉터리의 사용량을 합산해서 출력합니다.

```
[hadoop@wikibooks01 hadoop-1.2.1]$  ./bin/hadoop fs -dus
hdfs://wikibooks01:9000/user/hadoop  70572
```

wordcount_output 디렉터리의 사용량만을 출력합니다. wordcount_output 디렉터리 하위에 있는 디렉터리와 파일은 출력하지 않습니다.

```
[hadoop@wikibooks01 hadoop-1.2.1]$ ./bin/hadoop fs -dus wordcount_output
hdfs://wikibooks01:9000/user/hadoop/wordcount_output  66887
```

파일 내용 보기 – cat, text

cat

지정한 파일의 내용을 화면에 출력합니다.

사용법

./bin/hadoop fs -cat [파일 …]

사용 예

다음 예제는 2장에서 하둡을 설치할 때 업로드했던 hadoop-env.conf 파일을 출력합니다.

```
[hadoop@wikibooks01 hadoop-1.2.1]$ ./bin/hadoop fs -cat conf/hadoop-env.sh
# Copyright 2011 The Apache Software Foundation
#
# Licensed to the Apache Software Foundation (ASF) under one
# or more contributor license agreements.  See the NOTICE file
(생략)
```

text

cat 명령어는 텍스트 파일만 출력할 수 있습니다. 하지만 text 명령어는 zip 파일 형태로 압축된 파일도 텍스트 형태로 화면에 출력합니다. 나중에 맵리듀스를 살펴볼 때 압축된 형식으로 출력 데이터를 생성하는데, 이때 text 명령어를 이용해 데이터를 확인합니다.

사용법

./bin/hadoop fs -text [파일 …]

사용 예

hadoop-env.sh를 text 명령어로 출력합니다.

```
[hadoop@wikibooks01 hadoop-1.2.1]$ ./bin/hadoop fs -text conf/hadoop-env.sh
```

디렉터리 생성 – mkdir

지정한 경로에 디렉터리를 생성합니다. HDFS에 이미 존재하는 디렉터리를 생성할 경우 오류가 발생합니다.

사용법

./bin/hadoop fs -mkdir [디렉터리]

사용 예

testDir 디렉터리를 생성한 후 생성 결과를 조회합니다.

```
[hadoop@wikibooks01 hadoop-1.2.1]$ ./bin/hadoop fs -mkdir testDir
[hadoop@wikibooks01 hadoop-1.2.1]$ ./bin/hadoop fs -ls
Found 3 items
drwxr-xr-x   - hadoop supergroup          0 2014-11-07 01:07 /user/hadoop/conf
drwxr-xr-x   - hadoop supergroup          0 2014-11-16 00:49 /user/hadoop/testDir
drwxr-xr-x   - hadoop supergroup          0 2014-11-07 01:07 /user/hadoop/wordcount_output
```

testDir를 다시 생성해 오류가 발생하는지 확인합니다.

```
[hadoop@wikibooks01 hadoop-1.2.1]$ ./bin/hadoop fs -mkdir testDir
mkdir: cannot create directory testDir: File exists
```

파일 복사 - put, get, getmerge, cp, copyFromLocal, copyToLocal

put

지정한 로컬 파일 시스템의 파일 및 디렉터리를 목적지 경로로 복사합니다.

사용법

./bin/hadoop fs -put [로컬 디렉터리|파일 …] [목적지 디렉터리|파일]

사용 예

하둡 홈 디렉터리의 하위 디렉터리인 conf 디렉터리에 있는 파일을 testDir 디렉터리로 복사합니다. 디렉터리를 디렉터리로 복사할 경우, HDFS 디렉터리의 하위 디렉터리로 복사됩니다. 아래 예제의 경우 testDir의 하위에 conf 디렉터리가 생성돼 있습니다.

```
[hadoop@wikibooks01 hadoop-1.2.1]$ ./bin/hadoop fs -put conf testDir
[hadoop@wikibooks01 hadoop-1.2.1]$ ./bin/hadoop fs -ls testDir
Found 1 items
drwxr-xr-x   - hadoop supergroup        0 2014-11-16 00:49 /user/hadoop/testDir/conf
[hadoop@wikibooks01 hadoop-1.2.1]$ ./bin/hadoop fs -ls testDir/conf
Found 63 items
-rw-r--r--   3 hadoop supergroup       212 2014-11-16 00:49 /user/hadoop/testDir/conf/._
capacity-scheduler.xml
-rw-r--r--   3 hadoop supergroup       212 2014-11-16 00:49 /user/hadoop/testDir/conf/._
configuration.xsl
(생략)
```

하둡 홈 디렉터리의 하위 디렉터리인 conf 디렉터리에 있는 hadoop-env.sh 파일과 core-site.xml을 testDir로 복사합니다.

```
[hadoop@wikibooks01 hadoop-1.2.1]$ ./bin/hadoop fs -put conf/hadoop-env.sh conf/core-site.
xml testDir
[hadoop@wikibooks01 hadoop-1.2.1]$  ./bin/hadoop fs -ls testDir
Found 3 items
drwxr-xr-x   - hadoop supergroup         0 2014-11-16 00:49 /user/hadoop/testDir/conf
-rw-r--r--   3 hadoop supergroup       982 2014-11-16 00:51 /user/hadoop/testDir/core-site.xml
-rw-r--r--   3 hadoop supergroup      3685 2014-11-16 00:51 /user/hadoop/testDir/hadoop-env.sh
```

타깃이 되는 디렉터리가 HDFS에 없을 경우 해당 디렉터리를 자동으로 생성하고, 하위 디렉터리가 아닌 디렉터리 자체에 파일을 복사합니다. 다음은 기존에 생성되지 않는 testDir2 디렉터리로 하둡 홈의 conf 디렉터리를 복사하는 예제입니다. put 명령어를 실행한 후 testDir2를 조회하면 conf 디렉터리의 파일이 출력됩니다.

```
[hadoop@wikibooks01 hadoop-1.2.1]$  ./bin/hadoop fs -ls testDir2
ls: Cannot access testDir2: No such file or directory.
[hadoop@wikibooks01 hadoop-1.2.1]$
[hadoop@wikibooks01 hadoop-1.2.1]$ ./bin/hadoop fs -put conf testDir2
[hadoop@wikibooks01 hadoop-1.2.1]$ ./bin/hadoop fs -ls testDir2
Found 63 items
-rw-r--r--   3 hadoop supergroup        212 2014-11-16 00:51 /user/hadoop/testDir2/._
capacity-scheduler.xml
-rw-r--r--   3 hadoop supergroup        212 2014-11-16 00:51 /user/hadoop/testDir2/._
configuration.xsl
-rw-r--r--   3 hadoop supergroup        212 2014-11-16 00:51 /user/hadoop/testDir2/._
container-executor.cfg
(생략)
```

copyFromLocal

put 명령어와 동일한 기능을 제공합니다.

사용법

./bin/hadoop fs -copyFromLocal [로컬 디렉터리|파일 …] [목적지 디렉터리|파일]

get

HDFS에 저장된 데이터를 로컬 파일 시스템으로 복사합니다. 그리고 HDFS는 파일의 무결성을 확인하기 위해 체크섬(checksum) 기능을 사용하는데, 체크섬을 숨김 파일로 저장하고, 해당 파일을 조회할 때 체크섬을 이용해 무결성을 확인합니다. get 명령어를 실행할 때 -crc 옵션을 사용하면 로컬 파일 시스템에 체크섬 파일도 복사됩니다. 또한 -ignoreCrc 옵션을 이용하면 해당 파일의 체크섬을 확인하지 않습니다.

사용법

./bin/hadoop fs -get 〈-ignoreCrc〉 〈-crc〉 [소스 디렉터리|파일…] [로컬 디렉터리| 파일]

사용 예

wordcount_output 디렉터리에 있는 part–r–00000 파일을 wordcount_output이라는 파일로 복사합니다.

```
[hadoop@wikibooks01 hadoop-1.2.1]$ ./bin/hadoop fs -get wordcount_output/part-r-00000
wordcount_output
[hadoop@wikibooks01 hadoop-1.2.1]$  cat wordcount_output
"$HADOOP_CLASSPATH"             1
"AS   1
"License");1
#   37
#HADOOP_JAVA_PLATFORM_OPTS="-XX:-UsePerfData  1
#export7
(생략)
```

get 명령어를 사용해 여러 개의 파일을 로컬로 복사하는 경우에는 반드시 로컬 경로를 디렉터리로 저장하기 바랍니다. 다음은 wordcount_output 디렉터리의 파일을 wordocunt_output 파일로 복사했을 때 발생하는 오류입니다.

```
[hadoop@wikibooks01 hadoop-1.2.1]$  ./bin/hadoop fs -get wordcount_output wordcount_output
get: Not a directory
```

getmerge

지정한 경로에 있는 모든 파일의 내용을 합친 후, 로컬 파일 시스템에 단 하나의 파일로 복사합니다.

사용법

./bin/hadoop fs –getmerge [소스 디렉터리|파일…] [로컬 파일명]

사용 예

wordcount_output 디렉터리에 저장된 히스토리 로그 파일을 wordcount_log라는 하나의 파일로 복사합니다.

```
[hadoop@wikibooks01 hadoop-1.2.1]$ ./bin/hadoop fs -getmerge wordcount_output/_logs/history
wordcount_log
14/11/16 00:52:50 INFO util.NativeCodeLoader: Loaded the native-hadoop library
[hadoop@wikibooks01 hadoop-1.2.1]$ head -5 wordcount_log
Meta VERSION="1" .
Job JOBID="job_201411070014_0001" JOBNAME="word count" USER="hadoop" SUBMIT_
TIME="1415290038125" JOBCONF="hdfs://wikibooks01:9000/home/hadoop/hadoop-data/mapred/
staging/hadoop/\.staging/job_201411070014_0001/job\.xml" VIEW_JOB="*" MODIFY_JOB="*" JOB_
```

```
QUEUE="default" WORKFLOW_ID="" WORKFLOW_NAME="" WORKFLOW_NODE_NAME="" WORKFLOW_ADJACENCIES=""
WORKFLOW_TAGS="" .
Job JOBID="job_201411070014_0001" JOB_PRIORITY="NORMAL" .
Job JOBID="job_201411070014_0001" LAUNCH_TIME="1415290038569" TOTAL_MAPS="1" TOTAL_
REDUCES="1" JOB_STATUS="PREP" .
Task TASKID="task_201411070014_0001_m_000002" TASK_TYPE="SETUP" START_TIME="1415290038737"
SPLITS="" .
```

cp

지정한 소스 디렉터리 및 파일을 목적지 경로로 복사하는 기능을 제공합니다. 여러 개의 파일을 복사할 경우 반드시 디렉터리로 복사되도록 설정합니다.

사용법

./bin/hadoop –cp [소스 디렉터리|파일 …] [목적지 디렉터리|파일]

사용 예

conf 디렉터리에 저장된 hadoop–env.sh를 hadoop–env.bak으로 복사합니다.

```
[hadoop@wikibooks01 hadoop-1.2.1]$ ./bin/hadoop fs -cp conf/hadoop-env.sh conf/hadoop-env.
bak
[hadoop@wikibooks01 hadoop-1.2.1]$ ./bin/hadoop fs -ls conf
Found 2 items
-rw-r--r--   3 hadoop supergroup      3685 2014-11-16 00:53 /user/hadoop/conf/hadoop-env.bak
-rw-r--r--   3 hadoop supergroup      3685 2014-11-07 01:07 /user/hadoop/conf/hadoop-env.sh
```

copyToLocal

get 명령어와 동일한 기능을 제공합니다.

사용법

./bin/hadoop –copyToLocal 〈–ignoreCrc〉 〈–crc〉 [소스 디렉터리|파일 …] [로컬 디렉터리|파일]

파일 이동 – mv, moveFromLocal

mv

소스 디렉터리 및 파일을 목적지 경로로 옮깁니다. 여러 개의 파일을 이동할 경우 반드시 목적지 경로를 디렉터리로 설정해야 합니다.

사용법

./bin/hadoop –mv [소스 디렉터리|파일 …] [목적지 디렉터리|파일]

사용 예

conf 디렉터리를 conf2 디렉터리로 이동합니다.

```
[hadoop@wikibooks01 hadoop-1.2.1]$  ./bin/hadoop fs -mv conf conf2/
[hadoop@wikibooks01 hadoop-1.2.1]$ ./bin/hadoop fs -ls conf2
Found 2 items
-rw-r--r--   3 hadoop supergroup     3685 2014-11-16 00:56 /user/hadoop/conf2/hadoop-env.bak
-rw-r--r--   3 hadoop supergroup     3685 2014-11-16 00:56 /user/hadoop/conf2/hadoop-env.sh
```

moveFromLocal

put 명령어와 동일하게 동작하지만 로컬 파일 시스템으로 파일이 복사된 후 소스 경로의 파일은 삭제됩니다.

사용법

./bin/hadoop –moveFromLocal [소스 디렉터리|파일 …] [로컬 디렉터리|파일]

파일 삭제 – rm

지정한 디렉터리나 파일을 삭제할 수 있습니다. 디렉터리는 반드시 비어 있는 경우에만 삭제할 수 있습니다.

사용법

./bin/hadoop fs –rm [디렉터리|파일 …]

비어있지 않은 디렉터리를 삭제할 경우 다음과 같은 오류가 발생합니다.

```
[hadoop@wikibooks01 hadoop-1.2.1]$ ./bin/hadoop fs -rm conf2
rm: Cannot remove directory "hdfs://wikibooks01:9000/user/hadoop/conf2", use -rmr instead
```

파일이 정상적으로 삭제되면 다음과 같이 삭제된 파일명이 출력됩니다.

```
[hadoop@wikibooks01 hadoop-1.2.1]$ ./bin/hadoop fs -rm conf2/hadoop-env.bak
Deleted hdfs://wikibooks01:9000/user/hadoop/conf2/hadoop-env.bak
```

디렉터리 삭제 – rmr

지정한 파일 및 디렉터리를 삭제합니다. 비어있지 않은 디렉터리도 정상적으로 삭제할 수 있습니다.

사용법

./bin/hadoop fs –rmr [디렉터리]

사용 예

디렉터리 이름이 test로 시작하는 모든 디렉터리를 삭제합니다.

```
[hadoop@wikibooks01 hadoop-1.2.1]$ ./bin/hadoop fs -rmr test*
Deleted hdfs://wikibooks01:9000/user/hadoop/test1
Deleted hdfs://wikibooks01:9000/user/hadoop/test2
Deleted hdfs://wikibooks01:9000/user/hadoop/testDir
Deleted hdfs://wikibooks01:9000/user/hadoop/testDir2
```

카운트값 조회 – count

기본적으로 지정한 경로에 대한 전체 디렉터리 개수, 전체 파일 개수, 전체 파일 크기, 지정한 경로명을 출력합니다. HDFS는 디렉터리에서 생성할 수 있는 파일 개수나 파일 용량을 제한할 수 있습니다. –q 옵션을 사용할 경우 이러한 쿼터 정보를 조회할 수 있습니다.

사용법

./bin/hadoop fs –count 〈–q〉 [디렉터리|파일 …]

wordcount_output 디렉터리에 대한 카운트값을 조회합니다.

```
[hadoop@wikibooks01 hadoop-1.2.1]$ ./bin/hadoop fs -count wordcount_output
        3            4              66887 hdfs://wikibooks01:9000/user/hadoop/wordcount_output
```

wordcount_output 디렉터리에 대한 쿼터 정보도 함께 조회합니다. 출력값은 출력된 값은 파일 개수 쿼터값, 파일 개수 잔여 쿼터값, 파일 용량 쿼터값, 잔여 파일 용량 쿼터값, 전체 디렉터리 개수, 전체 파일 개수, 전체 파일 크기, 지정한 경로명입니다.

```
[hadoop@wikibooks01 hadoop-1.2.1]$ ./bin/hadoop fs -count -q wordcount_output
        none           inf          none            inf        3          4
66887 hdfs://wikibooks01:9000/user/hadoop/wordcount_output
```

파일의 마지막 내용 확인 -tail

지정한 파일의 마지막 1KB에 해당하는 내용을 화면에 출력합니다. -f 옵션을 사용하면 해당 파일에 내용이 추가될 때 화면에 출력된 내용도 함께 갱신됩니다.

사용법

./bin/hadoop fs -tail ⟨-f⟩ [파일]

사용 예

wordcount_output 디렉터리에 저장된 part-r-00000의 마지막 1KB에 해당하는 내용을 출력합니다.

```
[hadoop@wikibooks01 hadoop-1.2.1]$ ./bin/hadoop fs -tail wordcount_output/part-r-00000
es,      1
datanodes.    1
default. 4
defined  1
dfs,     1
directory    2
(생략)
```

권한 변경 – chmod, chown, chgrp

chmod

지정한 경로에 대한 권한을 변경합니다. 권한 모드는 숫자로 표기하는 8진수 표기법 혹은 영문으로 표기하는 심볼릭 표기법으로 설정할 수 있습니다. 이 두 가지 표기법은 유닉스 계열 시스템에서 파일 변경을 할 때 사용하는 것과 유사합니다. 권한을 변경하려면 chmod 명령어를 실행하는 사용자가 해당 파일의 소유자이거나, 슈퍼유저일 때만 수정이 가능합니다. –R 옵션을 사용할 경우 권한 변경을 재귀적으로 실행합니다.

사용법

```
./bin/hadoop fs –chmod ⟨–R⟩ [권한모드 …] [디렉터리|파일 …]
```

사용 예

모든 사용자가 sample.csv 파일을 읽고, 쓰고, 실행할 수 있게 권한을 부여합니다.

```
[hadoop@wikibooks01 hadoop-1.2.1]$ ./bin/hadoop fs -chmod 777 sample.csv
[hadoop@wikibooks01 hadoop-1.2.1]$ ./bin/hadoop fs -ls sample.csv
Found 1 items
-rwxrwxrwx   3 hadoop supergroup       3685 2014-11-16 00:59 /user/hadoop/sample.csv
```

모든 사용자가 sample.csv 파일을 접근할 수 없도록 설정합니다.

```
[hadoop@wikibooks01 hadoop-1.2.1]$ ./bin/hadoop fs -chmod a-rwx sample.csv
[hadoop@wikibooks01 hadoop-1.2.1]$ ./bin/hadoop fs -ls sample.csv
Found 1 items
----------   3 hadoop supergroup       3685 2014-11-16 00:59 /user/hadoop/sample.csv
```

chown

지정한 파일과 디렉터리에 대한 소유권을 변경하는 명령어입니다. –R 옵션을 사용할 경우 재귀적으로 명령어가 실행되어 하위 디렉터리의 설정도 모두 변경됩니다.

사용법

```
./bin/hadoop fs –chown ⟨–R⟩ [변경 사용자명:변경 그룹명] [디렉터리|파일…]
```

sample.csv 파일의 소유자를 tester로, 소유 그룹을 testerGroup으로 변경합니다.

```
[hadoop@wikibooks01 hadoop-1.2.1]$ ./bin/hadoop fs -chown tester:testerGroup sample.csv
[hadoop@wikibooks01 hadoop-1.2.1]$ ./bin/hadoop fs -ls sample.csv
Found 1 items
----------   3 tester testerGroup      3685 2014-11-16 00:59 /user/hadoop/sample.csv
```

sample.csv 파일의 소유자만 tester2로 변경합니다.

```
[hadoop@wikibooks01 hadoop-1.2.1]$ ./bin/hadoop fs -chown tester2 sample.csv
[hadoop@wikibooks01 hadoop-1.2.1]$ ./bin/hadoop fs -ls sample.csv
Found 1 items
----------   3 tester2 testerGroup     3685 2014-11-16 00:59 /user/hadoop/sample.csv
```

chgrp

지정한 파일과 디렉터리에 대한 소유권 그룹만 변경합니다. -R 옵션을 사용할 경우 하위 디렉터리의 정보도 모두 변경됩니다.

사용법

./bin/hadoop fs -chgrp〈-R〉[변경 그룹명] [디렉터리|파일…]

사용 예

sample.csv 파일의 소유 그룹을 testerGroup2로 변경합니다.

```
[hadoop@wikibooks01 hadoop-1.2.1]$ ./bin/hadoop fs -chgrp testerGroup2 sample.csv
[hadoop@wikibooks01 hadoop-1.2.1]$ ./bin/hadoop fs -ls sample.csv
Found 1 items
----------   3 tester2 testerGroup2    3685 2014-11-16 00:59 /user/hadoop/sample.csv
```

0바이트 파일 생성 – touchz

크기가 0바이트인 파일을 생성합니다. 지정한 파일명이 이미 0바이트 이상인 상태로 저장돼 있다면 오류가 발생합니다.

사용법

./bin/hadoop fs -touchz [파일 …]

touchzExample 파일을 0바이트로 생성합니다.

```
[hadoop@wikibooks01 hadoop-1.2.1]$ ./bin/hadoop fs -touchz touchzExample
[hadoop@wikibooks01 hadoop-1.2.1]$ ./bin/hadoop fs -ls touchzExample
Found 1 items
-rw-r--r--   3 hadoop supergroup          0 2014-11-16 01:02 /user/hadoop/touchzExample
```

통계 정보 조회 - stat

지정한 경로에 대한 통계 정보를 조회합니다. 별도의 옵션을 설정하지 않을 경우 해당 디렉터리 혹은 파일이 최종 수정된 날짜를 출력합니다. stat 명령어에서 사용 가능 옵션은 표 3.2와 같습니다.

표 3.2 stat 명령어의 출력 포맷 옵션

옵션	내용
%b	블록 단위의 파일 크기
%F	디렉터리일 경우 "directory", 일반 파일일 경우 "regular file" 출력
%n	디렉터리명 혹은 파일명
%o	블록 크기
%r	복제 파일 개수
%y	디렉터리 및 파일 갱신일자를 yyyy-MM-dd HH:mm:ss 형식으로 출력
%Y	디렉터리 및 파일 갱신일자를 유닉스 타임스탬프로 형식으로 출력

사용법

./bin/hadoop fs -stat 〈출력 포맷〉 [디렉터리|파일 …]

사용 예

출력 포맷 옵션을 설정하지 않고 wordcount_out 디렉터리의 통계 정보를 조회합니다.

```
[hadoop@wikibooks01 hadoop-1.2.1]$ ./bin/hadoop fs -stat wordcount_output
2014-11-06 16:07:39
```

모든 출력 포맷 옵션을 설정하고 wordcount_out 디렉터리의 통계 정보를 조회합니다. 출력 결과를 쉽게 확인할 수 있게 출력 포맷 옵션 사이에 마이너스(-)를 추가했습니다.

```
[hadoop@wikibooks01 hadoop-1.2.1]$ ./bin/hadoop fs -stat %b-%F-%n-%o-%r-%y-%Y wordcount_
```

```
output
0-directory-wordcount_output-0-0-2014-11-06 16:07:39-1415290059192
```

복제 데이터 개수 변경 – setrep

설정한 파일의 복제 데이터 개수를 변경할 수 있습니다. –R 옵션을 사용할 경우 하위 디렉터리에 있는 파일의 복제 데이터 개수도 변경됩니다.

사용법

./bin/hadoop fs –setrep 〈–R〉 –w [복제데이터개수] [디렉터리|파일]

사용 예

sample.csv의 복제 데이터 개수를 1로 변경하고, stat 명령어로 복제 데이터 개수가 정상적으로 변경됐는지 확인합니다.

```
[hadoop@wikibooks01 hadoop]$ ./bin/hadoop fs -setrep -w 1 sample.csv
Replication 1 set: hdfs://wikibooks01:9000/user/hadoop/sample.csv
[hadoop@wikibooks01 hadoop]$ ./bin/hadoop fs -stat %r sample.csv
1
```

휴지통 비우기 – expunge

휴지통을 비웁니다. HDFS에서는 삭제한 파일을 .Trash/라는 임시 디렉터리에 저장한 다음 일정 시간이 지난 후에 완전히 삭제합니다. 사용자는 이러한 휴지통 기능과 휴지통 데이터 삭제 주기를 환경설정 파일에서 설정할 수 있습니다. expunge 명령어를 사용할 경우, 설정된 휴지통 데이터 삭제 주기와 상관없이 휴지통에 있는 데이터를 모두 삭제합니다.

사용법

./bin/hadoop fs –expunge

파일 형식 확인 – test

지정한 경로에 대해 [–ezd] 옵션으로 경로가 이미 존재하는지, 파일 크기가 0인지, 디렉터리인지 확인합니다. 체크 결과가 맞을 경우 0을 출력합니다.

```
./bin/hadoop fs test -defsz [디렉터리|파일]
```

3.4 클러스터 웹 인터페이스

하둡은 HDFS의 기본적인 상태를 모니터링하고 HDFS 내에 저장된 파일을 조회할 수 있게 웹 인터페이스를 제공합니다. 물론 사용자가 웹 인터페이스를 이용할 수 있게 하둡은 자체적인 웹 서버를 구동하고 있습니다. 브라우저에서 http://namenode:50070으로 이동하면 이러한 웹 인터페이스에 접근할 수 있으며, 이 주소는 hadoop-site.xml의 dfs.http.address 속성을 수정해서 변경할 수 있습니다. 그림 3.10은 클러스터 웹 인터페이스의 메인 화면을 나타냅니다.

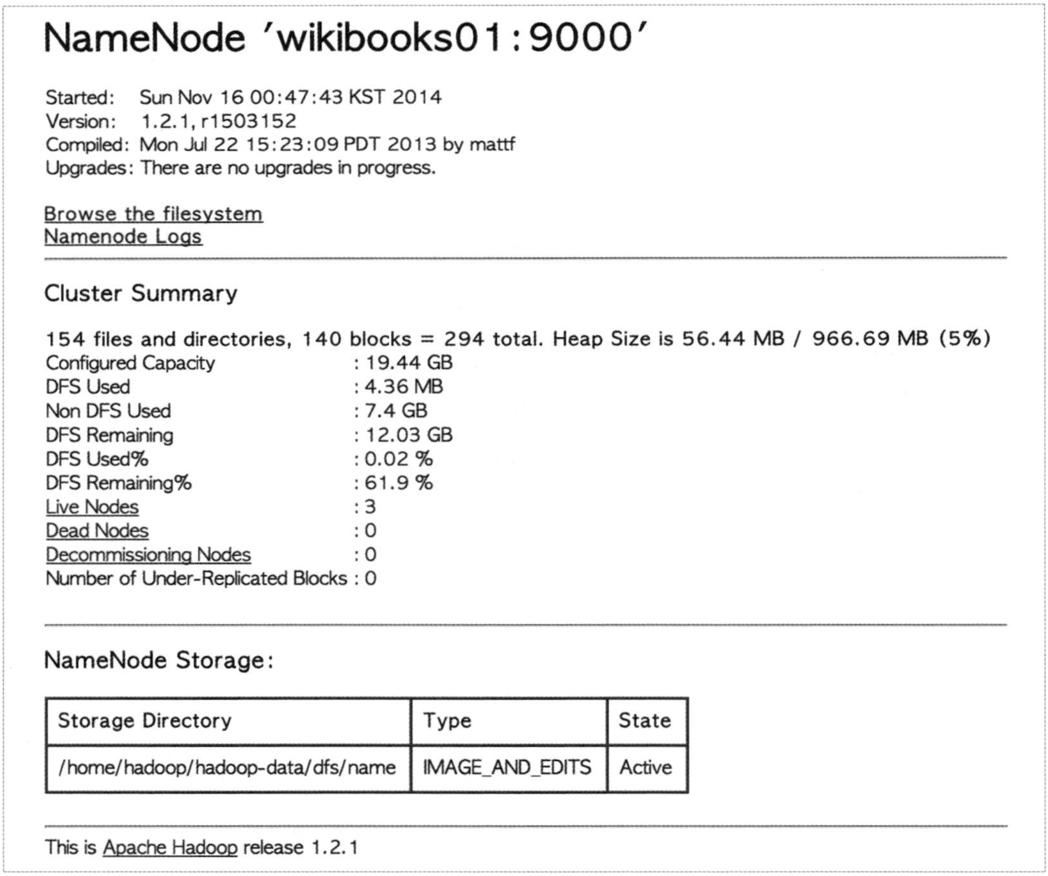

NameNode 'wikibooks01:9000'

Started: Sun Nov 16 00:47:43 KST 2014
Version: 1.2.1, r1503152
Compiled: Mon Jul 22 15:23:09 PDT 2013 by mattf
Upgrades: There are no upgrades in progress.

Browse the filesystem
Namenode Logs

Cluster Summary

154 files and directories, 140 blocks = 294 total. Heap Size is 56.44 MB / 966.69 MB (5%)

Configured Capacity   : 19.44 GB
DFS Used   : 4.36 MB
Non DFS Used   : 7.4 GB
DFS Remaining   : 12.03 GB
DFS Used%   : 0.02 %
DFS Remaining%   : 61.9 %
Live Nodes   : 3
Dead Nodes   : 0
Decommissioning Nodes   : 0
Number of Under-Replicated Blocks : 0

NameNode Storage:

Storage Directory	Type	State
/home/hadoop/hadoop-data/dfs/name	IMAGE_AND_EDITS	Active

This is Apache Hadoop release 1.2.1

그림 3.10 HDFS 웹 인터페이스의 초기 화면

화면 상단에는 네임노드의 구동 일자, 버전 정보, 컴파일 정보 등이 나타나며, 화면 하단에는 현재 저장된 파일과 디렉터리 수, 디스크 사용량 등을 확인할 수 있습니다. 이때 화면 상단에 있는 "Browse the filesystem" 링크를 클릭하면 HDFS에 저장된 디렉터리와 파일을 조회할 수 있습니다. "Namenode logs"를 클릭하면 HDFS에 저장돼 있는 로그도 조회할 수 있습니다.

그리고 화면 중앙에 있는 "Live Nodes"를 클릭하면 현재 HDFS에 등록된 데이터노드 목록이 나타납니다. 그림 3.11은 "Live Nodes"를 클릭했을 때 조회되는 화면입니다. 마찬가지로 "Dead Nodes"를 클릭하면 HDFS에서 해제된 데이터노드 목록을 조회할 수 있습니다.

Live Datanodes : 3

Node	Last Contact	Admin State	Configured Capacity (GB)	Used (GB)	Non DFS Used (GB)	Remaining (GB)	Used (%)	Used (%)	Remaining (%)	Blocks
wikibooks02	0	In Service	6.48	0	2.47	4.01	0.02		61.89	140
wikibooks03	0	In Service	6.48	0	2.47	4.01	0.02		61.9	140
wikibooks04	2	In Service	6.48	0	2.47	4.01	0.02		61.92	140

그림 3.11 데이터노드 조회

3.5 HDFS 입출력 예제

하둡은 HDFS 파일을 자바 애플리케이션에서도 제어할 수 있게 자바 API를 제공합니다. 예제 3.1은 자바 API를 이용해 HDFS에 파일을 생성하는 예제입니다. 이 클래스는 사용자에게서 파일이 저장될 경로와 파일에 생성할 문자열을 입력받습니다. 그리고 나서 사용자가 지정한 경로에 텍스트 파일을 생성하는데, 이 파일의 내용은 사용자가 두 번째로 설정한 파라미터입니다.

예제 3.1 SingleFileWriteRead.java

```
package wikibooks.hadoop.chapter03;

import org.apache.hadoop.conf.Configuration;

import org.apache.hadoop.fs.FSDataInputStream;

import org.apache.hadoop.fs.FSDataOutputStream;

import org.apache.hadoop.fs.FileSystem;

import org.apache.hadoop.fs.Path;

public class SingleFileWriteRead {
  public static void main(String[] args) {
    // 입력 파라미터 확인
```

```java
    if (args.length != 2) {
      System.err.println("Usage: SingleFileWriteRead <filename> <contents>");
      System.exit(2);
    }

    try {
      // 파일 시스템 제어 객체 생성
      Configuration conf = new Configuration();
      FileSystem hdfs = FileSystem.get(conf);

      // 경로 체크
      Path path = new Path(args[0]);
      if (hdfs.exists(path)) {
        hdfs.delete(path, true);
      }

      // 파일 저장
      FSDataOutputStream outStream = hdfs.create(path);
      outStream.writeUTF(args[1]);
      outStream.close();

      // 파일 출력
      FSDataInputStream inputStream = hdfs.open(path);
      String inputString = inputStream.readUTF();
      inputStream.close();

      System.out.println("## inputString:" + inputString);

    } catch (Exception e) {
      e.printStackTrace();
    }
  }
}
```

org.apache.hadoop.fs 패키지로 로컬이나 HDFS 파일을 제어할 수 있습니다. 그래서 SingleFileWriteRead 클래스를 임포트하는 부분에 org.apache.hadoop.fs 패키지에 속한 클래스를 임포트하는 것입니다. SingleFileWriteRead 클래스는 생성자나 메서드를 별도로 선언하지 않고, main 함수에서 모든 로직이 수행되도록 작성했습니다. 이제 각 코드가 어떤 동작을 의미하는지 알아보겠습니다.

우선 HDFS를 제어하기 위해 아래와 같이 코드를 작성합니다. Configuration 객체를 생성하고, FileSystem의 get 메서드에 Configuration 객체를 전달해 FileSystem을 획득합니다.

```
Configuration conf = new Configuration();
FileSystem hdfs = FileSystem.get(conf);
```

org.apache.hadoop.conf.Configuration은 하둡 환경설정 파일에 접근하기 위한 클래스입니다. 이 클래스를 이용해 core-default.xml과 core-site.xml 등에 정의된 값을 조회하거나 변경할 수 있습니다. 앞으로 배우겠지만 XML 파일에 있는 값 외에 사용자가 임의로 설정한 값도 조회하거나 변경할 수 있습니다.

FileSystem은 하둡에서 제공하는 파일 시스템을 추상화한 클래스이며, 이 클래스를 이용해 로컬 파일 시스템이나 HDFS를 제어할 수 있습니다. FileSystem 클래스의 get 메서드를 호출하면 파라미터로 설정한 Configuration 객체가 사용하는 HDFS를 반환합니다.

다음 코드에서는 사용자가 입력한 첫 번째 파라미터를 이용해 경로 객체를 생성한 후, 해당 경로가 HDFS에 이미 존재할 경우 삭제합니다. 이때 경로 확인이나 삭제는 FileSystem의 API를 호출해서 수행합니다.

```
Path path = new Path(args[0]);
if(hdfs.exists(path)) {
  hdfs.delete(path, true);
}
```

이제 사용자가 설정한 경로에 org.apache.hadoop.fs.FSDataOutputStream을 엽니다. FSDataOutputStream은 DataOutputStream을 래핑한 유틸리티 클래스로서, 버퍼에 데이터를 출력하고, 데이터 검증을 위한 체크섬 파일도 생성합니다.

```
FSDataOutputStream outStream = hdfs.create(path);
```

FSDataOutputStream 객체가 생성되고 나면 사용자가 입력한 내용을 출력합니다.

```
outStream.writeUTF(args[1]);
```

출력이 완료되면 FSDataOutputStream 객체를 닫습니다. 스트림을 닫지 않으면 오류가 발생할 확률이 높아지므로 꼭 close를 호출해야 합니다.

```
outStream.close();
```

파일 저장이 완료되면 이제 저장된 파일을 조회해서 화면에 출력합니다. 파일 읽기는 org.apache.hadoop.fs.FSDataInputStream 클래스를 이용해야 하며, 이 클래스는 DataInputStream을 래핑한 유틸리티 클래스입니다. FSDataInputStream의 open 메서드를 호출해 파일을 조회하고, readUTF 메서드를 호출해 파일의 내용을 문자열 변수에 저장합니다.

```
FSDataInputStream inputStream = hdfs.open(path);
String inputString = inputStream.readUTF();
inputStream.close();
```

FSDataOutputStream 클래스처럼 FSDataInputStream 클래스도 반드시 close 메서드를 호출해 스트림을 닫기 바랍니다.

이제 하둡에서 SingleFileWriteRead 클래스를 실행하겠습니다. 다음과 같이 jar 옵션을 이용해 빌드한 jar 파일을 실행합니다.

```
[hadoop@wikibooks01 hadoop-1.2.1]$ ./bin/hadoop jar hadoop-beginner-examples-1.0.jar wikibooks.
hadoop.chapter03.SingleFileWriteRead input.txt Hello,HDFS
## inputString:Hello,HDFS
```

화면에 두 번째 파라미터로 입력한 "Hello,HDFS"가 출력됐습니다. 그럼 실제로 HDFS의 경로에 해당 파일이 생성됐는지 확인해보겠습니다. Fs 셸의 ls 명령어로 조회하면 input.txt 파일이 출력됩니다.

```
[hadoop@wikibooks01 hadoop-1.2.1]$ ./bin/hadoop fs -ls input*
Found 1 items
-rw-r--r--   3 hadoop supergroup         12 2014-11-16 01:13 /user/hadoop/input.txt
```

이제 fs 셸의 cat 명령어로 해당 파일을 조회하면 "Hello,HDFS"가 출력됩니다. 보다시피 입력한 경로에 파일을 생성하고 해당 파일에 입력한 문자열이 정상적으로 저장됐습니다.

```
[hadoop@wikibooks01 hadoop-1.2.1]$ ./bin/hadoop fs -cat input.txt
Hello,HDFS
```

04

맵리듀스 시작하기

하둡은 HDFS와 맵리듀스로 구성됩니다. 맵리듀스는 HDFS에 저장된 파일을 분산 배치 분석을 할 수 있게 도와주는 프레임워크입니다. 개발자는 맵리듀스 프로그래밍 모델에 맞게 애플리케이션을 구현하고, 데이터 전송, 분산 처리, 내고장성 등의 복잡한 처리는 맵리듀스 프레임워크가 자동으로 처리해줍니다. 이번 장에서는 맵리듀스의 동작 방식을 알아보고, 간단한 맵리듀스 프로그램을 개발해 보겠습니다.

4.1 맵리듀스의 개념

맵리듀스 프로그래밍 모델은 맵(Map)과 리듀스(Reduce)라는 두 가지 단계로 데이터를 처리합니다. 맵은 입력 파일을 한 줄씩 읽어서 데이터를 변형(transformation)하며, 리듀스는 맵의 결과 데이터를 집계(aggregation)합니다. 이때 맵의 데이터 변형 규칙은 개발자가 자유롭게 정의할 수 있으며, 한 줄에 하나의 데이터가 출력됩니다.

예를 들어 맵리듀스 프로그래밍 모델로 입력 파일의 단어 개수를 계산해 보겠습니다. 이때 입력 파일은 두 개의 텍스트 파일로 구성된다고 가정합니다. 그림 4.1은 이 예제가 맵리듀스 프로그래밍 모델로 처리되는 과정을 나타냅니다.

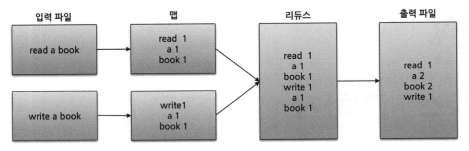

그림 4.1 맵리듀스 프로그래밍 모델의 처리 과정

위 예제의 맵은 한 줄에 있는 단어 개수를 계산해 한 줄씩 출력합니다. 이때 각 단어는 한 줄에 하나씩밖에 없기 때문에 단어 개수로 1씩 출력됩니다. 예를 들어, read a book의 경우, read, a, book이라는 세 단어만으로 구성돼 있으므로 단어의 개수로 1씩 출력된 것입니다.

리듀스는 맵의 출력 데이터를 집계합니다. 그래서 맵의 출력 데이터에는 단어의 개수로 1씩만 출력돼 있었지만 리듀스의 출력 파일에서는 a는 2, book은 2가 출력된 것입니다.

이러한 맵리듀스 프로그래밍 모델은 일반적으로 다음과 같은 함수로 표현됩니다.

맵: (k1, v1) → list(k2, v2)

리듀스: (k2, list(v2)) → (k3, list(v3))

맵은 키(k1)와 값(v1)으로 구성된 데이터를 입력받아 이를 가공하고 분류한 후, 새로운 키(k2)와 값(v2)으로 구성된 목록을 출력합니다. 이때 맵 메서드가 반복해서 수행되다 보면 새로운 키(k2)를 가진 여러 개의 데이터가 만들어집니다. 그림 4.1의 경우 맵의 입력키는 각 줄 번호, 입력값은 각 줄을 의미합니다. 그리고 맵의 출력키는 단어, 출력값은 단어의 개수를 의미합니다.

리듀스는 새로운 키(k2)로 그룹핑된 값의 목록(list(v2))을 입력 데이터로 전달받습니다. 그리고 값의 목록(list(v2))에 대한 집계 연산을 실행해 새로운 키(k3)로 그룹핑된 새로운 값(v3)의 목록을 생성합니다. 그림 4.1의 예제의 경우, 리듀스의 입력 키는 단어이고, 입력값은 단어 개수의 목록이며, 출력키는 단어, 출력값은 단어 개수의 합계를 의미합니다.

하둡의 맵리듀스 프레임워크는 이러한 프로그래밍 모델을 구현할 수 있게 맵과 리듀스 인터페이스를 제공합니다. 또한 맵리듀스 프레임워크에서 맵리듀스 애플리케이션이 동작할 때 맵과 리듀스 사이에는 셔플이라는 작업이 발생합니다. 이 작업은 4.2.2절에서 자세히 설명하겠습니다.

4.2 맵리듀스 아키텍처

맵리듀스 프레임워크는 개발자가 분석 로직을 구현하는 데 집중하게 해주고, 데이터에 대한 분산과 병렬 처리를 프레임워크가 전담합니다. 맵리듀스 프레임워크의 시스템 구성과 데이터의 흐름을 모르더라도 당장 개발을 진행하는 데 지장은 없습니다. 하지만 아키텍처를 모른다면 성능을 고려하지 않은 채로 개발하게 되고, 결국에는 서비스에 사용하지 못할 수 있습니다. 또한 아키텍처를 이해하면 정렬이나 병합 등 다양한 분석 코드를 구현할 수 있게 되고, 맵리듀스 환경설정 파일을 튜닝할 때도 도움을 받을 수 있습니다. 그럼 맵리듀스의 아키텍처에 대해 본격적으로 살펴보겠습니다.

4.2.1 시스템 구성

맵리듀스 시스템은 클라이언트, 잡트래커, 태스크트래커로 구성됩니다. 그림 4.2는 맵리듀스의 시스템 구성을 나타낸 것입니다.

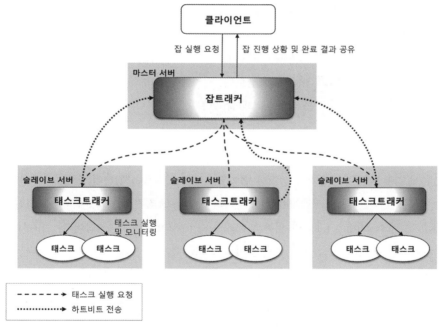

그림 4.2 맵리듀스 시스템 구성

클라이언트

클라이언트는 사용자가 실행한 맵리듀스 프로그램과 하둡에서 제공하는 맵리듀스 API를 의미합니다. 사용자는 맵리듀스 API로 맵리듀스 프로그램을 개발하고, 개발한 프로그램을 하둡에서 실행할 수 있습니다.

잡트래커

클라이언트가 하둡으로 실행을 요청하는 맵리듀스 프로그램은 잡(job)이라는 하나의 작업 단위로 관리됩니다. 잡트래커(JobTracker)는 하둡 클러스터에 등록된 전체 잡의 스케줄링을 관리하고 모니터링합니다. 전체 하둡 클러스터에서 하나의 잡트래커가 실행되며, 보통 하둡의 네임노드 서버에서 실행됩니다. 그렇다고 잡트래커를 반드시 네임노드 서버에서 실행할 필요는 없습니다. 페이스북의 구성 사례를 보면 잡트래커를 별개의 서버에서 동작하도록 구성했습니다.

사용자가 새로운 잡을 요청하면 잡트래커는 잡을 처리하기 위해 몇 개의 맵과 리듀스를 실행할지 계산합니다. 이렇게 계산된 맵과 리듀스를 어떤 태스크트래커에서 실행할지 결정하고, 해당 태스크트래커에 잡을 할당합니다. 이때 태스크트래커는 잡트래커의 작업 수행 요청을 받아 맵리듀스 프로그램을 실행합니다. 잡트래커와 태스크트래커는 하트비트라는 메서드로 네트워크 통신을 하면서 태스크트래커의 상태와 작업 실행 정보를 주고받게 됩니다. 만약 태스크트래커에 장애가 발생하면 잡트래커는 다른 대기 중인 태스크트래커를 찾아 태스크를 재실행하게 됩니다.

태스크트래커

태스크트래커(TaskTracker)는 사용자가 설정한 맵리듀스 프로그램을 실행하며, 하둡의 데이터노드에서 실행되는 데몬입니다. 태스크크래커는 잡트래커의 작업을 요청받고, 잡트래커가 요청한 맵과 리듀스 개수만큼 맵 태스크(map task)와 리듀스 태스크(reduce task)를 생성합니다. 여기서 맵 태스크와 리듀스 태스크란 사용자가 설정한 맵과 리듀스 프로그램을 의미합니다. 맵 태스크와 리듀스 태스크가 생성되면 새로운 JVM을 구동해 맵 태스크와 리듀스 태스크를 실행합니다. 이때 태스크를 실행하기 위한 JVM은 재사용할 수 있게 설정할 수 있으며, 재사용하는 방법은 8장에서 설명하겠습니다. 서버가 부족해서 하나의 데이터노드를 구성했더라도 여러 개의 JVM을 실행해 데이터를 동시에 분석하므로 병렬 처리 작업에 문제가 없습니다.

4.2.2 데이터 플로우

이번 절에서는 맵리듀스 프레임워크의 데이터 플로우에 대해 알아보겠습니다. 이를 위해 필자는 웹 서비스의 URL별 접속 통계를 맵리듀스로 계산하는 과정을 예제로 사용했습니다. 참고로 웹 서버 접속 로그는 아파치 웹 서버의 액세스(access) 로그를 활용했습니다.

맵 단계

첫 번째 단계는 입력 파일을 읽어 맵의 출력 데이터를 생성하는 맵 처리 단계입니다. 그림 4.3은 맵 처리 단계를 나타내는 그림이며, 각 과정은 다음과 같이 동작합니다.

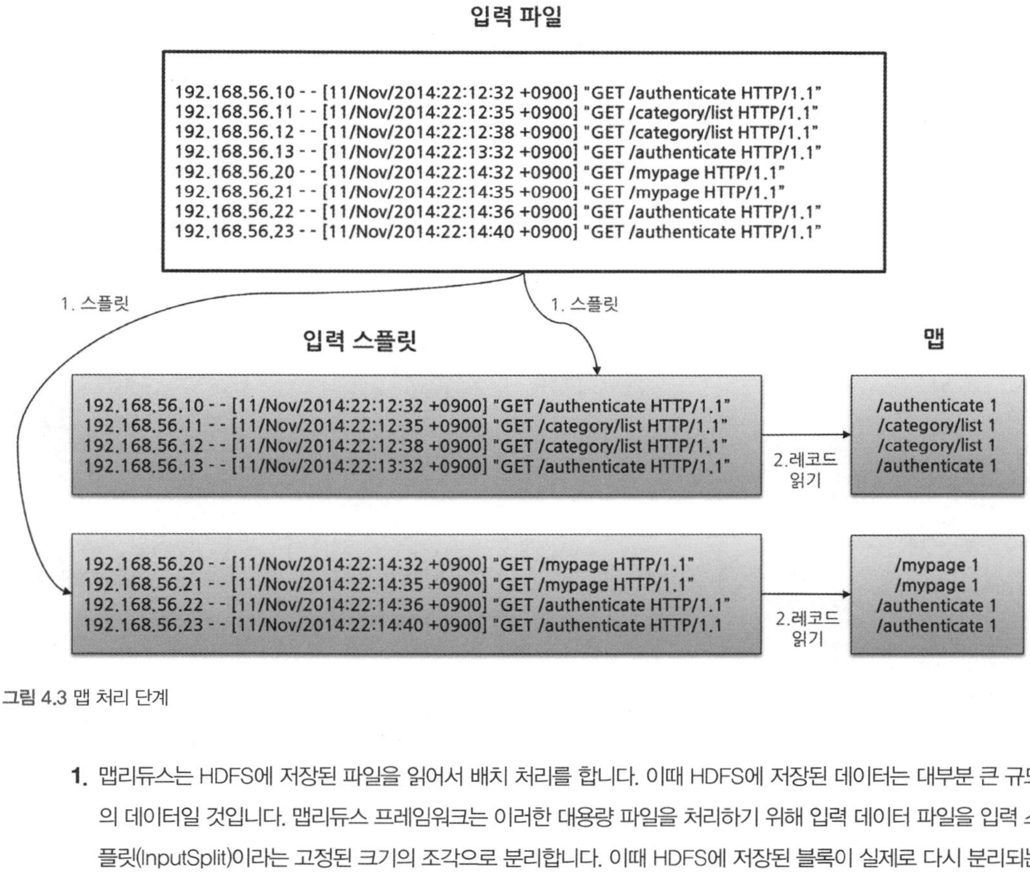

그림 4.3 맵 처리 단계

1. 맵리듀스는 HDFS에 저장된 파일을 읽어서 배치 처리를 합니다. 이때 HDFS에 저장된 데이터는 대부분 큰 규모의 데이터일 것입니다. 맵리듀스 프레임워크는 이러한 대용량 파일을 처리하기 위해 입력 데이터 파일을 입력 스플릿(InputSplit)이라는 고정된 크기의 조각으로 분리합니다. 이때 HDFS에 저장된 블록이 실제로 다시 분리되는

것이 아니라 가상으로 블록을 분리하는 것입니다. 이처럼 입력 스플릿을 생성하는 과정을 스플릿(split)을 한다고 하며, 입력 스플릿별로 하나의 맵 태스크가 생성됩니다. 마지막으로 각 입력 스플릿은 맵 태스크의 입력 데이터로 전달됩니다.

입력 스플릿은 기본적으로 HDFS 블록 크기를 기준으로 생성됩니다. 예를 들어, 입력 파일이 100MB이고, HDFS의 기본 블록 크기가 64MB라면 두 개의 입력 스플릿이 생성됩니다. 참고로 파일 유형과 압축 형식에 따라 스플릿이 지원되지 않는 경우가 있습니다. 이러한 경우는 8장에서 설명할 예정입니다.

2. 맵 태스크는 입력 스플릿의 데이터를 레코드 단위로, 즉 한 줄씩 읽어서 사용자가 정의한 맵 함수를 실행합니다. 위 예제의 맵 함수는 하나의 레코드에 있는 URL과 각 URL의 개수를 출력합니다. 웹 로그 파일에는 하나의 URL밖에 없기 때문에 URL별로 1만 출력됩니다. 또한 4.1절에서 맵 함수는 입력키와 입력값, 출력키와 출력값으로 정의할 수 있다고 했습니다. 위 예제에 적용된 맵 함수의 입력키는 줄 번호, 입력값은 로그, 출력키는 URL, 출력값은 건수가 됩니다.

이때 맵 태스크의 출력 데이터는 태스크트래커가 실행되는 서버의 로컬 디스크에 저장되며, 맵의 출력키를 기준으로 정렬됩니다. HDFS에 저장하지 않는 이유는 중간 데이터라서 영구적으로 보관할 필요가 없기 때문이며, 잡이 완료될 경우 중간 데이터는 모두 삭제됩니다.

셔플 단계

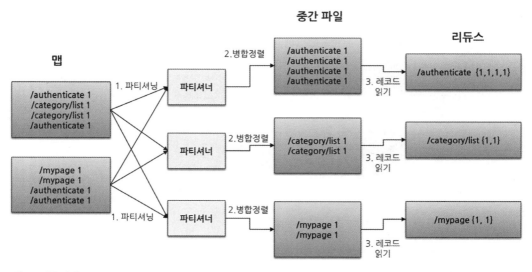

그림 4.4 셔플 단계

맵 태스크의 출력 데이터는 중간 데이터이며, 리듀스 태스크는 이 데이터를 내려받아 연산을 수행해야 합니다. 맵리듀스 프레임워크는 이러한 작업이 진행될 수 있게 셔플(Shuffle)을 지원합니다. 셔플은 맵 태스크의 출력 데이터가 리듀스 태스크에게 전달되는 일련의 과정을 의미하며, 그림 4.4와 같은 방식으로 진행됩니다.

1. 파티셔너는 맵의 출력 레코드를 읽어서 출력키의 해시값을 구합니다. 각 해시값은 레코드가 속하는 파티션 번호로 사용됩니다. 파티션은 실행될 리듀스 태스크 개수만큼 생성됩니다. 예를 들어, 리듀스 태스크 개수가 2일 경우, 파티션은 두 개가 생성되고, 파티션 번호는 0과 1을 사용합니다. 참고로 맵리듀스가 제공하는 기본 파티셔너는 해시값으로 파티션 번호를 계산하지만 사용자가 임의로 파티셔너를 개발해서 적용할 수 있습니다.

2. 파티셔닝된 맵의 출력 데이터는 네트워크를 통해 리듀스 태스크에 전달됩니다. 하지만 모든 맵의 출력이 동시에 완료되지 않기 때문에 리듀스 태스크는 자신이 처리할 데이터가 모일 때까지 대기합니다. 리듀스 태스크는 맵의 출력 데이터가 모두 모이면 데이터를 정렬하고, 하나의 입력 데이터로 병합합니다.

3. 리듀스 태스크는 병합된 데이터를 레코드 단위로 읽어 들입니다.

리듀스 단계

마지막으로는 리듀스 단계이며, 사용자에게 전달할 출력 파일을 생성합니다. 그림 4.5는 리듀스 단계의 두 가지 작업을 나타냅니다.

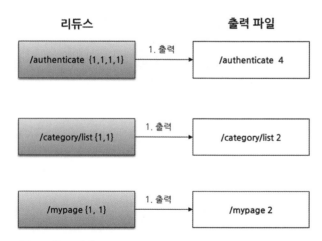

그림 4.5 리듀스 단계

1. 리듀스 태스크는 사용자가 정의한 리듀스 함수를 레코드 단위로 실행합니다. 이때 리듀스 태스크가 읽어 들이는 데이터는 입력키와 입력키에 해당하는 입력값의 목록으로 구성됩니다. 위 예제의 리듀스 함수는 입력키별로 입력값의 목록을 합산해서 출력합니다. 이때 출력 데이터는 출력키와 출력값의 쌍으로 구성됩니다.

2. 리듀스 함수가 출력한 데이터는 HDFS에 저장됩니다. HDFS에는 리듀스 개수만큼 출력 파일이 생성되며, 파일 명은 part-nnnnn으로 설정됩니다. 여기서 nnnnn은 파티션 번호를 의미하며, 00000부터 1씩 증가됩니다.

4.2.3 맵리듀스 프로그래밍 요소

4.2.3.1 데이터 타입

맵리듀스는 네트워크 통신을 위한 최적화된 객체로 WritableComparable 인터페이스를 제공합니다. 맵리듀스 프로그램에서 키와 값으로 사용되는 모든 데이터 타입은 반드시 Writable Comparable 인터페이스가 구현돼 있어야 합니다. 예제 4.1은 WritableComparable 인터페이스입니다. 하둡에서 제공하는 기본적인 데이터 타입은 모두 WritableComparable가 구현돼 있으며, 개발자가 직접 이 인터페이스를 이용해 데이터 타입을 개발할 수 있습니다.

예제 4.1 WritableComparable.java

```
package org.apache.hadoop.io;

public interface WritableComparable<T> extends Writable, Comparable<T> {}
```

WritableComparable 인터페이스는 Writable 인터페이스와 Comparable 인터페이스를 다중 상속한 인터페이스입니다. Comparable 인터페이스는 java.lang 패키지의 인터페이스로 정렬을 처리하기 위해 compareTo 메서드를 제공합니다. 이번에는 Writable 인터페이스에 대해 조금 더 알아보겠습니다. 예제 4.2는 Writable 인터페이스입니다.

예제 4.2 Writable.java

```
package org.apache.hadoop.io;

import java.io.DataOutput;
import java.io.DataInput;
import java.io.IOException;

public interface Writable {
  void write(DataOutput out) throws IOException;
  void readFields(DataInput in) throws IOException;
}
```

Writable 인터페이스의 write 메서드는 데이터값을 직렬화하고, readFields는 직렬화된 데이터값을 해제해서 읽는 역할을 담당합니다. 데이터 포맷 클래스는 바로 이 두 메서드를 구현하는 부분에서 데이터를 읽고 쓰는 기능을 처리합니다.

맵리듀스 API는 자주 사용하는 데이터 타입에 대한 WritableComparable 인터페이스를 구현한 Wrapper 클래스를 제공합니다. 표 4.1에서 이러한 Wrapper 클래스 목록을 확인할 수 있습니다.

표 4.1 Wrapper 클래스 목록

클래스명	대상 데이터 타입
BooleanWritable	Boolean
ByteWritable	단일 byte
DoubleWritable	Double
FloatWritable	Float
IntWritable	Integer
LongWritable	Long
TextWrapper	UTF8 형식의 문자열
NullWritable	데이터 값이 필요 없을 경우에 사용함

앞서 설명한 것처럼 직접 데이터 타입을 정의하고 싶다면 WritableComparable 인터페이스를 구현하면 됩니다. 예제 4.3은 int 타입과 long 타입 변수를 동시에 갖고 있는 데이터 타입을 구현한 예입니다.

예제 4.3 MyWritableComparable.java

```
package wikibooks.hadoop.chapter03;

import org.apache.hadoop.io.WritableComparable;

import java.io.DataInput;
import java.io.DataOutput;
import java.io.IOException;

public class MyWritableComparable implements WritableComparable {

  private int counter;
  private long timestamp;

  public void write(DataOutput out) throws IOException {
    out.writeInt(counter);
```

```
      out.writeLong(timestamp);
  }

  public void readFields(DataInput in) throws IOException {
    counter = in.readInt();
    timestamp = in.readLong();
  }

  @Override
  public int compareTo(Object o) {
    MyWritableComparable w = (MyWritableComparable)o;
    if(counter > w.counter) {
      return -1;
    } else if(counter < w.counter) {
      return 1;
    } else {
      if(timestamp < w.timestamp) {
        return 1;
      } else if(timestamp > w.timestamp) {
        return -1;
      } else {
        return 0;
      }
    }
  }
}
```

4.2.3.2 InputFormat

맵리듀스는 입력 스플릿을 맵 메서드의 입력 파라미터로 사용할 수 있게 InputFormat이라는 추상
클래스를 제공합니다. 다음 예제 4.4는 InputFormat 클래스입니다.

예제 4.4 InputFormat.java

```
public abstract class InputFormat<K, V> {
  public abstract List<InputSplit> getSplits(JobContext context)
    throws IOException, InterruptedException;

  public abstract RecordReader<K, V> createRecordReader(InputSplit split,
    TaskAttemptContext context) throws IOException, InterruptedException;
}
```

InputFormat 클래스는 입력 스플릿을 맵 메서드가 사용할 수 있게 getSplits 메서드를 제공합니다. 그리고 createRecordReader 메서드는 맵 메서드가 입력 스플릿을 키와 목록의 형태로 사용할 수 있게 RecordReader 객체를 생성합니다. 맵 메서드는 이러한 RecordReader 객체에 담겨 있는 키와 값을 읽어 들여 분석 로직을 수행합니다. 그리고 InputFormat은 잡 인터페이스의 setInputFormatClass 메서드로 설정할 수 있습니다.

맵리듀스는 표 4.2와 같은 다양한 InputFormat을 제공하며, 사용자가 별도의 InputFormat을 설정하지 않을 경우 TextInputFormat이 기본값으로 설정됩니다.

표 4.2 InputFormat 유형

InputFormat	기능
TextInputFormat	텍스트 파일을 분석할 때 사용하며, 개행 문자(\n)를 기준으로 레코드를 분류합니다. 키는 라인 번호이며, LongWritable 타입을 사용합니다. 값은 라인의 내용이며, Text 타입을 사용합니다
KeyValueTextInputFormat	텍스트 파일을 입력 파일로 사용할 때 라인 번호가 아닌 임의의 키값을 지정해 키와 값의 목록으로 읽게 됩니다.
NLineInputFormat	맵 태스크가 입력받을 텍스트 파일의 라인 수를 제한하고 싶을 때 사용합니다.
DelegatingInputFormat	여러 개의 서로 다른 입력 포맷을 사용하는 경우에 각 경로에 대한 작업을 위임합니다.
CombineFileInputFormat	이 표에 있는 다른 InputFormat들은 파일당 스플릿을 생성하지만 CombineFileInputFormat은 여러 개의 파일을 스플릿으로 묶어서 사용합니다. 이때 각 노드와 랙의 위치를 고려해 스플릿을 결정하게 됩니다.
SequenceFileInputFormat	SequenceFile을 입력 데이터로 쓸 때 사용합니다. SequenceFile은 바이너리 형태의 키와 값의 목록으로 구성된 텍스트 파일입니다. SequenceFile은 압축과 직렬화 프레임워크를 이용해 다양한 유형을 저장할 수 있습니다. 참고로 6장에서는 SequenceFile을 이용해 맵리듀스 프로그램을 작성할 예정입니다.
SequenceFileAsBinaryInputFormat	SequenceFile의 키와 값을 임의의 바이너리 객체로 변환해서 사용합니다.
SequenceFileAsTextInputFormat	SequenceFile의 키와 값을 Text 객체로 변환해서 사용합니다.

4.2.3.3 매퍼

매퍼(Mapper)는 맵리듀스 프로그래밍 모델에서 맵 메서드의 기능을 수행합니다. 매퍼는 키와 값으로 구성된 입력 데이터를 전달받아 이 데이터를 가공하고 분류해 새로운 데이터 목록을 생성합니다. 하둡 맵리듀스 프레임워크는 입력 스플릿마다 하나의 맵 태스크를 생성하며, 이때 생성되는 맵 태스크가 바로 매퍼 클래스입니다. 매퍼 클래스를 그대로 사용할 수도 있지만 대부분 매퍼 클래스를 상속받아 매퍼 클래스를 새롭게 구현하게 됩니다. 물론 사용자가 새롭게 개발한 매퍼 클래스도 매퍼를 상속받았기 때문에 맵 태스크(map task)로 생성될 수 있습니다. 예제 4.5는 매퍼 클래스입니다.

예제 4.5 Mapper.java

```java
package org.apache.hadoop.mapreduce;

public class Mapper<KEYIN, VALUEIN, KEYOUT, VALUEOUT> {

  public class Context
    extends MapContext<KEYIN,VALUEIN,KEYOUT,VALUEOUT> {
    public Context(Configuration conf, TaskAttemptID taskid,
                 RecordReader<KEYIN,VALUEIN> reader,
                 RecordWriter<KEYOUT,VALUEOUT> writer,
                 OutputCommitter committer,
                 StatusReporter reporter,
                 InputSplit split) throws IOException, InterruptedException {
      super(conf, taskid, reader, writer, committer, reporter, split);
    }
  }

  protected void setup(Context context
                    ) throws IOException, InterruptedException {
    // NOTHING
  }

  protected void map(KEYIN key, VALUEIN value,
                  Context context) throws IOException, InterruptedException {
    context.write((KEYOUT) key, (VALUEOUT) value);
  }

  protected void cleanup(Context context
                     ) throws IOException, InterruptedException {
    // NOTHING
  }

  public void run(Context context) throws IOException, InterruptedException {
    setup(context);
    try {
      while (context.nextKeyValue()) {
        map(context.getCurrentKey(), context.getCurrentValue(), context);
      }
```

```
      } finally {
        cleanup(context);
      }
    }
  }
```

매퍼 클래스의 소스코드를 보면 다음과 같이 제네릭 파라미터를 사용해 클래스를 정의합니다.

```
 public class Mapper<KEYIN, VALUEIN, KEYOUT, VALUEOUT> {
```

이 파라미터들은 차례로 〈입력키 유형, 입력값 유형, 출력키 유형, 출력값 유형〉을 의미합니다.

매퍼 클래스는 MapContext를 상속받은 Context 객체를 선언하며, Context 객체를 이용해 job에 대한 정보를 얻어 오고, 입력 스플릿을 레코드 단위로 읽을 수 있습니다. Context 객체의 생성자를 보면 아래와 같이 RecordReader를 선언한 것을 확인할 수 있습니다.

```
 RecordReader<KEYIN,VALUEIN> reader
```

InputFormat을 배울 때 입력 스플릿이 키와 값의 레코드로 맵 메서드의 파라미터로 전달된다고 설명한 바 있습니다. 바로 위와 같이 RecordReader가 전달되어 맵 메서드가 키와 값의 형태로 데이터를 읽을 수 있는 것입니다.

그리고 매퍼 클래스에는 맵 메서드가 다음과 같이 선언돼 있으며, 맵리듀스 프로그램을 개발할 때 대부분 이 메서드를 재정의합니다.

```
 protected void map(KEYIN key, VALUEIN value, Context context)
```

마지막으로 매퍼 클래스는 run 메서드가 호출됐을 때 다음과 같이 Context 객체에 있는 키를 순회하면서 맵 메서드를 호출합니다.

```
 while (context.nextKeyValue()) {
   map(context.getCurrentKey(), context.getCurrentValue(), context);
 }
```

4.2.3.4 파티셔너

파티셔너(Partitioner)는 맵 태스크의 출력 데이터가 어떤 리듀스 태스크로 전달될지 결정합니다. 맵리듀스는 기본 파티셔너로 HashPartitioner를 제공합니다(예제 4.6).

예제 4.6 HashPartitioner.java

```java
public class HashPartitioner<K, V> extends Partitioner<K, V> {
  public int getPartition(K key, V value,
                          int numReduceTasks) {
    return (key.hashCode() & Integer.MAX_VALUE) % numReduceTasks;
  }
}
```

HashPartitioner는 추상 클래스인 Partitioner를 상속받으며, Partitioner 클래스에 있는 getPartition 메서드를 재정의해서 파티션 번호를 반환합니다. 여기서 getPartition 메서드는 맵 태스크의 출력 키와 값, 그리고 전체 리듀스 태스크 개수를 파라미터로 받아 "hash(키) % 전체 리듀스 태스크 개수" 형태로 파티션을 계산합니다. 이렇게 계산된 결과대로 맵 태스크가 실행된 노드에 파티션이 생성된 후, 맵 태스크의 출력 데이터가 저장됩니다. 모든 맵 태스크의 작업이 완료되면 파티션에 저장된 데이터는 해당 리듀스 태스크로 네트워크를 통해 전송됩니다.

다른 파티셔닝 전략을 쓰고 싶다면 Partitioner 추상 클래스를 상속받은 다음 getPartition 메서드를 재정의하면 됩니다. 새로 구현한 파티셔너를 맵리듀스 잡에 적용하려면 Job 인터페이스의 setPartitionerClass 메서드로 설정합니다.

4.2.3.5 리듀서

리듀서(Reducer) 클래스에서는 맵 태스크의 출력 데이터를 입력 데이터로 전달받아 집계 연산을 수행합니다. 예제 4.7은 리듀서 클래스입니다.

예제 4.7 Reducer.java

```java
public class Reducer<KEYIN,VALUEIN,KEYOUT,VALUEOUT> {

  public class Context
    extends ReduceContext<KEYIN,VALUEIN,KEYOUT,VALUEOUT> {
    public Context(Configuration conf, TaskAttemptID taskid,
                RawKeyValueIterator input,
                Counter inputKeyCounter,
                Counter inputValueCounter,
                RecordWriter<KEYOUT,VALUEOUT> output,
                OutputCommitter committer,
                StatusReporter reporter,
```

```
                      RawComparator<KEYIN> comparator,
                      Class<KEYIN> keyClass,
                      Class<VALUEIN> valueClass
                      ) throws IOException, InterruptedException {
        super(conf, taskid, input, inputKeyCounter, inputValueCounter,
              output, committer, reporter,
              comparator, keyClass, valueClass);
    }
  }

  protected void setup(Context context
                        ) throws IOException, InterruptedException {
    // NOTHING
  }

  protected void reduce(KEYIN key, Iterable<VALUEIN> values, Context context
                        ) throws IOException, InterruptedException {
    for(VALUEIN value: values) {
      context.write((KEYOUT) key, (VALUEOUT) value);
    }
  }

  protected void cleanup(Context context
                        ) throws IOException, InterruptedException {
    // NOTHING
  }

  public void run(Context context) throws IOException, InterruptedException {
    setup(context);
    try {
      while (context.nextKey()) {
        reduce(context.getCurrentKey(), context.getValues(), context);
      }
    } finally {
      cleanup(context);
    }
  }
}
```

리듀서 클래스에서는 다음과 같이 제네릭 타입의 파라미터를 정의하며, 이 파라미터들은 차례로 리듀스 메서드에 대한 〈입력키 타입, 입력값 타입, 출력키 타입, 출력값 타입〉을 의미합니다.

```
public class Reducer<KEYIN,VALUEIN,KEYOUT,VALUEOUT>
```

리듀서 클래스도 매퍼 클래스처럼 내부적으로 Context(Context) 객체를 선언하는데, 이 객체는 ReduceContext를 상속받습니다. Context 객체는 잡에 정보를 조회하고, 입력값 목록을 확인하도록 RawKeyValueIterator 형태로 전달받습니다. 그리고 맵 메서드의 출력 결과도 레코드 단위로 만들 수 있게 RecordWriter를 파라미터로 전달받습니다.

리듀서 클래스에서는 리듀스 메서드를 다음과 같이 정의합니다. 매퍼 클래스의 맵 메서드를 재정의하듯이 리듀서 클래스를 구현할 때도 이 메서드를 재정의합니다.

```
protected void reduce(KEYIN key, Iterable<VALUEIN> values, Context context
            ) throws IOException, InterruptedException {
```

4.2.3.6 콤바이너 클래스

맵 태스크의 출력 데이터는 네트워크를 통해 리듀스 태스크로 전달되며, 이러한 맵 태스크와 리듀스 태스크 사이의 데이터 전달 과정을 셔플이라고 표현합니다. 네트워크를 통해 데이터가 전송되기 때문에 전송할 데이터의 크기를 줄일수록 전체 잡의 성능이 좋아질 것입니다.

콤바이너(Combiner) 클래스는 셔플할 데이터의 크기를 줄이는 데 도움을 줍니다. 콤바이너 클래스는 매퍼의 출력 데이터를 입력 데이터로 전달받아 연산을 수행합니다. 콤바이너 클래스는 로컬 노드에서 로컬에 생성된 매퍼의 출력 데이터를 이용하기 때문에 네트워크 비용이 발생하지 않습니다. 콤바이너 클래스는 로컬 노드에 출력 데이터를 생성한 후, 리듀스 태스크에 네트워크로 전달하게 됩니다. 이때 출력 데이터는 기존 매퍼의 출력 데이터보다 크기가 줄었기 때문에 네트워크 비용도 줄어들고, 리듀서가 처리해야 할 데이터도 줄어들어 잡의 성능이 좋아집니다. 이때 리듀서는 콤바이너 클래스를 적용했을 때와 적용하지 않을 때 모두 동일한 결과를 출력해야 합니다. 참고로 콤바이너 클래스를 이용한 코드 작성 방법과 성능 개선 사례는 8장에서 설명하겠습니다.

4.2.3.7 OutputFormat

맵리듀스 잡의 출력 데이터 포맷은 잡 인터페이스의 setOutputFormatClass 메서드로 설정한 포맷대로 만들어집니다. 이때 사용하는 출력 데이터 포맷은 OutputFormat이라는 추상 클래스를 상속받아 구현되며, 표 4.3과 같은 여러 유형의 OutputFormat을 상속받은 API를 제공합니다. 사용자가 별도의 OutputFormat을 설정하지 않을 경우 맵리듀스 프레임워크는 TextOutputFormat을 기본 포맷으로 설정합니다.

표 4.3 OutputFormat 유형

OutputFormat	기능
TextOutputFormat	텍스트 파일에 레코드를 출력할 때 사용합니다. 레코드를 출력할 때 키와 값의 구분자는 탭을 사용합니다.
SequenceFileOutputFormat	시퀀스파일을 출력물로 쓸 때 사용합니다.
SequenceFileAsBinaryOutputFormat	SequenceFileOutputFormat을 상속받아 구현됐으며, 바이너리 포맷의 키와 값을 SequenceFile 컨테이너에 씁니다.
FilterOutputFormat	OutputFormat 클래스의 래퍼 클래스입니다. OutputFormat 클래스를 편리하게 사용할 수 있는 메서드를 제공합니다.
LazyOutputFormat	FileOutputFormat을 상속받은 클래스는 출력할 내용이 없더라도 리듀스의 출력 파일(part-nnnnn)을 생성합니다. LazyOutputFormat을 사용하면 첫 번째 레코드가 해당 파티션(part-nnnnn)으로 보내질 때만 출력 파일을 생성합니다.
NullOutputFormat	출력 데이터가 없을 때 사용합니다.

위 클래스는 모두 FileOutputFormat 클래스를 상속받아 구현됐으며, FileOutputFormat은 바로 OutputFormat을 상속받아 구현돼 있습니다. 그리고 리듀서 클래스의 Context 객체에 RecordWriter라는 객체가 전달되는데, RecordWriter는 키와 값으로 구성된 레코드를 출력 데이터로 만드는 역할을 합니다. FileOutputFormat은 이 RecordWriter를 참조해 출력 파일을 만듭니다.

시퀀스파일이란?

시퀀스파일이란 키와 값의 형태로 데이터를 저장하는 바이너리 파일입니다. 시퀀스파일은 데이터 저장을 위한 Writer, 데이터 조회를 위한 Reader, 데이터 정렬을 위한 Sorter 클래스를 제공합니다. 시퀀스파일은 압축을 적용하는 방식에 따라 세 가지 유형의 Writer를 제공합니다.

1. 무압축

시퀀스파일에 레코드를 추가하면 키와 레코드를 원본 그대로 저장합니다. 무압축 시퀀스파일은 레코드를 텍스트 파일에 저장하는 것보다 용량을 많이 차지하기 때문에 거의 사용하지 않습니다.

2. 레코드 압축

시퀀스파일에 레코드를 추가하면 레코드 단위로 데이터를 압축합니다. 블록 단위로 압축하는 것보다는 압축률이 낮은 편입니다.

3. 블록 압축

　　레코드를 블록 단위로 압축합니다. 기본적으로 HDFS와 같은 블록 단위로 압축하지만 이 설정은 변경할 수 있습니다. 레코드 압축 방식보다 더 나은 압축률을 보여줍니다.

하둡에서는 GZIP, LZO, 스내피(Snappy) 등 다양한 종류의 압축 코덱을 사용할 수 있습니다. 그러나 텍스트 파일은 압축 코덱에 따라 스플릿이 불가능하다는 단점이 있습니다. 하지만 시퀀스파일은 어떤 압축을 적용하든 스플릿이 가능합니다. 그래서 데이터를 압축해서 보관하고, 이를 맵리듀스 잡으로 처리해야 할 경우에는 시퀀스파일로 저장하는 것이 좋습니다. 참고로 압축 코덱에 따른 스플릿은 8장에서 다시 설명할 예정입니다.

또한 앞에서 하둡은 작은 데이터를 저장하는 것은 좋지 않다고 얘기했습니다만 부득이하게 다수의 작은 데이터를 저장해야 할 경우 이를 압축해 시퀀스파일로 저장하면 됩니다. 그 결과 네임노드 입장에서는 압축된 시퀀스파일만 체크하고, 맵리듀스 잡을 실행할 때 스플릿하는 것도 가능합니다.

4.3 WordCount 만들기

이제 앞 절에서 배운 글자 수를 계산하는 맵리듀스 프로그램을 작성해 보겠습니다. 하둡은 버전에 따라 사용 중지(deprecated)된 클래스나 메서드가 많아서 앞으로 모든 코드는 하둡 1.2.1 버전을 기준으로 합니다.

4.3.1 매퍼 구현

우선 매퍼 클래스를 구현하겠습니다. 이 클래스는 키가 라인 번호이고, 값이 문장인 입력 파라미터를 받아 키가 글자이고, 값이 글자 수인 목록을 출력합니다. 맵 메서드에서는 다음과 같이 입력 파라미터를 분석합니다.

　　1. 입력 파라미터의 값인 문장을 공백 단위로 구분해 글자 수를 계산합니다.

　　2. 구분된 글자는 즉시 출력 파라미터에 추가합니다. 이때 글자는 하나이므로 글자 수를 1로 설정합니다.

예제 4.8은 매퍼 클래스를 구현한 코드입니다.

예제 4.8 WordCountMapper.java

```
package wikibooks.hadoop.chapter04;

import java.io.IOException;
import java.util.StringTokenizer;
```

```
import org.apache.hadoop.io.IntWritable;
import org.apache.hadoop.io.LongWritable;
import org.apache.hadoop.io.Text;
import org.apache.hadoop.mapreduce.Mapper;
public class WordCountMapper extends
  Mapper<LongWritable, Text, Text, IntWritable> {
  private final static IntWritable one = new IntWritable(1);
  private Text word = new Text();

  public void map(LongWritable key, Text value, Context context)
    throws IOException, InterruptedException {
    StringTokenizer itr = new StringTokenizer(value.toString());
    while (itr.hasMoreTokens()) {
      word.set(itr.nextToken());
      context.write(word, one);
    }
  }
}
```

WordCountMapper 클래스는 매퍼 클래스를 상속받아 구현합니다. 이때 매퍼 클래스는 다음과 같은 제네릭 파라미터를 선언합니다.

```
Mapper<LongWritable, Text, Text, IntWritable>
```

위의 파라미터는 차례로 맵 메서드의 〈입력 키 타입, 입력 값 타입, 출력 키 타입, 출력 값 타입〉입니다. 예제에서 사용한 LongWritable은 Long, Text는 String, IntWritable은 Integer에 해당합니다. 그리고 Map 클래스에서 멤버 변수로 선언된 one은 값이 1인 Integer로, word는 단순 문자열 변수로 이해하면 됩니다. 이때 one을 final static으로 선언한 이유는 맵 메서드에서 출력하는 단어의 글자 수가 무조건 1이기 때문입니다.

입력 데이터를 분석하기 위해 매퍼 클래스에 있는 맵 메서드를 재정의합니다.

```
public void map(LongWritable key, Text value, Context context)
```

맵 메서드에 있는 파라미터는 〈입력 키 타입, 입력 값 타입, Context 객체〉로 구성됩니다. 이때 입출력 키와 값의 타입은 매퍼 클래스를 상속받을 때와 동일한 타입을 선언해야 합니다. Context 객체는 하둡 맵리듀스 시스템과 통신하면서 출력 데이터를 기록하거나, 모니터링에 필요한 상태값이나 메시지를 갱신하는 역할을 합니다.

우선 Text 타입인 value를 String 타입으로 변환합니다.

```
String line = value.toString();
```

String으로 변환된 value를 공백(space) 단위로 구분하기 위한 StringTokenizer 객체를 선언합니다.

```
StringTokenizer tokenizer = new StringTokenizer(line);
```

StringTokenizer로 공백 단위로 구분된 String 값을 순회합니다.

```
while (tokenizer.hasMoreTokens()) {
```

Text 인터페이스의 set 메서드를 이용해 공백으로 구분된 String 값을 설정합니다.

```
word.set(tokenizer.nextToken())
```

String 값을 순회하면서 출력 파라미터에 키가 글자이고, 값이 글자 수인 레코드를 추가합니다.

```
while (itr.hasMoreTokens()) {
    word.set(itr.nextToken());
```

그리고 맵 메서드의 파라미터인 Context 객체의 write 메서드는 매퍼의 출력 데이터에 레코드를 추가하는 메서드입니다. 여기서는 키가 word이고, 값이 one인 레코드를 출력 파라미터에 추가합니다.

```
context.write(word, one);
```

4.3.2 리듀서 구현

이제 글자와 글자 수로 구성된 입력 파라미터를 받아 글자 수를 합산해 출력하는 리듀서 클래스를 구현하겠습니다. 리듀스 메서드에서는 다음과 같이 입력 파라미터를 분석하게 됩니다.

> **1.** 입력 파라미터의 값(values)에 담겨 있는 글자 수를 합산합니다.
>
> **2.** 합산이 종료되면 출력 파라미터에 레코드를 추가합니다.

예제 4.9는 리듀서 클래스를 구현한 코드입니다.

예제 4.9 WordCountReducer.java

```
package wikibooks.hadoop.chapter04;

import java.io.IOException;
```

```java
import org.apache.hadoop.io.IntWritable;
import org.apache.hadoop.io.Text;
import org.apache.hadoop.mapreduce.Reducer;

public class WordCountReducer extends
    Reducer<Text, IntWritable, Text, IntWritable> {
  private IntWritable result = new IntWritable();

  public void reduce(Text key, Iterable<IntWritable> values, Context context)
      throws IOException, InterruptedException {
    int sum = 0;
    for (IntWritable val : values) {
      sum += val.get();
    }
    result.set(sum);
    context.write(key, result);
  }
}
```

Reduce 클래스는 리듀서 클래스를 상속받아 구현합니다. 이때 리듀서 클래스는 다음과 같은 제네릭 파라미터를 선언합니다.

```
Reducer<Text, IntWritable, Text, IntWritable>
```

위 파라미터는 차례로 리듀스 메서드의 〈입력 키 타입, 입력 값 타입, 출력 키 타입, 출력 값 타입〉을 의미합니다. 이 예제에서는 입력 파라미터로 String 타입의 키와 Integer 타입의 값을 전달받고, String 타입의 키와 Integer 타입의 값을 출력 파라미터로 사용하겠다는 의미입니다.

맵 메서드의 출력 파라미터를 분석하기 위해 리듀서 클래스의 리듀스 메서드를 재정의합니다.

```
public void reduce(Text key, Iterator<IntWritable> values, Context context)
```

리듀스 메서드에 있는 파라미터는 〈입력 키 타입, Iterator〈입력 값 타입〉, Context 객체〉로 구성됩니다. 맵 메서드를 구현할 때와 똑같이 보이시나요? 여기서는 한 가지 차이점이 있는데 바로 입력 값 타입을 Iterator가 감싸고 있다는 것입니다. Iterator를 감싸는 이유는 바로 그림 4.3에 있습니다. 예를 들어, 글자 a의 값은 〈1, 1〉로 입력됩니다. 여기서 1은 Integer 타입에 해당하지만, 두 개의 1의 집합으로 돼 있어서 Iterator를 선언한 것입니다. Iterator를 이용해 맵 메서드에서 값에 있는 데이터를 탐색하고 계산할 수 있습니다. Context 객체는 맵 클래스에서 사용한 것과 동일한 기능이라서 설명은 생략하겠습니다.

우선 입력 파라미터의 값에 담겨 있는 글자 수를 합산하기 위해 int 타입의 변수를 선언합니다.

```
int sum = 0;
```

입력 파라미터의 값(values)의 글자 수를 합산하려면 각각의 글자 수를 알아야 합니다. 글자 수가
담겨 있는 Iterator 객체를 다음과 같이 순회해 각 글자 수를 확인합니다.

```
while (values.hasNext()) {
```

Iterator에 담긴 값인 글자 수는 다음과 같이 next 메서드를 호출해 조회한 후 sum 변수에 더합
니다.

```
sum += values.next().get();
```

리듀스 메서드의 출력 데이터는 맵 메서드와 동일하게 Context 객체의 write 메서드로 설정합니다.
write 메서드를 호출할 때 다음과 같이 출력 키로 입력 데이터의 키를 그대로 사용합니다. 또한 출
력 값은 합산된 글자 수(sum)를 설정하는데, 맵리듀스의 입출력 타입인 IntWritable 객체를 생성해
출력 값을 설정합니다.

```
context.write(key, new IntWritable(sum));
```

4.3.3 드라이버 클래스 구현

지금까지 매퍼와 리듀서 클래스를 개발했습니다. 이번에는 이러한 클래스를 실행하는 드라이버 클
래스를 구현하겠습니다. 드라이버 클래스는 맵리듀스 잡에 대한 실행 정보를 설정하고, 맵리듀스 잡
을 실행합니다. 예제 4.10에서는 다음과 같은 단계로 맵리듀스 잡을 실행합니다.

> 1. 잡 객체를 생성합니다.
> 2. 잡 객체에 맵리듀스 잡의 실행 정보를 설정합니다.
> 3. 맵리듀스 잡을 실행합니다.

예제 4.10은 위에서 설명한 드라이버 클래스를 구현한 코드입니다.

예제 4.10 WordCount 클래스

```
package wikibooks.hadoop.chapter04;

import org.apache.hadoop.conf.Configuration;
import org.apache.hadoop.fs.Path;
import org.apache.hadoop.io.IntWritable;
```

```
import org.apache.hadoop.io.Text;
import org.apache.hadoop.mapreduce.Job;
import org.apache.hadoop.mapreduce.lib.input.FileInputFormat;
import org.apache.hadoop.mapreduce.lib.input.TextInputFormat;
import org.apache.hadoop.mapreduce.lib.output.FileOutputFormat;
import org.apache.hadoop.mapreduce.lib.output.TextOutputFormat;

public class WordCount {
  public static void main(String[] args) throws Exception {
    Configuration conf = new Configuration();
    if (args.length != 2) {
      System.err.println("Usage: WordCount <input> <output>");
      System.exit(2);
    }
    Job job = new Job(conf, "WordCount");

    job.setJarByClass(WordCount.class);
    job.setMapperClass(WordCountMapper.class);
    job.setReducerClass(WordCountReducer.class);

    job.setInputFormatClass(TextInputFormat.class);
    job.setOutputFormatClass(TextOutputFormat.class);

    job.setOutputKeyClass(Text.class);
    job.setOutputValueClass(IntWritable.class);

    FileInputFormat.addInputPath(job, new Path(args[0]));
    FileOutputFormat.setOutputPath(job, new Path(args[1]));

    job.waitForCompletion(true);
  }
}
```

하둡에서 WordCount 클래스를 직접 실행하기 때문에 static void main 메서드에 모든 코드를 구현했습니다. 우선 맵리듀스 잡을 실행하기 위해 잡 객체를 생성합니다.

```
Job job = new Job(conf, "Word Count");
```

Job에는 job 실행에 필요한 모든 정보를 설정할 수 있습니다. 우선 맵리듀스 잡에서 사용할 사용자의 라이브러리 파일을 지정합니다. 이 예제에서는 WordCount 클래스를 사용하기 때문에 다음과같이 지정합니다.

```
job.setJarByClass(WordCount.class);
```

입력 데이터와 출력 데이터 포맷을 모두 텍스트 파일을 사용하기 때문에 다음과 같이 코드를 작성했습니다.

```
job.setInputFormat(TextInputFormat.class);
job.setOutputFormat(TextOutputFormat.class);
```

이번에는 입출력 데이터를 어떤 경로로 전달받은 것인지 설정하겠습니다.

```
FileInputFormat.addInputPath(job, new Path(otherArgs[0]));
FileOutputFormat.setOutputPath(job, new Path(otherArgs[1]));
```

void main 메서드의 첫 번째 파라미터는 입력 파라미터로, 두 번째 파라미터는 출력 파라미터로 설정합니다. addInputPaths 메서드에는 맵 클래스의 입력 파라미터의 경로를 설정하고, setOutputPath 메서드에는 리듀서 클래스의 출력 파라미터가 생성될 경로를 설정합니다. 또한 addInputPaths에는 폴더명을 지정하거나, 파일명을 직접 지정할 수도 있습니다. 여러 파일을 입력 파라미터로 사용하고 싶다면 addInputPaths를 여러 번 선언해서 설정할 수도 있습니다.

리듀서 클래스의 출력 경로 설정이 끝나면 매퍼와 리듀서 클래스의 출력 데이터의 키와 값의 타입을 설정합니다.

```
job.setOutputKeyClass(Text.class);
job.setOutputValueClass(IntWritable.class);
```

입출력 파라미터에 대한 모든 설정이 끝나면 job에서 사용할 매퍼 클래스와 리듀서 클래스를 설정합니다.

```
job.setMapperClass(WordCountMapper.class);
job.setReducerClass(WordCountReducer.class);
```

매퍼와 리듀서 클래스 설정까지 하고 나면 잡을 실행할 준비가 끝납니다. 이제 잡 객체의 waitForCompletion 메서드를 호출해 잡을 실행합니다.

```
job.waitForCompletion(true);
```

4.3.4 WordCount 빌드

모든 클래스를 구현하고 나면 이제 컴파일을 하고, 컴파일된 클래스를 하나의 jar 파일로 묶습니다. 이클립스를 사용 중이라면 이클립스 "Run As → Maven Build" 메뉴를 선택한 후 goal 항목에

"clean install"을 입력하면 JAR 파일이 생성됩니다. 혹은 커맨드 라인에서 "mvn clean install"을
실행해도 됩니다.

4.3.5 WordCount 실행

이제 WordCount 클래스를 하둡 클러스터에서 실행해보겠습니다. 우선 리눅스 서버에 아래와 같은
텍스트 파일을 만듭니다. 파일명은 input.txt로 설정합니다.

```
read a book
write a book
```

텍스트 파일은 하둡 콘솔 명령어를 이용해 HDFS에 업로드합니다.

```
[hadoop@wikibooks01 hadoop-1.2.1]$ ./bin/hadoop fs -put input.txt input.txt
```

업로드가 완료되면 하둡 콘솔 명령어의 jar 옵션을 사용해 WordCount를 실행합니다.

```
[hadoop@wikibooks01 hadoop-1.2.1]$ ./bin/hadoop jar hadoop-beginner-examples-1.0.jar wikibooks.
hadoop.chapter04.WordCount input.txt wordcount_output
```

WordCount를 실행하면 다음과 같은 로그가 출력됩니다.

```
14/11/21 01:34:54 WARN mapred.JobClient: Use GenericOptionsParser for parsing the arguments.
Applications should implement Tool for the same.
14/11/21 01:34:55 INFO input.FileInputFormat: Total input paths to process : 1
14/11/21 01:34:55 INFO util.NativeCodeLoader: Loaded the native-hadoop library
14/11/21 01:34:55 WARN snappy.LoadSnappy: Snappy native library not loaded
14/11/21 01:34:55 INFO mapred.JobClient: Running job: job_201411210131_0002
14/11/21 01:34:56 INFO mapred.JobClient:  map 0% reduce 0%
14/11/21 01:35:05 INFO mapred.JobClient:  map 100% reduce 0%
14/11/21 01:35:14 INFO mapred.JobClient:  map 100% reduce 33%
14/11/21 01:35:15 INFO mapred.JobClient:  map 100% reduce 100%
14/11/21 01:35:16 INFO mapred.JobClient: Job complete: job_201411210131_0002
14/11/21 01:35:16 INFO mapred.JobClient: Counters: 29
14/11/21 01:35:16 INFO mapred.JobClient:   Job Counters
14/11/21 01:35:16 INFO mapred.JobClient:     Launched reduce tasks=1
14/11/21 01:35:16 INFO mapred.JobClient:     SLOTS_MILLIS_MAPS=8230
14/11/21 01:35:16 INFO mapred.JobClient:     Total time spent by all reduces waiting after
reserving slots (ms)=0
14/11/21 01:35:16 INFO mapred.JobClient:     Total time spent by all maps waiting after
reserving slots (ms)=0
14/11/21 01:35:16 INFO mapred.JobClient:     Launched map tasks=1
```

```
14/11/21 01:35:16 INFO mapred.JobClient:     Data-local map tasks=1
14/11/21 01:35:16 INFO mapred.JobClient:     SLOTS_MILLIS_REDUCES=10105
14/11/21 01:35:16 INFO mapred.JobClient:   File Output Format Counters
14/11/21 01:35:16 INFO mapred.JobClient:     Bytes Written=26
14/11/21 01:35:16 INFO mapred.JobClient:   FileSystemCounters
14/11/21 01:35:16 INFO mapred.JobClient:     FILE_BYTES_READ=67
14/11/21 01:35:16 INFO mapred.JobClient:     HDFS_BYTES_READ=135
14/11/21 01:35:16 INFO mapred.JobClient:     FILE_BYTES_WRITTEN=115175
14/11/21 01:35:16 INFO mapred.JobClient:     HDFS_BYTES_WRITTEN=26
14/11/21 01:35:16 INFO mapred.JobClient:   File Input Format Counters
14/11/21 01:35:16 INFO mapred.JobClient:     Bytes Read=25
14/11/21 01:35:16 INFO mapred.JobClient:   Map-Reduce Framework
14/11/21 01:35:16 INFO mapred.JobClient:     Map output materialized bytes=67
14/11/21 01:35:16 INFO mapred.JobClient:     Map input records=2
14/11/21 01:35:16 INFO mapred.JobClient:     Reduce shuffle bytes=67
14/11/21 01:35:16 INFO mapred.JobClient:     Spilled Records=12
14/11/21 01:35:16 INFO mapred.JobClient:     Map output bytes=49
14/11/21 01:35:16 INFO mapred.JobClient:     Total committed heap usage (bytes)=176230400
14/11/21 01:35:16 INFO mapred.JobClient:     CPU time spent (ms)=1100
14/11/21 01:35:16 INFO mapred.JobClient:     Combine input records=0
14/11/21 01:35:16 INFO mapred.JobClient:     SPLIT_RAW_BYTES=110
14/11/21 01:35:16 INFO mapred.JobClient:     Reduce input records=6
14/11/21 01:35:16 INFO mapred.JobClient:     Reduce input groups=4
14/11/21 01:35:16 INFO mapred.JobClient:     Combine output records=0
14/11/21 01:35:16 INFO mapred.JobClient:     Physical memory (bytes) snapshot=253247488
14/11/21 01:35:16 INFO mapred.JobClient:     Reduce output records=4
14/11/21 01:35:16 INFO mapred.JobClient:     Virtual memory (bytes) snapshot=1453203456
14/11/21 01:35:16 INFO mapred.JobClient:     Map output records=6
```

출력 메시지의 핵심은 "Map input records", "Map output records", "Reduce input records", "Reduce output records"입니다. 각 메시지의 의미는 영문 그대로 맵의 입력(Map input records)으로 2건의 데이터가 입력되고, 맵의 출력(Map output records)으로 6건이 출력된 후, 리듀스의 입력(Reduce input records)으로 6건이 입력되어 리듀스의 출력 데이터(Reduce output records)가 4건이 생성됐다는 의미입니다.

이제 리듀서 클래스의 출력 파일에 우리가 설계한 대로 출력됐는지 확인하겠습니다. 리듀서 클래스의 출력 파일은 HDSF에 저장돼 있으며, 다음과 같이 hadoop 명령어를 실행해 조회합니다.

```
[hadoop@wikibooks01 hadoop]$ ./bin/hadoop fs -cat wordcount_output/part-r-00000
a       2
book    2
```

```
read     1
write    1
```

글자별 글자 수가 정상적으로 출력된 것을 확인했습니다. 그런데 WordCount를 실행할 때 출력 경로로 output을 지정했는데 왜 part-r-00000 파일에 접근하는 것일까요? 이는 맵리듀스 잡의 출력 경로에는 리듀서의 출력 데이터 외에도 각 단계별 로그 파일 및 설정 정보가 저장되기 때문입니다.

아래와 같이 ls 명령어로 output 폴더에 여러 파일과 폴더가 저장된 것을 확인할 수 있습니다. 이 가운데 리듀스의 출력 결과는 part-r-00000으로 저장된 것입니다.

```
[hadoop@wikibooks01 hadoop]$ ./bin/hadoop fs -ls wordcount_output
Found 3 items
-rw-r--r--   3 hadoop supergroup          0 2014-11-21 01:35 /user/hadoop/wordcount_output/_
SUCCESS
drwxr-xr-x   - hadoop supergroup          0 2014-11-21 01:34 /user/hadoop/wordcount_output/_logs
-rw-r--r--   3 hadoop supergroup         26 2014-11-21 01:35 /user/hadoop/wordcount_output/
part-r-00000
```

4.3.6 웹에서 실행 결과 확인

이번에는 하둡에서 제공하는 웹 인터페이스를 이용해 WordCount의 실행 결과와 출력 파일을 확인하겠습니다. 웹 브라우저에서 아래와 같은 주소를 입력하면 하둡에서 실행 중이거나 완료된 전체 맵리듀스 잡의 목록을 확인할 수 있습니다.

http://네임노드서버IP:50030/jobtracker.jsp

wikibooks01 Hadoop Map/Reduce Administration

State: RUNNING
Started: Fri Nov 21 01:31:26 KST 2014
Version: 1.2.1, r1503152
Compiled: Mon Jul 22 15:23:09 PDT 2013 by mattf
Identifier: 201411210131
SafeMode: OFF

Cluster Summary (Heap Size is 56.44 MB/966.69 MB)

Running Map Tasks	Running Reduce Tasks	Total Submissions	Nodes	Occupied Map Slots	Occupied Reduce Slots	Reserved Map Slots	Reserved Reduce Slots	Map Task Capacity
0	0	1	3	0	0	0	0	6

Scheduling Information

Queue Name	State	Scheduling Information
default	running	N/A

Filter (Jobid, Priority, User, Name)
Example: 'user:smith 3200' will filter by 'smith' only in the user field and '3200' in all fields

Running Jobs

`none`

Completed Jobs

Jobid	Started	Priority	User	Name	Map % Complete	Map Total	Maps Completed	Reduce % Complete	
job_201411210131_0002	Fri Nov 21 01:34:55 KST 2014	NORMAL	hadoop	WordCount	100.00%	1	1	100.00%	

그림 4.6 잡트래커 웹 인터페이스

위 주소를 입력하면 그림 4.6과 같은 웹 화면이 나타납니다. 이 화면의 하단의 "Completed Jobs" 테이블을 보면 Name 값이 WordCount.java에서 지정한 "WordCount1.0"으로 설정된 항목을 볼 수 있습니다. 이 테이블은 우리가 요청한 잡에 대한 요약 결과를 비롯해 몇 개의 맵 태스크와 리듀스 태스크를 실행하고, 전체 작업은 얼마나 진행됐는지를 나타냅니다. Jobid는 잡에 대한 식별ID 값이며, 이 Jobid를 클릭하면 해당 잡에 대한 상세한 정보를 조회할 수 있습니다.

Jobid를 클릭하면 그림 4.7과 같은 화면이 나타납니다. 이 화면에서는 잡이 성공했는지(Status), 작업 시간은 얼마나 걸렸는지(Finished in) 알 수 있고, HDFS에서 읽고 쓰인 파일과 맵리듀스에서 처리된 정보를 일목요연하게 볼 수 있습니다.

Hadoop job_201411210131_0002 on wikibooks01

User: hadoop
Job Name: WordCount
Job File: hdfs://wikibooks01:9000/home/hadoop/hadoop-data/mapred/staging/hadoop/.staging/job_201411210131_0002/job.xml
Submit Host: wikibooks01
Submit Host Address: 192.168.56.101
Job-ACLs: All users are allowed
Job Setup: Successful
Status: Succeeded
Started at: Fri Nov 21 01:34:55 KST 2014
Finished at: Fri Nov 21 01:35:16 KST 2014
Finished in: 21sec
Job Cleanup: Successful

Kind	% Complete	Num Tasks	Pending	Running	Complete	Killed	Failed/Killed Task Attempts
map	100.00%	1	0	0	1	0	0 / 0
reduce	100.00%	1	0	0	1	0	0 / 0

	Counter	Map	Reduce	Total
Job Counters	SLOTS_MILLIS_MAPS	0	0	8,230
	Launched reduce tasks	0	0	1
	Total time spent by all reduces waiting after reserving slots (ms)	0	0	0
	Total time spent by all maps waiting after reserving slots (ms)	0	0	0
	Launched map tasks	0	0	1
	Data-local map tasks	0	0	1
	SLOTS_MILLIS_REDUCES	0	0	10,105

File Output Format Counters	Bytes Written	0	0	26
File Input Format Counters	Bytes Read	0	0	25
FileSystemCounters	FILE_BYTES_READ	0	67	67
	HDFS_BYTES_READ	135	0	135
	FILE_BYTES_WRITTEN	57,647	57,528	115,175
	HDFS_BYTES_WRITTEN	0	26	26
	Reduce input groups	0	0	4
	Map output materialized bytes	0	0	67
	Combine output records	0	0	0
	Map input records	0	0	2
	Reduce shuffle bytes	0	0	67
	Physical memory (bytes) snapshot	0	0	253,247,488

그림 4.7 맵리듀스 잡의 상세 정보

지금까지 배운 맵리듀스 개발 과정을 정리하면 다음과 같습니다.

1. 맵리듀스 단계별로 사용할 파라미터를 키와 값의 형태로 설계한다.

2. 매퍼 클래스를 상속받아 WordCountMapper클래스를 구현한다.

3. 리듀서 클래스를 상속받아 WordCountReducer 클래스를 구현한다.

4. 맵리듀스 잡을 실행할 잡 객체를 생성하고 실행한다.

5. 완성된 맵리듀스 클래스를 하둡에서 실행한다.

6. 맵리듀스 출력 결과물이 원하는 대로 나왔는지 확인한다.

위 단계에서 가장 중요한 단계는 파라미터를 정의하는 단계입니다. 입력 데이터를 어떤 키와 값으로 분류하고, 맵과 리듀스에서 이러한 데이터가 흘러가게 할지 세심한 주의가 필요합니다. WordCount의 데이터가 단순해서 데이터 타입이 쉽게 정의됐지만 실제 업무에 적용할 때는 훨씬 복잡한 데이터가 나타날 것입니다. 경우에 따라서는 여러 종류의 매퍼와 리듀서 클래스를 사용해야 할 때도 있습니다. 이럴 때 무작정 코드 작성부터 시작하기보다는 그림 4.1에 나온 것처럼 전체적인 데이터 흐름을 그려보면서 어떻게 데이터를 주고받을지 설계하기 바랍니다. 하둡뿐 아니라 어떤 프로그램을 개발하든 업무 분석과 설계가 가장 중요한 것처럼 뼈대를 튼튼하게 만드는 작업이 프로젝트의 성패를 결정합니다.

PART

맵리듀스
애플리케이션 개발

2부에서는 미국 항공 운항 통계 데이터를 이용해 다양한 맵리듀스 애플리케이션을 개발합니다.

5장에서는 맵리듀스가 제공하는 사용자 정의 옵션 API, 카운터, 다중 입력 포맷 등을 이용해 다양한 애플리케이션을 개발합니다. 또한 여러 개의 맵리듀스 잡을 연결해서 수행하는 체인의 개념도 설명합니다.

6장에서는 데이터 정렬을 위한 보조 정렬, 부분 정렬, 전체 정렬과 같은 다양한 기법을 소개합니다.

7장에서는 맵리듀스의 조인 방식인 맵 사이드 조인과 리듀스 사이드 조인을 구현하는 방법을 설명합니다.

05

맵리듀스
기초 다지기

이번 장에서는 맵리듀스 잡이 잡트래커와 태스크트래커에서 실행되는 과정을 알아보고, 맵리듀스 프레임워크가 제공하는 다양한 API를 활용하는 예제 프로그램을 작성하겠습니다.

5.1 맵리듀스 잡의 실행 단계

맵리듀스 잡은 클라이언트가 잡 실행을 요청하는 단계, 해당 잡이 초기화되는 단계, 잡을 실행하기 위한 태스크를 할당하는 단계, 할당된 태스크가 실행되는 단계, 마지막으로 잡이 완료되는 다섯 개의 단계로 구성됩니다. 이번 절에서는 각 단계별 동작 과정을 자세히 알아보겠습니다.

5.1.1 잡 실행 요청

맵리듀스 애플리케이션인 클라이언트가 잡 실행을 요청하면 그림 5.1과 같이 작업이 진행됩니다.

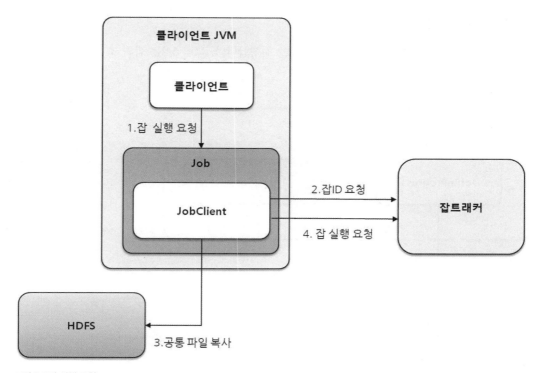

그림 5.1 잡 실행 요청

1. 클라이언트는 org.apache.hadoop.mapreduce.Job의 waitForCompletion 메서드를 호출해 잡 실행을 요청합니다. 이때 클라이언트의 요청은 Job의 내부 컴포넌트인 JobClient에 전달됩니다.

2. JobClient는 잡트래커의 getNewJobId 메서드를 호출해 새로운 잡ID를 요청합니다. 잡트래커는 잡의 출력 파일 경로가 정상적인지 확인한 후 잡ID를 발급합니다. 참고로 JobClient와 잡트래커는 RPC로 통신하며, JobSubmissionProtocol에 정의된 프로토콜을 사용합니다.

3. 클라이언트는 잡을 실행하는 데 필요한 정보를 잡트래커와 태스크트래커에게 공유해야 합니다. 그래서 JobClient는 다음과 같은 파일을 HDFS에 저장합니다.

   - 입력 스플릿 정보
   - JobConf에 설정된 정보
   - 잡 클래스 파일 혹은 잡 클래스가 포함된 JAR 파일

4. JobClient는 잡트래커의 submitJob 메서드를 호출해 잡 실행을 요청합니다.

5.1.2 잡 초기화

잡트래커는 잡을 실행하기 위한 초기 설정 작업을 진행합니다. 그림 5.2는 잡의 초기화 과정을 나타내며, 각 과정은 다음과 같이 진행됩니다.

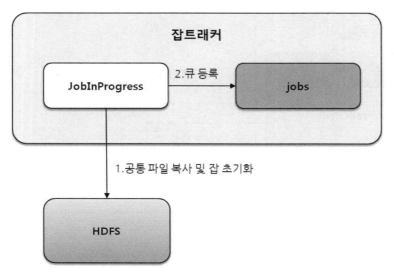

그림 5.2 잡 초기화

1. 잡트래커는 잡의 상태와 진행 과정을 모니터링할 수 있는 JobInProgress를 생성합니다. JobInProgress는 JobClient가 HDFS에 등록한 잡 공통 파일을 로컬 디스크로 복사한 후, 스플릿 정보를 이용해 맵 태스크 개수와 리듀스 태스크 개수를 계산합니다. 또한 잡의 실행 상태를 RUNNING(실행 중)으로 설정합니다.

2. 잡트래커는 1단계에서 생성한 JobInProgress 객체를 내부 큐인 jobs에 등록합니다. 큐에 등록된 JobInProgress는 스케줄러에 의해 소비됩니다.

5.1.3 태스크 할당

이번 절에서는 스케줄러가 태스크를 할당하는 과정을 알아보겠습니다. 그림 5.3은 스케줄러가 태스크를 할당하는 과정을 나타내며, 다음과 같은 순서로 진행됩니다. 맵리듀스는 태스크를 할당하기 위한 스케줄러인 TaskScheduler를 제공합니다. TaskScheduler는 추상 클래스이며, 이를 구현한 FIFO(First In First Out) 방식의 JobQueueTaskScheduler, 풀 방식의 FairScheduler, 다중 큐 방식의 CapacityScheduler를 제공합니다. 기본 스케줄러는 FIFO 방식의 스케줄러를 이용해 잡의 실행 순서대로 태스크가 할당됩니다. FairScheduler와 CapacityScheduler는 10장에서 자세히 설명할 예정입니다.

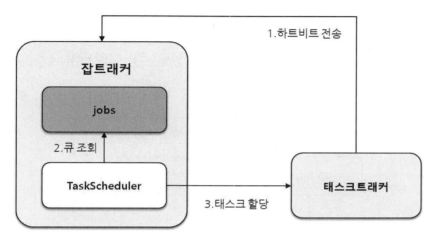

그림 5.3 태스크 할당

1. 태스크트래커는 3초에 한 번씩 잡트래커에게 하트비트(heartbeat) 메시지를 전송하며, 이를 통해 태스크트래커가 실행 중이라는 것과 새로운 태스크를 실행할 준비가 됐다는 것을 알려줍니다.

2. 스케줄러는 태스크트래커의 하트비트 메시지를 확인한 후, 내부 큐에서 태스크를 할당할 잡을 선택합니다. 그리고 해당 잡에서 하나의 태스크를 선택합니다. 이때 잡의 선택은 각 스케줄러의 알고리즘에 맞게 선택하게 됩니다.

3. 스케줄러는 맵 태스크와 리듀스 태스크를 구분해 태스크를 할당합니다. 우선 맵 태스크의 경우 입력 스플릿과 동일한 서버의 태스크를 선택합니다. 이는 네트워크를 통하지 않고, 로컬 디스크에 접근해서 높은 성능을 낼 수 있기 때문입니다. 차선으로는 동일한 랙의 태스크를 선택합니다. 리듀스 태스크의 경우는 대부분 맵 태스크의 출력 데이터를 네트워크로 내려받기 때문에 단순히 태스크 목록에 있는 순서대로 선택하게 됩니다.

스케줄러는 태스크를 선택한 후 해당 태스크트래커에게 태스크 할당을 알려줍니다. 잡트래커는 태스크트래커가 전송한 하트비트의 응답으로 HeartbeatResponse를 전송합니다. 잡트래커는 태스크트래커에게 지시할 내용을 HeartbeatResponse에 설정할 수 있습니다. 그래서 스케줄러는 HeartbeatResponse에 태스크 실행을 요청합니다. 참고로 HeartbeatResponse에는 태스크 실행, 태스크 종료, 잡 종료, 태스크트래커 초기화 재실행, 태스크 완료 등의 작업을 설정할 수 있습니다.

5.1.4 태스크 실행

태스크트래커는 할당받은 태스크를 새로운 JVM에서 실행하게 되며, 맵리듀스는 이를 차일드 (Child) JVM이라고 표현합니다. 이때 새로운 JVM에서 발생하는 버그는 태스크트래커에게 영향을 끼치지 않아서 안정적으로 태스크트래커를 운영할 수 있습니다. 또한 사용자가 원할 경우 매번 JVM을 새로 생성하는 것이 아니라 재사용하게 할 수도 있습니다. 이 방법은 9장에서 설명할 예정입니다. 그림 5.4는 태스크가 실행되는 단계별 과정을 나타냅니다.

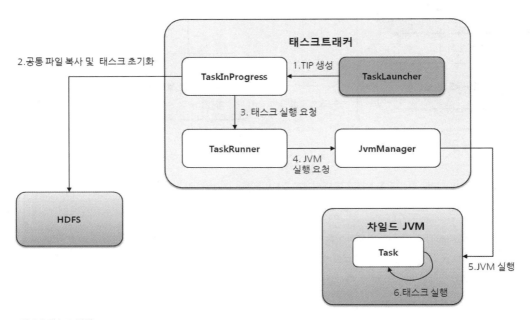

그림 5.4 태스크 실행

1. TaskLauncher는 HeartbeatResponse에서 태스크 정보를 꺼내서 태스크의 상태와 진행 과정을 모니터링할 수 있는 TaskInProgress를 생성합니다.

2. 태스크트래커는 HDFS에 저장된 잡 공통 파일들을 로컬 디렉터리로 복사합니다. 그리고 TaskInProgress는 태스크 실행 결과를 저장할 로컬 디렉터리를 생성한 후 잡 JAR 파일을 이 디렉터리에 풀어 놓습니다.

3. TaskInProgress는 TaskRunner에게 태스크 실행을 요청합니다.

4. TaskRunner는 JvmManager에게 차일드 JVM에서 태스크를 실행해줄 것을 요청합니다.

5. JvmManager는 실행할 클래스명과 옵션을 설정한 후, 커맨드 라인에서 차일드 JVM을 실행합니다. 이때 차일드 JVM은 TaskUmbilicalProtocol 인터페이스로 부모 클래스와 통신하게 됩니다. 차일드 JVM은 태스크가 완료될 때까지 태스크의 진행 과정을 주기적으로 JvmManager에게 알려줍니다. 태스크트래커는 이 정보를 공유받아 태스크의 진행 과정을 모니터링할 수 있습니다.

6. 사용자가 정의한 매퍼 클래스 혹은 리듀서 클래스가 실행됩니다.

5.1.5 잡 완료

이제 마지막 단계인 잡 완료 과정을 알아보겠습니다. 그림 5.5는 잡 완료 과정을 나타내는 그림입니다.

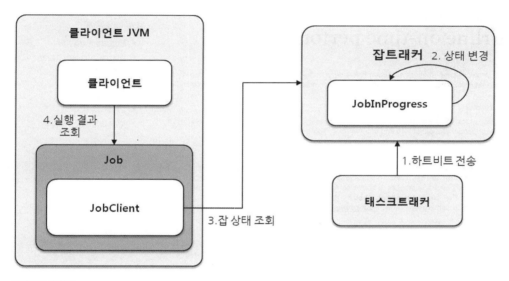

그림 5.5 잡 완료

1. 태스크트래커가 잡트래커에 전송하는 하트비트에는 완료된 태스크의 정보가 포함됩니다.

2. 잡크래커는 해당 잡이 실행한 전체 태스크의 완료 정보를 받게 될 경우 JobInProgress는 잡의 상태를 SUCCEEDED로 변경합니다. 만약 장애 때문에 잡이 실패했다면 잡의 상태를 FAILED로 변경합니다.

3. 잡을 실행한 클라이언트와 JobClient는 잡이 완료될 때까지 대기하고 있으며, JobClient는 잡트래커의 getJobStatus 메서드를 호출해 잡의 상태를 연속해서 확인합니다. JobClient는 잡의 상태가 SUCCEED면 true를, FAILED면 false를 클라이언트에게 전달합니다.

4. 클라이언트는 최종 결과를 출력하고, 잡 실행을 완료합니다.

5.2 분석용 데이터 준비

앞으로 이 책에서 개발할 예제는 ASA(American Standards Association; 미국 규격 협회)에서 2009년에 공개한 미국 항공편 운항 통계 데이터를 이용합니다. 우선 http://stat-computing.org/dataexpo/2009/를 방문하면 그림 5.6과 같은 화면이 나타납니다.

ASA Sections on:
Statistical Computing
Statistical Graphics

[Computing, Graphics]
[Awards, Data expo, Video library]
[Events, News, Newsletter]

Search

Data expo

Airline on-time performance

Data expo 09

- **Posters & results**
- Competition description
- Download the data
- Supplemental data sources
- Using a database
- Intro to command line tools

Have you ever been stuck in an airport because your flight was delayed or cancelled and wondered if you could have predicted it if you'd had more data? This is your chance to find out.

The results

We had a total of nine entries, and turn out at the poster session at the JSM was great, with plenty of people stopping by to find out why their flights were delayed.

The data

The data consists of flight arrival and departure details for all commercial flights within the USA, from October 1987 to April 2008. This is a large dataset: there are nearly 120 million records in total, and takes up 1.6 gigabytes of space compressed and 12 gigabytes when uncompressed. To make sure that you're not overwhelmed by the size of the data, we've provide two brief introductions to some useful tools: linux command line tools and sqlite, a simple sql database.

The challenge

The aim of the data expo is to provide a **graphical** summary of important features of the data set. This is intentionally vague in order to allow different entries to focus on different aspects of the data, but here are a few ideas to get you started:

- When is the best time of day/day of week/time of year to fly to minimise delays?
- Do older planes suffer more delays?
- How does the number of people flying between different locations change over time?
- How well does weather predict plane delays?
- Can you detect cascading failures as delays in one airport create delays in others? Are there critical links in the system?

You are also welcome to work with interesting subsets: you might want to compare flight patterns before and after 9/11, or between the pair of cities that you fly between most often, or all flights to and from a major airport like Chicago (ORD). Smaller subsets may also help you to match up the data to other interesting datasets.

그림 5.6 ASA 미국 항공편 운항 통계 데이터

5.2.1 데이터 내려받기

"Download the data" 메뉴에서는 통계 데이터를 내려받을 수 있으며, "Supplemental data sources" 메뉴에서는 통계 데이터에 사용된 메타데이터 정보를 확인할 수 있습니다. 이 사이트에서는 1987년부터 2008년까지 미국 내 모든 상업 항공편에 대한 항공편 도착과 출발 세부 사항에 대한 정보를 제공합니다. 이 데이터는 압축했을 경우 1.6GB이고, 압축을 풀면 12GB입니다. 비록 테라바이트의 크기는 아니지만 학습용으로 하둡을 구축하고 테스트하기에는 매우 적절한 크기입니다. 통계 데이터는 총 29개의 칼럼으로 구성되며, 각 칼럼의 속성은 표 5.1과 같습니다.

표 5.1 미국 항공편 운항 통계 데이터의 칼럼 정보

번호	칼럼 이름	내용
1	Year	연도, 1987 ~ 2008
2	Month	월, 1 ~ 12
3	DayofMonth	일, 1 ~ 31
4	DayOfWeek	요일, 1(월요일) ~ 7(일요일)
5	DepTime	실제 출발 시각, 현지 시각 기준 hhmm 형태로 표기
6	CRSDepTime	예정 출발 시각, 현지 시각 기준 hhmm 형태로 표기
7	ArrTime	실제 도착 시각, 현지 시각 기준 hhmm 형태로 표기
8	CRSArrTime	예정 도착 시각, 현지 시각 기준 hhmm 형태로 표기
9	UniqueCarrier	항공사 코드
10	FlightNum	항공편 번호
11	TailNum	항공기 등록 번호 (비행기 꼬리 날개 쪽에 표기)
12	ActualElapsedTime	실제 경과 시간, 분으로 표기
13	CRSElapsedTime	예정 경과 시간, 분으로 표기
14	AirTime	방송 시간, 분으로 표기
15	ArrDelay	도착 지연 시간, 분으로 표기
16	DepDelay	출발 지연 시간, 분으로 표기
17	Origin	출발지 공항 코드, IATA(국제 항공 운송 협회) 기준
18	Dest	도착지 공항 코드, IATA(국제 항공 운송 협회) 기준
19	Distance	비행 거리, 마일 기준
20	TaxiIn	비행기 바퀴가 지면에 닿아서(착륙) 목적지 공항의 게이트에 도착할 때까지 시간
21	TaxiOut	출발지 공항의 게이트에서 출발해서 바퀴가 지면에서 떨어질 때(이륙)까지의 시간

번호	칼럼 이름	내용
22	Cancelled	비행 취소 여부 → 1: 예, 0: 아니오
23	CancellationCode	비행 취소 코드 → A: 항공사, B: 기상, C: NAS(National Airspace System), D: 보안
24	Diverted	우회 여부 → 1: 예, 0: 아니오
25	CarrierDelay	항공사 지연 시간, 분으로 표기
26	WeatherDelay	기상 지연 시간, 분으로 표기
27	NASDelay	NAS 지연 시간, 분으로 표기
28	SecurityDelay	보안 지연 시간, 분으로 표기
29	LateAircraftDelay	연착 항공기 지연 시간, 분으로 표기

칼럼 정보는 콤마를 기준으로 구분되며, 압축된 통계 데이터의 압축을 풀면 아래와 같은 형태로 데이터가 저장돼 있습니다. 이 데이터를 이용해 연착을 최소화하기 위한 비행 시간, 비행기 연식에 따른 연착 영향, 날씨로 인한 연착 등 다양한 정보를 예측할 수 있습니다.

```
Year,Month,DayofMonth,DayOfWeek,DepTime,CRSDepTime,ArrTime
2008,1,3,4,2003,1955,2211
2008,1,3,4,754,735,1002
2008,1,3,4,628,620,804
2008,1,3,4,926,930,1054
2008,1,3,4,1829,1755,1959
2008,1,3,4,1940,1915,2121
```

통계 데이터는 bz2 형식으로 압축돼 있으므로 다음과 같이 압축을 해제합니다.

```
[hadoop@wikibooks01 hadoop]$ bzip2 -d *.bz2
```

또한 데이터를 편하게 처리할 수 있게 첫 번째 줄에 있는 칼럼 정보를 삭제합니다.

```
sed -e '1d' 2008.csv > 2008_new.csv
```

22개 파일에 위와 같은 작업을 하는 것은 매우 번거로울 것입니다. 이를 위해 파일 다운로드, 압축 해제, 데이터 가공을 한 번에 수행하는 셸 스크립트를 작성했습니다. 참고로 여기서는 /home/hadoop/dataexpo 디렉터리에서 CSV 파일을 내려받았습니다.

```
[hadoop@wikibooks01 ~]$ cd /home/hadoop/dataexpo
[hadoop@wikibooks01 ~]$ cat download.sh
#!/bin/sh

for ((i=1987; i <= 2008; i++)) ; do
  wget http://stat-computing.org/dataexpo/2009/$i.csv.bz2
  bzip2 -d $i.csv.bz2
  sed -e '1d' $i.csv > $i_temp.csv
  mv $i_temp.csv $i.csv
done
```

download.sh를 작성했으면 다음과 같이 셸 스크립트를 실행합니다.

```
[hadoop@wikibooks01 dataexpo]$ chmod 755 download.sh
[hadoop@wikibooks01 dataexpo]$ ./download.sh
```

셸 스크립트 실행이 완료되면 압축 해제된 CSV 파일 목록과 용량을 확인할 수 있습니다.

```
[hadoop@wikibooks01 dataexpo]$ ls -l
total 11747368
-rw-rw-r-- 1 hadoop hadoop 127162642 Nov 22 13:39 1987.csv
-rw-rw-r-- 1 hadoop hadoop 501039172 Nov 22 13:39 1988.csv
-rw-rw-r-- 1 hadoop hadoop 486518521 Nov 22 13:39 1989.csv
-rw-rw-r-- 1 hadoop hadoop 509194387 Nov 22 13:39 1990.csv
(중략)
-rw-rw-r-- 1 hadoop hadoop 672067796 Nov 22 13:40 2006.csv
-rw-rw-r-- 1 hadoop hadoop 702877893 Nov 22 13:40 2007.csv
-rw-rw-r-- 1 hadoop hadoop 689413044 Nov 22 13:41 2008.csv
-rwxr-xr-x 1 hadoop hadoop       191 Nov 22 14:46 download.sh
[hadoop@wikibooks01 dataexpo]$ du -h
12G
```

이제 CSV 파일을 HDFS에 업로드합니다.

```
[hadoop@wikibooks01 hadoop-1.2.1]$ ./bin/hadoop dfs -mkdir input
[hadoop@wikibooks01 hadoop-1.2.1]$ ./bin/hadoop dfs -put /home/hadoop/dataexpo/*.csv input
[hadoop@wikibooks01 hadoop-1.2.1]$ ./bin/hadoop dfs -ls
Found 2 items
drwxr-xr-x   - hadoop supergroup          0 2014-11-22 14:09 /user/hadoop/input
drwxr-xr-x   - hadoop supergroup          0 2014-11-22 14:14 /user/hadoop/output
```

5.2.2 공통 클래스 구현

항공 통계 데이터는 콤마(,) 단위로 데이터가 저장돼 있어서 매퍼에서는 이를 구분해서 처리해야 합니다. 또한 각 레코드에서는 항공 출발 지연시간과 도착 지연시간을 추출해야 합니다. 필자는 위와 같은 작업을 편리하게 하고, 반복되는 코드를 줄이기 위해 예제 5.1과 같은 공통 클래스를 구현했습니다. 이 책의 모든 매퍼 예제에서는 이 클래스를 사용합니다.

예제 5.1 AirlinePerformanceParser.java

```java
package wikibooks.hadoop.common;

import org.apache.hadoop.io.Text;

public class AirlinePerformanceParser {
  private int year;
  private int month;

  private int arriveDelayTime = 0;
  private int departureDelayTime = 0;
  private int distance = 0;

  private boolean arriveDelayAvailable = true;
  private boolean departureDelayAvailable = true;
  private boolean distanceAvailable = true;

  private String uniqueCarrier;

  public AirlinePerformanceParser(Text text) {
    try {
      String[] colums = text.toString().split(",");

      // 운항 연도 설정
      year = Integer.parseInt(colums[0]);

      // 운항 월 설정
      month = Integer.parseInt(colums[1]);

      // 항공사 코드 설정
      uniqueCarrier = colums[8];

      // 항공기 출발 지연 시간 설정
      if (!colums[15].equals("NA")) {
        departureDelayTime = Integer.parseInt(colums[15]);
      } else {
```

```
            departureDelayAvailable = false;
          }

          // 항공기 도착 지연 시간 설정
          if (!colums[14].equals("NA")) {
            arriveDelayTime = Integer.parseInt(colums[14]);
          } else {
            arriveDelayAvailable = false;
          }

          // 운항 거리 설정
          if (!colums[18].equals("NA")) {
            distance = Integer.parseInt(colums[18]);
          } else {
            distanceAvailable = false;
          }
      } catch (Exception e) {
        System.out.println("Error parsing a record :" + e.getMessage());
      }
    }

    public int getYear() { return year; }

    public int getMonth() { return month; }

    public int getArriveDelayTime() { return arriveDelayTime; }

    public int getDepartureDelayTime() { return departureDelayTime; }

    public boolean isArriveDelayAvailable() { return arriveDelayAvailable; }

    public boolean isDepartureDelayAvailable() { return departureDelayAvailable; }

    public String getUniqueCarrier() { return uniqueCarrier; }

    public int getDistance() { return distance; }

    public boolean isDistanceAvailable() { return distanceAvailable; }

}
```

참고로 출발 지연 시간과 도착 지연 시간에는 NA가 값으로 들어 있는 경우가 있습니다. 이를 정숫값으로 변환하면 NumberFormatException이 발생하기 때문에 NA값인지 확인하는 조건을 추가했습니다. 이때 NA값이 발견되면 해당 플래그를 false로 설정합니다.

```
    if (!colums[15].equals("NA")) {
      departureDelayTime = Integer.parseInt(colums[15]);
    } else {
      departureDelayAvailable = false;
    }
    if (!colums[14].equals("NA")) {
      arriveDelayTime = Integer.parseInt(colums[14]);
    } else {
      arriveDelayAvailable = false;
    }
```

5.3 항공 출발 지연 데이터 분석

그럼 이제부터 항공 운항 통계 데이터를 처리하는 맵리듀스 프로그램을 작성하겠습니다. 첫 번째 맵리듀스 프로그램은 연도별로 얼마나 많은 항공기가 출발이 지연됐는지 계산하는 프로그램입니다. 표 5.2는 이 예제의 매퍼와 리듀서에서 사용하는 입출력 데이터 타입을 정의한 내용입니다. 이제 표 5.2를 기준으로 실제 맵리듀스 코드를 작성하겠습니다.

표 5.2 출발 지연 분석 맵리듀스 입출력 데이터 타입

클래스	입출력 구분	키	값
매퍼	입력	오프셋	항공 운항 통계 데이터
	출력	운항연도, 운항월	출발 지연 건수
리듀서	입력	운항연도, 운항월	출발 지연 건수
	출력	운항연도, 운항월	출발 지연 건수 합계

5.3.1 매퍼 구현

예제 5.2는 항공 출발 지연 건수를 계산하는 매퍼입니다.

예제 5.2 DepartureDelayCountMapper.java

```
package wikibooks.hadoop.chapter05;

(중략)

import wikibooks.hadoop.common.AirlinePerformanceParser;
```

```
public class DepartureDelayCountMapper extends
    Mapper<LongWritable, Text, Text, IntWritable> {
  // 맵 출력값
  private final static IntWritable outputValue = new IntWritable(1);
  // 맵 출력키
  private Text outputKey = new Text();

  public void map(LongWritable key, Text value, Context context)
    throws IOException, InterruptedException {

    AirlinePerformanceParser parser = new AirlinePerformanceParser(value);

    // 출력키 설정
    outputKey.set(parser.getYear() + "," + parser.getMonth());

    if (parser.getDepartureDelayTime() > 0) {
      // 출력 데이터 생성
      context.write(outputKey, outputValue);
    }
  }
}
```

우선 매퍼를 상속하고 표 5.2에서 정의한 대로 데이터 타입을 정의합니다. 입력 데이터의 키와 값의 유형은 WordCount 예제처럼 LongWritable과 Text 타입으로 선언합니다. 출력 데이터의 키는 연도와 월의 조합인 문자열이므로 Text 타입을, 출력 데이터의 값은 계산된 건수이므로 IntWritable로 선언합니다.

```
public class DepartureDelayCountMapper extends
        Mapper<LongWritable, Text, Text, IntWritable> {
```

멤버변수에 출력키로 사용할 Text 타입의 변수와 출력값으로 사용할 IntWritable 타입의 변수를 선언합니다. 여기서 IntWritable 타입의 변수를 final static으로 선언한 이유는 지연된 횟수만 알면 되기 때문입니다. 맵 메서드에서는 항공 운항 데이터를 라인별로 순회하며, 출발 지연이 있을 경우 1씩 출력합니다. 지연된 횟수를 확인하는 예제이므로 실제 몇 분이 지연됐는지는 계산하지 않았습니다.

```
private final static IntWritable outputValue = new IntWritable(1);
```

맵 함수가 레코드를 읽어 들일 때는 AirlinePerformanceParser를 생성합니다.

```
AirlinePerformanceParser parser = new AirlinePerformanceParser(value);
```

출력 데이터의 키는 첫 번째 칼럼인 연도와 두 번째 칼럼인 월을 조합해서 설정합니다.

```
outputKey.set(parser.getYear() + "," + parser.getMonth());
```

그리고 열여섯 번째 칼럼인 출발 지연 시간이 0보다 클 경우 맵 메서드의 출력 데이터를 생성합니다.

```
if (parser.getDepartureDelayTime() > 0) {
  context.write(outputKey, outputValue);
}
```

5.3.2 리듀서 구현

이번에는 매퍼에서 출력한 데이터를 처리하는 리듀서를 작성하겠습니다. 예제 5.3은 리듀서 클래스를 구현한 코드입니다. 이 클래스에서는 매퍼의 출력 데이터를 순회하며, 연도와 월별로 지연 횟수를 합산합니다.

예제 5.3 DelayCountReducer.java

```
package wikibooks.hadoop.chapter05;

(중략)

public class DelayCountReducer extends
  Reducer<Text, IntWritable, Text, IntWritable> {

  private IntWritable result = new IntWritable();

  public void reduce(Text key, Iterable<IntWritable> values, Context context)
    throws IOException, InterruptedException {
    int sum = 0;
    for (IntWritable value : values)
      sum += value.get();
    result.set(sum);
    context.write(key, result);
  }

}
```

표 5.2에 정의한 데이터 대로 리듀서의 입출력 데이터를 정의합니다. 매퍼의 출력 데이터를 입력 데이터로 전달받기 때문에 입력 데이터의 키와 값의 타입을 매퍼의 출력 데이터와 동일한 타입으로 선언합니다. 그리고 출력 데이터도 입력 키를 그대로 사용하고, 지연 횟수만을 합산하기 때문에 IntWritable로 선업합니다.

```java
public class DelayCountReducer extends
        Reducer<Text, IntWritable, Text, IntWritable> {
```

reduce 함수는 입력 데이터 값을 순회하면서 지연 횟수를 합산합니다.

```java
for (IntWritable value : values)
  sum += value.get();
```

합산된 값은 멤버변수로 선언한 IntWritable 객체에 할당한 후, 출력 데이터로 생성합니다.

```java
result.set(sum);
context.write(key, result);
```

5.3.3 드라이버 클래스 구현

DepartureDelayCountMapper와 DelayCountReducer를 실행하는 드라이버 클래스는 예제 5.4와 같습니다.

예제 5.4 DepartureDelayCount.java

```java
package wikibooks.hadoop.chapter05;

(중략)

public class DepartureDelayCount {
  public static void main(String[] args) throws Exception {
    Configuration conf = new Configuration();

    // 입출력 데이터 경로 확인
    if (args.length != 2) {
      System.err.println("Usage: DepartureDelayCount <input> <output>");
      System.exit(2);
    }
    // 잡 이름 설정
```

```
        Job job = new Job(conf, "DepartureDelayCount");

        // 입출력 데이터 경로 설정
        FileInputFormat.addInputPath(job, new Path(args[0]));
        FileOutputFormat.setOutputPath(job, new Path(args[1]));
        // 잡 클래스 설정
        job.setJarByClass(DepartureDelayCount.class);
        // 매퍼 클래스 설정
        job.setMapperClass(DepartureDelayCountMapper.class);
        // 리듀서 클래스 설정
        job.setReducerClass(DelayCountReducer.class);

        // 입출력 데이터 포맷 설정
        job.setInputFormatClass(TextInputFormat.class);
        job.setOutputFormatClass(TextOutputFormat.class);

        // 출력키 및 출력값 유형 설정
        job.setOutputKeyClass(Text.class);
        job.setOutputValueClass(IntWritable.class);

        job.waitForCompletion(true);
    }
}
```

드라이버 클래스에서는 WordCount의 드라이버 클래스와 마찬가지로 맵리듀스 잡에 대한 기본적인 정보(매퍼, 리듀서, 입출력 데이터 경로, 출력 데이터 포맷 등)를 설정하고 맵리듀스 잡을 수행합니다. WordCount에서 사용했던 코드 스타일과 매우 유사하며, 앞으로도 이와 비슷한 형태로 드라이버 클래스를 작성하게 될 것입니다.

5.3.4 드라이버 클래스 실행

네임노드 서버에서 드라이버 클래스를 실행하면 다음과 같이 맵리듀스 잡이 실행됩니다. 필자의 하둡 클러스터에서는 잡이 수행되는 데 약 3분이 소요됐습니다. 매퍼에서 123,534,969건의 데이터를 입력받아 리듀서에서 최종적으로 생성한 데이터 건수는 255건입니다.

```
[hadoop@wikibooks01 hadoop-1.2.1]$ ./bin/hadoop jar hadoop-beginner-examples-1.0.jar wikibooks.
hadoop.chapter05.DepartureDelayCount input dep_delay_count
14/11/22 20:30:42 WARN mapred.JobClient: Use GenericOptionsParser for parsing the arguments.
```

```
Applications should implement Tool for the same.
14/11/22 20:30:42 INFO input.FileInputFormat: Total input paths to process : 22
14/11/22 20:30:42 INFO util.NativeCodeLoader: Loaded the native-hadoop library
14/11/22 20:30:42 WARN snappy.LoadSnappy: Snappy native library not loaded
14/11/22 20:30:42 INFO mapred.JobClient: Running job: job_201411222028_0001
14/11/22 20:30:43 INFO mapred.JobClient:  map 0% reduce 0%
14/11/22 20:30:49 INFO mapred.JobClient:  map 1% reduce 0%
(중략)
14/11/22 20:33:15 INFO mapred.JobClient:     Map-Reduce Framework
14/11/22 20:33:15 INFO mapred.JobClient:       Map output materialized bytes=663186768
14/11/22 20:33:15 INFO mapred.JobClient:       Map input records=123534969
14/11/22 20:33:15 INFO mapred.JobClient:       Reduce shuffle bytes=663186768
14/11/22 20:33:15 INFO mapred.JobClient:       Spilled Records=135244847
14/11/22 20:33:15 INFO mapred.JobClient:       Map output bytes=563148988
14/11/22 20:33:15 INFO mapred.JobClient:       Total committed heap usage (bytes)=38430834688
14/11/22 20:33:15 INFO mapred.JobClient:       CPU time spent (ms)=937780
14/11/22 20:33:15 INFO mapred.JobClient:       Combine input records=0
14/11/22 20:33:15 INFO mapred.JobClient:       SPLIT_RAW_BYTES=21879
14/11/22 20:33:15 INFO mapred.JobClient:       Reduce input records=50018329
14/11/22 20:33:15 INFO mapred.JobClient:       Reduce input groups=255
14/11/22 20:33:15 INFO mapred.JobClient:       Combine output records=0
14/11/22 20:33:15 INFO mapred.JobClient:       Physical memory (bytes) snapshot=44621246464
14/11/22 20:33:15 INFO mapred.JobClient:       Reduce output records=255
14/11/22 20:33:15 INFO mapred.JobClient:       Virtual memory (bytes) snapshot=153028366336
14/11/22 20:33:15 INFO mapred.JobClient:       Map output records=50018329
```

실제로 HDFS에 저장된 출력 데이터를 확인해보면 다음과 같은 형태로 저장돼 있습니다.

```
[hadoop@wikibooks01 hadoop-1.2.1]$ ./bin/hadoop fs -cat dep_delay_count/part-r-00000 ¦ head -10
1987,10  175568
1987,11  177218
1987,12  218858
1988,1 198610
1988,10  162211
1988,11  175123
1988,12  189137
1988,2 177939
1988,3 187141
```

```
1988,4 159216
[hadoop@wikibooks01 hadoop-1.2.1]$ ./bin/hadoop fs -cat dep_delay_count/part-r-00000 | tail -10
2008,11  157278
2008,12  263949
2008,2 252765
2008,3 271969
2008,4 220864
2008,5 220614
2008,6 271014
2008,7 253632
2008,8 231349
2008,9 147061
```

이렇게 생성된 출력된 데이터가 어떤 의미를 나타내는지 엑셀을 이용해 시각화해봤습니다. 출력 데이터를 CSV 파일로 만든 후, 엑셀에서 피벗 차트를 작성하면 됩니다. 그림 5.7은 엑셀의 피벗 차트로 작성한 차트입니다. 이 차트의 X 축은 월, 범례는 연도, Y 축인 값은 지연 횟수의 합계입니다. 지연 추이를 보면 연도별로 여름 성수기(6~8월)와 겨울 성수기(11~12월)에 운항 지연이 크게 증가하는 것을 확인할 수 있습니다.

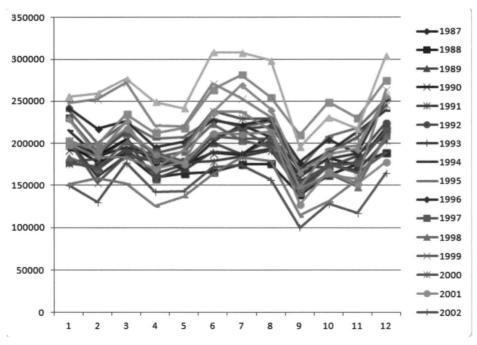

그림 5.7 미국 내 항공 출발 지연에 대한 연도별 추이

5.4 항공 도착 지연 데이터 분석

이번에는 공항 도착이 지연된 건수가 얼마나 되는지 분석해보겠습니다. 이 맵리듀스 프로그램의 입출력 데이터는 표 5.3과 같이 정의할 수 있습니다. 매퍼와 리듀서의 출력값이 도착 지연으로 변경됐을 뿐 나머지 데이터는 출발 지연 분석 프로그램과 동일한 데이터 타입을 사용합니다.

표 5.3 도착 지연 분석 맵리듀스 입출력 데이터 타입

클래스	입출력 구분	키	값
매퍼	입력	오프셋	항공 운항 통계 데이터
	출력	운항연도, 운항월	도착 지연 건수
리듀서	입력	운항연도, 운항월	도착 지연 건수
	출력	운항연도, 운항월	도착 지연 건수 합계

5.4.1 매퍼 구현

예제 5.5는 도착 지연 건수를 조회하는 매퍼 클래스입니다. 이 클래스에서는 항공 운항 통계 데이터를 순회하며, 도착 지연된 경우가 있을 경우 1씩 출력 데이터를 생성합니다.

예제 5.5 ArrivalDelayCountMapper.java

```java
package wikibooks.hadoop.chapter05;

(중략)

public class ArrivalDelayCountMapper extends
    Mapper<LongWritable, Text, Text, IntWritable> {

    // 맵 출력값
    private final static IntWritable outputValue = new IntWritable(1);
    // 맵 출력키
    private Text outputKey = new Text();

    public void map(LongWritable key, Text value, Context context)
        throws IOException, InterruptedException {

        AirlinePerformanceParser parser = new AirlinePerformanceParser(value);

        // 출력키 설정
        outputKey.set(parser.getYear() + "," + parser.getMonth());
```

```
    if (parser.getArriveDelayTime() > 0) {
      // 출력 데이터 생성
      context.write(outputKey, outputValue);
    }
  }
}
```

위 매퍼는 항공 출발 지연 데이터 분석에서 사용한 예제 5.1과 내용이 거의 비슷합니다. 유일한 차이점은 지연 시간을 확인할 때 참조하는 칼럼의 인덱스입니다. 출발 지연은 열다섯 번째 인덱스를, 도착 지연은 열네 번째 인덱스를 참조합니다.

5.4.2 리듀서 구현

항공 도착 지연 데이터 분석에서는 리듀서를 별도로 작성하지 않고, 예제 5.2를 사용합니다. 그 이유는 예제 5.1이 출력한 데이터를 단순하게 키별로 값을 합산하면 되기 때문입니다.

5.4.3 드라이버 클래스 구현

드라이버 클래스는 예제 5.4의 코드와 매우 유사하며, 해당 코드는 http://goo.gl/ywOZ3b에서 확인할 수 있습니다.

5.4.4 드라이버 클래스 실행

드라이버 클래스를 실행하면 다음과 같이 로그가 출력되면서 맵리듀스 잡의 실행이 완료됩니다. 매퍼에서 총 123,534,969건의 데이터를 입력받아 리듀서에서 255건의 데이터를 생성한 것을 확인할 수 있습니다. 참고로 필자의 개발 장비에서는 잡이 수행되는 데 약 2분 30초 정도가 소요됐습니다.

```
[hadoop@wikibooks01 hadoop-1.2.1]$ ./bin/hadoop jar hadoop-beginner-examples-1.0.jar wikibooks.
hadoop.chapter05.ArrivalDelayCount input arr_delay_count
(중략)
14/11/22 20:38:09 INFO mapred.JobClient:    Map-Reduce Framework
14/11/22 20:38:09 INFO mapred.JobClient:      Map output materialized bytes=766921437
14/11/22 20:38:09 INFO mapred.JobClient:      Map input records=123534969
14/11/22 20:38:09 INFO mapred.JobClient:      Reduce shuffle bytes=766921437
14/11/22 20:38:09 INFO mapred.JobClient:      Spilled Records=168280042
```

```
14/11/22 20:38:09 INFO mapred.JobClient:        Map output bytes=651241973
14/11/22 20:38:09 INFO mapred.JobClient:        Total committed heap usage (bytes)=38429786112
14/11/22 20:38:09 INFO mapred.JobClient:        CPU time spent (ms)=975710
14/11/22 20:38:09 INFO mapred.JobClient:        Combine input records=0
14/11/22 20:38:09 INFO mapred.JobClient:        SPLIT_RAW_BYTES=21879
14/11/22 20:38:09 INFO mapred.JobClient:        Reduce input records=57839171
14/11/22 20:38:09 INFO mapred.JobClient:        Reduce input groups=255
14/11/22 20:38:09 INFO mapred.JobClient:        Combine output records=0
14/11/22 20:38:09 INFO mapred.JobClient:        Physical memory (bytes) snapshot=44660981760
14/11/22 20:38:09 INFO mapred.JobClient:        Reduce output records=255
14/11/22 20:38:09 INFO mapred.JobClient:        Virtual memory (bytes) snapshot=153289355264
14/11/22 20:38:09 INFO mapred.JobClient:        Map output records=57839171
```

HDFS에는 다음과 같이 연도와 월별로 건수가 저장돼 있습니다.

```
[hadoop@wikibooks01 hadoop-1.2.1]$ ./bin/hadoop fs -cat arr_delay_count/part-r-00000 ¦ head -10
1987,10  265658
1987,11  255127
1987,12  287408
1988,1 261810
1988,10  230876
1988,11  237343
1988,12  249340
1988,2 242219
1988,3 255083
1988,4 219288
[hadoop@wikibooks01 hadoop-1.2.1]$ ./bin/hadoop fs -cat arr_delay_count/part-r-00000 ¦ tail -10
2008,11  181506
2008,12  280493
2008,2 278902
2008,3 294556
2008,4 256142
2008,5 254673
2008,6 295897
2008,7 264630
2008,8 239737
2008,9 169959
```

이 출력 데이터도 엑셀을 이용해 차트를 작성해 봤습니다. 그림 5.8은 엑셀의 피벗 차트를 이용해 작성한 차트입니다. X축은 월, 범례는 연도, Y축은 지연 건수를 합산한 값을 나타냅니다. 출발 지연 추이와 마찬가지로 여름 성수기 때 운항 지연이 가장 많았다가 다시 겨울 성수기가 되면서 운항 지연이 증가하기 시작하는 것을 확인할 수 있습니다.

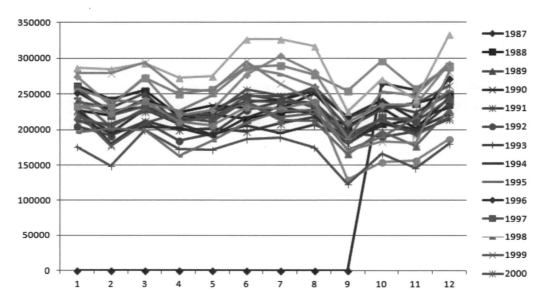

그림 5.8 미국 내 항공 도착 지연 연도별 추이

5.5 사용자 정의 옵션 사용

앞에서 소개한 두 가지 예제 프로그램을 작성하다 보면 코드가 중복된다는 느낌이 들 것입니다. 사실 입력 데이터에서 확인하는 칼럼 정보만 다르기 때문에 두 예제의 코드가 유사하게 나올 수밖에 없습니다. 그렇다면 코드를 정리해서 좀 더 간단하게 처리하는 방법은 없을까요? 이번 절에서는 맵리듀스 잡을 실행할 때 사용자가 정의한 파라미터를 입력받아 항공 도착 지연 혹은 항공 출발 지연 데이터 중 하나를 분석하는 코드를 작성하겠습니다. 이때 사용자가 정의한 파라미터를 처리하려면 하둡에서 제공하는 사용자 정의 옵션과 관련된 다양한 API를 이해해야 합니다.

5.5.1 사용자 정의 옵션의 이해

하둡에서는 개발자가 편리하게 맵리듀스 프로그램을 개발할 수 있게 다양한 헬퍼 클래스를 제공하며, 해당 클래스는 org.apache.hadoop.util 패키지에 구현돼 있습니다. 이번 절에서는 맵리듀스 잡의 옵션 설정에 도움을 주는 클래스에 대해 알아보겠습니다.

맵리듀스 잡을 실행하면 잡 객체는 사용자가 설정한 Configuration 객체를 이용해 org.apache.hadoop.mapred.JobConf 객체를 생성합니다. JobConf 객체는 하둡의 환경설정 파일과 하둡 명령어에서 입력한 파라미터를 참조해 모든 태스크에 이 정보를 제공합니다. 분석 데이터의 종류에 따라 하둡 환경설정 정보와 다른 값을 사용해야 하는 경우가 있을 것입니다. 수정할 파라미터가 한두 건이라면 문제가 없겠지만 파라미터가 많거나 파라미터명이 길 경우 리눅스 콘솔에서 일일이 파라미터를 입력하기란 번거로울 일일 것입니다.

하둡은 이러한 불편함을 덜기 위해 GenericOptionsParser, Tool, ToolRunner를 제공합니다. 이 클래스를 이용해 Job을 실행할 때 환경설정 정보를 확인하고, 잡 드라이버 클래스에서 환경설정 정보를 수정할 수 있습니다. 그럼 각 클래스가 하는 역할을 살펴보겠습니다.

GenericOptionsParser

GenericOptionsParser는 하둡 콘솔 명령어에서 입력한 옵션을 분석합니다. 또한 GenericOptionsParser는 사용자가 하둡 콘솔 명령어에서 네임노드, 잡트래커 추가 구성 자원 등을 설정할 수 있는 각종 옵션을 제공합니다. 표 5.4는 GenericOptionsParser가 제공하는 옵션을 정리한 것입니다.

표 5.4 GenericOptionsParser 제공 옵션

옵션	기능
–conf 〈파일명〉	명시한 파일을 환경설정에 있는 리소스 정보에 추가합니다.
–D 〈옵션=값〉	하둡 환경설정 파일에 있는 옵션에 새로운 값을 설정합니다.
–fs 〈NameNode호스트: NameNode포트〉	네임노드를 새롭게 설정합니다
–jt 〈JobTracker호스트: JobTracker포트〉	잡트래커를 새롭게 설정합니다.
–files 〈파일1,파일2,…,파일n〉	로컬에 있는 파일을 HDFS에서 사용하는 공유 파일 시스템으로 복사합니다.
–libjars 〈JAR파일1, JAR파일2,…,JAR파일n〉	로컬에 있는 JAR 파일을 HDFS에서 사용하는 공유 파일시스템으로 복사하고, 맵리듀스의 태스크 클래스패스에 추가합니다.
–archives 〈아카이브파일1, 아카이브파일2, …, 아카이브파일n〉	로컬에 있는 아카이브 파일을 HDFS에서 사용하는 공유 파일 시스템으로 복사한 후 압축을 풉니다.

위 표에 있는 옵션은 다음과 같이 하둡 콘솔 명령어에서 사용할 수 있습니다.

1. 호스트명이 server01이고, 포트 번호가 10020인 네임노드에서 HDFS의 input 폴더에 있는 파일 목록을 조회합니다.

   ```
   $ bin/hadoop dfs -fs server01:10020 -ls /input
   ```

2. 호스트명이 server01이고, 포트 번호가 10020인 네임노드에서 HDFS의 input 폴더에 있는 파일 목록을 조회합니다.

   ```
   $ bin/hadoop dfs -D fs.default.name=server01:10020 -ls /input
   ```

3. hadoop-site.xml에 정의된 네임노드에서 HDFS의 input 폴더에 있는 파일 목록을 조회합니다.

   ```
   $ bin/hadoop dfs -conf hadoop-site.xml -ls /input
   ```

4. 환경설정 파일 mapred-site.xml에 있는 mapred.job.tracker 옵션 값을 server01:10030로 설정한 후 잡트래커에게 잡을 제출합니다.

   ```
   $ bin/hadoop job -D mapred.job.tracker=server01:10030 -submit job.xml
   ```

5. 호스트명이 server01이고, 포트 번호가 10040인 잡트래커에게 잡을 제출합니다.

   ```
   $ bin/hadoop job -jt server01:10040 -submit job.xml
   ```

GenericOptionsParser 클래스는 내부적으로 Configuration 객체를 만들어 생성자에서 전달받은 환경설정 정보를 설정합니다. 예제 5.6은 GenericOptionsParser의 Configuration 객체 선언 및 생성자를 나타냅니다.

예제 5.6 GenericOptionsParser.java

```
private Configuration conf;
private CommandLine commandLine;

public GenericOptionsParser(Options opts, String[] args)
    throws IOException {
  this(new Configuration(), new Options(), args);
}
public GenericOptionsParser(String[] args)
    throws IOException {
  this(new Configuration(), new Options(), args);
}

public GenericOptionsParser(Configuration conf, String[] args)
    throws IOException {
```

```
    this(conf, new Options(), args);
  }

  public GenericOptionsParser(Configuration conf,
      Options options, String[] args) throws IOException {
    parseGeneralOptions(options, conf, args);
    this.conf = conf;
  }
```

맵리듀스 프로그램을 개발할 때는 GenericOptionsParser만 단독으로 사용하기보다는 Generic OptionsParser가 사용하는 Configuration 객체를 상속받는 Tool 인터페이스와 Generic OptionsParser를 내부적으로 선언한 ToolRunner 클래스를 이용합니다.

Tool

Tool 인터페이스는 GenericOptionsParser의 콘솔 설정 옵션을 지원하기 위한 인터페이스입니다. Tool 인터페이스는 Configuration 클래스를 상속받으며, 내부적으로 run 메서드가 정의돼 있습니다. 예제 5.7은 Tool 인터페이스의 소스를 나타냅니다.

예제 5.7 Tool.java

```
public interface Tool extends Configurable {
  int run(String [] args) throws Exception;
}
```

ToolRunner

ToolRunner는 Tool 인터페이스의 실행을 도와주는 헬퍼 클래스입니다. ToolRunner는 Generic OptionsParser를 사용해 사용자가 콘솔 명령어에서 설정한 옵션을 분석하고, Configuration 객체에 설정합니다. Configuration 객체를 Tool 인터페이스에 전달한 후, Tool 인터페이스의 run 메서드를 실행합니다. 예제 5.8은 ToolRunner 클래스입니다.

예제 5.8 ToolRunner.java

```
public class ToolRunner {
  public static int run(Configuration conf, Tool tool, String[] args)
    throws Exception{
```

```
  if(conf == null) {
    conf = new Configuration();
  }
  // Configuration 객체에 하둡 콘솔 옵션을 설정
  GenericOptionsParser parser = new GenericOptionsParser(conf, args);
  // 하둡 옵션 외의 기타 옵션을 분석
  tool.setConf(conf);

  // run 메서드 실행
  String[] toolArgs = parser.getRemainingArgs();
  return tool.run(toolArgs);
}

public static int run(Tool tool, String[] args)
  throws Exception{
  return run(tool.getConf(), tool, args);
}

public static void printGenericCommandUsage(PrintStream out) {
  GenericOptionsParser.printGenericCommandUsage(out);
}
}
```

5.5.2 매퍼 구현

예제 5.9는 사용자 정의 옵션을 사용하는 매퍼입니다. 이 클래스는 사용자가 맵리듀스 잡을 실행할 때 명령어로 입력한 workType이라는 파라미터를 확인합니다. 그래서 workType이 departure일 때는 출발 지연 칼럼을, arrival일 때는 도착 지연 칼럼을 확인합니다.

예제 5.9 DelayCountMapper.java

```
package wikibooks.hadoop.chapter05;

(중략)

public class DelayCountMapper extends Mapper<LongWritable, Text, Text, IntWritable> {
  // 작업 구분
  private String workType;
  // 맵 출력값
  private final static IntWritable outputValue = new IntWritable(1);
```

```java
    // 맵 출력키
    private Text outputKey = new Text();

    @Override
    public void setup(Context context) throws IOException, InterruptedException {
        workType = context.getConfiguration().get("workType");
    }

    public void map(LongWritable key, Text value, Context context)
        throws IOException, InterruptedException {

        AirlinePerformanceParser parser = new AirlinePerformanceParser(value);

        // 출발 지연 데이터 출력
        if (workType.equals("departure")) {
            if (parser.getDepartureDelayTime() > 0) {
                // 출력키 설정
                outputKey.set(parser.getYear() + "," + parser.getMonth());
                // 출력 데이터 생성
                context.write(outputKey, outputValue);
            }
        // 도착 지연 데이터 출력
        } else if (workType.equals("arrival")) {
            if (parser.getArriveDelayTime() > 0) {
                // 출력키 설정
                outputKey.set(parser.getYear() + "," + parser.getMonth());
                // 출력 데이터 생성
                context.write(outputKey, outputValue);
            }
        }
    }
}
```

멤버변수 선언부 하단에는 setup이라는 메서드를 재정의했습니다. setup 메서드는 이 클래스가 상속받는 Mapper.java에 이미 구현돼 있으므로 재정의한 셈입니다. setup 메서드는 매퍼가 생성될 때 단 한 번만 실행됩니다. workType은 한 번만 확인하면 되기 때문에 바로 setup 메서드에서 설정한 것입니다. 사용자가 정의한 파라미터는 Configuration에서 get 메서드를 호출해서 조회할 수 있습니다. getInt, getDouble 등 변수 타입에 따른 여러 메서드가 있지만, 여기서는 문자열을 조회하므로 get 메서드를 사용했습니다.

```
@Override
public void setup(Context context) throws IOException, InterruptedException {
    workType = context.getConfiguration().get("workType");
}
```

지연 시간을 확인하는 부분은 예제 5.1과 예제 5.4의 내용과 동일하며, workType 값에 따라 출발 지연 혹은 도착 지연을 계산하도록 작성했습니다.

```
if (workType.equals("departure")) {
~~~~~ 출발 지연 시간 출력 ~~~~~~~~
} else if (workType.equals("arrival")) {
~~~~~ 도착 지연 시간 출력 ~~~~~~~~
```

그리고 리듀서의 경우 기존에 작성한 예제 5.2를 그대로 활용하면 됩니다. 왜냐하면 매퍼의 출력 데이터를 단순히 합산만 하면 되기 때문입니다.

5.5.3 드라이버 클래스 구현

이번에는 드라이버 클래스를 작성하겠습니다. 드라이버 클래스는 예제 5.10과 같이 구현됩니다.

예제 5.10 DelayCount.java

```
package wikibooks.hadoop.chapter05;

(중략)

public class DelayCount extends Configured implements Tool {

  public static void main(String[] args) throws Exception {
    // Tool 인터페이스 실행
    int res = ToolRunner.run(new Configuration(), new DelayCount(), args);
    System.out.println("MR-Job Result:" + res);
  }
  public int run(String[] args) throws Exception {
    String[] otherArgs = new GenericOptionsParser(getConf(), args).getRemainingArgs();
    // 입출력 데이터 경로 확인
    if (otherArgs.length != 2) {
      System.err.println("Usage: DelayCount <in> <out>");
      System.exit(2);
    }
```

```
        // 잡 이름 설정
        Job job = new Job(getConf(), "DelayCount");

        // 입출력 데이터 경로 설정
        FileInputFormat.addInputPath(job, new Path(otherArgs[0]));
        FileOutputFormat.setOutputPath(job, new Path(otherArgs[1]));

        // 잡 클래스 설정
        job.setJarByClass(DelayCount.class);
        // 매퍼 클래스 설정
        job.setMapperClass(DelayCountMapper.class);
        // 리듀서 클래스 설정
        job.setReducerClass(DelayCountReducer.class);
        // 입출력 데이터 포맷 설정
        job.setInputFormatClass(TextInputFormat.class);
        job.setOutputFormatClass(TextOutputFormat.class);

        // 출력키 및 출력값 유형 설정
        job.setOutputKeyClass(Text.class);
        job.setOutputValueClass(IntWritable.class);

        job.waitForCompletion(true);
        return 0;
    }
}
```

우선 GenericOptionsParser, Tool, ToolRunner를 사용하기 위해 관련 패키지를 임포트합니다.

```
import org.apache.hadoop.util.GenericOptionsParser;
import org.apache.hadoop.util.Tool;
import org.apache.hadoop.util.ToolRunner;
```

클래스를 선언할 때는 환경설정 정보를 제어할 수 있게 Configured 클래스를 상속받고, 사용자 정의 옵션을 조회할 수 있게 Tool 인터페이스를 구현합니다. Tool 인터페이스를 구현할 경우 반드시 int 타입을 반환하는 run 메서드를 구현해야 합니다. run 메서드를 구현하지 않을 경우 컴파일이 불가능합니다. run 메서드에는 Job에 대한 정보를 설정하고 실행하는 모든 코드가 들어갑니다.

```
public class DelayCount extends Configured implements Tool {
    (중략)
    public int run(String[] args) throws Exception {
```

run 메서드를 보면 다음과 같이 GenericOptionsParser에서 getRemainingArgs 메서드를 호출해
문자열 배열을 생성합니다. getRemainingArgs에서 반환하는 배열은 GenericOptionsParser에서
제공하는 파라미터를 제외한 나머지 파라미터를 의미합니다. -conf, -D, -fs와 같은 옵션을 붙여
서 설정한 파라미터는 모두 제외됩니다. 예를 들어, 맵리듀스 잡을 실행할 때 "-D myproperty=10
input output"이라고 입력했다면 getRemainingArgs 메서드에서 반환하는 문자열은 input과
output입니다.

```
String[] otherArgs = new GenericOptionsParser(getConf(), args).getRemainingArgs();
```

그래서 입출력 데이터 경로를 설정할 때 다음과 같이 문자열 배열 값을 이용하는 것입니다.

```
FileInputFormat.addInputPath(job, new Path(otherArgs[0]));
FileOutputFormat.setOutputPath(job, new Path(otherArgs[1]));
```

run 메서드는 ToolRunner에서만 호출할 수 있습니다. main 메서드에 ToolRunner의 run 메서드
를 호출하도록 구현합니다.

```
int res = ToolRunner.run(new Configuration(), new DelayCount(), args);
```

5.5.4 드라이버 클래스 실행

이제 조금 전에 구현한 드라이버 클래스를 실행하겠습니다. 하둡 명령어를 실행할 때 다음과 같이
"-D workType=departure"라는 옵션을 반드시 추가해야 합니다. "workType=departure"는 출
발 지연 데이터를 분석하고, "workType=arrival"은 도착 지연 데이터를 분석하게 됩니다.

```
[hadoop@wikibooks01 hadoop-1.2.1]$ ./bin/hadoop jar hadoop-beginner-examples-1.0.jar wikibooks.
hadoop.chapter05.DelayCount -D workType=departure input departure_delay_count
```

Job이 실행되고 나서 HDFS에 저장된 데이터를 확인해보면 항공 출발 지연 데이터만을 처리하던
드라이버 클래스(예제 5.3)를 실행했을 때와 동일한 결과가 나온 것을 확인할 수 있습니다.

```
[[hadoop@wikibooks01 hadoop-1.2.1]$ ./bin/hadoop fs -cat departure_delay_count/part-r-00000 |
head -10
1987,10  175568
1987,11  177218
1987,12  218858
1988,1 198610
```

```
1988,10  162211
1988,11  175123
1988,12  189137
1988,2 177939
1988,3 187141
1988,4 159216
[hadoop@wikibooks01 hadoop-1.2.1]$ ./bin/hadoop fs -cat departure_delay_count/part-r-00000 |
tail -10
2008,11  157278
2008,12  263949
2008,2 252765
2008,3 271969
2008,4 220864
2008,5 220614
2008,6 271014
2008,7 253632
2008,8 231349
2008,9 147061
```

5.6 카운터 사용

맵리듀스 잡을 실행할 때 맵 메서드와 리듀스 메서드가 실행이 완료된 후 다음과 같이 Counters라는 값이 출력됩니다. 이때 Counters는 어떤 값을 의미할까요?

```
14/11/22 21:20:29 INFO mapred.JobClient:     File Output Format Counters
14/11/22 21:20:29 INFO mapred.JobClient:     Bytes Written=3635
14/11/22 21:20:29 INFO mapred.JobClient:     FileSystemCounters
14/11/22 21:20:29 INFO mapred.JobClient:     FILE_BYTES_READ=1128262525
14/11/22 21:20:29 INFO mapred.JobClient:     HDFS_BYTES_READ=12029905212
14/11/22 21:20:29 INFO mapred.JobClient:     FILE_BYTES_WRITTEN=1802889416
14/11/22 21:20:29 INFO mapred.JobClient:     HDFS_BYTES_WRITTEN=3635
```

하둡은 맵리듀스 잡의 진행 상황을 모니터링할 수 있게 카운터(Counter)라는 API를 제공하며, 모든 잡은 다수의 내장 카운터를 가지고 있습니다. 내장 카운터는 맵, 리듀스, 콤바이너의 입출력 레코드 건수와 바이트를 확인할 수 있고, 몇 개의 맵 태스크와 리듀스 태스크 가 실행되고 실패했는지, 또 파일 시스템에서는 얼마나 많은 바이트를 읽고 썼는가에 대한 정보를 제공합니다. 이러한 내장 카운터의 값은 잡을 실행하면 콘솔 화면에 출력되는 로그에 나타납니다. 아래 로그는 FileSystemCounters라는 카운터 그룹에서 네 개의 카운터가 갱신됐음을 나타냅니다.

```
14/11/22 16:39:28 INFO mapred.JobClient:        FileSystemCounters
14/11/22 16:39:28 INFO mapred.JobClient:        FILE_BYTES_READ=1128262283
14/11/22 16:39:28 INFO mapred.JobClient:        HDFS_BYTES_READ=12029905212
14/11/22 16:39:28 INFO mapred.JobClient:        FILE_BYTES_WRITTEN=1802889056
14/11/22 16:39:28 INFO mapred.JobClient:        HDFS_BYTES_WRITTEN=3635
```

맵리듀스 프레임워크는 개발자가 직접 카운터를 정의해서 사용할 수 있는 API를 제공합니다. 카운터의 숫자를 직접 증감시킬 수 있기 때문에 맵과 리듀스 로직의 동작을 체크할 때 유용하게 사용할 수 있습니다. 무엇보다 System.out.println이나 log4j를 사용하면 로그 파일에서 일일이 로그를 찾아야 하는데, 카운터를 이용하면 Job 실행 결과 메시지와 웹 인터페이스에서 간편하게 데이터를 확인할 수 있습니다.

5.6.1 사용자 정의 카운터 구현

사용자 정의 카운터는 자바의 enum 클래스를 이용해 구현하면 됩니다. enum 클래스는 카운터 그룹 이름, enum 클래스의 필드는 카운터 이름이 됩니다. 예제 5.11은 enum 클래스로 카운터를 구현한 예제입니다. 이 예제에서는 DelayCounters라는 카운터 그룹이 여섯 개의 카운터를 가지고 있습니다.

예제 5.11 DelayCounters.java

```
package wikibooks.hadoop.chapter05;

public enum DelayCounters {
    not_available_arrival, scheduled_arrival, early_arrival, not_available_departure, scheduled_
        departure, early_departure;
}
```

그리고 DelayCounters라는 카운터 그룹을 별도의 클래스로 작성했지만 카운터가 필요한 클래스에서 아래와 같이 내부 변수로 선언해도 무방합니다.

```
public static enum DelayCounters {
    not_available_arrival, scheduled_arrival, early_arrival, not_available_departure, scheduled_
    departure, early_departure
}
```

5.6.2 매퍼 구현

그럼 이제 앞서 정의한 카운터 그룹을 맵리듀스 프로그램에 적용해보겠습니다. 항공 도착 지연 데이터를 분석하는 매퍼인 예제 4.5에 카운터를 적용하겠습니다. 각 카운터는 표 5.5와 같은 정보를 산출하게 됩니다.

표 5.5 DelayCounters 카운터 그룹 정보

카운터 이름	내용
not_available_departure	출발 지연 시간이 NA(Not Available)일 경우
scheduled_departure	정시에 출발한 경우
early_departure	예정보다 일찍 출발한 경우
not_available_arrival	도착 지연 시간이 NA(Not Available)일 경우
scheduled_arrival	정시에 도착한 경우
early_arrival	예정보다 일찍 도착한 경우

예제 5.12는 DelayCounters를 적용한 코드입니다.

예제 5.12 DelayCountMapperWithCounter.java

```java
package wikibooks.hadoop.chapter05;

(중략)

public class DelayCountMapperWithCounter
    extends Mapper<LongWritable, Text, Text, IntWritable> {
    // 작업 구분
    private String workType;
    // 맵 출력값
    private final static IntWritable outputValue = new IntWritable(1);
    // 맵 출력키
    private Text outputKey = new Text();

    @Override
```

```java
public void setup(Context context) throws IOException, InterruptedException {
  workType = context.getConfiguration().get("workType");
}

public void map(LongWritable key, Text value, Context context)
  throws IOException, InterruptedException {

  AirlinePerformanceParser parser = new AirlinePerformanceParser(value);

  // 출발 지연 데이터 출력
  if (workType.equals("departure")) {
    if (parser.isDepartureDelayAvailable()) {
      if (parser.getDepartureDelayTime() > 0) {
        // 출력키 설정
        outputKey.set(parser.getYear() + "," + parser.getMonth());
        // 출력 데이터 생성
        context.write(outputKey, outputValue);
      } else if (parser.getDepartureDelayTime() == 0) {
        context.getCounter(DelayCounters.scheduled_departure).increment(1);
      } else if (parser.getDepartureDelayTime() < 0) {
        context.getCounter(DelayCounters.early_departure).increment(1);
      }
    } else {
      context.getCounter(DelayCounters.not_available_departure).increment(1);
    }
  // 도착 지연 데이터 출력
  } else if (workType.equals("arrival")) {
    if (parser.isArriveDelayAvailable()) {
      if (parser.getArriveDelayTime() > 0) {
        // 출력키 설정
        outputKey.set(parser.getYear() + "," + parser.getMonth());
        // 출력 데이터 생성
        context.write(outputKey, outputValue);
      } else if (parser.getArriveDelayTime() == 0) {
        context.getCounter(
          DelayCounters.scheduled_arrival).increment(1);
      } else if (parser.getArriveDelayTime() < 0) {
        context.getCounter(DelayCounters.early_arrival).increment(1);
```

```
            }
        } else {
            context.getCounter(DelayCounters.not_available_arrival).increment(1);
        }
    }
  }
}
```

카운터는 맵 메서드의 Context 객체에서 getCounter 메서드에 카운터 이름을 파라미터로 설정해서 조회할 수 있습니다. 이때 카운터 이름은 〈enum 클래스.enum 필드명〉 형식으로 정의합니다. 표 5.5에서 정의한 카운터 기준에 따라 각 카운터를 증가시킵니다.

5.6.3 드라이버 클래스 구현

카운터를 사용하는 맵리듀스 잡을 구동하는 드라이버 클래스는 예제 5.10을 응용해서 구현합니다. 해당 소스 코드는 http://goo.gl/U9W8sH에서 확인할 수 있습니다.

5.6.4 드라이버 클래스 실행

이제 정의한 카운터가 제대로 산출되는지 확인해보겠습니다.

```
[hadoop@wikibooks01 hadoop-1.2.1]$ ./bin/hadoop jar hadoop-beginner-examples-1.0.jar wikibooks.
hadoop.chapter05.DelayCountWithCounter -D workType=departure input departure_delay_count_counter
```

맵리듀스 잡이 실행되면 다음과 같이 우리가 정의한 카운터 그룹인 DelayCounters와 DelayCounters에 속하는 카운터가 출력돼 있습니다. 1987년부터 2008년까지 도착 지연을 확인할 수 없는 경우가 2,302,136건, 스케줄 대로 도착한 경우가 26,416,798건, 스케줄보다 일찍 도착한 경우가 44,797,706건입니다.

```
14/11/22 21:30:40 INFO mapred.JobClient:     Counters: 32
14/11/22 21:30:40 INFO mapred.JobClient:     wikibooks.hadoop.chapter05.DelayCounters
14/11/22 21:30:40 INFO mapred.JobClient:     early_departure=44797706
14/11/22 21:30:40 INFO mapred.JobClient:     not_available_departure=2302136
14/11/22 21:30:40 INFO mapred.JobClient:     scheduled_departure=26416798
```

하둡에서 제공하는 맵리듀스 잡 관리자용 웹 화면에서도 아래 그림 5.9와 같이 DelayCounters가
콘솔 화면에 출력된 것과 동일하게 조회됩니다

	Counter	Map	Reduce	Total
wikibooks.hadoop.chapter05.DelayCounters	early_departure	44,797,706	0	44,797,706
	not_available_departure	2,302,136	0	2,302,136
	scheduled_departure	26,416,798	0	26,416,798
Job Counters	SLOTS_MILLIS_MAPS	0	0	743,299
	Launched reduce tasks	0	0	1
	Total time spent by all reduces waiting after reserving slots (ms)	0	0	0
	Total time spent by all maps waiting after reserving slots (ms)	0	0	0
	Launched map tasks	0	0	189
	Data-local map tasks	0	0	189
	SLOTS_MILLIS_REDUCES	0	0	138,921

그림 5.9 웹 인터페이스에서 카운터를 조회한 화면

5.7 다수의 파일 출력

여기서는 GenericOptionsParser을 이용해 하나의 맵리듀스 프로그램에서 항공 출발 지연과 도
착 지연을 동시에 처리했습니다. 그런데 GenericOptionsParser를 이용한 프로그램도 문제점이 있
습니다. 바로 항공 출발 지연과 도착 지연을 병렬로 처리할 수 없다는 것입니다. 하둡 명령어에서
workType이라는 파라미터로 처리할 데이터 타입을 지정하기 때문에 지정하지 않은 데이터를 처
리하려면 다시 한 번 맵리듀스 프로그램을 실행해야 합니다. 이 책에서 사용한 데이터는 아주 큰 크
기는 아니라서 다시 실행해도 괜찮았지만 테라바이트 이상의 데이터를 이런 식으로 처리한다면 개
발 생산성이 떨어질 수밖에 없습니다. 그렇다면 어떤 식으로 병렬 처리를 해야 할까요? 여기서는
MultipleOutputs를 이용해 이 문제를 해결하려고 합니다.

5.7.1 MultipleOutputs 이해

org.apache.hadoop.mapreduce.lib.output.MultipleOutputs는 여러 개의 출력 데이터를 쉽게
생성하도록 돕는 기능을 제공합니다. MultipleOutputs는 여러 개의 OutputCollectors를 만들고
각 OutputCollectors에 대한 출력 경로, 출력 포맷, 키와 값 유형을 설정합니다. 이러한 파라미터
설정은 MultipleOutputs에서 제공하는 static 메서드인 addNamedOutput를 호출해 설정할 수
있습니다.

그리고 MultipleOutputs에서 출력하는 데이터는 기존 맵리듀스 잡에서 생성하는 데이터와는 별개로 생성됩니다. 맵리듀스 잡이 종료되면 리듀스 단계에서 part-r-xxxxx라는 출력 데이터를 생성합니다. 그런데 리듀스 단계에서 MultipleOutputs를 이용해 myfile이라는 디렉터리에 데이터를 생성할 경우 part-r-xxxxx와 myfile-r-xxxxx가 동시에 생성됩니다. 예제를 작성해보면서 어떠한 구조로 생성되는지 더 자세히 알아보겠습니다.

5.7.2 매퍼 구현

예제 5.13은 매퍼의 맵 함수를 구현한 코드입니다. GenericOptionsParser를 이용하는 로직을 모두 제거했습니다. 대신에 출력 데이터의 키값에 구분자를 추가했습니다. 키에 사용되는 연도 앞에 A와 D라는 문자열을 추가했습니다. 도착 지연이 있을 경우 A를 추가하고, 출발 지연이 있을 경우 D를 추가합니다. 맵 메서드가 수행되고 나면 하나의 파일에 출발 지연과 도착 지연에 대한 모든 데이터가 추가됩니다. 그리고 리듀서에서는 출발 지연과 도착 지연을 구분하기 위해 키가 어떠한 문자로 시작되는지 확인하게 됩니다. 참고로 전체 소스는 http://goo.gl/13cfS9에서 확인할 수 있습니다.

예제 5.13 DelayCountMapperWithMultipleOutputs.java의 맵 함수

```
public void map(LongWritable key, Text value, Context context)
  throws IOException, InterruptedException {

  AirlinePerformanceParser parser = new AirlinePerformanceParser(value);

  // 출발 지연 데이터 출력
  if (parser.isDepartureDelayAvailable()) {
    if (parser.getDepartureDelayTime() > 0) {
      // 출력키 설정
      outputKey.set("D," + parser.getYear() + "," + parser.getMonth());
      // 출력 데이터 생성
      context.write(outputKey, outputValue);
    } else if (parser.getDepartureDelayTime() == 0) {
      context.getCounter(DelayCounters.scheduled_departure).increment(1);
    } else if (parser.getDepartureDelayTime() < 0) {
      context.getCounter(DelayCounters.early_departure).increment(1);
    }
  } else {
    context.getCounter(DelayCounters.not_available_departure).increment(1);
  }
```

```
    // 도착 지연 데이터 출력
    if (parser.isArriveDelayAvailable()) {
      if (parser.getArriveDelayTime() > 0) {
        // 출력키 설정
        outputKey.set("A,"+ parser.getYear() + "," + parser.getMonth());
        // 출력 데이터 생성
        context.write(outputKey, outputValue);
      } else if (parser.getArriveDelayTime() == 0) {
        context.getCounter(
          DelayCounters.scheduled_arrival).increment(1);
      } else if (parser.getArriveDelayTime() < 0) {
        context.getCounter(DelayCounters.early_arrival).increment(1);
      }
    } else {
      context.getCounter(DelayCounters.not_available_arrival).increment(1);
    }
  }
```

5.7.3 리듀서 구현

리듀서는 매퍼의 출력 데이터에서 출발 지연과 도착 지연을 구분해서 각 수치를 합산해 개별 데이터 파일을 생성합니다. 예제 5.14는 리듀서 클래스를 구현한 코드입니다.

예제 5.14 DelayCountReducerWithMultipleOutputs.java

```
package wikibooks.hadoop.chapter05;

import org.apache.hadoop.io.IntWritable;

import org.apache.hadoop.io.Text;

import org.apache.hadoop.mapreduce.Reducer;

import org.apache.hadoop.mapreduce.lib.output.MultipleOutputs;

import java.io.IOException;

public class DelayCountReducerWithMultipleOutputs extends
  Reducer<Text, IntWritable, Text, IntWritable> {

  private MultipleOutputs<Text, IntWritable> mos;
```

```java
// reduce 출력키
private Text outputKey = new Text();

// reduce 출력값
private IntWritable result = new IntWritable();

@Override
public void setup(Context context) throws IOException, InterruptedException {
  mos = new MultipleOutputs<Text, IntWritable>(context);
}

public void reduce(Text key, Iterable<IntWritable> values, Context context)
  throws IOException, InterruptedException {
  // 콤마 구분자 분리
  String[] colums = key.toString().split(",");

  // 출력키 설정
  outputKey.set(colums[1] + "," + colums[2]);

  // 출발 지연
  if (colums[0].equals("D")) {
    // 지연 횟수 합산
    int sum = 0;
    for (IntWritable value : values) {
      sum += value.get();
    }
    // 출력값 설정
    result.set(sum);
    // 출력 데이터 생성
    mos.write("departure", outputKey, result);
    // 도착 지연
  } else {
    // 지연 횟수 합산
    int sum = 0;
    for (IntWritable value : values) {
      sum += value.get();
    }
    // 출력값 설정
    result.set(sum);
```

```
    // 출력 데이터 생성
    mos.write("arrival", outputKey, result);
  }
}

@Override
public void cleanup(Context context) throws IOException,
  InterruptedException {
  mos.close();
}
}
```

MultipleOutputs는 멤버변수로 선언한 후 리듀서가 초기화되는 setup 메서드에서 객체를 생성하고, 리듀서가 종료되는 cleanup 메서드에서 객체를 종료합니다. setup과 cleanup 메서드는 org. apache.hadoop.mapreduce.Reducer에 이미 정의돼 있기 때문에 재정의합니다.

```
private MultipleOutputs<Text, IntWritable> mos;

@Override
public void setup(Context context) throws IOException, InterruptedException {
    mos = new MultipleOutputs<Text, IntWritable>(context);
}

@Override
public void cleanup(Context context) throws IOException,
        InterruptedException {
    mos.close();
}
```

리듀스 메서드 내에서는 키값이 D라는 문자열로 시작하면 출발 지연 데이터를 산출하고, A라는 문자열로 시작하면 도착 지연 데이터를 산출합니다.

```
if (colums[0].equals("D")) {
~~~~~~~~~~~~~~~ 출발 지연 데이터 산출 ~~~~~~~~~~~
} else {
~~~~~~~~~~~~~~~ 도착 지연 데이터 산출 ~~~~~~~~~~~
}
```

원래 리듀스 메서드에서 출력 데이터를 생성할 경우 context 객체의 write 메서드를 호출했습니다. MultipleOutputs를 사용하려면 context를 사용하지 않고, 멤버변수로 선언한 MultipleOutputs 객체의 write 메서드를 호출합니다. 이때 첫 번째 파라미터로 출력 디렉터리명을, 두 번째 파라미터로 키를, 세 번째 파라미터로 값을 설정합니다.

```
mos.write("departure", outputKey, result);
mos.write("arrival", outputKey, result);
```

5.7.4 드라이버 클래스 구현

드라이버 클래스는 예제 5.15와 같이 구현됩니다. 기존의 드라이버 클래스의 구현 스타일과 거의 유사하며, MultipleOutputs 관련 설정만 추가했습니다. MultipleOutputs의 static 메서드인 addNamedOutput을 호출해 departure와 arrival이라는 출력 경로를 생성하게 됩니다. 조금 전 작성했던 리듀서에서 바로 이 출력 경로를 사용한 것입니다. 참고로 이 클래스의 코드는 http://goo.gl/gqw7Gz에서 확인할 수 있습니다.

예제 5.15 DelayCountWithMultipleOutputs.java

```
package wikibooks.hadoop.chapter05;

(중략)

import org.apache.hadoop.mapreduce.lib.output.MultipleOutputs;

public class DelayCountWithMultipleOutputs extends Configured implements Tool {

  public static void main(String[] args) throws Exception {
    // Tool 인터페이스 실행
    int res = ToolRunner.run(new Configuration(), new DelayCountWithMultipleOutputs(), args);
    System.out.println("MR-Job Result:" + res);
  }

  public int run(String[] args) throws Exception {
    String[] otherArgs = new GenericOptionsParser(getConf(), args).getRemainingArgs();
    // 입출력 데이터 경로 확인
    if (otherArgs.length != 2) {
      System.err.println("Usage: DelayCountWithMultipleOutputs <in> <out>");
      System.exit(2);
    }
```

```
// Job 이름 설정
Job job = new Job(getConf(), "DelayCountWithMultipleOutputs");

(중략)

// MultipleOutputs 설정
MultipleOutputs.addNamedOutput(job, "departure",
  TextOutputFormat.class, Text.class, IntWritable.class);

MultipleOutputs.addNamedOutput(job, "arrival", TextOutputFormat.class,
  Text.class, IntWritable.class);

job.waitForCompletion(true);
return 0;
  }
}
```

5.7.5 드라이버 클래스 실행

이제 다음과 같이 드라이버 클래스를 실행해보겠습니다.

```
[hadoop@wikibooks01 hadoop]$ ./bin/hadoop jar wikibooks-hadoop-examples.jar wikibooks.hadoop.
chapter05.DelayCountWithMultipleOutputs input delay_count_mos
```

카운터 예제에서는 출발 지연 혹은 도착 지연에 대한 카운터만 출력됐는데, 로그 메시지에 전체 카운터 정보가 출력된 것을 확인할 수 있습니다.

```
14/11/22 21:39:38 INFO mapred.JobClient: Counters: 35
14/11/22 21:39:38 INFO mapred.JobClient:   wikibooks.hadoop.chapter05.DelayCounters
14/11/22 21:39:38 INFO mapred.JobClient:     early_departure=44797706
14/11/22 21:39:38 INFO mapred.JobClient:     not_available_arrival=2587529
14/11/22 21:39:38 INFO mapred.JobClient:     not_available_departure=2302136
14/11/22 21:39:38 INFO mapred.JobClient:     scheduled_arrival=5214342
14/11/22 21:39:38 INFO mapred.JobClient:     early_arrival=57893927
14/11/22 21:39:38 INFO mapred.JobClient:     scheduled_departure=26416798
```

실제로 지정한 경로에 출력 데이터가 생성됐는지 확인해보겠습니다. delay_count_mos 디렉터리를 조회해 보면 다음과 같이 arrival-r-00000과 departure-r-00000이 생성돼 있습니다. part-r-00000 파일의 크기가 0인 이유는 reduce 메서드에서 context 객체에 write를 하지 않았기 때문입니다.

```
[hadoop@wikibooks01 hadoop-1.2.1]$ ./bin/hadoop fs -ls delay_count_mos
Found 5 items
-rw-r--r--   3 hadoop supergroup          0 2014-11-22 21:39 /user/hadoop/delay_count_mos/_
SUCCESS
drwxr-xr-x   - hadoop supergroup          0 2014-11-22 21:36 /user/hadoop/delay_count_mos/_logs
-rw-r--r--   3 hadoop supergroup       3636 2014-11-22 21:39 /user/hadoop/delay_count_mos/
arrival-r-00000
-rw-r--r--   3 hadoop supergroup       3635 2014-11-22 21:39 /user/hadoop/delay_count_mos/
departure-r-00000
-rw-r--r--   3 hadoop supergroup          0 2014-11-22 21:39 /user/hadoop/delay_count_mos/
part-r-00000
```

출력된 도착 지연 데이터를 확인해보면 5.3절에서 생성된 출력 데이터와 동일하게 나타납니다.

```
[hadoop@wikibooks01 hadoop-1.2.1]$ ./bin/hadoop fs -cat delay_count_mos/arrival-r-00000 | head
-10
1987,10  265658
1987,11  255127
1987,12  287408
1988,1 261810
1988,10  230876
1988,11  237343
1988,12  249340
1988,2 242219
1988,3 255083
1988,4 219288
```

출발 지연 데이터도 5.2절에서 생성된 출력 데이터와 동일하게 생성돼 있습니다.

```
[hadoop@wikibooks01 hadoop-1.2.1]$ ./bin/hadoop fs -cat delay_count_mos/departure-r-00000 | head
-10
1987,10  175568
1987,11  177218
1987,12  218858
1988,1 198610
1988,10  162211
1988,11  175123
1988,12  189137
```

```
1988,2 177939
1988,3 187141
1988,4 159216
```

5.8 체인

지금까지는 하나의 매퍼와 리듀서로 구성된 맵리듀스 프로그램만 구현했습니다. 그러나 실제로 맵리듀스 프로그램을 작성하다 보면 하나 이상의 매퍼와 리듀서를 작성해야 할 때가 있을 것입니다. 하둡은 이처럼 하나의 맵리듀스 잡에서 여러 개의 매퍼와 리듀서를 실행할 수 있게 체인매퍼 (ChainMapper)와 체인리듀서(ChainReducer)를 제공합니다. 두 클래스는 체인(chain) 방식으로 매퍼와 리듀서를 호출하게 됩니다. 체인매퍼의 경우 첫 번째 매퍼를 실행한 후 그 출력을 두 번째 매퍼의 입력 파라미터로 전달하고, 두 번째 매퍼의 출력은 그다음 순서의 매퍼의 입력으로 전달됩니다. 이렇게 순차적으로 매퍼가 실행되다가 마지막에 있는 매퍼의 출력이 매퍼의 최종 출력 데이터가 됩니다. 체인리듀서도 위와 같은 방식으로 출력 데이터가 만들어집니다.

또한 체인을 이용하면 다음과 같이 다양하게 매퍼와 리듀서를 조합해서 잡을 실행할 수 있습니다.

- 매퍼 1 → 매퍼 2 → 리듀서

- 매퍼 1 → 리듀서 → 매퍼 2

- 매퍼 1 → 매퍼 2 → 리듀서 → 매퍼 3 → 매퍼 4

체인을 이용하면 하나의 잡으로 이러한 조합을 처리할 수 있어서 여러 개의 잡을 별도로 실행했을 때보다 훨씬 더 입출력이 감소할 것입니다. 다음 표 5.6은 위와 같은 조합을 할 수 있게 도와주는 체인매퍼와 체인리듀서의 메서드를 나타낸 것입니다. 참고로 각 메서드는 static 형태로 제공됩니다.

표 5.6 체인 매퍼와 체인 리듀서의 메서드

클래스	메서드	기능
ChainMapper	addMapper	체인 작업의 JobConf에 매퍼 클래스를 추가합니다.
ChainReducer	setReducer	체인 작업의 JobConf에 리듀서 클래스를 설정합니다.
	addMapper	체인 작업의 JobConf에 매퍼 클래스를 추가합니다. 리듀서 클래스 설정 이후에 매퍼를 추가할 때 사용합니다.

그리고 이 책에서 사용하는 하둡 1.0.x 버전에서는 org.apache.hadoop.mapred.Mapper와 org.apache.hadoop.mapred.Reducer만 체인을 적용할 수 있습니다. 번거롭더라도 체인을 이용할 경우 반드시 org.apache.hadoop.mapred 패키지를 사용해 매퍼와 리듀서를 구현해야 합니다.

체인매퍼와 체인리듀서로 어떻게 잡을 설정하는지 알아보겠습니다. 아래의 예제 5.16은 "매퍼 1 → 매퍼 2 → 리듀서 → 매퍼 3 → 매퍼 4"의 조합으로 잡을 설정하는 경우입니다.

예제 5.16 체인매퍼와 체인리듀서를 구현한 예제

```
//맵리듀스 잡 이름 설정
conf.setJobName("chain");
//입출력 데이터 포맷 설정
conf.setInputFormat(TextInputFormat.class);
conf.setOutputFormat(TextOutputFormat.class);

//첫 번째 매퍼 설정
JobConf mapAConf = new JobConf(false);
ChainMapper.addMapper(conf, AMap.class, LongWritable.class, Text.class,
Text.class, Text.class, true, mapAConf);

//두 번째 매퍼 설정
JobConf mapBConf = new JobConf(false);
ChainMapper.addMapper(conf, BMap.class, Text.class, Text.class,
LongWritable.class, Text.class, false, mapBConf);

//리듀서 설정
JobConf reduceConf = new JobConf(false);
ChainReducer.setReducer(conf, XReduce.class, LongWritable.class, Text.class,
Text.class, Text.class, true, reduceConf);

//세 번째 매퍼 설정(리듀서 실행 후 실행됨)
ChainReducer.addMapper(conf, CMap.class, Text.class, Text.class,
LongWritable.class, Text.class, false, null);

//네 번째 매퍼 설정
ChainReducer.addMapper(conf, DMap.class, LongWritable.class, Text.class,
LongWritable.class, LongWritable.class, true, null);

FileInputFormat.setInputPaths(conf, inDir);
FileOutputFormat.setOutputPath(conf, outDir);

JobClient jc = new JobClient(conf);
RunningJob job = jc.submitJob(conf);
```

정렬

정렬은 대부분의 하둡 벤치마크 보고서에서 단골 소재로 다뤄질 정도로 맵리듀스의 핵심 기능으로 자리 잡았습니다. 맵리듀스는 기본적으로 입력 데이터의 키를 기준으로 정렬되기 때문에 하나의 리듀스 태스크만 실행되게 한다면 정렬을 쉽게 해결할 수도 있습니다. 하지만 여러 데이터노드가 구성된 상황에서 하나의 리듀스 태스크만 실행하는 것은 분산 환경의 장점을 살리지 않은 것입니다. 또한 대량의 데이터를 정렬하게 될 경우 네트워크 부하도 상당할 것입니다.

하둡은 개발자가 정렬을 수행할 수 있게 보조 정렬(Secondary Sort), 부분 정렬(Partial Sort), 전체 정렬(Total Sort)을 제공합니다. 이번 장에서는 5장에서 작성한 맵리듀스 프로그램에 보조 정렬을 적용해 출력 데이터가 연도와 월의 순서대로 출력되도록 처리하겠습니다. 그리고 부분 정렬과 전체 정렬을 이용해 별도의 분석 작업 없이 단순하게 입력 데이터만 정렬하는 맵리듀스 프로그램을 개발할 것입니다.

6.1 보조 정렬

5장에서 항공 운항 데이터를 분석한 결과를 보면 월의 순서가 제대로 처리돼 있지 않습니다.

```
2008,1   279427
2008,10  183582
2008,11  181506
2008,12  224664
2008,2   278902
2008,3   294556
```

월의 순서가 보장되지 않는 이유는 출력 데이터의 키값 자체가 연도와 월이 합쳐진 하나의 문자열로 인식되기 때문입니다. 단순한 하나의 문자열이기 때문에 "2008,10"이 "2008,2"보다 먼저 출력된 것입니다. 이러한 현상은 엑셀에서 하나의 칼럼에 위 문자열을 입력하고, 오름차순으로 정렬해보면 쉽게 확인할 수 있습니다.

그렇다면 월의 순서대로 정렬하려면 어떻게 해야 할까요? 보조 정렬을 이용하면 우리가 원하는 순서대로 데이터를 출력할 수 있습니다. 보조 정렬은 키의 값들을 그룹핑하고, 그룹핑된 레코드에 순서를 부여하는 방식입니다. 보조 정렬은 다음과 같은 순서로 구현합니다.

1. 기존 키의 값들을 조합한 복합키(Composite Key)를 정의합니다. 이때 키의 값 중에서 어떤 키를 그룹핑 키로 사용할지 결정합니다.
2. 복합키의 레코드를 정렬하기 위한 비교기(Comparator)를 정의합니다.
3. 그룹핑 키를 파티셔닝할 파티셔너(Partitioner)를 정의합니다.
4. 그룹핑 키를 정렬하기 위한 비교기(Comparator)를 정의합니다.

이제 위와 같은 방식으로 항공 운항 지연 데이터를 처리하는 맵리듀스 프로그램을 작성하겠습니다. 이 프로그램은 이 복합키의 연도를 그룹키로 사용합니다. 그리고 연도별로 그룹핑된 데이터들은 월의 순서대로 정렬하게 됩니다.

6.1.1 복합키 구현

복합키는 기존의 키값을 조합한 일종의 키 집합 클래스입니다. 5장에서 사용한 맵리듀스 프로그램의 경우 복합키를 적용하기 전에는 출력키를 단순히 하나의 문자열로 사용했습니다. 하지만 복합키를 적용하면 연도와 월이 각각 멤버 변수로 정의됩니다. 예제 6.1은 이러한 복합기를 구현한 코드입니다.

```
package wikibooks.hadoop.chapter06;

import org.apache.hadoop.io.WritableComparable;
import org.apache.hadoop.io.WritableUtils;

import java.io.DataInput;
import java.io.DataOutput;
import java.io.IOException;

public class DateKey implements WritableComparable<DateKey> {

  private String year;
  private Integer month;

  public DateKey() {
  }

  public DateKey(String year, Integer date) {
    this.year = year;
    this.month = date;
  }

  public String getYear() {
    return year;
  }

  public void setYear(String year) {
    this.year = year;
  }

  public Integer getMonth() {
    return month;
  }

  public void setMonth(Integer month) {
    this.month = month;
  }

  @Override
  public String toString() {
    return (new StringBuilder()).append(year).append(",").append(month)
      .toString();
  }

  @Override
  public void readFields(DataInput in) throws IOException {
    year = WritableUtils.readString(in);
    month = in.readInt();
  }
```

```
    @Override
    public void write(DataOutput out) throws IOException {
      WritableUtils.writeString(out, year);
      out.writeInt(month);
    }

    @Override
    public int compareTo(DateKey key) {
      int result = year.compareTo(key.year);
      if (0 == result) {
        result = month.compareTo(key.month);
      }
      return result;
    }

}
```

우선 복합키를 사용하기 위해 WritableComparable 인터페이스를 구현합니다. 이때 Writable Comparable의 파라미터는 바로 자신인 DateKey로 설정합니다.

```
public class DateKey implements WritableComparable<DateKey> {
```

WritableComparable 인터페이스는 반드시 readFields, write, compareTo 메서드가 구현돼 있어야만 합니다. readFields 메서드는 입력 스트림에서 연도와 월을 조회하고, write 메서드는 출력 스트림에 연도와 월을 출력합니다. 이때 스트림에서 데이터를 읽고, 출력하는 작업에는 하둡에서 제공하는 WritableUtils를 이용합니다. compareTo 메서드는 복합키와 복합키를 비교해 순서를 정할 때 사용합니다.

```
    @Override
    public void readFields(DataInput in) throws IOException {
    ...
    @Override
    public void write(DataOutput out) throws IOException {
    ...
    @Override
    public int compareTo(DateKey key) {
    ....
```

연도는 String 타입의 멤버 변수, 월은 Integer 타입의 변수로 정의합니다. 또한 연도와 월을 사용하는 생성자와 설정자(setter), 접근자(getter) 메서드도 함께 구현합니다.

```
private String year;
private Integer month;
```

매퍼와 리듀서에서는 복합키의 toString 메서드를 호출해서 값을 출력합니다. toString을 정의하지 않는다면 자바에서 사용하는 클래스 식별자가 출력되어 버립니다. toString 메서드를 재정의해서 출력을 어떤 식으로 할지 구현합니다.

```java
@Override
public String toString() {
    return (new StringBuilder()).append(year).append(",").append(month).toString();
}
```

6.1.2 복합키 비교기 구현

복합키 비교기는 복합키의 정렬 순서를 부여하기 위한 클래스입니다. 복합키 비교기는 두 개의 복합키를 비교하게 되며, 각 멤버 변수를 비교해 정렬 순서를 정합니다. 항공 운항 지연 데이터에 대한 복합키 비교기는 예제 6.2와 같습니다.

예제 6.2 DateKeyComparator.java

```java
package wikibooks.hadoop.chapter06;

import org.apache.hadoop.io.WritableComparable;
import org.apache.hadoop.io.WritableComparator;

public class DateKeyComparator extends WritableComparator {
    protected DateKeyComparator() {
        super(DateKey.class, true);
    }

    @SuppressWarnings("rawtypes")
    @Override
    public int compare(WritableComparable w1, WritableComparable w2) {
        //복합키 클래스 형변환
        DateKey k1 = (DateKey) w1;
        DateKey k2 = (DateKey) w2;

        //연도 비교
        int cmp = k1.getYear().compareTo(k2.getYear());
        if (cmp != 0) {
            return cmp;
        }

        //월 비교
        return k1.getMonth() == k2.getMonth() ? 0 : (k1.getMonth() < k2
            .getMonth() ? -1 : 1);
```

```
    }
}
```

---

org.apache.hadoop.io.WritableComparable 인터페이스로 구현된 객체를 비교하려면 반드시 org.apache.hadoop.io.WritableComparator를 상속받아서 비교기를 구현해야 합니다.

```
public class DateKeyComparator extends WritableComparator {
```

두 개의 복합키를 비교하려면 compare 메서드를 오버라이드해서 구현합니다.

```
@SuppressWarnings("rawtypes")
@Override
public int compare(WritableComparable w1, WritableComparable w2) {
```

compare 메서드는 이미 org.apache.hadoop.io.WritableComparator에 구현돼 있지만 객체를 스트림에서 조회한 값을 비교하게 되므로 정확한 정렬 순서를 부과할 수 없습니다. 그래서 메서드를 재정의해서 멤버 변수를 비교하는 로직을 구현해야만 합니다.

compare 메서드에서는 우선 파라미터로 전달받은 두 개의 WritableComparable 객체를 DateKey 타입으로 변환합니다. 그래야만 DateKey에 선언한 멤버 변수를 조회할 수 있기 때문입니다.

```
DateKey k1 = (DateKey) w1;
DateKey k2 = (DateKey) w2;
```

DateKey로 변환했으면 우선 연도값을 비교합니다. 이때 값을 비교하기 위해 String 클래스에서 제공하는 compareTo 메서드를 이용합니다. compareTo 메서드는 k1과 k2의 연도값이 동일한 경우에는 0을, k1의 연도값이 k2의 연도값보다 클 경우에는 1을, k1의 연도값이 k2보다 작을 때는 −1을 반환합니다. 여기서는 compareTo를 호출한 값이 0이 아닐 경우, 해당 값을 반환하도록 구현합니다. 연도가 일치하지 않을 경우 이 부분에서 정렬 순서가 정해지는 것입니다.

```
int cmp = k1.getYear().compareTo(k2.getYear());
if (cmp != 0) {
    return cmp;
}
```

만약 연도가 일치할 경우에는 그다음 줄에 있는 코드가 실행됩니다. 이 코드는 월을 비교해 k1과 k2의 월이 같을 경우에는 0을, k1의 월이 k2의 월보다 작을 경우에는 −1을, k1의 월이 k2의 월보다 클 경우에는 1을 반환합니다. 이렇게 하면 월을 기준으로 오름차순으로 정렬됩니다.

```
    return k1.getMonth() == k2.getMonth() ? 0 : (k1.getMonth() < k2.getMonth() ? -1 : 1);
```

6.1.3 그룹키 파티셔너 구현

파티셔너는 맵 태스크의 출력 데이터를 리듀스 태스크의 입력 데이터로 보낼지 결정하고, 이렇게 파티셔닝된 데이터는 맵 태스크의 출력 데이터의 키의 값에 따라 정렬됩니다. 이번에 구현하는 그룹키 파티셔너는 그룹핑 키로 사용하는 연도에 대한 파티셔닝을 수행하게 됩니다. 예제 6.3은 그룹키 파티셔너의 코드를 구현한 내용입니다.

예제 6.3 GroupKeyPartitioner.java

```java
package wikibooks.hadoop.chapter06;

import org.apache.hadoop.io.IntWritable;
import org.apache.hadoop.mapreduce.Partitioner;

public class GroupKeyPartitioner extends Partitioner<DateKey, IntWritable> {

  @Override
  public int getPartition(DateKey key, IntWritable val, int numPartitions) {
    int hash = key.getYear().hashCode();
    int partition = hash % numPartitions;
    return partition;
  }
}
```

맵리듀스 잡에서 사용하는 파티셔너는 반드시 org.apache.hadoop.mapreduce.Partitioner를 상속받아 구현해야 합니다. 이때 파티셔너에 설정하는 두 개의 파라미터는 Mapper의 출력 데이터의 키와 값에 해당하는 파라미터입니다.

```java
public class GroupKeyPartitioner extends Partitioner<DateKey, IntWritable> {
```

파티셔너는 getPartition 메서드를 호출해 파티셔닝 번호를 조회합니다. getPartition 메서드를 재정의해서 구현한 후 연도에 대한 해시 코드를 조회해 파티션 번호를 생성하게 합니다.

```java
  @Override
  public int getPartition(DateKey key, IntWritable val, int numPartitions) {
    int hash = key.getYear().hashCode();
    int partition = hash % numPartitions;
    return partition;
  }
```

6.1.4 그룹키 비교기 구현

리듀서는 그룹키 비교기를 사용해 같은 연도에 해당하는 모든 데이터를 하나의 Reducer 그룹에서 처리할 수 있습니다. 예제 6.4는 그룹키 비교기를 구현한 예입니다.

예제 6.4 GroupKeyComparator.java

```java
package wikibooks.hadoop.chapter06;

import org.apache.hadoop.io.WritableComparable;
import org.apache.hadoop.io.WritableComparator;

public class GroupKeyComparator extends WritableComparator {

  protected GroupKeyComparator() {
    super(DateKey.class, true);
  }

  @SuppressWarnings("rawtypes")
  @Override
  public int compare(WritableComparable w1, WritableComparable w2) {
    DateKey k1 = (DateKey) w1;
    DateKey k2 = (DateKey) w2;

    //연도값 비교
    return k1.getYear().compareTo(k2.getYear());
  }
}
```

복합키 비교기(예제 6.2)를 구현한 것처럼 org.apache.hadoop.io.WritableComparator를 상속받아 클래스를 선언합니다.

```java
public class GroupKeyComparator extends WritableComparator {
```

그리고 그룹핑 키값인 연도를 비교하는 처리가 필요합니다. compare 메서드에 두 개의 복합키의 연도값을 비교하는 코드를 작성합니다.

```java
@SuppressWarnings("rawtypes")
@Override
public int compare(WritableComparable w1, WritableComparable w2) {
  DateKey k1 = (DateKey) w1;
  DateKey k2 = (DateKey) w2;
  return k1.getYear().compareTo(k2.getYear());
}
```

6.1.5 매퍼 구현

예제 6.5는 복합키를 사용하는 매퍼를 구현한 코드입니다. 이 클래스는 5장에서 작성한 예제 5.14의 출력 데이터 타입만 수정한 것입니다.

예제 6.5 DelayCountMapperWithDateKey.java

```java
package wikibooks.hadoop.chapter06;

(중략)

public class DelayCountMapperWithDateKey extends
  Mapper<LongWritable, Text, DateKey, IntWritable> {

  // 맵 출력값
  private final static IntWritable outputValue = new IntWritable(1);

  // 맵 출력키
  private DateKey outputKey = new DateKey();

  public void map(LongWritable key, Text value, Context context)
    throws IOException, InterruptedException {

    AirlinePerformanceParser parser = new AirlinePerformanceParser(value);

    // 출발 지연 데이터 출력
    if (parser.isDepartureDelayAvailable()) {
      if (parser.getDepartureDelayTime() > 0) {
        // 출력키 설정
        outputKey.setYear("D," + parser.getYear());
        outputKey.setMonth(parser.getMonth());

        // 출력 데이터 생성
        context.write(outputKey, outputValue);
      } else if (parser.getDepartureDelayTime() == 0) {
        context.getCounter(DelayCounters.scheduled_departure).increment(1);
      } else if (parser.getDepartureDelayTime() < 0) {
        context.getCounter(DelayCounters.early_departure).increment(1);
      }
    } else {
      context.getCounter(DelayCounters.not_available_departure).increment(1);
    }
    // 도착 지연 데이터 출력
    if (parser.isArriveDelayAvailable()) {
      if (parser.getArriveDelayTime() > 0) {
        // 출력키 설정
        outputKey.setYear("A," + parser.getYear());
```

```
        outputKey.setMonth(parser.getMonth());

        // 출력 데이터 생성
        context.write(outputKey, outputValue);
      } else if (parser.getArriveDelayTime() == 0) {
        context.getCounter(
          DelayCounters.scheduled_arrival).increment(1);
      } else if (parser.getArriveDelayTime() < 0) {
        context.getCounter(DelayCounters.early_arrival).increment(1);
      }
    } else {
      context.getCounter(DelayCounters.not_available_arrival).increment(1);
    }
  }
}
```

우선 복합키인 DateKey를 출력 데이터의 키값으로 사용하기 때문에 다음과 같이 클래스를 선언합니다.

```
public class DelayCountMapperWithDateKey extends Mapper<LongWritable, Text, DateKey,
IntWritable> {
```

그리고 맵 메서드 내에서는 DateKey에 이미 구현돼 있는 설정자 메서드를 호출해 연도와 월을 설정합니다. 항공 출발 지연과 도착 지연을 동시에 처리하므로 연도 앞에 D와 A를 붙여서 데이터를 구분할 수 있게 해줍니다.

```
outputKey.setYear("D,"+colums[0]);
outputKey.setMonth(new Integer(colums[1]));
```

6.1.6 리듀서 구현

리듀서는 매퍼의 출력 데이터를 전달받아 연도와 월별로 지연 횟수를 합산합니다. 예제 6.6은 5장에서 작성한 예제 5.15를 수정한 리듀서를 구현한 예입니다.

예제 6.6 DelayCountReducerWithDateKey.java

```
package wikibooks.hadoop.chapter06;

import org.apache.hadoop.io.IntWritable;
import org.apache.hadoop.mapreduce.Reducer;
import org.apache.hadoop.mapreduce.lib.output.MultipleOutputs;
```

```java
import java.io.IOException;

public class DelayCountReducerWithDateKey extends
    Reducer<DateKey, IntWritable, DateKey, IntWritable> {

  private MultipleOutputs<DateKey, IntWritable> mos;

  // 리듀스 출력키
  private DateKey outputKey = new DateKey();

  // 리듀스 출력값
  private IntWritable result = new IntWritable();

  @Override
  public void setup(Context context) throws IOException, InterruptedException {
    mos = new MultipleOutputs<DateKey, IntWritable>(context);
  }

  public void reduce(DateKey key, Iterable<IntWritable> values,
                     Context context) throws IOException, InterruptedException {
    // 콤마 구분자 분리
    String[] colums = key.getYear().split(",");

    int sum = 0;
    Integer bMonth = key.getMonth();
    if (colums[0].equals("D")) {
      for (IntWritable value : values) {
        if (bMonth != key.getMonth()) {
          result.set(sum);
          outputKey.setYear(key.getYear().substring(2));
          outputKey.setMonth(bMonth);
          mos.write("departure", outputKey, result);
          sum = 0;
        }
        sum += value.get();
        bMonth = key.getMonth();
      }
      if (key.getMonth() == bMonth) {
        outputKey.setYear(key.getYear().substring(2));
        outputKey.setMonth(key.getMonth());
        result.set(sum);
        mos.write("departure", outputKey, result);
      }
    } else {
      for (IntWritable value : values) {
        if (bMonth != key.getMonth()) {
```

```
        result.set(sum);
        outputKey.setYear(key.getYear().substring(2));
        outputKey.setMonth(bMonth);
        mos.write("arrival", outputKey, result);
        sum = 0;
      }
      sum += value.get();
      bMonth = key.getMonth();
    }
    if (key.getMonth() == bMonth) {
      outputKey.setYear(key.getYear().substring(2));
      outputKey.setMonth(key.getMonth());
      result.set(sum);
      mos.write("arrival", outputKey, result);
    }
  }
}

@Override
public void cleanup(Context context) throws IOException,
  InterruptedException {
  mos.close();
}
}
```

복합키를 입력 데이터와 출력 데이터의 키로 사용해야 하므로 다음과 같이 클래스를 선언합니다.

```
public class DelayCountReducerWithDateKey extends
    Reducer<DateKey, IntWritable, DateKey, IntWritable> {
```

리듀서에는 그룹핑 파티셔너와 그룹핑 비교기에 의해 같은 연도로 그룹핑돼 있는 데이터가 전달된 상태입니다. 그리고 복합키 비교기로 인해 그룹핑된 값은 월의 순서대로 오름차순으로 정렬돼 있습니다. 하지만 리듀스 메서드에서 지연 횟수를 합산할 경우 데이터에 오류가 발생합니다. 예를 들어, 2008년도 항공 출발 지연 데이터를 처리할 경우 다음과 같은 결과가 나타납니다. 2008년 12월만 출력되고, 지연 횟수도 2008년도의 모든 지연 횟수가 합산되어 출력됩니다.

 2008 12 2647363

이러한 현상이 나타나는 이유는 리듀서는 2008년이라는 그룹키를 기준으로 연산을 수행하기 때문입니다. 월별로 지연 횟수를 계산하려면 복합키를 구분해서 처리하는 코드를 구현해야 합니다.

입력 데이터의 값에 해당하는 Iterable 객체를 순회할 때 월에 해당하는 값을 bMonth라는 변수에 백업합니다. 순회를 하면서 백업된 월과 현재 데이터의 월이 일치하지 않을 때는 리듀서의 출력 데이터에 백업된 월의 지연 횟수를 출력합니다. 이때 다음에 순서에 있는 월의 지연 횟수를 합산할 수 있게 지연 횟수 합계 변수를 0으로 초기화합니다.

```java
for (IntWritable value : values) {
  if (bMonth != key.getMonth()) {
    result.set(sum);
    outputKey.setYear(key.getYear().substring(2));
    outputKey.setMonth(bMonth);
    mos.write("departure", outputKey, result);
    sum = 0;
  }
  sum += value.get();
  bMonth = key.getMonth();
}
```

Iterable 객체의 순회가 완료되고 나면 합산한 월의 지연 횟수를 출력합니다. 이렇게 해야만 해당 연도의 12월 데이터가 출력됩니다.

```java
if (key.getMonth() == bMonth) {
  outputKey.setYear(key.getYear().substring(2));
  outputKey.setMonth(key.getMonth());
  result.set(sum);
  mos.write("departure", outputKey, result);
}
```

6.1.7 드라이버 구현

마지막으로 지금까지 작성한 클래스를 구동하는 드라이버 클래스를 구현하겠습니다. 예제 6.7은 드라이버 클래스입니다. 이 예제는 5장에서 작성한 예제 5.16에 복합키를 처리하는 부분만 추가한 것입니다.

예제 6.7 DelayCountWithDateKey.java

```java
package wikibooks.hadoop.chapter06;

(중략)

public class DelayCountWithDateKey extends Configured implements Tool {
```

```java
public static void main(String[] args) throws Exception {
  // Tool 인터페이스 실행
  int res = ToolRunner.run(new Configuration(), new DelayCountWithDateKey(), args);
  System.out.println("MR-Job Result:" + res);
}

public int run(String[] args) throws Exception {
  String[] otherArgs = new GenericOptionsParser(getConf(), args).getRemainingArgs();

  // 입출력 데이터 경로 확인
  if (otherArgs.length != 2) {
    System.err.println("Usage: DelayCountWithDateKey <in> <out>");
    System.exit(2);
  }
  // 잡 이름 설정
  Job job = new Job(getConf(), "DelayCountWithDateKey");

  // 입출력 데이터 경로 설정
  FileInputFormat.addInputPath(job, new Path(otherArgs[0]));
  FileOutputFormat.setOutputPath(job, new Path(otherArgs[1]));

  // 잡 클래스 설정
  job.setJarByClass(DelayCountWithDateKey.class);
  job.setPartitionerClass(GroupKeyPartitioner.class);
  job.setGroupingComparatorClass(GroupKeyComparator.class);
  job.setSortComparatorClass(DateKeyComparator.class);

  // 매퍼 클래스 설정
  job.setMapperClass(DelayCountMapperWithDateKey.class);
  // 리듀서 클래스 설정
  job.setReducerClass(DelayCountReducerWithDateKey.class);

  job.setMapOutputKeyClass(DateKey.class);
  job.setMapOutputValueClass(IntWritable.class);

  // 입출력 데이터 포맷 설정
  job.setInputFormatClass(TextInputFormat.class);
  job.setOutputFormatClass(TextOutputFormat.class);

  // 출력키 및 출력값 유형 설정
  job.setOutputKeyClass(DateKey.class);
  job.setOutputValueClass(IntWritable.class);
  // MultipleOutputs 설정
  MultipleOutputs.addNamedOutput(job, "departure",
    TextOutputFormat.class, DateKey.class, IntWritable.class);
  MultipleOutputs.addNamedOutput(job, "arrival", TextOutputFormat.class,
    DateKey.class, IntWritable.class);
```

```
        job.waitForCompletion(true);
        return 0;
    }
}
```

그룹키 파티셔너, 그룹키 비교기, 복합키 비교기는 다음과 같이 잡에 등록합니다.

```
job.setPartitionerClass(GroupKeyPartitioner.class);
job.setGroupingComparatorClass(GroupKeyComparator.class);
job.setSortComparatorClass(DateKeyComparator.class);
```

그리고 매퍼와 리듀서의 출력 데이터 포맷에 다음과 같이 복합키와 지연 횟수(IntWritable)를 설정
합니다.

```
job.setMapOutputKeyClass(DateKey.class);
job.setMapOutputValueClass(IntWritable.class);
job.setOutputKeyClass(DateKey.class);
job.setOutputValueClass(IntWritable.class);
```

6.1.8 드라이버 실행

드라이버 클래스를 실행하면 다음과 같이 로그 메시지가 출력됩니다. 출력된 카운터 정보를 보면 사
용자 정의 카운터인 wikibooks.hadoop.chapter05.DelayCounters 카운터 그룹에 속한 모든 카
운터가 출력돼 있습니다.

```
[hadoop@wikibooks01 hadoop-1.2.1]$ ./bin/hadoop jar hadoop-beginner-examples-1.0.jar wikibooks.
hadoop.chapter06.DelayCountWithDateKey input delay_count_sort
(중략)
14/11/22 22:21:55 INFO mapred.JobClient:  map 100% reduce 98%
14/11/22 22:21:58 INFO mapred.JobClient:  map 100% reduce 99%
14/11/22 22:22:01 INFO mapred.JobClient:  map 100% reduce 100%
14/11/22 22:22:01 INFO mapred.JobClient: Job complete: job_201411222028_0007
14/11/22 22:22:02 INFO mapred.JobClient: Counters: 35
14/11/22 22:22:02 INFO mapred.JobClient:     wikibooks.hadoop.chapter05.DelayCounters
14/11/22 22:22:02 INFO mapred.JobClient:       early_departure=44797706
14/11/22 22:22:02 INFO mapred.JobClient:       not_available_arrival=2587529
14/11/22 22:22:02 INFO mapred.JobClient:       not_available_departure=2302136
14/11/22 22:22:02 INFO mapred.JobClient:       scheduled_arrival=5214342
14/11/22 22:22:02 INFO mapred.JobClient:       early_arrival=57893927
14/11/22 22:22:02 INFO mapred.JobClient:       scheduled_departure=26416798
```

```
14/11/22 22:22:02 INFO mapred.JobClient:     Job Counters
(중략)
14/11/22 22:22:02 INFO mapred.JobClient:     Map-Reduce Framework
14/11/22 22:22:02 INFO mapred.JobClient:       Map output materialized bytes=2157151122
14/11/22 22:22:02 INFO mapred.JobClient:       Map input records=123534969
14/11/22 22:22:02 INFO mapred.JobClient:       Reduce shuffle bytes=2157151122
14/11/22 22:22:02 INFO mapred.JobClient:       Spilled Records=386138430
14/11/22 22:22:02 INFO mapred.JobClient:       Map output bytes=1941435000
14/11/22 22:22:02 INFO mapred.JobClient:       Total committed heap usage (bytes)=38580781056
14/11/22 22:22:02 INFO mapred.JobClient:       CPU time spent (ms)=1760280
14/11/22 22:22:02 INFO mapred.JobClient:       Combine input records=0
14/11/22 22:22:02 INFO mapred.JobClient:       SPLIT_RAW_BYTES=21879
14/11/22 22:22:02 INFO mapred.JobClient:       Reduce input records=107857500
14/11/22 22:22:02 INFO mapred.JobClient:       Reduce input groups=44
14/11/22 22:22:02 INFO mapred.JobClient:       Combine output records=0
14/11/22 22:22:02 INFO mapred.JobClient:       Physical memory (bytes) snapshot=44796571648
14/11/22 22:22:02 INFO mapred.JobClient:       Reduce output records=0
14/11/22 22:22:02 INFO mapred.JobClient:       Virtual memory (bytes) snapshot=153371856896
14/11/22 22:22:02 INFO mapred.JobClient:       Map output records=107857500
```

그리고 5장에서 MultipleOutputs를 사용하는 드라이버 클래스를 실행했을 때는 리듀서의 입력 데이터 그룹이 510개였는데, 44개만 출력돼 있습니다. 5장에서는 "2008,1", "2008,2"과 같은 연도와 월의 조합이 하나의 그룹이 됐는데, 보조 정렬에서는 연도만 그룹이 됐기 때문입니다. 1987년부터 2008년까지 총 22개월이고, 출발 지연과 도착 지연에 대한 두 개의 데이터셋을 만들어서 44가 된 것입니다.

HDFS에 저장된 출력 데이터를 조회하면 다음과 같이 출발 지연(departure-r-00000)과 도착 지연(arrival-r-00000)에 대한 처리 데이터가 모두 생성돼 있습니다

```
[hadoop@wikibooks01 hadoop-1.2.1]$  ./bin/hadoop fs -ls delay_count_sort
Found 5 items
-rw-r--r--    3 hadoop supergroup            0 2014-11-22 22:22 /user/hadoop/delay_count_sort/_
SUCCESS
drwxr-xr-x    - hadoop supergroup            0 2014-11-22 22:15 /user/hadoop/delay_count_sort/_logs
-rw-r--r--    3 hadoop supergroup         3636 2014-11-22 22:19 /user/hadoop/delay_count_sort/
arrival-r-00000
-rw-r--r--    3 hadoop supergroup         3635 2014-11-22 22:20 /user/hadoop/delay_count_sort/
departure-r-00000
-rw-r--r--    3 hadoop supergroup            0 2014-11-22 22:19 /user/hadoop/delay_count_sort/
part-r-00000
```

도착 지연 데이터에서 상위 15개의 레코드를 조회하면 1987년 10월부터 1988년 12월까지 연도와 월의 순서대로 정렬돼 있습니다. 이 파일의 데이터 값은 5장에서 처리한 데이터와 동일합니다.

```
[hadoop@wikibooks01 hadoop-1.2.1]$ ./bin/hadoop fs -cat delay_count_sort/arrival-r-00000 ¦ head
-15
1987,10  265658
1987,11  255127
1987,12  287408
1988,1 261810
1988,2 242219
1988,3 255083
1988,4 219288
1988,5 221071
1988,6 215385
1988,7 224274
1988,8 227943
1988,9 204558
1988,10  230876
1988,11  237343
1988,12  249340
```

출발 지연 데이터도 다음과 같이 연도와 월의 순서대로 정렬돼 있습니다. 도착 지연과 마찬가지로 5장에서 처리한 분석 결과와 동일한 수치를 보여줍니다.

```
[hadoop@wikibooks01 hadoop-1.2.1]$ ./bin/hadoop fs -cat delay_count_sort/departure-r-00000 ¦
head -15
1987,10  175568
1987,11  177218
1987,12  218858
1988,1 198610
1988,2 177939
1988,3 187141
1988,4 159216
1988,5 164107
1988,6 165596
1988,7 174844
1988,8 175591
1988,9 138322
1988,10  162211
1988,11  175123
1988,12  189137
```

6.2 부분 정렬

부분 정렬(Partial Sort)은 매퍼의 출력 데이터를 맵파일(MapFile)로 변경해 데이터를 검색하는 방법입니다. 맵 태스크가 실행될 때 파티셔너는 매퍼의 출력 데이터가 어떤 리듀스 태스크로 전달될지 결정하고, 파티셔닝된 데이터는 키에 따라 정렬됩니다. 부분 정렬을 하기 위해 파티셔닝된 출력 데이터를 맵파일로 변경합니다. 그리고 특정 키에 대한 데이터를 검색할 경우 해당 키에 대한 데이터가 저장된 맵파일에 접근해 데이터를 조회합니다. 이러한 기법은 데이터 검색에서 자주 사용됩니다. 그림 6.1은 이러한 부분 정렬의 작동 방식을 나타낸 그림입니다.

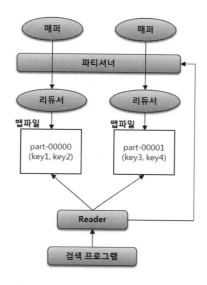

그림 6.1 부분 정렬의 작동 방식

이제 미국 항공 지연 통계 데이터를 항공 운항 거리 순서대로 정렬하는 부분 정렬 프로그램을 작성하겠습니다. 이 예제는 다음과 같이 3단계로 진행됩니다.

1. 입력 데이터를 시퀀스파일로 생성합니다.

2. 시퀀스파일을 맵파일로 변경합니다.

3. 맵파일에서 데이터를 검색합니다.

각 단계를 설명하기에 앞서 알아둬야 할 주의사항이 하나 있습니다. 부분 정렬은 org.apache.hadoop.mapred 패키지를 이용해 맵리듀스 프로그램을 개발해야 합니다. org.apache.hadoop.

mapreduce.Job에서 org.apache.hadoop.mapred.MapFileOutputFormat을 출력 데이터로 쓸 수 없기 때문입니다. 그리고 org.apache.hadoop.mapreduce 패키지로 매퍼 클래스를 시퀀스파일로 만드는 것은 가능하지만 패키지를 통일하기 위해 org.apache.hadoop.mapred 패키지를 사용했습니다.

6.2.1 시퀀스파일 생성

이 프로그램은 미국 항공 운항 지연 데이터를 시퀀스파일로 출력합니다. 이렇게 생성된 시퀀스파일은 다음 단계에서 맵파일로 변환됩니다. 매퍼의 입출력 데이터 포맷은 표 6.1과 같습니다.

표 6.1 부분 정렬을 위한 매퍼의 입출력 데이터 포맷

클래스	입출력 구분	키	값
매퍼	입력	오프셋 (LongWritable)	항공 운항 통계 데이터 (Text)
	출력	운항거리 (IntWrtiable)	항공 운항 통계 데이터 (Text)

또한 매퍼는 입력 데이터를 연산하지 않기 때문에 리듀서는 필요하지 않습니다. 예제 6.8은 이 과정을 구현한 코드입니다.

예제 6.8 SequenceFileCreator.java

```
package wikibooks.hadoop.chapter06;

import org.apache.hadoop.conf.Configuration;
import org.apache.hadoop.conf.Configured;
import org.apache.hadoop.fs.Path;
import org.apache.hadoop.io.IntWritable;
import org.apache.hadoop.io.LongWritable;
import org.apache.hadoop.io.SequenceFile.CompressionType;
import org.apache.hadoop.io.Text;
import org.apache.hadoop.io.compress.GzipCodec;
import org.apache.hadoop.mapred.*;
import org.apache.hadoop.util.Tool;
import org.apache.hadoop.util.ToolRunner;
import wikibooks.hadoop.common.AirlinePerformanceParser;
import java.io.IOException;

public class SequenceFileCreator extends Configured implements Tool {

    static class DistanceMapper extends MapReduceBase implements
        Mapper<LongWritable, Text, IntWritable, Text> {
```

```java
    private IntWritable outputKey = new IntWritable();

    public void map(LongWritable key, Text value,
                    OutputCollector<IntWritable, Text> output, Reporter reporter)
      throws IOException {
      try {
        AirlinePerformanceParser parser = new AirlinePerformanceParser(value);
        if (parser.isDistanceAvailable()) {
          outputKey.set(parser.getDistance());
          output.collect(outputKey, value);
        }
      } catch (ArrayIndexOutOfBoundsException ae) {
        outputKey.set(0);
        output.collect(outputKey, value);
        ae.printStackTrace();
      } catch (Exception e) {
        outputKey.set(0);
        output.collect(outputKey, value);
        e.printStackTrace();
      }
    }
  }

  public int run(String[] args) throws Exception {
    JobConf conf = new JobConf(SequenceFileCreator.class);
    conf.setJobName("SequenceFileCreator");

    conf.setMapperClass(DistanceMapper.class);
    conf.setNumReduceTasks(0);

    // 입출력 경로 설정
    FileInputFormat.setInputPaths(conf, new Path(args[0]));
    FileOutputFormat.setOutputPath(conf, new Path(args[1]));

    // 출력 포맷을 SequenceFile로 설정
    conf.setOutputFormat(SequenceFileOutputFormat.class);
    // 출력 키를 항공 운항 거리(IntWritable)로 설정
    conf.setOutputKeyClass(IntWritable.class);
    // 출력 값을 라인(Text)으로 설정
    conf.setOutputValueClass(Text.class);

    // 시퀀스파일 압축 포맷 설정
    SequenceFileOutputFormat.setCompressOutput(conf, true);
    SequenceFileOutputFormat.setOutputCompressorClass(conf, GzipCodec.class);
    SequenceFileOutputFormat.setOutputCompressionType(conf, CompressionType.BLOCK);
    JobClient.runJob(conf);
```

```
      return 0;
   }

  public static void main(String[] args) throws Exception {
    int res = ToolRunner.run(new Configuration(), new SequenceFileCreator(), args);
    System.out.println("MR-Job Result:" + res);
  }
}
```

우선 매퍼를 내부 클래스 형태로 구현합니다. 이때 매퍼의 제네릭 파라미터는 표 6.1을 기준으로 작성합니다.

```
static class PopulationMapper extends MapReduceBase implements
Mapper<LongWritable, Text, IntWritable, Text> {
```

칼럼에서 항공 운항 거리를 조회해 출력 데이터의 키로 설정하고, 콤마가 들어 있던 원래의 라인을 출력합니다.

```
        AirlinePerformanceParser parser = new AirlinePerformanceParser(value);
        if (parser.isDistanceAvailable()) {
          outputKey.set(parser.getDistance());
          output.collect(outputKey, value);
        }
```

그리고 데이터가 누락돼 있을 경우에 대비해 Exception 처리를 추가합니다. 이때 항공 운항 거리는 0으로 설정합니다.

```
  } catch (ArrayIndexOutOfBoundsException ae) {
    outputKey.set(0);
    output.collect(outputKey, value);
    ae.printStackTrace();
  } catch (Exception e) {
    outputKey.set(0);
    output.collect(outputKey, value);
    e.printStackTrace();
  }
```

매퍼를 구현한 후 run 메서드에 JobConf 객체를 선언한 후 잡 환경 정보를 설정합니다. 이 잡은 리듀서가 필요 없으므로 다음과 같이 리듀스 태스크 개수를 0으로 설정합니다.

```
  conf.setNumReduceTasks(0);
```

출력 포맷을 시퀀스파일로 설정한 후, 표 6.1의 출력 데이터 타입에 맞게 출력 키와 값을 설정합니다.

```
conf.setOutputFormat(SequenceFileOutputFormat.class);
conf.setOutputKeyClass(IntWritable.class);
conf.setOutputValueClass(Text.class);
```

시퀀스파일의 압축 포맷은 SequenceFileOutputFormat API에서 제공하는 static 메서드로 설정합니다.

```
SequenceFileOutputFormat.setCompressOutput(conf, true);
SequenceFileOutputFormat.setOutputCompressorClass(conf, GzipCodec.class);
SequenceFileOutputFormat.setOutputCompressionType(conf, CompressionType.BLOCK);
```

코드 작성이 끝나면 2008년 통계 데이터로 맵리듀스 잡을 실행합니다.

```
[hadoop@wikibooks01 hadoop-1.2.1]$ ./bin/hadoop jar hadoop-beginner-examples-1.0.jar wikibooks.
hadoop.chapter06.SequenceFileCreator input/2008.csv 2008_sequencefile
```

이제 출력 폴더에 시퀀스파일이 제대로 만들어졌는지 확인해 보겠습니다. 출력 폴더를 조회하면 이름이 part-xxxxx인 시퀀스파일이 11개 만들어져 있습니다.

```
[hadoop@wikibooks01 hadoop-1.2.1]$  ./bin/hadoop fs -ls 2008_sequencefile
Found 13 items
-rw-r--r--   3 hadoop supergroup          0 2014-11-22 22:48 /user/hadoop/2008_sequencefile/_
SUCCESS
drwxr-xr-x   - hadoop supergroup          0 2014-11-22 22:47 /user/hadoop/2008_sequencefile/_
logs
-rw-r--r--   3 hadoop supergroup   18795517 2014-11-22 22:47 /user/hadoop/2008_sequencefile/
part-00000
-rw-r--r--   3 hadoop supergroup   19043636 2014-11-22 22:47 /user/hadoop/2008_sequencefile/
part-00001
-rw-r--r--   3 hadoop supergroup   18346427 2014-11-22 22:47 /user/hadoop/2008_sequencefile/
part-00002
-rw-r--r--   3 hadoop supergroup   18560235 2014-11-22 22:47 /user/hadoop/2008_sequencefile/
part-00003
-rw-r--r--   3 hadoop supergroup   18389695 2014-11-22 22:47 /user/hadoop/2008_sequencefile/
part-00004
-rw-r--r--   3 hadoop supergroup   18268623 2014-11-22 22:47 /user/hadoop/2008_sequencefile/
part-00005
-rw-r--r--   3 hadoop supergroup   18389093 2014-11-22 22:47 /user/hadoop/2008_sequencefile/
part-00006
-rw-r--r--   3 hadoop supergroup   18544770 2014-11-22 22:47 /user/hadoop/2008_sequencefile/
part-00007
```

```
-rw-r--r--    3 hadoop supergroup    17387259 2014-11-22 22:47 /user/hadoop/2008_sequencefile/
part-00008
-rw-r--r--    3 hadoop supergroup    18226586 2014-11-22 22:47 /user/hadoop/2008_sequencefile/
part-00009
-rw-r--r--    3 hadoop supergroup     4855394 2014-11-22 22:47 /user/hadoop/2008_sequencefile/
part-00010
```

하둡 콘솔 명령어의 text 옵션을 이용해 시퀀스파일의 10개 라인을 확인해보면 키와 값이 정상적으로 출력됩니다. 그런데 데이터의 키 순서가 810 → 515 → 688 → 1591로 표시됩니다. 맵리듀스는 입력 데이터의 키를 기준으로 정렬되기 때문에 줄 번호를 기준으로 출력된 것입니다.

```
[hadoop@wikibooks01 hadoop-1.2.1]$ ./bin/hadoop fs -text 2008_sequencefile/part-00000 | head -10
14/11/22 22:49:08 INFO util.NativeCodeLoader: Loaded the native-hadoop library
14/11/22 22:49:08 INFO zlib.ZlibFactory: Successfully loaded & initialized native-zlib library
14/11/22 22:49:08 INFO compress.CodecPool: Got brand-new decompressor
14/11/22 22:49:08 INFO compress.CodecPool: Got brand-new decompressor
14/11/22 22:49:08 INFO compress.CodecPool: Got brand-new decompressor
14/11/22 22:49:08 INFO compress.CodecPool: Got brand-new decompressor
810  2008,1,3,4,2003,1955,2211,2225,WN,335,N712SW,128,150,116,-14,8,IAD,TPA,810,4,8,0,,0,NA,NA,NA
,NA,NA
810  2008,1,3,4,754,735,1002,1000,WN,3231,N772SW,128,145,113,2,19,IAD,TPA,810,5,10,0,,0,NA,NA,NA,
NA,NA
515  2008,1,3,4,628,620,804,750,WN,448,N428WN,96,90,76,14,8,IND,BWI,515,3,17,0,,0,NA,NA,NA,NA,NA
515  2008,1,3,4,926,930,1054,1100,WN,1746,N612SW,88,90,78,-6,-4,IND,BWI,515,3,7,0,,0,NA,NA,NA,NA,
NA
515  2008,1,3,4,1829,1755,1959,1925,WN,3920,N464WN,90,90,77,34,34,IND,B
WI,515,3,10,0,,0,2,0,0,0,32
688  2008,1,3,4,1940,1915,2121,2110,WN,378,N726SW,101,115,87,11,25,IND,JAX,688,4,10,0,,0,NA,NA,NA
,NA,NA
1591 2008,1,3,4,1937,1830,2037,1940,WN,509,N763SW,240,250,230,57,67,IND,L
AS,1591,3,7,0,,0,10,0,0,0,47
1591 2008,1,3,4,1039,1040,1132,1150,WN,535,N428WN,233,250,219,-18,-
1,IND,LAS,1591,7,7,0,,0,NA,NA,NA,NA,NA
451  2008,1,3,4,617,615,652,650,WN,11,N689SW,95,95,70,2,2,IND,MCI,451,6,19,0,,0,NA,NA,NA,NA,NA
451  2008,1,3,4,1620,1620,1639,1655,WN,810,N648SW,79,95,70,-16,0,IND,MCI,451,3,6,0,,0,NA,NA,NA,NA
,NA
```

6.2.2 맵파일 생성

맵파일은 키값을 검색할 수 있게 색인과 함께 정렬된 시퀀스파일입니다. 맵파일은 물리적으로 색인이 저장된 index 파일과 데이터 내용이 저장돼 있는 data 파일로 구성됩니다. 이미 HDFS에 저장돼 있는 시퀀스파일을 변환해 맵파일로 생성할 수 있습니다.

이번 단계에서는 예제 6.8 매퍼에서 생성한 시퀀스파일을 입력 데이터로 전달받아 맵파일로 출력하게 됩니다. 맵파일이 출력될 때는 입력 데이터의 키값인 운항 거리를 기준으로 정렬됩니다. 예제 6.9는 맵파일을 생성하는 드라이버 클래스를 구현한 코드입니다.

예제 6.9 MapFileCreator.java

```
package wikibooks.hadoop.chapter06;

(중략)

public class MapFileCreator extends Configured implements Tool {

  public static void main(String[] args) throws Exception {
    int res = ToolRunner.run(new Configuration(), new MapFileCreator(), args);
    System.out.println("MR-Job Result:" + res);
  }

  public int run(String[] args) throws Exception {
    JobConf conf = new JobConf(MapFileCreator.class);
    conf.setJobName("MapFileCreator");

    // 입출력 경로 설정
    FileInputFormat.setInputPaths(conf, new Path(args[0]));
    FileOutputFormat.setOutputPath(conf, new Path(args[1]));

    // 입력 데이터를 시퀀스파일로 설정
    conf.setInputFormat(SequenceFileInputFormat.class);
    // 출력 데이터를 맵파일로 설정
    conf.setOutputFormat(MapFileOutputFormat.class);
    // 출력 데이터의 키를 항공 운항 거리(IntWrtiable)로 설정
    conf.setOutputKeyClass(IntWritable.class);

    // 시퀀스파일 압축 포맷 설정
    SequenceFileOutputFormat.setCompressOutput(conf, true);
    SequenceFileOutputFormat.setOutputCompressorClass(conf, GzipCodec.class);
    SequenceFileOutputFormat.setOutputCompressionType(conf, CompressionType.BLOCK);

    JobClient.runJob(conf);

    return 0;
  }
}
```

이 드라이버 클래스는 데이터를 분석할 필요가 없기 때문에 별도의 매퍼와 리듀서 클래스를 설정하지 않습니다. JobClient는 매퍼와 리듀서 클래스를 설정하지 않을 경우 org.apache.hadoop.mapred.Mapper와 org.apache.hadoop.mapred.Reducer를 기본값으로 설정합니다. 이전 단

계에서 생성한 출력 데이터를 입력 데이터로 설정하기 때문에 입력 데이터 포맷을 시퀀스파일로 설정합니다.

```
conf.setInputFormat(SequenceFileInputFormat.class);
```

입력 데이터인 시퀀스파일을 맵파일로 변경하기 때문에 출력 포맷은 MapFIleOutputFormat으로 설정하고, 출력 키값을 전입월로 설정합니다.

```
conf.setOutputFormat(MapFileOutputFormat.class);
conf.setOutputKeyClass(IntWritable.class);
```

이후 시퀀스파일의 압축 포맷과 입출력 데이터 경로를 설정하고 잡을 실행합니다. 코드를 모두 작성하고 나면 다음과 같이 맵리듀스 잡을 실행합니다.

```
[hadoop@wikibooks01 hadoop-1.2.1]$ ./bin/hadoop jar hadoop-beginner-examples-1.0.jar wikibooks.
hadoop.chapter06.MapFileCreator 2008_sequencefile 2008_mapfile
```

잡이 실행된 후 2008_map_file 폴더를 조회하면 part-00000 디렉터리가 생성돼 있습니다.

```
[hadoop@wikibooks01 hadoop-1.2.1]$ ./bin/hadoop fs -ls 2008_mapfile
Found 3 items
-rw-r--r--   3 hadoop supergroup          0 2014-11-22 17:51 /user/hadoop/2008_mapfile/_SUCCESS
drwxr-xr-x   - hadoop supergroup          0 2014-11-22 17:50 /user/hadoop/2008_mapfile/_logs
drwxr-xr-x   - hadoop supergroup          0 2014-11-22 17:51 /user/hadoop/2008_mapfile/part-
00000
```

part-00000 폴더를 조회하면 맵파일의 규격에 맞게 data와 index 파일이 생성돼 있습니다.

```
[hadoop@wikibooks01 hadoop-1.2.1]$ ./bin/hadoop fs -ls 2008_mapfile/part-00000
Found 2 items
-rw-r--r--   3 hadoop supergroup  161302998 2014-11-22 22:50 /user/hadoop/2008_mapfile/part-
00000/data
-rw-r--r--   3 hadoop supergroup       7907 2014-11-22 22:50 /user/hadoop/2008_mapfile/part-
00000/index
```

이제 data 파일에 우리가 출력한 키와 값이 저장돼 있는지 확인해보겠습니다. 화면에 너무 많은 내용이 출력되지 않도록 head 옵션으로 상위 10개의 레코드만 조회하겠습니다. 기존 매퍼에서 출력한 시퀀스파일과는 다르게 운항 거리 순서대로 바르게 정렬돼 있습니다.

```
[hadoop@wikibooks01 hadoop-1.2.1]$ ./bin/hadoop fs -text 2008_mapfile/part-00000/data | head -10
14/11/22 22:52:06 INFO util.NativeCodeLoader: Loaded the native-hadoop library
14/11/22 22:52:06 INFO zlib.ZlibFactory: Successfully loaded & initialized native-zlib library
```

```
14/11/22 22:52:06 INFO compress.CodecPool: Got brand-new decompressor
14/11/22 22:52:06 INFO compress.CodecPool: Got brand-new decompressor
14/11/22 22:52:06 INFO compress.CodecPool: Got brand-new decompressor
14/11/22 22:52:06 INFO compress.CodecPool: Got brand-new decompressor
112008,8,10,7,1315,1220,1415,1320,OH,5572,N819CA,60,60,14,55,55,JFK,LGA,11,8,38,0,,0,55,0,0,0,0
112008,5,15,4,2037,1800,2125,1900,OH,4988,N806CA,48,60,31,145,157,JFK,L
GA,11,10,7,0,,0,145,0,0,0,0
172008,3,8,6,NA,1105,NA,1128,AA,1368,,NA,23,NA,NA,NA,EWR,LGA,17,NA,NA,1,B,0,NA,NA,NA,NA,NA
212008,5,9,5,48,100,117,130,AA,588,N061AA,29,30,11,-13,-12,MIA,FLL,21,6,12,0,,0,NA,NA,NA,NA,NA
212008,2,8,5,NA,1910,NA,1931,AA,1668,,NA,21,NA,NA,NA,FLL,MIA,21,NA,NA,1,A,0,NA,NA,NA,NA,NA
242008,11,27,4,943,940,1014,956,9E,5816,91469E,31,16,9,18,3,IAH,HOU,24,5,17,0,,0,0,0,18,0,0
242008,3,12,3,955,931,1021,948,9E,2009,91619E,26,17,10,33,24,IAH,HOU,24,7,9,0,,0,0,0,9,0,24
242008,1,2,3,1245,1025,1340,1125,OH,5610,N806CA,55,60,11,135,140,IAD,D
CA,24,5,39,0,,0,135,0,0,0,0
282008,2,22,5,2046,2050,NA,2156,OO,3698,N298SW,NA,66,NA,NA,-4,SLC,OGD,28,NA,12,0,,1,NA,NA,NA,NA,
NA
302008,1,6,7,2226,2200,2301,2240,CO,348,N56859,35,40,11,21,26,SJC,SFO,30,7,17,0,,0,0,0,0,0,21
```

6.2.3 검색 프로그램 구현

지금까지 텍스트 파일을 시퀀스파일로 생성한 후, 이 시퀀스파일을 맵파일로 변경했습니다. 이제 맵파일에서 우리가 원하는 키에 해당하는 값을 검색하는 방법을 알아보겠습니다.

우선 데이터 검색 프로그램은 맵리듀스 프로그램이 아닙니다. 맵파일에서 원하는 데이터만 검색하면 되기 때문에 맵리듀스로 구현할 필요가 없습니다. 검색의 키는 파티셔너입니다. 검색하고자 하는 키가 속하는 파티션 번호를 조회한 후, 파티션 번호로 맵파일에 접근해 데이터를 검색합니다. 예제 6.10은 이러한 방법으로 검색한 데이터를 출력하는 프로그램입니다.

예제 6.10 SearchValueList.java

```java
package wikibooks.hadoop.chapter06;

import org.apache.hadoop.conf.Configuration;
import org.apache.hadoop.conf.Configured;
import org.apache.hadoop.fs.FileSystem;
import org.apache.hadoop.fs.Path;
import org.apache.hadoop.io.IntWritable;
import org.apache.hadoop.io.MapFile.Reader;
import org.apache.hadoop.io.Text;
import org.apache.hadoop.io.Writable;
import org.apache.hadoop.mapred.MapFileOutputFormat;
```

```
import org.apache.hadoop.mapred.Partitioner;
import org.apache.hadoop.mapred.lib.HashPartitioner;
import org.apache.hadoop.util.Tool;
import org.apache.hadoop.util.ToolRunner;

public class SearchValueList extends Configured implements Tool {

  public static void main(String[] args) throws Exception {
    int res = ToolRunner.run(new Configuration(), new SearchValueList(), args);
    System.out.println("MR-Job Result:" + res);
  }

  public int run(String[] args) throws Exception {
    Path path = new Path(args[0]);
    FileSystem fs = path.getFileSystem(getConf());

    // 맵파일 조회
    Reader[] readers = MapFileOutputFormat.getReaders(fs, path, getConf());

    // 검색 키를 저장할 객체를 선언
    IntWritable key = new IntWritable();
    key.set(Integer.parseInt(args[1]));

    // 검색 값을 저장할 객체를 선언
    Text value = new Text();

    // 파티셔너를 이용해 검색 키가 저장된 맵파일 조회
    Partitioner<IntWritable, Text> partitioner = new HashPartitioner<IntWritable, Text>();
    Reader reader = readers[partitioner.getPartition(key, value, readers.length)];

    // 검색 결과 확인
    Writable entry = reader.get(key, value);
    if (entry == null) {
      System.out.println("The requested key was not found.");
    }

    // 맵파일을 순회하며 키와 값을 출력
    IntWritable nextKey = new IntWritable();
    do {
      System.out.println(value.toString());
    } while (reader.next(nextKey, value) && key.equals(nextKey));

    return 0;
  }
}
```

우선 사용자가 입력한 폴더에 대한 파일 시스템 객체를 생성합니다. FileSystem은 하둡에서 제공하는 파일 시스템을 추상화한 클래스이며, 로컬 파일 시스템이나 HDFS나 어떤 파일 시스템을 사용하든 반드시 FileSystem 클래스로 파일에 접근해야 합니다.

```
Path path = new Path(args[0]);
FileSystem fs = path.getFileSystem(getConf());
```

파일 시스템 객체가 생성되면 MapFileOutputFormat의 getReaders 메서드를 이용해 해당 폴더에 저장된 맵파일을 조회합니다. getReaders 메서드는 org.apache.hadoop.io.MapFile.Reader 배열을 반환하는데, org.apache.hadoop.io.MapFile.Reader는 맵파일에 저장된 데이터 목록을 순회하면서 데이터를 조회하는 API입니다.

```
Reader[] readers = MapFileOutputFormat.getReaders(fs, path, getConf());
```

맵파일의 키는 운항 거리이기 때문에 사용자가 입력한 운항거리를 IntWritable 객체로 생성합니다.

```
IntWritable key = new IntWritable();
key.set(Integer.parseInt(args[1]));
```

맵파일에 접근하려면 파티션 정보가 필요하므로 해시 파티셔너를 생성합니다. 해시 파티셔너로 생성하는 이유는 두 번째 단계에서 만들어진 맵파일이 해시 파티셔너로 파티셔닝됐기 때문입니다.

```
Partitioner<IntWritable, Text> partitioner = new HashPartitioner<IntWritable, Text>();
```

파티셔너의 getPartition 메서드는 특정 키에 대한 파티션 번호를 반환합니다. 앞서 생성한 Reader 배열에서 이 파티션 번호에 해당하는 Reader를 조회합니다.

```
Reader reader = readers[partitioner.getPartition(key, value, readers.length)];
```

Reader의 get 메서드를 사용해 특정 키에 해당하는 값을 검색합니다. 이때 반환된 값은 데이터 목록에서 첫 번째 값입니다.

```
Writable entry = reader.get(key, value);
```

Reader의 next 메서드는 다음과 같이 구현돼 있습니다. next 메서드는 다음 순서의 데이터로 위치를 이동하고, key와 value 파라미터에 현재 위치의 키와 값을 설정합니다.

```
    public synchronized boolean next(WritableComparable key, Writable val)
      throws IOException {
      return data.next(key, val);
    }
```

검색된 값이 존재한다면 다음과 같이 do/while로 순회하면서 맵파일에 있는 모든 데이터를 조회합니다. Reader 객체를 do/while로 순회하면서 각 데이터를 출력해야 합니다. 이때 Reader의 next 메서드를 호출해 다음 데이터로 이동한 후 nextKey와 value 변수에 다음 데이터의 키와 값을 설정합니다. 그리고 다음 순서에 데이터가 있고, 맵파일에 다른 키가 있을 수 있으므로 다음 키와 사용자의 입력키가 같을 경우에만 순회하도록 조건을 설정했습니다.

```
IntWritable nextKey = new IntWritable();
do {
  System.out.println(value.toString());
} while(reader.next(nextKey, value) && key.equals(nextKey));
```

이제 완성된 검색 프로그램을 실행해 운항 거리가 100마일인 데이터 목록을 조회하겠습니다.

```
[hadoop@wikibooks01 hadoop-1.2.1]$ ./bin/hadoop jar hadoop-beginner-examples-1.0.jar wikibooks.
hadoop.chapter06.SearchValueList 2008_mapfile 100
```

그런데 이 프로그램을 실행하면 파일을 찾을 수 없다는 에러가 발생합니다.

```
Exception in thread "main" java.io.FileNotFoundException: File does not exist: hdfs://
wikibooks01:9010/user/hadoop/2008_mapfile/_SUCCESS/data
    at org.apache.hadoop.hdfs.DistributedFileSystem.getFileStatus(DistributedFileSystem.java:558)
    at org.apache.hadoop.fs.FileSystem.getLength(FileSystem.java:816)
    at org.apache.hadoop.io.SequenceFile$Reader.<init>(SequenceFile.java:1479)
    at org.apache.hadoop.io.SequenceFile$Reader.<init>(SequenceFile.java:1474)
    at org.apache.hadoop.io.MapFile$Reader.createDataFileReader(MapFile.java:302)
    at org.apache.hadoop.io.MapFile$Reader.open(MapFile.java:284)
    at org.apache.hadoop.io.MapFile$Reader.<init>(MapFile.java:273)
    at org.apache.hadoop.io.MapFile$Reader.<init>(MapFile.java:260)
    at org.apache.hadoop.io.MapFile$Reader.<init>(MapFile.java:253)
    at org.apache.hadoop.mapred.MapFileOutputFormat.getReaders(MapFileOutputFormat.java:93)
    at wikibooks.hadoop.chapter06.SearchValueList.run(SearchValueList.java:30)
    at org.apache.hadoop.util.ToolRunner.run(ToolRunner.java:65)
    at wikibooks.hadoop.chapter06.SearchValueList.main(SearchValueList.java:20)
    at sun.reflect.NativeMethodAccessorImpl.invoke0(Native Method)
    at sun.reflect.NativeMethodAccessorImpl.invoke(NativeMethodAccessorImpl.java:57)
    at sun.reflect.DelegatingMethodAccessorImpl.invoke(DelegatingMethodAccessorImpl.java:43)
    at java.lang.reflect.Method.invoke(Method.java:606)
    at org.apache.hadoop.util.RunJar.main(RunJar.java:160)
```

왜 이런 오류가 발생했을까요? MapFileOutputFormat의 메서드는 파라미터로 전달받은 폴더에 있는 모든 폴더에서 맵파일이 존재하는지 체크합니다. 2008_mapfile 폴더에는 맵리듀스 잡에서 생성한 로그 파일 폴더가 있는데, MapFileOutputFormat이 이 로그 폴더를 체크해서 맵파일이 없다는 오류를 발생시킨 것입니다. 우선 검색 프로그램이 제대로 동작하도록 로그 폴더를 모두 삭제하겠습니다.

```
[hadoop@wikibooks01 hadoop-1.2.1]$ ./bin/hadoop fs -rmr 2008_mapfile/_*
Deleted hdfs://wikibooks01:9010/user/hadoop/2008_mapfile/_SUCCESS
Deleted hdfs://wikibooks01:9010/user/hadoop/2008_mapfile/_logs
```

로그 폴더를 지우고 다시 검색 프로그램을 실행하겠습니다. 출력 데이터가 많아서 스크롤이 넘어갈 수 있으므로 상위 10개의 데이터만 확인하겠습니다.

```
[hadoop@wikibooks01 hadoop-1.2.1]$ ./bin/hadoop jar hadoop-beginner-examples-1.0.jar wikibooks.
hadoop.chapter06.SearchValueList 2008_mapfile 100 | head -10
14/11/22 22:53:39 INFO util.NativeCodeLoader: Loaded the native-hadoop library
14/11/22 22:53:39 INFO zlib.ZlibFactory: Successfully loaded & initialized native-zlib library
14/11/22 22:53:39 INFO compress.CodecPool: Got brand-new decompressor
14/11/22 22:53:39 INFO compress.CodecPool: Got brand-new decompressor
14/11/22 22:53:39 INFO compress.CodecPool: Got brand-new decompressor
14/11/22 22:53:39 INFO compress.CodecPool: Got brand-new decompressor
14/11/22 22:53:39 INFO compress.CodecPool: Got brand-new decompressor
14/11/22 22:53:39 INFO compress.CodecPool: Got brand-new decompressor
14/11/22 22:53:39 INFO compress.CodecPool: Got brand-new decompressor
14/11/22 22:53:39 INFO compress.CodecPool: Got brand-new decompressor
2008,1,29,2,1735,1740,1807,1814,HA,545,N477HA,32,34,22,-7,-5,OGG,HNL,100,5,5,0,,0,NA,NA,NA,NA,NA
2008,1,30,3,1740,1740,1815,1814,HA,545,N477HA,35,34,22,1,0,OGG,HNL,100,7,6,0,,0,NA,NA,NA,NA,NA
2008,1,31,4,1737,1740,1809,1814,HA,545,N484HA,32,34,22,-5,-3,OGG,HNL,100,5,5,0,,0,NA,NA,NA,NA,NA
2008,1,1,2,1629,1635,1705,1712,HA,546,N479HA,36,37,22,-7,-6,HNL,OGG,100,5,9,0,,0,NA,NA,NA,NA,NA
2008,1,2,3,1630,1635,1709,1712,HA,546,N481HA,39,37,24,-3,-5,HNL,OGG,100,4,11,0,,0,NA,NA,NA,NA,NA
2008,1,3,4,1629,1635,1708,1712,HA,546,N481HA,39,37,24,-4,-6,HNL,OGG,100,5,10,0,,0,NA,NA,NA,NA,NA
2008,1,4,5,1632,1635,1710,1712,HA,546,N487HA,38,37,23,-2,-3,HNL,OGG,100,7,8,0,,0,NA,NA,NA,NA,NA
2008,1,5,6,1627,1635,1701,1712,HA,546,N484HA,34,37,22,-11,-8,HNL,OGG,100,5,7,0,,0,NA,NA,NA,NA,NA
2008,1,6,7,1632,1635,1706,1712,HA,546,N479HA,34,37,20,-6,-3,HNL,OGG,100,6,8,0,,0,NA,NA,NA,NA,NA
2008,1,7,1,1630,1635,1705,1712,HA,546,N479HA,35,37,21,-7,-5,HNL,OGG,100,5,9,0,,0,NA,NA,NA,NA,NA
```

우리가 원하는 운항 거리가 100마일인 데이터가 정상적으로 출력됐습니다. 데이터를 다루다 보면 전체 정렬이 필요한 경우도 있지만 지금처럼 특정 키에 해당하는 데이터만 검색해서 사용하는 경우도 많이 발생할 것입니다. 그때 부분 정렬을 활용하면 많은 도움이 될 것입니다.

6.3 전체 정렬

모든 맵리듀스 잡은 입력 데이터의 키를 기준으로 정렬하기 때문에 하나의 파티션으로 손쉽게 데이터를 정렬할 수 있습니다. 하지만 데이터 크기가 작은 경우에는 괜찮지만 수십 기가바이트의 데이터를 정렬할 경우 문제가 발생할 것입니다. 리듀스 태스크를 실행하지 않는 데이터노드는 가동되지 않고, 리듀스 태스크가 실행되는 데이터노드에만 부하가 집중될 것입니다.

분산 처리의 장점을 살리면서 전체 정렬(Total Sort)을 하려면 다음과 같은 순서로 정렬을 진행합니다.

   1. 입력 데이터를 샘플링해서 데이터의 분포도를 조사합니다.

   2. 데이터의 분포도에 맞게 파티션 정보를 미리 생성합니다.

   3. 미리 생성한 파티션 정보에 맞게 출력 데이터를 생성합니다.

   4. 각 출력 데이터를 병합합니다.

하둡은 전체 정렬에 활용할 수 있는 org.apache.hadoop.mapred.lib.TotalOrderPartitioner를 제공하며, TotalOrderPartitioner로 파티션 개수와 파티션에 저장할 데이터 범위를 설정할 수 있습니다. 그런데 개발자가 데이터 분포를 잘못 계산해서 특정 파티션에 데이터가 집중되면 해당 파티션을 처리하는 데이터노드에 부하가 걸립니다.

하둡은 파티션에 키를 고르게 배분할 수 있게 org.apache.hadoop.mapred.lib.InputSampler를 제공합니다. InputSampler는 입력 데이터에서 특정 개수의 데이터를 추출해 키와 데이터 건수를 샘플링합니다. 바로 데이터의 분포도를 작성하는 것입니다. TotalOrderPartitioner는 이러한 샘플링 결과를 기준으로 파티션을 생성하고, 맵리듀스 잡은 TotalOrderPartitioner가 생성한 파티션에 출력 데이터를 생성합니다. 그림 6.2는 TotalOrderPartitioner를 이용한 전체 정렬의 작동 방식을 나타낸 것입니다.

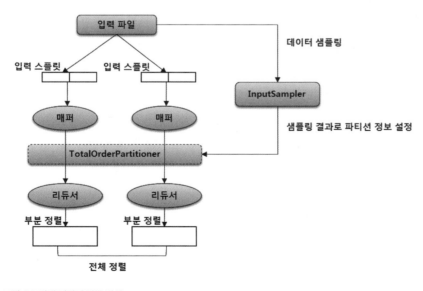

그림 6.2 전체 정렬의 작동 방식

예제 6.11은 TotalOrderPartitioner와 InputSampler를 이용해 파티션을 설정하고, 전체 정렬을 수행하는 예제입니다. 이 프로그램은 시퀀스파일로 생성된 항공 운항 통계 데이터를 입력 데이터로 전달받아 TotalOrderPartitioner에서 설정한 파티션에 정렬된 데이터를 시퀀스파일로 출력합니다. 그리고 시퀀스파일을 출력 포맷으로 사용하는 이유는 TotalOrderPartitioner가 시퀀스파일을 사용하도록 최적화돼 있기 때문입니다.

예제 6.11 SequenceFileTotalSort.java

```
package wikibooks.hadoop.chapter06;

import org.apache.hadoop.conf.Configuration;
import org.apache.hadoop.conf.Configured;
import org.apache.hadoop.filecache.DistributedCache;
import org.apache.hadoop.fs.Path;
import org.apache.hadoop.io.IntWritable;
import org.apache.hadoop.io.SequenceFile.CompressionType;
import org.apache.hadoop.io.Text;
import org.apache.hadoop.io.compress.GzipCodec;
import org.apache.hadoop.mapred.*;
import org.apache.hadoop.mapred.lib.InputSampler;
import org.apache.hadoop.mapred.lib.TotalOrderPartitioner;
import org.apache.hadoop.util.Tool;
import org.apache.hadoop.util.ToolRunner;

import java.net.URI;

public class SequenceFileTotalSort extends Configured implements Tool {

  public static void main(String[] args) throws Exception {
    int res = ToolRunner.run(new Configuration(), new SequenceFileTotalSort(), args);
    System.out.println("MR-Job Result:" + res);
  }

  public int run(String[] args) throws Exception {
    JobConf conf = new JobConf(getConf(), SequenceFileTotalSort.class);
    conf.setJobName("SequenceFileTotalSort");

    conf.setInputFormat(SequenceFileInputFormat.class);
    conf.setOutputFormat(SequenceFileOutputFormat.class);
    conf.setOutputKeyClass(IntWritable.class);
    conf.setPartitionerClass(TotalOrderPartitioner.class);

    // 시퀀스파일 압축 포맷 설정
    SequenceFileOutputFormat.setCompressOutput(conf, true);
    SequenceFileOutputFormat.setOutputCompressorClass(conf, GzipCodec.class);
```

```
    SequenceFileOutputFormat.setOutputCompressionType(conf, CompressionType.BLOCK);

    // 입출력 경로 설정
    FileInputFormat.setInputPaths(conf, new Path(args[0]));
    FileOutputFormat.setOutputPath(conf, new Path(args[1]));

    Path inputDir = FileInputFormat.getInputPaths(conf)[0];
    inputDir = inputDir.makeQualified(inputDir.getFileSystem(conf));
    Path partitionFile = new Path(inputDir, "_partitions");
    TotalOrderPartitioner.setPartitionFile(conf, partitionFile);

    // 샘플 데이터 추출
    InputSampler.Sampler<IntWritable, Text> sampler =
      new InputSampler.RandomSampler<IntWritable, Text>(0.1, 1000, 10);
    InputSampler.writePartitionFile(conf, sampler);

    URI partitionUri = new URI(partitionFile.toString() + "#_partitions");
    DistributedCache.addCacheFile(partitionUri, conf);
    DistributedCache.createSymlink(conf);

    JobClient.runJob(conf);

    return 0;
  }
}
```

입력 데이터인 시퀀스파일은 부분 정렬의 SequenceFileCreator에서 생성한 시퀀스파일입니다.
이 파일을 입력 데이터로 전달받아 출력 데이터를 시퀀스파일로 생성하기 때문에 입출력 포맷도 시
퀀스파일로 설정합니다.

```
  conf.setInputFormat(SequenceFileInputFormat.class);
  conf.setOutputFormat(SequenceFileOutputFormat.class);
```

출력 데이터는 항공 운항 거리를 기준으로 정렬돼야 하기 때문에 IntWritable로 설정합니다.

```
  conf.setOutputKeyClass(IntWritable.class);
```

파티션 정보를 직접 설정해야 하기 때문에 TotalOrderPartitioner를 파티셔너로 설정합니다. 만약
별도의 파티셔너를 설정하지 않을 경우 맵리듀스는 HashPartitioner를 기본값으로 설정합니다.

```
  conf.setPartitionerClass(TotalOrderPartitioner.class);
```

시퀀스파일의 압축 포맷과 입출력 데이터의 경로를 설정하고 나면 이제 파티션을 어떻게 구성할지
정의해줍니다. 파티션 경로는 "입력 데이터 경로_partitions"라고 설정합니다.

```
  Path inputDir = FileInputFormat.getInputPaths(conf)[0];
```

```
inputDir = inputDir.makeQualified(inputDir.getFileSystem(conf));
Path partitionFile = new Path(inputDir, "_partitions");
```

TotalOrderPartitioner의 setPartitionFile 메서드를 호출해 파티션 경로를 설정합니다. TotalOrderPartitioner는 이 경로에 키 정보를 저장합니다.

```
TotalOrderPartitioner.setPartitionFile(conf, partitionFile);
```

파티션 경로까지 설정했으면 InputSampler를 이용해 입력 데이터를 샘플링합니다. InputSampler는 표 6.2와 같이 세 개의 샘플러를 제공하는데, 여기서는 가장 일반적으로 사용되는 RandomSampler를 사용합니다.

표 6.2 InputSampler의 종류

샘플러 이름	기능
SplitSampler	입력 스플릿에서 첫 번째 레코드의 키를 수집합니다.
IntervalSampler	입력 스플릿에서 일정한 간격으로 키를 수집합니다.
RandomSampler	일정 스플릿 건수에서 일정 확률로 키를 수집합니다. 이때 스플릿 건수와 확률은 사용자가 설정하며, 샘플링한 데이터 건수도 임의로 설정할 수 있습니다.

이 예제에서는 10개의 입력 스플릿에서 0.1%의 확률로 1,000건의 데이터를 샘플링합니다.

```
InputSampler.Sampler<IntWritable, Text> sampler =
    new InputSampler.RandomSampler<IntWritable, Text>(0.1, 1000, 10);
```

샘플러를 생성한 후, 파티션 파일에 샘플러가 제공하는 키의 정보를 설정합니다.

```
InputSampler.writePartitionFile(conf, sampler);
```

그리고 각 태스크가 파티션 정보를 참조할 수 있게 분산 캐시에 파티션 정보를 등록합니다.

```
URI partitionUri = new URI(partitionFile.toString() + "#_partitions");
DistributedCache.addCacheFile(partitionUri, conf);
DistributedCache.createSymlink(conf);
```

JobClient API의 runJob 메서드를 호출해 잡을 실행하는 것으로 구현을 마무리합니다. 이제 하둡 명령어로 이 예제를 다음과 같이 실행해보겠습니다. 맵리듀스 잡을 실행하면 로그의 첫 번째 줄에 입력 파일이 11개라고 나오는데, 이는 부분 정렬의 1단계에서 11개의 시퀀스파일을 생성했기 때

문입니다. 이후 로그를 보면 RandomSampler에 설정한 대로 1,000개의 샘플을 사용하고 있다고
InputSampler 로그가 출력됐습니다.

```
[hadoop@wikibooks01 hadoop-1.2.1]$ ./bin/hadoop jar hadoop-beginner-examples-1.0.jar wikibooks.
hadoop.chapter06.SequenceFileTotalSort 2008_sequencefile 2008_totalsort
14/11/22 22:54:08 INFO mapred.FileInputFormat: Total input paths to process : 11
14/11/22 22:54:08 INFO util.NativeCodeLoader: Loaded the native-hadoop library
14/11/22 22:54:08 INFO zlib.ZlibFactory: Successfully loaded & initialized native-zlib library
14/11/22 22:54:08 INFO compress.CodecPool: Got brand-new decompressor
14/11/22 22:54:08 INFO compress.CodecPool: Got brand-new decompressor
14/11/22 22:54:08 INFO compress.CodecPool: Got brand-new decompressor
14/11/22 22:54:08 INFO compress.CodecPool: Got brand-new decompressor
14/11/22 22:54:16 INFO lib.InputSampler: Using 1000 samples
14/11/22 22:54:16 INFO compress.CodecPool: Got brand-new compressor
14/11/22 22:54:16 INFO mapred.FileInputFormat: Total input paths to process : 11
14/11/22 22:54:16 INFO mapred.JobClient: Running job: job_201411222028_0010
14/11/22 22:54:17 INFO mapred.JobClient:  map 0% reduce 0%
(중략)
14/11/22 22:55:26 INFO mapred.JobClient:  map 100% reduce 100%
14/11/22 22:55:26 INFO mapred.JobClient: Job complete: job_201411222028_0010
14/11/22 22:55:26 INFO mapred.JobClient: Counters: 30
(중략)
14/11/22 22:55:26 INFO mapred.JobClient:        Combine output records=0
14/11/22 22:55:26 INFO mapred.JobClient:        Physical memory (bytes) snapshot=2643341312
14/11/22 22:55:26 INFO mapred.JobClient:        Reduce output records=7009728
14/11/22 22:55:26 INFO mapred.JobClient:        Virtual memory (bytes) snapshot=9836179456
14/11/22 22:55:26 INFO mapred.JobClient:        Map output records=7009728
```

출력 경로로 설정했던 2008_tot_sort 디렉터리를 조회하면 part-00000이 생성돼 있음을 확인할
수 있습니다.

```
[hadoop@wikibooks01 hadoop-1.2.1]$ ./bin/hadoop fs -ls 2008_totalsort
Found 3 items
-rw-r--r--   3 hadoop supergroup         0 2014-11-22 22:55 /user/hadoop/2008_totalsort/_
SUCCESS
drwxr-xr-x   - hadoop supergroup         0 2014-11-22 22:54 /user/hadoop/2008_totalsort/_logs
-rw-r--r--   3 hadoop supergroup 161302998 2014-11-22 22:54 /user/hadoop/2008_totalsort/part-
00000
```

이제 하둡 명령어로 시퀀스파일을 조회한 결과를 텍스트로 저장해 정렬됐는지 확인해보겠습니다.
상위 10개의 데이터를 살펴보면 다음과 같이 키 순서대로 정렬돼 있습니다.

```
[hadoop@wikibooks01 hadoop-1.2.1]$ ./bin/hadoop fs -text /user/hadoop/2008_totalsort/part-00000
¦ head -10
14/11/22 22:57:13 INFO util.NativeCodeLoader: Loaded the native-hadoop library
14/11/22 22:57:13 INFO zlib.ZlibFactory: Successfully loaded & initialized native-zlib library
14/11/22 22:57:13 INFO compress.CodecPool: Got brand-new decompressor
14/11/22 22:57:13 INFO compress.CodecPool: Got brand-new decompressor
14/11/22 22:57:13 INFO compress.CodecPool: Got brand-new decompressor
14/11/22 22:57:13 INFO compress.CodecPool: Got brand-new decompressor
11    2008,8,10,7,1315,1220,1415,1320,OH,5572,N819CA,60,60,14,55,55,JFK,L
GA,11,8,38,0,,0,55,0,0,0,0
11    2008,5,15,4,2037,1800,2125,1900,OH,4988,N806CA,48,60,31,145,157,JFK,L
GA,11,10,7,0,,0,145,0,0,0,0
17    2008,3,8,6,NA,1105,NA,1128,AA,1368,,NA,23,NA,NA,NA,EWR,LGA,17,NA,NA,1,B,0,NA,NA,NA,NA,NA
21    2008,5,9,5,48,100,117,130,AA,588,N061AA,29,30,11,-13,-12,MIA,FLL,21,6,12,0,,0,NA,NA,NA,NA,NA
21    2008,2,8,5,NA,1910,NA,1931,AA,1668,,NA,21,NA,NA,NA,FLL,MIA,21,NA,NA,1,A,0,NA,NA,NA,NA,NA
24    2008,11,27,4,943,940,1014,956,9E,5816,91469E,31,16,9,18,3,IAH,HOU,24,5,17,0,,0,0,0,18,0,0
24    2008,3,12,3,955,931,1021,948,9E,2009,91619E,26,17,10,33,24,IAH,HOU,24,7,9,0,,0,0,0,9,0,24
24    2008,1,2,3,1245,1025,1340,1125,OH,5610,N806CA,55,60,11,135,140,IAD,D
CA,24,5,39,0,,0,135,0,0,0,0
28    2008,2,22,5,2046,2050,NA,2156,OO,3698,N298SW,NA,66,NA,NA,-4,SLC,OGD,28,NA,12,0,,1,NA,NA,NA,N
A,NA
30    2008,1,6,7,2226,2200,2301,2240,CO,348,N56859,35,40,11,21,26,SJC,SFO,30,7,17,0,,0,0,0,0,0,21
```

각 파티션은 키 순서대로 정렬돼 있으며, 이 파일들을 합치면 전체 정렬한 효과를 볼 수 있습니다. 이 시점에서 부분 정렬을 하지 않고 전체 정렬을 하는 게 더 편하다고 생각할 수도 있습니다. 물론 두 정렬은 모두 부분 정렬을 하지만 가장 큰 차이점은 검색입니다. 정렬된 결과에서 데이터를 검색할 필요가 있다면 부분 정렬을, 단순히 정렬된 전체 데이터만 필요하다면 전체 정렬을 이용하면 됩니다.

조인

이 장에서 다루는 내용
- 조인 데이터 준비
- 맵 사이드 조인
- 리듀스 사이드 조인

이번 장에서는 RDBMS의 꽃이라고 하는 조인(join)을 맵리듀스로 구현하는 방법을 알아보겠습니다. 조인은 RDBMS에서 SQL 문을 작성할 때 가장 많이 사용하는 연산입니다. 흔히 테이블과 테이블을 조인을 걸어서 데이터를 조회한다고 하는데, 서로 다른 두 개의 테이블에서 키가 같은 데이터만 조회하는 것이 조인입니다.

7.1 조인 데이터 준비

이번 장에서는 미국 항공 운항 통계 데이터와 항공사 코드 데이터에 대한 조인 연산을 수행하는 맵리듀스 프로그램을 작성하겠습니다. 그림 7.1은 이러한 두 데이터의 연관 관계를 나타낸 것입니다.

항공 운항 통계 데이터

연도	월	실제 출발시간	예정 출발시간	항공사 코드	항공편 번호
2008	1	2003	1955	WN	335
2008	1	754	735	WN	3231
2008	1	628	620	AA	448
2008	1	926	930	AA	1746

항공사 코드 데이터

항공사 코드	항공사 이름
WN	Southwest Airlines Co.
AA	American Airlines Inc.
8V	Wright Air Service
AAE	AAA Airlines

조인키: 항공사 코드

조인결과

연도	월	실제 출발시간	예정 출발시간	항공사 코드	항공사 이름	항공편 번호
2008	1	2003	1955	WN	Southwest Airlines Co.	335
2008	1	754	735	WN	Southwest Airlines Co.	3231
2008	1	628	620	AA	American Airlines Inc	448
2008	1	926	930	AA	American Airlines Inc	1746

그림 7.1 항공 운항 통계 데이터와 항공사 코드 데이터의 연관 관계

항공사 코드 데이터는 http://stat-computing.org/dataexpo/2009/supplemental-data.html 사이트에서 carriers.csv 파일을 meta 디렉터리에 내려받으면 됩니다.

```
[hadoop@wikibooks01 ]$ mkdir /home/hadoop/meta
[hadoop@wikibooks01 ]$ cd /home/hadoop/meta
[hadoop@wikibooks01 meta]$ wget http://stat-computing.org/dataexpo/2009/carriers.csv
```

이 파일에는 항공사 코드와 해당 항공사 이름이 다음과 같이 명시돼 있습니다.

```
"FCQ","Falcon Air Express"
"FD","Air Puerto Rico Airlines"
"FDA","Florida Airlines Inc."
"FDM","Freedom Airlines Inc."
"FDQ","Great American Airways"
"FE","Primaris Airlines Inc."
```

필자는 분석의 편의를 위해 다음과 같이 큰따옴표(")와 첫 번째 줄의 칼럼 정보를 제거했습니다.

```
[hadoop@wikibooks01 meta]$ find . -name carriers.csv -exec perl -p -i -e 's/"//g' {} [hadoop@
                    wikibooks01 meta]$ sed -e '1d' carriers.csv > carriers_new.csv
[hadoop@wikibooks01 meta]$ mv carriers_new.csv carriers.csv
```

데이터 가공이 완료되면 HDFS에 carriers.csv 파일을 업로드합니다.

```
[hadoop@wikibooks01 hadoop-1.2.1]$ ./bin/hadoop fs -mkdir meta
[hadoop@wikibooks01 hadoop-1.2.1]$ ./bin/hadoop fs -put /home/hadoop/meta/carriers.csv meta
[hadoop@wikibooks01 hadoop-1.2.1]$ ./bin/hadoop fs -ls meta
Found 1 items
-rw-r--r--   3 hadoop supergroup     37776 2014-11-22 18:19 /user/hadoop/meta/carriers.csv
```

하둡에서는 위와 같은 조인 연산을 위해 맵 사이드(Map-side) 조인과 리듀스 사이드(Reduce-side) 조인이라는 두 가지 방법을 제공합니다. 이제 이 두 가지 방법을 이용해 맵리듀스 프로그램을 작성하겠습니다.

7.2 맵 사이드 조인

맵 사이드 조인은 매퍼가 단독으로 조인을 수행하는 방법입니다. 원래 맵 사이드 조인을 하려면 조인 대상 데이터들의 비교기(Comparator)와 파티셔너, 파티션 개수, 입력 스플릿(Input Split) 개수가 모두 같아야만 했습니다. 다행히도 하둡 0.18 버전부터 분산 캐시를 지원하면서 맵 사이드 조인을 쉽게 해결할 수 있게 됐습니다. 조인을 걸 데이터를 분산 캐시에 저장한 후, 매퍼가 실행될 때 분산 캐시에 저장된 데이터를 조회하는 방식으로 조인을 처리합니다. 표 7.1은 이 예제의 매퍼에서 사용하는 입출력 데이터 타입을 정의한 내용입니다. 이 프로그램은 리듀서가 필요 없기 때문에 리듀서에 대한 입출력 데이터 타입은 별도로 작성하지 않았습니다.

표 7.1 맵 사이드 조인을 위한 맵리듀스 입출력 데이터 타입

클래스	입출력 구분	키	값
매퍼	입력	오프셋	항공 운항 통계 데이터
	출력	항공사 이름	항공 운항 통계 데이터

7.2.1 분산 캐시

맵 사이드 조인을 이해하려면 반드시 하둡에서 제공하는 분산 캐시를 알고 있어야만 합니다. 맵과 리듀스가 공통으로 사용할 데이터는 GenericOptionsParser를 이용해 쉽게 설정할 수 있습니다. 예를 들어, 이미 5.3절에서 경험했겠지만 맵리듀스 잡을 실행할 때 -D라는 옵션을 주고 공통으로 사용할 옵션을 설정해서 사용할 수 있습니다. 혹은 -files 옵션을 사용해 로컬에 있는 파일을 HDFS에 업로드해서 사용할 수 있습니다.

하지만 공통 데이터의 크기가 수 KB 이상의 데이터라면 하둡 데몬에 메모리 부하를 줄 수 있습니다. 잡트래커, 태스크트래커, 맵 태스크, 리듀스 태스크가 Configuration 객체를 읽습니다. 이때 Configuration 객체의 모든 데이터는 사용 여부와 상관없이 메모리에 로딩되는데, 사용자가 정의한 속성은 잡트래커와 태스크트래커가 읽지 않기 때문에 메모리 낭비가 발생합니다.

하둡은 수 KB 이상의 파일을 공통으로 사용할 수 있게 분산 캐시(DistributedCache)를 제공합니다. 분산 캐시는 필요한 데이터 파일을 데이터 노드의 로컬 디스크에 복사하고, 태스크가 복사된 파일을 사용하는 방식입니다. 텍스트 파일 외에도 아카이브 파일과 JAR 파일을 캐시에 등록해서 사용할 수 있습니다. 그림 7.2는 분산 캐시의 동작 방식을 나타낸 그림입니다.

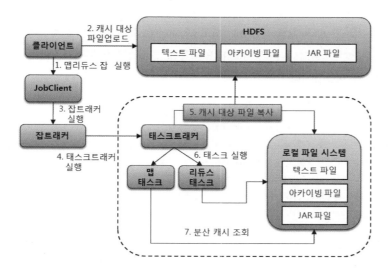

그림 7.2 분산 캐시의 작동 방식

1. 잡을 실행하면 사용자가 캐시로 설정한 파일을 HDFS로 복사합니다.
2. 태스크트래커는 태스크를 실행하기 전에 HDFS에 저장된 캐시 파일을 로컬 파일 시스템으로 복사합니다. 이때 로컬 파일 시스템은 태스크가 실행될 노드의 로컬 파일 시스템입니다.
3. 태스크는 로컬 파일 시스템에 복사된 파일을 조회한다.

캐시 파일은 더 이상 참조하는 태스크가 없으면 삭제됩니다. 맵리듀스 잡이 끝나면 캐시 파일도 삭제된다고 이해하면 됩니다. 또한 하둡 설정 파일에서 설정한 캐시 크기(local.cache.size)를 초과해도 파일이 삭제되니 너무 큰 파일을 사용하지 않도록 주의해야 합니다.

이제 캐시를 설정하고, 맵리듀스 잡에서 사용하는 방법을 알아보겠습니다. 우선 분산 캐시로 사용할 파일을 HDFS에 업로드합니다.

```
$ bin/hadoop fs -copyFromLocal lookup.dat /myapp/lookup.dat
$ bin/hadoop fs -copyFromLocal map.zip /myapp/map.zip
$ bin/hadoop fs -copyFromLocal mylib.jar /myapp/mylib.jar
$ bin/hadoop fs -copyFromLocal mytar.tar /myapp/mytar.tar
$ bin/hadoop fs -copyFromLocal mytgz.tgz /myapp/mytgz.tgz
$ bin/hadoop fs -copyFromLocal mytargz.tar.gz /myapp/mytargz.tar.gz
```

파일 업로드가 완료됐으면 맵리듀스 잡 드라이버 클래스에서 DistributedCache API를 호출해 분산 캐시를 등록합니다. 텍스트 파일은 addCacheFile 메서드를 호출하고, 아카이빙 파일을 등록한 경우는 addCacheArchive 메서드를 호출합니다. 그리고 JAR 파일을 클래스패스에 추가할 경우에는 addFileToClassPath 메서드를 호출합니다.

```
JobConf job = new JobConf();
DistributedCache.addCacheFile(new URI("/myapp/lookup.dat#lookup.dat"), job);
DistributedCache.addCacheArchive(new URI("/myapp/map.zip", job);
DistributedCache.addFileToClassPath(new Path("/myapp/mylib.jar"), job);
DistributedCache.addCacheArchive(new URI("/myapp/mytar.tar", job);
DistributedCache.addCacheArchive(new URI("/myapp/mytgz.tgz", job);
DistributedCache.addCacheArchive(new URI("/myapp/mytargz.tar.gz", job);
```

매퍼나 리듀서에서 분산 캐시에 등록된 파일을 사용하려면 DistributedCache API의 getLocalCacheArchives 메서드나 getLocalCacheFiles 메서드를 호출합니다. 다음은 분산 캐시에 등록된 아카이브 파일과 텍스트 파일을 조회하는 간단한 매퍼를 구현한 예입니다.

```
public class MapWithDistributedCache extends MapReduceBase
    implements Mapper<K, V, K, V> {

    private Path[] localArchives;
    private Path[] localFiles;

    public void configure(JobConf job) {
        localArchives = DistributedCache.getLocalCacheArchives(job);
        localFiles = DistributedCache.getLocalCacheFiles(job);
    }
```

7.2.2 매퍼 구현

예제 7.1은 조인 연산에서 사용할 매퍼를 구현한 코드입니다. 처음 매퍼가 생성될 때 분산 캐시에서 항공사 코드 데이터를 조회해 내부 변수에 저장한 후 맵 메서드가 실행될 때 각 레코드에 해당하는 항공사 이름을 키값으로 하는 출력 데이터를 생성합니다.

```java
package wikibooks.hadoop.chapter07;

import org.apache.hadoop.filecache.DistributedCache;
import org.apache.hadoop.fs.Path;
import org.apache.hadoop.io.LongWritable;
import org.apache.hadoop.io.Text;
import org.apache.hadoop.mapreduce.Mapper;
import wikibooks.hadoop.common.AirlinePerformanceParser;
import wikibooks.hadoop.common.CarrierCodeParser;

import java.io.BufferedReader;
import java.io.FileReader;
import java.io.IOException;
import java.util.Hashtable;

public class MapperWithMapSideJoin extends Mapper<LongWritable, Text, Text, Text> {

    private Hashtable<String, String> joinMap = new Hashtable<String, String>();

    // 맵 출력키
    private Text outputKey = new Text();

    @Override
    public void setup(Context context) throws IOException, InterruptedException {
        try {
            // 분산 캐시 조회
            Path[] cacheFiles = DistributedCache.getLocalCacheFiles(context.getConfiguration());
            // 조인 데이터 생성
            if (cacheFiles != null && cacheFiles.length > 0) {
                String line;
                BufferedReader br = new BufferedReader(new FileReader(cacheFiles[0].toString()));
                try {
                    while ((line = br.readLine()) != null) {
                        CarrierCodeParser codeParser = new CarrierCodeParser(line);
                        joinMap.put(codeParser.getCarrierCode(), codeParser.getCarrierName());
                    }
                } finally {
                    br.close();
                }
            } else {
```

```
            System.out.println("cache files is null!");
        }
    } catch (IOException e) {
        e.printStackTrace();
    }
}

public void map(LongWritable key, Text value, Context context)
    throws IOException, InterruptedException {

    AirlinePerformanceParser parser = new AirlinePerformanceParser(value);
    outputKey.set(parser.getUniqueCarrier());
    context.write(outputKey, new Text(joinMap.get(parser.getUniqueCarrier()) + "\t" + value.
toString()));
    }
}
```

우선 분산 캐시에서 조회한 항공사 코드 데이터를 저장할 HashMap 객체를 선언합니다. 물론 HashMap 객체를 별도로 만들지 않고, 맵 메서드가 실행될 때마다 분산 캐시를 조회할 수도 있습니다. 하지만 분산 캐시를 조회하기 위해 여러 줄의 코드를 작성해야 하고, 캐시 파일에 불필요한 I/O를 발생시키므로 바람직한 방법으로 보기 어렵습니다.

```
private Hashtable<String, String> joinMap = new Hashtable<String, String>();
```

매퍼가 분산 캐시를 불필요하게 접근하는 것을 줄이도록 이 setup 메서드에서만 분산 캐시를 조회합니다. 분산 캐시에 저장된 텍스트 파일을 조회하기 때문에 DistributedCache의 getLocalCacheFiles 메서드를 호출해 분산 캐시에 있는 전체 로컬 파일을 조회합니다.

```
Path[] cacheFiles = DistributedCache.getLocalCacheFiles(context.getConfiguration());
```

캐시 파일이 정상적으로 반환되면 전체 파일에서 첫 번째 파일을 이용해 BufferedReader를 생성합니다. 파일 배열에서 첫 번째 파일만 사용하는 이유는 우리가 하나의 텍스트 파일만 캐시에 등록하기 때문입니다.

```
BufferedReader br = new BufferedReader(new FileReader(cacheFiles[0].toString()));
```

이제 BufferedReader를 순회하면서 CarrierCodeParser를 이용해 항공사 코드와 항공사 이름을 조회합니다. 그리고 이 정보를 전역변수로 선언한 HashMap 객체에 등록합니다.

```
CarrierCodeParser codeParser = new CarrierCodeParser(line);
joinMap.put(codeParser.getCarrierCode(), codeParser.getCarrierName());
```

map 메서드에서는 HashMap 객체에서 해당 항공사 이름을 조회해 데이터를 출력합니다.

```
AirlinePerformanceParser parser = new AirlinePerformanceParser(value);
outputKey.set(joinMap.get(parser.getUniqueCarrier()));
context.write(outputKey, value);
```

7.2.3 드라이버 클래스 구현

이제 맵 사이드 조인을 실행하는 드라이버 클래스를 구현하겠습니다. 예제 7.2는 드라이버 클래스
를 구현한 코드입니다.

예제 7.2 MapSideJoin.java

```
package wikibooks.hadoop.chapter07;

(중략)

    public int run(String[] args) throws Exception {
        String[] otherArgs = new GenericOptionsParser(getConf(), args).getRemainingArgs();
        // 입출력 데이터 경로 확인
        if (otherArgs.length != 3) {
            System.err.println("Usage: MapSideJoin <metadata> <in> <out>");
            System.exit(2);
        }

        // 잡 이름 설정
        Job job = new Job(getConf(), "MapSideJoin");

        // 분산 캐시 설정
        DistributedCache.addCacheFile(new Path(otherArgs[0]).toUri(), job.getConfiguration());

        // 입출력 데이터 경로 설정
        FileInputFormat.addInputPath(job, new Path(otherArgs[1]));
        FileOutputFormat.setOutputPath(job, new Path(otherArgs[2]));

        // 잡 클래스 설정
        job.setJarByClass(MapSideJoin.class);
```

```
    // 매퍼 설정
    job.setMapperClass(MapperWithMapSideJoin.class);
    // 리듀서 설정
    job.setNumReduceTasks(0);

    // 입출력 데이터 포맷 설정
    job.setInputFormatClass(TextInputFormat.class);
    job.setOutputFormatClass(TextOutputFormat.class);

    // 출력키 및 출력값 유형 설정
    job.setOutputKeyClass(Text.class);
    job.setOutputValueClass(Text.class);

    job.waitForCompletion(true);
    return 0;
  }
}
```

다른 드라이버 클래스와 마찬가지로 Configured를 상속받고, Tool 인터페이스를 선언해 run 메서드에 잡에 대한 로직을 구현합니다. Configuration을 선언한 후, 잡 객체를 생성해 환경 정보를 설정하는 과정도 동일한 패턴입니다. 하지만 중요한 차이점은 잡 객체를 선언하기 전에 Configuration에 분산 캐시를 설정하는 것입니다. DistributedCache의 addCacheFile 메서드를 호출해 로컬 캐시 파일을 추가합니다.

```
DistributedCache.addCacheFile(new Path(otherArgs[0]).toUri(), job.getConfiguration());
```

그리고 이 맵리듀스 잡은 별도의 계산이 필요하지 않으므로 Reducer를 구현하지 않았습니다. 그래서 다음과 같이 잡에 대한 리듀스 태스크 개수를 0으로 설정합니다.

```
job.setNumReduceTasks(0);
```

7.2.4 드라이버 클래스 실행

모든 코드 작성이 완료되면 다음과 같이 드라이버 클래스를 실행합니다. 이때 주의할 점은 세 개의 파라미터를 설정하는 것입니다. 첫 번째 파라미터는 항공사 코드 데이터의 경로, 나머지 파라미터는 맵리듀스 잡에서 사용할 입출력 경로입니다.

```
[hadoop@wikibooks01 hadoop-1.2.1]$ ./bin/hadoop jar hadoop-beginner-examples-1.0.jar wikibooks.
hadoop.chapter07.MapSideJoin meta/carriers.csv input map_join
```

HDFS에 저장된 잡의 출력 데이터를 조회하면 다음과 같이 100개가 넘는 맵 태스크의 출력 데이터
가 생성돼 있습니다. 리듀서가 없는 맵리듀스 잡이기 때문에 매퍼의 출력 데이터가 모두 생성된 것
입니다. 만약 리듀서를 정의했다면 part-m-xxxxx 파일은 생성되지 않고, 리듀서의 출력 데이터
인 part-r-xxxxx 파일들이 생성됐을 것입니다.

```
[hadoop@wikibooks01 hadoop-1.2.1]$ ./bin/hadoop fs -ls map_join
Found 189 items
-rw-r--r--   3 hadoop supergroup          0 2014-11-22 18:31 /user/hadoop/map_join/_SUCCESS
drwxr-xr-x   - hadoop supergroup          0 2014-11-22 18:28 /user/hadoop/map_join/_logs
-rw-r--r--   3 hadoop supergroup   93830803 2014-11-22 18:28 /user/hadoop/map_join/part-m-00000
-rw-r--r--   3 hadoop supergroup   91352790 2014-11-22 18:28 /user/hadoop/map_join/part-m-00001
-rw-r--r--   3 hadoop supergroup   87066549 2014-11-22 18:28 /user/hadoop/map_join/part-m-00002
-rw-r--r--   3 hadoop supergroup   87130823 2014-11-22 18:28 /user/hadoop/map_join/part-m-00003
-rw-r--r--   3 hadoop supergroup   87219456 2014-11-22 18:28 /user/hadoop/map_join/part-m-00004
-rw-r--r--   3 hadoop supergroup   87981124 2014-11-22 18:28 /user/hadoop/map_join/part-m-00005
(생략)
```

첫 번째 출력 데이터인 part-m-00000을 조회하면 다음과 같이 항공사 이름과 해당 항공사에 대한
운항 통계 데이터가 정상적으로 저장돼 있음을 확인할 수 있습니다.

```
[hadoop@wikibooks01 hadoop-1.2.1]$ ./bin/hadoop fs -cat map_join/part-m-00000 | head -5
UAUnited Air Lines Inc.1997,11,4,2,2025,2025,2117,2128,UA,1637,N947UA,112,123,97,-
11,0,DCA,ORD,612,5,10,0,NA,0,NA,NA,NA,NA,NA
UAUnited Air Lines Inc.1997,11,5,3,2026,2025,2125,2128,UA,1637,N908UA,119,123,96,-
3,1,DCA,ORD,612,7,16,0,NA,0,NA,NA,NA,NA,NA
UAUnited Air Lines Inc.1997,11,6,4,2029,2025,2119,2128,UA,1637,N950UA,110,123,86,-
9,4,DCA,ORD,612,10,14,0,NA,0,NA,NA,NA,NA,NA
UAUnited Air Lines Inc.1997,11,7,5,2028,2025,2114,2128,UA,1637,N955UA,106,123,88,-
14,3,DCA,ORD,612,7,11,0,NA,0,NA,NA,NA,NA,NA
UAUnited Air Lines Inc.1997,11,9,7,2025,2025,2115,2128,UA,1637,N954UA,110,123,91,-
13,0,DCA,ORD,612,8,11,0,NA,0,NA,NA,NA,NA,NA
```

이러한 맵 사이드 조인은 크기가 작은 데이터와 조인을 거는 경우에 적당합니다. 왜냐하면 데이터
크기가 너무 클 경우 초기에 HashMap을 만드는 데 시간이 너무 오래 걸리고, 생성된 HashMap 객
체가 시스템 리소스를 많이 잡아먹게 되어 결국에는 맵리듀스 잡의 성능을 떨어뜨리기 때문입니다.

7.3 리듀스 사이드 조인

리듀스 사이드 조인은 리듀서가 단독으로 조인을 처리하지만 매퍼도 함께 구현해야 합니다. 매퍼는 조인할 데이터를 입력받아 입력 데이터의 태그, 조인키, 레코드를 출력합니다. 이때 태그는 RDBMS에서 조인을 걸 때 사용하는 테이블 별칭(Alias)으로 이해하면 됩니다. 매퍼는 출력 키에 조인키와 태그를, 출력 값에는 레코드를 출력합니다. 리듀서는 매퍼의 출력 데이터에서 태그를 분류해서 조인를 수행합니다. 또한 태그 외에도 잡에 여러 입력 데이터를 설정할 수 있는 MultipleInputs를 적용하고, 데이터의 순서를 보장하기 위해 보조 정렬도 적용해야 합니다. 이번 절에서는 리듀스 사이드 조인을 다음과 같은 순서로 구현합니다.

1. 조인키(항공사 코드)와 태그를 조합한 복합키를 정의합니다.
2. 복합키의 레코드를 정렬하기 위한 비교기를 정의합니다.
3. 그룹핑 키(항공사 코드)를 파티셔닝하기 위한 파티셔너를 정의합니다.
4. 그룹핑 키를 정렬하기 위한 비교기를 정의합니다.
5. 항공사 코드를 태그하는 매퍼를 정의합니다.
6. 운항 통계 데이터를 태그하는 매퍼를 정의합니다.
7. 조인을 수행하는 리듀서를 정의합니다.
8. 드라이버 클래스를 정의합니다.

이제 항공 운항 통계 데이터와 항공사 코드 데이터를 리듀스 사이드 조인으로 분석해보겠습니다. 그림 7.3은 이 예제의 데이터 흐름을 나타낸 것입니다.

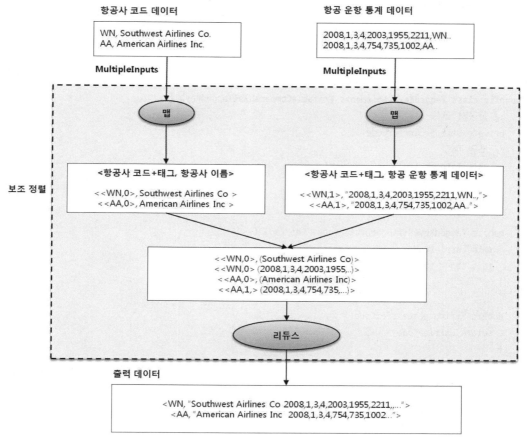

그림 7.3 리듀스 사이드 조인의 데이터 흐름

7.3.1 복합키 구현

리듀스 사이드 조인의 복합키는 조인키와 태그의 조합으로 구성합니다. 조인키는 항공사 코드를 사용하며, 태그는 정수형 변수를 선언합니다. 참고로 항공사 코드를 처리하는 매퍼에서는 태그값을 0으로 설정하고, 운항 통계 데이터를 처리하는 매퍼는 태그값을 1로 설정합니다. 예제 7.3은 복합키인 TaggedKey를 구현한 코드입니다.

```java
package wikibooks.hadoop.chapter07;

(중략)

public class TaggedKey implements WritableComparable<TaggedKey> {
  // 항공사 코드
  private String carrierCode;
  // 조인 태그
  private Integer tag;

  public TaggedKey() {}

  public TaggedKey(String carrierCode, int tag) {
    this.carrierCode = carrierCode;
    this.tag = tag;
  }

  public String getCarrierCode() {
    return carrierCode;
  }

  public Integer getTag() {
    return tag;
  }

  @Override
  public int compareTo(TaggedKey key) {
    int result = this.carrierCode.compareTo(key.carrierCode);

    if (result == 0) {
      return  this.tag.compareTo(key.tag);
    }

    return result;
  }

  @Override
  public void write(DataOutput out) throws IOException {
    WritableUtils.writeString(out, carrierCode);
    out.writeInt(tag);
  }
```

```
  @Override
  public void readFields(DataInput in) throws IOException {
    carrierCode = WritableUtils.readString(in);
    tag = in.readInt();
  }
}
```

앞서 6.1.1절에서 설명한 것처럼 복합키는 WritableComparable 인터페이스를 구현합니다.

```
public class TaggedKey implements WritableComparable<TaggedKey> {
```

또한 매퍼가 태그값을 쉽게 설정할 수 있게 생성자에서 조인키와 태그값을 전달받게 합니다.

```
public TaggedKey(String carrierCode, int tag) {
  this.carrierCode = carrierCode;
  this.tag = tag;
}
```

7.3.2 복합키 비교기 구현

TaggedKey로 생성된 레코드의 정렬을 보장하려면 WritableComparator를 구현한 비교기를 구현해야 합니다. 예제 7.4는 복합키 비교기인 TaggedKeyComparator의 레코드 순서를 비교하는 메서드입니다.

예제 7.4 TaggedKeyComparator.java의 compare 메서드

```
@SuppressWarnings("rawtypes")
@Override
public int compare(WritableComparable w1, WritableComparable w2) {
  TaggedKey k1 = (TaggedKey) w1;
  TaggedKey k2 = (TaggedKey) w2;

  int cmp = k1.getCarrierCode().compareTo(k2.getCarrierCode());
  if (cmp != 0) {
    return cmp;
  }

  return k1.getTag().compareTo(k2.getTag());
}
```

TaggedKeyComparator는 먼저 항공사 코드를 기준으로 데이터를 비교합니다.

```
int cmp = k1.getCarrierCode().compareTo(k2.getCarrierCode());
```

만약 항공사 코드가 같다면 태그값을 비교해 순서를 결정합니다.

```
return k1.getTag().compareTo(k2.getTag());
```

7.3.3 그룹키 파티셔너 구현

각 매퍼는 다음과 같이 두 종류의 데이터를 출력합니다. 각 데이터는 동일한 복합키를 처리하는 리듀서로 전달돼야 조인이 정상적으로 처리될 수 있습니다. 이를 위해서는 그룹키 파티셔너를 구현해야 합니다.

> **1.** 출력키: 복합키(TaggedKey), 출력값: 항공사 이름
>
> **2.** 출력키: 복합키(TaggedKey), 출력값: 운항 통계 레코드

이미 6.1.3절에서 설명한 것처럼 그룹키 파티셔너는 org.apache.hadoop.mapreduce. Partitioner를 상속받아 구현합니다. 그리고 파티션 번호는 예제 7.5와 같이 항공사 코드의 해시값을 이용해 계산합니다.

예제 7.5 TaggedGroupKeyPartitioner.java의 파티션 계산 메서드

```
@Override
public int getPartition(TaggedKey key, Text val, int numPartitions) {
  // 항공사 코드의 해시값으로 파티션 계산
  int hash = key.getCarrierCode().hashCode();
  int partition = hash % numPartitions;
  return partition;
}
```

7.3.4 그룹키 비교기 구현

TaggedGroupKeyPartitioner를 적용하면 리듀서는 동일한 항공사 코드의 데이터를 내려받을 수 있습니다. 하지만 이 데이터들은 순서가 보장되지 않으므로 그룹키 비교기를 구현해 데이터를 정렬해야 합니다. 정렬 순서는 항공사 코드를 비교해 결정합니다. 참고로 해당 소스코드는 http://goo. gl/narIXv에서 확인할 수 있습니다.

7.3.5 항공기 코드 데이터 매퍼 구현

예제 7.6은 항공사 코드 데이터를 태깅하는 매퍼를 구현한 코드입니다. 이 매퍼는 항공사 코드 데이터를 입력 데이터로 전달받습니다. 그리고 출력키는 "항공사 코드, 태그(0)", 출력값은 "해당 항공사 코드의 항공사 이름"을 출력합니다.

예제 7.6 CarrierCodeMapper.java

```java
package wikibooks.hadoop.chapter07;

import java.io.IOException;

import org.apache.hadoop.io.LongWritable;
import org.apache.hadoop.io.Text;
import org.apache.hadoop.mapreduce.Mapper;
import wikibooks.hadoop.common.CarrierCodeParser;

public class CarrierCodeMapper extends Mapper<LongWritable, Text, TaggedKey, Text> {
  TaggedKey outputKey = new TaggedKey();
  Text outValue = new Text();

  public void map(LongWritable key, Text value, Context context)
    throws IOException, InterruptedException {

    CarrierCodeParser parser = new CarrierCodeParser(value);

    outputKey.setCarrierCode(parser.getCarrierCode());
    outputKey.setTag(0);
    outValue.set(parser.getCarrierName());

    context.write(outputKey, outValue);
  }
}
```

우선 CarrierCodeParser를 이용해 콤마(,)로 구성된 입력 데이터를 처리합니다.

```java
CarrierCodeParser parser = new CarrierCodeParser(value);
```

그리고 출력키인 TaggedKey에 항공사 코드와 태그값을 0으로 설정합니다. 출력키인 "항공사 코드, 태그(0)"를 설정하고, 출력값에는 항공사 이름을 설정합니다.

```
    outputKey.setCarrierCode(parser.getCarrierCode());
    outputKey.setTag(0);
```

마지막으로 출력값에 항공사 이름을 설정한 후, 출력 데이터를 생성합니다.

```
    outValue.set(parser.getCarrierName());
    context.write(outputKey, outValue);
```

7.3.6 항공기 운항 통계 데이터 매퍼 구현

예제 7.7은 항공 운항 통계 데이터를 태깅하는 매퍼 클래스입니다. 이 클래스에서는 항공 운항 통계 데이터를 입력 데이터로 전달받습니다. 그리고 출력키는 TaggedKey, 출력값은 입력 데이터의 값을 그대로 출력합니다.

예제 7.7 MapperWithReduceSideJoin.java

```java
package wikibooks.hadoop.chapter07;

import java.io.IOException;

import org.apache.hadoop.io.LongWritable;
import org.apache.hadoop.io.Text;
import org.apache.hadoop.mapreduce.Mapper;
import wikibooks.hadoop.common.AirlinePerformanceParser;

public class MapperWithReduceSideJoin extends
    Mapper<LongWritable, Text, TaggedKey, Text> {

  TaggedKey outputKey = new TaggedKey();

  public void map(LongWritable key, Text value, Context context)
    throws IOException, InterruptedException {

    AirlinePerformanceParser parser = new AirlinePerformanceParser(value);
    outputKey.setCarrierCode(parser.getUniqueCarrier());
    outputKey.setTag(1);
    context.write(outputKey, value);
  }
}
```

맵 메서드에서는 AirlinePerformanceParser를 이용해 운항 통계 정보를 조회합니다.

```
AirlinePerformanceParser parser = new AirlinePerformanceParser(value);
```

출력키인 TaggedKey의 항공사 코드와 태그값을 설정합니다. 이때 태그값은 1을 사용합니다.

```
outputKey.setCarrierCode(parser.getUniqueCarrier());
outputKey.setTag(1);
```

출력값은 입력 레코드를 그대로 설정한 후, 출력 데이터를 생성합니다.

```
context.write(outputKey, value);
```

7.3.7 조인 리듀서 구현

리듀스에는 다음과 같은 형식으로 입력 데이터를 처리합니다. 입력키는 TaggedKey이며, 입력 키는 Text 타입의 항공사 이름과 운항 통계 레코드로 구성됩니다. 각 데이터 목록의 첫 번째 레코드는 반드시 태그값이 0인, 항공사 이름이 전달됩니다. 위와 같은 정렬 순서가 보장되는 이유는 TaggedKeyComparator를 적용했기 때문입니다.

```
<UA, 0>  <United Air Lines Inc.>
<UA, 1>  <1997,11,4,2,2025,2025,2117,2128,UA….>
<UA, 1>  <1997,11,5,3,2026,2025,2125,2128,UA,.....>
<UA,1>   <1997,11,6,4,2029,2025,2119,2128,UA….>
```

그래서 리듀스 함수를 실행할 때는 첫 번째 레코드와 나머지 레코드를 별도로 처리해야만 합니다. 예제 7.8은 리듀스 사이드 조인 연산을 수행한 리듀서를 구현한 예입니다.

예제 7.8 ReducerWithReduceSideJoin.java

```java
package wikibooks.hadoop.chapter07;

import java.io.IOException;
import java.util.Iterator;

import org.apache.hadoop.io.Text;
import org.apache.hadoop.mapreduce.Reducer;

public class ReducerWithReduceSideJoin extends Reducer<TaggedKey, Text, Text, Text> {
    // 출력키
```

```
private Text outputKey = new Text();
// 출력값
private Text outputValue = new Text();

public void reduce(TaggedKey key, Iterable<Text> values, Context context)
  throws IOException, InterruptedException {

  Iterator<Text> iterator = values.iterator();
  // 항공사 이름 조회
  Text carrierName = new Text(iterator.next());
  // 운항 지연 레코드 조회
  while (iterator.hasNext()) {
    Text record = iterator.next();
    outputKey.set(key.getCarrierCode());
    outputValue = new Text(carrierName.toString() + "\t" + record.toString());
    context.write(outputKey, outputValue);
  }
}
}
```

우선 입력 값을 순회하기 위해 Iterator 객체를 생성합니다.

```
Iterator<Text> iterator = values.iterator();
```

첫 번째 레코드에 있는 항공사 이름을 조회합니다.

```
Text carrierName = new Text(iterator.next());
```

나머지 레코드를 순회하면서 출력 데이터를 생성합니다. 이때 출력키는 항공사 코드를 사용하고, 출
력값은 첫 번째 레코드에서 조회한 항공사 이름과 통계 레코드를 조합해서 설정합니다.

```
outputKey.set(key.getCarrierCode());
outputValue = new Text(carrierName.toString() + "\t" + record.toString());
context.write(outputKey, outputValue);
```

7.3.8 드라이버 클래스 구현

마지막으로 이 맵리듀스 잡을 실행하는 드라이버 클래스를 구현합니다. 드라이버 클래스는 사용자
가 입력한 조인할 두 개의 데이터를 MultipleInputs의 static 메서드인 addInputPath를 호출해 입
력 데이터에 추가합니다. 이때 입력 데이터 타입과 매퍼도 함께 설정합니다.

```
MultipleInputs.addInputPath(job, new Path(otherArgs[0]),
    TextInputFormat.class, CarrierCodeMapper.class);
MultipleInputs.addInputPath(job, new Path(otherArgs[1]),
    TextInputFormat.class, MapperWithReduceSideJoin.class);
```

참고로 소스 코드는 http://goo.gl/1WFJZ9에서 확인할 수 있습니다.

7.3.9 드라이버 클래스 실행

코드 작성을 모두 마치고 나면 하둡 콘솔에서 다음과 같이 잡을 실행합니다. 이때 첫 번째 파라미터
로 항공사 코드 데이터 경로를, 두 번째 파라미터로 항공 운항 통계 데이터 경로를, 세 번째 파라미
터로 조인 결과를 저장할 경로를 전달합니다.

```
[hadoop@wikibooks01 hadoop-1.2.1]$ ./bin/hadoop jar hadoop-beginner-examples-1.0.jar wikibooks.
hadoop.chapter07.ReduceSideJoin meta/carriers.csv input reduce_join_output
```

잡이 실행된 후 출력 경로를 조회하면 다음과 같이 로그 파일과 출력 데이터가 생성됩니다.

```
[hadoop@wikibooks01 hadoop-1.2.1]$ ./bin/hadoop fs -ls reduce_join_output
Found 3 items
-rw-r--r--   3 hadoop supergroup          0 2014-11-23 01:58 /user/hadoop/reduce_join_output/_
SUCCESS
drwxr-xr-x   - hadoop supergroup          0 2014-11-23 01:44 /user/hadoop/reduce_join_output/_
logs
-rw-r--r--   3 hadoop supergroup 16335230349 2014-11-23 01:50 /user/hadoop/reduce_join_output/
part-r-00000
```

저장된 텍스트 파일을 조회하면 항공사 이름과 항공 운항 통계 데이터가 정상적으로 출력된 것을 확
인할 수 있습니다.

```
[hadoop@wikibooks01 hadoop-1.2.1]$ ./bin/hadoop fs -cat reduce_join_output/part-r-00000 | head
-5
9E     Pinnacle Airlines Inc. 2008,12,26,5,1418,1250,1549,1432,9E,5860,91819E,91,102,66,77,88,AT
L,PIT,526,3,22,0,,0,0,0,77,0,0
```

```
9E      Pinnacle Airlines Inc.  2008,12,28,7,1408,1250,1541,1432,9E,5860,96049E,93,102,65,69,78,AT
L,PIT,526,8,20,0,,0,69,0,0,0,0
9E      Pinnacle Airlines Inc.  2008,12,29,1,1247,1250,1418,1432,9E,5860,96019E,91,102,72,-14,-
3,ATL,PIT,526,6,13,0,,0,NA,NA,NA,NA,NA
9E      Pinnacle Airlines Inc.  2008,12,30,2,1245,1250,1419,1432,9E,5860,91669E,94,102,69,-13,-
5,ATL,PIT,526,5,20,0,,0,NA,NA,NA,NA,NA
9E      Pinnacle Airlines Inc.  2008,12,3,3,1453,1440,1547,1530,9E,5860,91819E,54,50,30,17,13,ATL,
TYS,152,2,22,0,,0,0,0,4,0,13
```

조인을 단독으로 처리하는 맵 사이드 방식에 비해 리듀스 사이드 방식이 번거로워 보일 수 있습니다. 하지만 조인할 데이터의 규모가 클 경우 리듀스 사이드 방식으로 조인을 수행해야 합니다. 왜냐하면 분산 캐시가 수용할 수 있는 데이터 크기에 한계가 있기 때문입니다.

또한 두 방법을 조합해서 조인을 수행하는 방법도 있는데, 이를 세미 조인(SemiJoin)이라 합니다. 예를 들어, 세 개의 데이터를 대상으로 조인을 걸 경우 두 개의 데이터는 리듀스 사이드 방식으로 조인을 걸고, 세 번째 데이터는 분산 캐시에 등록해 매퍼에서 참조하게 하는 것입니다.

하둡 운영 및 활용

8장에서는 맵리듀스 애플리케이션의 성능 튜닝을 위한 다양한 기법을 소개합니다. 이를 위해 셔플의 상세 구조를 설명하고 압축과 콤바이너의 활용을 위한 애플리케이션을 개발합니다.

9장에서는 하둡 클러스터를 운영할 때 필요한 다양한 방법을 알아봅니다.

10장에서는 하둡이 제공하는 다양한 부가 기능을 소개합니다. 파이썬이나 루비 같은 스크립트 언어로 맵리듀스 애플리케이션을 개발할 수 있는 하둡 스트리밍, 맵리듀스 잡 실행 시 효율적으로 자원을 관리하기 위한 스케줄러, 마지막으로 맵리듀스 애플리케이션의 유닛 테스트를 위한 MR 유닛을 설명합니다.

11장에서는 대표적인 클라우드 환경인 아마존 웹 서비스(AWS)에서 EC2를 이용해 하둡을 설치하는 방법과 AWS의 파일 시스템인 S3와의 연동 방법, 그리고 EMR에서 맵리듀스 애플리케이션을 실행하는 방법을 소개합니다.

맵리듀스 튜닝

여러분이 작성한 맵리듀스 프로그램의 성능을 개선하려면 어떻게 해야 할까요? 우선 가장 쉬운 방법은 하둡 클러스터를 증설하는 것입니다. 서버를 추가하는 만큼 HDFS 용량도 늘어나고, 병렬 처리할 수 있는 노드가 증가하면 맵리듀스 잡도 더 빠르게 실행될 것입니다. 보통 10% 정도의 튜닝 효과를 보려면 현재 구성된 하둡 클러스터의 10% 정도를 증설해야 합니다. 그러나 이 방법은 기존 데이터노드의 수가 적다면 문제가 되지 않지만 수백 대 이상의 데이터노드를 운영한다면 비용상 큰 부담이 될 것입니다. 또한 서버 구매 비용 외에 네트워크, 서버 상면(서버가 들어가는 공간) 비용 등 인프라 측면의 비용도 고려해야 합니다.

맵리듀스 프로그램은 서버 증설 외에도 다양한 튜닝 방법이 있습니다. 하둡 환경설정 파일 수정, 네트워크를 통해 전송되는 데이터의 축소, 맵리듀스 API를 이용한 튜닝과 같은 방법이 있습니다.

8.1 셔플 튜닝

4장에서 셔플은 맵 태스크와 리듀스 태스크 사이의 전달 과정이라고 설명한 바 있습니다. 데이터를 전달하는 것이 쉬워 보일 수도 있지만 셔플은 내부적으로 복잡한 단계로 구성돼 있고, 셔플에 대한 환경설정을 어떻게 구성하느냐에 따라 잡의 성능에 영향을 줄 수 있습니다. 이번 절에서는 셔플의 자세한 동작 원리와 튜닝 방법을 알아보겠습니다.

8.1.1 셔플이란?

셔플은 메모리에 저장돼 있는 매퍼의 출력 데이터를 파티셔닝 및 정렬해서 로컬 디스크에 저장한 후, 네트워크를 통해 리듀서의 입력 데이터로 전달되는 과정을 의미합니다. 그림 8.1은 이러한 셔플의 전체 작업 과정을 나타낸 것입니다.

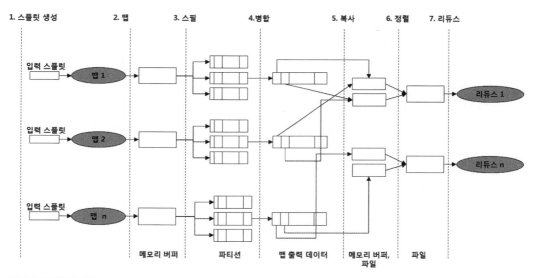

그림 8.1 셔플 작업 과정

셔플의 세부적인 작업은 다음과 같은 순서로 진행됩니다.

1. 맵리듀스 잡의 입력 데이터는 논리적인 단위인 입력 스플릿으로 분리된 후, 스플릿별로 하나의 맵 태스크가 실행됩니다.

2. 맵 태스크는 메모리 버퍼를 생성한 후, 맵의 출력 데이터를 버퍼에 기록합니다. 이때 버퍼의 크기는 하둡 환경설정 파일인 mapred-site.xml에 정의된 io.sort.mb 속성을 참고합니다. 별도로 정의하지 않을 경우 기본값으로 100MB의 버퍼를 생성합니다.

3. 버퍼가 일정한 크기에 도달하면 하둡은 해당 데이터를 로컬 디스크로 스필(spill)합니다. 참고로 스필을 진행하는 중에도 2번 단계를 계속 진행합니다. 이때 버퍼의 일정한 크기는 mapred-site.xml에 정의된 io.sort.spill. percent 속성을 참조합니다. 이 속성의 기본값은 0.80인데, 이는 버퍼를 80% 사용하면 스필을 실행한다는 의

미입니다. 하둡은 로컬 디스크에 데이터를 저장하기 전에 데이터를 분리해서 파티션을 생성합니다. 파티션들은 맵의 출력 데이터를 사용할 리듀스 태스크와 일치하도록 생성됩니다. 이때 파티션은 잡에서 설정한 파티셔너 클래스를 사용합니다.

또한 파티션 내의 배경 스레드는 메모리 내에서 키에 따라 정렬을 수행합니다. 이때 정렬을 위해 키값으로 사용되는 클래스에 정의된 compareTo 메서드를 호출합니다.

4. 맵 태스크가 종료되기 전에 스필 파일들은 하나의 정렬된 출력 파일로 병합됩니다. 병합할 스필 파일의 수는 mapred-site.xml에 정의된 io.sort.factor 속성을 기준으로 합니다. 이 속성은 기본값으로 10개의 스필 파일을 병합하도록 설정돼 있습니다. 또한 출력 파일의 파티션들은 리듀서가 HTTP 프로토콜로 접근할 수 있게 생성됩니다. 이때 출력 파일에 접근하는 작업 스레드의 개수는 mapred-site.xml에 정의된 tasktracker.http.threads 속성을 기준으로 합니다. 참고로 기본적으로 40개의 스레드를 생성하게 돼 있습니다.

5. 리듀서는 맵 태스크가 완료되면 즉시 필요한 출력 데이터를 네트워크를 통해 복사합니다. 이때 복사하는 스레드의 수는 mapred-site.xml에 정의된 mapred.reduce.parallel.copies 속성을 기준으로 하며, 기본적으로 5개의 스레드가 구동하게 돼 있습니다.

네트워크를 통해 복사된 맵 출력 데이터는 리듀스용 태스크트래커의 메모리 버퍼로 복사됩니다. 이때 메모리 버퍼의 크기는 리듀스용 태스크트래커의 힙 메모리 크기의 일정 부분을 사용하는데, 이 비율은 mapred-site.xml에 정의된 mapred.job.shuffle.input.buffer.percent 속성을 참고합니다. 기본적으로 힙 메모리의 70%를 사용하도록 설정돼 있습니다.

버퍼에 저장된 내용은 다음과 같은 경우에 병합되어 파일로 저장됩니다. 첫째, 버퍼가 일정한 크기에 도달할 때이며, 해당 임계치는 mapred-site.xml에 정의된 mapred.job.shuffle.merge.percent 속성을 기준으로 합니다. 기본값은 66%입니다. 둘째, 메모리 버퍼에서 처리해야 할 파일 개수가 일정 개수가 돼도 병합을 수행합니다. 이때 파일의 개수는 mapred-site.xml에 정의된 mapred.inmem.merge.threshold를 기준으로 하며, 기본값은 1000입니다.

6. 모든 맵 출력 데이터가 복사되면 해당 데이터를 병합합니다. 사실 이 단계에서 키값을 기준으로 별도의 정렬 작업을 진행하지는 않습니다. 왜냐하면 맵에서 정렬 작업이 완료됐기 때문입니다. 이 단계에서는 정렬을 유지하고 있는 맵 출력 데이터를 병합하기만 하면 됩니다. 병합은 라운드 방식으로 진행하며, 라운드 기준은 mapred-site.xml에 정의된 io.sort.fact를 사용합니다. 예를 들어, 30개의 맵 출력 데이터를 복사하고, io.sort.fact에는 10이 정의돼 있다고 가정하면, 각 라운드는 파일 10개당 하나의 병합 파일을 만들어 최종적으로 세 개의 병합된 파일이 생성됩니다. 이때 세 개의 파일은 하나의 파일로 병합되지 않고, 즉시 리듀스 태스크의 입력 데이터로 전달됩니다.

7. 리듀스 메서드는 정렬된 출력 데이터에서 키별로 호출됩니다.

맵 태스크는 되도록 스필 파일의 개수를 줄이는 것이 유리합니다. 왜냐하면 로컬 디스크에 저장된 파일이 줄어들수록 이후에 진행되는 맵 출력 데이터의 병합, 네트워크를 통한 리듀스 태스크로의 전송, 리듀스 태스크의 병합 작업 시간이 단축되기 때문입니다. 스필되는 파일을 줄이려면 io.sort. mb를 늘리면 됩니다. 메모리 버퍼가 커지면 그만큼 로컬에 저장될 출력 데이터가 줄어들기 때문입니다. 또한 맵 태스크와 리듀스 태스크의 병합 작업을 줄이는 것도 잡의 성능을 개선할 수 있습니다. 이때 io.sort.factor를 조절해서 병합할 라운드 개수를 증가시키면 병합 개수를 줄일 수 있습니다.

8.1.2 셔플 속성 수정

셔플 속성은 기본적으로 mapred-site.xml에서 설정할 수 있습니다. 하지만 맵리듀스 잡은 잡의 특성에 따라 튜닝 속성이 달라질 수 있기 때문에 mapred-site.xml을 수정하는 것은 바람직하지 않습니다. 속성 수정은 잡 드라이버 클래스의 Configuration 객체의 setConf 메서드를 통해 설정할 수 있습니다.

```
Configuration conf = new Configuration();
conf.set("io.sort.mb", "300");
conf.set("io.sort.factor", "30");
```

혹은 GenericOptionsParser를 이용해 드라이버 클래스를 구현했다면 다음과 같이 커맨드 라인에서 -D 옵션으로 설정할 수 있습니다.

```
./bin/hadoop jar hadoop-beginner-examples-1.0.jar wikibooks.hadoop.chapter06.
DelayCountWithDateKey -D io.sort.mb=200 -D mapred.child.java.opts=-Xmx512m -D io.sort.factor=30
input delay_count_sort3
```

태스크트래커는 차일드 JVM을 실행할 때 최대 힙 메모리 크기를 200MB로 설정합니다. 그래서 io.sort.mb를 차일드 JVM의 최대 힙 메모리보다 클 경우 잡 실행이 실패합니다. 이를 방지하기 위해 mapred.child.java.opts 속성의 힙 메모리를 여유 있게 설정하는 것이 좋습니다. 예를 들어, io.sort.mb를 200MB로 설정할 경우 mapred.child.java.opts는 -Xmx512m로 설정하는 것이 좋습니다.

8.2 콤바이너 클래스 적용

콤바이너 클래스는 매퍼의 출력 데이터가 네트워크를 통해 리듀서에 전달되기 전에 매퍼의 출력 데이터의 크기를 줄이는 기능을 수행합니다. 이번 절에서는 5장에 구현한 항공 운항 도착 지연 데이터를 처리하는 맵리듀스 프로그램을 콤바이너 클래스를 이용해 튜닝해 보겠습니다. 예제 8.1은 예제 5.5에 콤바이너 클래스를 적용한 것입니다. 전체 소스코드는 예제 5.5와 동일하며, 콤바이너 클래스를 적용하는 줄만 추가됐습니다.

예제 8.1 DepartureDelayCountWithCombiner.java

```
package wikibooks.hadoop.chapter08;

(중략)

public class ArrivalDelayCountWithCombiner {
  public static void main(String[] args) throws Exception {
    Configuration conf = new Configuration();
    //입출력 데이터 경로 확인
    if (args.length != 2) {
      System.err.println("Usage: ArrivalDelayCountWithCombiner <input> <output>");
      System.exit(2);
    }
    //잡 이름 설정
    Job job = new Job(conf, "ArrivalDelayCountWithCombiner");

    //입출력 데이터 경로 설정
    FileInputFormat.addInputPath(job, new Path(args[0]));
    FileOutputFormat.setOutputPath(job, new Path(args[1]));

    //잡 클래스 설정
    job.setJarByClass(ArrivalDelayCountWithCombiner.class);
    //매퍼 클래스 설정
    job.setMapperClass(ArrivalDelayCountMapper.class);
    //리듀서 클래스 설정
    job.setReducerClass(DelayCountReducer.class);
```

```
        //콤바이너 클래스 설정
        job.setCombinerClass(DelayCountReducer.class);

        //입출력 데이터 포맷 설정
        job.setInputFormatClass(TextInputFormat.class);
        job.setOutputFormatClass(TextOutputFormat.class);

        //출력키 및 출력값 유형 설정
        job.setOutputKeyClass(Text.class);
        job.setOutputValueClass(IntWritable.class);

        job.waitForCompletion(true);
    }
}
```

콤바이너 클래스는 Job 인터페이스의 setCombinerClass 메서드를 호출해 간단하게 적용할 수 있습니다. 이 메서드에 파라미터로 적용할 수 있는 클래스는 반드시 리듀서 클래스를 설정해야만 합니다. 여기서는 이미 5장에서 작성한 DelayCountReducer를 적용합니다.

```
job.setCombinerClass(DelayCountReducer.class);
```

구현한 콤바이너 클래스는 예제 5.5를 실행했을 때와 동일한 입력 데이터를 설정해서 실행합니다.

```
[hadoop@wikibooks01 hadoop-1.2.1]$ ./bin/hadoop jar hadoop-beginner-examples-1.0.jar wikibooks.
hadoop.chapter08.ArrivalDelayCountWithCombiner input arr_delay_count_with_combiner
```

출력된 로그를 보면 콤바이너 클래스가 57,482,463건의 데이터를 입력받아 578의 데이터를 출력한 것으로 나타납니다. 그리고 콤바이너 클래스를 적용하지 않았을 때와 리듀서의 출력 데이터 건수도 동일합니다. 표 8.1은 콤바이너 클래스를 적용하기 전과 후의 카운터 정보를 정리한 것입니다.

표 8.1 콤바이너 클래스의 적용 결과 비교

카운터	콤바이너 적용 전	콤바이너 적용 후
FILE_BYTES_READ	1,462,590,350	16,659
HDFS_BYTES_READ	12,029,905,399	12,029,905,399
FILE_BYTES_WRITTEN	2,240,878,210	11,442,096

카운터	콤바이너 적용 전	콤바이너 적용 후
HDFS_BYTES_WRITTEN	3,636	3,636
Reduce shuffle bytes	766,921,437	8,814
Spilled Records	168,280,042	1,692
CPU time spent (ms)	989,380	931,220
Total committed heap usage	38,437,650,432	38,443,417,600
Reduce input records	57,839,171	580
Physical memory (bytes) snapshot	44,671,750,144	44,589,813,760

우선 입력 데이터와 출력 데이터가 동일하기 때문에 HDFS_BYTES_READ와 HDFS_BYTES_WRITTEN 카운터의 수치가 동일합니다. FILE_BYTES_READ, FILE_BYTES_WRITTEN, Spilled Records, Reduce shuffle bytes 카운터가 콤바이너를 적용한 후 눈에 띄게 개선됐습니다. 또한 전체적인 파일 I/O와 네트워크 전송량이 줄어들면서 CPU와 메모리 사용량도 개선됐습니다. 참고로 필자의 서버에서는 약 30초 가량 맵리듀스 잡 수행 시간이 단축됐습니다.

8.3 맵 출력 데이터 압축

이번 절에서는 압축 라이브러리를 이용해 맵 태스크의 출력 데이터를 줄이는 방법을 알아보겠습니다. 환경설정 파일에서 mapred.compress.map.output 옵션을 true로 설정하면 하둡이 맵 태스크의 출력 데이터를 압축 파일로 생성합니다. 압축된 파일은 네트워크를 통해 리듀스 태스크로 전송된 후 압축 해제되어 리듀스 태스크의 입력 데이터로 사용됩니다.

mapred.compress.map.output 옵션을 지정하지 않을 경우 하둡은 맵 태스크의 출력을 텍스트 파일로 생성합니다. 텍스트 파일을 데이터노드에서 생성하고 전송하는 것보다 데이터를 압축하고 압축된 데이터를 전송한다면 파일 I/O 횟수와 네트워크 전송량도 감소할 것입니다. 이때 텍스트 파일의 크기가 클수록 압축 효과가 더 크게 나타날 것입니다. 하둡은 기본적으로 Gzip, BZip2, 스내피 압축 포맷을 지원하는데, 여기서는 Gzip과 스내피를 이용해 예제 7.5를 튜닝해보겠습니다.

8.3.1 Gzip 적용

Gzip은 GNU zip의 준말이며, 초기 유닉스 시스템에서 쓰이던 압축 프로그램을 대체하기 위해 개발된 오픈소스 압축 프로그램입니다. 유닉스 계열 운영체제를 설치할 경우 기본적으로 설치되는 압축 프로그램이며, 리눅스에서 파일을 압축할 경우 대부분 Gzip을 이용합니다.

그럼 이제 Gzip과 스내피 압축을 이용한 개발 방법을 설명하겠습니다. 예제 8.2는 예제 7.5에 Gzip 압축을 적용한 드라이버 클래스를 구현한 코드입니다. 이 클래스는 예제 7.5와 동일한 매퍼와 리듀서 클래스를 사용하고, 매퍼와 리듀서의 출력 데이터 포맷에 압축을 적용했습니다. 매퍼의 출력 데이터 크기가 줄어드는 효과가 눈에 띄도록 콤바이너 클래스는 적용하지 않았으니 참고하길 바랍니다.

예제 8.2 ArrivalDelayCountWithGzip.java

```
package wikibooks.hadoop.chapter08;

(중략)

public class ArrivalDelayCountWithGzip {
  public static void main(String[] args) throws Exception {
    Configuration conf = new Configuration();
    // 맵 출력 압축 설정
    conf.setBoolean("mapred.compress.map.output", true);
    conf.set("mapred.map.output.compression.codec",
      "org.apache.hadoop.io.compress.GzipCodec");

    // 입출력 데이터 경로 확인
    if (args.length != 2) {
      System.err
        .println("Usage: ArrivalDelayCountWithGzip <input> <output>");
      System.exit(2);
    }
    // 잡 이름 설정
    Job job = new Job(conf, "ArrivalDelayCountWithGzip");

    // 입출력 데이터 경로 설정
    FileInputFormat.addInputPath(job, new Path(args[0]));
    FileOutputFormat.setOutputPath(job, new Path(args[1]));
```

```
    // 잡 클래스 설정
    job.setJarByClass(ArrivalDelayCountWithGzip.class);
    // 매퍼 클래스 설정
    job.setMapperClass(ArrivalDelayCountMapper.class);
    // 리듀서 클래스 설정
    job.setReducerClass(DelayCountReducer.class);

    // 입출력 데이터 포맷 설정
    job.setInputFormatClass(TextInputFormat.class);
    job.setOutputFormatClass(SequenceFileOutputFormat.class);

    // 시퀀스파일 설정
    SequenceFileOutputFormat.setCompressOutput(job, true);
    SequenceFileOutputFormat.setOutputCompressorClass(job, GzipCodec.class);
    SequenceFileOutputFormat.setOutputCompressionType(job, CompressionType.BLOCK);

    // 출력키 및 출력값 유형 설정
    job.setOutputKeyClass(Text.class);
    job.setOutputValueClass(IntWritable.class);

    job.waitForCompletion(true);
  }
}
```

맵 태스크의 출력은 mapred.xml에서 설정할 수 있지만 여기서는 Configuration 객체를 이용해 설정해보겠습니다. 압축 여부는 Configuration의 setBoolean 메서드를 호출해 설정하고, 압축 포맷은 Configuration의 set 메서드를 호출해 설정합니다. 압축 포맷은 문자열로 설정하기 때문에 오타가 나지 않도록 주의합니다.

```
conf.setBoolean("mapred.compress.map.output", true);
conf.set("mapred.map.output.compression.codec", "org.apache.hadoop.io.compress.GzipCodec");
```

이후 맵리듀스 잡의 생성 및 실행 정보를 설정하는 방법은 예제 7.5와 동일하며, 출력 포맷만 시퀀스파일로 설정하고, 압축 포맷을 Gzip으로 설정합니다.

```
job.setOutputFormatClass(SequenceFileOutputFormat.class);
SequenceFileOutputFormat.setCompressOutput(job, true);
SequenceFileOutputFormat.setOutputCompressorClass(job, GzipCodec.class);
SequenceFileOutputFormat.setOutputCompressionType(job, CompressionType.BLOCK);
```

드라이버 클래스의 구현이 완료되면 다음과 같이 해당 클래스를 실행합니다.

```
[hadoop@wikibooks01 hadoop-1.2.1]$ ./bin/hadoop jar hadoop-beginner-examples-1.0.jar wikibooks.
hadoop.chapter08.ArrivalDelayCountWithGzip input arr_delay_count_with_gzip
```

잡을 실행하면 표 8.2와 같이 파일 I/O와 셔플 크기가 현저하게 줄어드는 것을 확인할 수 있습니다.

표 8.2 GZIP 적용 결과 비교

카운터	GZIP 적용 전	GZIP 적용 후
FILE_BYTES_READ	1,462,590,350	2,857,451
HDFS_BYTES_READ	12,029,905,399	12,029,905,399
FILE_BYTES_WRITTEN	2,240,878,210	15,725,803
HDFS_BYTES_WRITTEN	3,636	1,459
Reduce shuffle bytes	766,921,437	1,498,733
Spilled Records	168,280,042	168,280,042
CPU time spent (ms)	989,380	1,362,480
Total committed heap usage	38,437,650,432	38,422,970,368
Reduce input records	57,839,171	57,839,171
Physical memory (bytes) snapshot	44,671,750,144	153,407,492,096

8.3.2 스내피 설치

스내피는 구글에서 개발한 압축 라이브러리로, 하둡은 1.02와 0.23 버전부터 정식으로 스내피를 지원하고 있습니다. 스내피는 압축률을 높이기보다는 적당한 압축률로 빠르게 압축을 수행하는 것을 목표로 합니다. 현재 공개된 자료로는 초당 250MB를 압축하며, 구글 내부에서 빅테이블, 구글 맵리듀스, RPC 시스템 등에 광범위하게 사용되고 있습니다. 참고로 스내피에 대한 자세한 사항은 공식 사이트인 http://code.google.com/p/snappy/에서 확인할 수 있습니다.

맵리듀스 잡에서 스내피를 사용하려면 모든 하둡 서버에 스내피가 설치돼 있어야 합니다. 각 노드에서 태스크가 실행될 때 스내피 라이브러리를 찾지 못하면 잡을 실행하는 도중에 오류가 발생하기 때문입니다.

스내피는 공식 사이트(http://code.google.com/p/snappy/downloads/list)에서 설치 파일을 내려받을 수 있습니다. snappy-1.2.1.tar.gz 파일을 내려받은 후 다음과 같이 압축을 해제합니다. 필자는 편의상 pkgs라는 디렉터리에 스내피를 내려받은 후 작업을 진행했습니다. 또한 스내피는 반드시 root 유저로 설치하길 바랍니다.

```
[root@wikibooks01 pkgs]# tar xvfz snappy-1.2.1.tar.gz
```

스내피를 빌드하려면 반드시 C++ 컴파일러가 미리 설치돼 있어야 합니다. C++ 컴파일러는 다음과 같이 설치할 수 있습니다.

```
[root@wikibooks01 pkgs]# yum install gcc-c++
```

압축 파일을 풀고 나면 snappy-1.2.1 디렉터리가 생성됩니다. 해당 디렉터리로 이동한 후, 다음과 같이 configure 명령어를 실행해 make 파일을 생성합니다.

```
[root@wikibooks01 snappy-1.2.1]# ./configure --enable-shared
```

make 파일이 생성되면 다음과 같이 소스코드를 컴파일해서 바이너리 파일을 생성합니다.

```
[root@wikibooks01 snappy-1.2.1]# make
```

이제 생성된 바이너리 파일을 Snappy에서 지정한 디렉터리로 옮깁니다.

```
[root@wikibooks01 snappy-1.2.1]# make install
```

스내피 설치가 완료되면 해당 라이브러리를 하둡의 네이티브 라이브러리 디렉터리로 복사합니다. 64비트 운영체제를 사용 중이라면 Linux-amd64-64 디렉터리로, 32비트 운영체제를 사용 중이라면 Linux-i386-32로 복사합니다.

```
[hadoop@wikibooks01 hadoop-1.2.1]$ cp /usr/local/lib/libsnappy.* /home/hadoop/hadoop-1.2.1/lib/
native/Linux-amd64-64/
[hadoop@wikibooks01 hadoop-1.2.1]$ cp /usr/local/lib/libsnappy.* /home/hadoop/hadoop-1.2.1/lib/
native/Linux-i386-32/
```

또한 태스크트래커가 설치된 나머지 서버에도 스내피 라이브러리를 배포합니다.

```
[hadoop@wikibooks01 hadoop-1.2.1]$ scp /usr/local/lib/libsnappy.* wikibooks02:/home/hadoop/
hadoop-1.2.1/lib/native/Linux-amd64-64/
[hadoop@wikibooks01 hadoop-1.2.1]$ scp /usr/local/lib/libsnappy.* wikibooks03:/home/hadoop/
hadoop-1.2.1/lib/native/Linux-amd64-64/
[hadoop@wikibooks01 hadoop-1.2.1]$ scp /usr/local/lib/libsnappy.* wikibooks04:/home/hadoop/
hadoop-1.2.1/lib/native/Linux-amd64-64/
```

복사가 완료되면 맵리듀스 클러스터를 재구동합니다.

```
[hadoop@wikibooks01 hadoop-1.2.1]$ ./bin/stop-mapred.sh
[hadoop@wikibooks01 hadoop-1.2.1]$ ./bin/start-mapred.sh
```

마지막으로 4장에서 구현한 WordCount 예제를 실행해 스내피가 정상적으로 로딩되는지 확인합니다. 잡 실행 로그를 보면 "Snappy native library loaded"로 출력되는 것을 볼 수 있습니다.

```
[hadoop@wikibooks01 hadoop-1.2.1]$ ./bin/hadoop jar hadoop-beginner-examples-1.0.jar wikibooks.
hadoop.chapter04.WordCount input.txt wordcount2
14/11/23 21:31:05 WARN mapred.JobClient: Use GenericOptionsParser for parsing the arguments.
Applications should implement Tool for the same.
14/11/23 21:31:05 INFO input.FileInputFormat: Total input paths to process : 1
14/11/23 21:31:05 WARN snappy.LoadSnappy: Snappy native library is available
14/11/23 21:31:05 INFO util.NativeCodeLoader: Loaded the native-hadoop library
14/11/23 21:31:05 INFO snappy.LoadSnappy: Snappy native library loaded
14/11/23 21:31:05 INFO mapred.JobClient: Running job: job_201411232129_0001
14/11/23 21:31:06 INFO mapred.JobClient:  map 0% reduce 0%
14/11/23 21:31:10 INFO mapred.JobClient:  map 100% reduce 0%
(생략)
```

8.3.3 스내피 적용

이번에는 스내피를 사용하는 드라이버 클래스를 구현하겠습니다. 예제 8.3은 예제 7.5를 튜닝한 코드입니다. 예제 8.2에서 Gzip을 적용한 것과 같이 기존 매퍼와 리듀서 클래스를 사용하되, 잡의 출력 포맷과 맵 태스크 출력에 스내피를 적용했습니다.

```java
package wikibooks.hadoop.chapter08;

(중략)

public class ArrivalDelayCountWithSnappy {
  public static void main(String[] args) throws Exception {
    Configuration conf = new Configuration();
    //맵 출력 압축 설정
    conf.setBoolean("mapred.compress.map.output", true);
    conf.set("mapred.map.output.compression.codec",
      "org.apache.hadoop.io.compress.SnappyCodec");

    //입출력 데이터 경로 확인
    if (args.length != 2) {
      System.err
        .println("Usage: ArrivalDelayCountWithSnappy <input> <output>");
      System.exit(2);
    }
    //잡 이름 설정
    Job job = new Job(conf, "ArrivalDelayCountWithSnappy");

    //입출력 데이터 경로 설정
    FileInputFormat.addInputPath(job, new Path(args[0]));
    FileOutputFormat.setOutputPath(job, new Path(args[1]));

    //잡 클래스 설정
    job.setJarByClass(ArrivalDelayCountWithSnappy.class);
    //매퍼 클래스 설정
    job.setMapperClass(ArrivalDelayCountMapper.class);
    //리듀서 클래스 설정
    job.setReducerClass(DelayCountReducer.class);

    //입출력 데이터 포맷 설정
    job.setInputFormatClass(TextInputFormat.class);
    job.setOutputFormatClass(SequenceFileOutputFormat.class);
```

```
        //시퀀스파일 설정
        SequenceFileOutputFormat.setCompressOutput(job, true);
        SequenceFileOutputFormat.setOutputCompressorClass(job, SnappyCodec.class);
        SequenceFileOutputFormat.setOutputCompressionType(job, CompressionType.BLOCK);

        //출력키 및 출력값 유형 설정
        job.setOutputKeyClass(Text.class);
        job.setOutputValueClass(IntWritable.class);

        job.waitForCompletion(true);
    }
}
```

맵 출력 포맷에는 다음과 같이 Configuration 객체의 메서드를 이용해 스내피를 적용합니다.

```
conf.setBoolean("mapred.compress.map.output", true);
conf.set("mapred.map.output.compression.codec", "org.apache.hadoop.io.compress.SnappyCodec");
```

잡의 출력 데이터에는 Gzip의 경우처럼 시퀀스파일을 이용해 스내피를 적용합니다.

```
job.setOutputFormatClass(SequenceFileOutputFormat.class);
SequenceFileOutputFormat.setCompressOutput(job, true);
SequenceFileOutputFormat.setOutputCompressorClass(job, SnappyCodec.class);
SequenceFileOutputFormat.setOutputCompressionType(job, CompressionType.BLOCK);
```

코드 작성이 완료되면 다음과 같이 드라이버 클래스를 실행합니다.

```
[hadoop@wikibooks01 hadoop-1.2.1]$ ./bin/hadoop jar hadoop-beginner-examples-1.0.jar wikibooks.
hadoop.chapter08.ArrivalDelayCountWithSnappy input arr_delay_count_with_snappy
```

잡은 약 5분 30초 동안 실행됐는데, Gzip을 적용했을 때보다는 1분 30초 가량 단축됐으며, 압축을
적용하지 않았을 때보다는 10초 가량이 감소됐습니다. 표 8.3은 지금까지 실행해본 압축 라이브러
리를 적용했을 때의 잡의 카운터 정보를 정리한 것입니다.

표 8.3 압축 클래스 적용 전후의 카운터 비교

카운터	GZIP 적용 전	GZIP 적용 후	스내피 적용 후
FILE_BYTES_READ	1,462,590,350	2,857,451	69,027,015
HDFS_BYTES_READ	12,029,905,399	12,029,905,399	12,029,905,399
FILE_BYTES_WRITTEN	2,240,878,210	15,725,803	116,593,225
HDFS_BYTES_WRITTEN	3,636	1,459	2,228
Reduce shuffle bytes	766,921,437	1,498,733	36,195,087
Spilled Records	168,280,042	168,280,042	168,280,042
CPU time spent (ms)	989,380	1,362,480	1,018,720
Total committed heap usage	38,437,650,432	38,422,970,368	38,436,601,856
Reduce input records	57,839,171	57,839,171	57,839,171
Physical memory (bytes) snapshot	44,671,750,144	153,407,492,096	154,735,783,936

압축을 적용했을 때 대부분의 수치가 눈에 띄게 개선됐습니다. 특히 로컬 파일 시스템의 출력 바이트(FILE_BYTES_WRITTEN)와 셔플 데이터의 크기(Reduce shuffle bytes)가 큰 폭으로 감소됐습니다. 감소한 I/O 효과만 보면 Gzip의 성능이 좋아 보이지만 맵리듀스 잡 수행 시간과 CPU 점유율은 스내피가 더 좋은 성능을 보여줍니다. 앞에서 설명한 대로 스내피는 빠른 압축을 목표로 하고 있어 이러한 결과가 나타난 것입니다. 압축율이 매우 중요하다면 Gzip을, 압축율보다 속도가 더 중요하다면 스내피를 사용하길 권장합니다.

8.4 DFS 블록 크기 수정

맵리듀스 잡은 수행되는 맵 태스크와 리듀스 태스크개수에 따라 성능에 영향을 받습니다. HDFS에 파일을 업로드하면 64MB단위로 파일이 분리되어 저장되는데, 이때 계산된 블록 수만큼 맵 태스크개수가 산출됩니다. 블록 크기인 64MB는 하둡 환경설정 파일인 hdfs-site.xml에서 dfs-block-size 프로퍼티로 설정할 수 있으며, 별도 설정값이 없을 경우 기본값으로 64MB를 사용합니다.

같은 크기의 파일이더라도 더 많은 수의 블록으로 분리되면 그만큼 많은 맵 태스크가 수행되면서 작업도 빠르게 종료될 것입니다. 이때 64MB보다 작은 크기로 분리하면 더 많은 블록으로 분리되고, 맵 태스크도 그만큼 더 실행될 것입니다. 표 8.4는 100GB의 파일을 다양한 블록 크기로 계산한 결과입니다.

표 8.4 블록 크기에 따른 맵 태스크 수

입력 파일	블록 크기(dfs.block.size)	맵 태스크 수
100GB	32MB	(100 * 1024) / 32 = 3200
100GB	64MB	(100 * 1024) / 64 = 1600
100GB	128MB	(100 * 1024) / 128 = 800
100GB	256MB	(100 * 1024) / 256 = 400

표 8.4에서 32Mb단위로 블록을 나눴을 때 64MB의 두 배가 넘는 맵 태스크가 계산됐습니다. 단순하게 보면 두 배가 넘는 맵 태스크가 실행되기 때문에 맵리듀스 잡은 두 배 이상의 성능 향상을 보일 것입니다.

hdfs-site.xml에서 설정하면 HDFS에 업로드하는 전체 파일에 해당 블록 크기가 적용됩니다. 특정 파일의 블록 크기만 변경할 경우 하둡 명령어에서 제공하는 distcp 옵션을 다음과 같이 실행합니다.

```
./bin/hadoop distcp -Ddfs.block.size=[HDFS 블록 크기] [입력 경로] [출력 경로 ]
```

distcp는 원래 파일 복사에 사용하는 옵션인데, dfs.block.size 옵션을 지정해 블록 크기를 변경할 수 있습니다. -Ddfs.block.size의 HDFS 블록 크기는 반드시 바이트 단위로 입력해야 합니다. 하지만 바이트 계산이 번거롭다면 $[MB * 1024 * 1024]를 입력하면 됩니다. 그리고 입출력 경로는 반드시 사용자명이 포함된 전체 경로를 입력해야 합니다.

이제 미국 항공 운항 통계 파일을 32MB 블록 단위로 재구성하겠습니다. 우선 전체 파일을 쉽게 재구성할 수 있게 예제 8.4와 같은 셸 스크립트 파일을 하둡 홈 디렉터리에 작성합니다.

예제 8.4 make_32mb_files.sh

```
#! /bin/bash

for year in `seq 1987 2008`
do
  ./bin/hadoop distcp -Ddfs.block.size=$[32*1024*1024] /user/hadoop/input/$year.csv /user/
hadoop/input_32mb/$year.csv
done
```

이제 make_32mb_files.sh 파일 권한을 수정한 후 셸 스크립트를 실행합니다.

```
[hadoop@wikibooks01 hadoop-1.2.1]$ chmod 755 make_32mb_files.sh
[hadoop@wikibooks01 hadoop-1.2.1]$ ./make_32mb_files.sh
14/11/23 21:41:43 INFO tools.DistCp: srcPaths=[/user/hadoop/input/1987.csv]
14/11/23 21:41:43 INFO tools.DistCp: destPath=/user/hadoop/input_32mb/1987.csv
14/11/23 21:41:43 INFO tools.DistCp: /user/hadoop/input_32mb/1987.csv does not exist.
14/11/23 21:41:43 INFO tools.DistCp: sourcePathsCount=1
14/11/23 21:41:43 INFO tools.DistCp: filesToCopyCount=1
14/11/23 21:41:43 INFO tools.DistCp: bytesToCopyCount=121.3m
14/11/23 21:41:44 INFO mapred.JobClient: Running job: job_201411232129_0003
14/11/23 21:41:45 INFO mapred.JobClient:  map 0% reduce 0%
14/11/23 21:41:51 INFO mapred.JobClient:  map 100% reduce 0%
14/11/23 21:41:51 INFO mapred.JobClient: Job complete: job_201411232129_0003
14/11/23 21:41:51 INFO mapred.JobClient: Counters: 22
14/11/23 21:41:51 INFO mapred.JobClient:   Job Counters
(중략)
14/11/23 21:46:07 INFO mapred.JobClient:   distcp
14/11/23 21:46:07 INFO mapred.JobClient:     Files copied=1
14/11/23 21:46:07 INFO mapred.JobClient:     Bytes copied=689413044
14/11/23 21:46:07 INFO mapred.JobClient:     Bytes expected=689413044
14/11/23 21:46:07 INFO mapred.JobClient:   Map-Reduce Framework
14/11/23 21:46:07 INFO mapred.JobClient:     Map input records=1
14/11/23 21:46:07 INFO mapred.JobClient:     Physical memory (bytes) snapshot=141021184
14/11/23 21:46:07 INFO mapred.JobClient:     Spilled Records=0
14/11/23 21:46:07 INFO mapred.JobClient:     CPU time spent (ms)=7550
14/11/23 21:46:07 INFO mapred.JobClient:     Total committed heap usage (bytes)=187695104
14/11/23 21:46:07 INFO mapred.JobClient:     Virtual memory (bytes) snapshot=814247936
14/11/23 21:46:07 INFO mapred.JobClient:     Map input bytes=156
14/11/23 21:46:07 INFO mapred.JobClient:     Map output records=0
14/11/23 21:46:07 INFO mapred.JobClient:     SPLIT_RAW_BYTES=173
```

셸 스크립트 실행이 완료된 후 HDFS에서 input_32mb를 조회합니다. 전체 연도의 통계 데이터 파일이 복사됐고, 각 파일에 대한 distcp 실행 로그가 생성돼 있습니다.

```
[hadoop@wikibooks01 hadoop-1.2.1]$ ./bin/hadoop fs -ls input_32mb
Found 44 items
-rw-r--r--   3 hadoop supergroup   127162642 2014-11-23 21:41 /user/hadoop/input_32mb/1987.csv
-rw-r--r--   3 hadoop supergroup   501039172 2014-11-23 21:41 /user/hadoop/input_32mb/1988.csv
-rw-r--r--   3 hadoop supergroup   486518521 2014-11-23 21:42 /user/hadoop/input_32mb/1989.csv
(중략)
drwxr-xr-x   - hadoop supergroup           0 2014-11-23 21:44 /user/hadoop/input_32mb/_distcp_
logs_yytmck
drwxr-xr-x   - hadoop supergroup           0 2014-11-23 21:46 /user/hadoop/input_32mb/_distcp_
logs_z6sr3f
```

이제 32MB 단위로 생성된 파일을 이용해 항공 운항 도착 지연 데이터를 다시 처리해보겠습니다. 예제 5.4로 64MB 블록 단위의 파일을 분석했을 때는 189개의 맵 태스크가 실행됐는데, 이번에는 367개의 맵 태스크가 실행됐습니다.

```
[hadoop@wikibooks01 hadoop-1.2.1]$ ./bin/hadoop jar hadoop-beginner-examples-1.0.jar wikibooks.
hadoop.chapter05.ArrivalDelayCount input_32mb arr_delay_count_32mb
14/11/23 22:29:17 WARN mapred.JobClient: Use GenericOptionsParser for parsing the arguments.
Applications should implement Tool for the same.
14/11/23 22:29:17 INFO input.FileInputFormat: Total input paths to process : 22
14/11/23 22:29:17 WARN snappy.LoadSnappy: Snappy native library is available
14/11/23 22:29:17 INFO util.NativeCodeLoader: Loaded the native-hadoop library
14/11/23 22:29:17 INFO snappy.LoadSnappy: Snappy native library loaded
14/11/23 22:29:18 INFO mapred.JobClient: Running job: job_201411232129_0025
14/11/23 22:29:19 INFO mapred.JobClient:  map 0% reduce 0%
14/11/23 22:29:25 INFO mapred.JobClient:  map 1% reduce 0%
14/11/23 22:29:27 INFO mapred.JobClient:  map 2% reduce 0%
(중략)
14/11/23 22:32:50 INFO mapred.JobClient: Counters: 29
14/11/23 22:32:50 INFO mapred.JobClient:   Job Counters
14/11/23 22:32:50 INFO mapred.JobClient:     Launched reduce tasks=1
14/11/23 22:32:50 INFO mapred.JobClient:     SLOTS_MILLIS_MAPS=1100236
14/11/23 22:32:50 INFO mapred.JobClient:     Total time spent by all reduces waiting after
reserving slots (ms)=0
14/11/23 22:32:50 INFO mapred.JobClient:     Total time spent by all maps waiting after
reserving slots (ms)=0
```

```
14/11/23 22:32:50 INFO mapred.JobClient:      Launched map tasks=367
(생략)
```

그런데 필자의 하둡 클러스터에서는 64MB 블록 단위의 파일을 분석했을 때보다 잡의 수행 시간이 2배 가까이 차이가 났습니다. 64MB 블록 단위의 파일은 5분 45초가 소요됐는데, 32MB 블록 단위의 파일은 9분 이상이 소요됐습니다. 더 많은 맵 태스크를 실행했으면 더 좋은 결과가 나와야 할 텐데, 왜 이런 결과가 나왔을까요?

그 이유는 태스크트래커가 동시에 실행할 수 있는 맵 태스크 개수가 2개이기 때문입니다. 하둡 환경설정 파일인 mapred-site.xml에서는 표 8.5와 같은 두 개의 파라미터를 제공하는데, 별도로 값을 설정하지 않을 경우 기본값인 2를 사용합니다. DFS 블록 크기를 작게 잡아서 많은 맵 태스크 실행이 예약돼도 태스크트래커가 한 번에 2개씩 맵 태스크를 실행할 수밖에 없기 때문에 작업 시간이 더 길어진 것입니다.

표 8.5 태스크트래커의 태스크 실행 개수 설정 파라미터

파라미터	기본값	내용
mapred.tasktracker.map.tasks.maximum	2	하나의 태스크트래커에서 동시에 실행할 수 있는 맵 태스크의 개수
mapred.tasktracker.reduce.tasks.maximum	2	하나의 태스크트래커에서 동시에 실행할 수 있는 리듀스 태스크의 개수

일반적으로 맵 태스크가 CPU의 75% 이하를 사용할 경우 최대 태스크 개수를 CPU 개수보다 약간 초과해서 설정하게 됩니다. 예를 들어, CPU 코어가 8개일 경우 최대 태스크 개수를 10개로 계산한 후, 8개는 맵 태스크에, 2개는 리듀스 태스크로 설정합니다. 또는 맵 태스크의 최대 실행 개수를 7로, 리듀스 태스크의 최대 실행 개수를 3으로 설정합니다. 참고로 하둡은 적정 리듀스 태스크 개수를 "0.95 * 데이터노드 개수 ~ 1.75 * 데이터노드 개수"로 권장합니다.

CPU 코어 개수 외에도 하드 디스크 구성, 분석해야 할 데이터 크기, 분석 유형 등 다양한 요소를 고려해야 합니다. 예를 들어, CPU 코어 개수는 16개인데 디스크나 데이터노드가 몇 개 없는 상태에서 디스크나 네트워크 작업 위주의 잡을 실행하는 데 CPU 코어 개수만큼 맵 태스크 개수를 설정하면 성능상의 문제가 일어납니다.

결론적으로 맵 태스크와 리듀스 태스크 개수 설정은 실제로 잡을 실행해 보면서 적정한 수치를 찾는 것이 정답입니다. 즉, 여러분이 구성한 클러스터 환경에서 다양한 맵리듀스 프로그램을 만들고, 실행하면서 경험과 노하우를 쌓아야만 최적의 수치를 알아낼 수 있습니다.

8.5 JVM 재사용

태스크트래커는 맵 태스크와 리듀스 태스크를 실행할 때 각각 별도의 JVM을 실행합니다. 각 태스크에서 JVM을 시작하는 시간은 약 1초 정도 내외로 사용자가 인지하지 못할 만큼 빠르게 진행됩니다. 하지만 7장의 맵 사이드 조인에서 사용한 매퍼처럼 별도의 초기화 로직이 있거나, 매퍼나 리듀서의 초기화 시간이 오래 걸리는 경우, 짧은 시간 안에 많은 매퍼를 실행해야 하는 경우 JVM을 시작하는 시간이 전체 잡 실행에 영향을 줄 수 있습니다.

이러한 현상을 방지하기 위해 태스크가 JVM을 재사용하는 옵션을 사용할 수 있습니다. 이 옵션을 사용할 경우 하나의 JVM에서 동시에 태스크가 수행되는 것이 아니라 순차적으로 태스크가 수행됩니다. 하둡 환경설정 파일인 mapred-site.xml에서는 mapred.job.reuse.jvm.num.tasks 파라미터를 이용해 JVM을 재사용할 수 있습니다. 이 파라미터의 기본값은 1인데, 1은 JVM을 재사용하지 않겠다는 의미입니다. JVM을 재사용하고 싶을 경우 원하는 JVM 개수를 설정하면 되며, 무제한으로 JVM을 재사용하고 싶을 경우 -1을 설정하면 됩니다. 또한 JVM 재사용은 태스크 사이에 데이터를 공유하는 경우에도 도움을 줄 수 있습니다. 예를 들어, static (정적) 변수를 선언해서 여러 태스크가 참조한다면 더 빠르게 해당 값을 조회할 수 있습니다.

8.6 투기적인 잡 실행

투기적인(speculative)이라는 단어가 굉장히 생소하게 느껴질 것입니다. 투기적으로 잡을 실행하는 것은 어떤 의미일까요? 하둡은 하나의 잡에서 수행돼야 할 전체 태스크를 병렬로 실행합니다. 이렇게 전체 태스크가 실행될 때 일부 태스크의 작업이 지연될 수도 있습니다. 예를 들어, 파일 시스템 자체에 문제가 생겨 I/O가 제대로 이뤄지지 않을 수도 있고, 작성한 코드에 문제가 있어서 지연될 수도 있습니다. 하둡은 전체 맵 태스크가 완료돼야만 리듀스 태스크가 실행되고, 전체 리듀스 태스크 수행이 완료돼야 잡이 정상적으로 종료된 것으로 인식합니다. 만약 특정 태스크가 계속 수행되고 있거나 지연된다면 당연히 전체 잡의 성능도 떨어질 것입니다.

하둡은 수행되는 태스크 가운데 일정 시간이 지났는데도 계속 실행되고 있는 태스크가 있으면 해당 태스크가 수행되고 있는 데이터노드와 다른 데이터노드에서 동일한 태스크를 병렬로 실행합니다. 기존 태스크가 먼저 완료되면 병렬로 수행되던 태스크를 강제로 종료시키고, 병렬로 수행되던 태스크가 먼저 완료되면 기존 태스크를 강제로 종료시킵니다. 이러한 작업을 투기적인(speculative) 실행이라고 합니다.

투기적인 실행은 하둡 환경설정 파일인 mapred-site.xml에서 표 8.6의 파라미터를 이용해 수정할 수 있습니다.

표 8.6 투기적인 잡 실행 파라미터

파라미터	기본값	내용
mapred.map.tasks.speculative.execution	true	잡이 실행되는 도중 다른 맵 태스크보다 느리게 동작하는 맵 태스크가 있으면 다른 데이터노드에서 해당 맵 태스크를 실행합니다.
mapred.reduce.tasks.speculative.execution	true	잡이 실행되는 도중 다른 리듀스 태스크보다 느리게 동작하는 리듀스 태스크가 있으면 다른 데이터노드에서 해당 리듀스 태스크를 실행합니다.

투기적인 맵 실행과 투기적인 리듀스 실행 옵션은 모두 true로 돼 있는데, 왜 투기적인 실행을 수정해야 할까요? 이것은 잡이 안정적으로 수행될 수 있게 투기적인 실행을 하지만 오히려 성능에 역효과를 줄 수 있기 때문입니다. 태스크 자체의 로직에 심각한 버그가 있거나, 성능을 저하시키는 코드가 있는 경우는 버그를 수정하는 게 가장 우선적으로 해야 할 일입니다. 또한 태스크에서 HDFS가 아니라 별도의 파일 시스템에 파일 I/O를 하고 있을 경우, 투기적으로 실행될 경우 해당 파일 시스템은 병목이 일어날 수밖에 없습니다. 무엇보다 투기적인 실행이 과다하게 발생할 경우 하둡 클러스터 자체의 성능에도 지장을 줍니다. 이러한 이유로 투기적인 실행을 false로 설정하고, 투기적인 실행이 필요한 개별적인 잡에 대해 true로 설정하기를 권장합니다.

투기적인 실행은 잡 인터페이스에서 제공하는 메서드를 이용해 설정할 수 있습니다. 표 8.7은 해당 메서드를 정리한 것이며, 메서드의 파라미터는 불린 값을 사용합니다.

표 8.7 투기적인 잡 실행 메서드

메서드	내용
setSpeculativeExecution	잡에서 수행하는 모든 태스크에 대한 투기적인 실행 옵션을 설정합니다.
setMapSpeculativeExecution	잡에서 수행하는 맵 태스크에 대해 투기적인 실행 옵션을 설정합니다.
setReduceSpeculativeExecution	잡에서 수행하는 리듀스 태스크에 대해 투기적인 실행 옵션을 설정합니다.

8.7 압축 코덱 선택

압축을 이용하면 다양한 장점이 있습니다. 우선 디스크 공간을 절약할 수 있습니다. Gzip의 경우 텍스트 파일을 기준으로 60 ~ 70%까지의 압축율을 보입니다. 또한 8.3절에서 설명한 것처럼 중간 데이터의 크기를 줄여줌으로써 셔플 속도를 단축시킬 수 있습니다. 그렇다면 하둡은 어떤 압축 코덱을 지원할까요? 표 8.8은 하둡에서 사용할 수 있는 압축 코덱을 정리한 내용입니다.

표 8.8 하둡 압축 코덱

코덱	확장자	내용
Deflate	.deflate	하둡의 기본 압축 코덱입니다. 맵리듀스 잡의 출력 데이터를 압축할 때 별도의 코덱을 설정하지 않으면 Deflate가 적용됩니다. zlib 압축 알고리즘을 사용합니다.
gzip	.gz	gzip 압축 알고리즘을 사용합니다.
bzip2	.bz2	gzip보다 압축율은 좋지만 압축/해제 속도가 느립니다.
LZO	.lzo_deflate	블록 기반의 압축 알고리즘이며, 압축된 데이터를 스플릿할 수 있습니다.
LZOP	.lzo	LZO에 추가 헤더를 더한 알고리즘입니다.
스내피	.snappy	구글에서 오픈소스로 공개한 압축 알고리즘입니다. 압축률은 gzip보다 좋지 않지만 압축을 푸는 속도가 빠르고 CPU도 적게 소모합니다.

참고로 LZO와 LZOP는 GPL 라이선스의 제약 때문에 하둡 배포판에서 제거된 상태입니다. 그래서 LZO와 LZOP를 사용하려면 개발자가 별도로 설치 및 빌드 작업을 진행해야 합니다.

압축이 다양한 장점을 보여주긴 하지만 코덱을 선택할 때는 신중을 기할 필요가 있습니다. 바로 스플릿이 불가능한 코덱이 있기 때문입니다. 표 8.9는 압축 코덱의 기능을 비교한 내용입니다. 참고로 네이티브 압축을 지원하는 코덱이 자바 전용 압축 지원보다 성능이 우수합니다.

표 8.9 압축 코덱 비교

코덱	스플릿 가능 여부	자바 전용 압축 지원	네이티브 압축 지원
Deflate	X	O	O
gzip	X	O	O
bzip2	O	O	X
LZO	X	X	O
LZOP	O	X	O
스내피	X	X	O

압축 코덱을 잘못 선택할 경우에는 실제로 어떤 일이 일어날까요? 이 책에서는 다음과 같이 항공 운항 통계 데이터 중 2008년도 CSV 파일을 대상으로 압축 전후의 맵리듀스 잡의 성능을 비교해봤습니다.

먼저 CSV 파일을 압축합니다.

```
[hadoop@wikibooks01 dataexpo]$ ls -l -h 2008.csv
-rw-rw-r-- 1 hadoop hadoop 658M 2014-11-22 13:41 2008.csv
[hadoop@wikibooks01 dataexpo]$ gzip 2008.csv
[hadoop@wikibooks01 dataexpo]$ ls -l -h 2008.csv.gz
-rw-rw-r-- 1 hadoop hadoop 167M 2014-11-22 13:41 2008.csv.gz
```

그런 다음 HDFS에 새로운 디렉터리를 만들고, 압축 파일을 업로드합니다.

```
[hadoop@wikibooks01 hadoop-1.2.1]$ ./bin/hadoop fs -mkdir input_gz
[hadoop@wikibooks01 hadoop-1.2.1]$ ./bin/hadoop fs -put /home/hadoop/dataexpo/2008.csv.gz input_gz/
```

압축되지 않은 CSV 파일을 대상으로 맵리듀스 잡을 실행합니다.

```
[hadoop@wikibooks01 hadoop-1.2.1]$ ./bin/hadoop jar hadoop-beginner-examples-1.0.jar wikibooks.hadoop.chapter05.ArrivalDelayCount input/2008.csv gz_test_01
(중략)
14/11/28 02:25:25 INFO mapred.JobClient:        Launched map tasks=11
14/11/28 02:25:25 INFO mapred.JobClient:        Data-local map tasks=11
14/11/28 02:25:25 INFO mapred.JobClient:        SLOTS_MILLIS_REDUCES=10138
14/11/28 02:25:25 INFO mapred.JobClient:        File Output Format Counters
14/11/28 02:25:25 INFO mapred.JobClient:        Bytes Written=171
14/11/28 02:25:25 INFO mapred.JobClient:        FileSystemCounters
14/11/28 02:25:25 INFO mapred.JobClient:          FILE_BYTES_READ=71433572
14/11/28 02:25:25 INFO mapred.JobClient:          HDFS_BYTES_READ=689455302
14/11/28 02:25:25 INFO mapred.JobClient:          FILE_BYTES_WRITTEN=111538207
14/11/28 02:25:25 INFO mapred.JobClient:          HDFS_BYTES_WRITTEN=171
(생략)
```

이어서 압축 파일을 대상으로 맵리듀스 잡을 실행합니다.

```
[hadoop@wikibooks01 hadoop-1.2.1]$ ./bin/hadoop jar
(중략)
14/11/28 02:28:26 INFO mapred.JobClient:        Launched map tasks=1
14/11/28 02:28:26 INFO mapred.JobClient:        Data-local map tasks=1
14/11/28 02:28:26 INFO mapred.JobClient:        SLOTS_MILLIS_REDUCES=9316
14/11/28 02:28:26 INFO mapred.JobClient:     File Output Format Counters
14/11/28 02:28:26 INFO mapred.JobClient:        Bytes Written=171
14/11/28 02:28:26 INFO mapred.JobClient:     FileSystemCounters
14/11/28 02:28:26 INFO mapred.JobClient:        FILE_BYTES_READ=88981940
14/11/28 02:28:26 INFO mapred.JobClient:        HDFS_BYTES_READ=174531779
14/11/28 02:28:26 INFO mapred.JobClient:        FILE_BYTES_WRITTEN=128481860
14/11/28 02:28:26 INFO mapred.JobClient:        HDFS_BYTES_WRITTEN=171
(생략)
```

두 맵리듀스 잡의 실행 결과를 보면 맵 태스크 개수가 크게 차이가 나는 것을 확인할 수 있습니다. CSV 원본 파일은 11개의 맵 태스크가 생성됐고, gzip 압축 파일은 단 1개의 맵 태스크를 생성했습니다. 위와 같이 맵 태스크 개수가 차이가 나는 이유는 gzip이 스플릿을 지원하지 않기 때문입니다. 또한 잡의 실행 시간은 2배 이상 차이가 났습니다. 필자의 테스트 클러스터에서는 CSV 파일은 16초, gzip 압축 파일은 무려 37초가 소요됐습니다. 이 예제에서는 658MB의 파일을 대상으로 했지만 실제 업무에서 수십 기가바이트 혹은 수십 테라바이트의 파일을 위와 같이 처리한다면 엄청난 성능 저하가 발생할 것입니다.

위와 같은 상황을 방지하려면 적절한 압축 코덱을 선택하거나 적절한 파일 포맷을 선택해야 합니다. 혹은 4.2절에서 설명한 것처럼 시퀀스파일의 블록 압축으로 데이터를 저장해야 합니다.

또한 최근에는 텍스트 파일이나 시퀀스파일의 성능을 극복하기 위한 RC 파일이나 ORC 파일, 파케이(Parquet) 같은 칼럼 기반[1]의 파일 포맷이 공개되고 있습니다. 이러한 파일 포맷은 하이브, 임팔라, 타조 등 다양한 하둡 에코시스템에서 활용됩니다. 참고로 17장에서 하이브의 칼럼 파일 포맷의 활용법을 설명할 예정입니다.

---

1 http://www.zdnet.co.kr/news/news_view.asp?artice_id=20131211140045

하둡 운영

지금까지 하둡의 기본 지식과 맵리듀스를 이용한 개발 방법을 알아봤습니다. 이번 장에서는 하둡을 운영할 때 필요한 실무적인 내용을 살펴보겠습니다.

9.1 클러스터 계획

하둡 클러스터를 구축하기로 했다면 클러스터 규모, 하드웨어 사양, 네트워크 구성에 대해 고민해야 합니다. 이번 절에서는 하둡 클러스터를 계획할 때 반드시 점검해야 하는 사항에 대해 알아보겠습니다.

9.1.1 하드웨어 선택

하드웨어 사양은 마스터 서버와 슬레이브 서버로 구분해서 접근해야 합니다.

- **마스터 서버**

    네임노드, 잡트래커, 보조네임노드를 설치하는 서버입니다. 디스크는 2 ~ 4개 정도로 구성하면 되고, RAID-1(디스크 미러링)을 적용합니다. 하둡은 64GB 메모리에 1억 개의 파일을 저장할 수 있습니다. 이를 감안해 적정 메모리 크기를 결정합니다. 최근에는 최소 32GB부터 128GB까지 마스터 서버의 메모리를 구성합니다. CPU는 CPU 코어 개수를 16 ~ 24개까지 구성합니다.

■ **슬레이브 서버**

데이터노드와 태스크트래커를 설치하는 서버입니다. 가능한 한 디스크를 많이 설치할 수 있는 서버가 좋고, 일반적으로 4 ~ 12개까지의 디스크를 설치합니다. 디스크 용량은 1TB ~ 3TB 정도로 구성하고, 디스크 종류는 7200 RPM SATA 디스크를, 예산이 충분하다면 SAS 디스크를 설치하는 것을 권장합니다. CPU는 최소한 두 개 이상의 쿼드코어를 권장하며, 메모리는 24GB ~ 48GB면 적당합니다.

슬레이브 서버의 디스크에는 성능상 큰 문제가 발생할 수 있으므로 RAID를 구성하지 않는 것이 좋습니다. 하지만 JBOD를 지원하는 장비라면 RAID와 같은 효과를 낼 수가 있습니다. JBOD를 이용하면 하둡이 여러 개의 디스크를 마치 하나의 디스크처럼 제어할 수 있기 때문입니다.

하드웨어 사양에 대한 자세한 내용은 아래 사이트에서 확인할 수 있습니다.

- http://docs.hortonworks.com/HDPDocuments/HDP2/HDP-2.1.2/bk_cluster-planning-guide/content/ch_hardware-recommendations.html[1]
- http://blog.cloudera.com/blog/2013/08/how-to-select-the-right-hardware-for-your-new-hadoop-cluster[2]

9.1.2 클러스터 규모 산정

적정한 하둡 클러스터의 규모를 산정하는 것도 매우 중요합니다. 클러스터 규모를 계획할 때는 다음과 같이 다양한 요소를 고려해야 합니다.

1. **일일 적재 용량**: 하루에 얼마나 많은 로우 데이터를 HDFS에 저장할지 계산합니다.

2. **데이터 증가 비율**: 최소 1년에서 길게는 2~3년 동안 예상되는 데이터 증가 비율을 예상합니다.

3. **데이터 처리 용량**: HDFS에 저장된 데이터를 맵리듀스 혹은 하이브, 피그, 타조와 같은 시스템으로 처리했을 때의 결과 데이터 용량입니다. 압축 및 파일 포맷에 따라 조금 더 세밀하게 측정할 필요가 있습니다.

4. **데이터 보관 주기**: 데이터를 삭제하지 않고 보관하는 기간입니다.

---

1 http://goo.gl/oSlumV
2 http://goo.gl/AZlyXx

5. **운영체제 설치 용량**: 서버당 1 ~ 20GB 정도를 산정합니다.

6. **임시 용량**: HDFS의 임시 디렉터리 및 셔플 데이터용으로 사용되는 용량입니다. 일반적으로 서버 용량의 10% 정도의 용량을 산정합니다.

7. **설치 프로그램 용량**: 하둡, 하이브, 피그, 타조, H베이스 같은 프로그램을 설치하기 위한 용량입니다. 서버당 1 ~ 30GB를 산정합니다.

8. **로그 용량**: 하둡과 같은 프로그램에서 생성되는 로그가 차지하는 용량입니다. 서버 용량의 10% 정도를 산정합니다.

9. **장애 대응 여유 용량**: 시스템 장애가 발생할 경우 추가로 프로그램을 설치하거나 백업을 받는 작업을 진행할 수 있습니다. 이를 위해 30% 정도의 여유 공간을 잡아둡니다.

10. **노드당 디스크 개수**: CPU가 지원할 수 있는 용량을 벗어난다면 디스크 개수가 많아도 제대로 성능을 낼 수가 없습니다. 1U 서버의 경우 4개 혹은 8개의 디스크를, 2U 서버의 경우 12개 혹은 24개의 디스크를 설치하는 것이 좋습니다.

11. **개별 디스크 용량**: 각 디스크별 용량을 측정합니다.

12. **단위 보정**: 1TB짜리 디스크를 실제로 설치할 경우 931GB로 용량이 출력됩니다. 이 같은 부분을 고려해 10% 정도로 용량을 올려서 예상하는 것이 좋습니다.

위와 같은 항목을 고려할 경우 다음과 같은 공식으로 용량을 계산합니다.

- HDFS 저장 용량 산출 공식
  ((1) + (3)) x (2) x (4) x HDF 복제 개수
  예: (500GB + 30GB) x 101 / 100 x 365일 x 3 = 573TB

- 전체 서버 대수 1차 산출 공식
  HDFS 저장 용량 / (10) / (11) x (12)
  예: 573GB / 4 / 3 x 10% = 53대(소수점 이하 발생 시 무조건 +1을 합니다)

- 전체 물리적 용량 산출 공식
  (HDFS 저장 용량 + ((5) + (7) x 전체 서버 대수 1차 산출 용량 x (6) x (8)) x (9)
  예: (573TB + (20GB + 30GB) x 53대 x 10% x 10% x 10%) x 30% = 750TB

- 전체 서버 대수 최종 산출 공식
  전체 물리적 용량 / (10) / (11) x (12)
  예: 750TB / 4 / 3 x 10% = 69대

9.2 네임노드 HA 구성

네임노드는 하둡에서 가장 중요한 구성 요소입니다. 네임노드가 관리하고 있는 파일 시스템 이미지나 디스크가 손상되거나, 서버 자체가 부팅할 수 없는 장애가 발생해 네임노드를 실행할 수 없다면 HDFS에 저장된 데이터는 모두 무용지물이 됩니다. 그래서 네임노드를 하둡의 SPOF(Single Point Of Failure)라고 이야기합니다. SPOF라는 시스템의 구성 요소 가운데 특정 요소가 동작하지 않으면 시스템 전체가 중단되는 요소를 의미합니다. 하둡에서 네임노드가 중지되면 하둡 클러스터 전체를 이용할 수 없게 되므로 네임노드가 SPOF가 된 것입니다.

이러한 네임노드의 SPOF를 극복하기 위해서는 네임노드를 HA로 구성해야만 합니다. HA(high availability)란 시스템의 장애가 발생했을 때도 지속적으로 서비스를 운영할 수 있는 시스템이나 컴포넌트를 의미합니다. 리눅스나 윈도우 시스템을 운영해본 분들은 알겠지만 HA는 이미 오래전부터 사용해오던 구조입니다. 기존에 사용하던 HA는 주로 백업, 장애 대처 방법, 데이터 저장 및 접근에 집중돼 있었습니다. 파일 시스템의 경우 RAID 구성도 그 방법 중 하나이고, 최근에는 3장에서 배운 SAN과 같은 방법을 이용해왔습니다.

하둡 진영에서는 네임노드의 HA를 구성하기 위해 오랫동안 연구를 진행해왔습니다. 그 결과 다음과 같이 다양한 HA 구성 방법이 소개됐습니다.

- 아파치: 하둡 0.21 버전에서 백업노드 제공, 하둡 2.0에서 네임노드의 HA 제공(단, 장애 시 수동 복구)
- 페이스북: 아바타노드
- 야후: 기존 리눅스의 HA를 이용한 네임노드 HA 프로토타입 구현
- 이베이: 백업노드와 록 리포트 복제기(replicator)를 이용한 네임노드 HA 구현

이번 절에서는 위 사례 가운데 가장 많이 사용되는 방법인 페이스북의 아바타노드에 대해 알아보겠습니다.

9.2.1 아바타노드의 등장 배경

페이스북은 하둡 클러스터를 재구동하는 경우 많은 시간이 소요됐었습니다. fsimage와 editlog를 조회해서 메모리에 쓰는 데 10~15분 정도가 소요됐고, 2천 개의 데이터노드의 블록 정보를 처리하는 데도 20~30분이나 소요됐습니다. 결국 한번 하둡을 재구동하는 데 40~60분이라는 시간이 걸렸습니다. 네임노드에 장애가 발생한다면 최고 1시간까지는 하둡 서비스가 불가능한 상태가 되는 상황이었습니다.

페이스북은 네임노드의 SPOF를 극복하기 위해 하둡의 백업노드 적용을 검토했습니다. 하지만 백업 노드는 네임노드의 파일 네임스페이스와 동기화가 완전히 보장되지 않았고 블록이나 데이터노드에 대한 정보도 관리되지 않았습니다. 또한 당시 안정적인 하둡 버전인 0.20 버전에는 적용되지 않고, 0.21 버전에만 적용돼 있어서 하둡 버전 업그레이드라는 위험요소까지 있었습니다. 결국 페이스북의 하둡 엔지니어들은 자체적으로 해결책을 논의하기 시작했고, 그 결과물로 아바타노드가 만들어졌습니다.

페이스북은 아바타노드를 오픈소스(https://github.com/facebook/hadoop-20)로 공개했으며, 하둡 0.20의 버그도 아바타노드로 수정했습니다(https://issues.apache.org/jira/browse/HDFS-976 참고).

9.2.2 아바타노드의 작동 방식

아바타노드는 네임노드의 래퍼 클래스입니다. 기존 네임노드의 코드를 수정하지 않고, 단순히 래핑하는 형태로 네임노드의 기능을 그대로 사용할 수 있습니다. 백업노드는 네임스페이스와 블록 정보를 관리하지 못했지만 아바타노드는 네임노드를 래핑하는 형태로 이를 극복한 것입니다. 이러한 아바타노드를 이용해 어떻게 네임노드의 HA를 구성하는지 알아보겠습니다. 그림 9.1은 아바타노드를 이용한 HA 구성을 나타낸 그림입니다.

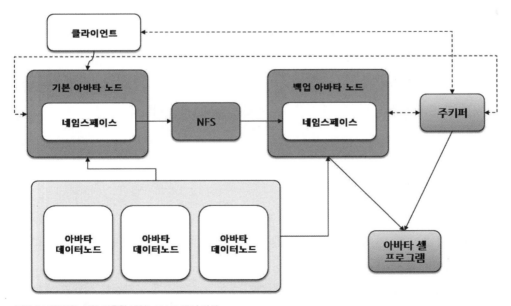

그림 9.1 아바타노드를 이용한 네임노드 HA 구성 방식

■ 아바타노드

아바타노드는 기본 아바타노드(Primary AvatarNode)와 대기 아바타노드(Standby AvataNode)라는 두 개의 노드로 구성됩니다. 이 두 개의 노드는 액티브/스탠바이 구조로 돼 있어서 액티브 상태인 노드에 장애가 생기면 스탠바이 상태인 노드를 액티브 상태로 돌려서 서비스하게 됩니다. 이때 어떤 노드를 액티브 상태로 둘지는 주키퍼가 각 노드의 상태를 체크해서 결정하게 됩니다.

기본 아바타노드와 대기 아바타노드는 파일 네임스페이스를 동일하기 유지하기 위해 HDFS의 트랜잭션 로그를 NFS에 저장합니다. NFS는 Network File System의 약자로 리눅스 서버끼리 네트워크를 통해 디스크 공간을 공유할 때 사용하는 방법입니다. 기본 아바타노드는 NFS에 트랜잭션 로그를 저장하고 보조 아바타노드에서는 NFS에 저장된 트랜잭션 로그 파일을 조회해서 트랜잭션을 유지합니다.

■ 클라이언트

클라이언트는 HDFS 트랜잭션을 새로 시작하거나, 오류가 나서 중간에 시작할 때도 주키퍼를 체크합니다. 주키퍼에서 기본 아바타노드가 종료돼 있다는 정보를 전달하면 보조 아바타노드로 트랜잭션 처리를 요청하게 됩니다. 클라이언트 입장에서는 네임노드에 장애가 나더라도 인지하지 못하고 요청한 작업이 처리되는 것입니다.

■ 아바타 데이터노드

NFS를 이용해 트랜잭션 로그를 유지하는 것만으로는 파일 시스템 네임스페이스를 완벽하게 유지할 수 없습니다. 그래서 기존의 데이터노드를 래핑한 아바타 데이터노드를 사용합니다. 기존 데이터노드는 하나의 네임노드와 통신을 했습니다. 하지만 아바타 데이터노드는 기본 아바타노드와 보조 아바타노드와 동시에 통신합니다. 이때 블록 리포트 정보를 양쪽 노드에 전송해서 두 개의 아바타노드가 HDFS의 블록 정보를 유지할 수 있게 도와줍니다.

■ 장애 복구

장애 복구는 아바타 셸 프로그램을 이용해 수동으로 복구합니다. 아바타 셸 프로그램은 장애 복구와 주키퍼의 노드 업데이트를 함께 수행합니다.

아바타노드는 2010년부터 페이스북 내부 시스템에 적용되어 사용돼 왔습니다. 또한 2012년 하둡 서밋에서 페이스북이 발표한 자료에 의하면 아바타노드를 이용하면 자체 DW의 다운 타임을 절반 가량 줄일 것으로 예상하고 있습니다. 그리고 페이스북은 앞으로 별도의 모니터링 없이 안전하게 장애가 복구될 수 있게 일반적인 HA 프레임워크와 통합할 것이라고 밝혔습니다.

참고로 하둡 2.0부터는 별도의 외부 컴포넌트를 이용하지 않고도 하둡 자체적으로 네임노드 HA를 구성할 수 있습니다. 하둡 2.0의 네임노드는 12장에서 자세히 설명할 예정입니다.

9.3 파일 시스템 상태 확인

HDFS에 저장된 파일에는 다양한 문제가 발생할 수 있습니다. 예를 들어, 복제본이 부족하게 생성되거나, 파일이 깨져서 제대로 읽을 수 없는 상황이 발생할 수 있습니다. HDFS는 파일 시스템의 상태를 확인하고 삭제할 수 있는 fsck 셸 명령어를 제공합니다. 다음과 같이 fsck 명령어를 실행하면 현재 파일 시스템 상태를 확인할 수 있습니다.

```
[hadoop@wikibooks01 hadoop-1.2.1]$ ./bin/hadoop fsck /
```

파라미터로 루트(/)를 사용한 이유는 fsck 명령어는 반드시 상태를 확인해야 하는 경로가 필요하기 때문입니다. fsck가 실행되면 다음 예제 9.1과 같이 파일 시스템을 확인한 결과가 출력됩니다. 예제 9.1의 마지막 줄에 있는 "The filesystem under path '/' is HEALTHY"는 이 파일 시스템의 상태가 정상이라는 것을 의미합니다.

예제 9.1 fsck의 실행 결과

```
FSCK started by hadoop from /192.168.56.120 for path / at Mon Nov 24 21:38:56 KST 2014
...........Status: HEALTHY
 Total size:     57943369161 B
 Total dirs:     154
 Total files:    454
 Total blocks (validated):      1329 (avg. block size 43599224 B)
 Minimally replicated blocks: 1329 (100.0 %)
 Over-replicated blocks: 0 (0.0 %)
 Under-replicated blocks:      6 (0.45146728 %)
 Mis-replicated blocks:        0 (0.0 %)
 Default replication factor: 3
 Average block replication:   3.0
 Corrupt blocks:              0
 Missing replicas:            42 (1.0534236 %)
 Number of data-nodes:             3
 Number of racks:             1
 FSCK ended at Mon Nov 24 21:38:57 KST 2014 in 192 milliseconds

The filesystem under path '/' is HEALTHY
```

표 9.1은 fsck 명령어에서 출력하는 블록의 상태를 정리한 것입니다.

표 9.1 fsck 명령어의 출력 결과

상태	내용
Over-replicated blocks	복제본이 과도하게 생성된 경우를 의미합니다. 예를 들어, 3개의 복제본이 저장돼야 하는데, 3개를 초과해서 복제본이 저장된 경우입니다.
Under-replicated blocks	부족하게 복제된 블록 개수를 의미합니다. 예를 들어, 3개의 복제본이 저장돼야 하는데, 2개 혹은 1개의 복제본만 저장돼 있다면 부족하게 저장된 복제본으로 인식합니다. 주로 네임노드가 다운되기 직전이나 직후에 데이터를 저장할 경우 발생합니다.
Mis-replicated blocks	복제된 블록이 유실된 상태입니다.
Corrupt blocks	블록에 오류가 발생한 경우입니다.

fsck 명령어는 "-delete" 옵션을 지원하기 때문에 오류가 발생한 블록을 직접 삭제할 수 있습니다. 하지만 이 옵션은 사용하지 않는 것이 좋습니다. 물리적으로 블록이 삭제된 것이 아니라면 HDFS를 재구동하면 해당 블록이 자동으로 복구되기 때문입니다.

9.4 밸런서

하둡은 복제본이 부족하거나 과도하게 생성된 경우를 정리하는 밸런서(Balancer) 명령어를 제공합니다. 밸런서 명령어는 명칭 그대로 블록의 밸런스를 맞추는 역할, 즉 블록을 재분배하는 기능을 수행합니다. 밸런서 명령어는 복제본이 부족한 경우는 복제본을 추가로 생성하고, 과도하게 복제본이 생성된 경우는 추가로 생성된 복제본을 삭제합니다. 또한 지나치게 자주 사용되는 데이터노드의 블록은 덜 사용되는 데이터노드로 옮겨줍니다. 밸런서 명령어는 다음과 같이 간단히 실행할 수 있습니다.

```
hadoop balancer - threshold [threshold]
```

threhold 파라미터는 블록을 과도하게 사용하고 있는 데이터노드와 정상적인 데이터노드 간의 사용 비율 차이를 얼마나 줄 것인지를 나타냅니다. 기본값은 10%입니다. 참고로 threshold 파라미터 값을 지정하지 않고, 다음과 같은 셸 스크립트로도 블록을 재분배할 수 있습니다. 블록이 정리되면 명령어는 자동으로 정리되며, threshold 파라미터는 기본값인 10%로 설정됩니다.

```
hadoop-daemon.sh start balancer
```

그리고 상용 클러스터에서는 데이터노드 중 한 대에서 밸런서를 백그라운드로 실행해 두는 것이 좋습니다. 그래야 블록이 지속적으로 정리될 수 있기 때문입니다. 참고로 밸런서가 클러스터 성능에 끼치는 영향은 매우 적습니다.

9.5 HDFS 어드민 명령어 사용

하둡에서는 HDFS 관리자 기능을 지원하기 위해 dfsadmin 명령어를 제공합니다. 콘솔에서 "./bin/hadoop dfsadmin –help"를 입력하면 dfsadmin 명령어에서 제공하는 기능과 간단한 사용법이 출력됩니다. 이번 절에서는 dfsadmin 명령어에서 자주 사용하는 기능 위주로 설명하겠습니다.

9.5.1 report

HDFS의 기본적인 정보와 상태를 출력합니다. 다음과 같이 "–report"를 입력해서 사용할 수 있습니다.

```
[hadoop@wikibooks01 hadoop-1.2.1]$ ./bin/hadoop dfsadmin –report
```

예제 9.2는 report 명령어를 사용했을 때 출력된 결과 화면입니다. 출력 결과 최상단에는 HDFS 전체 스토리지 용량, 스토리지 사용률, 오류 블록 정보 등이 표시됩니다. 이후부터는 HDFS를 구성하는 각 데이터노드가 블록을 얼마나 사용하고, 데이터노드가 정상적으로 구동돼 있는지 알려줍니다. 예제 9.2는 세 대의 데이터노드 중 한 대가 다운돼 있는 경우를 보여주는데, 두 개의 데이터노드만 사용할 수 있음을(Datanodes available: 2 (3 total, 1 dead)) 알려줍니다. 실제로 출력 결과 하단에 보면 이 데이터노드는 가용 용량이 0바이트(Configured Capacity: 0 (0 KB))로 표시돼 있습니다.

예제 9.2 report 명령어를 실행한 결과

```
Configured Capacity: 202693369856 (188.77 GB)
Present Capacity: 169584078848 (157.94 GB)
DFS Remaining: 166749024256 (155.3 GB)
DFS Used: 2835054592 (2.64 GB)
DFS Used%: 1.67%
Under replicated blocks: 18
Blocks with corrupt replicas: 0
```

```
Missing blocks: 0


-------------------------------------------------

Datanodes available: 2 (3 total, 1 dead)


Name: 192.168.56.102:50010
Decommission Status : Normal
Configured Capacity: 101346684928 (94.39 GB)
DFS Used: 1554227200 (1.45 GB)
Non DFS Used: 17310208000 (16.12 GB)
DFS Remaining: 82482249728(76.82 GB)
DFS Used%: 1.53%
DFS Remaining%: 81.39%
Last contact: Mon May 07 08:36:23 KST 2012


Name: 192.168.56.103:50010
Decommission Status : Normal
Configured Capacity: 101346684928 (94.39 GB)
DFS Used: 1280827392 (1.19 GB)
Non DFS Used: 15799083008 (14.71 GB)
DFS Remaining: 84266774528(78.48 GB)
DFS Used%: 1.26%
DFS Remaining%: 83.15%
Last contact: Mon May 07 08:36:24 KST 2012


Name: 192.168.56.104:50010
Decommission Status : Normal
Configured Capacity: 0 (0 KB)
DFS Used: 0 (0 KB)
Non DFS Used: 0 (0 KB)
DFS Remaining: 0(0 KB)
DFS Used%: 100%
DFS Remaining%: 0%
Last contact: Thu Apr 26 21:28:47 KST 2012
```

report 명령어를 사용하면 위와 같이 운영 중인 HDFS의 스토리지는 부족하지 않은지, 문제가 있는 데이터노드는 없는지 쉽게 확인할 수 있습니다.

9.5.2 safemode

3장에서 배운 HDFS의 동작 방식에 대해 다시 한 번 설명하겠습니다. 하둡을 재구동하면 로컬에 저장된 파일 시스템 이미지와 에디트 로그를 조회한 후 메모리에 있는 파일 시스템 이미지를 갱신합니다. 그리고 이때 데이터노드는 저장하고 있는 블록의 위치 정보를 네임노드에 전송하고, 네임노드는 메모리에 올라와 있는 파일 시스템 이미지와 데이터노드가 전송한 블록의 정보를 비교하는 작업을 수행합니다. 이러한 비교 작업을 블록 리포팅이라고 하며, 블록 리포팅이 완료되기 전까지의 상태를 안전 모드(safemode)라고 합니다.

만약 블록 리포팅을 할 때 사용자가 파일을 저장한다면 블록 리포팅 결과에 오류가 생길 것입니다. 이처럼 왜곡이 생기는 것을 막기 위해 안전 모드 상태에서는 파일을 쓰거나 변경하는 작업이 금지됩니다. 대신 기존에 저장된 파일을 읽는 것은 허용됩니다.

하둡은 운영자가 직접 안전 모드를 제어할 수 있게 safemode 명령어를 제공합니다. 안전 모드를 시작할 경우에는 다음과 같이 enter 파라미터를 입력해서 명령어를 실행합니다.

```
[hadoop@wikibooks01 hadoop-1.2.1]$ ./bin/hadoop dfsadmin -safemode enter
Safe mode is ON
```

더는 안전 모드를 실행할 필요가 없다면 다음과 같이 leave 파라미터를 입력하면 안전 모드가 중지됩니다.

```
[hadoop@wikibooks01 hadoop-1.2.1]$ ./bin/hadoop dfsadmin -safemode leave
Safe mode is OFF
```

9.5.3 saveNamespace

하둡은 로컬 파일 시스템에 저장돼 있는 파일 시스템 이미지 파일과 에디트 로그를 현재 버전으로 갱신하는 saveNamespace 명령어를 제공합니다. 단, saveNamespace 명령어는 하둡을 구동할 수 있는 권한을 가진 사용자만 실행할 수가 있습니다. 또한 saveNamespace 명령어를 실행하려면 반드시 네임노드를 안전 모드 상태로 만들어야 합니다. saveNamespace 명령어는 다음과 같이 dfsadmin에 "− saveNamespace" 옵션을 넣어서 실행할 수 있습니다.

```
[hadoop@wikibooks01 hadoop-1.2.1]$ ./bin/hadoop dfsadmin -saveNamespace
saveNamespace: java.io.IOException: Safe mode should be turned ON in order to create namespace
image
```

IOException이 발생하면서 안전 모드를 먼저 설정하라는 메시지가 나타났습니다. 이때 네임노드의 로그 파일을 보면 명령어를 실행했을 때와 동일한 오류 메시지가 출력돼 있습니다. 네임노드의 로그 파일은 하둡 홈 디렉터리 하단의 logs 폴더에서 "namenode-계정명"이 들어간 로그 파일을 확인하면 됩니다.

```
error: java.io.IOException: Safe mode should be turned ON in order to create namespace image
java.io.IOException: Safe mode should be turned ON in order to create namespace image
   at org.apache.hadoop.hdfs.server.namenode.FSNamesystem.saveNamespace(FSNamesystem.java:4662)
   at org.apache.hadoop.hdfs.server.namenode.NameNode.saveNamespace(NameNode.java:979)
(생략)
```

이제 가이드 대로 HDFS를 안전 모드 상태로 만들고 saveNamespace 명령어를 다시 실행해 보겠습니다.

```
[hadoop@wikibooks01 hadoop-1.2.1]$ ./bin/hadoop dfsadmin -safemode enter
Safe mode is ON
[hadoop@wikibooks01 hadoop-1.2.1]$ ./bin/hadoop dfsadmin -saveNamespace
```

네임스페이스가 정상적으로 저장되면 명령어는 자동으로 종료됩니다. 이때 네임노드의 로그 파일을 조회하면 다음과 같이 로컬 파일에 저장한 파일 시스템 이미지 크기와 블록 정보를 확인할 수 있습니다.

```
2014-11-24 01:53:12,419 INFO org.apache.hadoop.hdfs.server.namenode.FSEditLog: Number of
transactions: 14406 Total time for transactions(ms): 123 Number of transactions batched in
Syncs: 948 Number of syncs: 7135 SyncTimes(ms): 889

2014-11-24 01:53:12,419 INFO org.apache.hadoop.hdfs.server.namenode.FSEditLog: closing edit log:
position=3196937, editlog=/home/hadoop/hadoop-data/dfs/name/current/edits

2014-11-24 01:53:12,420 INFO org.apache.hadoop.hdfs.server.namenode.FSEditLog: close success:
truncate to 3196937, editlog=/home/hadoop/hadoop-data/dfs/name/current/edits

2014-11-24 01:53:12,430 INFO org.apache.hadoop.hdfs.server.common.Storage: Image file /home/
hadoop/hadoop-data/dfs/name/current/fsimage of size 97005 bytes saved in 0 seconds.
```

```
2014-11-24 01:53:12,432 INFO org.apache.hadoop.hdfs.server.namenode.FSEditLog: closing edit log:
position=4, editlog=/home/hadoop/hadoop-data/dfs/name/current/edits

2014-11-24 01:53:12,432 INFO org.apache.hadoop.hdfs.server.namenode.FSEditLog: close success:
truncate to 4, editlog=/home/hadoop/hadoop-data/dfs/name/current/edits

2014-11-24 01:53:12,435 INFO org.apache.hadoop.hdfs.server.namenode.FSNamesystem: New namespace
image has been created
```

saveNamespace 명령어는 네임스페이스만 새롭게 저장해줄 뿐 안전 모드를 해제하지는 않습니다. HDFS에 파일 쓰기가 허용되도록 다음과 같이 네임노드의 안전 모드를 해제합니다.

```
[hadoop@wikibooks01 hadoop-1.2.1]$ ./bin/hadoop dfsadmin -safemode leave
Safe mode is OFF
```

9.5.4 파일 저장 개수 설정

하둡은 HDFS의 디렉터리에 파일이 과도하게 생성되는 것을 제한할 수 있는 쿼터 설정 명령어를 제공합니다. setQuota 명령어를 이용하면 디렉터리에 생성되는 파일과 하위 디렉터리 개수를 설정할 수 있습니다. 이 명령어는 "./bin/hadoop −setQuota 쿼터수 디렉터리명" 형식으로 실행하면 됩니다. 이때 주의할 점은 파라미터로 사용하는 쿼터 수가 지정된 디렉터리까지 포함한 수치라는 점입니다. 만약 쿼터 수를 1로 설정한다면 해당 디렉터리에는 어떤 파일도 새로 저장할 수가 없습니다.

그럼 파일 생성 개수를 설정하고, 생성된 개수 대로 파일이 저장되는지 확인해 보겠습니다. 우선 quota_test라는 디렉터리를 만듭니다.

```
[hadoop@wikibooks01 hadoop-1.2.1]$ ./bin/hadoop fs -mkdir quota_test
```

디렉터리가 생성되면 quota_test 디렉터리의 쿼터를 2로 설정합니다.

```
[hadoop@wikibooks01 hadoop-1.2.1]$ ./bin/hadoop dfsadmin -setQuota 2 quota_test
```

이제 미국 항공 운항 지연 데이터의 2008.csv와 2007.csv를 순서대로 quota_test 디렉터리에 저장해 보겠습니다.

```
[hadoop@wikibooks01 hadoop-1.2.1]$ ./bin/hadoop fs -put /home/hadoop/dataexpo/2008.csv quota_
test/2008.csv
```

```
[hadoop@wikibooks01 hadoop-1.2.1]$ ./bin/hadoop fs -put /home/hadoop/dataexpo/2008.csv quota_
test/2007.csv

put: org.apache.hadoop.hdfs.protocol.NSQuotaExceededException: The NameSpace quota (directories
and files) of directory /user/hadoop/quota_test is exceeded: quota=2 file count=3
```

이때 2007.csv를 저장하면 다음과 같이 쿼터를 초과했다는 오류가 발생합니다. 오류 메시지를 보면 쿼터 수는 2인데, 파일 개수가 3으로 출력됐습니다. setQuota 명령어를 실행할 때 쿼터 수를 2로 설정한 것은 quota_test 디렉터리에 하나의 파일이나 하나의 디렉터리만 저장하도록 허용한다는 의미입니다. 이미 2008.csv가 저장돼서 쿼터를 채웠는데, 또다시 2007.csv를 저장하면 쿼터 수를 초과하기 때문에 오류가 난 것입니다.

이러한 경우 쿼터를 해제하거나 쿼터 수를 재설정해서 파일을 추가로 저장할 수 있습니다. clrCuota 명령어를 이용하면 디렉터리에 설정한 쿼터 수가 해제됩니다. 그럼 clrQuota 명령어를 이용해 quota_test 디렉터리에 설정된 쿼터 수를 해제해 보겠습니다.

```
[hadoop@wikibooks01 hadoop-1.2.1]$ ./bin/hadoop dfsadmin -clrQuota quota_test
```

clrQuota 명령어를 실행한 후 2007.csv를 저장하면 정상적으로 파일이 저장됩니다.

```
[hadoop@wikibooks01 hadoop-1.2.1]$ ./bin/hadoop fs -put /home/hadoop/dataexpo/2008.csv quota_
test/2007.csv
```

quota_test 디렉터리를 조회해보면 2008.csv와 2007.csv가 정상적으로 저장된 것을 확인할 수 있습니다.

```
[hadoop@wikibooks01 hadoop-1.2.1]$ ./bin/hadoop fs -ls quota_test
Found 2 items
-rw-r--r--   3 hadoop supergroup  689413044 2014-11-24 21:45 /user/hadoop/quota_test/2007.csv
-rw-r--r--   3 hadoop supergroup  689413044 2014-11-24 21:44 /user/hadoop/quota_test/2008.csv
```

9.5.5 파일 저장 용량 설정

하둡은 특정 폴더가 지나치게 많은 용량을 차지하지 않도록 디렉터리에 저장할 파일 크기까지 설정할 수 있습니다. 이 명령어는 "./bin/hadoop -setSpaceQuota 용량 디렉터리명" 형식으로 실행하면 됩니다. 이때 용량은 단위를 붙이지 않을 경우 바이트로 인식되고, 숫자 뒤에 m을 붙이면 메가바이트, g를 붙이면 기가바이트, t를 붙이면 테라바이트를 의미합니다.

이제 quota_test 디렉터리에 저장할 파일 용량을 1.5GB로 설정해보겠습니다.

```
[hadoop@wikibooks01 hadoop-1.2.1]$ ./bin/hadoop dfsadmin -setSpaceQuota 1500m quota_test
```

파일 용량이 설정된 후 미국 항공 운항 지연 데이터 중에서 2006.csv를 quota_test 디렉터리에 저장합니다.

```
[hadoop@wikibooks01 hadoop-1.2.1]$ ./bin/hadoop fs -put /home/hadoop/dataexpo/2006.csv quota_
test/2006.csv
put: org.apache.hadoop.hdfs.protocol.DSQuotaExceededException: The DiskSpace quota of /user/
hadoop/quota_test is exceeded: quota=1572864000 diskspace consumed=3.9g
```

그런데 2006.csv를 저장하면 DSQuotaExceededException 오류가 발생합니다. 이는 새로 저장하는 641MB짜리 파일과 기존 파일들의 용량 합계가 1.5GB보다 크기 때문입니다.

setSpaceQuota 명령어로 제한한 파일 용량은 clrSpaceQuota 명령어로 해제할 수 있습니다. 이 명령어는 "./bin/Hadoop – clrSpaceQuota 디렉터리명" 형식으로 실행합니다. 그럼 조금 전에 용량 제한을 설정했던 quota_test 디렉터리의 용량 제한을 해제해보겠습니다.

```
[hadoop@wikibooks01 hadoop-1.2.1]$ ./bin/hadoop dfsadmin -clrSpaceQuota quota_test
```

2006.csv 파일을 quota_test 디렉터리에 다시 저장합니다.

```
[hadoop@wikibooks01 hadoop-1.2.1]$ ./bin/hadoop fs -put /home/hadoop/dataexpo/2006.csv quota_
test/2006.csv
```

파일이 저장된 후 quota_test 디렉터리를 조회하면 해당 파일이 정상적으로 저장된 것을 확인할 수 있습니다.

```
[hadoop@wikibooks01 hadoop-1.2.1]$ ./bin/hadoop fs -ls quota_test
Found 3 items
-rw-r--r--   3 hadoop supergroup  672067796 2014-11-24 21:49 /user/hadoop/quota_test/2006.csv
-rw-r--r--   3 hadoop supergroup  689413044 2014-11-24 21:45 /user/hadoop/quota_test/2007.csv
-rw-r--r--   3 hadoop supergroup  689413044 2014-11-24 21:44 /user/hadoop/quota_test/2008.cs
```

9.6 데이터 저장 공간 관리

하둡 클러스터를 설정할 때 주의해서 설정해야 하는 경로 관련 속성이 있습니다. 표 9.2는 경로 설정과 관련된 주요 환경설정 값을 정리한 내용입니다.

표 9.2 경로 관련 주요 환경설정 값

파일	속성	기본값	내용
core–site.xml	hadoop.tmp.dir	/tmp/hadoop-${user.name}	하둡의 임시 데이터 저장 디렉터리
	fs.checkpoint.dir	${hadoop.tmp.dir}/dfs/namesecondary	체크포인팅한 데이터를 저장하기 위한 보조네임노드의 로컬 파일 시스템의 디렉터리
hdfs–site.xml	dfs.name.dir	${hadoop.tmp.dir}/dfs/name	HDFS의 FsImage를 저장하기 위한 네임노드의 로컬 파일 시스템의 디렉터리
	dfs.data.dir	${hadoop.tmp.dir}/dfs/data	HDFS의 블록 정보를 저장하기 위한 데이터노드의 로컬 파일 시스템의 디렉터리
mapred–site.xml	mapred.local.dir	${hadoop.tmp.dir}/mapred/local	맵리듀스 잡 진행 중에 생성되는 임시 데이터를 저장하기 위한 로컬 파일 시스템의 디렉터리
	mapred.system.dir	${hadoop.tmp.dir}/mapred/system	맵리듀스의 시스템 파일을 저장하기 위한 디렉터리

태스크트래커의 출력 데이터는 로컬 디스크에 저장됩니다. 이때 데이터의 저장 경로는 mpared-site.xml에 정의된 mapred.local.dir 속성을 기준으로 합니다. 별도로 경로를 지정하지 않을 경우 hadoop.tmp.dir 속성으로 정의한 디렉터리의 하위 디렉터리로 생성됩니다. 이때 hadoop.tmp.dir의 기본값은 리눅스 서버의 임시 데이터 저장 공간인 /tmp 디렉터리입니다.

그런데 대부분 /tmp 경로에는 많은 여유 공간이 할당돼 있지 않습니다. 만약 /tmp 경로의 용량이 부족해 mapred.local.dir 디렉터리에 더는 파일을 저장할 수 없다면 태스크가 수행되는 중에 오류가 나거나 새로운 태스크를 실행하지 못하게 됩니다.

예제 9.3은 /tmp 디렉터리의 용량이 부족해서 맵리듀스 잡 실행하는 중에 발생한 오류 로그입니다. mapred.local.dir에 스필 파일과 리듀서로 복사할 파일을 저장해야 하는데, 용량이 부족해서 오류가 난 것입니다.

예제 9.3 디스크 용량 부족 시 발생하는 맵리듀스 잡 오류

```
org.apache.hadoop.util.DiskChecker$DiskErrorException: Could not find any valid local directory
for output/spill0.out
        at org.apache.hadoop.fs.LocalDirAllocator$AllocatorPerContext.getLocalPathForWrite(Local
DirAllocator.java:381)
        at org.apache.hadoop.fs.LocalDirAllocator.getLocalPathForWrite(LocalDirAllocator.java:146)
        at org.apache.hadoop.fs.LocalDirAllocator.getLocalPathForWrite(LocalDirAllocator.java:127)
        at org.apache.hadoop.mapred.MapOutputFile.getSpillFileForWrite(MapOutputFile.java:121)
        at org.apache.hadoop.mapred.MapTask$MapOutputBuffer.sortAndSpill(MapTask.java:1392)
        at org.apache.hadoop.mapred.MapTask$MapOutputBuffer.flush(MapTask.java:1298)
        at org.apache.hadoop.mapred.MapTask$NewOutputCollector.close(MapTask.java:699)
        at org.apache.hadoop.mapred.MapTask.runNewMapper(MapTask.java:766)
        at org.apache.hadoop.mapred.MapTask.run(MapTask.java:370)
        at org.apache.hadoop.mapred.Child$4.run(Child.java:255)
        at java.security.AccessController.doPrivileged(Native Method)
        at javax.security.auth.Subject.doAs(Subject.java:396)
        at org.apache.hadoop.security.UserGroupInformation.doAs(UserGroupInformation.java:1121)
        at org.apache.hadoop.mapred.Child.main(Child.java:249)
12/08/09 14:19:47 WARN mapred.JobClient: Error reading task outputhttp://wikibooks04:50060/taskl
og?plaintext=true&attemptid=attempt_201208010319_0004_m_000107_0&filter=stdout
12/08/09 14:19:47 WARN mapred.JobClient: Error reading task outputhttp://wikibooks04:50060/taskl
og?plaintext=true&attemptid=attempt_201208010319_0004_m_000107_0&filter=stderr
12/08/09 14:19:50 INFO mapred.JobClient:  map 59% reduce 18%
12/08/09 14:20:44 INFO mapred.JobClient: Task Id : attempt_201208010319_0004_r_000000_0, Status
: FAILED
java.io.IOException: Task: attempt_201208010319_0004_r_000000_0 - The reduce copier failed
        at org.apache.hadoop.mapred.ReduceTask.run(ReduceTask.java:389)
        at org.apache.hadoop.mapred.Child$4.run(Child.java:255)
        at java.security.AccessController.doPrivileged(Native Method)
        at javax.security.auth.Subject.doAs(Subject.java:396)
        at org.apache.hadoop.security.UserGroupInformation.doAs(UserGroupInformation.java:1121)
        at org.apache.hadoop.mapred.Child.main(Child.java:249)
Caused by: org.apache.hadoop.util.DiskChecker$DiskErrorException: Could not find any valid local
directory for output/map_88.out
        at org.apache.hadoop.fs.LocalDirAllocator$AllocatorPerContext.getLocalPathForWrite(Local
DirAllocator.java:381)
```

```
        at org.apache.hadoop.fs.LocalDirAllocator.getLocalPathForWrite(LocalDirAllocator.java:146)
        at org.apache.hadoop.fs.LocalDirAllocator.getLocalPathForWrite(LocalDirAllocator.java:127)
        at org.apache.hadoop.mapred.MapOutputFile.getInputFileForWrite(MapOutputFile.java:176)
        at org.apache.hadoop.mapred.ReduceTask$ReduceCopier$InMemFSMergeThread.
doInMemMerge(ReduceTask.java:2742)
        at org.apache.hadoop.mapred.ReduceTask$ReduceCopier$InMemFSMergeThread.run(ReduceTask.
java:2706)
12/08/09 14:20:44 WARN mapred.JobClient: Error reading task outputhttp://wikibooks04:50060/taskl
og?plaintext=true&attemptid=attempt_201208010319_0004_r_000000_0&filter=stdout
12/08/09 14:20:44 WARN mapred.JobClient: Error reading task outputhttp://wikibooks04:50060/taskl
og?plaintext=true&attemptid=attempt_201208010319_0004_r_000000_0&filter=stderr
```

이러한 오류를 사전에 방지하려면 우선 hadoop.tmp.dir은 /tmp 디렉터리를 사용하지 말고, 하둡 관리자 계정의 홈 디렉터리에 있는 디렉터리로 설정하는 것이 좋습니다. 필자의 경우 홈 디렉터리에 hadoop-data로 설정했습니다. 또한 리눅스에서 제공하는 df 명령어를 이용해 하둡이 설치된 디스크 용량이 여유가 있는지도 주기적으로 확인할 필요가 있습니다.

9.7 데이터노드 제거

하둡을 운영하다 보면 특정 데이터노드를 HDFS에서 제거해야 할 때가 있습니다. 예를 들어, 서버 자체가 노후화될 수도 있고, 메모리나 하드디스크를 업그레이드하는 등 다양한 경우가 있습니다. 단순하게 생각하면 하둡에서 제공하는 stop-all.sh 스크립트를 실행해 하둡 자체를 중단시킨 후 관련 작업을 수행한 후 하둡을 재시작하는 방법이 있습니다. 하지만 이렇게 데이터노드를 제거할 경우 하둡이 중단되어 더는 HDFS에 파일을 저장할 수도 없고, 맵리듀스 잡도 실행할 수 없습니다. 또한 서비스에 영향을 주지 않고 데이터노드를 추가하거나 제거할 수 있는 HDFS의 기본 사상에도 맞지 않는 방법입니다.

그렇다면 하둡을 중단하지 않으면서 어떻게 데이터노드를 제거할 수 있을까요? HDFS는 환경설정 파일에서 데이터노드에서 제외해야 할 서버 목록 파일을 참조합니다. 이 속성의 이름은 dfs.hosts. exclude이며, 기본값이 널로 돼 있습니다. 예제 9.4를 hdfs-site.xml에 추가한 후 하둡을 재시작합니다.

```
<property>
    <name>dfs.hosts.exclude</name>
    <value>/home/hadoop/hadoop-1.2.1/conf/exclude_server</value>
</property>
```

dfs.hosts.exclude 속성에 설정된 경로에는 HDFS에서 제거할 데이터노드 목록을 작성합니다. 예를 들어, wikibooks05와 wikibooks06을 제거하고 싶다면 예제 9.5와 같이 작성하면 됩니다.

예제 9.5 eclude_server

```
wikibooks02
wikibooks03
```

dfs.hosts.exclude 설정값을 즉시 하둡 클러스터에 적용하고 싶다면 다음과 같이 refreshNodes를 실행하면 됩니다.

```
./bin/hadoop dfsadmin -refreshNodes
```

데이터노드를 제거한 결과는 HDFS 웹 인터페이스나 dfsadmin -report 명령어를 이용해 확인할 수 있습니다.

9.8 데이터노드 추가

운영 중인 하둡에 간단히 데이터노드를 추가할 수 있습니다.

1. 네임노드의 slaves 파일에 데이터노드를 추가한다.
2. 데이터노드의 환경설정 파일(hdfs-site.xml, core-site.xml, mapred-site.xm)에 네임노드 접속 주소를 설정한다.
3. 데이터노드용 서버에서 데이터노드와 태스크트래커를 구동한다.

사실은 첫 번째 단계를 생략하고, 데이터노드를 추가할 수 있습니다. 물론 이렇게 할 경우 하둡을 구동하거나 종료할 때 추가된 데이터노드가 인식되지 않습니다. 네임노드의 주소만 알고 있다면 어떤 데이터노드라도 추가할 수 있습니다. 하지만 이처럼 아무런 제한 없이 데이터노드가 추가된다면 이를 악용하는 경우도 발생할 수 있습니다. 하둡은 이러한 상황을 방지하기 위해 미리 정의된 호스트만 데이터노드를 추가할 수 있게 해줍니다.

하둡은 dfs.hosts 속성을 제공해 dfs.hosts에서 정의한 데이터노드만 HDFS에서 허용합니다. 우선 예제 9.6을 hdfs-site.xml에 추가한 후 하둡을 재시작합니다.

예제 9.6 dfs.hosts 설정

```
<property>
    <name>dfs.hosts</name>
    <value>/home/hadoop/hadoop-1.2.1/conf/include_server</value>
</property>
```

dfs.hosts.exclude와 마찬가지로 속성값은 로컬 파일 시스템의 경로입니다. 예를 들어, wikibooks01 ~ wikibook03의 데이터노드만 사용할 계획이라면 예제 9.7과 같이 include_server 를 작성하면 됩니다.

예제 9.7 include_server

```
wikibooks01
wikibooks02
wikibooks03
```

dfs.hosts 설정값을 즉시 하둡 클러스터에 적용하고 싶다면 다음과 같이 refreshNodes를 실행하면 됩니다.

```
./bin/hadoop dfsadmin -refreshNodes
```

참고로 이런 재구동 작업을 없애기 위해 보통 하둡 클러스터를 구성할 때부터 dfs.hosts와 dfs. hosts.exclude 속성을 hdfs-site.xml에 추가하기를 권장합니다.

9.9 네임노드 장애 복구

네임노드의 장애 복구에 대비하려면 9.1절에서 설명한 대로 네임노드를 HA로 구성하는 것이 가장 안정적인 방법입니다. 하지만 운영 중인 하둡 서비스의 특징과 기업의 내부 요인 때문에 HA를 구성할 수 없는 경우가 있을 것입니다. 보조네임노드가 정상적으로 실행되고 있어서 체크포인팅이 제대로 되고 있다면 네임노드는 재구동을 하는 것으로 복구할 수 있습니다. 하지만 네임노드의 fsimage 파일이 깨져 버렸거나, 디스크에 오류가 나서 fsimage에 접근할 수 없다면 네임노드를 실행하는 것 자체가 불가능합니다. 이러한 경우는 보조네임노드에 저장된 체크포인트 파일을 이용해 복구할 수 있습니다. 또는 네임노드가 정상적으로 서비스되고 있을 때 fsimage를 안정적인 저장소에 보관했다가 장애가 발생했을 때 백업된 fsimage를 이용하는 방법이 있습니다. 참고로 보조네임노드가 체크포인팅을 정상적으로 수행하려면 가능한 네임노드의 장비와 동일한 사양의 서버로 보조네임노드의 장비 사양을 구성해야 합니다.

9.9.1 네임노드와 보조네임노드 데이터 구조

네임노드의 장애를 복구하려면 네임노드의 메타데이터가 어떤 구조로 저장돼 있는지 이해하고 있어야 합니다. 우선 네임노드를 포맷하면 표 9.3과 같은 구조로 디렉터리를 생성합니다. dfs.name.dir 의 기본값은 ${hadoop.tmp.dir}/dfs/name이며, current 디렉터리에는 HDFS에서 마지막으로 체크포인팅한 데이터가 저장됩니다.

표 9.3 네임노드의 디렉터리 구조

디렉터리	내용
${dfs.name.dir}/current/VERSION	파일 시스템 레이아웃
${dfs.name.dir}/current/fsimage	체크포인팅한 시점의 파일 시스템 레이아웃
${dfs.name.dir}/current/fstime	체크포인팅을 실행한 시간
${dfs.name.dir}/current/edits	체크포인팅 이후의 HDFS 트랜잭션 로그
${dfs.name.dir}/image/fsimage	체크포인팅을 시작하기 직전의 fsimage
${dfs.name.dir}}/previous.checkpoint/	마지막으로 체크포인팅

보조네임노드는 네임노드와 거의 유사한 구조로 디렉터리가 생성됩니다. 표 9.4는 보조네임노드의 디렉터리 구조를 설명한 것입니다. 이 디렉터리에는 보조네임노드가 체크포인팅한 데이터가 저장됩니다.

표 9.4 보조네임노드의 디렉터리 구조

디렉터리	내용
${fs.checkpoint.dir}/current/VERSION	파일 시스템 레이아웃
${fs.checkpoint.dir}/current/fsimage	체크포인팅한 시점의 파일 시스템 레이아웃
${fs.checkpoint.dir}/current/fstime	체크포인팅을 실행한 시간
${fs.checkpoint.dir}/current/edits	체크포인팅한 시점의 HDFS 트랜잭션 로그
${fs.checkpoint.dir}/image/fsimage	체크포인팅을 시작하기 직전의 fsimage

9.9.2 보조네임노드를 이용한 장애 복구

이번 절에서는 보조네임노드를 이용한 네임노드 장애 복구 방법을 알아보겠습니다. 우선 하둡 클러스터 전체를 종료시킵니다. 그리고 네임노드의 메타데이터를 모두 삭제해보겠습니다.

```
[hadoop@wikibooks01 hadoop-1.2.1]$ ./bin/stop-all.sh
stopping jobtracker
wikibooks03: stopping tasktracker
wikibooks04: stopping tasktracker
wikibooks02: stopping tasktracker
stopping namenode
wikibooks03: stopping datanode
wikibooks04: stopping datanode
wikibooks02: stopping datanode
wikibooks01: stopping secondarynamenode
[hadoop@wikibooks01 hadoop-1.2.1]$ rm -rf $HOME/hadoop-data/dfs/name
```

하둡 전체 데몬을 실행하지 말고 네임노드만 실행해봅니다. 네임노드는 실행 중에 강제로 종료되는데, 이는 dfs/name 디렉터리가 없기 때문입니다.

```
[hadoop@wikibooks01 hadoop-1.2.1]$ ./bin/hadoop namenode
14/11/24 23:54:41 INFO namenode.NameNode: STARTUP_MSG:
(중략)
14/11/24 23:54:42 INFO common.Storage: Storage directory /home/hadoop/hadoop-data/dfs/name does
not exist
14/11/24 23:54:42 ERROR namenode.FSNamesystem: FSNamesystem initialization failed.
org.apache.hadoop.hdfs.server.common.InconsistentFSStateException: Directory /home/hadoop/
```

```
hadoop-data/dfs/name is in an inconsistent state: storage directory does not exist or is not
accessible.
    at org.apache.hadoop.hdfs.server.namenode.FSImage.recoverTransitionRead(FSImage.java:304)
    at org.apache.hadoop.hdfs.server.namenode.FSDirectory.loadFSImage(FSDirectory.java:104)
    at org.apache.hadoop.hdfs.server.namenode.FSNamesystem.initialize(FSNamesystem.java:427)
    at org.apache.hadoop.hdfs.server.namenode.FSNamesystem.<init>(FSNamesystem.java:395)
    at org.apache.hadoop.hdfs.server.namenode.NameNode.initialize(NameNode.java:299)
    at org.apache.hadoop.hdfs.server.namenode.NameNode.<init>(NameNode.java:569)
    at org.apache.hadoop.hdfs.server.namenode.NameNode.createNameNode(NameNode.java:1479)
    at org.apache.hadoop.hdfs.server.namenode.NameNode.main(NameNode.java:1488)
14/11/24 23:54:42 ERROR namenode.NameNode: org.apache.hadoop.hdfs.server.common.
InconsistentFSStateException: Directory /home/hadoop/hadoop-data/dfs/name is in an inconsistent
state: storage directory does not exist or is not accessible.
    at org.apache.hadoop.hdfs.server.namenode.FSImage.recoverTransitionRead(FSImage.java:304)
    at org.apache.hadoop.hdfs.server.namenode.FSDirectory.loadFSImage(FSDirectory.java:104)
    at org.apache.hadoop.hdfs.server.namenode.FSNamesystem.initialize(FSNamesystem.java:427)
    at org.apache.hadoop.hdfs.server.namenode.FSNamesystem.<init>(FSNamesystem.java:395)
    at org.apache.hadoop.hdfs.server.namenode.NameNode.initialize(NameNode.java:299)
    at org.apache.hadoop.hdfs.server.namenode.NameNode.<init>(NameNode.java:569)
    at org.apache.hadoop.hdfs.server.namenode.NameNode.createNameNode(NameNode.java:1479)
    at org.apache.hadoop.hdfs.server.namenode.NameNode.main(NameNode.java:1488)
14/11/24 23:54:42 INFO namenode.NameNode: SHUTDOWN_MSG:
/************************************************************
SHUTDOWN_MSG: Shutting down NameNode at wikibooks01/192.168.56.120
************************************************************/
```

보조네임노드를 이용해 복구하려면 dfs.name.dir의 디렉터리에 메타데이터가 없어야 합니다. 대신
dfs.name.dir 디렉터리 자체는 반드시 존재해야 합니다. 조금 전 테스트를 위해 해당 디렉터리를
삭제했으므로 다음과 같이 수동으로 디렉터리를 생성합니다.

```
[hadoop@wikibooks01 hadoop-1.2.1]$ mkdir $HOME/hadoop-data/dfs/name
```

그리고 보조네임노드가 네임노드와 다른 서버에 설치돼 있다면 보조네임노드의 메타데이터를 복사
해야 합니다. 필자의 경우 wikibooks02의 보조네임노드 데이터를 wikibooks01로 복사했습니다.

```
[hadoop@wikibooks01 ~]$ cd /home/hadoop/hadoop-data/dfs/
[hadoop@wikibooks02 dfs]$ tar cvfz namesecondary.tar.gz namesecondary/
```

```
namesecondary/
namesecondary/image/
namesecondary/image/fsimage
namesecondary/current/
namesecondary/current/fsimage
namesecondary/current/fstime
namesecondary/current/VERSION
namesecondary/current/edits
[hadoop@wikibooks02 dfs]$ scp namesecondary.tar.gz wikibooks01:/home/hadoop/hadoop-data/dfs/
namesecondary.tar.gz
[hadoop@wikibooks01 ~]$ cd /home/hadoop/hadoop-data/dfs/
[hadoop@wikibooks01 dfs]$ tar xvfz namesecondary.tar.gz
```

이제 "-importCheckpoint" 옵션을 추가해 네임노드를 실행합니다. importCheckpoint 옵션은
보조네임노드에 저장된 체크포인트 파일을 이용해 네임노드를 실행하겠다는 의미입니다.

```
[hadoop@wikibooks01 hadoop-1.2.1]$ ./bin/hadoop namenode -importCheckpoint
14/11/25 00:07:13 INFO namenode.NameNode: STARTUP_MSG:
/************************************************************
STARTUP_MSG: Starting NameNode
(중략)
14/11/25 00:07:14 INFO common.Storage: Image file /home/hadoop/hadoop-data/dfs/namesecondary/
current/fsimage of size 98156 bytes loaded in 0 seconds.
14/11/25 00:07:14 INFO namenode.FSEditLog: Start loading edits file /home/hadoop/hadoop-data/
dfs/namesecondary/current/edits
14/11/25 00:07:14 INFO namenode.FSEditLog: EOF of /home/hadoop/hadoop-data/dfs/namesecondary/
current/edits, reached end of edit log Number of transactions found: 0.  Bytes read: 4
14/11/25 00:07:14 INFO namenode.FSEditLog: Start checking end of edit log (/home/hadoop/hadoop-
data/dfs/namesecondary/current/edits) ...
(중략)
14/11/25 00:07:14 INFO namenode.FSEditLog: close success: truncate to 4, editlog=/home/hadoop/
hadoop-data/dfs/name/current/edits
14/11/25 00:07:14 INFO common.Storage: Image file /home/hadoop/hadoop-data/dfs/name/current/
fsimage of size 98156 bytes saved in 0 seconds.
14/11/25 00:07:14 INFO namenode.FSEditLog: closing edit log: position=4, editlog=/home/hadoop/
hadoop-data/dfs/name/current/edits
(중략)
```

```
14/11/25 00:07:14 INFO ipc.Server: IPC Server handler 8 on 9010: starting
14/11/25 00:07:14 INFO ipc.Server: IPC Server handler 9 on 9010: starting
```

네임노드가 정상적으로 구동됐으면 네임노드 데몬을 중지합니다. 이제 하둡 전체 데몬을 재실행합니다.

```
[hadoop@wikibooks01 hadoop]$ ./bin/start-all.sh
```

전체 데몬이 모두 정상적으로 수행되며, 삭제했던 dfs.name.dir 디렉터리를 조회하면 다음과 같이 원래 구조대로 디렉터리가 생성돼 있습니다.

```
[hadoop@wikibooks01 hadoop-1.2.1]$ ls -l /home/hadoop/hadoop-data/dfs/name
합계 12
drwxrwxr-x. 2 hadoop hadoop 4096 2014-11-25 00:28 current
drwxrwxr-x. 2 hadoop hadoop 4096 2014-11-25 00:28 image
drwxrwxr-x. 2 hadoop hadoop 4096 2014-11-25 00:28 previous.checkpoint
```

보조네임노드가 체크포인팅을 제대로 수행하고 있더라도 데이터가 유실될 가능성은 여전히 남아 있습니다. 그 이유는 바로 체크포인팅의 작업 주기 때문입니다. 예를 들어, 체크포인팅을 1시간마다 수행하는 보조네임노드가 오후 6시에 체크포인팅을 했다고 가정합니다. 이때 오후 6시 반에 네임노드의 디스크에 문제가 생겨서 보조네임노드에 체크포인팅된 데이터를 복사해서 사용합니다. 하지만 체크포인팅된 데이터는 6시부터 30분간 진행된 파일 수정 이력이 반영돼 있지 않아서 오후 6시 버전의 파일 시스템 상태로 복구될 것입니다. 이러한 데이터 유실에 대비하려면 다음 절에서 소개하는 NFS를 이용한 복구 방법을 사용하면 됩니다.

9.9.2 NFS를 이용한 장애 복구

네임노드의 HA를 설명할 때 NFS를 이용해 네임노드의 메타데이터를 이중화한다고 설명했습니다. 물론 HA처럼 리얼타임으로 장애를 복구할 수는 없지만 메타데이터를 이중화하면 데이터의 유실 없이 복구가 가능합니다.

우선 NFS로 디렉터리를 마운트할 백업 서버를 준비합니다. 이때 백업 서버는 가능한 네임노드와 동일한 사양으로 준비하는 것이 좋습니다. 리눅스 서버 자체가 다운되거나 디스크가 깨졌을 때 대체해서 사용할 수 있기 때문입니다. 만약 가용한 서버가 부족하다면 보조네임노드에 NFS를 마운트하는 것도 방법입니다. 하지만 이러한 경우 보조네임노드가 네임노드와 동일한 사양으로 구성돼 있고, 보조네임노드 외에 다른 프로세스를 실행하고 있지 않아야 합니다.

NFS 디렉터리를 마운트했으면 예제 9.8과 같이 hdfs-site.xml 파일에서 dfs.name.dir을 수정합니다.

hdfs-site.xml 수정 후 하둡을 재구동하면 두 경로에 메타데이터가 동시에 저장됩니다.

예제 9.8 NFS를 사용하는 dfs.name.dir 설정

```
<property>
    <name>dfs.name.dir</name>
    <value>로컬 파일 시스템 디렉터리, NFS 디렉터리</value>
</property>
```

네임노드 서버에 장애가 발생했을 때는 다음과 같은 순서로 복구를 진행하면 됩니다.

1. 기존 네임노드 서버의 네트워크를 차단합니다.
2. 백업 서버(혹은 보조네임노드 서버)의 IP를 기존 네임노드 서버의 IP로 할당합니다. 데이터노드가 호스트명으로 네임노드에 접근한다면 호스트명도 함께 변경합니다.
3. 백업 서버에 네임노드를 설치합니다. 보조네임노드 서버를 사용할 경우 이 단계는 무시하기 바랍니다.
4. dfs.name.dir를 NFS로 마운트돼 있는 디렉터리로 설정합니다.
5. 네임노드 데몬을 실행합니다. 단, 네임노드는 절대로 포맷해서는 안 됩니다.
6. 네임노드가 정상적으로 구동돼 있는지 확인합니다.

백업 서버로 복구를 했더라도 또다시 발생할 수 있는 장애에 대비해 다른 서버에 NFS 디렉터리를 준비하는 것이 좋습니다. 그리고 네임노드가 여러 디스크로 구성돼 있다면 각 디스크마다 메타데이터를 저장하는 것도 방법입니다. 이 경우 코드 9.5처럼 콤마를 구분자로 각 디렉터리를 명시하면 됩니다.

9.10 데이터노드 장애 복구

데이터노드의 장애는 네임노드보다 편리하게 대응할 수 있습니다. 데이터노드의 로컬 데이터가 저장된 디스크가 깨질 경우 다음과 같은 단계로 복구를 진행합니다.

1. 해당 데이터노드를 중지합니다.
2. 손상된 디스크를 언마운트하고 새로운 디스크를 마운트합니다.

3. 새로운 디스크에 dfs.data.dir 속성으로 설정한 디렉터리를 생성합니다.

4. 데이터노드를 재실행합니다.

5. 네임노드 서버에서 balancer를 실행합니다.

6. HDFS 웹 인터페이스에서 해당 데이터노드가 조회되는지 확인합니다.

9.11 셸 스크립트를 이용한 배포 관리

2장에서 하둡을 설치할 때 각 서버마다 하둡 설치 파일을 복사했습니다.

```
[hadoop@wikibooks01 ~]$ scp hadoop.tar.gz hadoop@wikibooks02:/home/hadoop/
[hadoop@wikibooks01 ~]$ scp hadoop.tar.gz hadoop@wikibooks03:/home/hadoop/
[hadoop@wikibooks01 ~]$ scp hadoop.tar.gz hadoop@wikibooks04:/home/hadoop/
```

또한 압축 해제를 위한 셸 명령어도 각 서버마다 실행해야 했습니다.

```
[hadoop@wikibooks01 ~]$ ssh hadoop@wikibooks02 "cd /home/hadoop; tar xfz hadoop.tar.gz; rm
hadoop.tar.gz"
[hadoop@wikibooks01 ~]$ ssh hadoop@wikibooks03 "cd /home/hadoop; tar xfz hadoop.tar.gz; rm
hadoop.tar.gz"
[hadoop@wikibooks01 ~]$ ssh hadoop@wikibooks04 "cd /home/hadoop; tar xfz hadoop.tar.gz; rm
hadoop.tar.gz"
```

서버 규모가 작다면 상관없지만 수십 대 혹은 수백 대의 서버를 위와 같은 방법으로 관리하기란 매우 번거로울 수 있으며, 진행 과정에서 설치가 누락되는 서버가 발생할 확률도 매우 높습니다. 이번 절에서는 여러 대의 서버에서 효과적으로 셸 명령어를 실행하는 방법을 설명하겠습니다.

9.11.1 작업 대상 파일 설정

우선 SCP와 SSH 명령어를 실행할 대상 서버 목록을 작성합니다. 하둡을 실행하는 계정의 홈 디렉터리에 slaves 파일을 생성합니다. 참고로 이 책에서는 wikibooks01 서버에 hadoop 계정으로 접속한 후 wikibooks02 ~ wikibooks10에 하둡을 설치한다고 가정합니다.

```
[hadoop@wikibooks01 ~]$ cat slaves
wikibooks02
wikibooks03
wikibooks04
wikibooks05
wikibooks06
wikibooks07
wikibooks08
wikibooks09
wikibooks10
```

9.11.2 SSH 인증키 복사

원격 서버로 파일을 복사하고 셸 명령어를 실행하려면 마스터 서버의 인증키가 각 서버에 복사돼 있어야 합니다. 2.8절을 참고해 SSH 인증키 복사를 진행합니다.

9.11.3 슬레이브 서버로 파일 복사

이제 로컬 파일을 작업 대상 서버에 복사하는 셸 스크립트를 작성하겠습니다. 예제 9.10은 해당 스크립트 파일을 작성한 예입니다. 이 스크립트에서는 scp 명령어를 이용해 파일 복사 명령어를 실행합니다. 이때 복사 대상으로 앞서 정의한 slaves 파일을 참조합니다.

예제 9.10 copy_slaves.sh

```sh
#!/bin/sh
bin=`dirname "$0"`
bin=`cd "$bin"; pwd`

HOSTLIST=slaves
if [ 2 -gt "$#" ]
then
  echo "Usage: $0 \"<local file path> <remote file path>\""
  echo "Examples:"
  echo "  $0 \"/home/hadoop/hadoop.tar.gz /home/hadoop\""
```

```
   exit 1
fi

for i in `cat $HOSTLIST`
do
  echo "Copying $1 to $i:$2"
  scp "$1" $i:"$2"
done
```

마스터 서버의 홈 디렉터리에 copy_slaves.sh 파일을 저장한 후 다음과 같이 하둡 설치 파일을 복사합니다. 참고로 하둡을 복사하기 전에 hadoop-env.sh, core-site.xml과 같은 환경설정 파일은 미리 설정해 둬야 합니다.

```
[hadoop@wikibooks01 ~]$ ./copy_slaves.sh hadoop.tar.gz /home/hadoop/
Copying /home/hadoop/hadoop.tar.gz to wikibooks02:/home/hadoop/
hadoop.tar.gz
100%   65MB   65.2MB/s   00:01
Copying /home/hadoop/hadoop.tar.gz to wikibooks03:/home/hadoop/
hadoop.tar.gz
100%   65MB   65.2MB/s   00:01
(중략)
Copying /home/hadoop/hadoop.tar.gz to wikibooks10:/home/hadoop/
hadoop.tar.gz
100%   65MB   65.2MB/s   00:01
```

9.11.4 슬레이브 서버에서 셸 명령어 실행

마지막으로 각 서버에서 셸 명령어를 실행하는 방법을 소개하겠습니다. 이를 위해 예제 9.11과 같은 셸 스크립트를 마스터 서버의 홈 디렉터리에 작성합니다.

예제 9.11 execute_slaves.sh

```
#!/bin/sh
bin=`dirname "$0"`
bin=`cd "$bin"; pwd`
```

```
HOSTLIST=slaves

if [ ! -n "$1" ]
then
echo "usage: $0 \"<command arg1>;<command arg2>;....;<command argN>\""
echo "Examples:"
echo "  $0 \"cd /home/hadoop; tar xvf hadoop.tar.gz\""
exit 1
fi

for i in `cat $HOSTLIST`
do
echo "exec" $i "$*"
  echo "Executing shell commands on $i"
  ssh $i "$*"
done
```

이 스크립트를 통해 여러 개의 셸 명령어를 한 번에 실행할 수 있으며, 각 명령어는 세미콜론(;)으로 구분합니다. 이 책에서는 다음과 같이 복사된 하둡 설치 파일의 압축을 해제했습니다.

```
[hadoop@wikibooks01 ~]$ ./execute_slaves.sh "cd /home/hadoop; tar xfz hadoop.tar.gz"
exec wikibooks02 cd /home/hadoop; tar xfz hadoop.tar.gz
Executing shell commands on wikibooks02
exec wikibooks03 cd /home/hadoop; tar xfz hadoop.tar.gz
Executing shell commands on wikibooks03
(중략)
exec wikibooks10 cd /home/hadoop; tar xfz hadoop.tar.gz
Executing shell commands on wikibooks10
```

마지막으로 네임노드를 포맷한 후 하둡 클러스터를 실행하면 됩니다. 하둡 클러스터를 실행하는 방법은 2.11절을 참고합니다.

9.12 리눅스 서버 설정

배포 환경에서 하둡 클러스터를 운영하려면 리눅스 서버의 주요 파라미터를 변경해야 합니다. 이번 절에서는 하둡에 영향을 줄 수 있는 주요 리눅스 파라미터에 대해 알아보겠습니다.

9.12.1 파일 오픈 개수 설정

하둡 클러스터를 운영하다 보면 맵리듀스 잡을 실행할 때 다음과 같은 오류를 경험할 때가 있습니다.

```
ERROR org.apache.hadoop.hdfs.server.datanode.DataNode: java.io.IOException: Too many open files
```

리눅스는 단일 사용자(프로세스 혹은 셸)가 사용할 수 있는 시스템 자원의 개수를 ulimit에 설정하고, 각 사용자가 ulimit에 설정된 값을 넘기지 못하도록 제한합니다. 그런데 맵리듀스 잡이 오픈하는 파일의 개수가 ulimit에 설정된 파일 오픈 개수를 넘어서면서 오류가 발생한 것입니다.

리눅스에 설정된 ulimit 값은 다음과 같이 ulimit 명령어로 확인할 수 있습니다. 참고로 -a 옵션은 모든 자원을 출력하라는 의미입니다.

```
[hadoop@wikibooks01 ~]$ ulimit -a
core file size          (blocks, -c) 0
data seg size           (kbytes, -d) unlimited
scheduling priority             (-e) 0
file size               (blocks, -f) unlimited
pending signals                 (-i) 16383
max locked memory       (kbytes, -l) 32
max memory size         (kbytes, -m) unlimited
open files                      (-n) 1024
pipe size            (512 bytes, -p) 8
POSIX message queues     (bytes, -q) 819200
real-time priority              (-r) 0
stack size              (kbytes, -s) 10240
cpu time               (seconds, -t) unlimited
max user processes              (-u) 16383
virtual memory          (kbytes, -v) unlimited
file locks                      (-x) unlimited
```

이러한 값 중에서 하둡에 영향을 끼치는 값은 open files와 max user processes입니다. max user processes는 한 사용자가 사용 가능한 프로세스의 최대 개수이며, 기본값은 16383입니다. open files는 한 사용자가 오픈 가능한 최대 File Descriptor(파일 디스크립터) 개수입니다. 파일 디스크립터는 운영체제에서 파일을 사용할 때 각 파일에 대한 정보를 유지하는 정보 파일을 의미하며, 모든 프로세스는 기본적으로 3개의 파일 디스크립터로 구성됩니다. 3개의 기본 프로세스는 stdin(표준 입력), stdout(표준 출력), stderr(표준 에러)입니다. 참고로 ulimit에 설정된 open files의 기본값은 1024입니다.

분산 클러스터가 아닌 단일 노드에서 리눅스로 일반적인 애플리케이션을 운영하는 경우에는 ulimit을 기본값으로 사용해도 별문제가 되지 않을 것입니다. 하지만 맵리듀스, H베이스나 타조 같은 하둡 에코시스템을 사용하는 경우에는 하나의 프로세스가 제어하는 파일 개수가 많기 때문에 반드시 open files와 max user processes 값을 높여야 합니다.

해당 값을 수정하려면 root 계정으로 /etc/security/limits.conf 파일을 수정하면 됩니다. 이 책에서는 예제 9.12처럼 파일 디스크립터 개수와 프로세스 개수를 각각 65535건으로 설정했습니다.

예제 9.12 limits.conf 설정

```
hadoop hard nofile 65535
hadoop soft nofile 65535
hadoop hard nproc 65535
hadoop soft nproc 65535
```

limits.conf에 설정한 항목은 다음과 같은 내용을 나타냅니다.

- nofile: ulimit의 open files
- nproc: ulimit의 max user processes
- soft: 새로운 프로세스 생성 시(혹은 로그인 시) 기본적으로 적용되는 한도
- hard: soft 설정 한도의 최댓값
- hadoop: hadoop 계정에 대해 적용

만약 모든 계정에 동일한 nofile과 nproc를 적용하고 싶다면 계정 이름 대신 와일드카드(*)를 사용하면 됩니다. 하지만 너무 큰 값을 전체 계정에 적용할 경우 리눅스 시스템 자체에서 사용 가능한 모든 자원이 고갈되면서 시스템 자체에 문제가 일어날 수 있습니다. 최악의 경우 로그인도 되지 않아

서 싱글 모드로 접속해서 설정을 변경해야 할 수도 있습니다. 그래서 번거롭더라도 필요한 계정의 nofile과 nproc만 변경하는 것을 권장합니다.

이제 hadoop 계정으로 다시 로그인하면 limits.conf 파일에 대한 수정사항이 자동으로 적용됩니다. 그래서 ulimit을 조회하면 다음과 같이 open files와 max user processes가 65535로 변경된 것을 확인할 수 있습니다.

```
[hadoop@wikibooks01 ~]$ ulimit -a
core file size          (blocks, -c) 0
data seg size           (kbytes, -d) unlimited
scheduling priority             (-e) 0
file size               (blocks, -f) unlimited
pending signals                 (-i) 16383
max locked memory       (kbytes, -l) 32
max memory size         (kbytes, -m) unlimited
open files                      (-n) 65535
pipe size            (512 bytes, -p) 8
POSIX message queues     (bytes, -q) 819200
real-time priority              (-r) 0
stack size              (kbytes, -s) 10240
cpu time               (seconds, -t) unlimited
max user processes              (-u) 65535
virtual memory          (kbytes, -v) unlimited
file locks                      (-x) unlimited
```

간혹 리눅스 커널 버전에 따라 다시 로그인해도 ulimit에서 수정된 리소스 정보가 출력되지 않는 경우도 있습니다. 이러한 경우에는 리눅스의 PAM(Pluggable Authentication Module) 설정 정보를 수정해야 합니다. PAM은 사용자를 인증하고 사용자의 서비스에 대한 접근을 제어하는 모듈로서, 다음과 같은 디렉터리로 구성돼 있습니다.

- /etc/pam.d: 애플리케이션별 PAM 설정 파일이 위치한 디렉터리
- /lib/security: PAM 모듈 디렉터리

/etc/security/limits.conf 설정이 정상적으로 인식되려면 /etc/pam.d/login 파일에 다음과 같은 설정을 추가하면 됩니다.

```
session required pam_limits.so
```

/etc/security/limits.conf 파일에 설정한 값은 해당 계정에만 적용되기 때문에 시스템 전체에 적용되는 자원은 별도로 설정해야 합니다. 즉, 전체 시스템에 적용되는 파일 디스크립터 값을 설정해야 합니다. 이 값은 /etc/sysctl.conf 파일의 fs.file-max 속성이며, 전체 계정의 파일 오픈 개수를 합산한 것보다 크게 설정해야 합니다. 이 책에서는 다음과 같이 fs.file-max를 여유 있게 설정했습니다.

```
fs.file-max = 6815744
```

마지막으로 fs.file-max 설정을 시스템에 적용하기 위해 sysctl 명령을 실행합니다.

```
[root@wikibooks01 ~]$ sysctl -p
```

9.12.2 파일 시스템 종류 설정

리눅스에서 하드디스크를 사용하려면 먼저 하드디스크를 포맷해야 합니다. 이때 어떤 파일 시스템을 사용할지 결정해야 합니다. 다양한 파일 시스템을 선택할 수 있으며, 일반적으로 다음과 같은 파일 시스템이 많이 사용됩니다.

- EXT3: 2001년 11월에 릴리스됐으며, 가장 많이 사용되는 시스템입니다. 저널링 파일 시스템으로서 이전 버전인 EXT2에 비해 파일 시스템 복구 기능과 보안 기능이 개선됐습니다. 개별 파일 및 전체 파일 시스템 상의 최대 크기에 제한을 두고 있으며, 블록의 크기에 따라 파일은 16GB ~ 2TB, 파일 시스템은 2TB ~ 32TB까지만 지원하며, 하위 디렉터리의 개수도 32,000개로 제한돼 있습니다.
- EXT4: 2008년 10월부터 리눅스 커널에 공식 편입된 파일 시스템입니다. EXT3의 성능을 능가하며, 고성능인 XFS에 근접한 것으로 알려져 있습니다. 최대 1EB(엑사바이트)의 볼륨과 최대 16TB의 파일을 지원하며, 하위 디렉터리를 64,000개까지 만들 수 있습니다.

하둡 클러스터용 디스크로는 EXT3와 EX4 중 EXT4를 사용하는 것이 좋습니다. 앞서 설명한 대로 전반적으로 EXT4가 EXT3보다 우수한 성능을 보여주며, 특히 지연 할당(Delayed Allocation)이라는 기능이 하둡이 큰 블록의 데이터를 순차적으로 읽고 쓸 때 도움이 되기 때문입니다. 지연 할당이란 데이터가 디스크에 플러시되기 위해 필요한 블록 개수에 도달할 때까지 데이터를 메모리에 미리 보관하는 기술입니다. 이 기능을 이용하면 하나의 파일을 구성하는 블록을 한 곳에 모아둘 수 있고, 전체 파일을 연속된 블록으로 저장할 가능성이 높아집니다. 이렇게 되면 데이터의 파편화가 줄어들고, 파일 읽기 성능이 향상됩니다.

현재 사용 중인 디스크의 파일 시스템 종류는 /etc/fstab 파일에 저장돼 있습니다. 예제 9.13은 이 책에서 사용한 서버의 /etc/fstab을 출력한 결과입니다.

예제 9.13 "cat /etc/fstab" 예제

```
UUID=f56d7571-4a69-4c1c-91a0-b25bfd6b8634 / ext4 defaults 1 1
UUID=1d4d4c56-9f2f-42bd-9e2d-0a2e59113211 swap swap defaults 0 0
tmpfs /dev/shm tmpfs defaults 0 0
devpts /dev/pts devpts gid=5,mode=620 0 0
sysfs /sys sysfs defaults 0 0
proc /proc proc defaults 0 0
/dev/sdb1 /data01 ext4 defaults,noatime 1 2
/dev/sdc1 /data02 ext4 defaults,noatime 1 2
/dev/sdd1 /data03 ext4 defaults,noatime 1 2
/dev/sde1 /data04 ext4 defaults,noatime 1 2
/dev/sdf1 /data05 ext4 defaults,noatime 1 2
/dev/sdg1 /data06 ext4 defaults,noatime 1 2
/dev/sdh1 /data07 ext4 defaults,noatime 1 2
/dev/sdi1 /data08 ext4 defaults,noatime 1 2
```

/etc/fstab은 총 6개의 항목으로 구성되며, 각각 다음과 같은 특징이 있습니다.

- 장치 이름: 파일 시스템의 장치 이름을 설정하는 항목입니다. 예제 9.13과 같이 /dev/sdi1, /dev/sdh와 같은 장치 이름을 사용할 수도 있고, LABEL=/, LABEL=/boot 같은 라벨명으로도 사용할 수 있습니다.

- 마운트 포인트: 파일 시스템이 마운트될 위치를 설정하는 항목으로, 첫 번째 항목인 장치가 어떤 디렉터리에 마운트되어 사용할 것인가를 지정합니다. 예제 9.13의 경우 /dev/sdb1 장치는 /data01 디렉터리에, /dev/sdf1 장치는 /data05 디렉터리에 마운트돼 있습니다.

- 파일 시스템 종류: 마운트될 파일 시스템이 사용하게 될 파일 시스템 종류를 나타냅니다. 예제 9.13에서는 /data01부터 /data08 디렉터리 모두 ext4로 설정돼 있습니다.

- 속성 설정: 다음과 같은 다양한 속성을 설정하는 항목입니다.
    - ro: 읽기 전용 마운트
    - rw: 읽기, 쓰기가 모두 가능하도록 마운트
    - user: 일반 사용자들도 마운트 가능
    - nouser: root 계정으로만 마운트를 허용

- auto: 부팅 시 자동으로 마운트

- noauto: 부팅 시 자동으로 마운트되는 것을 금지

- exec: 실행 파일이 실행되는 것을 허용

- noexec: 실행 파일이 실행되는 것을 금지

- suid: SetUID와 SetGID의 사용을 허용

이 책에서는 defaults와 noatime을 설정했습니다. defaults는 rw, nouser, auto, exec, suid의 특징을 모두 가지는 속성으로, 일반적인 파일 시스템에 많이 사용됩니다. 그리고 noatime 속성이 활성화되면 파일을 단순히 읽는 동작에 대해서는 파일 시스템에 접근을 기록하지 않고, 파일을 쓰는 경우에만 이력을 기록하게 됩니다. 하둡처럼 데이터 조회가 많은 시스템은 이 속성을 사용하는 것이 성능에 유리합니다.

- dump 설정: 1은 데이터 백업 등을 위해 덤프가 가능한 시스템이며, 0은 dump 명령으로 덤프되지 않는 파일 시스템입니다.
- 파일 점검 옵션: 0은 부팅 시 실행되는 fsck가 실행되지 않으며, 1은 루트 파일 시스템을 의미하며, 2는 루트 파일 시스템 이외의 시스템을 의미합니다.

만약 /etc/fstab에서 파일 시스템이 EXT4로 설정돼 있지 않다면 각 디스크를 EXT4로 변경하는 것이 좋습니다. 파일 시스템을 변경하는 방법은 리눅스 커널 관련 서적이나 인터넷 검색을 통해 손쉽게 찾아볼 수 있습니다.

9.12.3 메모리 설정

리눅스에서는 애플리케이션이 사용하는 물리적인 메모리 용량이 가득 차면 해당 데이터를 디스크로 스왑하게 돼 있습니다. 이때 하드디스크를 스왑 메모리로 만들기 때문에 속도가 느려지며, 스왑 메모리를 물리적인 메모리보다 2배 크게 잡도록 돼 있습니다. 스왑 정책은 커널 파라미터인 vm. swappiness로 설정할 수 있으며, 0부터 100까지 중 하나의 값을 선택할 수 있습니다. 기본값은 60으로, 80% 이상의 메모리를 사용하기 시작하면 스왑을 시작합니다.

하지만 하둡을 운영하는 서버에서는 스왑이 다양한 문제를 일으킬 수 있습니다. 우선 스왑이 진행되는 동안 디스크가 느려지기 때문에 데이터 노드의 블록을 조회하는 속도가 저하됩니다. 그리고 스왑 메모리도 CPU에서 바로 실행할 수는 없고, 자기 차례가 되면 다시 메모리로 올라와야 합니다. 스왑을 했다가 다시 메모리에 올리는 것은 시간이 오래 걸리는데, 하둡의 경우 데이터 볼륨이 커서 더 많

은 시간이 소요됩니다. 즉, 하둡 관련 프로세스가 필요한 데이터를 얻기까지 상당히 오랜 시간이 소요될 수 있습니다. 또한 여유 메모리가 많은 상황에서도 스왑이 자주 일어날 수 있고, 디스크 I/O가 너무 많아지면서 하드웨어 장애가 발생할 가능성도 더 높아집니다.

그래서 대부분의 하둡 튜닝 관련 자료에서는 스왑을 비활성화하는 것을 권장합니다. 스왑은 vm.swappiness 파라미터의 값을 0으로 설정하면 비활성화할 수 있으며, 다음과 같이 /etc/sysctl.conf 파일을 수정하면 됩니다.

```
vm.swappiness = 0
```

마지막으로 vm.swappiness 설정을 시스템에 적용하려면 sysctl 명령을 수행합니다.

```
[root@wikibooks01 ~]$ sysctl -p
```

10

하둡 부가기능 활용

이 장에서 다루는 내용

- 하둡 스트리밍
- 잡 스케줄러
- MR유닛

하둡은 핵심 요소인 HDFS와 맵리듀스 외에도 다양한 부가 기능을 제공합니다. 이러한 부가 기능은 contrib 패키지로 하둡 배포판에 포함돼 있습니다. 이러한 contrib 패키지를 이용하면 더욱 쉽게 맵 리듀스 프로그램을 개발할 수 있고, 하둡 클러스터를 효율적으로 관리할 수 있습니다. 이번 장에서 는 contrib 패키지에서 실무에 활용하기 좋은 기능을 알아보겠습니다.

10.1 하둡 스트리밍

하둡은 자바 외에 다른 언어로 맵리듀스 프로그래밍을 할 수 있게 하둡 스트리밍이라는 기능을 제공합니다. 유닉스에서 제공되는 기본 명령어, 파이썬, 루비와 같은 스크립트 언어를 이용하면 간단하게 맵리듀스 프로그램을 작성할 수 있습니다. 하둡 스트리밍에 익숙해지면 단순한 맵리듀스 잡은 하둡 스트리밍으로 개발하게 될 것입니다. 그리고 하둡 스트리밍은 자바로 드라이버 클래스를 작성할 때처럼 다양한 맵리듀스 관련 옵션을 설정할 수 있습니다.

10.1.1 하둡 스트리밍의 동작 방식

하둡 스트리밍은 다음과 같은 방식으로 실행합니다. 하둡 스트리밍의 매퍼와 리듀서는 유닉스 표준
입력(STDIN)을 통해 입력 데이터를 전달받고, 유닉스 표준출력(STDOUT)을 통해 출력 데이터를
생성합니다.

```
./bin/hadoop jar contrib/streaming/hadoop-streaming-1.2.1.jar \
    -input 입력 데이터 경로 \
    -output 출력 데이터 경로 \
    -mapper 매퍼로 사용할 소스 경로 \
    -reducer 리듀서로 사용할 소스 경로
```

매퍼는 매퍼 옵션으로 설정한 소스이며, 입력 데이터를 분석해 키와 값으로 구성된 데이터를 출력합
니다. 이때 키와 값은 탭을 구분자로 사용하며, 사용자가 임의로 변경할 수 있습니다. 리듀서는 리듀
서 옵션으로 설정한 소스입니다. 리듀서는 매퍼의 출력 파일을 라인 단위로 읽어서 분석 로직을 실행
한 후 출력 데이터를 작성합니다. 이때 키와 값을 탭으로 구분해서 출력 데이터를 생성하게 됩니다.

10.1.2 하둡 스트리밍 실행 옵션

하둡은 앞서 소개한 네 종류의 옵션 외에도 다양한 실행 옵션을 설정할 수 있습니다. 다음과 같이 하
둡의 generic 옵션과 스트리밍 옵션을 동시에 설정할 수 있습니다. generic 옵션은 반드시 스트리
밍 옵션보다 먼저 설정해야 하므로 순서에 주의를 기울여야 합니다.

```
./bin/hadoop jar contrib/streaming/hadoop-streaming-1.2.1.jar [generic옵션] [스트리밍옵션]
```

그럼 어떤 옵션을 설정할 수 있는지 알아보겠습니다. 표 10.1은 하둡 스트리밍 명령어 옵션과 사용
법을 정리한 것입니다.

표 10.1 하둡 스트리밍 실행 옵션

파라미터	필수 여부	내용
-input	필수	매퍼의 입력 데이터 경로. 디렉터리명 혹은 파일명으로 설정 가능 예) -input mydir 　　　 -input mydir/example.txt
-output	필수	리듀서의 출력 데이터 경로 예) -output myoutput

파라미터	필수 여부	내용
-mapper	필수	매퍼로 실행한 스크립트 혹은 자바 클래스명 예) -mapper "grep ." -mapper "mapper.sh" -mapper "org.apache.hadoop.mapred.lib.IdentityMapper"
-reducer	필수	리듀서로 실행할 스크립트 혹은 자바 클래스명 예) -reducer "wc -l" -reducer "mapper.py" -reducer "org.apache.hadoop.mapred.lib.IdentityReducer"
-file	옵션	jar 파일에 특정 파일이나 디렉터리를 포함시킬 때 사용함. 설정된 파일은 매퍼, 리듀서, 콤바이너가 로컬 파일처럼 사용할 수 있음 예) -file "mapper.sh"
-inputformat	옵션	InputFormat으로 사용할 클래스명. 별도로 값을 설정하지 않을 경우 TextInputFormat을 기본값으로 사용함
-outputformat	옵션	OutputFormat으로 사용할 클래스명. 별도로 값을 설정하지 않을 경우 TextInputFormat을 기본값으로 사용함
-partitioner	옵션	파티셔너로 사용할 클래스명 예) -partitioner org.apache.hadoop.mapred.lib.KeyFieldBasedPartitioner
-combiner	옵션	콤바이너로 실행할 스크립트 혹은 자바 클래스명 예) -combiner "wc -l" -combiner "reducer.sh"
-numReduceTasks	옵션	맵리듀스 잡에서 실행할 reduce task의 개수 예) -numReduceTasks 0
-cmdenv	옵션	스트리밍 명령어에서 사용할 환경변수 예) -cmdenv META_DATA_DIR=/home/wiki/meta_data
-inputreader	옵션	InputFormat 클래스에서 사용할 RecordReader 클래스명. 매퍼에서 처리할 레코드의 범위도 함께 설정할 수 있음 예) -inputreader "StreamXmlRecordReader,begin=xml,end=/xml"
-verbose	옵션	verbose 모드로 스트리밍을 실행. verbose 모드를 설정하면 스트리밍 로그를 상세하게 출력함
-mapdebug	옵션	매퍼 실행 중 버그가 발생할 경우 실행할 스크립트
-reducedebug	옵션	리듀서 실행 중 버그가 발생할 경우 실행할 스크립트

표 10.2는 하둡 스트리밍을 실행할 때 동시에 설정할 수 있는 generic 옵션을 정리한 내용입니다.

표 10.2 하둡 스트리밍 Generic 옵션

옵션	필수 여부	내용
–conf	옵션	맵리듀스 잡에서 사용할 환경설정 파일 예) –conf myproperty.conf
–D	옵션	맵리듀스 잡에서 사용할 속성값. "속성=값" 형식으로 설정 예) –D mapred.local.dir=/home/hadoop/mapred/local –D mapred.system.dir=/home/hadoop/mapred/system
–fs	옵션	스트리밍 명령어에서 접근할 네임노드 예) –fs mynamenode:9000
–jt	옵션	스트리밍 명령어에서 접근할 잡트래커 예) –jt myjobtracker:9001
–files	옵션	분산 캐시에 등록해서 사용할 텍스트 파일 예) –files "mapper.sh, reducer.sh"
–libjars	옵션	분산 캐시에 등록해서 사용할 JAR 파일 예) –libjars "/home/hadoop/mylib/myjob.jar"
–archives	옵션	분산 캐시에 등록해서 사용할 아카이브 파일 예) –archives "/home/hadoop/mylib/myjob.jar, /home/hadoop/mylib/myjob2.tar"

10.1.3 유닉스 명령어를 이용한 스트리밍 구현

이번 절에서는 이러한 유닉스 명령어를 이용해 하둡 스트리밍을 구현하는 방법을 알아보겠습니다. 이 경우 wc, cut, awk, grep 같은 유닉스 기본 명령어를 이용해 구현할 수 있습니다. 여기서는 5장에서 내려받은 미국 항공 운항 지연 데이터를 처리하는 하둡 스트리밍 예제를 개발하겠습니다. 이 예제는 두 개의 맵리듀스 잡으로 구성됩니다. 첫 번째 잡은 입력 데이터에서 고유한 항공기 번호 목록을 추출하고, 두 번째 잡은 첫 번째 잡의 출력 데이터에 있는 항공기 건수를 계산합니다.

첫 번째 잡인 항공기 번호를 추출하는 스트리밍은 다음과 같이 구현할 수 있습니다.

```
[hadoop@wikibooks01 hadoop-1.2.1]$ ./bin/hadoop jar contrib/streaming/hadoop-streaming-1.2.1.jar
\
        -input input \
        -output delay_flight_list \
        -mapper "cut -f 9,10 -d , | awk 'NF'" \
        -reducer "uniq"
```

각 스트리밍 옵션에 대해서는 표 10.3의 내용을 참고합니다. 참고로 매퍼와 리듀서의 옵션값으로 사용한 cut, awk, uniq는 모두 유닉스 기본 명령어입니다.

표 10.3 운항 지연 항공기 목록 조회 스트리밍 옵션

파라미터	내용
–input	미국 항공 운항 지연 데이터가 저장돼 있는 input 디렉터리를 입력 데이터 경로로 설정합니다.
–output	잡의 출력 데이터를 delay_flight_list 디렉터리에 생성합니다.
–mapper	– cut –f 9,10 –d ,: 콤마(,)를 구분자로 각 라인의 아홉 번째, 열 번째 값을 잘라냅니다. 이때 각 값의 사이에 콤마(,)를 넣습니다. – awk 'NF': cut 명령어로 잘라낸 결과에서 공백인 줄을 삭제합니다.
–reducer	중복된 줄을 제거합니다.

이 예제에서는 매퍼는 아홉 번째 칼럼값인 항공사 번호와 열 번째 칼럼값인 항공기 번호를 조합한 목록을 출력합니다. 그리고 리듀서는 매퍼의 출력 데이터를 입력 데이터로 전달받아 중복된 항공기 번호를 제거하고, 항공기 번호당 한 번씩만 출력되게 합니다. 그런데 스트리밍 명령어를 실행하면 마지막 줄에 스트리밍 명령어가 실패했다는 오류 메시지(Streaming Command Failed!)가 출력됩니다.

```
packageJobJar: [/home/hadoop/hadoop-1.2.1/data/hadoop-unjar546468674663693420/] [] /tmp/
streamjob8751914572048618261.jar tmpDir=null
14/11/25 00:37:50 WARN snappy.LoadSnappy: Snappy native library is available
14/11/25 00:37:50 INFO util.NativeCodeLoader: Loaded the native-hadoop library
14/11/25 00:37:50 INFO snappy.LoadSnappy: Snappy native library loaded
14/11/25 00:37:50 INFO mapred.FileInputFormat: Total input paths to process : 22
14/11/25 00:37:51 INFO streaming.StreamJob: getLocalDirs(): [/home/hadoop/hadoop-1.2.1/data//
mapred/local]
14/11/25 00:37:51 INFO streaming.StreamJob: Running job: job_201411250035_0003
(중략)
14/11/25 00:38:14 INFO streaming.StreamJob:  map 100%  reduce 100%
14/11/25 00:38:14 INFO streaming.StreamJob: To kill this job, run:
14/11/25 00:38:14 INFO streaming.StreamJob: /home/hadoop/hadoop-1.2.1/libexec/../bin/hadoop job
-Dmapred.job.tracker=wikibooks01:6001 -kill job_201411250035_0003
14/11/25 00:38:14 INFO streaming.StreamJob: Tracking URL: http://wikibooks01:50030/jobdetails.
jsp?jobid=job_201411250035_0003
```

```
14/11/25 00:38:14 ERROR streaming.StreamJob: Job not successful. Error: # of failed Map Tasks
exceeded allowed limit. FailedCount: 1. LastFailedTask: task_201411250035_0003_m_000004
14/11/25 00:38:14 INFO streaming.StreamJob: killJob...
```

잡트래커 웹 관리자용 화면에서 확인해보면 그림 10.1과 같이 잡의 상태(Status)가 Failed로 돼 있고, 모든 맵 태스크와 리듀스 태스크가 강제로 종료된 것으로 나타납니다.

Status: Failed
Failure Info: # of failed Map Tasks exceeded allowed limit. FailedCount: 1. LastFailedTask: task_201411
Started at: Tue Nov 25 00:37:51 KST 2014
Failed at: Tue Nov 25 00:38:13 KST 2014
Failed in: 22sec
Job Cleanup: Successful
Black-listed TaskTrackers: 1

Kind	% Complete	Num Tasks	Pending	Running	Complete	Killed	Failed/Killed Task Attempts
map	100.00%	187	0	0	0	187	24 / 4
reduce	100.00%	1	0	0	0	1	0 / 0

그림 10.1 하둡 스트리밍 잡의 실패 상태

"Failed/Killed Task Attempts" 칼럼에 있는 숫자를 클릭해보면 모든 태스크에 다음과 같은 오류 메시지가 출력돼 있습니다.

```
java.lang.RuntimeException: PipeMapRed.waitOutputThreads(): subprocess failed with code 1
    at org.apache.hadoop.streaming.PipeMapRed.waitOutputThreads(PipeMapRed.java:362)
    at org.apache.hadoop.streaming.PipeMapRed.mapRedFinished(PipeMapRed.java:576)
    at org.apache.hadoop.streaming.PipeMapper.close(PipeMapper.java:135)
    at org.apache.hadoop.mapred.MapRunner.run(MapRunner.java:57)
    at org.apache.hadoop.streaming.PipeMapRunner.run(PipeMapRunner.java:36)
    at org.apache.hadoop.mapred.MapTask.runOldMapper(MapTask.java:430)
    at org.apache.hadoop.mapred.MapTask.run(MapTask.java:366)
    at org.apache.hadoop.mapred.Child$4.run(Child.java:255)
    at java.security.AccessController.doPrivileged(Native Method)
    at javax.security.auth.Subject.doAs(Subject.java:415)
    at org.apache.hadoop.security.UserGroupInformation.doAs(UserGroupInformation.java:1190)
    at org.apache.hadoop.mapred.Child.main(Child.java:249)
```

이 오류는 매퍼에 설정한 명령어가 명령어 파이프라인 방식으로 선언됐기 때문입니다. 참고로 명령어 파이프라인은 명령어를 읽어 순차적으로 실행하는 프로세서에 적용되는 기술로, 한 번에 하나의 명령어만 실행하는 것이 아니라 하나의 명령어가 실행되는 도중에 다른 명령어 실행을 시작하는 식으로 동시에 여러 개의 명령어를 실행하는 기법입니다(출처: http://goo.gl/S32ptS).

그런데 하둡 스트리밍은 리듀서를 실행할 때 매퍼의 스레드가 완전히 종료돼야만 실행되도록 구현돼 있습니다. 하지만 파이프라인 방식은 앞서 설명한 대로 동시에 명령어가 실행되어 리듀서 입장에서는 매퍼가 계속 실행되어 행이 걸린 것으로 인식해서 오류가 난 것입니다. 그래서 하둡 스트리밍에서 매퍼나 리듀서에 명령어 파이프라인을 사용하려면 명령어를 반드시 스크립트 파일로 작성해야 합니다. 매퍼에 설정했던 명령어를 예제 10.1과 같이 스크립트 파일로 작성합니다.

예제 10.1 mapper.sh

```
cut -f 9,10 -d , | awk 'NF'
```

그리고 해당 파일을 -file이나 -files 옵션을 사용해 모든 매퍼와 리듀서가 참조할 수 있게 해야 합니다. 왜냐하면 스크립트 파일은 클라이언트에만 저장돼 있기 때문에 매퍼나 리듀서가 참조할 수 없기 때문입니다.

이제 다음과 같이 -file 옵션과 -mapper 옵션에 mapper.sh를 설정하고, 다시 스트리밍 명령어를 실행합니다.

```
[hadoop@wikibooks01 hadoop-1.2.1]$ ./bin/hadoop fs -rmr delay_flight_list
[hadoop@wikibooks01 hadoop-1.2.1]$ ./bin/hadoop jar contrib/streaming/hadoop-streaming-1.2.1.jar \
        -file mapper.sh \
        -input input \
        -output delay_flight_list \
        -mapper mapper.sh \
-reducer "uniq"
```

스트리밍 명령어를 실행하면 다음과 같은 로그가 출력됩니다. 매퍼와 리듀서가 100% 실행되고, 출력 데이터로 설정한 delay_flight_list가 마지막 줄에 출력됩니다.

```
packageJobJar: [mapper.sh, /home/hadoop/hadoop-1.2.1/data/hadoop-unjar1284065717987437249/] [] /
tmp/streamjob203511579484695985.jar tmpDir=null
```

```
(중략)
Tracking URL: http://wikibooks01:50030/jobdetails.jsp?jobid=job_201411250035_0005
14/11/25 00:43:31 INFO streaming.StreamJob:  map 0%  reduce 0%
14/11/25 00:43:37 INFO streaming.StreamJob:  map 1%  reduce 0%
~~~~~~~~~~~~~~~~~~~~~~~~~~~~~ 중략 ~~~~~~~~~~~~~~~~~~~~~~~~~~~~~
14/11/25 00:48:00 INFO streaming.StreamJob:  map 100%  reduce 98%
14/11/25 00:48:04 INFO streaming.StreamJob:  map 100%  reduce 99%
14/11/25 00:48:07 INFO streaming.StreamJob:  map 100%  reduce 100%
14/11/25 00:48:09 INFO streaming.StreamJob: Job complete: job_201411250035_0005
14/11/25 00:48:09 INFO streaming.StreamJob: Output: delay_flight_list
```

그럼 실제로 delay_flight_list에 항공사 코드와 항공기 번호가 조합된 번호가 출력됐는지 확인해 보
겠습니다. 다음과 같이 생성된 파일의 앞뒤 10줄씩 확인해보면 정상적으로 데이터가 출력됩니다.

```
[hadoop@wikibooks01 hadoop-1.2.1]$ ./bin/hadoop fs -cat delay_flight_list/part-00000 | head -10
9E,2001
9E,2002
9E,2003
9E,2004
9E,2005
9E,2006
9E,2007
9E,2008
9E,2009
9E,2010
[hadoop@wikibooks01 hadoop-1.2.1]$ ./bin/hadoop fs -cat delay_flight_list/part-00000 | tail -10
YV,7499
YV,7526
YV,7598
YV,7915
YV,7958
YV,8910
YV,8911
YV,8940
YV,8941
YV,8942
```

그럼 두 번째 잡을 하둡 스트리밍으로 실행해 보겠습니다. Generic 옵션은 반드시 스트리밍 옵션보다 먼저 설정해야 하기 때문에 −file 옵션을 가장 먼저 설정했습니다.

```
[hadoop@wikibooks01 hadoop-1.2.1]$ ./bin/hadoop jar contrib/streaming/hadoop-streaming-1.2.1.jar \
        -file reducer.sh \
        -input delay_flight_list/part-00000 \
        -output delay_flight_list_count \
        -mapper "wc -l" \
        -reducer reducer.sh
```

각 스트리밍 옵션에 대해서는 표 10.4의 내용을 참고합니다. 참고로 wc는 단어 개수를 산출하는 유닉스 기본 명령어입니다.

표 10.4 운항 지연 항공기 건수 조회 스트리밍 옵션

파라미터	내용
−file	리듀서로 사용할 스크립트 파일을 jar 파일에 포함시킵니다..
−input	delay_flight_list/part−00000를 매퍼의 입력 데이터로 설정합니다.
−output	리듀서의 출력 데이터를 delay_flight_list_count에 저장합니다.
−mapper	입력 데이터가 몇 줄의 단어로 돼 있는지 출력합니다. 항공기 번호 목록에 저장된 항공기 번호 개수를 계산하는 것입니다.
−reducer	스크립트 파일인 reducer.sh를 리듀서로 설정합니다.

이 스크립트 파일은 예제 10.2와 같이 작성합니다.

예제 10.2 reducer.sh

```
awk 'BEGIN {s=0} {s += $1 } END {print s}'
```

예제 10.2에 사용한 유닉스 명령어 awk는 텍스트 파일을 편집하는 데 사용됩니다. 이때 BEGIN 옵션은 입력 데이터를 실행하기 전에 적합한 형태로 바꿔주고, END 옵션은 데이터가 처리된 후 추가로 실행되는 작업을 의미합니다. 이 예제에서는 BEGIN 단계에서 각 줄에 있는 숫자를 합산하고, END 단계에서 합산한 값을 출력합니다. 즉, 매퍼의 출력 데이터에 저장돼 있는 모든 숫자를 합산해서 총계를 구하는 것입니다.

두 번째 잡을 실행하면 다음과 같이 정상적으로 잡이 수행되고, 출력 데이터로 설정한 delay_flight_list_count가 마지막 줄에 출력됩니다.

```
(중략)
14/11/25 00:51:13 INFO streaming.StreamJob:  map 100%  reduce 33%
14/11/25 00:51:15 INFO streaming.StreamJob:  map 100%  reduce 100%
14/11/25 00:51:16 INFO streaming.StreamJob: Job complete: job_201411250035_0006
14/11/25 00:51:16 INFO streaming.StreamJob: Output: delay_flight_list_count
```

delay_flight_list_count 디렉터리에 생성된 출력 데이터를 조회하면 다음과 같이 50,003대의 비행기가 지연된 것을 확인할 수 있습니다.

```
[hadoop@wikibooks01 hadoop-1.2.1]$ ./bin/hadoop fs -cat delay_flight_list_count/part-00000
50003
```

10.1.4 파이썬을 이용한 스트리밍 구현

이번 절에서는 파이썬을 이용해 하둡 스트리밍을 구현하는 방법을 알아보겠습니다. 매퍼와 리듀서의 역할을 수행하는 스크립트를 파이썬으로 작성하는 것을 제외하면 유닉스 명령어를 이용한 방식과 동일합니다. 그럼 이제 5.3절의 항공 도착 지연 데이터를 처리하는 잡을 파이썬으로 구현해보겠습니다.

10.1.4.1 매퍼 구현

우선 매퍼 역할을 할 스크립트를 작성합니다. 예제 10.3은 매퍼 스크립트의 소스코드입니다. 파이썬 스크립트의 문법은 중괄호를 사용하지 않고, 들여쓰기를 사용합니다. 들여쓰기가 맞지 않을 경우, 전혀 다른 로직이 수행될 수 있으므로 코드를 작성할 때 주의해야 합니다.

예제 10.3 ArrivalDelayMapper.py

```python
#!/usr/bin/env python

import sys
output_value = 1

for line in sys.stdin:
  line = line.strip()
```

```
    columns = line.split(",")
    output_key = columns[0] + ',' + columns[1]

    if len(columns) > 14 and columns[14].isdigit() and int(columns[14]) > 0:
        print '%s\t%s' % (output_key, output_value)
```

우선 시스템 환경변수 파일(env)에 설정된 경로를 따라서 파이썬을 자동으로 찾아서 수행합니다.

```
#!/usr/bin/env python
```

파일 처리를 위해 sys 모듈을 임포트한 후 출력값을 1로 설정합니다.

```
import sys
output_value = 1
```

매퍼는 유닉스 표준 스트림인 STDIN을 이용해 입력 파일을 라인별로 읽어들입니다.

```
for line in sys.stdin:
```

라인 뒤에 붙어 있는 공백을 제거한 뒤 콤마별로 분리된 배열로 만들어 줍니다. 그리고 배열에서 운항 연도와 월을 추출해 매퍼의 출력키로 설정합니다.

```
line = line.strip()
columns = line.split(",")
output_key = columns[0] + ',' + columns[1]
```

배열의 길이가 14자리 이상이고, 운항 지연 시간이 유효한 경우에만 출력 데이터를 생성합니다.

```
    if len(columns) > 14 and columns[14].isdigit() and int(columns[14]) > 0:
        print '%s\t%s' % (output_key, output_value)
```

10.1.4.2 리듀서 구현

이번에는 매퍼의 출력 데이터를 처리할 리듀서를 작성해보겠습니다. 예제 10.4는 리듀서를 구현한 코드입니다. 참고로 파이썬 실행 경로 설정과 sys 모듈을 임포트하는 부분은 매퍼의 소스와 동일합니다.

예제 10.4 ArrivalDelayReducer.py

```python
#!/usr/bin/env python

import sys

input_key = None
input_value = 0
output_key = None
output_value = 0

for line in sys.stdin:
  line = line.strip()
  columns = line.split("\t")
  input_key = columns[0]
  input_value = int(columns[1])

  if output_key == input_key:
    output_value += input_value
  else:
    if output_key:
      print '%s\t%s' % (output_key, output_value)
    output_value = input_value
    output_key = input_key

if(output_key == input_key):
  print '%s\t%s' % (input_key, output_value)
```

우선 다음과 같이 네 개의 전역변수를 선언합니다. 이름으로 알 수 있듯이 각각 입력 데이터의 키와 값, 출력 데이터의 키와 값을 저장하는 변수입니다.

```python
input_key = None
input_value = 0
output_key = None
output_value = 0
```

입력 데이터를 라인별로 순회하면서 각 레코드를 탭 단위로 분리해서 배열을 만듭니다. 이때 배열의 첫 번째 값을 입력 데이터의 키, 두 번째 값을 입력 데이터의 값으로 설정합니다.

```
input_key = columns[0]
input_value = int(columns[1])
```

그리고 출력 데이터와 입력 데이터의 키가 같은지 확인합니다. 출력 데이터의 키와 입력 데이터의 키가 같은 경우에는 이전 입력 데이터와 현재의 입력 데이터가 같은 경우입니다. 이 경우에는 데이터를 출발 지연값을 합산만 하고, 출력하지는 않습니다.

```
if output_key == input_key:
  output_value += input_value
```

그러나 출력 데이터의 키와 입력 데이터의 키가 같지 않은 경우에는 동일한 키에 대한 연산이 완료된 경우이므로 출력 데이터를 생성하고, 출력 데이터 정보에 현재의 입력 데이터를 설정합니다.

```
else:
  if output_key:
    print '%s\t%s' % (output_key, output_value)
  output_value = input_value
  output_key = input_key
```

마지막으로 순회가 완료되면 키값을 다시 비교해 출력 데이터를 생성합니다.

```
if(output_key == input_key):
  print '%s\t%s' % (input_key, output_value)
```

10.1.4.3 스트리밍 실행

매퍼와 리듀서 스크립트 파일을 작성하고 나면 다음과 같이 하둡 스트리밍을 실행합니다. 이때 태스크 트래커에서 파이썬 스크립트 파일을 사용할 수 있게 -files 옵션으로 분산 캐시에 스크립트 파일을 등록합니다. 앞서 유닉스 명령어를 기반으로 실행하는 경우처럼 하나의 파일을 공유하는 경우에는 -file을 사용하고 지금처럼 2개 이상의 파일을 공유할 때는 -files 옵션을 사용하는 것이 편리합니다.

```
[hadoop@wikibooks01 hadoop-1.2.1]$ ./bin/hadoop jar contrib/streaming/hadoop-streaming-1.2.1.jar \
    -files ArrivalDelayMapper.py,ArrivalDelayReducer.py \
    -input input \
    -output arr_delay_count_py \
    -mapper ArrivalDelayMapper.py \
    -reducer ArrivalDelayReducer.py
```

이제 정상적으로 출력 데이터를 만들었는지 확인해보겠습니다. 다음과 같이 5.4절의 예제를 실행했을 때와 동일한 결과가 조회됩니다.

```
[hadoop@wikibooks01 hadoop-1.2.1]$ ./bin/hadoop fs -cat arr_delay_count_py/part-00000 | head -10
1987,10  265658
1987,11  255127
1987,12  287408
1988,1 261810
1988,10  230876
1988,11  237343
1988,12  249340
1988,2 242219
1988,3 255083
1988,4 219288
```

10.1.5 aggregate 패키지 이용

하둡은 맵리듀스 잡을 실행할 때 통계 작업을 편리하게 수행할 수 있게 org.apache.hadoop.mapred.lib.aggregate 패키지를 제공합니다. 이 패키지는 표 10.5와 같은 다양한 어그리게이터(aggregator)를 제공합니다.

표 10.5 aggregate 패키지 제공 기능

어그리게이터	내용
DoubleValueSum	연속적인 double 값들의 합계 계산
LongValueMax	연속적인 long 값들의 최댓값 계산
LongValueMin	연속적인 long 값들의 최솟값 계산
LongValueSum	연속적인 long 값들의 합계 계산
StringValueMax	연속적인 문자열에서 가장 큰 값을 계산
StringValueMin	연속적인 문자열에서 가장 작은 값을 계산
UniqValueCount	연속적인 값들의 중복값을 제거한 개수를 계산
ValueHistogram	연속적인 값들에 대해 히스토그램 연산을 수행

자바로 맵리듀스 프로그래밍을 할 때도 어그리게이터를 이용할 수 있지만 하둡 스트리밍에서도 간단하게 이용할 수 있습니다. 스트리밍을 이용할 때는 다음과 같은 형태로 매퍼의 데이터를 출력하고, 리듀서에 aggregate를 설정하면 어그리게이터 연산이 수행됩니다.

어그리게이터 이름:출력키\t출력값

예를 들어, 출력키가 200812, 출력값이 100과 200인 데이터의 합계를 구하고 싶다면 다음과 같이 매퍼의 출력 데이터를 생성하면 됩니다.

```
LongValueSum:200812\t100
LongValueSum:200812\t200
```

그럼 실제로 파이썬 스크립트로 어그리게이터를 이용하는 방법을 알아보겠습니다.

10.1.5.1 LongValueSum 이용

이번 절에서는 10.1.4절에서 구현한 예제를 LongValueSum 어그리게이터로 구현하겠습니다. 이 맵리듀스 잡은 하나의 매퍼를 구현하고, 리듀서는 어그리게이터를 이용합니다. 매퍼는 예제 10.5와 같이 구현되며, 예제 10.3에서 출력 데이터를 생성하는 부분만 변경했습니다. 앞서 설명한 것처럼 어그리게이터의 이름인 LongValueSum을 앞쪽에 출력하고, 이후에 출력키와 값을 탭으로 구분해서 출력했습니다.

예제 10.5 ArrivalDelayLongSumMapper.py

```python
#!/usr/bin/env python

import sys

for line in sys.stdin:
  line = line.strip()
  columns = line.split(",")
  output_key = columns[0] + ',' + columns[1]

  if len(columns) > 14 and columns[14].isdigit() and int(columns[14]) > 0:
    output_value = int(columns[14])
    if(output_value > 0):
      print 'LongValueSum:%s\t%s' % (output_key, output_value)
```

코드 작성이 완료되면 다음과 같이 스트리밍 명령어를 실행합니다. 매퍼의 출력 데이터를 대상으로 LongValueSum 연산을 수행할 수 있게 반드시 리듀서에 aggregate를 설정합니다.

```
[hadoop@wikibooks01 hadoop-1.2.1]$ ./bin/hadoop jar contrib/streaming/hadoop-streaming-1.2.1.jar \
    -files ArrivalDelayLongSumMapper.py \
    -input input \
    -output arr_delay_long_sum \
    -mapper ArrivalDelayLongSumMapper.py \
    -reducer aggregate
```

스트리밍이 실행한 후, 출력 데이터가 생성됐는지 확인합니다.

```
[hadoop@wikibooks01 hadoop-1.2.1]$ ./bin/hadoop fs -cat arr_delay_long_sum/part-00000 | head -10
1987,10  3760273
1987,11  4537743
1987,12  6852090
1988,1   6057392
1988,10  3409278
1988,11  4447360
1988,12  4830719
1988,2   4795308
1988,3   4320511
1988,4   3617520
```

10.1.5.2 ValueHistogram 이용

이번에는 ValueHistogram 어그리게이터를 이용해 히스토그램값을 구해보겠습니다. 예제 10.6은 히스토그램을 계산하기 위한 매퍼 소스입니다.

예제 10.6 ArrivalDelayHistogramMapper.py

```
#!/usr/bin/env python

import sys
for line in sys.stdin:
  line = line.strip()
  columns = line.split(",")
```

```
output_key = columns[0] + ',' + columns[1]

if len(columns) > 14 and columns[14].isdigit() and int(columns[14]) > 0:
  output_value = int(columns[14])
  if(output_value > 0):
    print 'ValueHistogram:%s\t%s' % (output_key, output_value)
```

코드를 작성하고 나면 다음과 같이 스트리밍 명령어를 실행합니다. 리듀서는 aggregate를 설정합니다.

```
./bin/hadoop jar contrib/streaming/hadoop-streaming-1.2.1.jar \
    -files ArrivalDelayHistogramMapper.py \
    -input input \
    -output arr_delay_histogram \
    -mapper ArrivalDelayHistogramMapper.py \
    -reducer aggregate
```

스트리밍을 실행한 후 잡의 출력 데이터를 확인해보면 다음과 같이 여섯 개의 값이 출력돼 있습니다. 이 값은 중복값을 제거한 값들의 개수, 최솟값, 중간값, 최댓값, 평균값, 표준편차를 각각 의미합니다.

```
[hadoop@wikibooks01 hadoop-1.2.1]$ ./bin/hadoop fs -cat arr_delay_histogram/part-00000 | head
-10
1987,10  318 1 8    17298  835.4025157232704   2833.078169315628
1987,11  370 1 12   15238  689.5324324324324   2343.061795744591
1987,12  457 1 19   13507  628.9015317286652   2068.5303203352983
1988,1   453 1 13   13966  577.9470198675497   1959.7606403876293
1988,10  358 1 9    16912  644.9050279329609   2385.062000278033
1988,11  362 1 17   14363  655.6436464088398   2185.3055433425093
1988,12  411 1 12   14470  606.6666666666666   2104.3437842634476
1988,2   407 1 12   14129  595.1326781326782   2054.323645002454
1988,3   365 1 13   15922  698.8575342465754   2425.665713787861
1988,4   358 1 13   15280  612.536312849162    2200.115231255918
```

10.2 잡 스케줄러

하둡 클러스터를 운영하다 보면 동시에 여러 개의 잡을 수행하게 될 것입니다. 클라이언트가 동시에 여러 맵리듀스 잡을 요청하면 하둡은 기본적으로 FIFO(First-In-First-Out) 방식으로 잡의 스케줄을 관리합니다. 쉽게 말해 먼저 요청이 들어온 잡을 먼저 처리하고, 나중에 요청이 들어온 잡을 나중에 처리하는 방식으로 스케줄을 관리합니다. 매우 단순한 방식이고, 이해하기도 쉽지만 클라이언트 입장에서는 불리할 수도 있는 방식입니다. 예를 들어, 10분이 소요되는 잡을 수행하는 클라이언트 A와 30초가 소요되는 잡을 수행하는 클라이언트 B가 있다고 가정합니다. 만약 클라이언트 A가 먼저 잡을 실행하게 된다면 클라이언트 B는 30초밖에 걸리지 않는 잡인데도 10분 가량을 대기해야만 합니다. 이러한 현상을 방지하기 위해 하둡은 페어(Fair) 스케줄러와 커패시티(Capacity) 스케줄러를 제공합니다. 페어 스케줄러는 페이스북에서, 커패시티 스케줄러는 야후에서 각각 개발한 스케줄러입니다. 두 스케줄러는 하둡의 contrib 패키지로 제공됩니다. 그럼 각 스케줄러가 어떤 기능을 제공하는지 알아보겠습니다.

10.2.1 페어 스케줄러

페어 스케줄러는 잡을 풀(pool) 형태로 관리합니다. 모든 잡이 하둡 클러스터의 자원을 풀을 이용해 공평하게 사용하겠다는 것을 목표로 합니다. 풀은 슬롯을 사용해 최소한으로 실행할 수 있는 맵 태스크와 리듀스 태스크의 개수를 관리합니다. 이처럼 슬롯으로 하둡 클러스터의 자원을 미리 할당받는다면 앞에서 예로 든 클라이언트 B는 10분의 대기 시간 없이 빠르게 잡을 실행할 수 있을 것입니다. 또한 풀은 동시에 실행할 수 있는 잡의 개수를 제한을 둘 수가 있어서 잡의 혼잡을 최소화할 수 있게 도와줍니다. 그리고 풀은 사용자가 지정되어 허가된 사용자만 풀을 사용할 수 있습니다.

이번 절에서는 페어 스케줄러를 설치하는 방법을 알아보겠습니다. 페어 스케줄러를 사용하려면 JAR 파일을 빌드하고, 다양한 환경변수와 환경설정 파일을 설정해야 합니다. 참고로 페어 스케줄러 라이브러리는 잡트래커 데몬을 실행하는 서버에만 설치하면 됩니다.

10.2.1.1 하둡 환경설정 파일 수정

페어 스케줄러를 사용하려면 잡트래커의 태스크 스케줄러를 페어 스케줄러로 변경해야 합니다. 그리고 페어 스케줄러에서 사용할 풀에 대한 설정 파일 경로도 함께 정의해야 합니다. 각 속성값은 mapred.jobtracker.taskScheduler와 mapred.fairscheduler.allocation.file이며, 예제 10.7의 내용을 mapred-site.xml에 추가하면 됩니다.

페어 스케줄러를 사용하려면 mapred-site.xml에 관련 속성을 추가해야 합니다. 예제 10.7은 mapred-site.xml에 기본적으로 설정해야만 하는 속성을 나타낸 것입니다.

예제 10.7 mapred-site.xml 페어 스케줄러의 기본 설정 사항

```
<property>
    <name>mapred.jobtracker.taskScheduler</name>
    <value>org.apache.hadoop.mapred.FairScheduler</value>
</property>
<property>
    <name>mapred.fairscheduler.allocation.file</name>
    <value>${HADOOP_HOME}/conf/pools.xml</value>
</property>
<property>
    <name>mapred.fairscheduler.pool</name>
    <value>mypool</value>
</property>
```

mapred.jobtracker.taskScheduler 속성은 잡트래커가 사용하는 태스크 스케줄러에 대한 설정값입니다. mapred.fairscheduler.allocation.file 속성은 페어 스케줄러에서 사용한 풀에 대한 설정 파일 경로를 나타냅니다. mapred.fairscheduler.allocation.file 속성은 하둡이 아닌 페어 스케줄러에서 제공하는 속성값입니다. 페어 스케줄러는 이 속성 외에도 다양한 속성값을 제공합니다. 표 10.6은 mapred-site.xml에서 설정할 수 있는 페어 스케줄러의 속성값을 정리한 내용입니다.

표 10.6 mapred-site.xml에서 설정할 수 있는 페어 스케줄러 속성값

속성	내용
mapred.fairscheduler.pool	맵리듀스 잡이 사용할 풀의 이름을 작성합니다. 이 속성을 설정할 경우 mapred.fairscheduler.poolnameproperty 속성은 무시합니다. 대신 이 속성값이 없을 경우에는 mapred.fairscheduler.poolnameproperty 속성을 사용합니다. 만약 mapred.fairscheduler.pool과 mapred.fairscheduler.poolnameproperty가 모두 설정돼 있지 않다면 사용자의 이름을 풀의 이름으로 사용합니다.

속성	내용

mapred.fairscheduler.poolnameproperty	맵리듀스 잡이 사용할 페어 스케줄의 풀을 설정합니다. mapred.fairscheduler. pool 속성이 없을 경우 이 속성값을 사용하게 됩니다. JobConf(혹은 Job)의 set 메서드를 사용할 때 이 속성값을 키값으로 사용하게 됩니다. 기본값으로 사용자의 이름(${user.name})을 사용하며, 사용자당 하나의 풀이 제공됩니다. 예를 들어, 맵리듀스 잡을 mypool2라는 풀에 할당할 경우, 맵리듀스 프로그램에서는 다음과 같이 설정하면 됩니다.
	
	`Job job = new Job(getConf(), "MyJob");`
	`job.set("pool.name", "mypool2")`

mapred.fairscheduler.allocation.file	페어 스케줄러가 사용할 풀 설정 파일이 저장된 경로. 기본 경로는 HADOOP_CONF_DIR/fair-scheduler.xml을 사용
mapred.fairscheduler.preemption	페어 스케줄은 프리엠션(preemption) 기능을 제공합니다. 프리엠션은 하둡 클러스터의 자원을 공평하게 사용하지 못한 경우에 자원을 과도하게 사용하는 태스크를 종료시키는 기능입니다. 기본값은 false로 돼 있어서 프리엠션을 사용하지 않게 돼 있습니다.
mapred.fairscheduler.sizebasedweight	잡의 가중치를 잡의 규모로 측정하게 하는 값입니다. 기본적으로 잡의 가중치는 잡의 우선순위 속성으로 측정됩니다. 하지만 이 속성값을 true로 설정할 경우 잡이 실행하는 태스크 개수가 많은 순서대로 가중치가 부여됩니다. 기본값은 false로 설정돼 있습니다.
mapred.fairscheduler.preemption.only.log	프리엠션 기능을 수행할 경우 로그 기록 여부를 설정합니다. 기본값은 false로 설정돼 있습니다. 로그 메시지는 잡트래커의 로그 파일(HADOOP_LOG_DIR/ hadoop-jobtracker-*.log)에 기록됩니다. 예) Should preempt 2 tasks for job_20090101337_0001: tasksDueToMinShare = 2, tasksDueToFairShare = 0
mapred.fairscheduler.update.interval	페어 스케줄러에서 사용할 대상 자원을 계산하는 갱신 주기를 의미합니다. 단위값은 밀리초를 사용하며, 기본값은 500으로 설정돼 있습니다.
mapred.fairscheduler.preemption.interval	프리엠션 기능을 수행하는 주기를 의미합니다. 단위값은 밀리초를 사용하며, 기본값은 15000으로 설정돼 있습니다.
mapred.fairscheduler.weightadjuster	실행 중인 잡의 가중치를 조정하는 클래스를 설정합니다. 이 클래스는 반드시 WeightAdjuster 인터페이스를 구현해야 합니다.
mapred.fairscheduler.loadmanager	태스크 트래커에서 실행할 맵 태스크와 리듀스 태스크 개수를 결정하는 클래스입니다. 이 클래스는 반드시 LoadManager 인터페이스를 구현해야 합니다.
mapred.fairscheduler.taskselector	태스크 트래커에서 실행할 태스크를 결정하는 클래스입니다.

10.2.1.2 풀 설정 파일 만들기

풀 설정 파일에는 최소 태스크 개수, 최대 잡 실행 개수와 같은 풀의 기본 정보를 설정합니다. 이러한 내용은 XML 형식으로 정의됩니다. 예제 10.8은 풀 설정 파일에 대한 내용입니다. 이 예제는 맵태스크 개수가 80개, 리듀스 태스크 개수가 80개인 클러스터의 태스크를 공유하는 두 개의 풀을 정의합니다.

예제 10.8 pools.xml

```xml
<?xml version="1.0"?>
<allocations>
  <pool name="default">
    <minMaps>30</minMaps>
    <minReduces>80</minReduces>
    <maxMaps>30</maxMaps>
    <maxReduces>80</maxReduces>
    <minSharePreemptionTimeout>300</minSharePreemptionTimeout>
  </pool>
  <pool name="service">
    <minMaps>50</minMaps>
    <minReduces>50</minReduces>
    <maxMaps>80</maxMaps>
    <maxReduces>80</maxReduces>
    <minSharePreemptionTimeout>300</minSharePreemptionTimeout>
  </pool>
  <user name="hadoop">
    <maxRunningJobs>30</maxRunningJobs>
  </user>
  <userMaxJobsDefault>10</userMaxJobsDefault>
  <fairSharePreemptionTimeout>600</fairSharePreemptionTimeout>
</allocations>
```

모든 정보는 XML의 엘리먼트로 정의되며, pool과 user의 경우만 하위 엘리먼트로 속성을 정의합니다. pool과 user 엘리먼트는 특정 풀과 특정 사용자에 대한 설정이며, 나머지 엘리먼트는 전체 풀이나 전체 사용자를 대상으로 하는 설정입니다. 각 엘리먼트는 다음과 같은 내용을 나타냅니다.

- pool: 각 풀에 대한 설정 정보입니다.

  - minMaps, minReduces: 풀에서 최소한으로 공유돼야 하는 태스크 슬롯의 개수입니다.

  - maxMaps, maxReduces: 풀에서 최대한으로 공유돼야 하는 태스크 슬롯 개수입니다.

  - schedulingMode: 풀의 내부 스케줄링 모드를 결정합니다. 페어 스케줄링 방식과 FIFO 방식 중에서 선택할 수 있습니다.

  - maxRunningJobs: 풀에서 최대로 실행할 수 있는 잡의 개수입니다.

  - weight: 다른 풀과 비교할 때 사용되는 가중치이며, 기본값으로 1.0을 사용합니다. 예를 들어, weight가 2.0으로 설정된 풀은 가중치가 1.0인 풀보다 2배 높은 가중치가 부여된 것으로 인식됩니다.

  - minSharePreemptionTimeout: 최소 공유 자원보다 작은 자원을 사용하고 있는 태스크가 있을 경우, 다른 태스트가 종료되기 전까지 대기해야만 하는 시간입니다. 기본값은 무한대(infinite)입니다.

- User: 풀을 사용하는 사용자에 대한 정보를 설정합니다. 사용자에 대한 제한없이 사용하려면 이 엘리먼트를 정의할 필요가 없습니다.

  - maxRunningJobs: 해당 사용자가 풀에서 최대로 실행할 수 있는 잡의 개수입니다.

- poolMaxJobsDefault: 등록된 전체 풀이 최대한으로 실행할 수 있는 잡의 개수입니다.

- userMaxJobsDefault: 등록된 전체 사용자가 최대한으로 실행할 수 있는 잡의 개수입니다.

- defaultMinSharePreemptionTimeout: 등록된 전체 풀에 적용돼야 하는 최소 프리엠션 대기 시간입니다.

- fairSharePreemptionTimeout: 잡이 자신에게 할당된 공유 자원의 절반 이하만 사용할 수 있을 경우 프리엠션을 대기해야 하는 시간입니다.

- defaultPoolSchedulingMode: 전체 풀에 적용돼야 하는 스케줄링 모드입니다. 페어 스케줄링 방식과 FIFO 방식 중에서 선택할 수 있습니다.

예제 10.8이 적용된 클러스터에서 동시에 default 풀과 service 풀에 적용된 잡을 실행할 경우, default 풀은 30개의 맵 태스크를, service 풀은 50개의 태스크를 실행할 수 있습니다. 그리고 default 풀에만 작업이 실행되는 경우, 80개의 맵 태스크를 실행할 수 있습니다. 또한 service 풀에만 작업이 실행되는 경우에도 80개의 맵 태스크를 실행할 수 있습니다.

10.2.1.3 페어 스케줄러 적용

마지막으로 잡트래커를 재구동하면 맵리듀스 클러스터에 페어 스케줄러가 적용됩니다.

```
[hadoop@wikibooks01 hadoop-1.2.1]$ ./bin/hadoop-daemon.sh stop jobtracker
[hadoop@wikibooks01 hadoop-1.2.1]$ ./bin/hadoop-daemon.sh start jobtracker
```

잡트래커가 구동되면 웹에서 http://wikibooks01:50030/scheduler로 들어갑니다. 페어 스케줄러가 정상적으로 설치되면 그림 10.2와 같은 화면이 나타납니다. 페어 스케줄러 설치에 실패하면 사이트 자체가 열리지 않습니다.

wikibooks01 Fair Scheduler Administration

Pools

Pool	Running Jobs	Map Tasks				Reduce Tasks				Scheduling Mode
		Min Share	Max Share	Running	Fair Share	Min Share	Max Share	Running	Fair Share	
service	0	50	80	0	0.0	50	80	0	0.0	FAIR
default	0	30	30	0	0.0	80	80	0	0.0	FAIR

Running Jobs

Submitted	JobID	User	Name	Pool	Priority	Map Tasks			Reduce Tasks		
						Finished	Running	Fair Share	Finished	Running	Fair Share

그림 10.2 페어 스케줄러 웹 관리자 화면

이 화면은 페어 스케줄러 라이브러리에서 제공되는 웹 관리자 화면입니다. 기본적으로 두 개의 테이블로 구성되는데, Pool 테이블은 관리자가 정의한 풀에 대한 정보를 나타냅니다. 보다시피 pools. xml에 정의한 대로 service와 default 풀에 대한 속성이 나타나는 것을 확인할 수 있습니다. 그리고 두 번째 테이블인 현재 클러스터 내에서 수행 중인 잡을 노출합니다.

10.2.1.4 페어 스케줄러 빌드

하둡 1.0.3 버전에서는 페어 스케줄러가 소스만 포함돼 있어서 별도로 JAR 파일을 빌드해야 합니다. 다음과 같이 $HADOOP_HOME/src/contrib/fairscheduler 디렉터리로 이동한 후, ant 명령어를 실행하면 빌드가 진행됩니다.

```
[hadoop@wikibooks01 fairscheduler]$ ant
Buildfile: /home/hadoop/hadoop-1.0.3/src/contrib/fairscheduler/build.xml

check-contrib:

(중략)

jar:

    [echo] contrib: fairscheduler

     [jar] Building jar: /home/hadoop/hadoop-1.0.3/build/contrib/fairscheduler/hadoop-
fairscheduler-${version}.jar

BUILD SUCCESSFUL
Total time: 2 seconds
```

빌드가 완료되면 $HADOOP_HOME/build/contrib/fairscheduler 디렉터리에 JAR 파일이 생성
됐는지 조회합니다. ls 명령어로 조회해보면 hadoop-fairscheduler-${version}.jar 파일이 생성
된 것을 확인할 수 있습니다.

```
[hadoop@wikibooks01 fairscheduler]$ cd $HADOOP_HOME/build/contrib/fairscheduler
[hadoop@wikibooks01 fairscheduler]$ ls -l
합계 88
drwxrwxr-x 3 hadoop hadoop  4096  9월  4 01:50 classes
drwxrwxr-x 2 hadoop hadoop  4096  9월  4 01:50 examples
-rw-rw-r-- 1 hadoop hadoop 65897  9월  4 01:51 hadoop-fairscheduler-${version}.jar
drwxrwxr-x 3 hadoop hadoop  4096  9월  4 01:50 system
drwxrwxr-x 3 hadoop hadoop  4096  9월  4 01:50 test
```

페어 스케줄러를 빌드할 때 build.xml에 버전 정보를 설정하지 않아서 ${version}이라는 단어가
JAR 파일명에 들어가 있습니다. 다음과 같이 현재 하둡 버전을 명시해서 가독성에 혼란이 없게 합
니다.

```
[hadoop@wikibooks01 fairscheduler]$ mv hadoop-fairscheduler-\$\{version\}.jar hadoop-
fairscheduler-1.0.3.jar
```

이 JAR 파일을 하둡 클러스터에서 인식하려면 $HADOOP_HOME/lib 디렉터리에 복사하거나, 혹
은 $HADOOP_HOME/conf/hadoop-env.sh 파일의 CLASS_PATH 항목에 jar 파일의 경로를
설정해야 합니다. 이 책에서는 lib 디렉터리에 파일을 복사하겠습니다.

```
[hadoop@wikibooks01 fairscheduler]$ cp hadoop-fairscheduler-1.0.3.jar $HADOOP_HOME/lib
```

10.2.2 커패시티 스케줄러

커패시티 스케줄러는 풀(pool)이 아닌 큐를 이용해 스케줄을 관리합니다. 큐는 맵 태스크와 리듀스
태스크를 실행할 수 있는 슬롯을 가지고 있습니다. 이러한 큐를 여러 개를 생성해 하둡 클러스터의
자원을 공유하게 됩니다. 스케줄러는 큐를 지속적으로 모니터링해서 자원을 재분배합니다. 특정 큐
가 할당받은 용량을 사용하고 있지 않을 경우 여분의 용량을 다른 큐에게 임시로 할당해줍니다.

또한 페어 스케줄러는 풀의 우선순위만 설정할 수 있었습니다. 하지만 커패시티 스케줄러는 큐 내에
서 실행되는 잡의 우선순위를 설정할 수 있습니다. 그래서 우선순위가 높은 잡이 빠르게 자원을 사
용할 수 있도록 제어할 수 있습니다. 그리고 여러 개의 큐가 계층적으로 구성되는 것을 고려해 큐에

대한 접근을 엄격하게 제어합니다. 큐에 잡을 제출하거나 큐의 작업을 수정하는 모든 기능을 제한하게 됩니다.

이러한 기능 때문에 커패시티 스케줄러는 다수의 클라이언트와 다양한 우선선위 제어가 필요한 잡이 실행되는 클러스터에 적합한 스케줄러입니다.

10.2.2.1 하둡 환경설정 파일 수정

커패시티 스케줄러를 사용하려면 잡트래커의 태스크 스케줄러를 커패시티 스케줄러로 변경해야 합니다. 예제 10.9와 같이 mapred-site.xml을 변경합니다.

예제 10.9 mapred-site.xml 커패시티 스케줄러의 기본 설정

```
<property>
    <name>mapred.jobtracker.taskScheduler</name>
    <value>org.apache.hadoop.mapred.CapacityTaskScheduler</value>
</property>
<property>
    <name>mapred.queue.names</name>
    <value>queueA,queueB</value>
</property>
```

이제 다음과 같이 잡트래커를 재구동하면 앞으로 실행되는 모든 맵리듀스 잡에 커패시티 스케줄러가 적용됩니다.

```
[hadoop@wikibooks01 hadoop-1.2.1]$ ./bin/hadoop-daemon.sh stop jobtracker
[hadoop@wikibooks01 hadoop-1.2.1]$ ./bin/hadoop-daemon.sh start jobtracker
```

그리고 mapred.queue.names 속성은 커패시티 스케줄러에서 사용할 큐의 이름을 나타냅니다. 다음 절에서 queueA 큐와 queueB 큐를 만들 예정이므로 미리 두 개의 큐를 등록했습니다. mapred.queue.names의 기본값은 default이므로 반드시 새로운 큐 값을 등록해야 합니다.

또한 페어 스케줄러는 풀 설정 파일의 경로를 임의로 지정할 수 있지만 커패시티 스케줄러는 환경설정 파일의 경로가 다음과 같이 고정돼 있습니다. 이제 각 파일을 설정하는 방법을 알아보겠습니다.

- $HADOOP_HOME/conf/capacity-scheduler.xml: 다중 큐에 대한 설정 정보
- $HADOOP_HOME/conf/mapred-queue-acls.xml: 큐에 대한 접근 권한 설정 정보

10.2.2.2 큐 설정 파일 만들기

큐 설정 파일인 capacity-scheduler.xml에서는 다양한 속성값을 설정할 수 있습니다. 표 10.7은 capacity-scheduler.xml에 대한 속성값을 정리한 것입니다.

표 10.7 capacity-scheduler.xml 속성값

속성	내용
mapred.capacity-scheduler.queue.⟨큐 명칭⟩.capacity	큐가 전체 슬롯에서 사용할 수 있는 비율을 의미합니다. 모든 큐의 사용 비율을 합산하면 100과 같거나 100보다 작아야 합니다.
mapred.capacity-scheduler.queue.⟨큐 명칭⟩.maximum-capacity	큐에서 사용할 수 있는 최대의 슬롯 개수를 의미합니다. 기본값은 무제한으로 돼 있어서 슬롯 개수를 제한없이 사용할 수 있습니다.
mapred.capacity-scheduler.queue.⟨큐 명칭⟩.minimum-user-limit-percent	하나의 사용자가 큐에서 사용할 수 있는 슬롯의 비율입니다.
mapred.capacity-scheduler.queue.⟨큐 명칭⟩.user-limit-factor	하나의 사용자가 추가로 획득할 수 있는 슬롯 개수입니다.
mapred.capacity-scheduler.queue.⟨큐 명칭⟩.supports-priority	잡의 우선순위 결정을 스케줄러에 위임합니다.
mapred.capacity-scheduler.maximum-system-jobs	하둡 클러스터에서 실행할 수 있는 최대 맵리듀스 잡의 개수를 나타냅니다.
mapred.capacity-scheduler.queue.⟨큐 명칭⟩.maximum-initialized-active-tasks	큐의 전체 잡에서 실행할 수 있는 최대 태스크 개수입니다.
mapred.capacity-scheduler.queue.⟨큐 명칭⟩.maximum-initialized-active-tasks-per-user	큐에서 사용자별로 실행할 수 있는 최대 태스크 개수입니다.
mapred.capacity-scheduler.queue.⟨큐 명칭⟩.init-accept-jobs-factor	스케줄러에서 수용할 수 있는 잡의 개수를 의미하며, 기본값은 10으로 설정돼 있습니다. 만약 큐에 10개의 잡이 요청돼 있는 상태에서 추가로 잡을 등록하면 스케줄러가 해당 잡의 수행을 거부하게 됩니다.

예제 10.10은 capacity-scheduler.xml 파일에 queueA 큐와 queueB 큐를 설정한 것입니다.

예제 10.10 capacity-scheduler.xml

```
<?xml version="1.0"?>
<configuration>
    <!-- system limit, across all queues -->
    <property>
```

```
        <name>mapred.capacity-scheduler.maximum-system-jobs</name>
        <value>3000</value>
    </property>
    <!-- queue: queueA -->
    <property>
        <name>mapred.capacity-scheduler.queue.queueA.capacity</name>
        <value>80</value>
    </property>
    <property>
        <name>mapred.capacity-scheduler.queue.queueA.supports-priority</name>
        <value>false</value>
    </property>
    <property>
        <name>mapred.capacity-scheduler.queue.queueA.minimum-user-limit-percent</name>
        <value>20</value>
    </property>
    <property>
        <name>mapred.capacity-scheduler.queue.queueA.user-limit-factor</name>
        <value>10</value>
    </property>
    <property>
        <name>mapred.capacity-scheduler.queue.queueA.maximum-initialized-active-tasks</name>
        <value>200000</value>
    </property>
    <property>
        <name>mapred.capacity-scheduler.queue.queueA.maximum-initialized-active-tasks-per-user</name>
        <value>100000</value>
    </property>
    <property>
        <name>mapred.capacity-scheduler.queue.queueA.init-accept-jobs-factor</name>
        <value>100</value>
    </property>
    <!-- queue: queueB -->
    <property>
        <name>mapred.capacity-scheduler.queue.queueB.capacity</name>
```

```
        <value>20</value>
    </property>
    <property>
        <name>mapred.capacity-scheduler.queue.queueB.supports-priority</name>
        <value>false</value>
    </property>
    <property>
        <name>mapred.capacity-scheduler.queue.queueB.minimum-user-limit-percent</name>
        <value>20</value>
    </property>
    <property>
        <name>mapred.capacity-scheduler.queue.queueB.user-limit-factor</name>
        <value>1</value>
    </property>
    <property>
        <name>mapred.capacity-scheduler.queue.queueB.maximum-initialized-active-tasks</name>
        <value>200000</value>
    </property>
    <property>
        <name>mapred.capacity-scheduler.queue.queueB.maximum-initialized-active-tasks-per-user</name>
        <value>100000</value>
    </property>
    <property>
        <name>mapred.capacity-scheduler.queue.queueB.init-accept-jobs-factor</name>
        <value>10</value>
    </property>
</configuration>
```

10.2.2.3 큐 ACL 설정 파일 만들기

ACL(Access Control List)이란 객체에 대한 접근이 허가된 주체와 이들 주체가 허가받은 접근 종류
가 기록된 목록입니다. 개별 사용자가 디렉터리나 파일과 같은 특정 시스템 객체에 접근할 수 있는

권한을 컴퓨터의 운영체제에 알리기 위해 설정해 둔 목록이라고 할 수 있습니다[1]. ACL은 PC와 서버 간의 접근, 서버와 서버 간의 접근, 서버와 DBMS와의 접근 등 다양한 접근 권한을 제어하는 데 사용됩니다. 커패시티 스케줄러도 큐에 대한 접근을 제어하기 위해 ACL을 사용합니다.

큐에 대한 설정 파일 작성이 완료되면 각 큐에 대한 접근 권한을 설정해야 합니다. 접근 권한 정보는 mapred-queue-acls.xml 파일에 설정하며, 이 파일에 표 10.8과 같은 속성값을 설정할 수 있습니다.

표 10.8 큐 ACL 설정 파일 속성값

속성	내용
mapred.queue.〈큐 명칭〉.acl-submit-job	해당 큐에 잡을 등록할 수 있는 사용자명이나 그룹명 . 콤마 단위로 구분해서 여러 사용자나 그룹을 등록할 수 있습니다. 만약 이 속성값을 *로 표시하면 권한 제어 없이 모든 사용자에게 해당 큐를 오픈하겠다는 의미입니다.
mapred.queue.〈큐 명칭〉.acl-administer-jobs	해당 잡을 종료하거나 잡의 우선순위를 변경할 수 있는 사용자나 그룹을 설정합니다. 콤마를 구분자로 사용해 입력할 수 있으며, *로 표시할 경우 모든 사용자가 잡을 제어할 수 있습니다.

예제 10.11은 queueA 큐와 queueB 큐에 대한 접근 권한을 설정한 내용입니다. 전체 큐는 hadoop 사용자만 접근 및 제어할 수 있게 설정했습니다.

예제 10.11 mapred-queue-acls.xml

```
<?xml version="1.0"?>
<?xml-stylesheet type="text/xsl" href="configuration.xsl"?>

<configuration>

    <property>
        <name>mapred.queue.queueA.acl-submit-job</name>
        <value>hadoop</value>
    </property>

    <property>
        <name>mapred.queue.queueA.acl-administer-jobs</name>
        <value>hadoop</value>
```

---

1 출처: http://terms.naver.com/entry.nhn?docId=848707&mobile&categoryId=391

```
        </property>

        <property>
            <name>mapred.queue.queueB.acl-submit-job</name>
            <value>hadoop</value>
        </property>

        <property>
            <name>mapred.queue.queueB.acl-administer-jobs</name>
            <value>hadoop</value>
        </property>

    </configuration>
```

10.2.2.4 커패시티 스케줄러 적용

커패시티 스케줄러도 페어 스케줄러의 경우처럼 잡트래커를 재구동해야 적용됩니다. 잡트래커가 구동되면 웹에서 "잡트래커 웹 관리자 도메인/scheduler"로 들어갑니다. 커패시티 스케줄러가 정상적으로 설치됐으면 그림 10.3과 같은 화면이 나타납니다.

wikibooks01 Job Scheduler Administration

Queues

Queue	Running Jobs	Pending Jobs	Capacity Percentage	Map Task Capacity	Map Task Used Capacity	Running Maps	Reduce Task Capacity	Reduce Task Used Capacity	Running Reduces
queueB	0	0	20.0%	1	0 (0.0% of Capacity)	0	1	0 (0.0% of Capacity)	0
queueA	0	0	80.0%	4	0 (0.0% of Capacity)	0	4	0 (0.0% of Capacity)	0

그림 10.3 커패시티 스케줄러의 웹 관리자 화면

또한 기존의 잡트래커 웹 관리자 화면에 접근해도 큐에 대한 정보를 확인할 수 있습니다. 잡트래커 웹 화면에 접근하면 그림 10.4와 같이 커패시티 스케줄러에서 등록한 큐의 정보가 나타납니다.

Scheduling Information

Queue Name	State	Scheduling Information
queueB	running	Queue configuration Capacity Percentage: 20.0% User Limit: 20% Priority Supported: NO ───────────── Map tasks Capacity: 1 slots Used capacity: 0 (0.0% of Capacity) Running tasks: 0 ───────────── Reduce tasks Capacity: 1 slots Used capacity: 0 (0.0% of Capacity) Running tasks: 0 ───────────── Job info Number of Waiting Jobs: 0 Number of Initializing Jobs: 0 Number of users who have submitted jobs: 0
queueA	running	Queue configuration Capacity Percentage: 80.0% User Limit: 20% Priority Supported: NO ───────────── Map tasks Capacity: 4 slots Used capacity: 0 (0.0% of Capacity) Running tasks: 0 ───────────── Reduce tasks Capacity: 4 slots Used capacity: 0 (0.0% of Capacity) Running tasks: 0 ───────────── Job info Number of Waiting Jobs: 0 Number of Initializing Jobs: 0 Number of users who have submitted jobs: 0

그림 10.4 잡트래커 웹 화면에서 제공하는 커패시티 스케줄러 정보

10.2.2.5 커패시티 스케줄러 빌드

하둡1.0.x 버전을 사용하는 경우 커패시티 스케줄러도 페어 스케줄러처럼 별도로 JAR 파일을 빌드해야 합니다. 다음과 같이 $HADOOP_HOME/src/contrib/capacity-scheduler 디렉터리로 이동한 후 ant 명령어를 실행하면 빌드가 진행됩니다.

```
[hadoop@wikibooks01 capacity-scheduler]$ ant
Buildfile: /home/hadoop/hadoop-1.0.3/src/contrib/capacity-scheduler/build.xml

check-contrib:
(중략)

jar:
```

```
    [echo] contrib: capacity-scheduler
    [jar] Building jar: /home/hadoop/hadoop-1.0.3/build/contrib/capacity-scheduler/hadoop-
capacity-scheduler-${version}.jar

BUILD SUCCESSFUL
Total time: 1 second
```

10.3 MR유닛

맵리듀스 프로그램을 테스트하기 위해 매번 하둡 클러스터에 접속하는 것은 상당히 번거로운 일입
니다. 이 책에서는 규모가 작은 데이터를 사용했지만 수십 기가바이트에서 수 테라바이트 규모의 데
이터를 처리하는 경우에는 잡 실행 시간이 오래 걸릴뿐더러 잘못된 코드가 있을 경우 전체 클러스터
의 성능이 저하될 수도 있습니다. 개발자가 개발용 데스크톱이나 개발 서버에서 손쉽게 테스트할 수
있다면 개발 프로세스도 개선되고 클러스터도 더 안정적으로 운영할 수 있을 것입니다. 클라우데라
에서는 이러한 점을 개선하고자 MR유닛(MRUnit)이라는 맵리듀스용 유닛 테스트 라이브러리를 개
발했습니다. MR유닛은 JUnit[2]과 맵리듀스 프레임워크 간의 손쉬운 통합을 목표로 하며, 아파치 오
픈소스 프로젝트로 공개돼 있습니다. MR유닛에 대한 자세한 사항은 https://mrunit.apache.org/
에서 확인할 수 있습니다(그림 10.5).

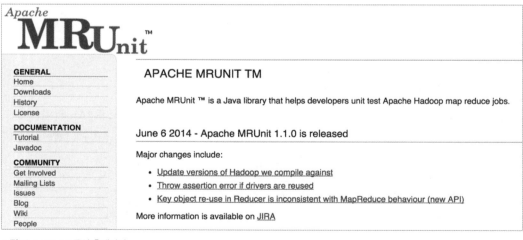

그림 10.5 MRUnit 공식 홈페이지

---

2 자바 프로그램을 위한 유닛 테스트 프레임워크

10.3.1 메이븐 의존성

MR유닛을 사용하려면 프로젝트에 메이븐 의존성을 추가해야 합니다. 예제 10.12는 pom.xml에 추가해야 하는 의존성을 보여줍니다.

예제 10.12 MR유닛 메이븐 의존성

```
<dependencies>
  <dependency>
    <groupId>org.apache.mrunit</groupId>
    <artifactId>mrunit</artifactId>
    <version>0.8.0-incubating</version>
    <scope>test</scope>
  </dependency>
  <dependency>
    <groupId>junit</groupId>
    <artifactId>junit</artifactId>
    <version>4.11</version>
    <scope>test</scope>
  </dependency>
</dependencies>
```

10.3.2 유닛 테스트용 API

MR유닛은 맵리듀스 프레임워크를 검증하기 위한 다음과 같은 API를 제공합니다.

- MapDriver[3]: 매퍼의 출력 결과를 검증하는 API
- ReduceDriver[4]: 리듀서의 출력 결과를 검증하는 API
- MapReduceDriver[5]: 맵리듀스 잡의 출력 결과를 검증하는 API

개발자는 각 API를 이용해 입출력 결과를 미리 설정한 후, 실제 맵리듀스 프레임워크에서 실행한 결과와 비교할 수 있습니다. 특히 MR유닛은 출력 결과의 레코드 순서도 검증하기 때문에 입출력 데이터를 설정할 때 주의해야 합니다.

---

3   org.apache.hadoop.mrunit.mapreduce.MapDriver
4   org.apache.hadoop.mrunit.mapreduce.ReduceDriver
5   org.apache.hadoop.mrunit.mapreduce.MapReduceDriver

또한 MapDriver와 ReduceDriver는 입력 데이터에 하나의 레코드만 설정할 수 있습니다. 만약 두 개의 레코드를 설정할 경우 두 번째 레코드가 첫 번째 레코드를 덮어쓰게 됩니다. 하지만 MapReduceDriver는 여러 개의 입력 레코드를 설정할 수 있습니다. MR유닛 프로그램을 작성할 때는 이 점을 염두에 두고 개발해야 합니다.

10.3.3 MR유닛 테스트 예제 구현

이번 절에서는 4장에서 작성한 WordCount 예제를 MR유닛으로 검증해보겠습니다. 참고로 예제 코드는 http://goo.gl/QLTfAA에서 확인할 수 있습니다.

초기화

우선 MR유닛 API로 멤버 변수를 선언한 후 setUp 메서드에서 인스턴스를 생성합니다(예제 10.13). setUp 메서드 위에 지정돼 있는 @Before는 JUnit의 어노테이션입니다. 이 어노테이션은 해당 클래스에 정의된 유닛 테스트를 실행하기 전에 호출되는 메서드를 나타냅니다. 참고로 inputString 변수는 매퍼와 맵리듀스 잡의 입력 데이터로 사용할 문자열입니다.

예제 10.13 MR유닛과 관련된 멤버 변수 선언

```
(중략)
import org.junit.Before;
import org.junit.Test;

public class WordCountTest {
private MapDriver<LongWritable, Text, Text, IntWritable> mapDriver;
  private ReduceDriver<Text, IntWritable, Text, IntWritable> reduceDriver;
  private MapReduceDriver<LongWritable, Text, Text, IntWritable, Text, IntWritable>
mapReduceDriver;

  private final static String inputString = "apache hadoop apache hbase apache tajo";

  @Before
  public void setUp() {
    WordCountMapper mapper = new WordCountMapper();
    WordCountReducer reducer = new WordCountReducer();
    mapDriver = MapDriver.newMapDriver(mapper);
    reduceDriver = ReduceDriver.newReduceDriver(reducer);
    mapReduceDriver = MapReduceDriver.newMapReduceDriver(mapper, reducer);
  }
```

setUp 메서드를 보면 4장에서 구현한 WordCountMapper와 WordCountReducer 인스턴스를 생성한 후 MR유닛 인스턴스에 할당합니다. MR유닛이 맵리듀스 프레임워크를 실행하면 해당 매퍼와 리듀스가 실행됩니다.

매퍼 테스트

MR유닛으로 테스트를 실행하려면 테스트 코드가 포함된 메서드에 @Test 어노테이션을 지정하면 됩니다. JUnit은 이 어노테이션이 설정돼 있으면 유닛 테스트로 간주하고 실행합니다.

우선 매퍼의 유닛 테스트부터 구현해보겠습니다(예제 10.14).

예제 10.14 매퍼 테스트 코드

```
@Test
public void testMapper() throws Exception {
  mapDriver.withInput(new LongWritable(1L), new Text(inputString));
  mapDriver.withOutput(new Text("apache"), new IntWritable(1));
  mapDriver.withOutput(new Text("hadoop"), new IntWritable(1));
  mapDriver.withOutput(new Text("apache"), new IntWritable(1));
  mapDriver.withOutput(new Text("hbase"), new IntWritable(1));
  mapDriver.withOutput(new Text("apache"), new IntWritable(1));
  mapDriver.withOutput(new Text("tajo"), new IntWritable(1));
  mapDriver.runTest();
}
```

매퍼 테스트 코드는 다음과 같은 순서로 구현합니다.

첫째, MapDriver의 withInput 메서드에 입력 데이터를 설정합니다. 이때 매퍼로 설정한 WordCountMapper와 반드시 동일한 입력키(LongWritable)와 입력값(Text) 유형을 설정해야 합니다.

둘째, MapDriver의 withOutput 메서드에 예상 출력 데이터를 설정합니다.

셋째, MapDriver의 runTest 메서드를 호출해 유닛 테스트를 실행합니다. MR유닛은 맵리듀스 프레임워크에서 WordCountMapper를 실행한 결과와 withOutput에 설정된 데이터를 비교합니다. 만약 출력 레코드에서 tajo키의 값을 2로 설정했다면 다음과 같은 테스트 실패 메시지가 출력됩니다.

```
14/11/28 00:04:44 ERROR mrunit.TestDriver: Received unexpected output (tajo, 1)
14/11/28 00:04:44 ERROR mrunit.TestDriver: Missing expected output (tajo, 2) at position 5.
java.lang.RuntimeException: 1 Error(s): (Missing expected output (tajo, 2) at position 5.)
```

```
    at org.apache.hadoop.mrunit.TestDriver.validate(TestDriver.java:194)
    at org.apache.hadoop.mrunit.MapDriverBase.runTest(MapDriverBase.java:186)
    at wikibooks.hadoop.chapter10.WordCountTest.testMapper(WordCountTest.java:44)
(생략)
```

리듀서 테스트

이번에는 리듀서 테스트를 구현하겠습니다(예제 10.15). 리듀서 테스트도 매퍼와 같은 방식으로 입력 데이터와 출력 데이터를 설정한 후 runTest 메서드를 호출합니다.

예제 10.15 리듀서 테스트 코드

```
@Test
  public void testReducer() throws Exception {
    List<IntWritable> values = new ArrayList<IntWritable>();
    values.add(new IntWritable(1));
    values.add(new IntWritable(1));
    reduceDriver.withInput(new Text("a"), values);
    reduceDriver.withOutput(new Text("a"), new IntWritable(2));
    reduceDriver.runTest();
  }
```

리듀서의 입력 데이터를 설정할 때는 List를 입력값으로 설정해야 합니다. 리듀서는 하나의 값이 아니라 값의 목록을 입력값으로 사용하기 때문입니다.

맵리듀스 잡 테스트

맵리듀스 잡도 매퍼나 리듀서와 비슷한 방식으로 구현합니다(예제 10.16).

예제 10.16 맵리듀스 잡 테스트 코드

```
  @Test
  public void testMapReduceJob() throws Exception {
    mapReduceDriver.withInput(new LongWritable(1L), new Text(inputString));
    mapReduceDriver.withOutput(new Text("apache"), new IntWritable(3));
    mapReduceDriver.withOutput(new Text("hadoop"), new IntWritable(1));
    mapReduceDriver.withOutput(new Text("hbase"), new IntWritable(1));
    mapReduceDriver.withOutput(new Text("tajo"), new IntWritable(1));
```

```
        mapReduceDriver.runTest();

    }
```

유닛 테스트 실행

메이븐 빌드 명령어를 실행하면 유닛 테스트가 자동으로 진행됩니다. mvn clean install을 실행하면 다음과 같은 출력 결과가 나타납니다.

예제 10.17 유닛 테스트 실행

```
[INFO] Scanning for projects...
[INFO]
[INFO] ------------------------------------------------------------------------
[INFO] Building hadoop-beginner-examples 1.0
[INFO] ------------------------------------------------------------------------
[INFO]
[INFO] --- maven-clean-plugin:2.5:clean (default-clean) @ hadoop-beginner-examples ---
[INFO] Deleting /Users/blrunner/Source/hadoop-beginners-example/target
[INFO]
(중략)
-------------------------------------------------------
 T E S T S
-------------------------------------------------------
Running wikibooks.hadoop.chapter10.WordCountTest
Tests run: 3, Failures: 0, Errors: 0, Skipped: 0, Time elapsed: 0.099 sec

Results :

Tests run: 3, Failures: 0, Errors: 0, Skipped: 0

(중략)

[INFO] ------------------------------------------------------------------------
[INFO] BUILD SUCCESS
[INFO] ------------------------------------------------------------------------
[INFO] Total time: 3.608 s
[INFO] Finished at: 2014-11-27T23:54:44+09:00
[INFO] Final Memory: 17M/310M
[INFO] ------------------------------------------------------------------------
```

보다시피 MR유닛 코드를 구현하기 전과 다르게 Test와 WordCountTest가 출력된 것을 확인할 수 있습니다. WordCountTest 하단의 로그는 해당 클래스의 메서드별 유닛 테스트 성공 여부를 나타냅니다. 참고로 필자는 5장에서 구현한 ArrivalDelayCount의 테스트 코드도 추가했습니다. 해당 코드는 http://goo.gl/ScNYQe에서 확인할 수 있습니다.

10.3.4 카운터 유닛 테스트

MR유닛은 맵리듀스의 단계별 출력 데이터뿐 아니라 카운터 값의 검증도 지원합니다. 여기서는 5장에서 작성한 DelayCountWithCounter의 테스트를 구현했습니다. 참고로 테스트 코드는 http://goo.gl/MrYq3E에서 확인할 수 있습니다.

MapReduceDriver의 getCounters를 이용해 카운터 값을 검증할 수 있습니다. 예제 10.18은 카운터를 검증하는 테스트 메서드를 구현한 예입니다.

예제 10.18 카운터 테스트 메서드

```
@Test
public void testMapReduceJobWithCounter() throws Exception {
  mapReduceDriver.withConfiguration(conf);
  mapReduceDriver.withInput(new LongWritable(1L), new Text(inputString1));
  mapReduceDriver.withInput(new LongWritable(2L), new Text(inputString2));
  mapReduceDriver.withOutput(new Text("2008,12"), new IntWritable(1));
  mapReduceDriver.runTest();

  assertEquals(mapReduceDriver.getCounters().countCounters(), 1);
  Counter counter = mapReduceDriver.getCounters().findCounter(DelayCounters.early_arrival);
  assertNotNull(counter);
  assertEquals(counter.getValue(), 1L);
}
```

보다시피 countCounters를 이용해 카운터의 개수를 확인할 수 있고, findCounter를 이용해 특정 카운터를 조회할 수도 있습니다. 참고로 실행된 카운터 값은 JUnit에서 제공하는 다음의 두 메서드를 이용해 검증했습니다.

- assertNotNull: 인자로 전달한 변수가 널이 아니어야만 테스트를 통과
- assertEquals: 인자로 전달한 두 값이 동일한 경우에만 테스트를 통과

11

클라우드 환경에서의 하둡 실행

지금까지 여러분의 데스크톱 PC 혹은 학교나 회사의 리눅스 서버를 통해 하둡을 공부했을 것입니다. 이번에는 클라우드 컴퓨팅이라는 새로운 환경에서 하둡 개발 환경을 구성해보겠습니다. 클라우드 컴퓨팅이란 인터넷 기반(Cloud)의 컴퓨터 기술(Computing)을 의미합니다. 여기서 구름(Cloud)은 컴퓨터 네트워크상에 가려져 있어서 고객에게는 보이지 않는 인프라 구조, 즉 인터넷을 의미합니다. 클라우드 컴퓨팅은 고객이 데스크톱 PC, 스마트폰 같은 기기에 소프트웨어를 설치하지 않고도 언제든지 인터넷에서 접속해서 서비스를 사용할 수 있는 환경입니다. 아마존 웹 서비스, 구글 앱스, KT 올레 유클라우드, 다음 클라우드, 네이버 N드라이브, 애플 iCloud, 드롭박스(Dropbox) 등이 대표적인 클라우드 서비스입니다. 이러한 서비스 가운데 아마존 웹 서비스(Amazon Web Services: AWS), KT의 유클라우드 비즈, SK텔레콤의 T 클라우드 비즈는 고객이 다양한 소프트웨어를 운영할 수 있는 컴퓨팅 자원(CPU, 메모리, 디스크, 네트워크 등)을 제공하는 서비스입니다. 이번 장에서는 가장 널리 알려져 있는 AWS에서 하둡 클러스터를 구성하고 운영하는 법을 알아보겠습니다.

11.1 아마존 웹 서비스(AWS) 소개

전자상거래 업체였던 아마존은 자사의 IT 인프라 자원이 특별한 시기를 제외하고는 대부분 유휴 상태로 있다는 것을 인지하고, 2006년도에 이러한 유휴 자원을 활용하기 위한 AWS를 제공하기 시작했습니다. 당시만 해도 생소했던 서비스였지만 지금은 전 세계 190개 국가에서 삼성전자, 소니, 넷플릭스, 나사, 나스닥, 징가, 오토데스크 등 수십만의 고객들이 이용하는 대형 서비스로 성장했습니다.

기업이 서비스 오픈을 준비할 경우 트랜잭션과 부하 등 여러 요소를 고려해 서버를 구축해야 합니다. 오픈 초기에 발생할 부하를 고려해 많은 서버를 투입했다가 서비스 유입량이 감소하면 그만큼 유휴 서버가 많아지고, 운영 비용도 증가할 것입니다. 또한 예측한 수요보다 훨씬 많은 고객들이 접속해서 서비스 부하가 발생할 수 있습니다. 하지만 AWS를 이용할 경우 이러한 상황이 발생하더라도 즉각 서버를 투입하거나 제거할 수 있습니다. 기업 입장에서는 인프라에 대한 부분은 AWS에 위임하고, 비즈니스 자체에 집중할 수 있게 된 것이 가장 큰 장점이라고 할 수 있습니다. 또한 서버 구매 비용을 절약할 수 있고, 사용한 만큼만 요금을 지불하면 되기 때문에 비용 절감 효과도 장점이라고 볼 수 있습니다.

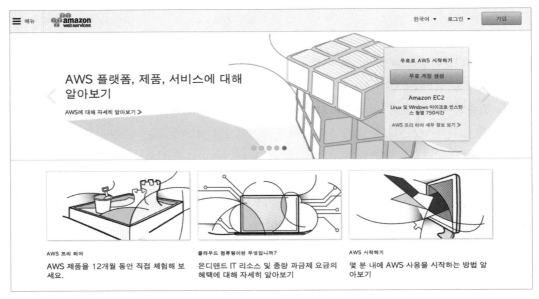

그림 11.1 AWS 공식 사이트

AWS는 컴퓨팅 리소스, 스토리지, 네트워킹, 애플리케이션 등 다양한 서비스를 제공하며, AWS 공식 사이트(http://aws.amazon.com)에서 자세한 사항을 확인할 수 있습니다. 그림 11.1은 AWS 공식 사이트의 메인 화면입니다.

여기서는 AWS 서비스 중 EC2와 S3라는 서비스를 이용해 하둡 클러스터를 구성합니다. EC2(Elastic Compute Cloud)는 컴퓨팅 리소스를 제공하는 서비스로, 고객이 원하는 대로 가상 서버를 구동할 수 있습니다. EC2로 구동한 서버에서 네임노드, 데이터노드 등 다양한 하둡 데몬을 실행하게 됩니다. S3(Simple Storage Service)는 인터넷 스토리지 서비스입니다. EC2의 경우 가상 서버를 제거할 경우, 모든 자원이 제거됩니다. 당연히 디스크에 저장된 데이터도 없어지기 때문에 HDFS의 데이터도 모두 사라집니다. 이러한 현상을 방지하기 위해 HDFS의 데이터를 S3에 생성되도록 설정해야 합니다.

11.2 AWS 가입

AWS의 서비스는 AWS의 가입자만 이용할 수 있습니다. 계정이 없는 분들은 그림 11.1에서 "지금 가입" 혹은 우측 상단의 "가입" 버튼을 클릭하면 계정을 생성할 수 있습니다. 가입 버튼을 클릭하면 그림 11.2와 같은 화면이 나타납니다.

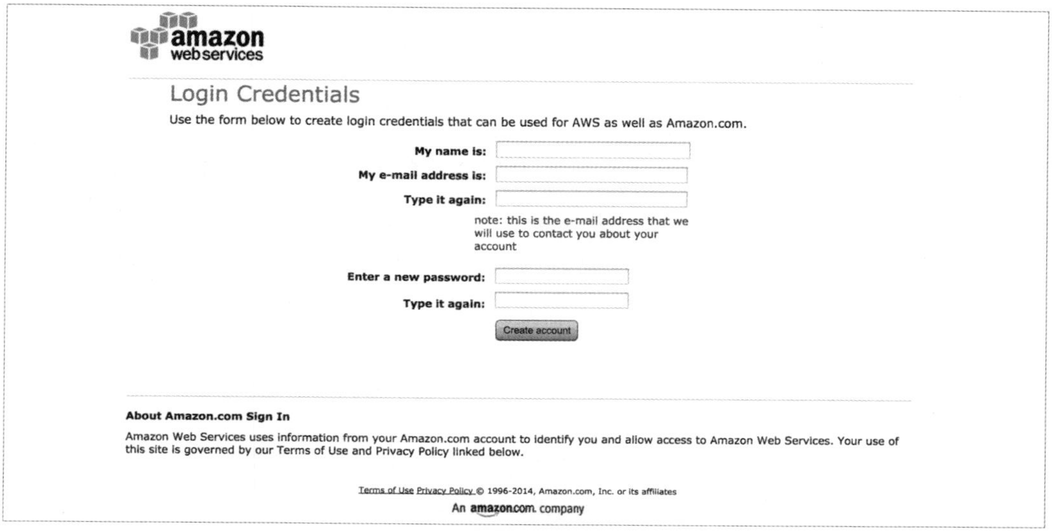

amazon webservices

Login Credentials

Use the form below to create login credentials that can be used for AWS as well as Amazon.com.

My name is:	
My e-mail address is:	
Type it again:	
	note: this is the e-mail address that we will use to contact you about your account
Enter a new password:	
Type it again:	

Create account

About Amazon.com Sign In

Amazon Web Services uses information from your Amazon.com account to identify you and allow access to Amazon Web Services. Your use of this site is governed by our Terms of Use and Privacy Policy linked below.

Terms of Use Privacy Policy © 1996-2014, Amazon.com, Inc. or its affiliates

An **amazon.com** company

그림 11.2 AWS 인증 화면

AWS에서는 이메일 주소를 계정으로 사용합니다. "My e-mail address is:"에 사용할 이메일 주소를 입력하고 "I am a new user" 항목을 체크한 후 "Sign in using our secure server" 버튼을 클릭하면 다음 단계로 진행됩니다. 이미 가입돼 있는 메일 주소를 입력하면 오류가 발생하고, 정상적인 메일 주소라면 다음 단계가 진행됩니다. 그림 11.3은 다음 단계인 "Login Credentials" 화면입니다.

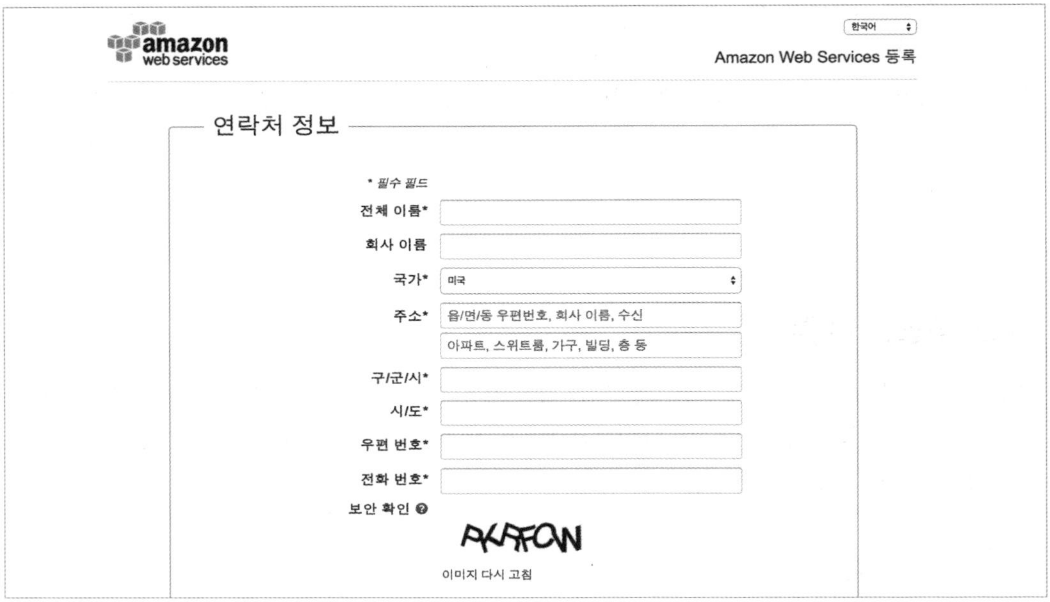

그림 11.3 Login Credentials 단계

"Login Credentials" 단계에서는 사용자의 이름, 이메일 주소, 비밀번호를 입력합니다. "My Name is"에 사용자의 이름을 입력하고, "My e-mail address is:"와 "Type it again:"에는 이메일 주소를 입력합니다. 그리고 화면 하단의 두 필드에는 사용하실 비밀번호를 입력한 후 continue 버튼을 클릭하면 다음 단계인 연락처 정보 등록 화면으로 이동합니다. 그림 11.4는 연락처 정보를 등록하는 화면입니다.

이 단계에서는 사용자의 이름과 주소 정보를 입력합니다. 해당 정보를 모두 입력한 후 화면 하단의 고객 계약 동의 부분을 체크한 후 "계정 만들기 및 계속" 버튼을 클릭하면 다음 단계로 이동합니다. 그림 11.5는 다음 단계인 결제 정보를 등록하는 화면입니다.

연락처 정보

* 필수 필드

전체 이름*: [   ]

회사 이름: [   ]

국가*: [United States   ▼]

주소 1*: [   ]
주소, 사서함, 회사 이름

주소 2: [   ]
아파트, 포, 빌딩, 층 등

구/군/시*: [   ]

주/시 또는 지역*: [   ]

우편 번호*: [   ]

전화 번호*: [   ]

보안 점검

이미지:

다른 이미지 보기   8CVH13   왜, 이 문장을 입력해야 합니까?...

위에 있는 이미지에 표시된 문자
를 입력하십시오.* [   ]
문제가 있습니까? 당사에 문의하십시오.

AWS 고객 계약

☐ **Amazon Web Services** 고객 계약 조건을 읽고 동의하는 경우 여기를 클릭하십시오.

(계정 만들기 및 계속 ▶)

그림 11.4 연락처 정보 등록

amazon web services   [한국어 ▼]
                                        Amazon Web Services 등록

연락처 정보   결제 정보   ID 확인   계획 지원   확인

결제 정보

아래에 결제 정보를 입력하십시오. 프리 티어를 통해 무료로 다양한 AWS 제품을 폭넓게 이용해 볼 수 있습니다.
프리 티어에 포함되지 않는 제품의 경우 신용 카드로 결제 후에만 사용할 수 있습니다.

AWS 프리 티어 1년간 무료	Compute Amazon EC2	Storage Amazon S3	Database Amazon RDS
	750시간/월*	5GB	750시간/월*

*전체 오퍼 세부 정보 보기 »

신용 카드 번호   만료 날짜
[   ]   [01 ▼] [2014 ▼]

카드 소유자 이름
[   ]

청구지 주소 선택
신용 카드와 연결된 주소를 선택하십시오.

그림 11.5 결제 정보 등록

AWS를 사용하려면 반드시 신용카드 정보를 등록해야 합니다. 신용카드 정보를 등록해서 바로 결제가 되는 것으로 오해할 수도 있지만 즉시 요금이 부과되지는 않습니다. AWS는 신규 가입자에게 1년 동안 프리 티어라는 서비스를 제공하며, 프리 티어 서비스의 범위를 초과할 경우에 등록한 신용카드로 요금을 청구하게 됩니다(자세한 사항은 http://aws.amazon.com/ko/free 참고). EC2는 1년 동안 750시간 무료로 이용할 수 있으며, S3는 5GB까지 무료로 사용할 수 있습니다. 신용카드 정보를 모두 입력한 후 "계속" 버튼을 클릭합니다. 정상적인 카드 번호일 경우 다음 화면으로 이동하게 됩니다. 그림 11.6은 다음 단계인 "전화로 ID 확인" 화면입니다.

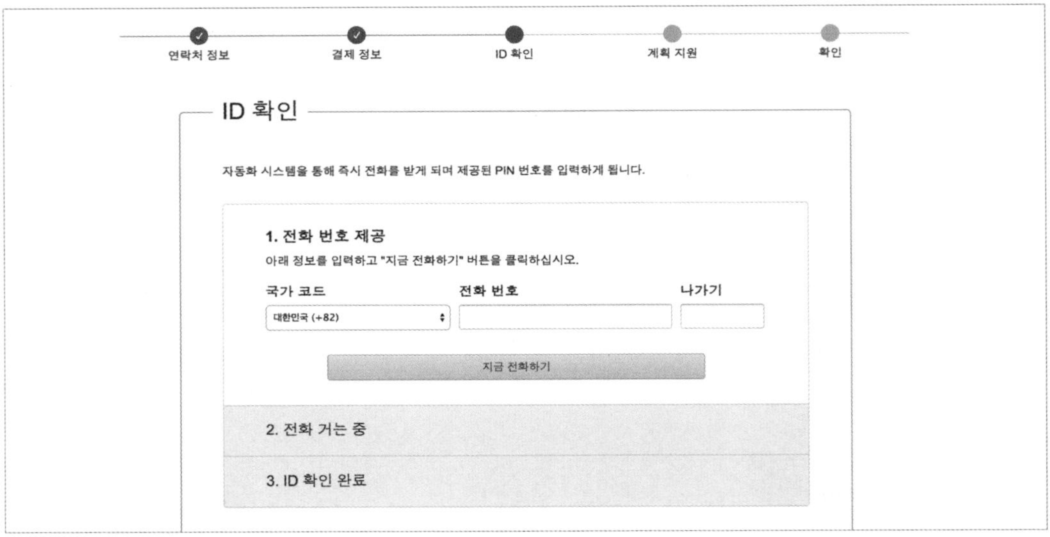

그림 11.6 전화로 ID 확인

조금 번거롭지만 전화 인증까지 받아야 AWS 가입이 완료됩니다. 전화번호 필드에 인증받을 전화번호를 "02-XXXX-XXXX", "010-XXX-XXXX" 같은 형식으로 입력한 후 "지금 전화" 버튼을 클릭합니다. 그러면 2번 영역이 활성화되면서 PIN 번호가 표시됩니다. 이때 실제로 입력한 전화번호로 ARS 전화가 오고 화면에 표시된 PIN 번호를 입력하면 됩니다.

PIN 번호 입력을 완료하면 그림 11.7과 같이 ID 확인 완료 영역이 활성화됩니다. 이때 "계속" 버튼을 클릭하면 그림 11.8과 같은 계정 활성화 안내 화면이 나타납니다.

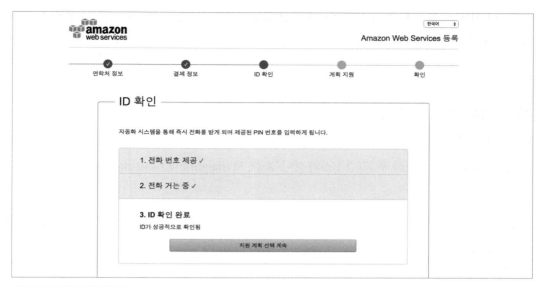

그림 11.7 ID 확인이 완료된 모습

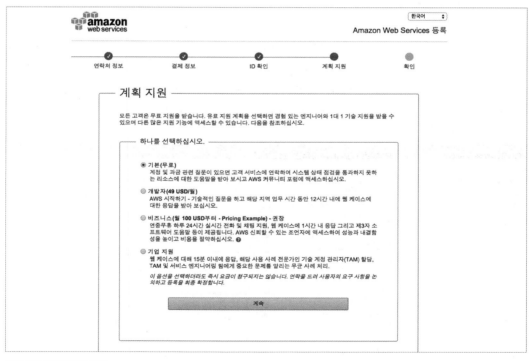

그림 11.8 계정 활성화 안내

3~4분이 지난 후 계정 등록 시 입력한 이메일 계정을 확인해보면 AWS 가입이 완료됐다는 안내 메일이 도착해 있을 것입니다. 그러면 이제 AWS의 모든 서비스를 이용할 준비가 끝났습니다.

11.3 EC2 하둡 설정

AWS 서비스는 관리 콘솔을 통해 누구나 쉽게 관리할 수 있습니다. AWS 사이트에 접속해 왼쪽 상단 메뉴의 로그인을 클릭한 후, 그림 11.9와 같이 "AWS Management Console"을 선택합니다.

그림 11.9 AWS Management Console 선택

해당 화면을 선택한 후 로그인에 성공하면 그림 11.10과 같은 AWS 관리 콘솔 화면으로 이동합니다. 화면 중앙을 보면 EC2, S3, Elastic 맵리듀스 등 다양한 AWS 서비스가 배치돼 있습니다. 관리하고자 하는 서비스를 선택하면 해당 서비스의 관리 화면으로 이동합니다. 이번 절에서는 EC2에 하둡을 설정해야 하므로 EC2를 클릭합니다. 그러면 그림 11.11과 같은 화면이 나타납니다.

그림 11.10 AWS 관리 화면

11.3.1 EC2 인스턴스 생성

그림 11.11은 EC2의 관리 콘솔입니다. 화면 좌측은 내비게이션 영역으로, 인스턴스, 이미지, 스토리지, 네트워크, 보안 메뉴를 제공합니다. 화면 우측은 대시보드 영역으로 고객의 현재 EC2의 상태가 종합적으로 표시됩니다.

그림 11.11 EC2 관리 콘솔

EC2 인스턴스는 템플릿 형태로 생성할 수 있습니다. 대시보드 중앙에 있는 "Launch Instance" 버튼을 클릭하면 인스턴스 생성 템플릿 화면이 나타납니다. 이제 이 템플릿으로 7단계에 걸쳐서 EC2 인스턴스 설정을 진행합니다.

AMI 종류 선택

그림 11.12는 인스턴스 생성 템플릿의 첫 번째 단계를 보여줍니다.

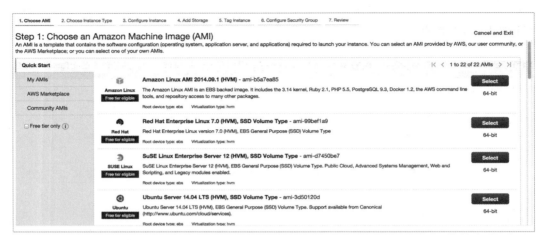

그림 11.12 EC2 인스턴스 생성 템플릿 초기 화면

AWS는 Amazon Machine Image(AMI)라는 이미지를 사용해 인스턴스를 생성하고 구동할 수 있습니다. 사용자가 직접 이미지를 정의해서 사용할 수도 있고, AWS에서 기본적으로 제공하는 이미지를 이용해 인스턴스를 구성하기도 합니다. 기본적으로 제공하는 이미지에는 레드햇, 우분투, 아마존 리눅스 같은 리눅스 계열의 운영체제와 윈도우 서버가 설치돼 있습니다. 또한 아파치, PHP, MySQL, JDK 같은 소프트웨어가 설치돼 있는 기본 이미지도 있습니다.

첫 번째 탭인 "Quick Start"에 나온 목록은 AWS에서 제공하는 기본 이미지입니다. 사용자가 이미 생성한 이미지를 사용할 경우에는 "My AMIs"를, 커뮤니티에 공개된 이미지를 사용할 경우에는 "Community AMIs"를, 마켓에 올라온 이미지를 사용할 경우에는 "AWS Marketplace"를 선택하면 됩니다. 여기서는 기본 이미지를 이용해 인스턴스를 구성하겠습니다. 참고로 필자는 첫 번째 탭에 있는 "Amazon Linux AMI 2014.09.1 (HVM)"을 선택했습니다.

EC2 인스턴스 종류 선택

두 번째 단계에서는 EC2 인스턴스 종류를 선택합니다(그림 11.13). 인스턴스 유형은 다양한 컴퓨팅 리소스를 선택할 수 있지만 필자는 프리 티어에 해당하는 Micro를 선택했습니다.

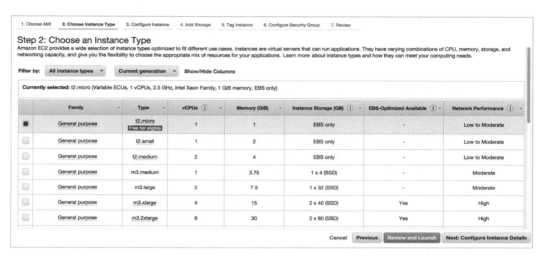

그림 11.13 EC2 인스턴스 종류 선택

EC2 인스턴스 상세 정보 설정

세 번째 단계에서는 인스턴스 개수, 네트워크, 구입 옵션과 같은 다양한 상세 정보를 설정합니다(그림 11.14). 필자는 네임노드 1대, 보조네임노드 1대, 데이터노드 3대를 구성하기 위해 "Number of instances"에 5를 입력했습니다. 인스턴스 구입 옵션(Purchasing option)으로는 두 개의 옵션이 제공됩니다.

- **온 디맨드**: 인스턴스를 사용한 시간만큼 확약된 요금을 지불
- **스팟 인스턴스**: 인스턴스를 사용한 시간만큼 요금을 지불, 비용에 대해서 미리 최고 가격을 설정하고, 해당 시점에 스팟 가격이 변동되어 적용(서버 가동률에 따라 변동됨)

그림 11.14에서 Purchasing option을 체크하면 스팟 인스턴스가 적용되고, 체크를 해제하면 온 디맨드가 적용됩니다. 필자는 온 디맨드를 사용하기 위해 체크를 해제했으며, 요금제에 대한 내용은 http://amzn.to/11tJjSp에서 확인할 수 있습니다.

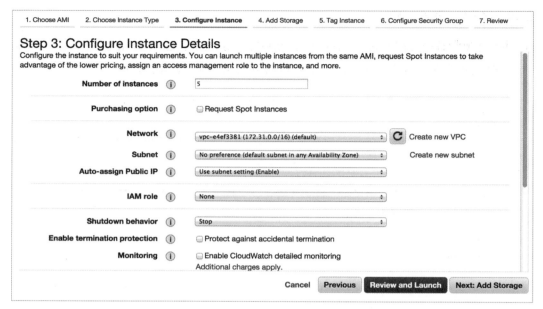

그림 11.14 인스턴스 상세 정보 설정

요금제를 선택한 후, 화면 하단의 "Next Add Storage"를 선택하면 다음 단계인 스토리지 설정 화면(그림 11.15)이 나타납니다.

스토리지 설정

이 단계에서는 스토리지 디바이스에 대한 설정을 합니다. Root 디바이스에 대한 볼륨 크기와 타입을 변경할 수 있으며, EBS 볼륨을 추가할 수도 있습니다. EBS란 Elastic Block Store의 약자로 EC2 인스턴스에서 사용할 블록 레벨 스토리지 볼륨입니다. 추가 용량이 필요하지 않다면 "Next: Tag Instance"를 클릭합니다.

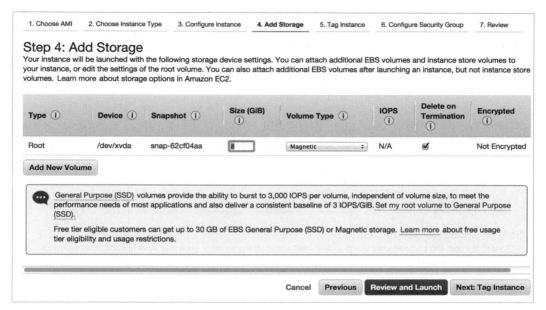

그림 11.15 스토리지 설정

태그 설정

이번 단계에서는 인스턴스에서 사용할 태그를 설정합니다. 키와 값의 형태로 설정하며, 기본 태그인 Name을 wikibooks로 설정합니다. Name 태그를 사용하면 인스턴스의 그룹 이름으로 이해하면 됩니다. 태그를 입력하고 나면 화면 하단의 "Next: Configure Security Group"을 클릭합니다.

| 1. Choose AMI | 2. Choose Instance Type | 3. Configure Instance | 4. Add Storage | **5. Tag Instance** | 6. Configure Security Group | 7. Review |

Step 5: Tag Instance

A tag consists of a case-sensitive key-value pair. For example, you could define a tag with key = Name and value = Webserver. Learn more about tagging your Amazon EC2 resources.

Key (127 characters maximum)	**Value** (255 characters maximum)	
Name	wikibooks	⊗

Create Tag (Up to 10 tags maximum)

Cancel   Previous   **Review and Launch**   **Next: Configure Security Group**

그림 11.16 태그 설정

보안 설정

이번 단계에서는 인스턴스에 적용할 방화벽 정보를 설정합니다. EC2 인스턴스는 SSH 프로토콜이 사용하는 22번 포트를 제외하고는 모든 포트가 막혀 있습니다. 그래서 하둡이 사용하는 기본 포트를 반드시 방화벽 설정에 추가해야 합니다.

방화벽 정책은 좌측 하단의 "Add Rule"을 클릭하면 됩니다. 각 방화벽 정책은 "Custom TCP rule"을 선택하고 "Port range"에는 9000, 9001, 50000~50010을 추가합니다. 세 개의 포트를 추가했으면 화면 하단의 "Review and Launch"를 클릭합니다.

그림 11.17 보안 설정

인스턴스 실행

인스턴스를 실행하면 그림 11.18과 같은 SSD 설정 화면이 나타납니다. 이 책에서는 SSD를 사용하지 않기 때문에 세 번째 항목을 선택한 후 "Next" 버튼을 클릭합니다.

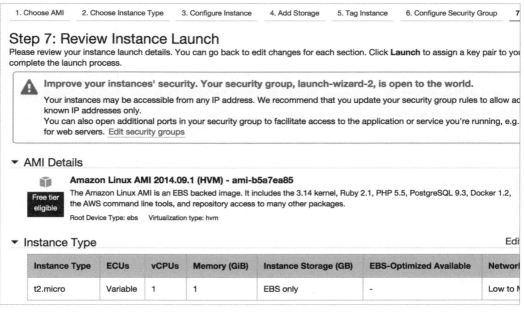

그림 11.18 SSD 설정

마지막으로 인스턴스 최종 리뷰 화면이 나타납니다(그림 11.19). 설정 정보를 확인한 후 "Launch"를 클릭하면 EC2 인스턴스가 실행됩니다.

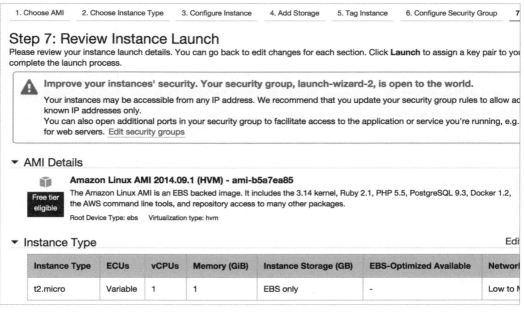

그림 11.19 EC2 인스턴스 실행

EC2 인스턴스 상세 정보 등록이 완료되면 다음 단계인 키 페어 생성 화면으로 이동합니다. 그림 11.20은 키 페어 생성 화면이며, EC2 인스턴스에 SSH로 접속할 때 이 단계에서 생성한 키 페어 파일을 이용하게 됩니다. "Key pair name" 필드에 키값을 입력한 후, "Download Key Pair" 버튼을 클릭하면 데스크톱 PC에 키 페어 파일(파일명: 키값.pem)을 생성합니다. SSH에 접속할 때 이 파일을 이용해야 하므로 꼭 저장 경로를 기억해 둡니다.

Select an existing key pair or create a new key pair ✕

A key pair consists of a **public key** that AWS stores, and a **private key file** that you store. Together, they allow you to connect to your instance securely. For Windows AMIs, the private key file is required to obtain the password used to log into your instance. For Linux AMIs, the private key file allows you to securely SSH into your instance.

Note: The selected key pair will be added to the set of keys authorized for this instance. Learn more about removing existing key pairs from a public AMI.

Create a new key pair ⬍

Key pair name

wikibooks

Download Key Pair

💬 You have to download the **private key file** (*.pem file) before you can continue. **Store it in a secure and accessible location.** You will not be able to download the file again after it's created.

Cancel   **Launch Instances**

그림 11.20 SSH 키 페어 생성

키 페어 파일을 생성한 후 "continue" 버튼을 클릭하면 인스턴스가 실행된 후 그림 11.21과 같은 안내 페이지가 출력됩니다.

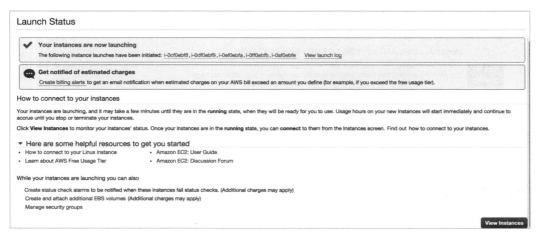

그림 11.21 인스턴스 구동 안내

안내 메시지를 확인한 후 우측 하단의 "View Instances"를 클릭하면 EC2 인스턴스 목록이 나타납니다(그림 11.22). 이 화면에서는 인스턴스 ID, AMI ID, 루트 디바이스 정보, 인스턴스 상태, 보안 그룹과 같은 인스턴스 기본 정보가 목록 형식으로 제공됩니다.

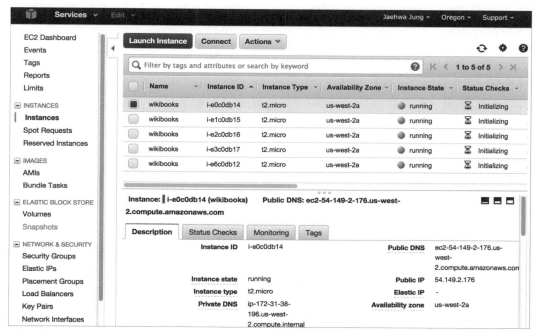

그림 11.22 내 인스턴스

인스턴스 마법사에서 입력한 대로 다섯 개의 인스턴스가 생성돼 있음을 확인할 수 있습니다. 처음에는 상태가 대기 중이라고 나오지만 몇 분이 지나면 운영 중(running)으로 바뀝니다. 또한 전체 인스턴스가 모두 같은 태그로 돼 있는데, 각 인스턴스의 용도에 맞는 태그를 입력합니다. 태그를 클릭하면 연필 아이콘이 표시됩니다. 이 아이콘을 클릭하면 태그를 수정할 수 있습니다. 참고로 필자의 경우 namenode, secondarynamenode 등 구동할 하둡 데몬을 입력했습니다.

목록에 있는 인스턴스를 선택하면 화면 하단에 인스턴스의 상세 정보가 나타납니다. 이 영역에는 ec2-xx-xx-xx-xx.compute-1.amazonaws.com이라는 퍼블릭 도메인이 노출됩니다. 사용자가 SSH 클라이언트로 EC2 인스턴스에 접속할 경우 이 도메인으로 접속하게 됩니다.

11.3.2 EC2 접속

EC2 인스턴스는 EC2 관리 콘솔에서 제공하는 클라이언트나 PuTTY나 SecureCRT 같은 SSH 클라이언트로 접속할 수 있습니다. 이때 EC2 인스턴스를 생성할 때 내려받은 pem 파일을 클라이언트에 설정해야 합니다. 이번 절에서는 각 각의 SSH 클라이언트에서 EC2 인스턴스에 접속하는 방법을 설명하겠습니다.

11.3.2.1 자바 클라이언트로 접속

인스턴스 목록에서 접속을 원하는 인스턴스를 클릭한 후 목록 위에 있는 "Connect" 버튼을 클릭합니다. 그러면 그림 11.23과 같이 인스턴스 접속 설정 화면이 나옵니다. "Connect with a standardalone SSH Client"를 선택하면 무료 SSH 클라이언트인 PuTTY를 이용해 접속하는 방법을 확인할 수 있습니다. 이번 절에서는 자바 SSH 클라이언트를 이용해 접속하는 방법을 소개하겠습니다.

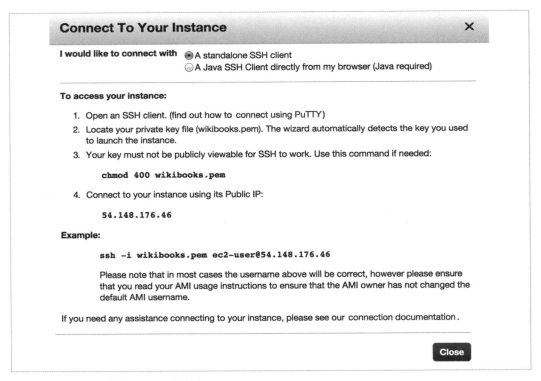

Connect To Your Instance ✕

I would like to connect with ⦿ A standalone SSH client
○ A Java SSH Client directly from my browser (Java required)

To access your instance:

1. Open an SSH client. (find out how to connect using PuTTY)
2. Locate your private key file (wikibooks.pem). The wizard automatically detects the key you used to launch the instance.
3. Your key must not be publicly viewable for SSH to work. Use this command if needed:

   `chmod 400 wikibooks.pem`

4. Connect to your instance using its Public IP:

   `54.148.176.46`

Example:

`ssh -i wikibooks.pem ec2-user@54.148.176.46`

Please note that in most cases the username above will be correct, however please ensure that you read your AMI usage instructions to ensure that the AMI owner has not changed the default AMI username.

If you need any assistance connecting to your instance, please see our connection documentation.

Close

그림 11.23 자바 SSH 클라이언트로 EC2 접속하기

"A Java SSH Client directly from my browser (Java required)"를 선택하면 선택한 EC2 인스턴스의 퍼블릭 DNS가 기본적으로 설정돼 있습니다. User name에 접속할 계정명을 ec2-user로 입력합니다. 참고로 ec2-user는 EC2 인스턴스를 생성할 때 기본적으로 생성되는 계정입니다. Private key path에는 앞서 내려받은 pem 파일의 경로를 설정합니다. 설정이 완료되면 화면 하단에 있는 "Launch SSH Client" 버튼을 클릭합니다. 이때 여러 경고창이 표시되는데, 모두 확인 버튼을 클릭합니다. 경고창이 모두 종료되면 그림 11.24와 같은 자바로 구현된 SSH 클라이언트 창이 나타납니다. 이 클라이언트에서 모든 리눅스 명령어를 실행할 수 있습니다.

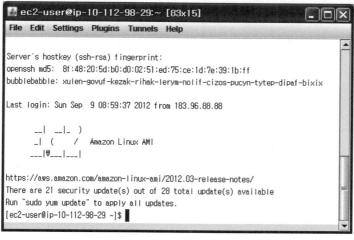

그림 11.24 자바 SSH 클라이언트

11.3.2.2 PuTTY로 접속

이번에는 SSH 클라이언트 중 가장 유명한 프리웨어인 PuTTY를 이용해 EC2에 접속하는 방법을 알아보겠습니다. PuTTY는 http://www.chiark.greenend.org.uk/~sgtatham/putty/에서 관련 정보 및 각종 설치 파일을 내려받을 수 있습니다. PuTTY에서 pem 파일을 이용해 접속하려면 PuTTY key generator로 ppk 파일을 생성해야 합니다. PuTTY key generator는 다운로드 사이트에서 PuTTYgen.exe 파일을 내려받아 실행하면 됩니다. PuTTY와 PuTTYgen은 모두 별도의 설치 과정이 필요없으며, exe 파일을 실행하면 바로 프로그램이 실행됩니다. PuTTY key generator를 실행하면 그림 11.25와 같은 실행 화면이 나타납니다. 이 화면에서 "Load" 버튼을 선택해서 pem 파일을 저장해 둔 경로로 이동합니다.

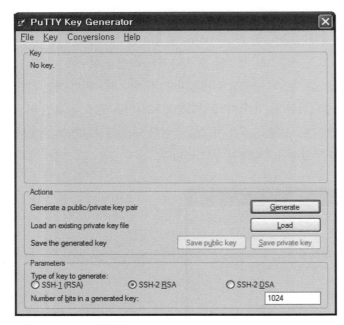

그림 11.25 PuTTY 키 생성기

이때 파일 형식이 ppk(Private Key Files)로 설정돼 있어서 pem 파일이 조회되지 않을 것입니다.
이 경우 그림 11.26과 같이 파일 형식을 All Files로 변경하면 pem 파일을 조회할 수 있습니다.

그림 11.26 파일 형식 변경

데스크톱에 저장된 pem 파일을 선택하면 그림 11.27과 같이 키 페어 파일을 성공적으로 임포트했
다는 메시지가 나타납니다. 이때 확인 버튼을 클릭하면 그림 11.28과 같이 PuTTYgen의 실행 화면
에 openSSH 키값이 임포트됩니다.

그림 11.27 PuTTYgen 알림 메시지

이제 마지막으로 "Save private key"를 클릭한 후, 확장자가 ppk인 파일을 로컬 디스크에 저장합니다. 이때 경고 메시지가 나오면 "예"를 클릭합니다. 그리고 pem 파일이 저장된 디렉터리에 저장하면 관리하기가 수월합니다.

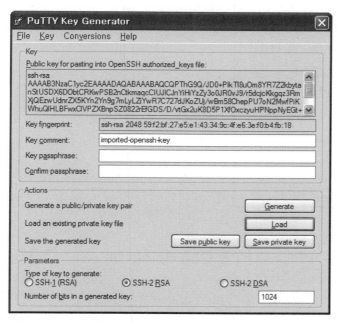

그림 11.28 openSSH 키 임포트

이번에는 PuTTY 클라이언트를 실행해보겠습니다. PuTTY 클라이언트를 실행하면 그림 11.29와 같은 PuTTY configuration 창이 나옵니다. Session 탭에서 Host Name에 EC2 인스턴스의 퍼블릭 도메인을 입력한 후 좌측 메뉴에서 Connection 〉 SSH 〉 Auth를 선택합니다.

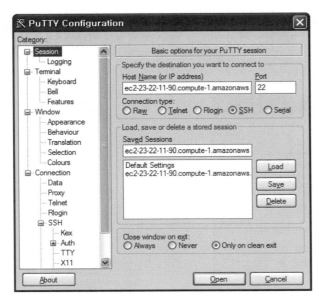

그림 11.29 PuTTY 설정

이때 그림 11.30과 같은 SSH 인증 설정 화면이 나타납니다. 우측 하단에 있는 "Browser" 버튼을 클릭한 후 PuTTYgen에서 생성한 ppk 파일을 선택합니다. Private key file for authentication에 ppk 경로가 나타나면 다시 Session 메뉴를 선택합니다. 그리고 Save 버튼을 선택해서 지금까지 설정한 정보를 저장한 후 Open 버튼을 클릭해 EC2 인스턴스에 접속을 시도합니다.

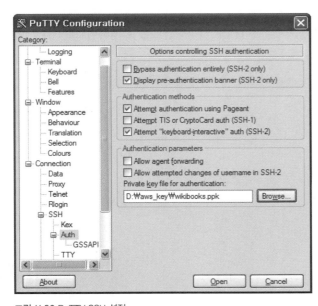

그림 11.30 PuTTY SSH 설정

이때 그림 11.31과 같은 경고창이 나타납니다. 이것은 서버의 호스트키를 로컬 캐시에 남기는지 묻는 메시지인데, "예" 버튼을 클릭하면 다음부터는 이 경고창이 나타나지 않습니다.

그림 11.31 PuTTY 보안 경고창

서버 호스트키를 로컬 캐시에 생성하면 그림 11.32와 같이 정상적으로 EC2 인스턴스에 접속됩니다. EC2 관리 콘솔의 자바 SSH 클라이언트를 이용했을 때와 동일한 로그인 메시지가 출력되는 것을 확인할 수 있습니다.

그림 11.32 PuTTY 접속

11.3.2.3 SecureCRT로 접속

이번에는 대표적인 상용 SSH 클라이언트인 SecureCRT로 EC2에 접속하는 방법을 소개하겠습니다. SecureCRT를 실행하면 그림 11.33과 같은 Quick Connect 화면이 나타납니다(단축키: Alt + Q). 이때 HostName에는 EC2의 퍼블릭 도메인을, UserName에는 기본 계정인 ec2-user를 입력합니다. 그리고 화면 중앙에 있는 Authentication에서 PublicKey를 선택합니다. 이때 우측의 Properties 버튼이 활성화되는데, 이 버튼을 클릭하면 그림 11.34와 같은 화면이 나타납니다.

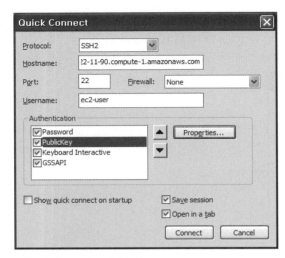

그림 11.33 SecureCRT Quick Connect

그림 11.34는 로그인을 시도한 세션에 대한 퍼블릭 키를 설정하는 화면입니다. "Use Identity or certificate file" 필드에 있는 "…" 버튼을 클릭해 pem 파일을 선택합니다. 파일 경로가 표시되면 OK 버튼을 클릭해 퍼블릭키 설정을 완료합니다.

그림 11.34 SecureCRT 퍼블릭키 설정

이제 Quick Connect 창에서 "Connect" 버튼을 클릭하면 EC2에 연결됩니다. 이때 PuTTY에서 연결했을 때처럼 서버 호스트 키를 로컬 캐시로 남길지 묻는데, "Accept & Save" 버튼을 클릭하면 더 이상 안내 메시지가 나타나지 않습니다.

11.3.3 SSH 인증키 복사

하둡 클러스터의 각종 데몬은 네임노드 서버에서 SSH 프로토콜을 이용해 제어합니다. SSH 접속이 정상적으로 이뤄지려면 네임노드 서버의 SSH 인증키값이 각 노드에 복사돼 있어야 합니다. 2장에서 하둡을 설치할 때는 scp 명령어를 이용해 인증키를 복사했지만 EC2에서는 다른 방법으로 인증키를 복사해야 합니다. 네임노드 서버의 인증키를 로컬 디스크로 내려받은 후 FTP 프로그램을 이용해 전체 노드에 업로드해야 합니다. 참고로 FTP 프로그램은 반드시 SFTP를 지원해야 합니다. 여기서는 프리웨어 FTP 프로그램인 WinSCP를 이용해 인증키를 복사하겠습니다. WinSCP는 http://winscp.net/eng/download.php에서 내려받을 수 있습니다.

우선 WinSCP를 실행하기 전에 네임노드를 설치할 서버에 다음과 같이 SSH 인증키를 생성합니다.

```
[ec2-user@ip-172-31-39-144:~[ec2-user@ip-172-31-39-144 ~]$ ssh-keygen -t rsa
Generating public/private rsa key pair.
Enter file in which to save the key (/home/ec2-user/.ssh/id_rsa):
Enter passphrase (empty for no passphrase):
Enter same passphrase again:
Your identification has been saved in /home/ec2-user/.ssh/id_rsa.
Your public key has been saved in /home/ec2-user/.ssh/id_rsa.pub.
The key fingerprint is:
62:25:f2:58:8c:72:72:79:98:17:70:08:a0:91:77:c0 ec2-user@ip-172-31-39-144
The key's randomart image is:
+--[ RSA 2048]----+
|o+oo.oo          |
|o.E oB .          |
|..o.O * .         |
|  = B o            |
|  . + S            |
|   . .             |
|                   |
|                   |
|                   |
+-----------------+
```

이제 WinSCP를 실행하면 그림 11.35와 같은 로그인 화면이 나타납니다. 이때 호스트 이름에는 네임노드 서버의 퍼블릭 도메인을, 사용자 이름에는 ec2-user를 입력합니다. 그리고 개인키 파일에 있는 "…" 버튼을 클릭해 PuTTYgen에서 생성한 ppk 파일을 선택합니다. 저장 버튼을 클릭해 로그인 정보를 저장한 후 로그인 버튼을 클릭하면 EC2에 접속됩니다.

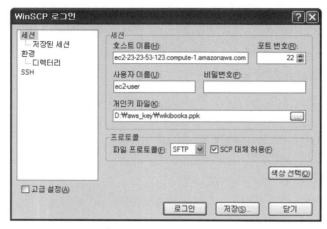

그림 11.35 WinSCP 로그인 화면

WinSCP는 윈도우 탐색기와 같은 인터페이스를 제공하므로 파일을 편리하게 관리할 수 있습니다. 그림 11.36은 EC2 인스턴스에 접속한 화면입니다. 좌측은 데스크톱 디렉터리를, 우측은 EC2 인스턴스의 디렉터리를 나타냅니다. /home/ec2-user/.ssh 디렉터리에 있는 id_rsa.pub 파일을 로컬 디렉터리로 복사합니다. 그리고 WinSCP로 나머지 서버에 접속한 후 네임노드의 id_rsa.pub 파일을 각 서버의 홈 디렉터리로 복사합니다.

그림 11.36 WinSCP EC2에 접속한 모습

인증키 복사가 완료되면 각 서버에 SSH 클라이언트로 접속합니다. 그리고 홈 디렉터리에서 다음과 같은 명령어를 실행해 네임노드의 인증키를 로컬 SSH 인증키에 추가합니다.

```
cat id_rsa.pub >> ~/.ssh/authorized_keys
```

그리고 각 인스턴스의 호스트 파일(/etc/hosts)에 전체 인스턴스의 호스트 정보를 등록합니다. 이때 사용하는 IP와 호스트명은 EC2 인스턴스의 내부 IP와 내부 도메인을 등록해야 합니다. 이 값들은 EC2 관리 콘솔에 있는 내 인스턴스의 상세 정보 영역에서 확인할 수 있습니다.

호스트 수정이 완료됐으면 네임노드 서버에서 다른 서버로 접속을 시도해보겠습니다. 계정 암호를 묻지 않고, 즉시 접속되는 것을 확인할 수 있습니다.

11.3.5 하둡 설치

EC2에서는 다음과 같은 방법으로 하둡 클러스터를 구성할 수 있습니다.

1. 하둡이 설치된 이미지를 이용한 방법

EC2 관리 콘솔에서 하둡이 설치돼 있는 AMI를 조회한 후 해당 AMI를 EC2 인스턴스에 설치하는 방법입니다. 하둡 최신 버전을 제공하지 않으므로 이 책의 예제를 테스트하기에는 적합하지 않습니다.

2. whirr를 이용한 방법

whirr는 아파치 인큐베이터에 포함돼 있는 프로젝트입니다. whirr는 인스턴스 저장소(instance store) 기반의 AMI 를 이용해 EC2 인스턴스를 가동합니다. 그리고 전체 인스턴스에 JDK와 하둡 설치를 일괄적으로 수행합니다. 사용 자는 클라이언트에 설치한 하둡을 이용해 하둡을 제어하게 됩니다(http://whirr.apache.org/docs/0.8.0/quick-start-guide.html 참고)

3. 하둡 contrib 패키지에 포함돼 있는 ec2를 이용한 방법

이 프로그램을 사용하려면 클라이언트에 EC2 인증 설정 키값을 복사해야 합니다. 또한 해당 프로그램이 지속적으 로 업데이트되고 있지 않아서 나중에 유지보수할 때 문제가 발생할 수 있습니다(http://wiki.apache.org/hadoop/AmazonEC2#AutomatedScripts 참고).

4. 수동 설치

2장에서 리눅스 서버에 설치한 것처럼 서버마다 수동으로 설치를 진행하는 방식입니다. whirr나 ec2 프로그램을 배 우는 데 시간을 소비하지 않는 것이 장점입니다.

5. EBS 기반 AMI에 하둡을 설치

EBS 기반 AMI에 하둡을 설치하고, EC2 인스턴스에 해당 AMI를 설치하는 방식입니다. AMI에 하둡을 설치하려면 처음 한 번은 네임노드 서버에 수작업으로 설치해야 합니다.

아직 EC2에 익숙하지 않은 상태이기 때문에 4번 방식으로 하둡 클러스터를 구성해 보겠습니다. 우선 네임노드 서버에서 wget을 이용해 하둡 설치 파일을 내려받습니다. 다운 경로는 ec2-user의 홈 디렉터리입니다.

```
wget http://apache.mirror.cdnetworks.com/hadoop/common/hadoop-1.2.1/hadoop-1.2.1.tar.gz
```

설치 파일을 내려받고 나면 다음과 같이 압축을 풀고 심볼릭 링크를 생성합니다.

```
tar xvfz hadoop-1.2.1.tar.gz
ln -s hadoop-1.2.1 hadoop
```

보조네임노드와 데이터노드를 설치할 인스턴스에는 scp 명령어를 이용해 네임노드에 저장된 하둡 설치 파일을 각 인스턴스로 복사하고, 압축 파일을 풉니다.

이제 하둡 환경설정 파일을 수정해야 합니다. 우선 hadoop-env.sh 파일의 JAVA_HOME 속성을 다음과 같이 변경합니다. 그리고 masters 파일에는 보조네임노드로 사용할 인스턴스의 내부 도메인을 작성하고, slaves 파일에는 데이터노드로 사용할 인스턴스의 내부 도메인을 작성합니다.

```
export JAVA_HOME=/usr/lib/jvm/jre
```

core-site.xml은 예제 11.1과 같이 수정합니다. HDFS의 도메인은 반드시 네임노드 서버의 내부 도메인을 등록해야 합니다.

예제 11.1 core-site.xml

```
<?xml version="1.0"?>
<?xml-stylesheet type="text/xsl" href="configuration.xsl"?>
<!-- Put site-specific property overrides in this file. -->
<configuration>
  <property>
    <name>fs.default.name</name>
    <value>hdfs://ip-10-112-98-29.ec2.internal:9000</value>
  </property>
  <property>
```

```
      <name>hadoop.tmp.dir</name>
      <value>/home/ec2-user/hadoop-data/</value>
    </property>
  </configuration>
```

hdfs-site.xml은 예제 11.2와 같이 수정합니다. 전체 분산 모드로 하둡 클러스터를 구성하기 때문에 데이터 복제본 수를 3으로 설정하는 것입니다.

예제 11.2 hdfs-site.xml

```
<?xml version="1.0"?>
<?xml-stylesheet type="text/xsl" href="configuration.xsl"?>
<!-- Put site-specific property overrides in this file. -->
<configuration>
  <property>
    <name>dfs.replication</name>
    <value>3</value>
  </property>
    <property>
        <name>dfs.http.address</name>
        <value>ip-10-112-98-29.ec2.internal:50070</value>
    </property>
    <property>
        <name>dfs.secondary.http.address</name>
        <value>10-194-173-102.ec2.internal:50090</value>
    </property>
</configuration>
```

mapred-site.xml은 예제 11.3과 같이 수정합니다. 잡트래커 데몬이 실행되는 인스턴스의 내부 도메인을 잡트래커에 접속하는 주소에 지정합니다.

예제 11.3 mapred-site.xml

```
<?xml version="1.0"?>
<?xml-stylesheet type="text/xsl" href="configuration.xsl"?>
<!-- Put site-specific property overrides in this file. -->
```

```
<configuration>
  <property>
    <name>mapred.job.tracker</name>
    <value>ip-10-112-98-29.ec2.internal:9001</value>
  </property>
</configuration>
```

또한 masters 파일에는 보조네임노드의 호스트명을, slaves 파일에는 데이터노드용 호스트 목록을 작성합니다.

이제 마지막으로 네임노드의 하둡을 전체 서버에 배포합니다.

```
cd /home/ec2-user
tar cfz hadoop.tar.gz hadoop-1.2.1
scp hadoop.tar.gz ec2-user@ip-10-194-173-102.ec2.internal:/home/ec2-user/
scp hadoop.tar.gz ec2-user@ip-10-244-42-57.ec2.internal:/home/ec2-user/
scp hadoop.tar.gz ec2-user@ip-10-112-98-117.ec2.internal:/home/ec2-user/
scp hadoop.tar.gz ec2-user@ip-10-212-109-161.ec2.internal:/home/ec2-user/
ssh ec2-user@ip-10-194-173-102.ec2.internal "cd /home/ec2-user; tar xfz hadoop.tar.gz; rm
hadoop.tar.gz"
ssh ec2-user@ip-10-244-42-57.ec2.internal "cd /home/ec2-user; tar xfz hadoop.tar.gz; rm hadoop.
tar.gz"
ssh ec2-user@ip-10-112-98-117.ec2.internal "cd /home/ec2-user; tar xfz hadoop.tar.gz; rm hadoop.
tar.gz"
ssh ec2-user@ip-10-212-109-161.ec2.internal "cd /home/ec2-user; tar xfz hadoop.tar.gz; rm
hadoop.tar.gz"
```

하둡 클러스터를 실행하기 전에 다음과 같이 네임노드를 포맷합니다.

```
./bin/hadoop namenode -format
```

포맷이 완료되면 다음과 같이 start-all.sh 스크립트를 실행해 하둡 클러스터를 구동합니다.

```
./bin/start-all.sh
```

데몬이 실행된 후 하둡 dfsadmin 명령어로 실행하면 다음과 같이 3개의 데이터노드가 구성된 것을 확인할 수 있습니다.

```
./bin/hadoop dfsadmin -report
Configured Capacity: 25687805952 (23.92 GB)
Present Capacity: 21297498586 (19.83 GB)
DFS Remaining: 21297295360 (19.83 GB)
DFS Used: 203226 (198.46 KB)
DFS Used%: 0%
Under replicated blocks: 0
Blocks with corrupt replicas: 0
Missing blocks: 0


-------------------------------------------------

Datanodes available: 3 (3 total, 0 dead)


Name: 10.244.42.57:50010
Decommission Status : Normal
Configured Capacity: 8562601984 (7.97 GB)
DFS Used: 67742 (66.15 KB)
Non DFS Used: 1463129954 (1.36 GB)
DFS Remaining: 7099404288(6.61 GB)
DFS Used%: 0%
DFS Remaining%: 82.91%
Last contact: Sun Sep 09 09:08:19 UTC 2012


Name: 10.112.98.117:50010
Decommission Status : Normal
Configured Capacity: 8562601984 (7.97 GB)
DFS Used: 67742 (66.15 KB)
Non DFS Used: 1464047458 (1.36 GB)
DFS Remaining: 7098486784(6.61 GB)
DFS Used%: 0%
DFS Remaining%: 82.9%
Last contact: Sun Sep 09 09:08:22 UTC 2012


Name: 10.212.109.161:50010
Decommission Status : Normal
Configured Capacity: 8562601984 (7.97 GB)
```

```
DFS Used: 67742 (66.15 KB)
Non DFS Used: 1463129954 (1.36 GB)
DFS Remaining: 7099404288(6.61 GB)
DFS Used%: 0%
DFS Remaining%: 82.91%
Last contact: Sun Sep 09 09:08:22 UTC 2012
```

맵리듀스 잡도 하둡 명령어를 이용해 실행하면 됩니다. 우선 샘플 데이터로 사용할 hadoop-env.sh 파일을 HDFS에 업로드합니다.

```
./bin/hadoop fs -put conf/hadoop-env.sh conf/hadoop-env.sh
```

이제 하둡 예제 패키지에 포함돼 있는 wordcount를 실행해 hadoop-env.sh 파일에 있는 단어의 개수를 산출해 보겠습니다.

```
./bin/hadoop jar hadoop-examples-*.jar wordcount conf/hadoop-env.sh wordcount_output
```

맵리듀스 잡이 수행된 후 출력 데이터를 확인해보면 다음과 같이 정상적으로 각 단어별 개수가 산출돼 있습니다.

```
/bin/hadoop fs -cat wordcount_output/part-r-00000 | head -10
#          34
#export 1
$HADOOP_BALANCER_OPTS"   1
$HADOOP_DATANODE_OPTS"   1
$HADOOP_HOME/conf/slaves          1
$HADOOP_HOME/logs          1
$HADOOP_JOBTRACKER_OPTS"          1
$HADOOP_NAMENODE_OPTS"   1
$HADOOP_SECONDARYNAMENODE_OPTS" 1
$USER     1
```

11.4 S3 설정

S3는 인터넷 스토리지 서비스로 데이터를 저장할 스토리지를 제공하고, 이 스토리지를 손쉽게 관리할 수 있는 웹 인터페이스를 제공하는 서비스입니다. 만약 콘솔 화면으로 S3를 관리하고 싶다면 s3cmd(명령행 S3 클라이언트) 프로그램을 이용하면 됩니다. 해당 프로그램에 대한 정보는 http://s3tools.org/s3cmd에서 확인할 수 있습니다.

11.4.1 데이터 업로드

S3 관리 콘솔을 이용하면 S3에 매우 간단하게 데이터를 업로드할 수 있습니다. 그림 11.37은 AWS 관리 콘솔에서 S3를 선택했을 때 나타나는 화면입니다.

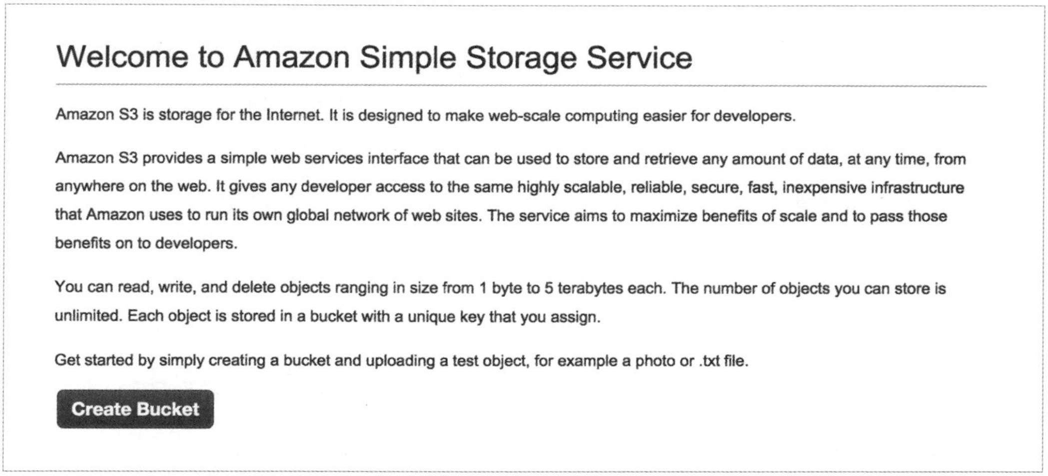

Welcome to Amazon Simple Storage Service

Amazon S3 is storage for the Internet. It is designed to make web-scale computing easier for developers.

Amazon S3 provides a simple web services interface that can be used to store and retrieve any amount of data, at any time, from anywhere on the web. It gives any developer access to the same highly scalable, reliable, secure, fast, inexpensive infrastructure that Amazon uses to run its own global network of web sites. The service aims to maximize benefits of scale and to pass those benefits on to developers.

You can read, write, and delete objects ranging in size from 1 byte to 5 terabytes each. The number of objects you can store is unlimited. Each object is stored in a bucket with a unique key that you assign.

Get started by simply creating a bucket and uploading a test object, for example a photo or .txt file.

Create Bucket

그림 11.37 S3 관리 콘솔

S3는 데이터를 버킷(Bucket)에 저장합니다. 사용자는 버킷에 데이터를 업로드하고, 버킷에 저장된 데이터를 조회할 수 있습니다. 이러한 작업은 모두 이 관리 콘솔에서 진행됩니다. 우선 화면 하단에 있는 "Create Bucket"을 클릭해 새로운 버킷을 만들어 보겠습니다. 해당 버튼을 클릭하면 그림 11.38과 같이 버킷 생성 템플릿이 나타납니다.

Create a Bucket - Select a Bucket Name and Region   Cancel ⊠

A bucket is a container for objects stored in Amazon S3. When creating a bucket, you can choose a Region to optimize for latency, minimize costs, or address regulatory requirements. For more information regarding bucket naming conventions, please visit the Amazon S3 documentation.

Bucket Name: [   ]

Region: [Oregon ▼]

[Set Up Logging >] [**Create**] [Cancel]

그림 11.38 버킷 생성 템플릿

이 화면에서는 버킷 이름을 입력하고, 지역(Region)을 선택해야 합니다. 버킷은 여러 지역 중 한 곳에 저장할 수 있습니다. 미국 동부, 미국 서부, 싱가포르, 도쿄와 같은 여러 지역에서 거리와 비용을 최소화할 수 있는 곳을 선택하면 됩니다. 버킷 이름과 지역을 설정했으면 화면 하단에 있는 "Create" 버튼을 클릭합니다. 버킷이 생성되면 S3 관리 콘솔이 새로고침됩니다. 이때 그림 11.39와 같이 좌측에는 새로 생성한 버킷이 조회되고, 우측에는 해당 버킷에 아무런 데이터가 없다는 메시지가 나타납니다.

Upload	Create Folder	Actions ∨		None	Properties	Transfers
All Buckets / wikibooksbucket						
Name			Storage Class	Size		Last Modified
The bucket 'wikibooksbucket' is empty						

그림 11.39 버킷 생성 완료

좌측 상단에 있는 "Upload"를 클릭하면 파일 업로드 화면이 나타납니다(그림 11.40). 이때 데스크톱 PC에 저장돼 있는 hadoo-env.sh 파일을 업로드합니다.

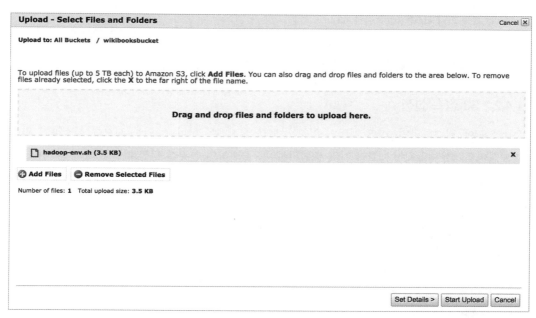

그림 11.40 데이터 업로드

11.4.2 EC2와의 연동

EC2 인스턴스를 제거하면 인스턴스의 모든 리소스가 제거됩니다. EC2에 설치돼 있던 HDFS의 데이터도 모두 제거됩니다. 이러한 현상을 방지하려면 하둡 클러스터에서 생성되는 데이터를 S3에 저장되도록 설정해야 합니다.

11.4.2.1 S3 파일 시스템 구조

하둡에서 S3를 사용하려면 S3의 파일 시스템 구조를 이해해야 합니다. S3는 다음과 같이 두 개의 파일 시스템으로 구성됩니다.

- **S3 네이티브 파일 시스템(이하: 네이티브 S3)**

  S3에서 사용한 기본 파일 시스템입니다. S3에서 읽고 쓰는 파일은 모두 이 파일 시스템을 이용합니다. S3 관리 콘솔에서 파일의 저장 및 삭제가 가능합니다. 입력 파일이 5GB보다 작아야 한다는 단점이 있습니다. 하지만 처리해야 하는 데이터가 5GB보다 작고 S3 관리 콘솔로 편리하게 제어하고 싶다면 네이티브 S3를 쓰는 편이 좋습니다. EC2에서 접속할 경우 s3://라는 도메인으로 접근합니다.

- **S3 블록 파일 시스템(이하: 블록 S3)**

  S3에 블록 단위로 파일을 저장합니다. 블록 기반이기 때문에 크기에 제한 없이 데이터를 저장할 수 있습니다. 하지만 S3 관리 콘솔과 연동되지 않기 때문에 파일을 관리하는 데 어려움이 있습니다.

11.4.2.2 S3 접속 설정

E2에서 S3에 접속하려면 AWS 계정의 인증 정보를 설정해야 합니다. 인증 정보를 설정하기 위해 AWS 사이트에서 "내 계정 > 보안 자격 증명" 메뉴를 클릭하면 인증키 생성 화면이 나타납니다(그림 11.41). 인증키를 새로 생성해야 하기 때문에 화면 하단에 있는 "Create New Access Key"를 클릭합니다.

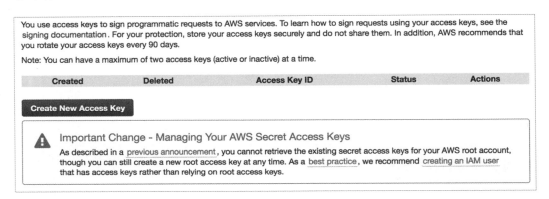

그림 11.41 인증키 설정

"Create New Access Key"를 클릭하면 그림 11.42와 같은 화면이 나타납니다. 이 화면에서 Access Key ID가 인증키 값이고, Secret Access Key가 인증 암호값입니다. 인증 암호는 Show 버튼을 클릭하면 툴팁 형태로 표시됩니다. 이 두 개의 값을 저장한 후 S3 접속 설정을 할 때 사용하면 됩니다.

Create Access Key   **✕**

☑ **Your access key (access key ID and secret access key) has been created successfully.**

Download your key file now, which contains your new access key ID and secret access key. If you do not download the key file now, you will not be able to retrieve your secret access key again.

To help protect your security, store your secret access key securely and do not share it.

▼ Hide Access Key

Access Key ID:
Secret Access Key:

Download Key File   Close

그림 11.42 AWS 인증 정보

맵리듀스 잡을 실행할 때 S3에 저장돼 있는 입력 데이터를 조회하거나 잡의 출력 데이터를 S3에 저장해야 합니다. 예를 들어, 하둡 기본 예제 파일로 S3 블록 파일 시스템에 저장된 데이터를 처리하려면 다음과 같이 명령어를 실행해야 합니다. 이때 입력 데이터의 경로는 디렉터리만 지정하지 말고 파일명까지 지정해야 잡이 정상적으로 수행됩니다. 참고로 S3 네이티브 파일 시스템에서 조회할 경우에는 s3n://으로 호스트를 설정하면 됩니다.

```
// S3 네이티브 접속 설정
./bin/hadoop jar hadoop-examples-*.jar wordcount \
 -D fs.s3n.awsAccessKeyId=AWS인증키 \
 -D fs.s3n.awsSecretAccessKey=AWS인증암호 \
 s3n://버킷이름/입력 데이터 경로 출력 데이터 경로

// S3 블록 파일 접속 설정
./bin/hadoop jar hadoop-examples-*.jar wordcount \
 -D fs.s3.awsAccessKeyId=AWS인증키 \
 -D fs.s3.awsSecretAccessKey=AWS인증암호 \
 s3://버킷이름/입력 데이터 경로 출력 데이터 경로
```

하지만 잡을 실행할 때마다 위와 같은 방식으로 인증 정보를 설정하기란 매우 번거로운 일일 수 있습니다. AWS 인증 정보는 core-site.xml에 정의해 두면 잡을 실행할 때 -D 옵션을 설정할 필요가 없습니다. 예제 11.4는 core-site.xml에 추가해야 하는 설정값입니다. core-site.xml을 수정했으면 하둡 클러스터를 재구동해야 수정 사항이 적용됩니다.

예제 11.4 core-site.xml에 추가해야 하는 AWS 인증 정보

```
<!-- S3 네이티브 파일 시스템 접속 설정 -->
<property>
    <name>fs.s3n.awsAccessKeyId</name>
    <value>AWS인증키</value>
</property>
<property>
    <name>fs.s3n.awsSecretAccessKey</name>
    <value>AWS인증암호</value>
</property>
```

```
<!-- S3 블록 파일 시스템 접속 설정 -->
<property>
    <name>fs.s3.awsAccessKeyId</name>
    <value>AWS인증키</value>
</property>
<property>
    <name>fs.s3.awsSecretAccessKey</name>
    <value>AWS인증암호</value>
</property>
```

11.4.2.3 S3에 파일 복사

이번 절에서는 HDFS에 저장돼 있는 파일을 S3에 복사해보겠습니다. 파일 시스템 구조를 이해하는데 도움되도록 네이티브 S3와 블록 S3 양쪽에 모두 복사하겠습니다.

우선 네이티브 S3에 데이터를 복사합니다. 파일 복사를 위해 하둡에서 제공하는 distcp 명령어를 이용합니다. core-site.xml에 AWS 인증 정보를 설정하지 않았으면 -D 옵션을 사용해 인증 정보를 설정합니다.

```
./bin/hadoop distcp /user/ec2-user/conf/hadoop-env.sh s3n://wikibooksbucket/native_s3/hadoop-
env.sh
```

S3에 생성된 파일을 확인해보면 그림 11.43과 같은 파일 목록이 나타납니다.

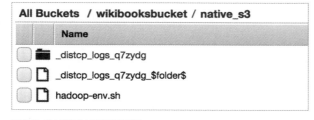

그림 11.43 네이티브 S3 파일 목록

이번에는 블록 S3로 파일을 복사하겠습니다.

```
./bin/hadoop distcp /user/ec2-user/conf/hadoop-env.sh s3://wikibooksbucket/block_s3/hadoop-env.sh
```

복사가 완료된 후 S3 관리 콘솔을 조회하면 block_s3 디렉터리가 조회되지 않습니다. 그림 11.44는 버킷의 루트 디렉터리를 조회한 화면입니다. 그런데 루트 디렉터리를 보면 block_으로 돼 있는 여러 개의 파일이 생성된 것을 확인할 수 있습니다. 바로 hadoop_env.sh가 블록 형태로 저장된 것입니다. 블록 S3는 블록 형태로 파일을 저장하기 때문에 위와 같이 저장된 것입니다.

	Name	Storage Class	Size	Last Modified
	All Buckets / wikibooksbucket			
■ ▦		--	--	--
□ 🗎	block_-3344589322824676105	Standard	0 bytes	Wed Nov 26 02:38:32 GMT+900 2014
□ 🗎	block_-5478639120528934323	Standard	0 bytes	Wed Nov 26 02:38:37 GMT+900 2014
□ 🗎	block_-8685070191512625639	Standard	9.8 KB	Wed Nov 26 02:38:37 GMT+900 2014
□ 🗎	block_2083513917814096604	Standard	51 KB	Wed Nov 26 02:38:23 GMT+900 2014
□ 🗎	block_6407263103475055249	Standard	2.4 KB	Wed Nov 26 02:38:31 GMT+900 2014
□ 🗎	hadoop-env.sh	Standard	3.5 KB	Wed Nov 26 02:16:01 GMT+900 2014
□ 📁	native_s3	--	--	--
□ 🗎	native_s3_$folder$	Standard	0 bytes	Wed Nov 26 02:37:05 GMT+900 2014

그림 11.44 블록 S3 파일을 복사한 결과

그리고 앞서 설명한 대로 S3 관리 콘솔에서는 해당 블록이 어떤 파일을 나타내는지 확인할 수 없습니다. 블록 S3에 저장된 파일은 하둡 명령어로 확인해야 합니다. 다음과 같이 명령어를 실행하면 block_s3 디렉터리에 저장된 파일을 확인할 수 있습니다.

```
./bin/hadoop fs -cat s3://wikibooksbucket/block_s3/hadoop-env.sh ¦ head -10
# Set Hadoop-specific environment variables here.

# The only required environment variable is JAVA_HOME.  All others are
# optional.  When running a distributed configuration it is best to
# set JAVA_HOME in this file, so that it is correctly defined on
# remote nodes.

# The java implementation to use.  Required.
# export JAVA_HOME=/usr/lib/j2sdk1.5-sun
export JAVA_HOME=/usr/lib/jvm/jre
```

11.4.2.4 맵리듀스 잡 실행

이제 하둡 기본 예제인 wordcount를 실행해 보겠습니다. 네이티브 S3에 업로드돼 있는 hadoop-env.sh를 조회해 네이티브 S3의 output 디렉터리에 글자수를 출력하도록 설정했습니다.

```
./bin/hadoop jar hadoop-examples-*.jar wordcount s3n://wikibooks/native_s3/hadoop-env.sh s3n://
wikibooks/output
```

이번에는 블록 S3에 저장된 데이터를 조회해 HDFS에 출력 데이터를 생성해보겠습니다.

```
./bin/hadoop jar hadoop-examples-*.jar wordcount s3://wikibooksbucket/block_s3/hadoop-env.sh output
```

잡이 수행된 후 HDFS를 조회하면 출력 결과가 생성돼 있습니다.

```
./bin/hadoop fs -cat output/part-r-00000 | head -10
#          34
#export 1
$HADOOP_BALANCER_OPTS"  1
$HADOOP_DATANODE_OPTS"  1
$HADOOP_HOME/conf/slaves        1
$HADOOP_HOME/logs       1
$HADOOP_JOBTRACKER_OPTS"        1
$HADOOP_NAMENODE_OPTS"  1
$HADOOP_SECONDARYNAMENODE_OPTS" 1
$USER   1
```

11.5 EMR 사용

아마존은 사용자가 좀 더 쉽게 맵리듀스 잡을 실행할 수 있게 Elastic MapReduce(이하 EMR) 서비스를 제공합니다. EMR은 EC2와 S3를 기반으로 실행되는 맵리듀스 프레임워크입니다. 앞서 소개한 대로 EC2와 S3를 연동하지 않더라도 EMR이 자동으로 맵리듀스 잡 실행 환경을 구성하고 잡을 수행합니다. 그럼 EMR을 이용해 맵리듀스 잡을 실행하는 방법을 소개하겠습니다.

11.5.1 EMR 관리 콘솔 실행

우선 AWS 관리 콘솔에서 Elastic MapReduce를 선택하면 그림 11.45와 같은 화면이 나타납니다. 그림 11.45는 EMR 관리·콘솔에 처음 접속했을 때 나타나는 화면입니다. EMR은 잡을 클러스터라는 단위로 관리하며, 맵리듀스 잡, 하이브 질의, 피그 라틴과 같은 애플리케이션을 모두 클러스터에서 실행하게 됩니다. 화면 상단에 있는 "Create cluster" 버튼은 신규 잡을 생성하는 기능이며, 하단에 있는 이미지는 잡을 실행하는 단계를 설명합니다.

참고로 웹 인터페이스를 이용하지 않고, 명령행 도구로도 맵리듀스 잡을 실행할 수 있습니다. 명령행 도구를 이용하는 방법에 대해서는 http://goo.gl/eVR4BN을 참고합니다.

Welcome to Amazon Elastic MapReduce

Amazon Elastic MapReduce (Amazon EMR) is a web service that enables businesses, researchers, data analysts, and developers to easily and cost-effectively process vast amounts of data.

You do not appear to have any clusters. Create one now:

Create cluster

How Elastic MapReduce Works

Upload

Upload your data and processing application to S3.

Create

Configure and create your cluster by specifying data inputs, outputs, cluster size, security settings, etc.

Monitor

Monitor the health and progress of your cluster. Retrieve the output in S3.

그림 11.45 EMR 관리 콘솔의 초기 화면

이미지에 나온 것처럼 EMR에서 잡을 실행하는 방법은 다음과 같이 세 단계로 진행됩니다.

1. S3에 데이터를 업로드

실행할 드라이버 클래스가 빌드돼 있는 JAR 파일과 스트리밍으로 실행할 경우 관련 스크립트 파일을 S3에 업로드합니다. 이때 잡의 입력 데이터도 함께 업로드합니다.

2. EMR에 클러스터 생성

이 단계에서는 EMR 관리 콘솔에서 클러스터를 생성합니다. 입출력 데이터의 경로, JAR 파일과 스크립트 파일의 경로, 태스크 트래커를 실행할 EC2 인스턴스 개수 등 다양한 실행 환경을 설정하게 됩니다.

3. S3에서 결과 확인

클러스터 실행이 완료되면 S3에 생성된 출력 데이터를 확인합니다. S3 관리 콘솔로 이용하면 데이터 내용도 확인할 수 있습니다.

11.5.2 S3에 데이터 업로드

이번에도 하둡 예제 패키지에 포함된 wordcount를 실행하려고 합니다. S3 관리 콘솔에 접속한 후 버킷에 lib 디렉터리를 생성하고 4장에서 빌드한 hadoop-beginner-examples-1.0.jar 파일을 업로드합니다.

11.5.3 클러스터 생성

클러스터 생성은 다음과 같은 순서로 진행됩니다.

첫째, 클러스터 이름(Cluster Name)을 설정합니다(그림 11.46). 그리고 EMR은 클러스터 실행 로그를 S3에 저장할 수 있습니다. 로그 옵션은 Logging의 Enable을 체크한 후 Log folder S3 location 에 로그 저장 경로를 설정합니다.

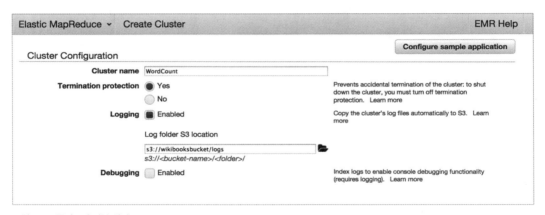

그림 11.46 클러스터 기본 설정

둘째, Software Configuration에서 하둡 버전을 설정합니다(그림 11.47). AWS는 아파치 하둡을 AWS 환경에 맞게 최적화한 자체 하둡을 배포합니다. 현재 하둡 2.4.0, 2.2.0, 1.0.3 등의 버전을 지원합니다. 필자는 위 버전에서 하둡 1.0.3이 패키징돼 있는 AMI 2.4.9 버전을 선택했습니다. 또한 AMI 버전에는 하둡 외에 하이브, HUE 등 별도의 패키지가 포함돼 있습니다. 필자는 간단한 맵리듀스 잡만 실행하기 때문에 이러한 패키지를 모두 제거했습니다.

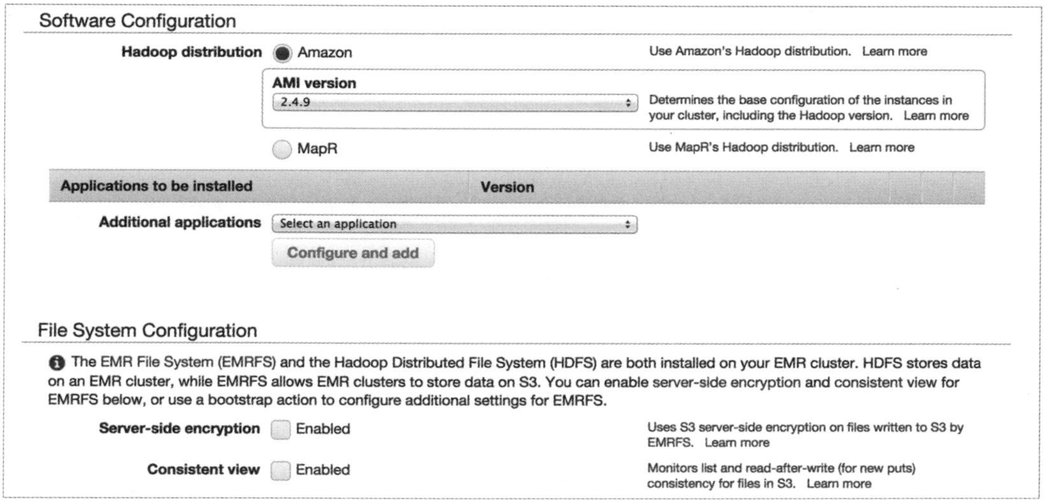

그림 11.47 소프트웨어 및 파일 시스템 설정

셋째, 하드웨어 사양과 보안 정보를 설정합니다. EC2 인증키값, 서브넷ID값, 작업 흐름 로그 저장 디렉터리, 디버그 여부를 설정할 수 있습니다. 필자의 경우 하드웨어는 기본값을 사용했습니다. 그리고 EC2 key pair에서 본인의 AWS 인증키를 선택합니다.

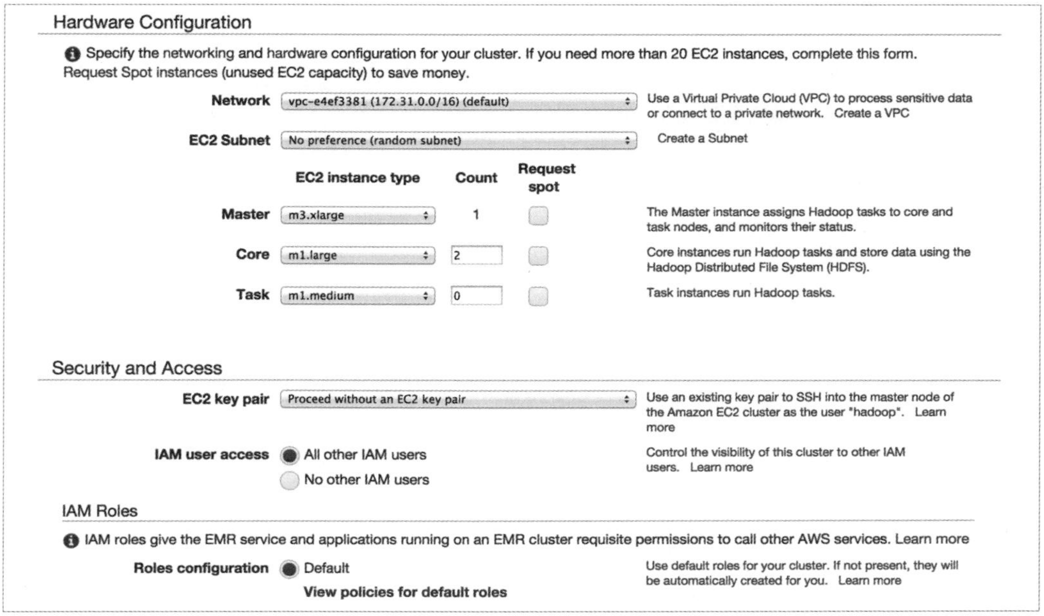

그림 11.48 하드웨어 및 보안 설정

넷째, 그림 11.49와 같이 부트스트랩 액션을 설정합니다. 부트스트랩 액션에서는 하둡 환경설정 정보, 하둡 데몬 실행 옵션 등을 설정할 수 있습니다. 참고로 필자는 WordCount만 실행하기 때문에 별도로 부트스트랩을 설정하지 않았습니다.

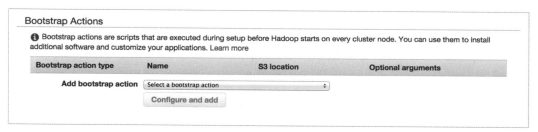

그림 11.49 부트스트랩 설정

다섯째, 클러스터의 스텝을 설정합니다. 클러스터는 여러 개의 맵리듀스 잡(혹은 하이브, 피그 잡)을 순서대로 실행할 수 있으며, 이를 스텝이라는 단위로 관리합니다. 이 단계에서는 맵리듀스 잡을 실행하는 스텝을 등록하겠습니다. 스텝 설정 화면에서 S3에 업로드한 JAR 파일을 선택한 후, Arguments에 WordCount를 실행하기 위한 인자값을 입력합니다(그림 11.50).

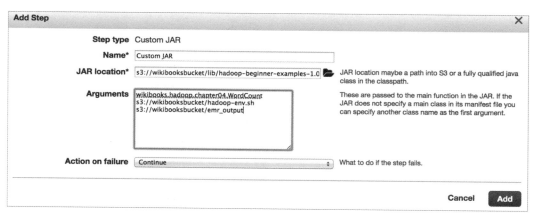

그림 11.50 스텝 설정

이제 모든 클러스터 환경설정이 끝났습니다. 이번 단계에서는 지금까지 등록한 설정값을 다시 한번 검토합니다. 그림 11.51에서 설정값을 확인하고, 이상이 없으면 "Create cluster"를 선택해 클러스터를 생성합니다.

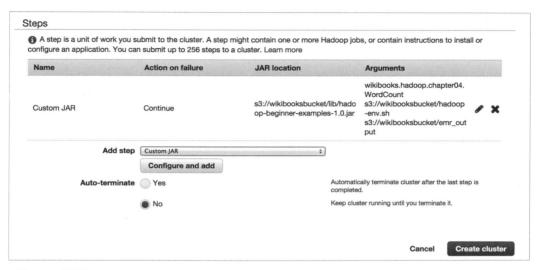

그림 11.51 스텝 확인

클러스터가 실행되면 그림 11.52와 같은 화면이 나타납니다. 클러스터가 정상적으로 생성되면 Connections에 Job Tracker라는 문구가 나타나며, 화면 중앙에 현재 클러스터 상태가 출력됩니다.

그림 11.52 클러스터를 실행한 모습

또한 화면 하단을 보면 그림 11.53과 같이 스텝 목록을 출력합니다. 스텝 실행이 완료되면 Status에 Completed라고 표시됩니다.

그림 11.53 스텝 실행 목록

11.5.4 출력 데이터 조회

S3에서 작업 흐름의 출력 데이터를 조회하겠습니다. S3 관리 콘솔에 접속하면 작업 흐름에서 정의 했던 emr_output 디렉터리가 생성돼 있고, 해당 디렉터리에 리듀서의 출력 데이터가 생성돼 있음을 확인할 수 있습니다(그림 11.54). 해당 파일을 클릭하면 즉시 데스크톱 PC로 내려받을 수 있습니다.

All Buckets / wikibooksbucket / emr_output			
Name	Storage Class	Size	Last Modified
_SUCCESS	Standard	0 bytes	Wed Nov 26 03:28:55 GMT+900 2014
part-r-00000	Standard	971 bytes	Wed Nov 26 03:28:40 GMT+900 2014
part-r-00001	Standard	1.1 KB	Wed Nov 26 03:28:44 GMT+900 2014
part-r-00002	Standard	1007 bytes	Wed Nov 26 03:28:47 GMT+900 2014

그림 11.54 S3 저장 결과 조회

11.5.5 클러스터 종료

EMR 클러스터는 기본적으로 자동으로 종료되지 않도록 설정돼 있습니다. EMR은 결국 EC2 인스턴스가 실행되기 때문에 클러스터를 종료하지 않을 경우 요금이 부과될 수도 있습니다. 그래서 작업이 완료됐다면 반드시 클러스터를 종료해야 합니다. 클러스터를 종료하려면 그림 11.52의 상단에 있는 Terminate를 클릭하면 됩니다.

AWS 요금 폭탄 피하는 법

AWS는 처음 가입한 사람들이 무료로 일부 AWS 서비스를 이용할 수 있는 프리티어 서비스를 제공합니다. 프리티어 서비스(http://aws.amazon.com/ko/free/faqs/)를 이용하면 마이크로/리눅스 EC2 인스턴스를 월 750시간까지 무료로 이용할 수 있습니다. 하지만 처음 AWS를 이용하시는 분들은 750시간 무료에 마음을 놓고 있다가 요금 고지서를 받고 당황하게 될 확률이 매우 높습니다.

AWS는 종량제 서비스입니다. 서비스를 사용한 만큼 돈을 내게 됩니다. 그런데 사용자들이 흔히 오해하는 부분이 EC2 인스턴스에 접속한 만큼만 요금이 청구될 것이라는 것입니다. AWS는 EC2 인스턴스를 구동한 시점부터, 인스턴스가 셧다운(shut down)되거나 kill이 될 때까지 요금을 부과합니다. 그런데 개발 테스트용으로 EC2 인스턴스를 여러 개 실행했다가 개발이나 테스트가 끝난 후에도 인스턴스를 내리지 않고 계속 실행하는 일이 빈번하게 일어납니다. AWS 입장에서는 사용자가 접속을 하든 하지 않든 인스턴스를 실행하고 있기 때문에 계속 요금을 청구하게 됩니다. 결국 월말에 카드명세서를 받고 나서 기겁하는 상황이 벌어지곤 합니다.

AWS의 결제 관련 FAQ 페이지(http://aws.amazon.com/ko/billing/new-user-faqs/)를 보면 예상보다 요금 청구가 많이 된 경우를 다음과 같이 설명하고 있습니다.

유휴 인스턴스: Aazon Elastic Compute Cloud(Amazon EC2) 및 Amazon Relational Database Service(Amazon RDS) 인스턴스는 인스턴스를 시작하는 즉시 시간당 요금이 발생하며 인스턴스를 명시적으로 종료하기 전까지 요금이 계속 계산됩니다. 인스턴스를 시작한 다음 인스턴스를 종료하지 않고 계정에서 로그아웃하는 경우 계속 인스턴스가 실행되고 요금이 발생합니다.

따라서 AWS를 개발이나 테스트 목적으로 이용할 경우 반드시 EC2 인스턴스를 shutdown 혹은 kill하시길 바랍니다.

PART

04

하둡2와의 만남

4부에서 다루는 내용

12장에서는 하둡1과 하둡2의 차이점 및 하둡2의 주요 기능을 소개합니다.

13장에서는 하둡2를 가상 분산 모드와 완전 분산 모드에서 설치합니다. 특히 완전 분산 모드 실습의 경우 네임노드 HA를 구성하는 방식으로 진행합니다.

얀(YARN)의 내부 구조를 이해하기에 앞서 14장에서 간단한 얀 애플리케이션을 개발합니다. 이를 통해 얀의 API 흐름에 대해 이해할 수 있습니다.

15장에서는 얀의 세부 구조 및 동작 원리를 살펴봅니다.

16장에서는 얀 클러스터를 운영하기 위한 다양한 기법을 소개합니다. 특히 얀 클러스터에서 맵리듀스 잡을 실행할 경우 반드시 16장에서 설명하는 메모리 설정 방법을 숙지해야 합니다.

12

하둡2 소개

아파치 재단에서는 2013년 10월에 하둡 2.0 정식 버전을 선보였습니다. 하둡 2.0에서는 HDFS 페더레이션(Federation), YARN, 네임노드의 HA 구성과 같은 새로운 기능을 제공하며, 전반적인 시스템 성능도 개선됐습니다. 이번 장에서는 하둡 2.0의 주요 기능에 대해 소개하겠습니다.

12.1 하둡2의 등장 배경

지난 수년간 하둡은 빅데이터 기술의 표준으로 자리 잡았습니다. 기존의 DBMS로 빅데이터를 처리할 수 없었던 기업들은 하둡의 등장에 열광했고, 글로벌 기업에서 국내 기업까지 수많은 기업들이 자사의 빅데이터 표준 플랫폼으로 하둡을 사용하고 있습니다.

또한 하둡을 중심으로 한 에코시스템이 활성화되면서 다양한 방법으로 데이터를 저장하고 분석할 수 있게 됐습니다. 예를 들어, 기존의 맵리듀스와 하이브, 피그를 이용해 배치 처리와 ETL 등의 작업을 진행하고, 타조나 임팔라 같은 솔루션을 이용해 인터랙티브 질의를 처리할 수 있게 됐습니다. 그리고 플럼과 척와 같은 솔루션으로 서버에서 발생하는 로그를 실시간으로 하둡에 저장하고, 스톰을 통해 실시간으로 저장되는 데이터를 분석할 수 있게 됐습니다.

이러한 다양한 하둡 활용 사례는 더 많은 기업들이 하둡에 매력을 느끼게 했지만 하둡 커뮤니티와 하둡 운영자에게는 리소스 관리라는 도전과제가 생겼습니다. 하나의 클러스터에서 다양한 하둡 에 코시스템이 적절히 시스템 자원을 할당받고, 할당된 자원이 모니터링되고 해제돼야 하는데, 기존 하둡에는 이러한 체계가 잡혀 있지 않았습니다.

또한 하둡이 엔터프라이즈 시장에서 본격적으로 사용되기 시작하면서 하둡의 안정성 문제도 더욱 부각됐습니다. 특히 하둡의 SPOF(single point of failure, 단일 고장점)인 네임노드의 이중화 문제는 단골 소재가 됐고, 데이터노드 블록들이 하나의 네임스페이스만 사용하는 데 따른 단점과 성능 개선 요청이 잇따랐습니다(참고로 단일 네임스페이스 사용의 단점은 12.5.1절에서 자세히 설명할 예정입니다).

12.2 하둡2 특징

아파치 하둡 커뮤니티는 이러한 문제점을 인식하고, 새로운 버전의 하둡을 3년 이상 준비해왔습니다. 그리고 마침내 2013년 10월 하둡 2.x 버전대의 GA(General Availability, 최종 안정화 버전)인 하둡 2.2.0을 출시했습니다(참고로 하둡 진영에서는 GA 버전 릴리즈 이후에는 하둡 2.x 버전대의 하둡을 대부분 하둡2라고 표현합니다. 이 책에서도 특별한 경우를 제외한 경우는 하둡2로 표기법을 통일하겠습니다).

하둡2 GA 버전에 포함된 주요 기능은 다음과 같습니다.

- YARN
- 네임노드 고가용성
- HDFS 페더레이션
- HDFS 스냅샷
- NFSv3 파일 시스템 지원
- 성능 개선

하둡2의 가장 큰 변화는 바로 얀(YARN)의 등장입니다. 하둡1의 맵리듀스 프레임워크는 반드시 맵리듀스 API로 개발된 애플리케이션만 실행할 수 있었습니다. 하지만 얀은 맵리듀스 외에 다른 종류의 애플리케이션도 실행할 수 있는 구조로 돼 있습니다. 톰캣이라는 웹 애플리케이션 서버에서 여러 종류의 웹 애플리케이션이 실행되는 것처럼 얀이라는 시스템 안에서 여러 종류의 데이터 처리 애플리케이션을 실행할 수 있게 됐습니다. HDFS도 그동안 논란이 됐던 네임노드의 고가용성을 지원하고, 데이터노드의 블록을 Pool(풀) 방식으로 사용할 수 있는 HDFS 페더레이션 외에 다양한 기능이 추가됐습니다. 이제 다음 절부터 하둡2의 주요 기능에 대해 자세히 설명하겠습니다.

12.3 얀

이번 절에서는 하둡2의 핵심 시스템인 얀에 대해 설명하겠습니다. 약간은 생소한 용어인 얀의 원래 이름은 Yet Another Resource Negotiator입니다. 번역하면 "(또 다른) 리소스 협상가"라고 할 수 있는데, 얀이 왜 등장했고 그 구조가 어떻게 돼 있는지 알고 나면 이름이 왜 이렇게 지어졌는지 이해될 것입니다. 참고로 하둡 커뮤니티에서는 기존 맵리듀스는 MRv1(MapReduce version 1), 얀은 MRv2(MapReduce version 2) 혹은 YARN으로 표현합니다.

12.3.1 얀의 등장 배경

앞서 여러 장을 통해 설명한 것처럼 하둡1은 데이터 저장소인 HDFS와 데이터 저장소에 저장된 데이터를 배치 처리할 수 있는 맵리듀스라는 두 개의 시스템으로 구성됩니다. 맵리듀스는 마스터 역할을 하는 잡트래커와 슬레이브 서버 역할을 하는 태스크트래커로 구성됩니다.

- **맵리듀스의 단일 고장점(Single Point of Failure, SPOF)**

  잡트래커는 모든 맵리듀스 잡의 실행 요청을 받고, 전체 잡의 스케줄링 관리와 리소스 관리를 담당합니다. 그래서 클라이언트가 맵리듀스 잡을 실행하려면 반드시 잡트래커가 실행 중이어야 하며, 태스크트래커가 실행 중이라도 잡트래커가 돌아가고 있지 않다면 맵리듀스 잡 실행이 불가능합니다.

- **잡트래커의 메모리 이슈**

  잡트래커는 메모리 상에 전체 잡의 실행 정보를 유지하고, 이를 맵리듀스 잡 관리에 활용합니다. 이렇게 메모리에 많은 정보를 유지하다 보니 잡트래커도 자연스럽게 많은 메모리가 필요해졌습니다. 실제로 하둡 클러스터를 운영할 때 잡트래커에 힙 메모리를 여유 있게 할당해주는 이유도 바로 이러한 특징 때문입니다. 하지만 잡트래커의 메모리가 부족하다면 잡의 상태를 모니터링할 수도 없고, 새로운 잡의 실행을 요청할 수도 없습니다. 이러한 특징 때문에 잡트래커는 맵리듀스의 SPOF가 됐고, 이에 대한 해결 방안이 활발하게 논의돼 왔습니다.

- **맵리듀스 리소스 관리 방식**

  맵리듀스는 슬롯이라는 개념으로 클러스터에서 실행할 수 있는 태스크 개수를 관리합니다. 이때 슬롯은 맵 태스크를 실행하기 위한 맵 슬롯과 리듀스 태스크를 실행하기 위한 리듀스 슬롯으로 구분됩니다.

설정한 맵 슬롯과 리듀스 슬롯을 모두 사용하고 있을 때는 문제가 없으나 실행 중인 잡이 맵 슬롯만 사용하고 있거나, 혹은 리듀스 슬롯만 사용하고 있다면 다른 슬롯은 잉여 자원이 되기 때문에 전체 클러스터 입장에서는 리소스가 낭비되는 셈입니다. 또한 맵리듀스의 자원을 다른 에코시스템과 공유하는 데도 문제가 있습니다. 하이브나 피그 같은 맵리듀스 기반 시스템은 상관이 없지만 타조, 임팔라, 지라프처럼 맵리듀스 기반이 아닌 시스템은 자원을 공유할 수가 없습니다.

■ 클러스터 확장성

최대 단일 클러스터는 4,000대, 최대 동시 실행 태스크는 40,000개가 한계입니다. 그리고 맵리듀스는 맵과 리듀스라는 정해진 구조 외에 다른 알고리즘을 지원하는 데 한계가 있습니다. 예를 들어, K-평균(K-Means)이나 페이지랭크(PageRank) 알고리즘의 경우 프레겔(Pregel, 구글에서 개발한 분산 그래프 분석 오픈소스 프레임워크)에서는 맵리듀스 대비 10배 이상의 성능을 보여줍니다.

■ 버전 통일성

맵리듀스 잡 실행을 요청하는 클라이언트와 맵리듀스 클러스터의 버전이 반드시 동일해야 한다는 부분도 문제점 중 하나입니다.

12.3.2 얀의 특징

그림 12.1은 얀이 등장한 이후로 하둡의 아키텍처가 어떻게 변화됐는지를 보여줍니다. 이 한 장의 그림만으로도 얀이 하둡에 얼마나 많은 변화를 가져왔는지 짐작할 수 있을 것입니다.

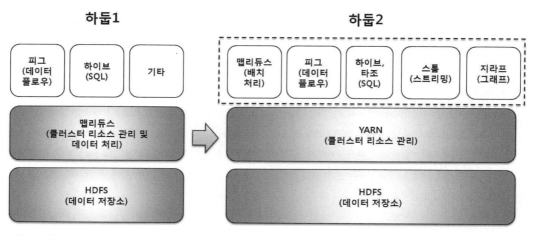

그림 12.1 하둡1과 하둡2의 아키텍처 비교

그렇다면 하둡2의 아키텍처는 왜 이런 식으로 바뀌었을까요? 얀은 2011년에 하둡 커뮤니티에 처음 제안됐고 다음과 같은 두 가지 설계 목표가 있었습니다.

■ **잡트래커의 주요 기능 추상화**

잡트래커는 클러스터 자원 관리와 애플리케이션 라이프 사이클 관리라는 두 가지 핵심 기능을 수행합니다. 얀은 이 두 가지 기능을 분리하고 새로운 추상화 레이어를 만들었습니다.

■ **다양한 데이터 처리 애플리케이션의 수용**

기존 맵리듀스는 반드시 맵리듀스 API로 구현된 프로그램만 실행할 수 있었습니다. 하지만 얀은 맵리듀스도 얀에서 실행되는 애플리케이션의 하나로 인식합니다.

이러한 설계 목표를 기반으로 개발된 얀은 다음과 같은 특징이 있습니다.

　■ **확장성**

　얀은 수용 가능한 단일 클러스터 규모를 10,000 노드까지 확대했으며, 클러스터 규모 확대로 인해 처리 가능한 데이터 처리 작업의 개수도 증가했습니다. 참고로 야후는 2013년 자사의 얀 클러스터에서 하루에 400,000개의 잡을 수행하고 있다고 공개했습니다.

　■ **클러스터 활용 개선**

　얀은 자원 관리를 위해 ResourceManager(리소스매니저)라는 새로운 컴포넌트를 개발했습니다. 기존 맵리듀스는 맵 슬롯과 리듀스 슬롯이라는 개념으로 자원을 관리했지만 리소스매니저는 CPU, 메모리, 디스크, 네트워크 등 실제 가용한 단위로 자원을 관리하고, 얀에서 실행되는 애플리케이션에 자원을 배분합니다. 그래서 하둡 클러스터 운영자는 개별 에코시스템들의 자원 배분을 고민하지 않아도 됩니다.

　■ **워크로드 확장**

　하둡1은 맵리듀스, 하이브, 피그 등 맵리듀스 기반의 애플리케이션만 실행할 수 있었습니다. 하지만 얀은 맵리듀스 외에도 인터랙티브 질의, 실시간 처리, 그래프 알고리즘 등 다양한 형태의 워크로드 확장이 가능합니다. 심지어 슬라이더(Slider) 같은 시스템을 이용하면 H베이스도 얀을 기반으로 이용할 수 있습니다. 참고로 슬라이더는 다양한 애플리케이션을 얀에서 구동시켜주는 프레임워크이며, 현재 H베이스, Accumulo, Twill 같은 애플리케이션의 얀 기반 실행을 지원합니다.

　■ **맵리듀스 호환성**

　과거부터 하둡을 운영해온 기업들은 이미 다양한 맵리듀스 프로그램을 보유하고 있을 것입니다. 얀은 기존 맵리듀스 프로그램 코드를 수정하지 않고도 얀에서 실행할 수 있게 해줍니다.

12.3.3 얀 아키텍처

얀의 아키텍처를 이해하기 위해 4장에서 배운 맵리듀스의 아키텍처를 다시 한 번 살펴보겠습니다. 맵리듀스는 그림 12.2와 같이 마스터 역할을 하는 잡트래커와 슬레이브 역할을 하는 태스크트래커로 구성됩니다.

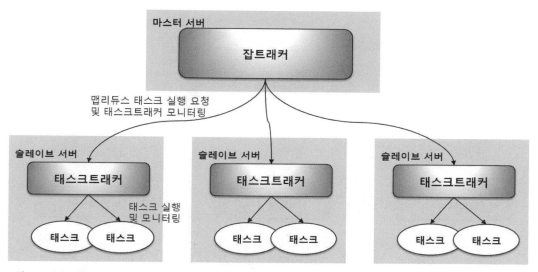

그림 12.2 맵리듀스 아키텍처

잡트래커는 다음과 같은 역할을 수행합니다.

- **리소스 관리**

  맵리듀스는 리소스를 슬롯 단위로 관리하며, 슬롯 단위로 맵과 리듀스 태스크를 실행할 수 있습니다. 잡트래커는 클러스터에서 실행되는 맵리듀스 잡에 대한 슬롯 할당 및 회수와 같은 리소스 관리를 담당합니다.

- **스케줄링 관리**

  잡트래커는 클러스터에서 실행되는 맵과 리듀스 태스크의 진행 상태를 모니터링합니다. 그래서 오류가 발생하거나 진행 상태가 느린 태스크는 재실행하고, 문제가 있는 태스크를 강제 종료하기도 합니다.

- **태스크트래커 관리**

  리소스와 스케줄링을 관리하기 위해서는 태스크트래커가 정상적으로 실행되고 있는지 알고 있어야 합니다. 이를 위해 잡트래커는 태스크트래커와 하트비트를 주고받는 식으로 태스크트래커의 상태를 확인하고, 문제가 있는 태스크트래커는 클러스터에서 제외합니다.

태스크트래커는 잡트래커가 실행 요청한 잡을 태스크 단위로 실행하고, 각 태스크의 실행 상태를 주기적으로 잡트래커에 알리는 역할을 수행합니다.

그런데 얀에서는 잡트래커와 태스크트래커를 대신하는 새로운 컴포넌트들이 도입됐습니다. 얀은 맵리듀스와 같이 마스터/슬레이브 구조로 구성되며, 크게 네 종류의 컴포넌트로 구성돼 있습니다. 그림 12.3은 이러한 얀의 아키텍처를 보여줍니다.

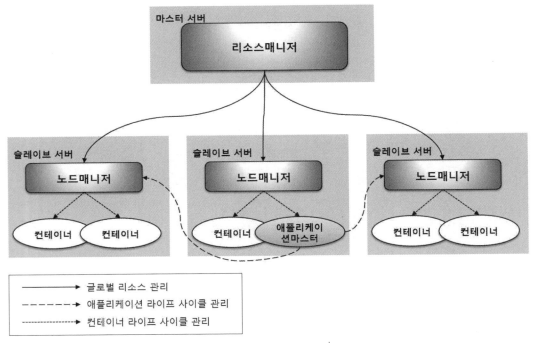

그림 12.3 얀 아키텍처

각 컴포넌트의 주요 기능은 다음과 같습니다.

첫째, 리소스매니저는 한마디로 글로벌 스케줄러라고 정의할 수 있습니다. 리소스매니저는 전체 클러스터에서 가용한 모든 시스템 자원을 관리합니다. 얀 클러스터에서 실행되는 애플리케이션이 리소스를 요청하면 이를 적절하게 분배하고, 리소스 사용 상태를 모니터링합니다. 참고로 리소스매니저는 얀의 마스터 서버에 해당합니다.

둘째, 노드매니저(NodeManager)는 맵리듀스의 태스크트래커의 기능을 담당합니다. 태스크트래커가 각 슬레이브 서버마다 하나의 데몬이 실행된 것처럼 노드매니저도 각 슬레이브에서 하나의 데몬이 실행됩니다. 노드매니저는 컨테이너(Container)를 실행하고, 컨테이너의 라이프 사이클을 모니터링합니다.

셋째, 컨테이너는 노드매니저가 실행되는 서버의 시스템 자원을 표현합니다. CPU, 메모리, 디스크, 네트워크 같은 다양한 시스템 자원을 표현합니다. 컨테이너는 리소스매니저의 요청에 의해 실행되며, 하나의 서버에는 시스템 자원 현황에 따라 여러 개의 컨테이너가 실행될 수 있습니다. 맵리듀스의 태스크트래커가 태스크 단위로 잡을 실행했다면 노드매니저는 컨테이너 단위로 애플리케이션을 실행하고 각 상태를 스케줄링합니다.

넷째, 애플리케이션마스터(ApplicationMaster)는 하나의 애플리케이션을 관리하는 마스터 서버입니다. 클라이언트가 얀에 애플리케이션 실행을 요청하면 얀은 하나의 애플리케이션에 하나의 애플리케이션마스터를 할당합니다. 예를 들어, 얀 클러스터에 하나의 맵리듀스 잡과 하나의 스톰 애플리케이션 실행을 요청했다면 두 개의 애플리케이션 마스터가 실행됩니다. 애플리케이션마스터는 애플리케이션에 필요한 리소스를 스케줄링하고, 노드매니저에게 애플리케이션이 필요한 컨테이너를 실행할 것을 요청합니다. 참고로 애플리케이션마스터는 컨테이너에서 실행됩니다.

각 컴포넌트의 상세한 기능과 상호간의 동작 방식은 14장에서 자세히 설명하겠습니다.

12.4 네임노드 HA

네임노드는 HDFS에서 가장 중요한 컴포넌트입니다.

첫째, 네임노드가 정상적으로 동작하지 않을 경우 모든 클라이언트가 HDFS에 접근할 수 없기 때문입니다.

둘째, 네임노드의 파일 시스템 이미지에 문제가 생길 경우에도 HDFS에 저장된 데이터를 조회할 수 없습니다. 왜냐하면 파일 시스템 이미지에 HDFS의 디렉터리 구조와 파일 위치가 모두 보관돼 있어서 이 정보가 유실될 경우 블록에 접근하기 위한 통로가 없어지기 때문입니다.

셋째, 네임노드의 에디트로그에 문제가 생길 경우에도 데이터가 유실될 확률이 높습니다. 네임노드는 HDFS에 대한 데이터 갱신 내역을 에디트로그에 저장하고, 파일 시스템 이미지를 메모리에서 관리합니다. 그리고 보조네임노드는 체크포인팅 작업을 통해 에디트로그를 파일 시스템 이미지에 갱신합니다. 그런데 체크포인트가 만들어지기 전에 에디트로그가 손상되고, 네임노드가 재시작된다면 손상된 에디트로그는 파일 시스템 이미지에 반영되지 않은 채로 네임노드가 구동됩니다.

위와 같은 다양한 문제점 때문에 하둡을 도입하는 회사는 항상 네임노드 이중화에 대해 고민하면서 페이스북이 개발한 아바타노드를 적용하거나, 체크포인팅 주기를 조절하거나, 에디트 로그를 수시로 백업하거나, 리눅스 운영체제 관점에서 이중화를 구성하는 등 다양한 시도를 해왔습니다.

하둡 커뮤니티도 2011년부터 이 문제를 해결하기 위해 노력했습니다(하둡 이슈번호: HDFS-1623[1]).
그리고 마침내 2012년 후반 하둡2 알파 버전에 네임노드 HA 기능을 추가했습니다. 이번 절에서는
이러한 하둡2의 네임노드 HA의 주요 컴포넌트와 작동 방식을 설명하겠습니다.

먼저 그림 12.4는 네임노드 HA의 아키텍처를 보여줍니다.

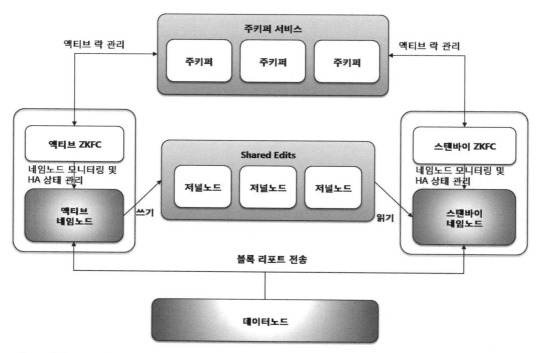

그림 12.4 네임노드 HA 아키텍처

네임노드 HA는 다음과 같은 주요 컴포넌트로 구성됩니다.

- **저널노드**

    HDFS에 저장된 파일을 수정할 경우 에디트 로그가 발생합니다. 기존 하둡1은 네임노드만이 에디트 로그를 저장하
    고 있었습니다. 하지만 하둡2에서는 에디트 로그를 여러 서버에 복제해서 저장합니다. 이를 위해 하둡은 저널노드
    (JournalNode)라는 새로운 컴포넌트를 제공하며, 별도의 데몬으로 실행됩니다. 저널노드는 에디트 로그를 자신이

---

394   4부 _ 하둡2와의 만남

실행되는 서버의 로컬 디스크에 저장합니다. 네임노드는 저널노드에 접근하기 위한 클라이언트가 되는데, 액티브 네임노드만 에디트 로그를 저장할 권한이 있고, 스탠바이 네임노드는 조회만 요청할 수 있습니다.

저널노드는 반드시 3개 이상 실행돼야 하며, 홀수 단위로만 실행할 수 있습니다. 물리적으로 한 대의 서버에서 3개의 저널노드를 실행하는 것이 아니라 별도의 3대의 서버에서 각각 저널노드를 실행해야 합니다. N개의 저널노드는 동일한 에디트 로그를 유지하게 되며, 만약 저널노드 중 한 대에 문제가 생겨도 네임노드 입장에서는 아무런 문제 없이 에디트 로그를 저장하고 조회할 수 있습니다.

단, 위와 같이 네임노드가 저널노드의 영향을 받지 않으려면 적어도 다음 개수만큼 저널노드가 실행돼 있어야만 합니다.

(전체 저널노드 설치 대수 / 2) / + 1

예를 들어, 5대의 서버에 5개의 저널노드를 설치했다면 적어도 3대 이상의 저널노드가 실행돼 있어야 합니다. 즉 2대의 서버의 장애만 허용하는 것입니다. 참고로 저널노드는 시스템 리소스를 적게 사용하는 데몬이기 때문에 네임노드, 잡트래커, 리소스매니저 같은 데몬과 같은 서버에서 함께 실행돼도 문제가 되지 않습니다.

- **주키퍼**

네임노드 HA를 구성할 경우 어떠한 네임노드가 액티브 네임노드이고 어떠한 네임노드가 스탠바이 네임노드인지를 저장할 곳이 필요합니다. 하둡 커뮤니티는 네임노드 HA 상태 정보를 저장하기 위한 저장소로 주키퍼(ZooKeeper)를 선택했습니다.

주키퍼는 대표적인 하둡 에코시스템 중 하나로 애플리케이션들이 잘 동작하도록 중재하는 역할을 합니다. 즉, 분산 시스템을 위한 코디네이터의 기능을 수행합니다. 주키퍼는 이를 위해 네이밍 서비스, 분산 동기화, 메시지 큐, 알림 시스템과 같은 다양한 기능을 제공합니다. 이 같은 기능은 셸 명령어로 호출하거나 클라이언트 라이브러리를 통해 이용할 수 있습니다.

주키퍼의 아키텍처는 중복 서비스를 이용한 고가용성을 제공하는데, 이를 위해 주키퍼 마스터를 홀수 단위로 실행합니다. 주키퍼 클라이언트는 주키퍼 마스터가 응답하지 않을 경우 다른 주키퍼 마스터에게 요청하게 됩니다.

여러 대의 주키퍼 마스터를 실행할 경우 한 대는 리더가 되고, 나머지 마스터는 해당 리더를 따르는 팔로워로 설정됩니다. 각 주키퍼 마스터는 동일한 주키퍼 데이터를 복제하고 있기 때문에 클라이언트로부터 데이터 조회 요청이 올 경우 자신이 보관하고 있는 데이터를 이용해 이에 응답합니다. 하지만 모든 쓰기 요청은 리더로 설정된 주키퍼 마스터에게 보내집니다. 리더는 해당 요청을 팔로워들에게 반영하며, 과반수 이상의 주키퍼 마스터에 적용이 완료되면 쓰기 요청을 한 클라이언트에 쓰기가 정상적으로 완료됐다는 신호를 보냅니다.

또한 주키퍼는 파일 시스템 구조와 유사한 Znode라는 트리 계층을 유지하며, znode의 각 노드에 저장할 수 있는 데이터는 1MB로 제한돼 있습니다. 그림 12.5는 네임노드 HA 정보가 znode에 저장되는 형태를 보여줍니다. 여기서 wikibooks-cluster는 hdfs-site.xml에서 설정한 네임서비스를 나타냅니다. 최하위 노드인 ActiveBreadCrumb

는 액티브 네임노드 정보, ActiveStandbyElectorLock에는 스탠바이 네임노드 정보가 저장돼 있습니다. 참고로 네임서비스에 대해서는 하둡2를 설치할 때 다시 설명하겠습니다.

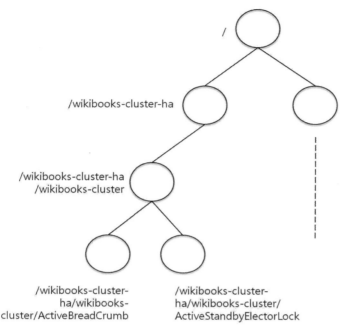

그림 12.5 네임노드HA 주키퍼의 Znode 구조

- **ZKFC**

주키퍼에 네임노드의 HA 상태를 저장하려면 주키퍼를 제어하기 위한 주키퍼 클라이언트가 필요합니다. 또한 액티브 네임노드에 장애가 발생할 경우 대기 상태에 있던 네임노드(스탠바이 네임노드)는 액티브 네임노드로 전환되고, 문제가 발생한 네임노드는 HDFS에서 제외돼야 합니다. 하둡은 위와 같은 기능을 수행하기 위해 ZKFC(ZooKeeperFailoverController)를 제공합니다. ZKFC는 네임노드가 실행되고 있는 서버에서 별도의 데몬으로 실행되며 다음과 같은 기능을 제공합니다.

첫째, 로컬 네임노드의 상태를 모니터링합니다.

둘째, 주키퍼 세션 관리입니다. 네임노드 상태가 정상일 경우 주키퍼 마스터에 대한 세션을 유지합니다. 그리고 액티브 네임노드에서 실행되는 ZKFC는 Znode에 락을 걸어줍니다.

셋째, 자동 장애 처리(failover) 기능입니다. 만약 액티브 네임노드에 장애가 발생할 경우 ZKFC와 주키퍼 마스터 간의 세션은 종료될 것입니다. 그리고 이때 스탠바이 네임노드의 ZKFC가 이러한 상태 변화를 즉시 감지하고, 스탠바이 네임노드를 액티브 네임노드로 전환합니다. 그런 다음 HDFS 클러스터에서 기존 액티브 네임노드를 제거합니다.

- **네임노드**

  네임노드 내부에서는 QJM(QuorumJournalManager)이 저널노드에 에디트 로그를 출력합니다. 이때 반드시 절반 이상의 저널노드에서 정상적으로 저장됐다는 응답을 받아야 해당 에디트 로그를 파일 시스템 이미지에 반영합니다. 즉, 서버 3대에서 3개의 저널노드를 실행했다면 적어도 2대 이상은 가동되고 있어야만 네임노드에서 에디트로그를 활용할 수 있습니다. 스탠바이 네임노드는 일정 주기로 저널노드에서 에디트 로그를 조회해 스탠바이 네임노드가 보관하고 있는 파일 시스템 이미지를 갱신합니다. 참고로 네임노드 HA를 구성할 경우 보조네임노드를 실행할 필요가 없습니다. 왜냐하면 위와 같이 스탠바이 네임노드가 체크포인팅과 유사하게 동작하고 있기 때문입니다.

- **데이터노드**

  데이터노드는 액티브 네임노드와 스탠바이 네임노드에 모두 블록 리포트를 전송합니다.

12.5 HDFS 페더레이션

HDFS 페더레이션은 기존 HDFS가 네임노드에서 기능이 집중되는 것을 막기 위해 제안된 시스템입니다. 그럼 기존의 HDFS의 문제점은 무엇이고, HDFS 페더레이션은 어떤 구조로 구성돼 있는지 알아보겠습니다.

12.5.1 HDFS 페더레이션의 등장 배경

하둡1의 HDFS는 그림 12.6과 같은 아키텍처로 구성돼 있습니다.

그림 12.6 하둡1 HDFS 아키텍처

네임노드는 모든 파일과 디렉터리에 대한 메타데이터 정보인 네임스페이스를 관리합니다. 3장에서 설명했듯이 이를 위해 파일시스템 이미지 파일과 에디트 로그를 이용해 네임스페이스가 유지되게 해줍니다. 또한 블록 관리도 네임노드가 수행합니다. 데이터노드와 하트비트를 유지하며, 데이터노드의 상태를 파악하고, 블록 리포트를 이용해 블록의 위치도 파악합니다. HDFS에 데이터를 읽고, 쓰고, 삭제하는 모든 트랜잭션과 복제 데이터에 대한 배치도 네임노드에서 관리합니다. 블록 저장소 역할을 하는 데이터노드는 데이터를 로컬 파일 시스템에 저장하고, 데이터에 대한 제어 요청이 왔을 때만 데이터를 전송합니다.

그러나 HDFS의 아키텍처에는 다음과 같은 문제점이 있습니다.

■ 네임노드 확장

데이터노드는 서버만 추가하면 확장이 가능하지만 네임노드는 수평적인 확장이 불가능합니다. 네임노드가 구동될 때 전체 파일 시스템 이미지를 메모리에 생성하기 때문에 메모리 크기의 제한을 받을 수밖에 없는 구조입니다. 보통 64GB의 메모리를 사용하는 경우 약 2억 5천만 개의 파일과 블록을 저장할 수 있습니다.

■ 동일 네임노드 사용

모든 하둡 클라이언트가 동일한 네임노드를 사용합니다. 서로 다른 종류의 잡이 하나의 네임노드에서 수행되기 때문에 다양한 문제가 발생할 수 있습니다. 성능에 문제가 있는 맵리듀스 잡이 수행된다면 다른 정상적인 잡이 수행되는 데 영향을 줍니다. 디스크 I/O를 지나치게 일으키거나 네트워크 트래픽을 점유해버리고, CPU 사용율이 올라가게 하는 등 다양한 문제를 일으킬 수 있습니다.

■ 네임스페이스와 블록 관리의 과도한 코드 공유

네임노드가 제공하는 네임스페이스와 블록 관리는 서로 다른 기능입니다. 하지만 현재 두 기능은 네임노드 관련 코드로 연결돼 있어서 복잡도가 높고 해당 기능을 확장하기가 어려운 구조입니다.

12.5.2 HDFS 페더레이션의 아키텍처

HDFS 페더레이션은 바로 이러한 문제점을 극복하기 위해 만들어진 시스템입니다. HDFS 페더레이션의 가장 큰 특징은 하나의 하둡 클러스터에 여러 개의 네임노드를 구동하는 것입니다. 그림 12.7은 HDFS 페더레이션의 아키텍처를 보여줍니다.

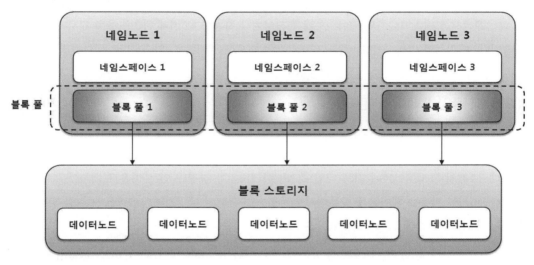

그림 12.7 HDFS 페더레이션 아키텍처

HDFS 페더레이션은 다수의 네임노드로 구성되며, 각 네임노드별로 네임스페이스를 보유합니다. 데이터노드는 모든 네임노드가 사용하는 공통 블록 저장소가 되고, 각 데이터노드는 모든 네임노드에 등록되며, 기존의 HDFS에서처럼 하트비트와 블록 리포트를 사용해 네임노드가 데이터 읽기/쓰기를 가능하게 해줍니다.

또한 그림 12.7을 보면 네임노드마다 블록 풀이 추가돼 있습니다. 블록 풀이란 네임스페이스에 속하는 블록 정보를 의미합니다. 데이터노드는 모든 블록 풀의 블록을 저장합니다. 각 블록 풀은 다른 블록 풀과 독립적으로 관리됩니다. 네임노드는 다른 네임노드의 협조 없이 자신의 네임스페이스만을 이용해 블록을 생성할 수 있습니다. 네임노드 간에 연관성이 없기 때문에 한 네임노드에 문제가 생겨도 다른 네임노드는 정상적으로 서비스됩니다.

HDFS 페더레이션을 이용하면 대형 클러스터의 네임노드를 여러 개의 네임노드로 분리할 수 있습니다. 서비스 특성에 따라 네임노드를 여러 개 생성해 두면 각 서비스의 처리율도 개선될 것입니다. 예를 들어, 개발 테스트를 위한 네임노드를 별도로 생성한다면 검증되지 않은 잡으로 인해 정상적인 잡이 영향을 받는 일은 더는 발생하지 않을 것입니다.

HDFS 페더레이션은 기존 하둡 버전과의 호환성을 지원함으로써 기존의 단일 노드 구성을 변경하지 않고도 동작할 수 있습니다. 페더레이션 구성은 클러스터의 모든 노드가 동일한 구성을 갖도록 설계돼 있기 때문입니다. 각 노드를 서로 다르게 구성하더라도 배포할 필요가 없게 돼 있습니다. 또한 페더레이션 클러스터에서는 네임노드를 등록하거나 삭제할 때 전체 클러스터를 재시작할 필요가 없습니다. 밸런서와 디커미션도 네임노드별로 개별적으로 수행할 수 있습니다.

12.5.3 네임스페이스 관리

HDFS 페더레이션 아키텍처에서 네임노드는 자신만의 네임스페이스를 가지며, 다른 네임노드의 네임스페이스와는 별도로 동작합니다. 즉, HDFS 페더레이션은 통합된 네임스페이스를 제공하지 않습니다. 그래서 클라이언트에 전체 네임노드의 디렉터리가 설정돼 있는 마운트 테이블을 생성해야 합니다. 이러한 마운트 테이블을 공유해서 사용한다면 통합된 네임스페이스처럼 모든 클라이언트가 동일한 네임스페이스를 참조할 수 있습니다.

마운트 테이블은 ViewFs를 이용해 구현할 수 있습니다. ViewFs는 AbstractFileSystem을 확장한 형태이며, 클라이언트의 메모리에 파일 시스템을 생성합니다. 클라이언트는 ViewFs를 이용해 다양한 파일 시스템의 네임스페이스에 접근할 수 있습니다. 이때 클라이언트는 링크를 설정해 네임스페이스에 접근합니다. 예를 들어, 클라이언트는 예제 12.1처럼 서로 다른 네 종류의 네임스페이스를 마운트 테이블로 사용할 수 있습니다.

예제 12.1 마운트 테이블 사용 예

```
/user -> hdfs://nnContainingUserDir/user
/project/foo -> hdfs://nnProject1/projects/foo
/project/bar -> hdfs://nnProject2/projects/bar
/tmp -> hdfs://nnTmp/privateTmpForUserXXX
```

클라이언트가 마운트 테이블에 접근하려면 URI를 반드시 "viewfs:///"로 설정해야 합니다. 가령 예제 12.1의 첫 번째 네임스페이스에 접근하는 경우 "viewfs:///user"로 URI를 지정하면 됩니다.

또한 모든 마운트 테이블 설정은 fs.viewfs.mounttable라는 접두어를 사용해 설정할 수 있습니다. 예를 들어, 예제 12.1은 다음과 같은 형태로 설정할 수 있습니다.

예제 12.2 기본 마운트 테이블 설정 예

```
fs.viewfs.mounttable.default.link./user= hdfs://nnContainingUserDir/user
fs.viewfs.mounttable.default.link./project/foo= hdfs://nnProject1/projects/foo
fs.viewfs.mounttable.default.link./project/bar= hdfs://nnProject2/projects/bar
fs.viewfs.mounttable.default.link./tmp= hdfs://nnTmp/privateTmpForUserXXX
```

예제 12.2의 default는 단어 그대로 기본 마운트 테이블을 나타내며, 이름이 다른 마운트 테이블을 정의할 수도 있습니다. 예제 12.3은 sanjayMountable 네임스페이스를 sanjayMountable라는 마운트 테이블로 생성하는 예제입니다.

예제 12.3 추가 마운트 테이블 설정 예

```
fs.viewFs.mounttable.sanjayMountable.*=hdfs://sanjayMountable/
```

또한 두 개 이상의 디렉터리를 병합해 새로운 마운트 테이블을 만들 수도 있습니다. 예제 12.4는 두 개의 디렉터리를 병합하는 예제이며, 이 경우 구분자로 콤마(,)를 사용하면 됩니다.

예제 12.4 마운트 테이블 병합 예

```
fs.viewfs.mounttable.default.linkMerge./user= hdfs://nnUser1/user,hdfs://nnUser2/user
```

12.6 HDFS 스냅샷

하둡2는 스냅샷 기능을 제공함으로써 스냅샷을 이용해 언제든지 복원 가능한 시점으로 HDFS를 복원할 수 있습니다. 스냅샷은 루트 디렉터리(/) 이하의 전체 디렉터리 혹은 특정 디렉터리 이하의 하위 디렉터리 전체를 대상으로 생성할 수 있습니다. 스냅샷에 저장된 전체 파일 시스템의 상태를 복원하거나, 스냅샷의 특정 데이터만 선택해서 복원할 수도 있습니다. 참고로 관리자만이 스냅샷을 생성할 수 있으며, 일반 사용자의 경우 생성된 스냅샷을 조회만 할 수 있습니다.

또한 스냅샷은 기존 HDFS 운영에 지장을 주지 않도록 효율적으로 구현돼 있습니다.

- 스냅샷 생성을 요청하는 즉시 스냅샷이 생성됩니다.
- 메모리 사용을 최적화합니다.
- 데이터노드에 있는 블록을 복사하지 않고 스냅샷 파일에 블록 목록과 파일 크기가 저장됩니다.
- 스냅샷이 생성하는 동안의 일반적인 HDFS 동작에 영향을 주지 않습니다. HDFS 클라이언트가 현재 데이터에 접근할 수 있게 시간 역순으로 스냅샷을 생성합니다.

12.6.1 스냅샷 디렉터리

하둡2는 스냅샷을 효율적으로 관리하기 위해 스냅샷을 대상으로 설정된 디렉터리를 스냅샷 (snapshottable) 디렉터리라고 정의합니다. 관리자가 루트 혹은 특정 디렉터리에 대한 스냅샷을 설정할 경우, 해당 디렉터리는 스냅샷 디렉터리가 됩니다. 그리고 스냅샷 디렉터리 내부에 임의의 디렉터리가 생성되고, 이 디렉터리 내에 스냅샷 파일이 저장됩니다. 이때 스냅샷 디렉터리는 스냅샷 대상 디렉터리 아래에 있는 모든 디렉터리에 대한 스냅샷이 생성될 때까지 삭제할 수 없습니다. 참고로 스냅샷 디렉터리 내부에는 65,536개의 스냅샷을 동시에 생성할 수 있으며, 생성되는 디렉터리의 개수는 무제한입니다.

스냅샷 디렉터리에 생성되는 임의의 디렉터리는 ".snapshot"이라는 이름으로 생성됩니다. 예를 들어, /wikibooks 디렉터리에 대한 스냅샷을 생성할 경우 다음과 같이 스냅샷 디렉터리가 만들어집니다.

```
/wikibooks/.snapshot/s0
```

여기서 s0은 최초로 생성된 스냅샷을 의미하며, /wikibooks에 대한 스냅샷을 추가로 생성할 때마다 s1, s2 같은 방식으로 순번이 증가합니다. 스냅샷을 복구할 때는 s 뒤의 숫자가 가장 큰 디렉터리가 최신 스냅샷이라고 이해하면 됩니다. 이때 만약 /wikibooks 디렉터리에 data.txt라는 파일이 있다면 다음과 같이 스냅샷이 생성됩니다.

```
/wikibooks/.snapshot/s0/data.txt
```

참고로 ".snapshot" 디렉터리는 HDFS의 예약어이며, 일반 사용자는 ".snapshot" 디렉터리를 생성할 수 없습니다.

12.6.2 스냅샷 관리

스냅샷을 생성하려면 해당 디렉터리가 스냅샷을 허용할 수 있도록 다음과 같이 설정해야 합니다.

```
hdfs dfsadmin -allowSnapshot <스냅샷 디렉터리>
```

위와 같이 스냅샷 허용 설정을 하지 않을 경우 스냅샷을 설정하면 다음과 같은 오류 메시지가 출력됩니다.

```
Allowing snapshot on /tajo succeeded
```

참고로 스냅샷 허용을 해제하고 싶다면 다음과 같이 disallowSnapshot 옵션을 이용하면 됩니다.

```
hdfs dfsadmin -disallowSnapshot <스냅샷 디렉터리>
```

스냅샷을 허용하도록 설정했다면 다음과 같이 createSnapshot 옵션을 지정해 스냅샷을 생성할 수 있습니다.

```
hdfs dfs -createSnapshot <스냅샷 디렉터리> <스냅샷 이름>
```

예제 12.5는 /wikibooks 디렉터리에 대한 스냅샷을 허용한 후 스냅샷을 생성하는 과정을 보여줍니다.

예제 12.5 마운트 테이블 생성 예

```
./bin/hdfs dfsadmin -allowSnapshot /wikibooks
Allowing snaphot on /wikibooks succeeded

./bin/hdfs dfs -createSnapshot /wikibooks wiki_snapshot
Created snapshot /wikibooks/.snapshot/wiki_snapshot

./bin/hdfs dfs -ls /wikibooks/.snapshot/
drwxr-xr-x   - hadoop supergroup          0 2014-04-20 19:53 /wikibooks/.snapshot/wiki_snapshot
```

위 예제와 같이 스냅샷 디렉터리의 목록은 FsShell의 ls 명령어를 이용해 조회할 수 있습니다. 다음과 같이 lsSnapshottableDir 명령어를 이용하면 스냅샷이 생성된 모든 디렉터리 목록을 조회할 수 있습니다.

```
./bin/hdfs lsSnapshottableDir
drwxr-xr-x 0 hadoop supergroup 0 2014-04-20 19:53 1 65536 /wikibooks
```

이미 생성된 스냅샷을 삭제하려면 다음과 같이 deleteSnapshot 명령어를 사용합니다.

```
hdfs dfs -deleteSnapshot <스냅샷 디렉터리> <스냅샷 이름>
```

그리고 필요에 따라 다음과 같이 스냅샷의 이름도 변경할 수 있습니다.

```
hdfs dfs -renameSnapshot <스냅샷 디렉터리> <기존 스냅샷 이름> <새로운 스냅샷 이름>
```

12.7 쇼트 서킷 조회

HDFS 클러스터에 저장되는 블록은 데이터노드가 실행되는 서버의 물리적인 디스크에 저장됩니다. 이렇게 저장되는 블록에 대해서는 반드시 데이터노드를 통해서만 접근할 수 있습니다. 그림 12.8은 이러한 데이터노드의 로컬 파일 접근 방식을 나타냅니다. 보다시피 클라이언트가 DataTransferProtocol 프로토콜을 통해 데이터노드에서 해당 블록의 파일 위치를 조회한 후 로컬 파일에 접근하게 됩니다.

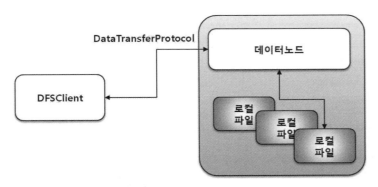

그림 12.8 데이터노드의 로컬 파일 접근 방식

DataTransferProtocol 프로토콜을 이용할 경우 클라이언트는 TCP 소켓을 이용해 데이터노드에 접속한 후 데이터를 주고받게 됩니다. 이 같은 방식은 어떠한 HDFS 블록에 접근하더라도 TCP 소켓 통신 비용이 발생합니다. 이 말은 블록 접근이 많을수록 로컬 디스크 접근과 소켓 통신이 동시에 다량으로 발생한다는 것을 의미합니다. 원격에 있는 블록에 접근하는 경우는 어쩔 수 없지만 클라이언트 혹은 맵리듀스 태스크가 실행되는 서버의 로컬 디스크에 접근하는 경우에도 디스크 접근과 소켓 통신 비용이 이중으로 발생하는 것은 전체 성능을 저하시키는 원인 중 하나였습니다.

하둡 커뮤니티에서는 이 같은 문제를 개선하기 위해 쇼트 서킷 조회(short-circuit read)라는 기능을 추가했습니다. 쇼트 서킷 조회의 개념은 간단합니다. 클라이언트가 로컬 파일에 저장된 블록에 접근할 경우 데이터노드와의 소켓 통신을 통하지 않고 직접 로컬 파일에 접근하는 것을 허가하는 방식입니다. 그림 12.9는 쇼트 서킷 조회의 로컬 파일 접근 방식을 나타냅니다.

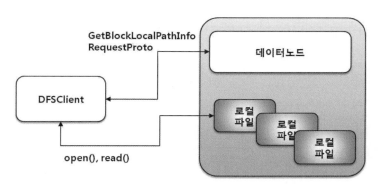

그림 12.9 쇼트 서킷 조회의 동작 방식

클라이언트는 우선 RequestProto 프로토콜의 GetBlockLocalPathInfo를 이용해 블록의 위치를 조회합니다. 물론 GetBlockLocalPathInfo를 호출할 때 한 번의 네트워크 비용은 발생합니다. 하지만 이후에 클라이언트가 로컬 파일에 접근하는 경우에는 직접 파일을 조회할 수 있습니다.

데이터의 양이 많아서 리눅스 파일 캐시 적중률이 낮을 경우 대부분의 데이터를 디스크로부터 직접 조회해야 합니다. 이 경우 쇼트 서킷 조회를 이용한다면 아주 효율적으로 데이터를 조회할 수 있습니다. 이를 위해 다음과 같은 파라미터가 추가됐습니다.

- dfs.block.local-path-access.user: 로컬 데이터를 조회할 수 있도록 허가된 사용자 목록
- dfs.client.read.shortcircuit: 클라이언트에서 로컬 데이터 조회 허용 여부
- dfs.client.read.shortcircuit.skip.checksum: 클라이언트에서 체크섬 확인 통과 여부
- dfs.domain.socket.path: 데이터노드와 HDFS 클라이언트가 통신할 때 사용될 유닉스 도메인 소켓 경로
- dfs.datanode.data.dir.perm: 데이터노드의 블록 파일이 저장되는 디렉터리의 권한 정보. 기본값은 700으로 설정돼 있으며, 실제 데이터노드의 권한 설정 대로 수정해야 합니다.

위 프로퍼티는 기본적으로는 비활성화돼 있으며, 사용자가 필요할 경우 별도로 설정해야 합니다. 그리고 하둡의 보안 정책 때문에 SSH 인증을 받은 계정만 사용할 수 있습니다(하둡 이슈 번호: HDFS-2246). 참고로 H베이스와 아파치 타조 같은 에코시스템은 성능 향상을 위해 쇼트 서킷 조회 기능을 사용하는 것을 권장하고 있습니다.

12.8 헤테로지니어스 스토리지

하둡 2.3.0부터 HDD(Hard Disk Drive), SSD(Solid State Drive), RAM(Random Access Memory)과 같은 다양한 종류의 스토리지를 활용할 수 있도록 헤테로지니어스(Heterogeneous) 스토리지를 지원합니다. 이번 절에서는 헤테로지니어스 스토리지의 등장 배경과 특징에 대해 알아보겠습니다.

12.8.1 스토리지 시장의 변화

최근 몇 년 동안 스토리지 시장이 빠르게 변하고 있습니다. 우선 반도체 메모리를 데이터 저장 수단으로 사용하는 SSD의 대중화입니다. SSD는 기존의 HDD보다 수 배 이상 빠른 성능을 보여주지만 HDD 대비 비싼 가격과 낮은 저장 용량 때문에 HDD의 보완재 정도로만 인식됐었습니다.

하지만 2014년을 기점으로 주력 용량인 128GB 제품이 10만원대 이하로 떨어지면서 빠르게 HDD를 대체하고 있습니다. 2016년 3월 반도체 회사인 DRAMexchange의 시장 분석 보고서에 따르면 128GB SSD와 500GB HDD의 가격 차이는 2016년 중 3달러 이하로 좁혀지고, 256GB SSD와 1TB HDD의 가격 차이는 2016년 연말까지 7달러 이하가 될 것으로 예상됩니다. 또한 2016년 3월에는 기존 HDD의 최대 용량을 능가하는 16TB의 SSD 모델이 등장하면서 HDD만의 장점으로 용량을 내세울 수 없게 됐습니다.

그렇다면 SSD는 HDD 시장을 완전히 잠식할 수 있을까요? SSD가 대중화되면서 HDD 제조사의 방침도 서서히 변화하고 있습니다. 지난 수십 년 동안 용량과 성능이라는 두 마리 토끼를 모두 잡는 것에 집중했지만 이제는 용량에만 집중하는 방향으로 변하고 있습니다. 최근 주요 HDD 제조사들이 출시한 HDD는 대부분 단일 드라이브 용량이 4TB를 넘는 대용량 제품들입니다.

그런데 HDD 사양을 보면 HDD 성능에 상당한 영향을 끼치는 플래터[2] 회전 속도(RPM)가 예전의 7200RPM에서 5400 ~ 5900RPM으로 낮아지고 있습니다. 동일 용량에 대해 RPM이 높을수록 더 성능이 좋지만 이미 SSD가 성능 우위를 점한 상황에서 더 이상 높은 RPM을 고집할 필요가 없어진 것입니다. 그리고 단일 드라이브 용량이 4TB를 넘기면서 데이터 기록 밀도가 높아진 것도 RPM을 낮춘 원인입니다. RPM이 낮을수록 높은 기록 밀도에서의 데이터 읽기/쓰기 제어가 더 용이하고 HDD의 데이터 안정성도 향상되기 때문입니다.

또한 HDD의 데이터 안정성은 물리적인 충격을 제외하면 여전히 SSD에 비해 높습니다. 오히려 최근에 수행된 한 실험에서 SSD는 일정 온도에서 장시간 방치하면 데이터가 지워질 수 있다는 결과가 나오면서 다시금 안정성을 의심받고 있는 상황이며, 비용 대비 저장 용량 역시 여전히 HDD가 SSD보다 높습니다.

마지막으로 메모리 시장도 빠르게 변화하고 있습니다. 일반 소비자들도 스마트폰에 128GB 메모리를 부담 없이 사용할 수 있을 정도로 대용량 메모리가 대중화됐습니다. 또한 서버용 메모리의 가격도 몇 년 사이에 큰 폭으로 하락하면서 과거에는 32 ~ 64GB 메모리를 표준으로 사용했지만 최근에는 128 ~ 256GB가 일반적으로 사용되고 있습니다. 물론 메모리 가격이 하락했지만 여전히 HDD보다는 비싼 편입니다.

12.8.2 헤테로지니어스 스토리지란?

네임노드는 모든 데이터노드가 동일한 스토리지를 사용한다고 가정합니다. HDFS는 서로 다른 종류의 스토리지 유형을 구분할 수 없기 때문에 애플리케이션이 특정 데이터를 성능이 좋은 스토리지에 저장하는 것은 원칙적으로 불가능했습니다. 과거에는 이러한 구조가 문제가 되지 않았지만 최근 변화된 기업 환경에서는 많은 논란을 불러일으켰습니다. 기업에서 다양한 성능의 스토리지를 용도에 맞게 설치하고 최적화하더라도 그 위에 하둡을 설치하면 무용지물이 되기 때문입니다.

헤테로지니어스 스토리지는 이러한 문제점을 극복하기 위해 제안됐으며, 스토리지 성능과 특성에 맞게 블록 복제본이 저장될 스토리지를 선택할 수 있는 기능입니다. 헤테로지니어스 스토리지는 2012년에 처음 제안됐고 다음과 같은 설계 목표가 있었습니다.

---

2 HDD는 플래터라고 하는 자기 디스크를 회전시키며 데이터를 읽거나 저장합니다.

1. **데이터노드는 스토리지 유형을 구분할 수 있습니다.**

   - 각 스토리지는 다른 스토리지와 구분되는 식별자와 스토리지 유형을 가집니다.

   - 네임노드에 전송하는 하트비트에 각 스토리지 유형과 사용 통계 정보를 추가합니다.

   - 네임노드에 전송하는 블록 리포트에 각 블록이 어떤 스토리지에 저장돼 있는지를 표시합니다.

   - 블록 복제본은 서로 다른 유형의 스토리지에 저장될 수 있습니다.

2. **네임노드는 스토리지 유형을 사용합니다.**

   - BlocksMap[3]은 스토리지 유형을 확인합니다.

   - 블록 복제본을 다른 스토리지로 이동할 수 있습니다.

   - 애플리케이션 블록 위치를 요청하면 스토리지 정보도 함께 반환합니다.

   - 관리자는 스토리지 유형별 쿼터를 조정할 수 있습니다.

3. **애플리케이션은 스토리지 유형을 사용할 수 있습니다.**

   - 파일을 저장할 때 스토리지 유형을 선택할 수 있습니다.

   - 기존 파일의 스토리지 유형을 변경할 수 있습니다.

   - 파일을 조회할 때 스토리지 유형을 선택할 수 있습니다.

12.8.2 스토리지 유형

헤테로지니어스 스토리지는 다음과 같은 유형의 스토리지 유형을 지원하며, dfs.datanode.data. dir 속성을 설정할 때 각 디렉터리 앞에 태그를 다는 형식으로 사용합니다.

   - DISK: 기본 스토리지 유형이며, HDD를 의미합니다.

   - SSD: SSD를 의미합니다.

   - RAM_DISK: 메모리를 의미합니다.

   - ARCHIVE: 기존 데이터를 아카이빙할 때 사용할 스토리지입니다. 데이터 기록 밀도가 높고, CPU를 적게 사용하는 스토리지를 사용합니다.

예제 12.6은 HDD 2개, SSD 2개, 메모리 1개를 사용하는 데이터노드를 설정한 예제입니다. 참고로 헤테로지니어스 스토리지 기능은 기본적으로는 활성화돼 있으며, 비활성화하고 싶은 경우에는 dfs. storage.policy.enabled 속성을 false로 설정해야 합니다.

---

3 블록 복제본이 저장돼 있는 데이터노드 목록을 관리하는 맵

예제 12.6 스토리지 유형별 설정 예제

```
<property>
  <name>dfs.datanode.data.dir</name>
  <value>[DISK]/data1,[DISK]/data2,[SSD]/data3,[SSD]/data4,[RAM_DISK]/data5</value>
</property>
```

12.8.3 스토리지 정책

HDFS에 보관하는 데이터는 데이터의 특성과 워크로드에 따라 사용 주기가 다양하게 나타날 수 있습니다. 예를 들어, 최근에 오픈한 게임의 로그 데이터를 업로드했다면 다양한 지표와 사용자 행동 패턴을 분석하기 위해 빈번하게 데이터에 접근할 것입니다. 그리고 시간이 지날수록 최근 데이터 위주로 접근하고, 과거 데이터에 대한 접근은 계속해서 감소할 것입니다. 스토리지 정책은 위와 같은 다양한 데이터 액세스 패턴에 따라 데이터 블록 저장 방식을 결정할 수 있는 기능입니다.

HDFS는 기본 저장 스토리지, 파일을 생성할 때의 폴백[4]용 스토리지, 블록 복제본을 생성할 때의 폴백용 스토리지로 정책을 구분하며, 표 12.1과 같은 스토리지 정책을 제공합니다.

표 12.1 기본 스토리지 정책

정책 ID	정책 이름	스토리지 유형별 블록 복제 개수(복제 개수 3 기준)	파일 생성 시 폴백 스토리지	블록 복제본 생성 시 폴백 스토리지
7	HOT	DISK: 3개	없음	ARCHIVE
5	WARM	DISK: 1개, ARCHIVE: 2개	DISK, ARCHIVE	DISK, ARCHIVE
2	COLD	ARCHIVE: 3개	없음	없음
10	ONE_SSD	SSD: 1개, DISK: 2개	SSD, DISK	SSD, DISK
12	ALL_SSD	SSD: 3개	DISK	DISK
15	LAZY_PERSIST	RAM_DISK: 1개, DISK: 2개	DISK	DISK

각 스토리지 정책의 주요 특징은 다음과 같습니다.

- HOT: 기본 스토리지 정책이며, 전체 블록 복제본을 하드디스크에 저장합니다.
- WARM: 1개의 블록 복제본은 하드디스크에 저장하고, 나머지는 ARCHIVE용 스토리지에 저장합니다. HOT 정책보다는 액세스 빈도가 떨어지고, 곧 아카이빙 대상이 될 데이터가 대상이 됩니다.

---

4 폴백(fall-back)은 장치가 고장 났을 때 극복하는 방법을 의미하는 용어입니다. HDFS는 스토리지 용량이 부족하거나 장애로 인해 블록을 저장할 수 없을 때 폴백 스토리지를 사용합니다.

- COLD: 전체 블록 복제본을 ARCHIVE용 스토리지에 저장하며, 별도의 폴백 스토리지가 없습니다.
- ONE_SSD: 1개의 블록 복제본은 SSD에 저장하고, 나머지는 하드디스크에 저장합니다. 데이터를 저장한 후 로컬 접근을 자주 하는 경우에 사용합니다.
- ALL_SSD: 전체 블록 복제본을 SSD에 저장합니다. 데이터 접근이 자주 발생하는 경우에 사용합니다.
- LAZY_PERSIST: 1개의 블록 복제본을 메모리에 저장한 후 나머지를 디스크에 저장합니다. 임시 데이터에 빠르게 접근하는 경우에 사용합니다.

HDFS는 스토리지 정책을 제어하기 위한 storagepolicies 명령어를 제공하며 다음과 같이 사용할 수 있습니다.

1) 스토리지 정책 목록 조회

listPolicies 옵션을 사용하면 스토리지 정책 목록을 출력합니다.

```
[hadoop@wikibooks01 hadoop-2.7.2]$ ./bin/hdfs storagepolicies -listPolicies
Block Storage Policies:
  BlockStoragePolicy{COLD:2, storageTypes=[ARCHIVE], creationFallbacks=[],
replicationFallbacks=[]}
  BlockStoragePolicy{WARM:5, storageTypes=[DISK, ARCHIVE], creationFallbacks=[DISK, ARCHIVE],
replicationFallbacks=[DISK, ARCHIVE]}
  BlockStoragePolicy{HOT:7, storageTypes=[DISK], creationFallbacks=[],
replicationFallbacks=[ARCHIVE]}
  BlockStoragePolicy{ONE_SSD:10, storageTypes=[SSD, DISK], creationFallbacks=[SSD, DISK],
replicationFallbacks=[SSD, DISK]}
  BlockStoragePolicy{ALL_SSD:12, storageTypes=[SSD], creationFallbacks=[DISK],
replicationFallbacks=[DISK]}
  BlockStoragePolicy{LAZY_PERSIST:15, storageTypes=[RAM_DISK, DISK], creationFallbacks=[DISK],
replicationFallbacks=[DISK]}
```

2) 스토리지 정책 설정

디렉터리와 파일에 다음과 같이 특정 스토리지 정책을 설정할 수 있습니다. 이때 설정한 디렉터리에 포함된 전체 디렉터리와 파일도 모두 동일한 정책으로 수정됩니다. 단, storagepolicies 명령어는 정책 자체만 변경할 뿐 실제 스토리지를 변경하지 않습니다. 스토리지 정책을 변경한 경우에는 반드시 다음 절에서 설명하는 무버(Mover)를 실행해야 합니다.

```
bin/hdfs storagepolicies -setStoragePolicy -path <디렉터리 및 파일명> -policy <스토리지 정책 이름>
```

예제 12.7은 /tajo/warehouse 디렉터리를 WARM으로 설정합니다.

예제 12.7 스토리지 정책 설정

```
[hadoop@wikibooks01 hadoop-2.7.2]$ ./bin/hdfs storagepolicies -setStoragePolicy -path /tajo/
warehouse -policy WARM
Set storage policy WARM on /tajo/warehouse
```

3) 스토리지 정책 조회

디렉터리와 파일에 기존에 설정된 스토리지 정책을 다음과 같이 조회할 수 있습니다.

```
$ bin/hdfs storagepolicies -getStoragePolicy -path <디렉터리 및 파일명>
```

예제 12.8은 /tajo/warehouse 디렉터리에 설정된 스토리지 정책을 조회합니다.

예제 12.8 스토리지 정책 조회

```
[hadoop@wikibooks01 hadoop-2.7.2]$ ./bin/hdfs storagepolicies -getStoragePolicy -path /tajo/
warehouse
BlockStoragePolicy{WARM:5, storageTypes=[DISK, ARCHIVE], creationFallbacks=[DISK, ARCHIVE],
replicationFallbacks=[DISK, ARCHIVE]}
```

그렇다면 스토리지 정책을 실무에서는 어떻게 활용할 수 있을까요? 예를 들어, 디스크 2개와 SSD 1
개로 구성된 4대의 데이터노드가 있고, dfs.datanode.data.dir 속성에 각 스토리지가 DISK와 SSD
로 태그돼 있다고 가정합시다.

우선 HDFS에 다음과 같이 SSD 전용 디렉터리를 생성한 후 스토리지 정책을 설정합니다.

```
$ bin/hdfs dfs -mkdir /data/ssd_only
$ bin/hdfs storagepolicies -setStoragePolicy -path /data/ssd_only -policy ALL_SSD
```

ALL_SSD 정책이 설정된 디렉터리에 로컬 디스크에 있는 로그 파일을 업로드합니다.

```
$ bin/hdfs dfs -put /var/hadoop/logs/20160313.log /data/ssd_only
```

/data/ssd_only/20160313.log 파일은 그림 12.10과 같이 SSD에만 저장될 것입니다. 참고로 그림 12.10은 스토리지 정책을 설명하기 위한 추상적인 그림이며, 실제로는 블록 크기에 맞게 SSD에 분산되어 저장될 것입니다.

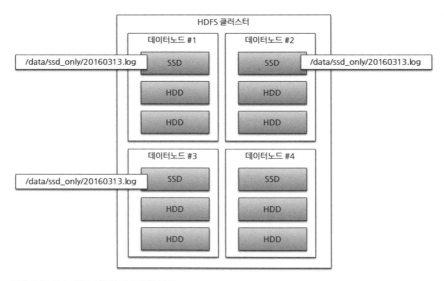

그림 12.10 ALL_SSD 정책으로 저장한 파일

12.8.4 무버

무버는 데이터 아카이빙을 위한 마이그레이션 도구입니다. 무버는 스토리지 정책에 맞지 않게 저장된 블록을 확인한 후, 해당 블록의 정책에 맞게 스토리지를 변경합니다. 예를 들어, HOT이나 WARM 정책이 설정된 데이터가 더는 분석할 필요가 없고 백업만 해두면 된다면 관리자는 이 데이터의 정책을 COLD로 변경합니다. 그리고 무버를 실행하면 해당 데이터의 블록이 ARCHIVE용 스토리지로 모두 이동하게 됩니다.

무버는 다음과 같이 mover 명령어로 실행할 수 있습니다. 참고로 파일 및 디렉터리 목록은 스페이스바로 구분합니다.

```
bin/hdfs mover [-p <마이그레이션 대상 파일 및 디렉터리 목록> ¦ -f <마이그레이션 대상 파일 및 디렉터리 목록이 기재된 로컬 파일명>]
```

별도 옵션을 설정하지 않을 경우 무버는 루트 디렉터리에 포함된 모든 디렉터리와 파일을 탐색합니다.

13

하둡2 설치

이 장에서 다루는 내용

- 프로토콜 버퍼 설치
- 하둡2 다운로드
- 가상 분산 모드 설치
- 네임노드 HA 설치
- 하둡2 빌드

이번 장에서는 하둡2를 직접 설치해보겠습니다. 하둡2를 설치하려면 리눅스 서버, JDK 설치, 하둡 실행 계정 생성, SSH 인증 설정과 같은 환경설정 작업이 미리 완료돼 있어야 합니다. 하지만 이 같은 과정은 이미 2장에서 하둡2를 설치하면서 설명했던 내용이므로 이번 장에서는 생략하겠습니다(2장의 2.4 ~ 2.8절 참고).

13.1 프로토콜 버퍼 설치

하둡2를 설치하려면 반드시 프로토콜 버퍼(Protocol Buffer)가 설치돼 있어야 합니다. 프로토콜 버퍼는 구글에서 공개한 오픈소스 직렬화 라이브러리입니다. 그렇다면 하둡은 왜 직렬화 라이브러리가 필요한 걸까요?

IT 기술의 발달로 이기종 서버 간의 데이터 통신 혹은 서로 다른 종류의 언어로 개발된 시스템 간의 통신이 빈번하게 발생하고 있습니다. 이때 데이터를 전달하는 방식은 크게 텍스트 포맷(XML, JSON 등)을 이용하는 방법과 바이너리(Binary) 데이터를 이용하는 방법이 있습니다. 텍스트 포맷을 이용하는 방식은 데이터를 이해하기 쉽고 각 언어별로 여러 종류의 파서가 제공되고 있어서 활용하기도 편리합니다. 하지만 데이터 자체의 크기가 크고, 이에 따라 파서의 성능이 떨어진다는 단점이 있습니다. 바이너리 데이터 방식의 경우 데이터 크기가 작기 때문에 텍스트 포맷 방식에 비해 성능이 좋습니다. 하지만 바이너리 코드를 만들고 이를 해독해야 하는 모듈을 만들어야 한다는 부담이 있습니다.

구글은 이러한 바이너리 데이터 방식을 지원하기 위한 프로토콜 버퍼를 오픈소스로 공개했습니다. 프로토콜 버퍼는 데이터를 연속된 비트로 만들고, 이렇게 만들어진 비트를 해석해 원래의 데이터를 만들 수도 있습니다. 현재 다양한 시스템이 이기종 혹은 내부 프로세스 간의 통신에 프로토콜 버퍼를 사용하고 있으며, 하둡2도 내부 데몬 간의 데이터 통신을 위해 프로토콜 버퍼를 적용했습니다(더 자세한 사항은 공식 홈페이지[1]를 참고).

이제 프로토콜 버퍼를 설치해 봅시다. 우선 프로토콜 버퍼 홈페이지[2]를 웹 브라우저로 방문합니다. 그러면 그림 13.1과 같은 화면이 나타납니다.

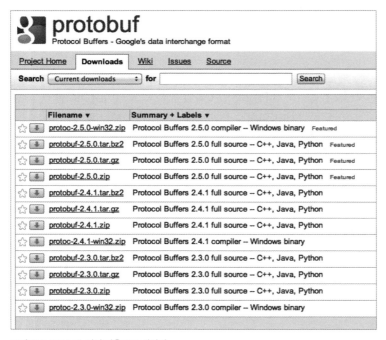

그림 13.1 프로토콜 버퍼 다운로드 페이지

---

1 https://code.google.com/p/protobuf/
2 https://code.google.com/p/protobuf/downloads/list

파일 목록에서 프로토콜 버퍼 2.5.0 버전 설치 파일인 protobuf-2.5.0.tar.gz을 내려받습니다. 하둡2에서 사용하는 버전은 2.5.0입니다. 프로토콜 버퍼는 버전 간의 상호호환성을 지원하지 않으므로 다른 버전을 설치하지 않도록 주의해야 합니다. 참고로 위와 같이 다운로드 사이트를 방문하기가 번거롭다면 다음과 같이 wget 명령어를 이용해 파일을 내려받아도 됩니다.

```
wget http://protobuf.googlecode.com/files/protobuf-2.5.0.tar.gz
```

설치 파일을 내려받았다면 root로 접속한 후 다음과 같이 설치를 진행합니다. 참고로 설치 파일은 /usr/local 디렉터리에 내려받았다고 가정하겠습니다.

```
cd /usr/local
tar xvfz protobuf-2.5.0.tar.gz
cd protobuf-2.5.0
./configure
make
make install
```

설치가 완료되면 다음과 같이 protoc 명령어를 실행해 정확한 버전이 출력되는지 확인합니다.

```
protoc --version
libprotoc 2.5.0
```

13.2 하둡2 다운로드

하둡2 설치 파일은 2장에서 설명한 하둡 다운로드 사이트[3]에서 내려받을 수 있습니다. 최신 버전은 2.7.2이며, hadoop-2.7.2.tar.gz 파일을 내려받으면 됩니다. 참고로 wget 명령어를 이용할 경우 다음과 같이 URL을 지정하면 됩니다.

```
wget "http://mirror.apache-kr.org/hadoop/common/stable2/hadoop-2.7.2.tar.gz"
```

---

3 http://www.apache.org/dyn/closer.cgi/hadoop/common

13.3 가상 분산 모드 설치

2.1절에서 설명한 대로 하둡의 설치 방식에는 독립 모드, 가상 분산 모드, 완전 분산 모드가 있습니다. 이번 절에서는 한 대의 서버에서 모든 데몬을 실행하는 가상 분산 모드로 설치를 진행하겠습니다. 참고로 필자는 wikibooks01에 설치한다고 가정했습니다.

13.3.1 하둡2 압축 파일 해제

하둡을 설치하기 위한 준비가 모두 완료되면 이제 다음과 같이 하둡 사이트에서 내려받은 tar 파일의 압축을 풉니다. tar 파일은 하둡 설치 계정의 홈 디렉터리(/home/hadoop)로 미리 옮겨 놓은 상태여야 합니다.

```
cd /home/hadoop
tar xvfz hadoop-2.7.2.tar.gz
```

압축을 풀고 나면 다음과 같이 hadoop-2.7.2 디렉터리에 대한 심볼릭 링크를 생성한 후 설치 디렉터리로 이동합니다.

```
ln -s hadoop-2.7.2 hadoop2
cd /home/hadoop/hadoop2
```

13.3.2 하둡2 환경설정 파일 수정

이제 하둡 환경설정 파일만 수정하면 모든 설치 작업이 마무리됩니다. 수정 파일은 하둡 홈 디렉터리의 하위 디렉터리인 etc/hadoop에 저장돼 있습니다. 표 13.1과 같이 여덟 개의 파일을 수정해야 합니다.

표 13.1 하둡2 환경설정 파일

파일명	용도
hadoop-env.sh	하둡을 실행하는 셸 스크립트 파일에서 필요한 환경변수를 설정합니다. 하둡 홈 디렉터리 아래에 있는 bin 디렉터리에 있는 셸 스크립트 파일인 hadoop-env.sh를 사용합니다. 이 파일에는 JDK 경로, 클래스 패스, 데몬 실행 옵션 등 다양한 환경변수를 설정할 수 있습니다.
masters	보조네임노드를 실행할 서버를 설정합니다.
slaves	데이터노드를 실행할 서버를 설정합니다.

파일명	용도
core-site.xml	HDFS와 맵리듀스에서 공통적으로 사용할 환경 정보를 설정합니다. share/hadoop/common/hadoop-common-2.7.2.jar에 포함돼 있는 core-default.xml을 오버라이드한 파일입니다. core-site.xml에 설정값이 없을 경우 core-default.xml에 있는 기본값을 사용합니다.
hdfs-site.xml	HDFS에서 사용할 환경 정보를 설정합니다. share/hadoop/hdfs/hadoop-hdfs-2.7.2.jar에 포함돼 있는 hdfs-default.xml을 오버라이드한 파일입니다. hdfs-site.xml에 설정값이 없을 경우 hdfs-default.xml에 있는 기본값을 사용합니다.
mapred-site.xml	맵리듀스에서 사용할 환경 정보를 설정합니다. share/hadoop/mapreduce/hadoop-mapreduce-client-core-2.7.2.jar에 포함돼 있는 mapred-default.xml을 오버라이드한 파일입니다. mapred-site.xml에 설정값이 없을 경우 mapred-default.xml에 있는 기본값을 사용합니다.
yarn-env.sh	얀을 실행하는 셸 스크립트 파일에서 필요한 환경변수를 설정합니다.
yan-site.xml	얀에서 사용할 환경 정보를 설정합니다. share/hadoop/yarn/hadoop-yarn-common-2.7.2.jar에 포함돼 있는 yarn-default.xml을 오버라이드한 파일입니다. yarn-site.xml에 설정값이 없을 경우 yarn-default.xml에 있는 기본값을 사용합니다.

위 설정 파일 가운데 core-site.xml, hdfs-site.xml, mapred-site.xml, yarn-site.xml은 파일 하나에 수십 개의 프로퍼티를 설정할 수 있습니다. 이번 장에서는 테스트 환경을 구성하는 데 반드시 필요한 옵션만 소개하겠습니다. 각 환경설정 파일에 대한 상세 정보는 다음 경로에 저장돼 있는 파일을 참고합니다.

- share/doc/hadoop/hadoop-project-dist/hadoop-common/core-default.xml
- share/doc/hadoop/hadoop-project-dist/hadoop-hdfs/hdfs-default.xml
- share/doc/hadoop/hadoop-mapreduce-client/hadoop-mapreduce-client-core/mapred-default.xml
- share/doc/hadoop/hadoop-yarn/hadoop-yarn-common/yarn-default.xml

hadoop-env.sh 수정

hadoop-env.sh 파일에서 JAVA_HOME 환경변수를 실제 JDK가 설치된 경로로 수정합니다.

```
export JAVA_HOME=/usr/local/java
```

그리고 하둡 데몬의 PID 저장 경로를 다음과 같이 수정합니다.

```
export HADOOP_PID_DIR=/home/hadoop/hadoop-2.7.2/pids
```

masters 수정

가상 분산 모드로 설치할 경우 보조네임노드를 실행해야 합니다. 네임노드 HA를 구성할 경우 스탠바이 네임노드가 보조네임노드의 기능을 대체합니다. 하지만 가상 분산 모드로는 네임노드 HA를 구성할 수 없기 때문에 보조네임노드를 반드시 실행해야 합니다. 참고로 하둡1과는 달리 하둡2의 환경설정 디렉터리에는 masters 파일이 생성돼 있지 않습니다. 그래서 vi 에디터로 masters 파일을 생성해야 합니다.

```
[hadoop@wikibooks01 ~]$ cd /home/hadoop/hadoop-2.7.2/etc/hadoop
[hadoop@wikibooks01 hadoop]$ vi masters
wikibooks01
```

slaves 수정

slaves 파일에는 데이터노드 호스트 목록을 설정해야 합니다. 가상 분산 모드에서는 다음과 같이 설정합니다.

```
[hadoop@wikibooks01 ~]$ cd /home/hadoop/hadoop-2.7.2/etc/hadoop
[hadoop@wikibooks01 hadoop]$ vi slaves
wikibooks01
```

core—site.xml 수정

예제 13.1은 core—site.xml 파일을 작성한 내용입니다. 참고로 하둡2에서는 fs.default.name 속성은 사용 중지(deprecated)됐기 때문에 fs.defaultFS를 사용합니다.

예제 13.1 core—site.xml

```xml
<?xml version="1.0" encoding="UTF-8"?>
<?xml-stylesheet type="text/xsl" href="configuration.xsl"?>
<configuration>
  <property>
    <name>fs.defaultFS</name>
    <value>hdfs://wikibooks01:9010</value>
  </property>
</configuration>
```

hdfs-site.xml 수정

예제 13.2는 hdfs-site.xml을 작성한 것입니다.

예제 13.2 hdfs-site.xml

```xml
<?xml version="1.0" encoding="UTF-8"?>
<?xml-stylesheet type="text/xsl" href="configuration.xsl"?>
<configuration>
  <property>
    <name>dfs.replication</name>
    <value>1</value>
  </property>
  <property>
    <name>dfs.namenode.name.dir</name>
    <value>/home/hadoop/data/dfs/namenode</value>
  </property>
  <property>
    <name>dfs.namenode.checkpoint.dir</name>
    <value>/home/hadoop/data/dfs/namesecondary</value>
  </property>
  <property>
    <name>dfs.datanode.data.dir</name>
    <value>/home/hadoop/data/dfs/datanode</value>
  </property>

  <property>
    <name>dfs.http.address</name>
    <value>wikibooks01:50070</value>
  </property>
  <property>
    <name>dfs.secondary.http.address</name>
    <value>wikibooks01:50090</value>
  </property>
</configuration>
```

- dfs.namenode.name.dir: 파일 시스템 이미지를 저장할 로컬 파일 시스템 경로입니다. 하둡1의 dfs.name.dir이 사용 중지됐기 때문에 이 옵션으로 바뀌었습니다.

- dfs.namenode.checkpoint.dir: 보조네임노드의 체크포인팅 데이터를 저장할 로컬 파일 시스템 경로입니다.

- dfs.datanode.data.dir: HDFS 데이터 블록을 저장할 로컬 파일 시스템 경로입니다. 하둡1의 dfs.data.dir이 사용 중지됐기 때문에 이 옵션으로 변경됐습니다.

dfs.replication, fs.http.address, dfs.secondary.http.address 옵션에 대한 설명은 2.10.5절을 참고합니다.

mapred-site.xml 수정

mapred-site.xml에는 mapreduce.framework.name 속성을 추가해 예제 13.3과 같이 작성합니다. mapreduce.framework.name는 맵리듀스 잡을 어떠한 모드로 실행할지를 나타냅니다. 실행 모드로는 로컬 모드(local)와 얀 모드(yarn)가 있습니다. 로컬 모드는 하나의 JVM만으로 맵리듀스 잡을 실행하는 것으로, 디버깅이나 간단한 테스트 용도에 적합합니다. 참고로 로컬 모드를 이용할 경우 리듀스는 하나밖에 지원되지 않으며, 두 개 이상의 리듀스는 무시하고 처리됩니다. 얀 모드는 말 그대로 맵리듀스 잡을 얀으로 실행하는 것을 의미합니다.

예제 13.3 mapred-site.xml

```
<?xml version="1.0" encoding="UTF-8"?>
<?xml-stylesheet type="text/xsl" href="configuration.xsl"?>
<configuration>
  <property>
    <name>mapreduce.framework.name</name>
    <value>yarn</value>
  </property>
</configuration>
```

yarn-env.sh 수정

etc/profile 혹은 하둡을 설치하는 계정의 ~/.bash_profile에 JAVA_HOME이 지정돼 있다면 yarn-env.sh에도 JAVA_HOME을 별도로 설정할 필요가 없습니다. 다만 주요 데몬에 대한 힙 크기를 설정할 때는 주의가 필요합니다.

yarn-env.sh에서는 최대 힙 크기를 다음과 같이 1GB를 기본값으로 사용합니다.

```
JAVA_HEAP_MAX=-Xmx1000m
```

그래서 리소스매니저, 노드매니저, 얀 히스토리 서버(14장에서 설명 예정)가 모두 최대 힙 크기가 1GB로 설정됩니다. 각 데몬별로 힙 크기를 다르게 설정할 경우 표 13.2와 같이 옵션을 설정하면 됩니다.

표 13.2 yarn-env.sh

대상 데몬	옵션	예제(최대 힙 크기를 1GB로 설정)
리소스매니저	YARN_RESOURCEMANAGER_HEAPSIZE	export YARN_RESOURCEMANAGER_HEAPSIZE=1000
	YARN_RESOURCEMANAGER_OPTS	export YARN_RESOURCEMANAGER_OPTS=-Xmx1000m
노드매니저	YARN_NODEMANAGER_HEAPSIZE	export YARN_NODEMANAGER_HEAPSIZE=1000
	YARN_NODEMANAGER_OPTS	export YARN_NODEMANAGER_OPTS=-Xmx1000m
얀 히스토리 서버	YARN_HISTORYSERVER_HEAPSIZE	export YARN_HISTORYSERVER_HEAPSIZE=1000

yarn-site.xml 수정

yarn-site.xml은 예제 13.4와 같이 작성합니다.

예제 13.4 yarn-site.xml

```
<?xml version="1.0"?>
<?xml-stylesheet type="text/xsl" href="configuration.xsl"?>
<configuration>
 <property>
    <name>yarn.nodemanager.aux-services</name>
    <value>mapreduce_shuffle</value>
 </property>
 <property>
    <name>yarn.nodemanager.aux-services.mapreduce_shuffle.class</name>
    <value>org.apache.hadoop.mapred.ShuffleHandler</value>
 </property>
 <property>
    <name>yarn.nodemanager.local-dirs</name>
    <value>/home/hadoop/data/yarn/nm-local-dir</value>
 </property>
 <property>
```

```
      <name>yarn.resourcemanager.fs.state-store.uri</name>
      <value>/home/hadoop/data/yarn/system/rmstore</value>
    </property>
    <property>
      <name>yarn.resourcemanager.hostname</name>
      <value>wikibooks01</value>
    </property>
    <property>
      <name>yarn.web-proxy.address</name>
      <value>0.0.0.0:8089<value/>
    </property>
</configuration>
```

- yarn.nodemanager.aux-services: 얀은 노드매니저 간의 서비스 제어를 위해 AuxiliaryService를 제공합니다. yarn.nodemanager.aux-services 속성은 AuxiliaryService로 사용할 서비스 명칭을 정의하는 것입니다. 이때 여러 개의 서비스를 설정할 수 있으며, 구분자로 콤마(,)를 사용합니다. 참고로 AuxiliaryService는 14장에서 자세히 설명할 예정입니다.

- yarn.nodemanager.aux-services.#.class: yarn.nodemanager.aux-services를 추가했다면 해당 서비스를 구현한 클래스도 함께 설정해야 합니다. 해당 속성은 yarn.nodemanager.aux-services.서비스명.class이며, 속성값을 서비스를 구현한 클래스를 지정하면 됩니다. 예제 12.9의 경우 하둡2에서 맵리듀스 셔플용으로 제공하는 ShuffleHandler를 설정했는데, 이 클래스가 어떠한 기능을 담당하는지는 14장에서 자세히 설명할 예정입니다.

- yarn.nodemanager.local-dirs: 노드매니저가 애플리케이션을 실행할 때 필요한 파일을 저장하는 로컬 파일 시스템 경로입니다.

- yarn.resourcemanager.fs.state-store.uri: 리소스매니저의 상태 정보를 저장할 로컬 파일 시스템 경로입니다.

- yarn.resourcemanager.hostname: 리소스매니저의 호스트명을 설정합니다.

- yarn.web-proxy.address: 얀은 애플리케이션마스터에 대한 사용자의 접근을 제어하기 위한 웹 프록시 서버를 제공합니다. 웹 프록시 서버는 리소스매니저가 실행되는 서버와 다른 서버에서 실행될 수 있으며, 포트는 관리자가 시스템 정책에 맞게 설정하면 됩니다. 여기서는 편의상 8089 포트를 설정했습니다.

13.3.3 하둡2 실행

이제 네임노드를 초기화하고 모든 데몬을 실행하면 하둡이 실행됩니다. 다음과 같이 hadoop 명령어를 호출해 초기화합니다. 참고로 하둡1의 hadoop 명령어는 하둡2에서는 사용 중지된 명령어이기 때문에 hdfs 명령어를 사용합니다.

```
./bin/hdfs namenode -format
```

hadoop 명령어는 하둡 홈 디렉터리 아래에 있는 bin 디렉터리에 있습니다. 네임노드를 초기화하면 다음과 같은 로그가 출력됩니다. 모든 과정이 정상적으로 진행되면 마지막 네임노드용 파일을 저장할 로컬 디렉터리(/home/hadoop/hadoop2-data/dfs/name)를 초기화하게 됩니다.

```
16/02/15 15:49:09 INFO namenode.NameNode: STARTUP_MSG:
/************************************************************
STARTUP_MSG: Starting NameNode
STARTUP_MSG:   host = wikibooks01/192.168.56.120
STARTUP_MSG:   args = [-format]
STARTUP_MSG:   version = 2.7.2
(중략)
16/02/15 15:49:09 INFO namenode.NameNode: registered UNIX signal handlers for [TERM, HUP, INT]
16/02/15 15:49:09 INFO namenode.NameNode: createNameNode [-format]
16/02/15 15:49:10 WARN util.NativeCodeLoader: Unable to load native-hadoop library for your
platform... using builtin-java classes where applicable
16/02/15 15:49:10 WARN common.Util: Path /home/hadoop/data/dfs/namenode should be specified as a
URI in configuration files. Please update hdfs configuration.
16/02/15 15:49:10 WARN common.Util: Path /home/hadoop/data/dfs/namenode should be specified as a
URI in configuration files. Please update hdfs configuration.
Formatting using clusterid: CID-fdd41639-88f3-4960-9608-6ea40ec39904
16/02/15 15:49:10 INFO namenode.FSNamesystem: No KeyProvider found.
16/02/15 15:49:10 INFO namenode.FSNamesystem: fsLock is fair:true
16/02/15 15:49:10 INFO blockmanagement.DatanodeManager: dfs.block.invalidate.limit=1000
16/02/15 15:49:10 INFO blockmanagement.DatanodeManager: dfs.namenode.datanode.registration.ip-
hostname-check=true
16/02/15 15:49:10 INFO blockmanagement.BlockManager: dfs.namenode.startup.delay.block.deletion.
sec is set to 000:00:00:00.000
16/02/15 15:49:10 INFO blockmanagement.BlockManager: The block deletion will start around 2016
Feb 15 15:49:10
16/02/15 15:49:10 INFO util.GSet: Computing capacity for map BlocksMap
16/02/15 15:49:10 INFO util.GSet: VM type       = 64-bit
16/02/15 15:49:10 INFO util.GSet: 2.0% max memory 966.7 MB = 19.3 MB
16/02/15 15:49:10 INFO util.GSet: capacity      = 2^21 = 2097152 entries
(중략)
16/02/15 15:49:11 INFO namenode.FSImage: Allocated new BlockPoolId: BP-839927319-192.168.56.120-
1455518951084
16/02/15 15:49:11 INFO common.Storage: Storage directory /home/hadoop/data/dfs/namenode has been
successfully formatted.
```

```
16/02/15 15:49:11 INFO namenode.NNStorageRetentionManager: Going to retain 1 images with txid >= 0
16/02/15 15:49:11 INFO util.ExitUtil: Exiting with status 0
16/02/15 15:49:11 INFO namenode.NameNode: SHUTDOWN_MSG:
/************************************************************
SHUTDOWN_MSG: Shutting down NameNode at wikibooks01/192.168.56.120
************************************************************/
```

이제 sbin 디렉터리에 있는 start-all.sh 셸을 실행하면 하둡과 관련된 모든 데몬이 실행됩니다. 참고로 데몬 실행 및 종료를 위한 모든 셸 스크립트 파일은 sbin 디렉터리에 있습니다.

```
./sbin/start-all.sh
This script is Deprecated. Instead use start-dfs.sh and start-yarn.sh
Starting namenodes on [wikibooks01]
wikibooks01: starting namenode, logging to /home/hadoop/hadoop-2.7.2/logs/hadoop-hadoop-
namenode-wikibooks01.out
wikibooks01: starting datanode, logging to /home/hadoop/hadoop-2.7.2/logs/hadoop-hadoop-
datanode-wikibooks01.out
Starting secondary namenodes [wikibooks01]
wikibooks01: starting secondarynamenode, logging to /home/hadoop/hadoop-2.7.2/logs/hadoop-
hadoop-secondarynamenode-wikibooks01.out
starting yarn daemons
starting resourcemanager, logging to /home/hadoop/hadoop-2.7.2/logs/yarn-hadoop-resourcemanager-
wikibooks01.out
wikibooks01: starting nodemanager, logging to /home/hadoop/hadoop-2.7.2/logs/yarn-hadoop-
nodemanager-wikibooks01.out
```

그런데 데몬을 실행하면 첫 번째 줄에서 deprecated라는 메시지가 출력됩니다. 이 메시지는 현재는 호환성을 보장하지만 향후에는 해당 스크립트가 삭제될 수도 있음을 의미합니다. 향후에는 start-all.sh 대신 start-dfs.sh와 start-yarn.sh를 순서대로 실행합니다.

```
[hadoop@wikibooks01 hadoop-2.7.2]$ jps
5023 Jps
4978 NodeManager
4897 ResourceManager
4693 DataNode
4792 SecondaryNameNode
4610 NameNode
```

하둡2는 얀을 위한 웹 인터페이스 외에도 맵리듀스 잡의 이력만 별도로 볼 수 있는 서버를 제공합니다. 이 서버는 다음과 같이 mr-jobhistory-daemon.sh 스크립트를 이용해 실행합니다.

```
[hadoop@wikibooks01 hadoop-2.7.2]$ ./sbin/mr-jobhistory-daemon.sh start historyserver
starting historyserver, logging to /home/hadoop/hadoop-2.7.2/logs/mapred-hadoop-historyserver-
wikibooks01.out
```

참고로 모든 데몬을 중지하고 싶은 경우에는 다음과 같이 stop-yarn.sh와 stop-dfs.sh를 실행하면 됩니다. 혹은 stop-all.sh를 실행하면 됩니다.

```
./sbin/stop-yarn.sh
stopping yarn daemons
stopping resourcemanager
localhost: stopping nodemanager
no proxyserver to stop
```

```
./sbin/stop-dfs.sh
Stopping namenodes on [localhost]
localhost: stopping namenode
localhost: stopping datanode
Stopping secondary namenodes [localhost]
localhost: stopping secondarynamenode
```

히스토리 서버는 stop-all.sh와 stop-yarn.sh에서는 종료되지 않기 때문에 다음과 같이 별도로 중지해야 합니다.

```
./sbin/mr-jobhistory-daemon.sh stop historyserver
```

마지막으로 웹 프록시 서버를 실행합니다. 프록시 서버가 실행되고 있지 않으면 웹 인터페이스에서 애플리케이션마스터 관련 페이지에 접근할 수 없습니다.

```
$ ./sbin/yarn-daemon.sh start proxyserver
```

13.3.4 하둡2 웹 인터페이스

하둡1과 마찬가지로 하둡2도 HDFS 관리용 웹 인터페이스를 제공하며, 웹 브라우저에서 http://wikibooks01:50070이라는 주소로 접근하면 그림 13.2와 같은 화면이 나타납니다. 이 화면에서는 HDFS 사용 통계 정보, 데이터 노드 상태 정보, 스냅샷 생성 현황, 네임노드 실행 진행 상태, HDFS 저장 데이터 및 로그 조회와 같은 기능을 실행할 수 있습니다.

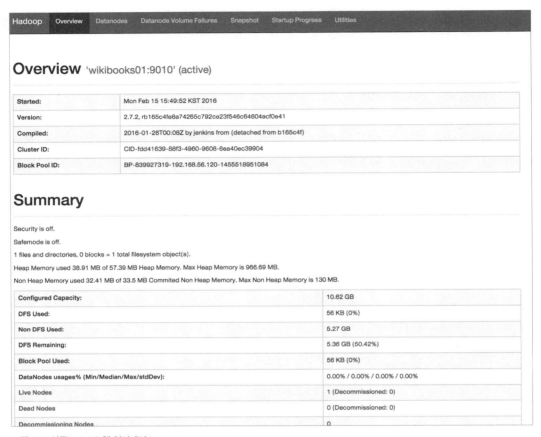

그림 13.2 하둡2 HDFS 웹 인터페이스

하둡2에서는 얀을 위한 웹 인터페이스도 제공합니다. http://wikibooks01:8088에 접속하면 그림 13.3과 같은 화면이 나타납니다. 이 화면에서는 얀 클러스터 자원 현황, 얀 클러스터에서 실행되는 애플리케이션의 모니터링, 스케줄러 정보 등 얀과 관련된 다양한 정보가 제공됩니다.

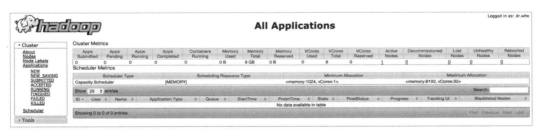

그림 13.3 하둡2 얀 웹 인터페이스

그리고 하둡 데몬을 실행할 때 마지막으로 실행했던 히스토리 서버는 19888번 포트로 제공됩니다. http://wikibooks01:19888에 접속하면 그림 13.4와 같은 화면이 나타납니다. 이 화면에서는 얀 클러스터에서 실행된 맵리듀스 잡의 이력만을 제공합니다.

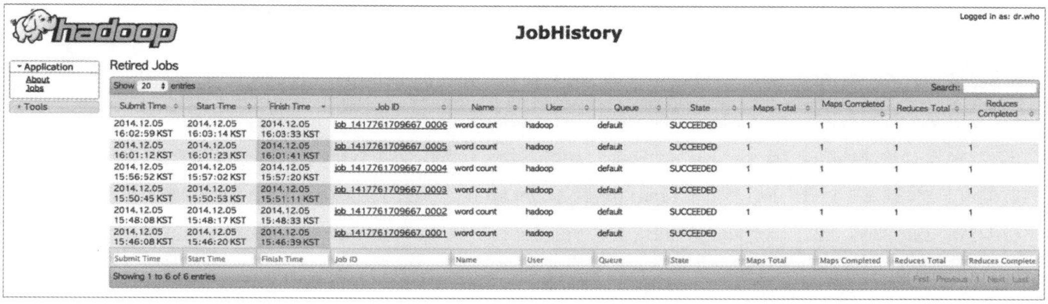

그림 13.4 하둡2 맵리듀스 잡 히스토리 서버의 웹 인터페이스

13.3.5 예제 실행

HDFS 인터페이스와 얀 인터페이스를 확인했다면 이제 간단한 예제를 통해 실제로 HDFS에 파일이 저장되고 얀을 기반으로 맵리듀스 잡이 실행되는지 확인해보겠습니다.

우선 2장과 3장에서 배운 대로 다음과 같이 하둡의 hadoop-env.sh를 HDFS에 저장해보겠습니다. 참고로 하둡1과 달리 하둡2는 /user 디렉터리도 관리자가 직접 생성해야 합니다. 그리고 hadoop 명령어의 fsshell은 사용 중지됐기 때문에 hdfs의 dfs 옵션을 이용해야 합니다.

```
./bin/hdfs dfs -mkdir /user
./bin/hdfs dfs -mkdir /user/hadoop
./bin/hdfs dfs -mkdir /user/hadoop/conf
./bin/hdfs dfs -put etc/hadoop/hadoop-env.sh conf/
```

하둡2는 하둡1에서 제공했던 맵리듀스 예제 파일을 동일하게 제공합니다. hadoop-env.sh 파일이 업로드되면 다음과 같이 yarn 명령어를 이용해 예제 jar 파일을 실행합니다. 참고로 아래 예제에서는 hadoop-examples-2.7.2.jar 파일에 있는 wordcount 클래스를 실행하는데, 입력값은 conf/hadoop-env.sh 파일을, 출력값은 output 폴더를 사용하겠다는 의미입니다.

```
[hadoop@wikibooks01 hadoop-2.7.2]$ ./bin/yarn jar share/hadoop/mapreduce/hadoop-mapreduce-
examples-2.7.2.jar wordcount conf output
16/02/14 23:38:03 WARN util.NativeCodeLoader: Unable to load native-hadoop library for your
platform... using builtin-java classes where applicable
16/02/14 23:38:03 INFO client.RMProxy: Connecting to ResourceManager at
wikibooks01/192.168.56.120:8032
16/02/14 23:38:04 INFO input.FileInputFormat: Total input paths to process : 1
16/02/14 23:38:04 INFO mapreduce.JobSubmitter: number of splits:1
16/02/14 23:38:04 INFO mapreduce.JobSubmitter: Submitting tokens for job: job_1455460263582_0003
16/02/14 23:38:05 INFO impl.YarnClientImpl: Submitted application application_1455460263582_0003
16/02/14 23:38:05 INFO mapreduce.Job: The url to track the job: http://localhost:8088/proxy/
application_1455460263582_0003/
16/02/14 23:38:05 INFO mapreduce.Job: Running job: job_1455460263582_0003
(중략)
16/02/14 23:38:12 INFO mapreduce.Job: Job job_1455460263582_0003 running in uber mode : false
16/02/14 23:38:12 INFO mapreduce.Job:  map 0% reduce 0%
16/02/14 23:38:16 INFO mapreduce.Job:  map 100% reduce 0%
16/02/14 23:38:20 INFO mapreduce.Job:  map 100% reduce 100%
16/02/14 23:38:21 INFO mapreduce.Job: Job job_1455460263582_0003 completed successfully
16/02/14 23:38:21 INFO mapreduce.Job: Counters: 49
    File System Counters
        FILE: Number of bytes read=4518
        FILE: Number of bytes written=244263
(중략)
    Map-Reduce Framework
        Map input records=98
        Map output records=519
        Map output bytes=6239
        Map output materialized bytes=4518
        Input split bytes=119
        Combine input records=519
        Combine output records=268
        Reduce input groups=268
        Reduce shuffle bytes=4518
        Reduce input records=268
        Reduce output records=268
(생략)
```

명령어를 실행하면 로그 메시지는 하둡1과 동일하게 맵, 리듀스, 셔플에 대한 다양한 정보가 출력됩니다. 각 항목의 의미는 4장에서 설명한 바와 같습니다. 이제 wordcount를 실행한 출력값이 정상적으로 생성됐는지 확인해보겠습니다. dfs 명령어의 cat 파라미터를 사용해 HDFS에 저장된 출력값을 확인해보겠습니다. 다음과 같이 hadoop-env.sh 파일의 단어별 개수를 확인할 수 있습니다.

```
./bin/hdfs dfs -cat output/part-r-00000 | tail -5
with    2
work    1
writing, 1
written 1
you     2
```

13.4 네임노드 HA 설치

이번 절에서는 완전 분산 모드로 하둡2를 설치하면서 네임노드 HA를 구성하겠습니다. 이를 위해서는 최소 3대 이상의 서버가 필요합니다. 왜냐하면 네임노드 HA 구성에 필요한 저널노드가 적어도 3대 이상의 서버에서 실행돼야 하기 때문입니다. 필자는 2장에서 사용했던 4대의 호스트, 즉 wikibooks01, wikibooks02, wikibooks03, wikibooks04에 표 13.3과 같이 하둡2를 설치하려고 합니다.

표 13.3 하둡2 테스트 환경 구성 정보

호스트명	하둡2 설치 내용
wikibooks01	주키퍼, 액티브 네임노드, 저널노드, 데이터노드, 리소스매니저
wikibooks02	주키퍼, 스탠바이 네임노드, 저널노드, 데이터노드, 노드매니저
wikibooks03	주키퍼, 저널노드, 데이터노드, 노드매니저
wikibooks04	데이터노드, 노드매니저

위 네 대의 서버는 JDK 설치, hadoop 실행 계정 생성, SSH 인증과 같은 기본적인 환경설정이 완료돼 있어야 합니다(2장 참고). 2장에서는 wikibooks01의 SSH 공개키를 다른 서버에 복사했지만 이번에는 wikibooks02의 hadoop 계정의 SSH 공개키를 다른 서버에 복사해야 합니다. 왜냐하면 wikibooks02에도 네임노드가 설치되고, 이 서버에서 다른 서버의 데몬을 제어할 수 있기 때문입니다. 참고로 13.3절에서 설치했던 프로토콜 버퍼도 전체 서버에 모두 설치돼 있어야 합니다.

13.4.1 주키퍼 설치

12.4절에서 네임노드 HA를 설명하면서 분산 코디네이터인 주키퍼에 대해 설명했습니다. 네임노드 HA를 구성하려면 주키퍼를 먼저 설치해야 합니다. 주키퍼는 다음과 같은 순서로 설치합니다.

주키퍼 실행 계정 생성

우선 다음과 같이 root 계정으로 로그인한 후, zookeeper 계정을 생성합니다.

```
adduser zookeeper
```

zookeeper 계정이 만들어지면 다음과 같이 비밀번호를 변경합니다.

```
passwd zookeeper
```

위와 같은 방법으로 주키퍼를 설치할 서버에 모두 zookeeper 계정을 만듭니다. 그리고 2.8절에서 설명한 대로 zookeeper 계정에 대한 SSH 설정도 함께 진행합니다.

주키퍼 다운로드

주키퍼 설치 파일은 주키퍼 공식 홈페이지의 "Download" 페이지에서 내려받을 수 있습니다. 다운로드 페이지[4]로 가면 그림 13.5와 같은 화면이 나타납니다.

그림 13.5 주키퍼 다운로드 페이지

---

[4] http://www.apache.org/dyn/closer.cgi/zookeeper/

화면에 표시된 링크는 하둡 파일 다운로드 사이트의 미러링 사이트로서, 어떤 링크를 클릭해도 동일한 버전의 주키퍼 파일을 내려받을 수 있습니다. 미러링 사이트를 방문하면 여러 주키퍼 버전 목록이 나타납니다. 여기서 stable 버전인 zookeeper-3.4.6을 내려받으면 됩니다.

웹 사이트를 방문하기가 번거롭다면 다음과 같이 wget 명령어를 이용해 설치 파일을 내려받습니다.

```
wget "http://apache.tt.co.kr/zookeeper/zookeeper-3.4.6/zookeeper-3.4.6.tar.gz"
```

주키퍼 멀티서버 구성

주키퍼 설치 파일을 내려받고 나면 zookeeper 계정으로 서버에 로그인합니다. 그리고 다음과 같이 tar 파일 압축을 풉니다.

```
cd /home/zookeeper
tar xvfz zookeeper-3.4.6.tar.gz
```

압축을 푼 디렉터리를 조회하면 다음과 같이 디렉터리와 파일 목록이 출력됩니다.

```
total 3040
-rw-r--r--@  1 hadoop  staff    80776  2 20 19:14 CHANGES.txt
-rw-r--r--@  1 hadoop  staff    11358  2 20 19:14 LICENSE.txt
-rw-r--r--@  1 hadoop  staff      170  2 20 19:14 NOTICE.txt
-rw-r--r--@  1 hadoop  staff     1585  2 20 19:14 README.txt
-rw-r--r--@  1 hadoop  staff     1770  2 20 19:14 README_packaging.txt
drwxr-xr-x@ 10 hadoop  staff      340  2 20 19:48 bin
-rw-r--r--@  1 hadoop  staff    82446  2 20 19:14 build.xml
drwxr-xr-x@  5 hadoop  staff      170  2 20 19:48 conf
drwxr-xr-x@ 10 hadoop  staff      340  2 20 19:14 contrib
drwxr-xr-x@ 22 hadoop  staff      748  2 20 20:05 dist-maven
drwxr-xr-x@ 49 hadoop  staff     1666  2 20 19:48 docs
-rw-r--r--@  1 hadoop  staff     3375  2 20 19:14 ivy.xml
-rw-r--r--@  1 hadoop  staff     1953  2 20 19:14 ivysettings.xml
drwxr-xr-x@ 11 hadoop  staff      374  2 20 19:48 lib
drwxr-xr-x@  5 hadoop  staff      170  2 20 19:14 recipes
drwxr-xr-x@ 11 hadoop  staff      374  2 20 19:48 src
-rw-r--r--@  1 hadoop  staff  1340305  2 20 19:14 zookeeper-3.4.6.jar
-rw-r--r--@  1 hadoop  staff      836  2 20 19:58 zookeeper-3.4.6.jar.asc
```

```
-rw-r--r--@  1 hadoop  staff      33  2 20 19:14 zookeeper-3.4.6.jar.md5
-rw-r--r--@  1 hadoop  staff      41  2 20 19:14 zookeeper-3.4.6.jar.sha1
```

bin 디렉터리에는 주키퍼 클라이언트와 서버를 실행하기 위한 셸 스크립트 파일이 들어 있고, 주키퍼 환경설정을 위한 파일은 conf에 들어 있습니다. 주키퍼를 실행하려면 zoo.cfg 파일을 conf에 저장해야 합니다. 기존 conf 디렉터리에는 샘플 파일인 zoo_sample.cfg만 있으므로 다음과 같이 zoo_sample.cfg를 복사한 후 해당 파일을 수정합니다.

```
cd /home/zookeeper/zookeeper-3.4.6
cp conf/zoo_sample.cfg conf/zoo.cfg
vi conf/zoo.cfg
```

예제 13.5는 zoo.cfg 파일을 작성한 내용입니다.

예제 13.5 zoo.cfg

```
# The number of milliseconds of each tick
tickTime=2000
# The number of ticks that the initial
# synchronization phase can take
initLimit=10
# The number of ticks that can pass between
# sending a request and getting an acknowledgement
syncLimit=5
# the directory where the snapshot is stored.
# do not use /tmp for storage, /tmp here is just
# example sakes.
dataDir=/home/zookeeper/data
# the port at which the clients will connect
clientPort=2181
# the maximum number of client connections.
# increase this if you need to handle more clients
maxClientCnxns=0
maxSessionTimeout=180000
server.1=wikibooks01:2888:3888
server.2=wikibooks02:2888:3888
server.3=wikibooks03:2888:3888
```

zoo.cfg 파일에서 변경할 항목은 다음과 같습니다.

- **dataDir**: 주키퍼 스냅샷을 저장하는 경로입니다. 기본값은 /tmp/zookeeper로 돼 있으므로 주키퍼 계정의 홈 디렉터리로 경로를 변경합니다.

- **maxClientCnxns**: 주키퍼의 최대 클라이언트 커넥션 개수입니다. 0은 무제한을 의미하며, 기본값은 60으로 설정돼 있습니다.

- **maxSessionTimeout**: 세션별 타임아웃 시간이며, 밀리초(ms) 단위로 설정합니다.

- **server.#**: 이 옵션은 멀티서버로 구성할 서버를 등록하는 옵션입니다. "server." 뒤의 값은 해당 서버의 아이디를 의미합니다. 숫자 또는 관리자가 원하는 값을 부여하면 됩니다. 참고로 필자는 편의상 서버 순서대로 숫자를 부여했습니다. 옵션값은 "호스트명:2888:3888"로 설정합니다. 첫 번째 포트인 2888은 주키퍼의 리더에 접속하기 위한 포트이고, 두 번째 포트인 3888은 리더를 결정하는 데 사용합니다.

"server.#"에서 서버별로 아이디를 부여했습니다. 이 아이디는 zoo.cfg에만 설정되는 것이 아니라 주키퍼 데이터 디렉터리에도 저장돼 있어야 합니다. 다음과 같이 dataDir 항목의 디렉터리를 만들고, myid라는 파일을 생성해야 합니다.

```
cd /home/zookeeper
mkdir data
cd data
vi myid
```

myid에는 zoo.cfg에서 설정한 아이디를 등록하면 됩니다. wikibooks01이라면 다음과 같이 1이 저장돼 있으면 됩니다.

```
[zookeeper@wikibooks01 ~]$ cat data/myid
1
```

다른 서버에도 주키퍼를 설치해야 합니다. 서버마다 직접 접속해서 설치할 수도 있지만 편의상 다음과 같이 scp와 ssh 명령어를 이용해 설치를 진행하겠습니다. 단, A 항목에서 설명한 대로 다른 서버에도 zookeeper 계정이 생성돼 있고, wikibooks01 서버에서 다른 서버로 SSH 공개키가 복사돼 있어야 합니다.

```
[zookeeper@wikibooks01 ~]$ cd $HOME
[zookeeper@wikibooks01 ~]$ tar cvfz zookeeper.tar.gz zookeeper-3.4.6
[zookeeper@wikibooks01 ~]$ scp zookeeper.tar.gz zookeeper@wikibooks02:/home/zookeeper
```

```
[zookeeper@wikibooks01 ~]$ scp zookeeper.tar.gz zookeeper@wikibooks03:/home/zookeeper
[zookeeper@wikibooks01 ~]$ ssh wikibooks02 "cd /home/zookeeper; tar xvfz zookeeper.tar.gz; mkdir
data"
[zookeeper@wikibooks01 ~]$ ssh wikibooks03 "cd /home/zookeeper; tar xvfz zookeeper.tar.gz;mkdir
data"
```

위와 같이 명령어를 실행하면 wikibooks01에 설치된 주키퍼가 다른 서버에도 동일하게 설치됩니다. 다만 myid 파일은 서버마다 다르므로 직접 서버에 zookeeper 계정으로 로그인해서 설치합니다.

wikibooks02에는 다음과 같이 2가 저장돼 있으면 됩니다.

```
[zookeeper@wikibooks02 ~]$ cat data/myid
2
```

wikibooks03에는 다음과 같이 3이 저장돼 있으면 됩니다.

```
[zookeeper@wikibooks03 ~]$ cat data/myid
3
```

마지막으로 주키퍼 서버를 실행하면 주키퍼 클러스터 구성이 완료됩니다. 각 서버마다 zookeeper 계정으로 로그인해서 다음과 같이 주키퍼 서버를 실행합니다.

```
cd zookeeper-3.4.6
./bin/zkServer.sh start
```

주키퍼는 별도의 웹 인터페이스를 제공하지 않으므로 다음과 같이 명령어로 서버 상태를 확인해야 합니다.

```
./bin/zkServer.sh status
JMX enabled by default
Using config: /home/zookeeper/zookeeper-3.4.6/bin/../conf/zoo.cfg
Mode: follower
```

해당 서버가 리더로 결정됐다면 Mode에는 leader가, 팔로워로 결정됐다면 위와 같이 follower가 출력됩니다.

13.4.2 하둡2 환경설정 파일 수정

주키퍼 설치가 마무리되면 이제 하둡2를 설치하겠습니다. 우선 가상 분산 모드에서 설치한 대로 하둡2 압축 파일을 해제합니다(13.3.1절 참고). 그리고 다음과 같이 환경설정 파일을 수정합니다.

hadoop-env.sh 수정

13.3.1절과 동일하게 환경변수를 수정하면 됩니다.

masters 수정

네임노드 HA를 구성하면 masters 파일을 작성할 필요가 없습니다. 왜냐하면 스탠바이 네임노드가 보조네임노드의 역할을 대체하기 때문입니다.

slaves 수정

slaves 파일에는 데이터 노드 호스트 목록을 설정해야 합니다. 다음과 같이 호스트 목록을 기재합니다.

```
wikibooks01
wikibooks02
wikibooks03
wikibooks04
```

core-site.xml 수정

예제 13.6은 core-site.xml 파일을 작성한 내용입니다. ha.zookeeper.quorum 속성은 네임노드 HA를 구성할 때 사용할 주키퍼 서버의 주소입니다. "호스트명:주키퍼서버포트"로 작성하며, 콤마(,)를 구분자로 사용합니다.

예제 13.6 core-site.xml

```xml
<?xml version="1.0" encoding="UTF-8"?>
<?xml-stylesheet type="text/xsl" href="configuration.xsl"?>
<configuration>
  <property>
    <name>fs.defaultFS</name>
    <value>hdfs://wikibooks-cluster</value>
```

```
  </property>

  <property>
    <name>ha.zookeeper.quorum</name>
    <value>wikibooks01:2181,wikibooks02:2181,wikibooks03:2181</value>
  </property>
</configuration>
```

hdfs-site.xml 수정

예제 13.7은 hdfs-site.xml을 작성한 것입니다.

예제 13.7 hdfs-site.xml

```
<?xml version="1.0" encoding="UTF-8"?>
<?xml-stylesheet type="text/xsl" href="configuration.xsl"?>
<configuration>
  <property>
    <name>dfs.namenode.name.dir</name>
    <value>/home/hadoop/data/dfs/namenode</value>
  </property>
  <property>
    <name>dfs.datanode.data.dir</name>
    <value>/home/hadoop/data/dfs/datanode</value>
  </property>
    <property>
    <name>dfs.journalnode.edits.dir</name>
    <value>/home/hadoop/data/dfs/journalnode</value>
  </property>
  <property>
    <name>dfs.nameservices</name>
    <value>wikibooks-cluster</value>
  </property>
  <property>
    <name>dfs.ha.namenodes.wikibooks-cluster</name>
    <value>nn1,nn2</value>
  </property>
  <property>
```

```xml
      <name>dfs.namenode.rpc-address.wikibooks-cluster.nn1</name>
      <value>wikibooks01:8020</value>
  </property>
  <property>
      <name>dfs.namenode.rpc-address.wikibooks-cluster.nn2</name>
      <value>wikibooks02:8020</value>
  </property>
  <property>
      <name>dfs.namenode.http-address.wikibooks-cluster.nn1</name>
      <value>wikibooks01:50070</value>
  </property>
  <property>
      <name>dfs.namenode.http-address.wikibooks-cluster.nn2</name>
      <value>wikibooks02:50070</value>
  </property>
  <property>
      <name>dfs.namenode.shared.edits.dir</name>
      <value>qjournal://wikibooks01:8485;wikibooks02:8485;wikibooks03:8485/wikibooks-cluster</value>
  </property>
  <property>
      <name>dfs.client.failover.proxy.provider.wikibooks-cluster</name>
      <value>org.apache.hadoop.hdfs.server.namenode.ha.ConfiguredFailoverProxyProvider</value>
  </property>
  <property>
      <name>dfs.ha.fencing.methods</name>
      <value>sshfence</value>
  </property>
  <property>
      <name>dfs.ha.fencing.ssh.private-key-files</name>
      <value>/home/hadoop/.ssh/id_rsa</value>
  </property>
  <property>
      <name>dfs.ha.automatic-failover.enabled</name>
      <value>true</value>
  </property>
</configuration>
```

- **dfs.journalnode.edits.dir**

  저널노드의 데이터

- **dfs.nameservices**

  이 속성은 네임노드 HA와 HDFS 페더레이션에 사용합니다. 네임노드 HA를 구성할 경우 두 개의 네임노드를 묶어서 가상의 파일 시스템 이름을 설정할 수 있습니다. 예제 13.7의 경우 wikibooks01과 wikibooks02를 묶어서 wikibooks-cluster라는 가상의 파일 시스템 이름을 설정했습니다. 위와 같은 가상의 파일 시스템 이름을 하둡2에서는 네임서비스ID라고 합니다. 네임서비스ID는 core-site.xml의 defaultFS 속성에 사용될 수 있습니다. 참고로 하이브, H베이스, 타조 같은 하둡 에코시스템에서도 네임노드 HA로 구성된 파일 시스템에 접근할 때 동일하게 사용됩니다.

- **dfs.ha.namenodes.[네임서비스ID]**

  네임노드 HA의 네임서비스ID는 두 개의 네임노드ID로 구성됩니다. 네임노드의 호스트명을 바로 사용하지 않고 네임노드ID라는 논리적인 이름을 부여해서 사용합니다. 이 속성은 네임서비스ID가 어떠한 네임노드ID로 구성되는지를 나타냅니다. 예제 13.7은 wikibooks-cluster가 nn1과 nn2라는 두 개의 네임노드ID로 구성되는 것을 나타냅니다. 그렇다면 네임노드ID라는 논리적인 명칭을 어떻게 실제 호스트명이나 IP로 설정해야 할까요? 이러한 물리적인 호스트와의 연결은 바로 다음 속성인 dfs.namenode.rpc-address와 dfs.namenode.http-address에서 설정합니다.

- **dfs.namenode.rpc-address.[네임서비스ID].[네임노드ID]**

  이 속성은 네임노드가 RPC 서비스를 제공하기 위한 RPC 포트 설정값입니다. 이 속성은 액티브 네임노드와 스탠바이 네임노드에 대해 각각 설정해야 하는데, 이때 앞서 설정한 네임서비스ID와 네임노드ID를 사용해 호스트명을 작성해야 합니다. 예제 13.7에서는 네임노드ID nn1을 wikibooks01로, 네임노드ID nn2를 wikibook02로 설정했습니다.

- **dfs.namenode.http-address.[네임서비스ID].[네임노드ID]**

  HDFS 웹 어드민 화면을 제공하기 위한 설정값입니다. RPC 설정값과 마찬가지로 두 개의 네임노드에 대한 HTTP 서버 주소를 설정해야 합니다.

- **dfs.namenode.shared.edits.dir**

  이 속성은 네임노드가 에디트 로그를 저장하고, 조회할 저널노드 그룹을 나타냅니다. 속성값은 "qjournal://호스트1:포트1;호스트2:포트2;호스트3:포트3;호스트n:포트n/저널ID"와 같은 형식으로 설정합니다. 저널ID는 네임서비스를 위한 저널노드 그룹의 고유한 식별값을 나타내며, 일반적으로 네임서비스ID를 사용합니다. 예제 13.7도 네임서비스ID인 wikibooks-cluster를 저널ID로 사용했습니다.

- **dfs.client.failover.proxy.provider.[네임서비스ID]**

  이 설정은 클라이언트가 액티브 네임노드에 접근하도록 도와주는 클래스를 나타냅니다. 현재 하둡은 이 속성에 사용할 수 있는 클래스로 ConfiguredFailoverProxyProvider만 제공합니다.

- **dfs.ha.fencing.methods**

  액티브 네임노드에 장애가 발생할 경우 장애가 발생한 액티브 네임노드는 시스템에서 차단되고, 스탠바이 상태의 네임노드가 액티브 네임노드로 전환돼야 합니다. 이때 기존 액티브 네임노드가 시스템에 접근할 수 없도록 강제로 차단해야 하는데, 이 속성에 차단하는 방법을 정의할 수 있습니다. 차단 방법으로는 먼저 SSH로 네임노드 프로세스를 강제로 종료(kill)하는 방법이 있고, 두 번째로는 별도의 셸 스크립트로 차단하는 방법이 있습니다. 첫 번째 방법은 예제 13.7과 같이 sshfence로 설정하며, 두 번째 방법은 다음과 같이 셸 스크립트를 직접 지정하면 됩니다.

  ```
  <property>
    <name>dfs.ha.fencing.methods</name>
    <value>shell(/path/to/my/script.sh ――nameservice=$target_nameserviceid $target_host:$target_port)</value>
  </property>
  ```

- **dfs.ha.fencing.ssh.private-key-files**

  sshfence로 네임노드를 종료하려면 SSH 접속 시 인증을 자동으로 통과해야 합니다. 이를 위해 SSH 인증키가 보관돼 있는 경로를 이 속성에 설정해야 합니다.

- **dfs.ha.automatic-failover.enabled**

  이 속성은 네임노드 장애복구를 시스템이 자동으로 진행하게 할지를 나타냅니다.

mapred-site.xml 수정

13.3.1절과 동일하게 속성을 수정하면 됩니다.

yarn-env.sh 수정

13.3.1절과 동일하게 환경변수를 수정하면 됩니다.

yarn-site.xml 수정

13.3.1절과 동일하게 속성을 작성한 후, yarn.resourcemanager.hostname 속성값을 wikibooks01로 수정합니다.

13.4.3 하둡2 배포

마지막으로 wikibooks01에 설정된 하둡2 설치 파일을 전체 서버에 배포하겠습니다. 우선 하둡2 디렉터리를 다음과 같이 압축합니다.

```
[hadoop@wikibook01 ~]# cd /home/hadoop
[hadoop@wikibook01 ~]# tar cvfz hadoop.tar.gz hadoop-2.7.2
```

그런 다음 압축 파일을 wikibooks02, wikibooks03, wikibooks04에 배포합니다.

```
[hadoop@wikibook01 ~]# scp hadoop.tar.gz hadoop@wikibooks02:/home/hadoop
[hadoop@wikibook01 ~]# scp hadoop.tar.gz hadoop@wikibooks03:/home/hadoop
[hadoop@wikibook01 ~]# scp hadoop.tar.gz hadoop@wikibooks04:/home/hadoop
```

이제 SSH 명령어로 각 설치 파일의 압축을 풉니다.

```
[hadoop@wikibook01 ~]# ssh hadoop@wikibooks02 "cd /home/hadoop; tar xvfz hadoop.tar.gz"
[hadoop@wikibook01 ~]# ssh hadoop@wikibooks03 "cd /home/hadoop; tar xvfz hadoop.tar.gz"
[hadoop@wikibook01 ~]# ssh hadoop@wikibooks04 "cd /home/hadoop; tar xvfz hadoop.tar.gz"
```

13.4.4 하둡2 실행

ZKFC를 실행하기 전에 반드시 다음과 같이 주키퍼를 초기화해야 합니다.

```
[hadoop@wikibooks01 hadoop-2.7.2]$ ./bin/hdfs zkfc -formatZK
```

HDFS에 파일을 저장하려면 네임노드를 미리 포맷해야 합니다. 네임노드 HA에서는 네임노드를 포맷하기 전에 반드시 저널노드를 실행해야 합니다. 그래야 포맷 명령어를 실행했을 때 공유 에디트 로그 디렉터리를 초기화할 수 있기 때문입니다. 참고로 저널노드는 hadoop-daemon.sh 스크립트로 실행합니다. 왜냐하면 hadoop-daemons.sh로 실행할 경우 전체 데이터노드에서 저널노드가 실행되는 버그가 있기 때문입니다. 그리고 가상 분산 모드로 설치를 진행했었다면 rm -rf /home/hadoop/data 명령어로 삭제합니다.

```
[hadoop@wikibooks01 hadoop-2.7.2]$ ./sbin/hadoop-daemon.sh start journalnode
starting journalnode, logging to /home/hadoop/hadoop-2.7.2/logs/hadoop-hadoop-journalnode-
wikibooks01.out
```

```
[hadoop@wikibooks02 hadoop-2.7.2]$ ./sbin/hadoop-daemon.sh start journalnode
starting journalnode, logging to /home/hadoop/hadoop-2.7.2/logs/hadoop-hadoop-journalnode-
wikibooks02.out

[hadoop@wikibooks03 hadoop-2.7.2]$ ./sbin/hadoop-daemon.sh start journalnode
starting journalnode, logging to /home/hadoop/hadoop-2.7.2/logs/hadoop-hadoop-journalnode-
wikibooks03.out
```

저널노드가 실행되면 네임노드를 포맷합니다.

```
[hadoop@wikibooks01 hadoop-2.7.2]$ ./bin/hdfs namenode -format
16/02/15 16:51:42 INFO namenode.NameNode: STARTUP_MSG:
/************************************************************
STARTUP_MSG: Starting NameNode
STARTUP_MSG:   host = wikibooks01/192.168.56.120
STARTUP_MSG:   args = [-format]
(생략)
```

네임노드가 포맷되고 나면 다음과 같이 액티브 네임노드를 실행합니다.

```
[hadoop@wikibooks01 hadoop-2.7.2]$ ./sbin/hadoop-daemon.sh start namenode
starting namenode, logging to /home/hadoop/hadoop-2.7.2/logs/hadoop-hadoop-namenode-wikibooks01.
out
```

이어서 주키퍼 장애 컨트롤러(ZKFC)를 실행합니다.

```
[hadoop@wikibooks01 hadoop-2.7.2]$ ./sbin/hadoop-daemon.sh start zkfc
starting zkfc, logging to /home/hadoop/hadoop-2.7.2/logs/hadoop-hadoop-zkfc-wikibooks01.out
```

전체 데이터노드를 실행합니다.

```
[hadoop@wikibooks01 hadoop-2.7.2]$ ./sbin/hadoop-daemons.sh start datanode
wikibooks03: starting datanode, logging to /home/hadoop/hadoop-2.7.2/logs/hadoop-hadoop-
datanode-wikibooks03.out
wikibooks01: starting datanode, logging to /home/hadoop/hadoop-2.7.2/logs/hadoop-hadoop-
datanode-wikibooks01.out
wikibooks02: starting datanode, logging to /home/hadoop/hadoop-2.7.2/logs/hadoop-hadoop-
datanode-wikibooks02.out
```

이제 스탠바이 네임노드를 설정하겠습니다. 우선 스탠바이 네임노드를 실행할 서버에 접속한 후 하둡 디렉터리로 이동해 다음과 같이 액티브 네임노드의 메타데이터를 복사합니다. bootstrapStandby 명령어를 실행하면 스탠바이 네임노드를 포맷하고 액티브 네임노드의 메타데이터가 스탠바이 네임노드로 복사됩니다.

```
[hadoop@wikibooks02 hadoop-2.7.2]$ ./bin/hdfs namenode -bootstrapStandby
16/02/15 17:01:55 INFO namenode.NameNode: STARTUP_MSG:
/************************************************************
STARTUP_MSG: Starting NameNode
STARTUP_MSG:   host = wikibooks02/192.168.56.121
STARTUP_MSG:   args = [-bootstrapStandby]
STARTUP_MSG:   version = 2.7.2
(중략)

=====================================================
About to bootstrap Standby ID nn2 from:
           Nameservice ID: wikibooks-cluster
        Other Namenode ID: nn1
  Other NN's HTTP address: http://wikibooks01:50070
  Other NN's IPC  address: wikibooks01/192.168.56.120:8020
             Namespace ID: 984770187
            Block pool ID: BP-618812360-192.168.56.120-1455522707736
               Cluster ID: CID-98ecbc33-5be1-46d0-9fed-68fbcdf151fc
           Layout version: -63
       isUpgradeFinalized: true

=====================================================
16/02/15 17:01:59 INFO common.Storage: Storage directory /home/hadoop/data/dfs/namenode has been
successfully formatted.
16/02/15 17:01:59 WARN common.Util: Path /home/hadoop/data/dfs/namenode should be specified as a
URI in configuration files. Please update hdfs configuration.
16/02/15 17:01:59 WARN common.Util: Path /home/hadoop/data/dfs/namenode should be specified as a
URI in configuration files. Please update hdfs configuration.
16/02/15 17:02:00 INFO namenode.TransferFsImage: Opening connection to http://wikibooks01:50070/
imagetransfer?getimage=1&txid=0&storageInfo=-63:984770187:0:CID-98ecbc33-5be1-46d0-9fed-
68fbcdf151fc
16/02/15 17:02:00 INFO namenode.TransferFsImage: Image Transfer timeout configured to 60000
milliseconds
```

```
16/02/15 17:02:00 INFO namenode.TransferFsImage: Transfer took 0.00s at 0.00 KB/s
16/02/15 17:02:00 INFO namenode.TransferFsImage: Downloaded file fsimage.ckpt_0000000000000000000
size 353 bytes.
16/02/15 17:02:00 INFO util.ExitUtil: Exiting with status 0
16/02/15 17:02:00 INFO namenode.NameNode: SHUTDOWN_MSG:
/************************************************************
SHUTDOWN_MSG: Shutting down NameNode at wikibooks02/192.168.56.121
************************************************************/
```

메타데이터 복사가 완료되면 다음과 같이 스탠바이 네임노드를 실행합니다.

```
[hadoop@wikibooks02 hadoop-2.7.2]$ ./sbin/hadoop-daemon.sh start namenode
starting namenode, logging to /home/hadoop/hadoop-2.7.2/logs/hadoop-hadoop-namenode-wikibooks02.
out
```

스탠바이 네임노드용 주키퍼 장애 컨트롤러(ZKFC)를 실행합니다.

```
[hadoop@wikibooks02 hadoop-2.7.2]$ ./sbin/hadoop-daemon.sh start zkfc
starting zkfc, logging to /home/hadoop/hadoop-2.7.2/logs/hadoop-hadoop-zkfc-wikibooks02.out
```

이제 모든 HDFS 설치 작업이 완료됐습니다. 이번에는 실제 HDFS가 정상적으로 동작하는지 테스트해보겠습니다. 우선 다음과 같이 디렉터리를 생성합니다. 편의상 액티브 네임노드가 실행되고 있는 서버에서 실행했지만 다른 서버에서 명령어를 실행해도 상관없습니다.

```
[hadoop@wikibooks01 hadoop-2.7.2]$ ./bin/hdfs dfs -ls /
[hadoop@wikibooks01 hadoop-2.7.2]$ ./bin/hdfs dfs -mkdir /user
[hadoop@wikibooks01 hadoop-2.7.2]$ ./bin/hdfs dfs -mkdir /user/hadoop
[hadoop@wikibooks01 hadoop-2.7.2]$ ./bin/hdfs dfs -mkdir /user/hadoop/conf
```

디렉터리를 생성하고 나면 다음과 같이 하둡 환경설정 파일을 업로드합니다.

```
[hadoop@wikibooks01 hadoop-2.7.2]$ ./bin/hdfs dfs -put etc/hadoop/hadoop-env.sh /user/hadoop/
conf/
```

업로드한 파일 목록을 출력합니다.

```
[hadoop@wikibooks01 hadoop-2.7.2]$ ./bin/hdfs dfs -ls conf
Found 1 items
-rw-r--r--   3 hadoop supergroup       4269 2016-02-15 16:59 conf/hadoop-env.sh
```

이번에는 얀 클러스터를 실행합니다.

```
[hadoop@wikibooks01 hadoop-2.7.2]$ ./sbin/start-yarn.sh
starting yarn daemons
starting resourcemanager, logging to /home/hadoop/hadoop-2.7.2/logs/yarn-hadoop-resourcemanager-
wikibooks01.out
wikibooks02: starting nodemanager, logging to /home/hadoop/hadoop-2.7.2/logs/yarn-hadoop-
nodemanager-wikibooks02.out
wikibooks03: starting nodemanager, logging to /home/hadoop/hadoop-2.7.2/logs/yarn-hadoop-
nodemanager-wikibooks03.out
wikibooks01: starting nodemanager, logging to /home/hadoop/hadoop-2.7.2/logs/yarn-hadoop-
nodemanager-wikibooks01.out
```

맵리듀스 잡을 위한 히스토리 서버도 함께 실행합니다.

```
[hadoop@wikibooks01 hadoop-2.7.2]$ ./sbin/mr-jobhistory-daemon.sh start historyserver
starting historyserver, logging to /home/hadoop/hadoop-2.7.2/logs/mapred-hadoop-historyserver-
wikibooks01.out
```

모든 하둡 데몬이 정상적으로 실행됐다면 네임노드가 설치된 wikibooks01과 wikibooks02에서는
다음과 같이 프로세스가 출력될 것입니다.

```
[hadoop@wikibooks01 ~]$ jps
18277 Jps
27993 DFSZKFailoverController
27456 NameNode
23376 ResourceManager
23738 JobHistoryServer
27732 JournalNode
47709 DataNode
57179 NodeManager
```

참고로 데이터노드와 노드매니저만 실행되는 wikibooks03에서는 다음과 같이 두 개의 프로세스만
출력됩니다.

```
[hadoop@wikibooks03 ~]$ jps
60405 DataNode
38638 Jps
19662 NodeManager
```

웹 화면에서 네임노드에 접근한 경우에도 액티브 네임노드와 스탠바이 네임노드가 서로 다른 정보를 출력합니다. 액티브 네임노드인 http://wikibooks01:50070에 접속하면 그림 13.6과 같은 화면이 출력됩니다. 보다시피 화면 중앙의 호스트명 뒤에 active라고 출력됩니다.

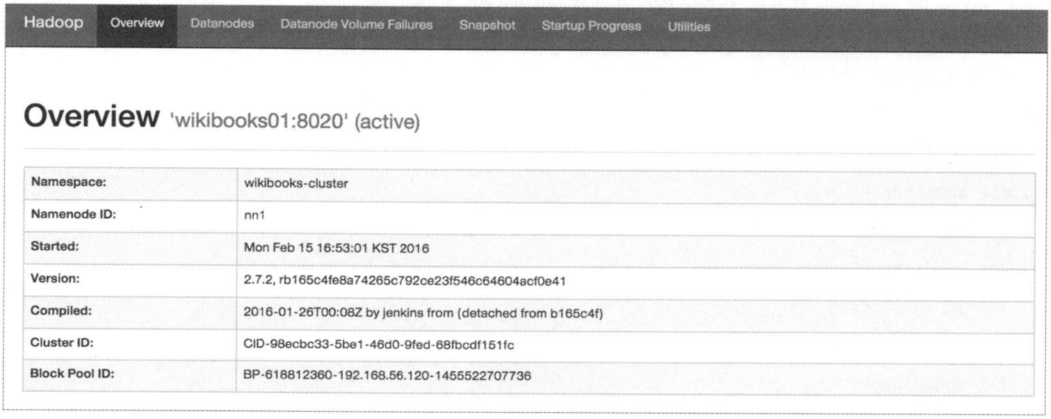

Hadoop	Overview	Datanodes	Datanode Volume Failures	Snapshot	Startup Progress	Utilities

Overview 'wikibooks01:8020' (active)

Namespace:	wikibooks-cluster
Namenode ID:	nn1
Started:	Mon Feb 15 16:53:01 KST 2016
Version:	2.7.2, rb165c4fe8a74265c792ce23f546c64604acf0e41
Compiled:	2016-01-26T00:08Z by jenkins from (detached from b165c4f)
Cluster ID:	CID-98ecbc33-5be1-46d0-9fed-68fbcdf151fc
Block Pool ID:	BP-618812360-192.168.56.120-1455522707736

그림 13.6 액티브 네임노드 웹 화면

스탠바이 네임노드에 접속할 경우 호스트명에 standby라고 출력됩니다. 그림 13.7은 스탠바이 네임노드의 웹 화면을 나타냅니다.

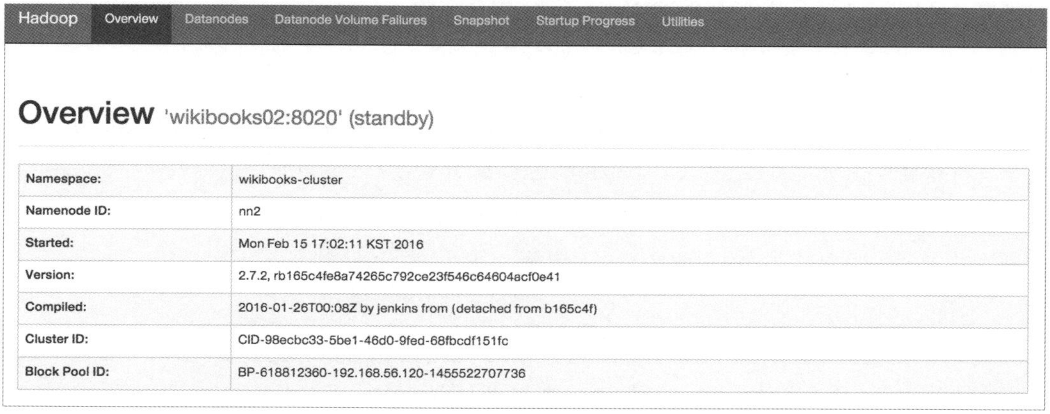

Hadoop	Overview	Datanodes	Datanode Volume Failures	Snapshot	Startup Progress	Utilities

Overview 'wikibooks02:8020' (standby)

Namespace:	wikibooks-cluster
Namenode ID:	nn2
Started:	Mon Feb 15 17:02:11 KST 2016
Version:	2.7.2, rb165c4fe8a74265c792ce23f546c64604acf0e41
Compiled:	2016-01-26T00:08Z by jenkins from (detached from b165c4f)
Cluster ID:	CID-98ecbc33-5be1-46d0-9fed-68fbcdf151fc
Block Pool ID:	BP-618812360-192.168.56.120-1455522707736

그림 13.7 스탠바이 네임노드의 웹 화면

마지막으로 WordCount 예제를 실행해 얀이 정상적으로 동작하는지 확인합니다.

```
[hadoop@wikibooks01 hadoop-2.7.2]$ ./bin/yarn jar share/hadoop/mapreduce/hadoop-mapreduce-
examples-2.7.2.jar wordcount conf output
```

13.4.5 네임노드 HA 테스트

네임노드 HA를 구성했다면 정말로 네임노드 HA가 잘 동작하는지 궁금할 것입니다. HA를 테스트하는 가장 손쉬운 방법은 강제로 액티브 네임노드를 종료시키는 것입니다. 다음과 같이 jps로 프로세스 아이디를 확인한 후 kill 명령어로 강제로 네임노드를 종료합니다.

```
[hadoop@wikibooks01 ~]$ jps
18277 Jps
27993 DFSZKFailoverController
27456 NameNode
23376 ResourceManager
23738 JobHistoryServer
27732 JournalNode
47709 DataNode
57179 NodeManager

[hadoop@wikibooks01 ~]$ kill -9 27456
```

프로세스를 강제 종료한 후 http://wikibooks02:50070에 접속하면 wikibooks02의 상태가 active로 전환된 것을 확인할 수 있습니다. 또한 하둡을 설치한 후 생성했던 디렉터리와 파일이 정상적으로 조회됩니다. 위와 같은 네임노드의 상태 전환은 ZKFC의 로그 메시지를 보면 동작 원리를 파악할 수 있습니다.

예제 13.8은 액티브 네임노드가 실행되던 wikibooks01의 ZKFC 로그입니다. 0시 12분에는 네임노드 서비스 상태가 정상(SERVICE_HEALTHY)인데, 0시 13분에 네임노드의 커넥션이 실패한 후 네임노드의 상태를 응답 없음(SERVICE_NOT_RESPONDING)으로 전환했음을 확인할 수 있습니다. 그리고 주키퍼 세션을 종료한 후 네임노드 제거 작업이 완료되고 나서 장애가 발생한 네임노드가 복구됐는지 계속해서 네임노드의 상태를 확인합니다.

예제 13.8 액티브 네임노드용 ZKFC 로그

```
2016-02-15 16:53:08,043 INFO org.apache.hadoop.ha.HealthMonitor: Entering state SERVICE_
HEALTHY2016-02-15 16:53:08,043 INFO org.apache.hadoop.ha.ZKFailoverController: Local service
NameNode at wikibooks01/192.168.56.120:8020 entered state: SERVICE_HEALTHY2016-02-15
16:53:08,059 INFO org.apache.hadoop.ha.ActiveStandbyElector: Checking for any old active which
needs to be fenced...2016-02-15 16:53:08,070 INFO org.apache.hadoop.ha.ActiveStandbyElector: No
old node to fence2016-02-15 16:53:08,070 INFO org.apache.hadoop.ha.ActiveStandbyElector: Writing
```

```
znode /hadoop-ha/wikibooks-cluster/ActiveBreadCrumb to indicate that the local node is the most
recent active...
2016-02-15 16:53:08,076 INFO org.apache.hadoop.ha.ZKFailoverController: Trying to make NameNode
at wikibooks01/192.168.56.120:8020 active...2016-02-15 16:53:08,439 INFO org.apache.hadoop.
ha.ZKFailoverController: Successfully transitioned NameNode at wikibooks01/192.168.56.120:8020
to active state2016-02-15 17:05:09,648 WARN org.apache.hadoop.ha.HealthMonitor: Transport-
level exception trying to monitor health of NameNode at wikibooks01/192.168.56.120:8020: java.
io.EOFException End of File Exception between local host is: "wikibooks01/192.168.56.120";
destination host is: "wikibooks01":8020; : java.io.E
OFException; For more details see: http://wiki.apache.org/hadoop/EOFException2016-02-15
17:05:09,648 INFO org.apache.hadoop.ha.HealthMonitor: Entering state SERVICE_NOT_
RESPONDING2016-02-15 17:05:09,648 INFO org.apache.hadoop.ha.ZKFailoverController: Local service
NameNode at wikibooks01/192.168.56.120:8020 entered state: SERVICE_NOT_RESPONDING2016-02-15
17:05:09,648 INFO org.apache.hadoop.ha.ZKFailoverController: Quitting master election for
NameNode at wikibooks01/192.168.56.120:8020 and marking
 that fencing is necessary2016-02-15 17:05:09,648 INFO org.apache.hadoop.ha.ActiveStandbyElector:
Yielding from election2016-02-15 17:05:09,657 INFO org.apache.zookeeper.ZooKeeper: Session:
0x352e3eb97f40000 closed
2016-02-15 17:05:09,658 WARN org.apache.hadoop.ha.ActiveStandbyElector: Ignoring stale result
from old client with sessionId 0x352e3eb97f40000
2016-02-15 17:05:09,658 INFO org.apache.zookeeper.ClientCnxn: EventThread shut down
2016-02-15 17:05:11,664 INFO org.apache.hadoop.ipc.Client: Retrying connect to server: wikiboo
ks01/192.168.56.120:8020. Already tried 0 time(s); retry policy is RetryUpToMaximumCountWithFixe
dSleep(maxRetries=1, sleepTime=1000 MILLISECONDS)
2016-02-15 17:05:11,665 WARN org.apache.hadoop.ha.HealthMonitor: Transport-level exception trying
to monitor health of NameNode at wikibooks01/192.168.56.120:8020: java.net.ConnectException:
Connection refused Call From wikibooks01/192.168.56.120 to wikibooks01:8020 failed on connection
exception: java.net.ConnectException: Connection refused; For more details see: http://wiki.
apache.org/hadoop/ConnectionRefused
(생략)
```

위와 같이 액티브 네임노드용 ZKFC가 동작할 때 스탠바이 네임노드용 ZKFC는 어떻게 동작할까
요? 예제 13.9는 스탠바이 네임노드용 ZKFC의 로그입니다. 스탠바이 네임노드용 ZKFC는 0시 13
분에 액티브 네임노드가 비정상적으로 종료됐다는 사실을 인지합니다. ZKFC가 이 사실을 알 수 있
는 이유는 주키퍼에 네임노드의 상태를 공유하고 있기 때문입니다. 이때 ZKFC는 즉시 비정상적으

로 종료된 네임노드인 wikibooks01을 클러스터에서 제거하며, hdfs-site.xml에서 설정한 대로 ssh를 통해 네임노드를 제거합니다. 제거 작업이 정상적으로 완료되면 스탠바이 네임노드를 액티브 상태로 전환합니다.

예제 13.9 스탠바이 네임노드용 ZKFC 로그

```
2016-02-15 17:02:18,544 INFO org.apache.hadoop.ha.HealthMonitor: Entering state SERVICE_HEALTHY
2016-02-15 17:02:18,544 INFO org.apache.hadoop.ha.ZKFailoverController: Local service NameNode
at wikibooks02/192.168.56.121:8020 entered state: SERVICE_HEALTHY
2016-02-15 17:02:18,563 INFO org.apache.hadoop.ha.ZKFailoverController: ZK Election indicated
that NameNode at wikibooks02/192.168.56.121:8020 should become standby
2016-02-15 17:02:18,576 INFO org.apache.hadoop.ha.ZKFailoverController: Successfully
transitioned NameNode at wikibooks02/192.168.56.121:8020 to standby state
(중략)
2016-02-15 17:13:12,878 INFO org.apache.hadoop.ha.ActiveStandbyElector: Checking for any old
active which needs to be fenced...
2016-02-15 17:13:12,889 INFO org.apache.hadoop.ha.ActiveStandbyElector: Old node exists: 0a11776
96b69626f6f6b732d636c757374657212036e6e311a0b77696b69626f6f6b73303120d43e28d33e
2016-02-15 17:13:12,892 INFO org.apache.hadoop.ha.ZKFailoverController: Should fence: NameNode
at wikibooks01/192.168.56.120:8020
2016-02-15 17:13:13,899 INFO org.apache.hadoop.ipc.Client: Retrying connect to server: wikiboo
ks01/192.168.56.120:8020. Already tried 0 time(s); retry policy is RetryUpToMaximumCountWithFixe
dSleep(maxRetries=1, sleepTime=1000 MILLISECONDS)
2016-02-15 17:13:13,901 WARN org.apache.hadoop.ha.FailoverController: Unable to gracefully make
NameNode at wikibooks01/192.168.56.120:8020 standby (unable to connect)
java.net.ConnectException: Call From wikibooks02/192.168.56.121 to wikibooks01:8020 failed on
connection exception: java.net.ConnectException: Connection refused; For more details see:
http://wiki.apache.org/hadoop/ConnectionRefused
(중략)
2016-02-15 17:13:14,652 INFO org.apache.hadoop.ha.NodeFencer: ===== Fencing successful by
method org.apache.hadoop.ha.SshFenceByTcpPort(null) =====
2016-02-15 17:13:14,652 INFO org.apache.hadoop.ha.ActiveStandbyElector: Writing znode /hadoop-
ha/wikibooks-cluster/ActiveBreadCrumb to indicate that the local node is the most recent
active...
2016-02-15 17:13:14,653 INFO org.apache.hadoop.ha.SshFenceByTcpPort.jsch: Caught an exception,
leaving main loop due to Socket closed
```

```
2016-02-15 17:13:14,663 INFO org.apache.hadoop.ha.ZKFailoverController: Trying to make NameNode
at wikibooks02/192.168.56.121:8020 active...
2016-02-15 17:13:15,633 INFO org.apache.hadoop.ha.ZKFailoverController: Successfully
transitioned NameNode at wikibooks02/192.168.56.121:8020 to active state
```

참고로 하둡2는 HA를 관리할 수 있는 haadmin이라는 명령어를 제공합니다. 다음과 같이 명령어를 실행하면 해당 네임노드ID의 상태를 확인할 수 있습니다.

hdfs haadmin -getServiceState [네임노드ID]

예제 13.7에서 설정한 wikibooks02의 네임노드ID의 상태를 확인하면 active로 출력되는 것을 확인할 수 있습니다.

```
[hadoop@wikibooks02 hadoop-2.7.2]$ ./bin/hdfs haadmin -getServiceState nn2
active
```

wikibook01의 네임노드ID를 확인하면 아직 네임노드가 복구되지 않아서 오류가 발생합니다.

```
[hadoop@wikibooks02 hadoop-2.7.2]$ ./bin/hdfs haadmin -getServiceState nn1
14/12/06 00:18:04 INFO ipc.Client: Retrying connect to server: wikibooks01/192.168.56.101:8020.
Already tried 0 time(s); retry policy is RetryUpToMaximumCountWithFixedSleep(maxRetries=1,
sleepTime=1000 MILLISECONDS)
Operation failed: Call From wikibooks02/192.168.56.102 to wikibooks01:8020 failed on connection
exception: java.net.ConnectException: Connection refused; For more details see:  http://wiki.
apache.org/hadoop/ConnectionRefused
```

이제 wikibooks01의 네임노드를 다시 실행합니다.

```
[hadoop@wikibooks01 hadoop-2.7.2]$ ./sbin/hadoop-daemon.sh start namenode
```

haadmin으로 nn1의 상태를 확인하면 standby로 출력되는 것을 확인할 수 있습니다.

```
[hadoop@wikibooks02 hadoop-2.7.2]$ ./bin/hdfs haadmin -getServiceState nn1
standby
```

13.5 하둡2 빌드

하둡은 더 좋은 성능을 제공하기 위해 일부 기능을 C로 구현했습니다. 그리고 이러한 컴포넌트를 하둡 네이티브 라이브러리라고 하며, 하둡 설치 파일에는 32비트 리눅스 운영체제를 지원하기 위한 네이티브 라이브러리만 기본으로 제공됩니다. 하지만 64비트 리눅스 운영체제, Cygwin, 맥 OS X 같은 운영체제는 해당 운영체제에 맞는 네이티브 라이브러리를 직접 설치해야 합니다.

운영체제에 적합한 하둡 네이티브 라이브러리를 설치하지 않았다면 하둡 명령어를 실행할 때마다 다음과 같은 로그가 출력될 것입니다.

```
WARN util.NativeCodeLoader: Unable to load native-hadoop library for your platform... using
builtin-java classes where applicable
```

하둡 네이티브 라이브러리 파일은 하둡 소스를 빌드하면 자동으로 생성되며, 빌드는 다음과 같은 순서로 진행합니다.

13.5.1 하둡 소스 다운로드

하둡 소스 파일은 하둡 설치 파일을 내려받은 페이지에서 내려받을 수 있습니다. 혹은 다음과 같이 wget을 이용해 내려받을 수 있습니다.

```
wget "http://apache.mirror.cdnetworks.com/hadoop/common/hadoop-2.7.2/hadoop-2.7.2-src.tar.gz"
```

13.5.2 빌드 환경 구성

하둡 소스를 빌드하려면 몇 가지 필수 유틸리티를 설치해야 합니다. 다음과 같은 순서로 해당 유틸리티를 설치하면 됩니다.

JDK, 프로토콜 버퍼

자바 언어로 구현된 하둡을 컴파일하려면 JDK가 설치돼 있어야 합니다. 그리고 컴파일할 때 프로토콜 버퍼의 네이티브 명령어를 사용하기 때문에 프로토콜 버퍼도 반드시 설치돼 있어야 합니다(이 장의 초반부 참고).

메이븐

최근 대부분의 오픈소스 프로젝트는 메이븐(Maven) 기반으로 소스코드를 구성하고 있습니다. 하둡도 메이븐 기반으로 소스가 구성돼 있으며, 따라서 소스코드를 컴파일하려면 메이븐이 설치돼 있어야 합니다. 메이븐을 설치하는 방법은 부록 A를 참고합니다.

CMAKE

리눅스에서 소스를 컴파일할 경우 configure, make, make install이라는 세 가지 단계를 거칩니다. CMAKE는 이 과정에서 configure 단계를 대체하기 위해 만들어진 명령어입니다. CMAKE가 이미 설치돼 있는지는 cmake --version으로 확인할 수 있습니다.

```
[root@wikibooks01 ~]$ cmake --version
cmake version 2.6-patch 4
```

위와 같이 출력되지 않았다면 시스템에 CMAKE가 설치돼 있지 않은 경우이며, 다음과 같은 방법으로 설치합니다. 참고로 CentOS의 경우 root 계정으로 "yum install cmake"를 실행하면 됩니다.

- 아래 URL을 통해 설치 파일을 내려받습니다.

  http://www.cmake.org/files/v2.8/cmake-2.8.12.1.tar.gz

- root 계정으로 접속한 후 압축 파일을 풉니다.

  tar xvfz cmake-2.8.12.1.tar.gz

- 압축을 푼 디렉터리로 이동한 후 bootstrap과 설치를 진행합니다.

  ```
  cd cmake-2.8.12.1
  ./bootstrap
  make
  make install
  ```

- "which cmake"를 실행해 정상적으로 cmake가 설치됐는지 확인합니다. 설치가 잘 끝났다면 "/usr/bin/cmake"가 출력됩니다.

컴파일러

하둡은 다수의 서브 프로젝트로 구성돼 있습니다. 그중에서 hadoop-common 프로젝트를 빌드할 때 C 언어로 만들어진 오픈소스 압축 라이브러리인 zlib 패키지가 필요합니다. 이때 운영체제에 C

컴파일러가 설치돼 있어야 zlib 패키지를 설치할 수 있습니다. C 컴파일러인 gcc가 이미 설치돼 있는지는 gcc -v로 확인할 수 있습니다.

```
[root@wikibooks01 ~]# gcc -v
Using built-in specs.
Target: x86_64-redhat-linux
Configured with: ../configure --prefix=/usr --mandir=/usr/share/man --infodir=/usr/share/
info --with-bugurl=http://bugzilla.redhat.com/bugzilla --enable-bootstrap --enable-shared
--enable-threads=posix --enable-checking=release --with-system-zlib --enable-__cxa_atexit
--disable-libunwind-exceptions --enable-gnu-unique-object --enable-languages=c,c++,objc,obj-
c++,java,fortran,ada --enable-java-awt=gtk --disable-dssi --with-java-home=/usr/lib/jvm/java-
1.5.0-gcj-1.5.0.0/jre --enable-libgcj-multifile --enable-java-maintainer-mode --with-ecj-jar=/
usr/share/java/eclipse-ecj.jar --disable-libjava-multilib --with-ppl --with-cloog --with-
tune=generic --with-arch_32=i686 --build=x86_64-redhat-linux
Thread model: posix
gcc version 4.4.7 20120313 (Red Hat 4.4.7-4) (GCC)
```

위와 같이 출력되지 않는다면 C 컴파일러가 없는 경우이며, 다음과 같은 방법으로 설치합니다. 참고로 CentOS의 경우 root 계정으로 "yum install gcc"를 실행하면 됩니다.

- 아래 URL을 통해 설치 파일을 내려받습니다.
  http://gcc.skazkaforyou.com/releases/gcc-4.9.0/gcc-4.9.0.tar.gz

- root 계정으로 접속한 후 압축 파일을 풉니다.
  tar xvfz gcc-4.9.0.tar.gz

- 압축을 푼 디렉터리로 이동한 후 다음과 같이 설치를 진행합니다.
  ```
  cd gcc-4.9.0
  ./configure
  make
  make install
  ```

참고로 GCC에 대한 자세한 설치 방법은 http://korea.gnu.org/manual/release/install/에서 확인할 수 있습니다.

zlib가 설치돼 있는지는 libz.so 파일의 존재 여부로 확인할 수 있습니다.

```
[root@wikibooks01 /]# ls -al /usr/lib64/libz.so
lrwxrwxrwx 1 root root 25 Mar 10 15:57 /usr/lib64/libz.so -> ../../lib64/libz.so.1.2.3
```

위와 같은 파일이 없다면 zlib가 설치돼 있지 않은 것입니다. 참고로 CentOS의 경우 root 계정으로 "yum install zlib-devel"을 실행하면 zlib 라이브러리가 설치됩니다. 그 밖의 경우에는 다음과 같이 설치할 수 있습니다.

- 아래 URL을 통해 설치 파일을 내려받습니다.
  http://zlib.net/zlib-1.2.8.tar.gz

- root 계정으로 접속한 후 압축 파일을 풉니다.
  tar xvfz zlib-1.2.8

- 압축을 푼 디렉터리로 이동한 후 설치를 진행합니다.
  ```
  cd zlib-1.2.9
  ./configure
  make
  make install
  ```

C++ 컴파일러

하둡2를 빌드하려면 C++ 컴파일러도 필요합니다. C++ 컴파일러는 다음과 같이 yum 명령어로 설치합니다.

```
yum install gcc-c++
```

OpenSSL 패키지

하둡2는 OpenSSL의 개발용 라이브러리를 사용합니다. OpenSSL은 네트워크 데이터 통신 프로토콜인 TLS와 SSL을 구현한 오픈소스 프레임워크입니다. OpenSSL 패키지는 다음과 같이 yum 명령어로 설치합니다.

```
yum install openssl-devel
```

13.5.3 빌드

13.5.1절과 같이 소스 파일을 내려받은 후 압축을 풀고 빌드를 진행합니다.

```
[hadoop@wikibooks01 ~]$ tar xvfz hadoop-2.7.2-src.tar.gz
[hadoop@wikibooks01 ~]$ cd hadoop-2.7.2-src
[hadoop@wikibooks01 ~]$ mvn package -Pdist,native -DskipTests -Dtar
[INFO] Scanning for projects...
(중략)
[INFO] Apache Hadoop Client ............................ SUCCESS [5.029s]
[INFO] Apache Hadoop Mini-Cluster ...................... SUCCESS [0.062s]
[INFO] Apache Hadoop Scheduler Load Simulator ............ SUCCESS [10.923s]
[INFO] Apache Hadoop Tools Dist ........................ SUCCESS [4.234s]
[INFO] Apache Hadoop Tools ............................. SUCCESS [0.017s]
[INFO] Apache Hadoop Distribution ...................... SUCCESS [19.202s]
[INFO] ------------------------------------------------------------------------
[INFO] BUILD SUCCESS
[INFO] ------------------------------------------------------------------------
[INFO] Total time: 23:50 min
[INFO] Finished at: 2016-02-15T19:54:05+09:00
[INFO] Final Memory: 156M/485M
[INFO] ------------------------------------------------------------------------
```

빌드가 완료되면 네이티브 라이브러리가 생성됐는지 확인합니다.

```
[hadoop@blrunner101 hadoop-2.7.2-src]$ cd hadoop-dist/target/hadoop-2.7.2/lib/native/
[hadoop@blrunner101 native]$ ls -al
total 4504
drwxrwxr-x. 2 hadoop hadoop    4096 Feb 15 19:53 .
drwxrwxr-x. 3 hadoop hadoop    4096 Feb 15 19:53 ..
-rw-rw-r--. 1 hadoop hadoop 1209892 Feb 15 19:53 libhadoop.a
-rw-rw-r--. 1 hadoop hadoop 1487012 Feb 15 19:53 libhadooppipes.a
lrwxrwxrwx. 1 hadoop hadoop      18 Feb 15 19:53 libhadoop.so -> libhadoop.so.1.0.0
-rwxrwxr-x. 1 hadoop hadoop  715956 Feb 15 19:53 libhadoop.so.1.0.0
-rw-rw-r--. 1 hadoop hadoop  582040 Feb 15 19:53 libhadooputils.a
-rw-rw-r--. 1 hadoop hadoop  364764 Feb 15 19:53 libhdfs.a
lrwxrwxrwx. 1 hadoop hadoop      16 Feb 15 19:53 libhdfs.so -> libhdfs.so.0.0.0
-rwxrwxr-x. 1 hadoop hadoop  229001 Feb 15 19:53 libhdfs.so.0.0.0
```

생성된 네이티브 파일을 하둡이 설치된 디렉터리로 복사합니다.

```
[hadoop@wikibooks01 hadoop-2.7.2-src] cp hadoop-dist/target/hadoop-2.7.2/lib/native/* /home/
hadoop/hadoop-2.7.2/lib/native
```

참고로 하둡2를 빌드하더라도 스내피 라이브러리 파일은 별도로 복사해야 합니다. 따라서 다음과
같이 기존에 설치된 스내피 라이브러리를 하둡2로 복사합니다.

```
cp /usr/local/lib/libsnappy.* /home/hadoop/hadoop-2.7.2/lib/native
```

14

얀 애플리케이션 개발

이 장에서 다루는 내용

- 예제 애플리케이션 소개
- 클라이언트 구현
- 애플리케이션마스터 구현
- 애플리케이션 구현
- 애플리케이션 실행

시스템을 이해하는 좋은 방법은 해당 시스템을 직접 설치해보고, 해당 시스템에서 동작하는 프로그램을 직접 개발해보는 것입니다. 이번 장에서는 얀 클러스터에서 동작하는 간단한 애플리케이션을 개발해보겠습니다.

14.1 예제 애플리케이션 소개

이 예제는 애플리케이션 실행을 요청하는 클라이언트, 애플리케이션을 관리하는 애플리케이션마스터, 노드매니저에서 실행되는 애플리케이션으로 구성됩니다. 그림 14.1은 이러한 세 종류의 클래스가 얀 클러스터에서 어떤 방식으로 동작하는지 나타냅니다. 참고로 이 예제에서는 클라이언트의 클래스명은 MyClient로, 애플리케이션마스터의 클래스명은 MyApplicationMaster로, 애플리케이션의 클래스명은 HelloYarn으로 정의했습니다.

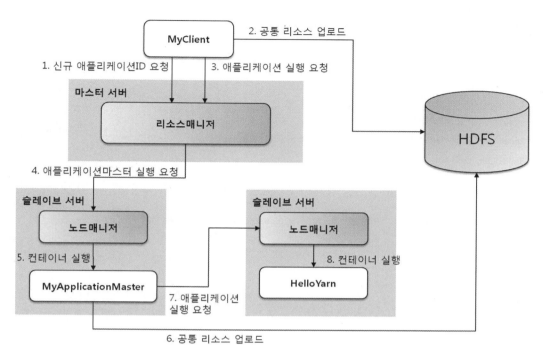

그림 14.1 예제 프로그램의 작업 흐름

그림 14.1은 다음과 같은 순서로 동작합니다.

1. 클라이언트는 리소스매니저에게 신규 애플리케이션ID를 요청합니다.

2. 클라이언트는 애플리케이션마스터 및 애플리케이션이 실행될 때 필요한 공통 리소스를 HDFS에 업로드합니다.

3. 클라이언트는 리소스매니저에게 애플리케이션 실행을 요청합니다. 실행 요청을 한 후에는 1번에서 발급받은 애플리케이션ID로 애플리케이션 실행 상태를 모니터링합니다.

4. 리소스매니저는 노드매니저에게 애플리케이션마스터·실행을 요청합니다.

5. 노드매니저는 컨테이너에서 애플리케이션마스터를 실행합니다.

6. 애플리케이션마스터는 애플리케이션 실행 시 필요한 공통 리소스를 HDFS에 업로드합니다.

7. 애플리케이션마스터는 노드매니저에게 애플리케이션 실행을 요청합니다.

8. 노드매니저는 컨테이너에서 애플리케이션을 실행합니다.

참고로 이 책에서는 예제 애플리케이션의 주요 코드만 설명합니다. 전체 소스 파일은 다음과 같이 Git 명령어를 이용해 내려받을 수 있습니다.

```
[hadoop@wikibooks01 ~]$ cd /home/hadoop
[hadoop@wikibooks01 ~]$ git clone https://github.com/blrunner/yarn-beginners-examples.git
Initialized empty Git repository in /home/hadoop/yarn-beginners-examples/.git/
remote: Counting objects: 138, done.
remote: Compressing objects: 100% (6/6), done.
remote: Total 138 (delta 0), reused 0 (delta 0)
Receiving objects: 100% (138/138), 53.93 KiB | 31 KiB/s, done.
Resolving deltas: 100% (38/38), done.
```

참고로 Git 명령어를 실행할 수 없을 경우 아래 URL을 통해 소스코드를 내려받을 수 있습니다.

https://github.com/blrunner/yarn-beginners-examples/archive/master.zip

14.2 클라이언트 구현

클라이언트인 MyClient는 리소스매니저에 접속해 HelloYarn 애플리케이션 실행을 요청해야 합니다. 이를 위해 MyClient는 다음과 같은 초기화 작업을 진행합니다.

14.2.1 주요 변수 선언

리소스매니저와 통신하려면 YarnClient[1] 객체를 사용해야 합니다. 그래서 MyClient는 예제 14.1과 같이 YarnClient 객체를 인스턴스 변수로 선언합니다. 참고로 Configuration[2]은 YarnClient를 생성할 때 필요한 객체입니다.

예제 14.1 MyClient의 YarnClient 선언

```
private Configuration conf;
private YarnClient yarnClient;

public class MyClient {
```

인스턴스 변수로 선언된 객체는 MyClient 생성자에서 예제 14.2와 같이 생성합니다.

---

1 org.apache.hadoop.yarn.client.api.YarnClient
2 org.apache.hadoop.conf.Configuration

```
public MyClient() throws Exception  {
  createYarnClient();
  initOptions();
}

private void createYarnClient() {
  yarnClient = YarnClient.createYarnClient();
  this.conf = new YarnConfiguration();
  yarnClient.init(conf);
}
```

얀 클러스터에서 애플리케이션을 실행하려면 해당 애플리케이션을 관리하는 애플리케이션마스터가 필요합니다. 클라이언트는 노드매니저가 애플리케이션마스터를 실행하기 위한 다양한 파라미터를 설정합니다. 이때 사용할 수 있는 파라미터는 애플리케이션 이름, 컨테이너 사용 우선순위, 컨테이너 개수, 컨테이너가 사용할 CPU와 메모리 정보 등 다양한 값을 설정할 수 있습니다. 이 값들은 애플리케이션을 실행할 때 직접 설정할 수도 있고, 별도의 값을 설정하지 않을 경우 기본 설정값이 적용됩니다.

그럼 MyClient가 어떤 방식으로 파라미터를 관리하는지 알아보겠습니다. 애플리케이션 실행용 파라미터를 예제 14.3과 같이 인스턴스 변수로 선언합니다. 참고로 MyClient의 initOptions 메서드에서 이러한 변수의 값을 설정합니다.

예제 14.3 MyClient의 애플리케이션마스터용 변수 선언

```
// 애플리케이션마스터의 실행 우선순위
private int amPriority = 0;

// 애플리케이션마스터가 사용할 큐
private String amQueue = "";

// 애플리케이션마스터를 실행하기 위해 요청할 메모리 크기. 기본값은 10MB
private int amMemory = 10;

// 애플리케이션마스터를 실행하기 위해 요청할 CPU 코어 개수. 기본값은 1
private int amVCores = 1;

// 애플리케이션마스터가 참조할 JAR 파일 경로
private String appMasterJarPath = "";
```

```
// 컨테이너 요청 우선순위
private int requestPriority = 0;

// HelloYarn을 실행할 컨테이너에게 요청할 메모리 크기. 기본값은 10MB
private int containerMemory = 10;

// HelloYarn을 실행할 컨테이너에게 요청할 CPU 코어 개수. 기본값은 1
private int containerVirtualCores = 1;

// HelloYarn을 실행할 컨테이너 개수
private int numContainers = 1;

// 클라이언트의 타임아웃 대기 시간(단위는 밀리초)
private long clientTimeout = 600000;
```

14.2.2 애플리케이션 실행 요청

지금까지 리소스매니저와 통신하기 위한 YarnClient를 생성했고, 애플리케이션을 실행하는 데 필요한 파라미터를 설정했습니다. 이제 애플리케이션 실행을 요청하기 위한 준비가 끝났습니다. 그럼 MyClient의 핵심 기능인 애플리케이션 요청 기능을 구현해보겠습니다. 애플리케이션 요청 기능은 MyClient의 run 메서드에 구현돼 있으며, 예제 14.4는 run 메서드를 나타냅니다.

예제 14.4 run 메서드

```
public boolean run() throws IOException, YarnException {
  LOG.info("Running Client");
  yarnClient.start();

  // 신규 애플리케이션ID를 조회
  YarnClientApplication app = yarnClient.createApplication();
  GetNewApplicationResponse appResponse = app.getNewApplicationResponse();

  // 메모리 비교
  int maxMem = appResponse.getMaximumResourceCapability().getMemory();

  LOG.info("Max mem capabililty of resources in this cluster " + maxMem);
  if (amMemory > maxMem) {
    LOG.info("AM memory specified above max threshold of cluster. Using max value."
        + ", specified=" + amMemory
        + ", max=" + maxMem);
    amMemory = maxMem;
```

```
    }

    // CPU 코어 개수 비교
    int maxVCores = appResponse.getMaximumResourceCapability().getVirtualCores();
    LOG.info("Max virtual cores capabililty of resources in this cluster " + maxVCores);
    if (amVCores > maxVCores) {
        LOG.info("AM virtual cores specified above max threshold of cluster. "
            + "Using max value." + ", specified=" + amVCores
            + ", max=" + maxVCores);
        amVCores = maxVCores;
    }

    // 애플리케이션 이름 설정
    ApplicationSubmissionContext appContext = app.getApplicationSubmissionContext();
    ApplicationId appId = appContext.getApplicationId();

    // 애플리케이션 이름 설정
    appContext.setApplicationName(appName);

    // 애플리케이션마스터용 시스템 리소스 설정
    Resource capability = Records.newRecord(Resource.class);
    capability.setMemory(amMemory);
    capability.setVirtualCores(amVCores);
    appContext.setResource(capability);

    // 애플리케이션마스터 우선순위 설정
    Priority pri = Records.newRecord(Priority.class);
    pri.setPriority(amPriority);
    appContext.setPriority(pri);

    // 애플리케이션마스터용 큐 설정
    appContext.setQueue(amQueue);

    // 애플리케이션마스터용 ContainerLaunchContext 설정
    appContext.setAMContainerSpec(getAMContainerSpec(appId.getId()));

    // 애플리케이션 실행 요청
    LOG.info("Submitting application to ASM");
    yarnClient.submitApplication(appContext);

    // 애플리케이션 모니터링 수행
    return monitorApplication(appId);
}
```

리소스매니저와 통신하려면 우선 YarnClient를 실행해야 합니다. 다음과 같이 YarnClient의 start 메서드를 호출해 YarnClient를 실행합니다.

```
yarnClient.start();
```

애플리케이션 실행을 요청하려면 우선 ApplicationSubmissionContext를 생성해야 합니다. 왜냐하면 애플리케이션 실행을 요청할 때 애플리케이션ID가 필요한데, 바로 Application SubmissionContext에 리소스매니저가 신규로 발급한 애플리케이션ID가 저장돼 있기 때문입니다. YarnClient의 createApplication 메서드를 호출하면 YarnClientApplication이 반환됩니다.

```
YarnClientApplication app = yarnClient.createApplication();
```

YarnClientApplication에는 GetNewApplicationResponse가 포함돼 있습니다. 이때 GetNew ApplicationResponse에 바로 ApplicationSubmissionContext가 저장돼 있습니다. ApplicationSubmissionContext를 조회하는 부분은 잠시 후에 다시 설명하겠습니다.

```
GetNewApplicationResponse appResponse = app.getNewApplicationResponse();
```

GetNewApplicationResponse에는 ApplicationSubmissionContext 외에도 가용한 최대 리소스 정보도 포함돼 있습니다. 사용자가 설정한 master_memory(애플리케이션마스터용 메모리 값)와 master_vcores(애플리케이션마스터용 CPU 코어 개수)를 적용할 수 있는지, GetNewApplicationResponse를 이용해 다음과 같이 확인하는 절차를 거칩니다. 이때 사용자가 요청한 리소스가 현재 가용한 리소스보다 크면 사용자가 설정한 값을 대신해 현재 가용한 리소스값을 사용하게 됩니다.

```
// 메모리 비교
int maxMem = appResponse.getMaximumResourceCapability().getMemory();
if (amMemory > maxMem) {
  amMemory = maxMem;
}
// CPU 코어 개수 비교
int maxVCores = appResponse.getMaximumResourceCapability().getVirtualCores();
if (amVCores > maxVCores) {
  amVCores = maxVCores;
}
```

리소스 설정이 완료되면 다음과 같이 애플리케이션ID를 조회합니다. 앞서 설명한 대로 애플리케이션ID는 ApplicationSubmissionContext에 저장돼 있습니다. ApplicationSubmissionContext는 YarnClientApplication의 getApplicationSubmissionContext 메서드를 호출해 조회할 수 있습니다.

```
ApplicationSubmissionContext appContext = app.getApplicationSubmissionContext();
```

애플리케이션ID는 ApplicationSubmissionContext의 getApplicationId 메서드를 호출해 조회합니다.

```
ApplicationId appId = appContext.getApplicationId();
```

리소스매니저에게 애플리케이션 실행을 요청할 때는 ApplicationSubmissionContext를 파라미터로 전달해야 합니다. 지금부터 ApplicationSubmissionContext의 다양한 내부 정보를 설정하겠습니다.

첫째, 애플리케이션의 이름을 설정합니다. 애플리케이션 이름은 사용자가 별도로 설정하지 않을 경우 HelloYarn으로 설정됩니다. 얀 웹 인터페이스의 애플리케이션 목록에 HelloYarn이 표시될 것입니다.

```
appContext.setApplicationName(appName);
```

둘째, 애플리케이션마스터용 메모리와 CPU 코어 개수를 설정합니다. 이때 리소스 설정은 Resource[3] 인터페이스를 이용합니다.

```
Resource capability = Records.newRecord(Resource.class);
capability.setMemory(amMemory);
capability.setVirtualCores(amVCores);
appContext.setResource(capability);
```

셋째, 클러스터 내에서 MyApplicationMaster의 우선순위를 설정합니다.

```
Priority pri = Records.newRecord(Priority.class);
pri.setPriority(amPriority);
appContext.setPriority(pri);
```

---

3 org.apache.hadoop.yarn.api.records.Resource

넷째, 애플리케이션마스터의 큐를 설정합니다.

```
appContext.setQueue(amQueue)
```

마지막으로 애플리케이션마스터를 실행하는 컨테이너의 컨텍스트 실행 정보를 설정합니다. 컨테이너 실행 정보는 ContainerLaunchContext에 정의되며, MyClient의 getAMContainerSpec 메서드에서 ContainerLaunchContext 객체를 생성해 반환합니다. 예제 14.5는 getAMContainerSpec 메서드를 나타냅니다.

```
appContext.setAMContainerSpec(getAMContainerSpec(appId.getId()));
```

예제 14.5 getAMContainerSpec 메서드

```
private ContainerLaunchContext getAMContainerSpec(int appId)
  throws IOException, YarnException {
  // 애플리케이션마스터를 실행하는 컨테이너를 위한 컨텍스트 객체 생성
  ContainerLaunchContext amContainer =
    Records.newRecord(ContainerLaunchContext.class);

  // 애플리케이션마스터용 LocalResource 맵
  Map<String, LocalResource> localResources = new HashMap<String, LocalResource>();

  LOG.info("Copy App Master jar from local filesystem and add to local environment");
  // 애플리케이션마스터가 포함돼 있는 JAR 파일을 HDFS에 복사
  // 복사된 내용을 LocalResource에 추가
  FileSystem fs = FileSystem.get(conf);
  addToLocalResources(fs, appMasterJarPath, Constants.AM_JAR_NAME, appId,
      localResources, null);

  // 애플리케이션마스터용 컨텍스트에 LocalResource를 추가
  amContainer.setLocalResources(localResources);

  // 애플리케이션마스터용 시스템 환경변수를 설정
  LOG.info("Set the environment for the application master");
  amContainer.setEnvironment(getAMEnvironment(localResources, fs));

  // 애플리케이션마스터를 실행하기 위한 커맨드 라인 설정
  Vector<CharSequence> vargs = new Vector<CharSequence>(30);

  // 자바 실행 커맨드 라인 설정
  LOG.info("Setting up app master command");
```

```
vargs.add(Environment.JAVA_HOME.$$() + "/bin/java");
// 힙 메모리 설정
vargs.add("-Xmx" + amMemory + "m");
// 실행할 클래스 이름 설정
vargs.add("com.wikibooks.hadoop.yarn.examples.MyApplicationMaster");
// MyApplicationMaster에 전달한 파라미터 설정
vargs.add("--container_memory " + String.valueOf(containerMemory));
vargs.add("--container_vcores " + String.valueOf(containerVirtualCores));
vargs.add("--num_containers " + String.valueOf(numContainers));
vargs.add("--priority " + String.valueOf(requestPriority));

// 로그 경로 설정
vargs.add("1>" + ApplicationConstants.LOG_DIR_EXPANSION_VAR + "/AppMaster.stdout");
vargs.add("2>" + ApplicationConstants.LOG_DIR_EXPANSION_VAR + "/AppMaster.stderr");

// 설정된 커맨드 라인을 StringBuffer로 변환
StringBuilder command = new StringBuilder();
for (CharSequence str : vargs) {
  command.append(str).append(" ");
}

LOG.info("Completed setting up app master command " + command.toString());
List<String> commands = new ArrayList<String>();
commands.add(command.toString());
amContainer.setCommands(commands);
return amContainer;
}
```

getAMContainerSpec 메서드는 애플리케이션마스터를 실행하는 컨테이너에게 필요한 Container
LaunchContext를 생성합니다.

```
ContainerLaunchContext amContainer = Records.newRecord(ContainerLaunchContext.class);
```

그리고 애플리케이션마스터가 사용할 LocalResource 정보를 보관하는 HashMap 객체도 생성합
니다. HashMap에 사용자가 설정한 JAR 파일의 경로, 클래스패스, log4j 정보를 저장합니다. 이 메
서드의 마지막 부분에서 HashMap 정보를 ContainerLaunchContext에 설정합니다.

```
Map<String, LocalResource> localResources = new HashMap<String, LocalResource>();
```

ContainerLaunchContext에 JAR 파일을 설정하려면 로컬에 있는 JAR 파일을 HDFS에 업로드합니다. 왜냐하면 애플리케이션마스터는 현재 클라이언트가 실행되는 서버와 다른 서버에서 실행될 수 있기 때문입니다.

```
FileSystem fs = FileSystem.get(conf);
addToLocalResources(fs, appMasterJarPath, Constants.AM_JAR_NAME, appId,
    localResources, null);
```

HDFS에 파일을 업로드하는 작업은 addToLocalResources 메서드에서 수행합니다. 예제 14.6은 addToLocalResources 메서드를 나타냅니다.

예제 14.6 addToLocalResources 메서드

```
private void addToLocalResources(FileSystem fs, String fileSrcPath,  String fileDstPath,
    int appId,  Map<String, LocalResource>  localResources,
    String resources) throws IOException {
    String suffix = appName + "/" + appId + "/" + fileDstPath;
    Path dst =
        new Path(fs.getHomeDirectory(), suffix);
    // HDFS 파일 업로드
    if (fileSrcPath == null) {
      FSDataOutputStream ostream = null;
      try {
        ostream = FileSystem.create(fs, dst, new FsPermission((short) 0710));
        ostream.writeUTF(resources);
      } finally {
        IOUtils.closeQuietly(ostream);
      }
    } else {
      fs.copyFromLocalFile(new Path(fileSrcPath), dst);
    }

    FileStatus scFileStatus = fs.getFileStatus(dst);

    // LocalResource를 생성해 HDFS에 업로드된 파일 정보를 설정
    LocalResource scRsrc =
        LocalResource.newInstance(
            ConverterUtils.getYarnUrlFromURI(dst.toUri()),
            LocalResourceType.FILE, LocalResourceVisibility.APPLICATION,
```

```
            scFileStatus.getLen(), scFileStatus.getModificationTime());
    // LocalResource를 HashMap에 추가, 키 값은 fileDstPath를 사용함
    localResources.put(fileDstPath, scRsrc);
  }
```

추가로 ContainerLaunchContext에는 애플리케이션마스터를 실행할 때 필요한 다양한 시스템 환경변수도 설정돼 있어야 합니다. 이 정보는 다음과 같이 ContainerLaunchContext의 setEnvironment 메서드에 Map 객체로 등록하면 됩니다. 이때 Map 객체는 getAMEnvironment라는 MyClient의 내부 메서드를 호출해 설정합니다.

```
amContainer.setEnvironment(getAMEnvironment(localResources, fs));
```

예제 14.7은 getAMEnvironment 메서드를 구현한 내용입니다.

예제 14.7 getAMEnvironment 메서드

```
  private Map<String, String> getAMEnvironment(Map<String, LocalResource> localResources
      , FileSystem fs) throws IOException{
    Map<String, String> env = new HashMap<String, String>();

    // 애플리케이션마스터용 JAR 파일의 경로 설정
    LocalResource appJarResource = localResources.get(Constants.AM_JAR_NAME);
    Path hdfsAppJarPath = new Path(fs.getHomeDirectory(), appJarResource.getResource().
getFile());
    FileStatus hdfsAppJarStatus = fs.getFileStatus(hdfsAppJarPath);
    long hdfsAppJarLength = hdfsAppJarStatus.getLen();
    long hdfsAppJarTimestamp = hdfsAppJarStatus.getModificationTime();

    env.put(Constants.AM_JAR_PATH, hdfsAppJarPath.toString());
    env.put(Constants.AM_JAR_TIMESTAMP, Long.toString(hdfsAppJarTimestamp));
    env.put(Constants.AM_JAR_LENGTH, Long.toString(hdfsAppJarLength));

    // 애플리케이션마스터가 JAR 파일의 경로를 클래스패스에 추가
    StringBuilder classPathEnv = new StringBuilder(Environment.CLASSPATH.$$())
        .append(ApplicationConstants.CLASS_PATH_SEPARATOR).append("./*");
    for (String c : conf.getStrings(
        YarnConfiguration.YARN_APPLICATION_CLASSPATH,
        YarnConfiguration.DEFAULT_YARN_CROSS_PLATFORM_APPLICATION_CLASSPATH)) {
```

```
    classPathEnv.append(ApplicationConstants.CLASS_PATH_SEPARATOR);
    classPathEnv.append(c.trim());
  }
  env.put("CLASSPATH", classPathEnv.toString());

  return env;
}
```

이제 getAMContainerSpec 메서드에서 ContainerLaunchContext 객체를 반환받으면 리소스매니저에게 애플리케이션 실행을 요청합니다. 이때 앞서 설정한 ApplicationSubmissionContext 객체를 파라미터로 전달합니다.

```
yarnClient.submitApplication(appContext);
```

애플리케이션 실행 요청이 완료되면 애플리케이션의 실행 상태를 모니터링합니다.

```
return monitorApplication(appId);
```

14.2.3 애플리케이션 모니터링

애플리케이션 모니터링은 monitorApplication 메서드에서 실행됩니다. YarnClient는 1초에 한 번씩 YarnClient의 getApplicationReport 인터페이스를 호출해 애플리케이션의 실행 상태를 출력합니다. 예제 14.8은 monitorApplication 메서드를 구현한 코드입니다.

예제 14.8 monitorApplication 메서드

```
private boolean monitorApplication(ApplicationId appId)
    throws YarnException, IOException {

  while (true) {

    // 1초간 스레드 대기 설정
    try {
      Thread.sleep(1000);
    } catch (InterruptedException e) {
      LOG.error("Thread sleep in monitoring loop interrupted");
    }

    // 애플리케이션 상태 조회 및 출력
```

```
ApplicationReport report = yarnClient.getApplicationReport(appId);
YarnApplicationState state = report.getYarnApplicationState();
FinalApplicationStatus dsStatus = report.getFinalApplicationStatus();
if (YarnApplicationState.FINISHED == state) {
  if (FinalApplicationStatus.SUCCEEDED == dsStatus) {
    LOG.info("Application has completed successfully. "
        + " Breaking monitoring loop : ApplicationId:" + appId.getId());
    return true;
  }
  else {
    LOG.info("Application did finished unsuccessfully."
        + " YarnState=" + state.toString() + ", DSFinalStatus=" + dsStatus.toString()
        + ". Breaking monitoring loop : ApplicationId:" + appId.getId());
    return false;
  }
}
else if (YarnApplicationState.KILLED == state
    || YarnApplicationState.FAILED == state) {
  LOG.info("Application did not finish."
      + " YarnState=" + state.toString() + ", DSFinalStatus=" + dsStatus.toString()
      + ". Breaking monitoring loop : ApplicationId:" + appId.getId());
  return false;
}

// 타임아웃이 발생할 경우 애플리케이션을 강제로 종료
if (System.currentTimeMillis() > (clientStartTime + clientTimeout)) {
  LOG.info("Reached client specified timeout for application. Killing application"
      + ". Breaking monitoring loop : ApplicationId:" + appId.getId());
  forceKillApplication(appId);
  return false;
}
  }
}
```

MyClient 실행

사용자가 커맨드 라인에서 MyClient 실행을 요청하면 MyClient의 main 메서드가 실행됩니다. 예제 14.9는 main 메서드를 구현한 예제이며, 이 메서드 내에서 MyClient 객체를 선언하고 실행합니다.

예제 14.9 main 메서드

```
public static void main(String[] args) {
  boolean result = false;
  try {
    MyClient client = new MyClient();
    LOG.info("Initializing Client");
    try {
      boolean doRun = client.init(args);
      if (!doRun) {
        System.exit(0);
      }
    } catch (IllegalArgumentException e) {
      System.err.println(e.getLocalizedMessage());
      client.printUsage();
      System.exit(-1);
    }
    result = client.run();
  } catch (Throwable t) {
    LOG.fatal("Error running CLient", t);
    System.exit(1);
  }
  if (result) {
    LOG.info("Application completed successfully");
    System.exit(0);
  }
  LOG.error("Application failed to complete successfully");
  System.exit(2);
}
```

14.3 애플리케이션마스터 구현

이번 절에서는 HelloYarn 애플리케이션을 관리하는 애플리케이션마스터인 MyApplicationMaster 를 구현하겠습니다.

14.3.1 주요 변수 선언

우선 이 클래스의 생성자를 구현합니다. 예제 14.10은 생성자 코드를 나타냅니다. 생성자에서는 인스턴스 변수로 선언돼 있는 Configuration을 생성하는데, 이 변수는 애플리케이션마스터가 리소스매니저 및 노드매니저와 통신할 때 사용합니다.

예제 14.10 MyApplicationMaster의 생성자

```
// Configuration
private Configuration conf;

public MyApplicationMaster() {
  // Set up the configuration
  conf = new YarnConfiguration();
}
```

애플리케이션마스터는 노드매니저에게 컨테이너에서 HelloYarn을 실행할 것을 요청합니다. 이때 노드매니저에게 요청하는 컨테이너의 스펙은 MyClient가 요청한 파라미터를 사용합니다. MyApplicationMaster는 이러한 파라미터를 처리하기 위해 예제 14.11과 같은 인스턴스 변수를 선언합니다. 참고로 MyApplicationMaster의 initOptions 메서드에서 이 변수들의 값을 설정합니다.

예제 14.11 인스턴스 변수 선언

```
// 애플리케이션어템프트 ID
protected ApplicationAttemptId appAttemptID;

// HelloYarn을 실행할 컨테이너 개수. 기본값은 1
private int numTotalContainers = 1;

// HelloYarn을 실행하는 컨테이너에게 요청할 메모리 크기. 기본값은 10MB
private int containerMemory = 10;
```

```
// HelloYarn을 실행하는 컨테이너에게 요청할 CPU 코어 개수. 기본값은 1
private int containerVirtualCores = 1;

// HelloYarn의 실행 요청 우선순위
private int requestPriority;

// HelloYarn 클래스가 포함된 JAR 파일의 위치
private String appJarPath = "";

// HelloYarn 클래스가 포함된 JAR 파일의 생성 시간
private long appJarTimestamp = 0;

// HelloYarn 클래스가 포함된 JAR 파일의 용량
private long appJarPathLen = 0;
```

14.3.2 애플리케이션 실행

이제 애플리케이션을 실행해보겠습니다. 애플리케이션을 실행하려면 리소스매니저로부터 컨테이너를 할당받고, 노드매니저에게 할당된 컨테이너에서 애플리케이션을 실행할 것을 요청해야 합니다. 예제 14.12는 이러한 애플리케이션 실행 과정을 구현한 예입니다.

예제 14.12 run 메서드

```java
@SuppressWarnings({"unchecked"})
public void run() throws Exception {
    LOG.info("Running MyApplicationMaster");

    // 리소스매니저와 통신하기 위한 클라이언트 설정
    AMRMClient<ContainerRequest> amRMClient = AMRMClient.createAMRMClient();
    amRMClient.init(conf);
    amRMClient.start();

    // 리소스매니저에게 애플리케이션마스터 등록 요청
    amRMClient.registerApplicationMaster("", 0, "");

    // 컨테이너용 CPU 및 메모리 설정
    Resource capability = Records.newRecord(Resource.class);
    capability.setMemory(containerMemory);
    capability.setVirtualCores(containerVirtualCores);
```

```java
// 컨테이너 실행 우선순위 설정
Priority priority = Records.newRecord(Priority.class);
priority.setPriority(requestPriority);

// 컨테이너 요청
for (int i = 0; i < numTotalContainers; ++i) {
  ContainerRequest containerAsk = new ContainerRequest(capability, null, null, priority);
  amRMClient.addContainerRequest(containerAsk);
}

// 노드매니저와 통신하기 위한 클라이언트 설정
NMClient nmClient = NMClient.createNMClient();
nmClient.init(conf);
nmClient.start();

// 컨테이너용 클래스패스 설정
Map<String, String> containerEnv = new HashMap<String, String>();
containerEnv.put("CLASSPATH", "./*");

// 애플리케이션마스터 JAR 파일 생성
LocalResource appMasterJar = createAppMasterJar();

// 컨테이너 할당 및 실행 요청
int allocatedContainers = 0;
int completedContainers = 0;
while (allocatedContainers < numTotalContainers) {
  // 컨테이너 할당 요청
  AllocateResponse response = amRMClient.allocate(0);
  for (Container container : response.getAllocatedContainers()) {
    allocatedContainers++;

    // 컨테이너 실행 환경 설정
    ContainerLaunchContext appContainer = createContainerLaunchContext(appMasterJar,
containerEnv);
    LOG.info("Launching container " + allocatedContainers);

    // 컨테이너 실행 요청
    nmClient.startContainer(container, appContainer);
  }
  for (ContainerStatus status : response.getCompletedContainersStatuses()) {
```

```
      ++completedContainers;
      LOG.info("ContainerID:" + status.getContainerId() + ", state:" + status.getState().
name());
    }
    Thread.sleep(100);
  }

  // 컨테이너 실행 상태 모니터링
  while (completedContainers < numTotalContainers) {
    AllocateResponse response = amRMClient.allocate(completedContainers / numTotalContainers);
    for (ContainerStatus status : response.getCompletedContainersStatuses()) {
      ++completedContainers;
      LOG.info("ContainerID:" + status.getContainerId() + ", state:" + status.getState().
name());
    }
    Thread.sleep(100);
  }

  LOG.info("Completed containers:" + completedContainers);

  // 애플리케이션마스터 등록 해제
  amRMClient.unregisterApplicationMaster(
      FinalApplicationStatus.SUCCEEDED, "", "");
  LOG.info("Finished MyApplicationMaster");
}
```

애플리케이션마스터는 리소스매니저에게 애플리케이션마스터 등록을 요청한 후 컨테이너 할당을 요청합니다. 이 같은 작업을 진행하려면 리소스매니저와 통신하기 위한 클라이언트가 필요하며, MyApplicationMaster는 얀이 제공하는 AMRMClient[4]를 클라이언트로 사용합니다. 참고로 AMRMClient 객체를 선언한 후 예제 14.9에서 선언한 Configuration 객체를 AMRMClient의 init 메서드에 설정합니다.

```
AMRMClient<ContainerRequest> amRMClient = AMRMClient.createAMRMClient();
amRMClient.init(conf);
amRMClient.start();
```

---

[4] org.apache.hadoop.yarn.client.api.AMRMClient

리소스매니저용 클라이언트 설정이 완료되면 리소스매니저에게 애플리케이션마스터를 등록할 것을 요청합니다.

```
amRMClient.registerApplicationMaster("", 0, "");
```

애플리케이션마스터가 등록되면 리소스매니저에게 컨테이너 할당을 요청해야 합니다. 컨테이너 할당을 요청하려면 컨테이너의 상세한 스펙을 설정해야 합니다. 이때 스펙으로 MyClient가 전송한 CPU 개수, 메모리 용량, 컨테이너 실행 우선순위를 지정합니다.

```
Resource capability = Records.newRecord(Resource.class);
capability.setMemory(containerMemory);
capability.setVirtualCores(containerVirtualCores);
Priority priority = Records.newRecord(Priority.class);
priority.setPriority(requestPriority);
```

AMRMClient는 컨테이너 할당을 위해 addContainerRequest와 allocate라는 두 개의 메서드를 제공합니다. AMRMClient는 컨테이너 할당 요청을 내부 큐에 저장한 후, 큐에 있는 요청을 기반으로 컨테이너를 할당합니다. 이때 addContainerRequest는 큐에 할당 요청을 저장하고, allocate는 큐에 저장된 요청을 조회해 실제 컨테이너를 할당하는 역할을 수행합니다. 현재 단계에서는 addContainerRequest 메서드를 호출해 AMRMClient의 큐에 필요한 요청을 저장합니다.

```
for (int i = 0; i < numTotalContainers; ++i) {
  ContainerRequest containerAsk = new ContainerRequest(capability, null, null, priority);
  amRMClient.addContainerRequest(containerAsk);
}
```

이번 단계에서는 AMRMClient의 allocate 메서드를 호출해 실제로 컨테이너를 할당받고, 할당된 컨테이너에서 애플리케이션을 실행하겠습니다. 그리고 리소스매니저와의 통신을 위해 AMRMClient를 사용했듯이 노드매니저와의 통신을 위한 별도의 클라이언트가 필요합니다. 이를 위해 NMClient[5]를 노드매니저용 클라이언트로 선언합니다.

```
NMClient nmClient = NMClient.createNMClient();
nmClient.init(conf);
nmClient.start();
```

---

5 org.apache.hadoop.yarn.client.api.NMClient

컨테이너의 클래스패스로 현재 경로를 설정합니다.

```
Map<String, String> containerEnv = new HashMap<String, String>();
containerEnv.put("CLASSPATH", "./*");
```

그리고 애플리케이션 클래스가 포함된 JAR 파일의 경로를 LocalResource로 생성합니다. LocalResource를 선언하는 이유는 애플리케이션마스터만 JAR 파일의 경로를 알고 있을 뿐, 컨테이너는 JAR 파일의 경로를 알지 못하기 때문입니다. 이 LocalResource는 컨테이너를 구동할 때 활용될 것입니다.

```
LocalResource appMasterJar = createAppMasterJar();
```

참고로 createAppMasterJar 메서드는 MyClient가 전달한 정보를 바탕으로 LocalResource를 생성합니다. 예제 14.13은 createAppMasterJar의 메서드를 구현한 코드입니다.

예제 14.13 createAppMasterJar 메서드

```
private LocalResource createAppMasterJar() throws IOException {
  LocalResource appMasterJar = Records.newRecord(LocalResource.class);
  if (!appJarPath.isEmpty()) {
    appMasterJar.setType(LocalResourceType.FILE);
    Path jarPath = new Path(appJarPath);
    jarPath = FileSystem.get(conf).makeQualified(jarPath);
    appMasterJar .setResource(ConverterUtils.getYarnUrlFromPath(jarPath));
    appMasterJar.setTimestamp(appJarTimestamp);
    appMasterJar.setSize(appJarPathLen);
    appMasterJar.setVisibility(LocalResourceVisibility.PUBLIC);
  }
  return appMasterJar;
}
```

노드매니저 클라이언트를 실행할 준비가 완료되면 리소스매니저에게 컨테이너 할당을 요청하고 할당된 컨테이너를 즉시 실행합니다.

```
int allocatedContainers = 0;
int completedContainers = 0;
while (allocatedContainers < numTotalContainers) {
```

```
        AllocateResponse response = amRMClient.allocate(0);
    for (Container container : response.getAllocatedContainers()) {
      allocatedContainers++;

      ContainerLaunchContext appContainer = createContainerLaunchContext(appMasterJar,
containerEnv);
      LOG.info("Launching container " + allocatedContainers);

      nmClient.startContainer(container, appContainer);
    }
```

참고로 createContainerLaunchContext 메서드는 컨테이너가 실행될 때 필요한 환경설정 정보를 ContainerLaunchContext에 담아서 반환합니다. 예제 14.14는 이러한 createContainerLaunchContext 메서드를 나타냅니다. 이 메서드는 예제 14.13에서 생성한 JAR 파일의 정보를 LocalResources에 추가하고, 커맨드 라인에 이 예제의 애플리케이션인 com.wikibooks.hadoop.yarn.examples.HelloYarn 클래스 실행을 설정합니다.

예제 14.14 createContainerLaunchContext 메서드

```
    private ContainerLaunchContext createContainerLaunchContext(LocalResource appMasterJar,
          Map<String, String> containerEnv) {
    ContainerLaunchContext appContainer =
        Records.newRecord(ContainerLaunchContext.class);
    appContainer.setLocalResources(
        Collections.singletonMap(Constants.AM_JAR_NAME, appMasterJar));
    appContainer.setEnvironment(containerEnv);
    appContainer.setCommands(
        Collections.singletonList(
            "$JAVA_HOME/bin/java" +
              " -Xmx256M" +
              " com.wikibooks.hadoop.yarn.examples.HelloYarn" +
              " 1>" + ApplicationConstants.LOG_DIR_EXPANSION_VAR + "/stdout" +
              " 2>" + ApplicationConstants.LOG_DIR_EXPANSION_VAR + "/stderr"
        )
    );
    return appContainer;
  }
```

이후 AllocateResponse의 getCompletedContainersStatuses 메서드를 호출해 완료된 컨테이너 목록을 출력합니다.

```
    for (ContainerStatus status : response.getCompletedContainersStatuses()) {
        ++completedContainers;
        LOG.info("ContainerID:" + status.getContainerId() + ", state:" + status.getState().
name());
    }
    Thread.sleep(100);
}
```

실행 중이던 컨테이너가 있을 수도 있으므로 다시 한 번 컨테이너 상태를 출력합니다.

```
while (completedContainers < numTotalContainers) {
    AllocateResponse response = amRMClient.allocate(completedContainers / numTotalContainers);
    for (ContainerStatus status : response.getCompletedContainersStatuses()) {
        ++completedContainers;
        LOG.info("ContainerID:" + status.getContainerId() + ", state:" + status.getState().
name());
    }
    Thread.sleep(100);
}
```

컨테이너 실행이 모두 완료되고 나면 AMRMClient의 unregisterApplicationMaster 메서드를 호출해 MyApplicationMaster를 리소스매니저에서 제거합니다.

```
amRMClient.unregisterApplicationMaster(
    FinalApplicationStatus.SUCCEEDED, "", "");
```

14.3.3 MyApplicationMaster 실행

노드매니저가 MyApplicationMaster를 실행하면 MyApplicationMaster의 main 메서드가 실행됩니다. main 메서드에서 MyApplicationMaster 객체를 생성해 파라미터를 초기화하고(init 메서드 호출) run 메서드를 호출합니다. 예제 14.15는 MyApplicationMaster의 main 메서드입니다.

예제 14.15 MyApplicationMaster의 main 메서드

```
public static void main(String[] args) throws Exception {
    try {
```

```
        MyApplicationMaster appMaster = new MyApplicationMaster();
        LOG.info("Initializing MyApplicationMaster");
        boolean doRun = appMaster.init(args);
        if (!doRun) {
          System.exit(0);
        }
        appMaster.run();
      } catch (Throwable t) {
        LOG.fatal("Error running MyApplicationMaster", t);
        LogManager.shutdown();
        ExitUtil.terminate(1, t);
      }
    }
```

14.4 애플리케이션 구현

이번 절에서는 애플리케이션마스터가 컨테이너에게 실행을 요청하는 애플리케이션을 구현하겠습니다. 이 애플리케이션은 매우 간단한 프로그램으로, JVM의 가용 메모리, 전체 메모리, 최대 메모리를 출력합니다. 예제 14.16은 애플리케이션 클래스인 HelloYarn을 구현한 예입니다.

예제 14.16 HelloYarn 클래스

```
public class HelloYarn {
  private static final long MEGABYTE = 1024L * 1024L;

  public HelloYarn() {
    System.out.println("HelloYarn!");
  }

  public static long bytesToMegabytes(long bytes) {
    return bytes / MEGABYTE;
  }

  public void printMemoryStats() {
    long freeMemory = bytesToMegabytes(Runtime.getRuntime().freeMemory());
    long totalMemory = bytesToMegabytes(Runtime.getRuntime().totalMemory());
    long maxMemory = bytesToMegabytes(Runtime.getRuntime().maxMemory());
```

```
    System.out.println("The amount of free memory in the Java Virtual Machine: " + freeMemory);
    System.out.println("The total amount of memory in the Java virtual machine: " + totalMemory);
    System.out.println("The maximum amount of memory that the Java virtual machine: " +
maxMemory);
  }

  public static void main(String[] args) {
    HelloYarn helloYarn = new HelloYarn();
    helloYarn.printMemoryStats();
  }
}
```

14.5 애플리케이션 실행

그럼 지금까지 개발한 예제를 실행해보겠습니다. 우선 예제 파일을 빌드하려면 다음과 같이 메이븐
빌드 명령어(mvn clean install)를 실행합니다.

```
[hadoop@wikibooks01 yarn-beginners-examples]$ mvn clean install
[INFO] Scanning for projects...
[INFO]
[INFO] ------------------------------------------------------------------------
[INFO] Building yarn-examples 1.0-SNAPSHOT
[INFO] ------------------------------------------------------------------------
[INFO]
[INFO] --- maven-clean-plugin:2.5:clean (default-clean) @ yarn-examples ---
[INFO] Deleting /home/hadoop/yarn-beginners-examples/target
[INFO]
(중략)
[INFO] Installing /home/hadoop/yarn-beginners-examples/target/yarn-examples-1.0-SNAPSHOT.jar to
/home/hadoop/.m2/repository/com/wikibooks/hadoop/yarn-examples/1.0-SNAPSHOT/yarn-examples-1.0-
SNAPSHOT.jar
[INFO] Installing /home/hadoop/yarn-beginners-examples/pom.xml to /home/hadoop/.m2/repository/
com/wikibooks/hadoop/yarn-examples/1.0-SNAPSHOT/yarn-examples-1.0-SNAPSHOT.pom
[INFO] ------------------------------------------------------------------------
[INFO] BUILD SUCCESS
```

```
[INFO] ------------------------------------------------------------------------
[INFO] Total time: 7.906 s
[INFO] Finished at: 2016-02-16T23:48:38+09:00
[INFO] Final Memory: 20M/56M
[INFO] ------------------------------------------------------------------------
```

빌드가 정상적으로 완료되면 프로젝트의 target 디렉터리에 다음과 같은 파일이 생성됩니다.

```
[hadoop@wikibooks01 yarn-beginners-examples]$ ls -l target/
total 40
total 40
drwxr-xr-x   3 hadoop hadoop 102   2 16 23:48 classes
drwxr-xr-x   3 hadoop hadoop 102   2 16 23:48 maven-archiver
drwxr-xr-x   3 hadoop hadoop 102   2 16 23:48 maven-status
-rw-r--r--   1 hadoop hadoop 17612   2 16 23:48 yarn-examples-1.0-SNAPSHOT.jar
```

JAR 파일이 만들어졌다면 해당 파일을 하둡이 설치된 디렉터리의 공유 디렉터리로 복사해야 합니다. 혹은 FTP로 하둡이 설치된 서버에 업로드합니다.

```
cp target/yarn-examples-1.0-SNAPSHOT.jar /home/hadoop/hadoop-2.7.2/share/hadoop/yarn/lib/
```

복사가 완료되면 하둡 홈 디렉터리로 이동해 다음과 같이 MyClient를 실행합니다. 아무런 파라미터를 설정하지 않았기 때문에 파라미터 안내문만 출력됩니다.

```
[hadoop@wikibooks01 hadoop-2.7.2]$ bin/hadoop jar share/hadoop/yarn/lib/yarn-examples-1.0-
SNAPSHOT.jar com.wikibooks.hadoop.yarn.examples.MyClient
16/02/17 00:03:07 INFO examples.MyClient: Initializing Client
No args specified for client to initialize
usage: Client
 -appname <arg>              Application Name. Default value - HelloYarn
 -container_memory <arg>     Amount of memory in MB to be requested to run
                             the HelloYarn
 -container_vcores <arg>     Amount of virtual cores to be requested to run
                             the HelloYarn
 -help                       Print usage
 -jar <arg>                  Jar file containing the application master
 -master_memory <arg>        Amount of memory in MB to be requested to run
                             the application master
```

```
-master_vcores <arg>        Amount of virtual cores to be requested to run
                            the application master
-num_containers <arg>       No. of containers on which the HelloYarn needs
                            to be executed
-priority <arg>             Application Priority. Default 0
-queue <arg>                RM Queue in which this application is to be
                            submitted
-timeout <arg>              Application timeout in milliseconds
```

이번에는 컨테이너 개수를 설정해서 실행하겠습니다. 메모리와 CPU는 설정하지 않더라도 코드 상에 구현된 기본값으로 설정됩니다.

```
[hadoop@wikibooks01 hadoop-2.7.2]$ bin/yarn jar share/hadoop/yarn/lib/yarn-examples-1.0-
SNAPSHOT.jar com.wikibooks.hadoop.yarn.examples.MyClient -jar share/hadoop/yarn/lib/yarn-
examples-1.0-SNAPSHOT.jar -num_containers=1
16/02/17 00:28:27 INFO examples.MyClient: Initializing Client
16/02/17 00:28:27 INFO examples.MyClient: Running Client
16/02/17 00:28:28 INFO client.RMProxy: Connecting to ResourceManager at
wikibooks01/192.168.56.120:8032
16/02/17 00:28:28 WARN util.NativeCodeLoader: Unable to load native-hadoop library for your
platform... using builtin-java classes where applicable
16/02/17 00:28:30 INFO examples.MyClient: Max mem capabililty of resources in this cluster 8192
16/02/17 00:28:30 INFO examples.MyClient: Max virtual cores capabililty of resources in this
cluster 32
16/02/17 00:28:36 INFO examples.MyClient: Copy App Master jar from local filesystem and add to
local environment
16/02/17 00:28:38 INFO examples.MyClient: Set the environment for the application master
16/02/17 00:28:38 INFO examples.MyClient: Setting up app master command
16/02/17 00:28:38 INFO examples.MyClient: Completed setting up app master command {{JAVA_HOME}}/
bin/java -Xmx10m com.wikibooks.hadoop.yarn.examples.MyApplicationMaster --container_memory 10
--container_vcores 1 --num_containers 1 --priority 0 1><LOG_DIR>/AppMaster.stdout 2><LOG_DIR>/
AppMaster.stderr
16/02/17 00:28:38 INFO examples.MyClient: Submitting application to ASM
16/02/17 00:28:39 INFO impl.YarnClientImpl: Submitted application application_1455636440598_0001
16/02/17 00:28:48 INFO examples.MyClient: Application has completed successfully.  Breaking
monitoring loop : ApplicationId:1
16/02/17 00:28:48 INFO examples.MyClient: Application completed successfully
```

MyClient에서 구현한 로그 메시지가 출력된 것을 확인할 수 있습니다. 또한 MyClient가 정상적으로 실행됐다는 "Application completed successfully" 메시지도 출력돼 있습니다. 그렇다면 애플리케이션마스터인 MyApplicationMaster와 애플리케이션인 HelloYarn도 정상적으로 실행됐을까요? 우선 얀의 웹 관리자 화면에서 실행 결과를 확인해보겠습니다. http://호스트:8088에 접속하면 그림 14.2와 같이 HelloYarn이 완료된 것을 확인할 수 있습니다.

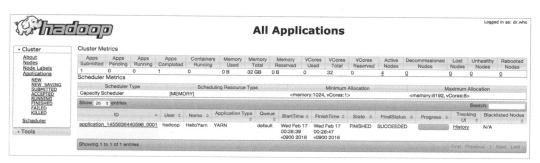

그림 14.2 HelloYarn 실행 결과

그림 14.2에 출력된 애플리케이션ID인 application_1455636440598_0001을 클릭하면 그림 14.3과 같이 상세 화면을 나타냅니다. 참고로 애플리케이션ID는 실행 환경에 따라 다를 수 있습니다.

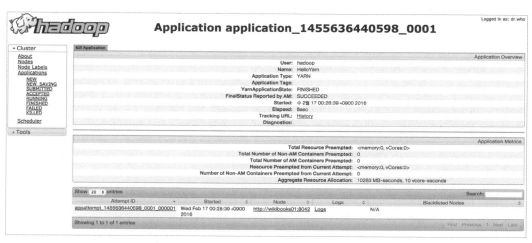

그림 14.3 HelloYarn의 상세 결과

이번에는 애플리케이션마스터의 로그가 정상적으로 출력됐는지 확인해보겠습니다. 그림 14.3의 우측 하단에 있는 logs 링크를 클릭하면 그림 14.4와 같은 화면이 출력됩니다. 이 화면은 애플리케이션마스터가 출력한 로그 목록을 나타냅니다. 참고로 목록에 나오는 AppMaster.stderr과 AppMaster.stdout은 MyClient가 애플리케이션마스터 실행용 커맨드 라인을 생성할 때 설정한 파일명입니다(예제 14.7).

그림 14.4 애플리케이션마스터 로그 목록

그림 14.4의 AppMaster.stderr를 클릭하면 그림 14.5와 같이 MyApplicationMaster의 로그 메시지가 출력된 것을 확인할 수 있습니다.

그림 14.5 MyApplicationMaster의 AppMaster.stderr 로그

AppMaster.stderr의 로그에 오류 메시지가 없는 것으로 볼 때 애플리케이션도 정상적으로 실행됐음을 유추할 수 있습니다. 그럼 애플리케이션인 HelloYarn의 로그는 어디에 있을까요?

그림 14.5의 로그를 보면 아래와 같은 메시지가 출력돼 있습니다.

```
16/02/17 00:28:46 INFO impl.ContainerManagementProtocolProxy: Opening proxy : wikibooks01:59786
16/02/17 00:28:47 INFO examples.MyApplicationMaster: ContainerID:contain
er_1455636440598_0001_01_000002, state:COMPLETE
```

위 로그는 wikibooks01에서 컨테이너ID가 ContainerID:container_1455636440598_0001_01_000002인 컨테이너 실행이 완료됐다는 의미입니다.

이제 로그 확인을 위해 wikibooks01의 하둡 홈 디렉터리 아래의 logs/userlogs/애플리케이션ID로 이동합니다. 이 디렉터리에서 파일 목록을 확인하면 다음과 같이 컨테이너 목록이 출력됩니다. 이 컨테이너 디렉터리에는 해당 컨테이너에서 발생한 로그 파일이 저장돼 있습니다. 참고로 애플리케이션ID가 필자와 다를 수 있듯이 컨테이너 목록도 다를 수 있습니다.

```
[hadoop@wikibooks01 application_1455636440598_0001]$ pwd
/home/hadoop/hadoop-2.7.2/logs/userlogs/application_1455636440598_0001
[hadoop@wikibooks01 application_1455636440598_0001]$ ls -l
합계 16
drwx--x--- 2 hadoop hadoop 4096  2월 17 00:28 container_1455636440598_0001_01_000001
drwx--x--- 2 hadoop hadoop 4096  2월 17 00:28 container_1455636440598_0001_01_000002
```

그럼 컨테이너의 로그 목록을 조회해보겠습니다. MyApplicationMaster에서 HelloYarn 실행을 설정할 때 지정한 stderr과 stdout이 생성된 것을 확인할 수 있습니다.

```
[hadoop@wikibooks01 application_1455636440598_0001]$ cd container_1455636440598_0001_01_000002/
[hadoop@wikibooks01 container_1455636440598_0001_01_000002]$ ls -al
합계 28
drwx--x--- 2 hadoop hadoop 4096  2월 17 00:28 .
drwx--x--- 4 hadoop hadoop 4096  2월 17 00:28 ..
-rw-rw-r-- 1 hadoop hadoop    0  2월 17 00:28 stderr
-rw-rw-r-- 1 hadoop hadoop  192  2월 17 00:28 stdout
```

실제로 stdout의 파일 내용을 출력하면 HelloYarn에서 구현된 'HelloYarn!'이라는 메시지와 JVM 메모리 정보가 출력된 것을 확인할 수 있습니다.

```
[hadoop@wikibooks01 container_1455636440598_0001_01_000002]$ cat stdout
HelloYarn!
The amount of free memory in the Java Virtual Machine: 29
The total amount of memory in the Java virtual machine: 30
The maximum amount of memory that the Java virtual machine: 247
```

얀 아키텍처의
이해

이 장에서 다루는 내용

- 얀 작업 흐름
- 얀 단계별 동작 방식
- 보조서비스
- 프리엠션
- 타임라인 서비스
- 얀 이벤트 처리 방식
- 아키텍처 심화 학습

이번 장에서는 얀의 동작 방식과 주요 컴포넌트의 기능을 자세히 알아보겠습니다.

15.1 얀 작업 흐름

이번 절에서는 얀의 작업 흐름을 알아보겠습니다. 클라이언트가 얀 클러스터에 애플리케이션 실행을 요청할 경우 크게 6단계로 작업이 진행됩니다. 그림 15.1에서 이러한 작업 흐름을 확인할 수 있습니다.

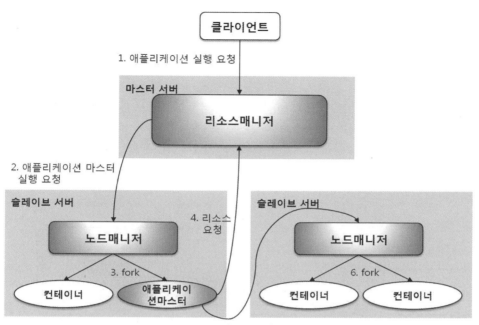

그림 15.1 얀 작업 흐름

그림 15.1에 나타난 흐름은 다음과 같은 순서로 진행됩니다.

1. 클라이언트는 애플리케이션 실행을 요청합니다. 애플리케이션은 얀 API를 구현한 프로그램이면 어떤 애플리케이션이든 실행이 가능합니다. 이때 리소스매니저는 실행 요청이 유효할 경우 클라이언트에게 신규 애플리케이션 ID를 할당합니다.

2. 리소스매니저는 노드매니저에게 애플리케이션마스터 실행을 요청합니다.

3. 노드매니저는 리소스매니저의 요청을 받은 후 컨테이너에서 애플리케이션마스터를 실행합니다. 이때 컨테이너는 새로운 JVM을 생성해 애플리케이션마스터를 실행합니다.

4. 애플리케이션마스터는 리소스매니저에게 애플리케이션을 실행하기 위한 리소스를 요청합니다. 이때 리소스는 필요한 호스트와 랙 정보, 메모리, CPU, 네트워크 정보, 그리고 컨테이너 개수 등으로 구성됩니다. 리소스매니저는 전체 클러스터의 리소스 상태를 확인한 후 애플리케이션마스터에게 노드매니저 목록을 전송합니다.

5. 애플리케이션마스터는 할당받은 노드매니저들에게 컨테이너 실행을 요청합니다.

6. 노드매니저들은 컨테이너에 새로운 JVM을 생성한 후 해당 애플리케이션을 실행합니다. 애플리케이션이 종료되면 해당 애플리케이션마스터가 종료됩니다. 마지막으로 리소스매니저는 종료된 애플리케이션마스터에게 할당했던 리소스를 해제합니다.

15.2 얀 단계별 동작 방식

앞에서 얀의 작업 흐름을 설명했지만 실제로 각 컴포넌트 간에는 더 복잡한 상호작용이 발생합니다. 이번 절에서는 얀의 단계별 동작 방식을 자세히 살펴보겠습니다.

15.2.1 애플리케이션 실행 요청

그림 15.2는 YarnClient를 구현한 클래스인 클라이언트가 얀 클러스터에 애플리케이션 실행을 요청했을 때 진행되는 과정을 나타냅니다. ClientRMService는 리소스매니저의 내부 컴포넌트로 클라이언트가 호출하는 모든 RPC 호출을 처리합니다.

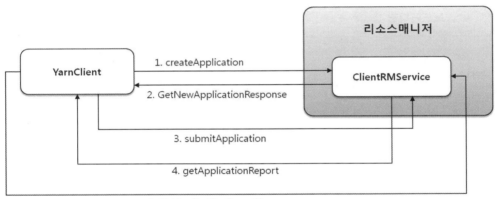

그림 15.2 애플리케이션 실행 요청

그림 15.2의 흐름은 다음과 같은 순서로 진행됩니다.

1. 클라이언트가 애플리케이션을 얀 클러스터에서 실행하려면 얀 클러스터에서 신규 애플리케이션ID를 발급받아야 합니다. 클라이언트는 ClientRMService의 createNewApplication 메서드를 호출해 애플리케이션ID 발급을 요청합니다.

2. ClientRMService는 클라이언트의 요청에 신규 애플리케이션 ID와 얀 클러스터에서 최대로 할당할 수 있는 리소스 정보가 설정돼 있는 GetNewApplicationResponse 객체를 반환합니다.

3. 클라이언트는 애플리케이션ID가 정상적으로 반환됐는지 확인한 후 ClientRMService의 submitApplication 메서드를 호출합니다. 이때 파라미터로 ApplicationSubmissionContext를 전달합니다. ApplicationSubmissionContext는 리소스매니저가 해당 애플리케이션의 애플리케이션마스터를 실행하기 위한 다음과 같은 정보를 포함하고 있습니다.

- 애플리케이션ID
- 애플리케이션이 사용할 큐(Queue)의 이름
- 애플리케이션이 필요한 리소스
- 애플리케이션 이름
- 애플리케이션의 우선순위
- 애플리케이션마스터를 실행할 컨테이너 정보가 담긴 ContainerLaunchContext 객체(ContainerLaunch Context는 15.1.3절에서 추가 설명 예정)

참고로 애플리케이션은 얀 클러스터의 스케줄러에 설정돼 있는 큐만 사용할 수 있습니다.

4. 클라이언트는 submitApplication을 호출한 후 리소스매니저에게 ApplicationReport를 요청합니다. 이때 클라이언트는 ClientRMService의 getApplicationReport를 호출합니다.

5. 리소스매니저는 애플리케이션이 정상적으로 등록됐을 경우 ApplicationReport를 반환합니다. ApplicationReport는 얀 클러스터에서 실행되는 애플리케이션의 통계 정보를 제공하며, 애플리케이션 ID, 이름, 사용자, 큐, 애플리케이션마스터 정보, 애플리케이션 구동 시간 등의 정보를 포함하고 있습니다.

15.2.2 애플리케이션마스터 실행 요청

애플리케이션이 실행되려면 애플리케이션의 라이프 사이클을 관리하는 애플리케이션마스터가 실행돼야 합니다. 그림 15.3은 리소스매니저가 애플리케이션마스터를 실행하는 과정을 보여줍니다.

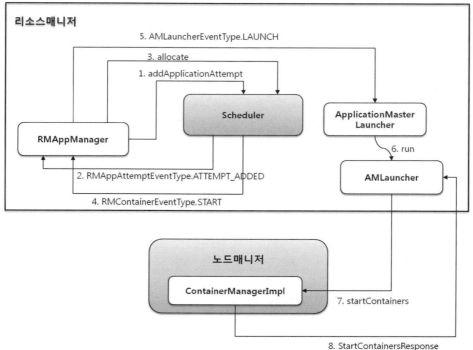

그림 15.3 애플리케이션마스터 실행 요청

그림 15.3의 작업 흐름은 다음과 같은 순서로 진행됩니다.

1. 애플리케이션 목록을 관리하는 컴포넌트인 RMAppManager는 리소스매니저의 내부 스케줄러에게 애플리케이션 등록 및 애플리케이션마스터를 실행하기 위한 컨테이너를 요청합니다.

   참고로 리소스매니저에서 실행되는 애플리케이션은 실행을 시도하는 횟수만큼 ApplicationAttemptId가 생성됩니다. 그리고 내부 스케줄러에 애플리케이션을 등록할 때 ApplicationAttemptId를 사용하게 됩니다.

2. ApplicationAttemptId를 애플리케이션이 사용하는 큐에 등록합니다. 그리고 RMAppManager가 스케줄 등록 결과를 알 수 있게 RMAppAttemptEventType.ATTEMPT_ADDED 이벤트를 발생시킵니다.

3. RMAppManager는 스케줄러에게 ApplicationAttemptId에 대한 컨테이너 할당을 요청합니다.

4. 스케줄러는 ApplicationAttemptId에게 컨테이너를 할당한 후 RMAppManager가 애플리케이션마스터를 실행할 수 있게 RMContainerEventType.START를 발생시킵니다.

5. 스케줄러의 응답을 받은 RMAppManager는 애플리케이션마스터를 실행하는 컴포넌트인 Application MasterLauncher를 실행합니다.

6. ApplicationMasterLauncher는 AMLauncher를 실행해 애플리케이션마스터를 실행합니다.

7. AMLauncher는 컨테이너 정보를 설정한 후 노드매니저에게 애플리케이션마스터 실행을 요청합니다. 이때 파라미터로 ContainerLaunchContext를 이용합니다. 얀 클러스터에서 실행되는 모든 애플리케이션은 컨테이너에서 실행되며, ContainerLaunchContext에 노드매니저가 컨테이너를 실행하는 데 필요한 다음과 같은 정보가 저장돼 있습니다.

   - 컨테이너ID
   - 컨테이너에 할당된 리소스 정보
   - 컨테이너 사용자 정보
   - 보안 정보
   - 컨테이너를 실행하는 데 필요한 바이너리 파일, JAR 파일, XML 파일과 같은 로컬 파일 정보
   - 환경설정 정보
   - 컨테이너를 실행할 커맨드 라인

   참고로 얀에서 맵리듀스를 실행할 경우 AMLauncher는 ContainerLaunchContext의 커맨드 라인을 다음과 같은 형태로 설정합니다. 여기서 MRAppMaster는 맵리듀스 애플리케이션의 애플리케이션마스터 역할을 하는 클래스입니다.

   ```
   $JAVA_HOME/bin/java -Dlog4j.configuration=container-log4j.properties -Dyarn.app.
   container.log.dir=<LOG_DIR>
   -Dyarn.app.container.log.filesize=0
   -Dhadoop.root.logger=INFO,CLA
   ```

```
-Xmx1024m
org.apache.hadoop.mapreduce.v2.app.MRAppMaster 1>
<LOG_DIR>/stdout2><LOG_DIR>/stderr
```

4. 노드매니저는 AMLauncher가 요청한 컨테이너를 실행한 후 실행 결과가 저장돼 있는 StartContainersResponse 를 반환합니다.

15.2.3 애플리케이션마스터 등록

노드매니저가 애플리케이션마스터를 정상적으로 실행했을 경우 해당 애플리케이션마스터가 리소스 매니저에게 등록돼야 합니다. 왜냐하면 리소스매니저는 클러스터 내에서 실행되는 여러 개의 애플 리케이션마스터에게 자원을 할당하고, 상태를 모니터링해야 하기 때문입니다. 그림 15.4에서는 애 플리케이션마스터가 리소스매니저에 등록되는 과정을 볼 수 있습니다.

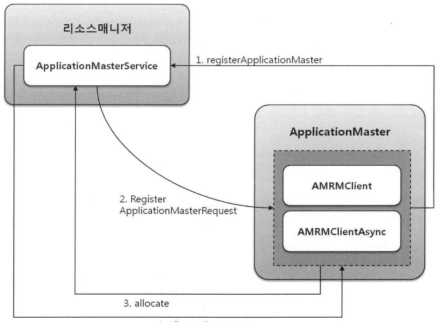

그림 15.4 애플리케이션마스터 등록

그림 15.4는 다음과 같은 단계로 진행됩니다.

1. ApplicationMasterProtocol은 리소스매니저와 애플리케이션마스터 간에 필요한 다음과 같은 인터페이스가 정의돼 있습니다. 참고로 얀은 ApplicationMasterProtocol을 구현한 기본 클라이언트인 AMRMClient와 AMRMClientAsync를 제공합니다. 또는 기본 클라이언트를 사용하지 않고, 개발자가 직접 ApplicationMasterProtocol 인터페이스를 구현할 수도 있습니다.

   - 리소스매니저에게 애플리케이션마스터 등록(registerApplicationMaster)
   - 리소스매니저에서 애플리케이션마스터 해제(finishApplicationMaster)
   - 리소스매니저에게 리소스 할당 요청(allocate)

   애플리케이션마스터의 클라이언트는 registerApplicationMaster 메서드를 호출해 애플리케이션마스터 등록을 요청합니다. 이때 registerApplicationMaster의 파라미터에는 애플리케이션마스터의 호스트명, 포트, 애플리케이션마스터의 상태를 모니터링하기 위한 URL이 포함됩니다.

2. 리소스매니저의 애플리케이션마스터 목록을 관리하는 ApplicationMasterService는 자신이 관리하고 있는 애플리케이션마스터 목록에 해당 애플리케이션마스터를 추가한 후 AllocateResponse 객체를 반환합니다. 참고로 이 응답 객체에는 클러스터 노드 개수, 가용한 리소스, 할당됐거나 완료된 컨테이너 정보 등이 저장돼 있습니다.

3. 이제 애플리케이션마스터는 allocate 메서드를 호출해 애플리케이션을 실행하는 데 필요한 리소스 할당을 요청합니다. 이때 파라미터는 AllocateRequest를 사용하며, 다음과 같은 정보가 저장됩니다.

   - 응답ID: 응답ID가 중복됐는지 확인하는 데 사용
   - 애플리케이션마스터가 실행 중인 애플리케이션의 진행 상태
   - 애플리케이션이 요청하는 리소스 목록
   - 애플리케이션 실행이 완료된 컨테이너 목록
   - 블랙 리소스 리스트: 애플리케이션마스터가 사용해서는 안 되는 리소스 목록
   - allocate 호출 횟수

   allocate 메서드는 애플리케이션마스터의 클라이언트가 리소스매니저에게 자신의 상태를 알려주기 위한 하트비트(heartbeat) 용도로도 사용됩니다. 리소스매니저는 AllocateRequest에 포함돼 있는 애플리케이션의 진행 상태나 하트비트 전송 주기를 체크해 애플리케이션마스터의 상태를 확인할 수 있습니다.

   또한 애플리케이션마스터는 필요한 컨테이너를 한 번에 할당받지 못하더라도 최종적으로는 필요한 모든 컨테이너를 할당받을 수 있습니다. 왜냐하면 allocate 메서드가 주기적으로 호출되기 때문입니다. 참고로 AMRMClient와 AMRMClientAsync는 1초에 한 번씩 allocate 메서드를 호출합니다.

4. ApplicationMasterService는 컨테이너 할당 요청을 스케줄러에게 위임합니다. 스케줄러는 해당 컨테이너가 가용한지 여부를 응답합니다. 그리고 나서 ApplicationMasterService가 스케줄러의 응답 결과를 AllocateResponse에 설정한 후 애플리케이션마스터에게 반환합니다.

15.2.4 컨테이너 실행

이제 애플리케이션마스터는 자신이 할당받은 컨테이너에서 애플리케이션을 실행해야 합니다. 애플리케이션마스터는 이를 위해 노드매니저와 통신하게 됩니다. 그림 15.5는 위와 같은 동작 과정을 보여줍니다.

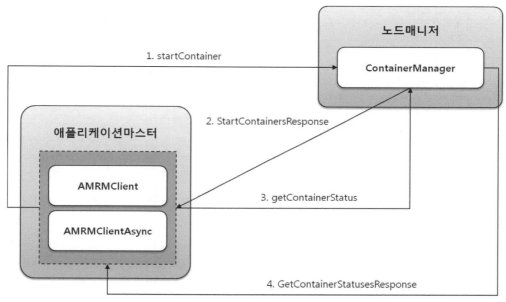

그림 15.5 컨테이너 실행

그림 15.5는 다음과 같은 순서로 진행됩니다.

1. 애플리케이션마스터의 클라이언트는 노드매니저에게 컨테이너를 실행할 것을 요청합니다. 이때 StartContainers Request를 호출 파라미터로 사용되는데, 이 객체에는 컨테이너를 실행하는 데 필요한 로컬 리소스, 커맨드 라인, 보안 정보 등이 저장돼 있습니다.

2. 노드매니저의 ContainerManager가 startContainer 메서드를 처리합니다. ContainerManager는 애플리케이션마스터가 요청한 대로 컨테이너를 실행한 후, 그 결과로 StartContainersResponse 객체를 반환합니다. 이 객체에는 컨테이너 실행 성공, 실패 건수가 저장돼 있습니다.

3. 컨테이너가 정상적으로 실행되고 나면 애플리케이션마스터는 각 컨테이너에서 애플리케이션들이 잘 동작하고 있는지 모니터링해야 합니다. 이를 위해 애플리케이션마스터는 getContainerStatus를 주기적으로 호출해 컨테이너의 실행 상태를 확인합니다.

4. ContainerManager는 애플리케이션마스터가 요청한 컨테이너의 실행 상태를 GetContainerStatusesResponse 객체에 저장해서 반환합니다.

15.2.5 애플리케이션마스터 종료

컨테이너에서 실행했던 애플리케이션들이 종료되면 애플리케이션마스터도 종료돼야 합니다. 왜냐하면 애플리케이션마스터는 하나의 애플리케이션의 라이프 사이클을 관리하기 때문입니다.

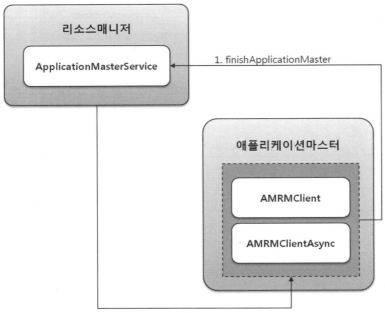

그림 15.6 애플리케이션마스터 종료

그림 15.6은 위와 같은 과정을 나타내며, 다음과 같은 순서로 진행됩니다.

1. 애플리케이션마스터의 클라이언트는 리소스매니저에게 애플리케이션마스터를 종료할 것을 요청합니다.

2. ApplicationMasterService는 해당 애플리케이션마스터를 리소스매니저에서 해제합니다.

위 과정이 완료되면 정상 해제 결과가 설정된 FinishApplicationMasterResponse를 애플리케이션마스터에게 반환합니다.

15.3 보조서비스

4장에서 설명한 것처럼 맵리듀스는 맵 태스크와 리듀스 태스크 사이에는 셔플이라는 작업이 있습니다. 셔플 단계에서 리듀스로 전송할 데이터를 파티셔닝하고, 파티셔닝된 데이터를 네트워크를 통해 전달하게 됩니다. 얀 클러스터에서 맵리듀스 애플리케이션을 실행할 경우 맵 태스크는 노드매니저의 컨테이너에서 실행됩니다. 그런데 노드매니저는 컨테이너에서 실행 중이던 애플리케이션 실행이 종료될 경우 컨테이너도 함께 종료시킵니다. 이처럼 컨테이너가 종료해버린다면 맵 태스크는 리듀스 태스크에게 어떠한 정보도 전달할 수 없습니다. 즉, 셔플을 실행할 수 없게 됩니다.

얀은 이러한 상황을 방지하기 위해 보조서비스(Auxiliary Service)를 제공합니다. 보조서비스는 노드매니저 간의 서비스 제어를 위한 기능이며, 이 서비스를 이용해 서로 다른 노드매니저 사이에 데이터를 전달하거나 다른 노드매니저를 제어할 수 있습니다. 보조서비스를 맵리듀스에 적용하면 맵 태스크를 실행하는 노드매니저와 리듀스 태스크를 실행하는 노드매니저 사이에 셔플이 가능해집니다.

보조서비스의 이해를 돕기 위해 얀 클러스터에서 맵리듀스 애플리케이션의 동작 과정을 살펴보겠습니다. 그림 15.7은 얀 클러스터에서 맵리듀스의 동작 과정을 나타냅니다. 전체적인 동작은 지금까지 앞에서 설명했던 얀의 작업 흐름과 동일합니다.

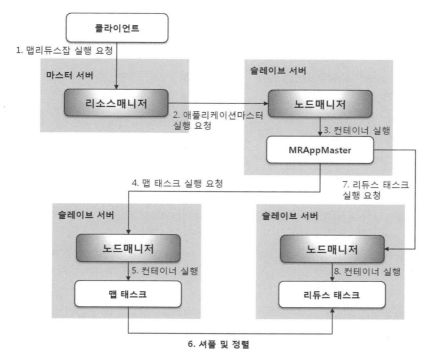

그림 15.7 얀 클러스터에서 맵리듀스가 동작하는 과정

1. 클라이언트가 리소스매니저에게 애플리케이션 실행을 요청합니다.

2. 리소스매니저는 해당 애플리케이션의 애플리케이션마스터를 실행합니다.

3. 얀은 맵리듀스의 애플리케이션마스터로 MRAppMaster[1]를 제공합니다. 리소스매니저가 애플리케이션마스터 실행을 요청하면 노드매니저가 컨테이너에서 MRAppMaster를 실행합니다.

4. MRAppMaster는 또 다른 노드매니저에게 맵 태스크 실행을 요청합니다.

5. 노드매니저는 컨테이너에서 맵 태스크를 실행합니다.

6. 노드매니저에서 실행된 맵 태스크는 태스크 수행 결과를 셔플 과정을 통해 리듀스 태스크에게 전달합니다.

6단계에서 셔플을 담당하는 클래스는 얀이 제공하는 ShuffleHandler[2]입니다. ShuffleHandler는 보조서비스의 추상 클래스인 AuxiliaryService[3]를 상속받아 구현된 클래스입니다. ShuffleHandler에는 맵 태스크의 출력 결과를 셔플하기 위한 다양한 로직이 구현돼 있습니다.

노드매니저가 보조서비스를 인식하려면 노드매니저가 실행되기 전에 yarn-site.xml에 해당 보조서비스를 설정해야 합니다. ShuffleHandler의 경우 예제 15.1과 같이 yarn-site.xml에 설정하면 됩니다. 참고로 yarn.nodemanager.aux-services 속성의 사용법은 13.3.2절에서 이미 설명한 바 있습니다.

예제 15.1 보조서비스 설정

```xml
<?xml version="1.0"?>
<?xml-stylesheet type="text/xsl" href="configuration.xsl"?>
<configuration>
  <property>
    <name>yarn.nodemanager.aux-services</name>
    <value>mapreduce_shuffle</value>
  </property>
  <property>
    <name>yarn.nodemanager.aux-services.mapreduce_shuffle.class</name>
    <value>org.apache.hadoop.mapred.ShuffleHandler</value>
```

---

[1] org.apache.hadoop.mapreduce.v2.app.MRAppMaster
[2] org.apache.hadoop.mapred.ShuffleHandler
[3] org.apache.hadoop.yarn.server.api.AuxiliaryService

```
    </property>
  </configuration>
```

15.4 프리엠션

얀은 효율적으로 리소스를 관리하고, 얀 애플리케이션의 SLA[4]를 보장하기 위해 프리엠션 (preemption) 기능을 제공합니다. 이번 절에서는 프리엠션의 동작 방식에 대해 알아보겠습니다.

15.4.1 프리엠션이란?

얀의 커패시티 스케줄러는 계층적인 큐 형식으로 리소스를 정의합니다. 그림 15.8은 3개의 큐로 구성된 커패시티 스케줄러의 큐를 나타내며, 전체 100GB 메모리 중 A 큐에 20GB, B 큐에 50GB, C 큐에는 30GB가 할당돼 있습니다.

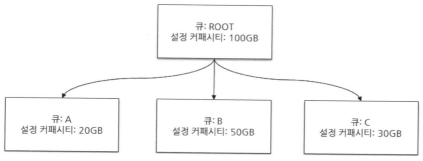

그림 15.8 100GB로 구성된 커패시티 스케줄러의 큐 구성 정보

커패시티 스케줄러는 리소스에 여유가 있을 경우 큐에 설정된 자원보다 더 많은 자원을 사용할 수 있습니다. 예를 들어, 그림 15.8의 큐 B에서는 50GB가 필요한 애플리케이션이 실행 중일 경우, 큐 A와 큐 C에는 아무런 애플리케이션이 실행되고 있지 않으므로 그림 15.9와 같이 50GB를 사용할 수 있습니다.

---

4 SLA(Service Level Agreement): 사업자와 이용자 간 체결하는 서비스 수준에 관한 계약으로 지표가 높을수록 서비스 품질이나 안정성, 장애 보상 기준이 높아짐을 의미한다.

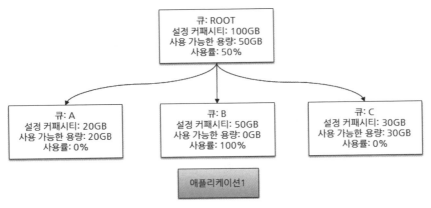

그림 15.9 큐 B의 리소스가 고갈된 상태

위와 같은 상황에서 큐 A에 새로운 20GB를 각각 요구하는 두 개의 애플리케이션 실행 요청이 들어왔다고 가정해 봅시다. 이러한 경우 큐 A의 설정 커패시티는 20GB지만 전체 큐 관점에서는 50GB의 여유가 있기 때문에 큐 A를 요청한 애플리케이션을 실행할 수 있습니다. 그림 15.10은 큐 A에서 두 개의 애플리케이션, 큐 B에서는 한 개의 애플리케이션이 실행되고 있는 상태를 나타냅니다.

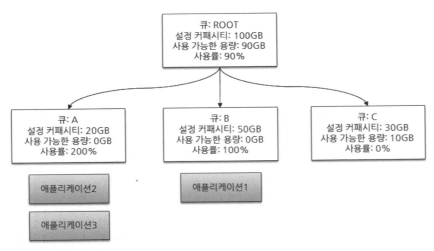

그림 15.10 전체 커패시티의 90%가 사용 중인 상태

그런데 이러한 상황에서 큐 C에 20GB가 필요한 애플리케이션 실행 요청이 들어올 경우, 사용 가능한 용량이 10GB밖에 없어서 다른 큐에서 실행 중인 애플리케이션이 종료될 때까지 대기 상태로 남아 있게 됩니다. 이러한 상황이 실제 운영 환경에서 발생한다면 애플리케이션의 SLA를 보장할 수

없게 될 것입니다. 참고로 커패시티 스케줄러뿐만 아니라 페어 스케줄러도 풀에 설정된 리소스보다 더 많은 리소스를 할당받을 수 있어서 동일한 문제가 발생할 수 있습니다.

프리엠션은 위와 같이 자원을 공평하게 할당받지 못하는 상황에서 다른 애플리케이션의 자원을 회수할 수 있는 기능입니다. 프리엠션을 활성화할 경우 일정한 주기마다 실행되며, 수용량 이상의 자원을 할당받은 애플리케이션의 컨테이너를 강제로 회수하거나, 컨테이너 자체를 종료해서 필요한 자원을 확보합니다. 참고로 그동안 실행된 연산의 결과가 없어지는 기회 비용을 최소화할 수 있도록 최근에 실행된 애플리케이션부터 프리엠션을 실행하게 됩니다.

15.4.2 리소스매니저의 프리엠션 호출 방식

프리엠션 기능은 플러거블(pluggable)한 형태로 설계돼 있으며, SchedulingEditPolicy 인터페이스로 프리엠션 로직을 구현하면 됩니다. SchedulingMonitor는 SchedulingEditPolicy 인터페이스를 구현한 클래스를 주기마다 호출하며, 리소스매니저는 SchedulingMonitor를 스레드로 실행합니다.

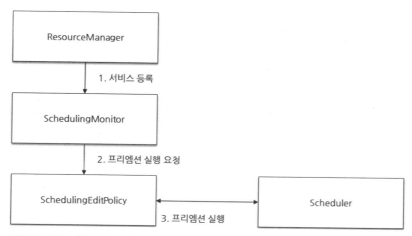

그림 15.11 리소스매니저의 프리엠션 호출 단계

그림 15.11은 리소스매니저가 프리엠션을 호출하는 과정을 나타내는 그림입니다. 각 단계는 다음과 같이 진행됩니다.

1. 리소스매니저는 프리엠션 기능이 활성화돼 있을 경우, yarn.resourcemanager.scheduler.monitor.policies 속성에 설정된 프리엠션 구현 클래스를 SchedulingMonitor에 등록합니다. SchedulingMonitor는 기존에 스케줄링을 담당하는 스레드와는 별도의 스레드로 실행됩니다.

2. SchedulingEditPolicy 인터페이스는 프리엠션 모니터링 주기를 반환하는 getMonitoringInterval 메서드와 프리엠션 실행을 구현할 editSchedule 메서드를 제공합니다. SchedulingMonitor는 프리엠션 모니터링 주기마다 SchedulingEditPolicy의 editSchedule 메서드를 호출합니다.

3. SchedulingEditPolicy는 editSchedule 메서드에 구현된 프리엠션 로직을 실행합니다.

15.4.3 ProportionalCapacityPreemptionPolicy의 동작 방식

얀은 기본적으로 SchedulingEditPolicy 인터페이스를 구현한 ProportionalCapacityPreemptionPolicy를 제공합니다. 이번 절에서는 ProportionalCapacityPreemptionPolicy의 동작 방식에 대해 알아보겠습니다.

1. 스케줄러의 전체 자원 정보와 현재 자원 사용률을 조회합니다.

2. 전체 큐의 현재 사용률을 고려해 각 큐에 가장 알맞은 자원 수용량을 계산합니다. 허용된 범위의 자원을 요청하는데도 대기 상태에 있는 애플리케이션이 있다면 이 과정에서 적절한 수용량을 계산하게 됩니다.

3. 수용량 이상의 자원을 사용하고 있는 애플리케이션 중에서 자원을 회수할 대상을 선택합니다. 단, 부모 큐에 설정된 범위 내에서 사용 중이라면 대상에서 제외됩니다. 예를 들어, 그림 15.11의 큐 C에 각각 15GB를 사용하는 큐 C1, 큐 C2가 추가된다고 가정해 봅시다. 이때 큐 C1에서 각각 10GB가 필요한 두 개의 애플리케이션이 실행되더라도 부모 큐인 C의 자원인 30GB보다 작으므로 회수 대상에서 제외됩니다.

4. 자원 회수 대상 애플리케이션들의 자원 할당 예약 요청 건을 조회한 후, 해당 요청을 삭제합니다. 가장 최근에 예약 요청을 한 애플리케이션부터 조회하며, 필요한 리소스가 모두 확보될 때까지 작업을 진행합니다.

5. 4번 작업으로도 필요한 리소스를 확보하지 못했다면 컨테이너 단위로 회수 작업을 진행합니다. 자원 회수 대상 애플리케이션의 컨테이너를 순회하면서 스케줄러에게 해당 컨테이너를 회수할 것을 요청합니다. 시간 역순으로 작업이 진행되며, 맨 마지막에 할당됐던 컨테이너가 가장 먼저 회수됩니다. 만약 회수 요청 이후 일정 시간이 지났는데도 처리되지 않은 컨테이너가 있다면 스케줄러에게 컨테이너 강제 종료를 요청합니다. 참고로 이전 작업처럼 필요한 리소스가 확보될 때까지 회수 작업을 계속 진행합니다.

15.4.4 프리엠션 설정

표 15.1은 프리엠션 설정을 정리한 내용이며, 리소스매니저가 참조하는 yarn-site.xml에 설정값을 적용하면 됩니다.

표 15.1 프리엠션 설정 정보

속성	내용	기본값
yarn.resourcemanager.scheduler.monitor.enable	프리엠션은 기본적으로 비활성화돼 있으며, 이 속성을 true로 설정해야 동작하게 됩니다.	false
yarn.resourcemanager.scheduler.monitor.policies	SchedulingEditPolicy 인터페이스를 구현한 클래스를 콤마 단위로 지정할 수 있습니다.	ProportionalCapacityPreemptionPolicy
yarn.resourcemanager.monitor.capacity.preemption.monitoring_interval	ProportionalCapacityPreemptionPolicy의 프리엠션 모니터링 주기이며, 밀리초 단위로 설정합니다.	3000
yarn.resourcemanager.monitor.capacity.preemption.observe_only	ProportionalCapacityPreemptionPolicy는 이 기능이 활성화돼 있을 경우 자원 재계산과 결과와 프리엠션 대상을 로그에만 출력할 뿐, 실제 스케줄러에게 프리엠션 요청을 보내지 않습니다.	false
yarn.resourcemanager.monitor.capacity.preemption.max_wait_before_kill	ProportionalCapacityPreemptionPolicy가 스케줄러에게 프리엠션을 요청한 후, 컨테이너 종료 요청을 보내기까지 대기 시간을 나타냅니다. 밀리초 단위로 설정합니다.	15000
yarn.resourcemanager.monitor.capacity.preemption.total_preemption_per_round	ProportionalCapacityPreemptionPolicy가 edit Schedule 메서드를 실행할 때 전체 자원에서 프리엠션을 실행할 자원의 비율, 즉 프리엠션 한도를 설정합니다. float 값으로 설정할 수 있으며, 실제로 비율값으로 쓰이게 됩니다. 예를 들어, 얀 클러스터의 전체 리소스가 100GB인데, 이 속성을 0.1로 설정했다면 100GB의 10%인 10GB가 프리엠션 대상이 됩니다.	0.1
yarn.resourcemanager.monitor.capacity.preemption.max_ignored_over_capacity	ProportionalCapacityPreemptionPolicy가 회수 대상 애플리케이션을 선택할 때 애플리케이션이 수용량 이상의 자원의 사용하더라도 회수 대상에서 제외할 수 있는 자원 비율을 의미합니다. float 값으로 설정할 수 있으며, 실제로 비율값으로 쓰이게 됩니다. 예를 들어, 이 속성이 0.1로 설정돼 있을 경우 수용량을 10% 초과한 시점부터 자원 회수 대상으로 선정하게 됩니다.	0.1
yarn.resourcemanager.monitor.capacity.preemption.natural_termination_factor	ProportionalCapacityPreemptionPolicy가 회수 대상 애플리케이션을 선택할 때 회수할 자원 비율을 의미합니다. float 값으로 설정할 수 있으며, 실제로 비율값으로 쓰이게 됩니다. 예를 들어, 이 속성이 0.2로 설정돼 있고, 회수해야 할 자원이 5GB라고 가정해 봅시다. 이때 각 큐를 순회하면서 첫 번째 순회에서는 5GB의 20%인 1GB를 회수 대상으로 삼고, 두 번째 순회에서는 남은 4GB의 20% 0.8GB를 회수 대상으로 설정합니다.	0.2

15.5 타임라인 서비스

타임라인 서비스는 얀 클러스터에서 실행되는 애플리케이션의 히스토리 상태와 주요 메트릭 정보를 유지하기 위한 서비스입니다. 이번 절에서는 타임라인 서비스의 등장 배경과 구조를 알아보겠습니다.

15.5.1 타임라인 서비스란?

얀은 맵리듀스 잡의 이력을 유지하기 위한 JobHistoryServer를 제공합니다. 하지만 맵리듀스용으로만 커스터마이징돼 있어서 수집하는 메트릭 정보도 카운터, 매퍼, 리듀서 정보에 국한됩니다. 또한 이력 저장용 스토리지도 HDFS로 제한돼 있어서 RDBMS나 NoSQL 같은 다른 종류의 스토리지를 사용할 수 없습니다.

이미 12장의 얀의 등장 배경에서 언급한 대로 얀 클러스터에서는 맵리듀스 잡 외에도 스트리밍 데이터 처리, 인터랙티브 SQL 엔진 등 다양한 애플리케이션을 실행할 수 있습니다. 하지만 JobHistoryServer는 맵리듀스 애플리케이션만을 대상으로 하고 있어서 다른 애플리케이션의 실행 이력을 공통된 인터페이스로 유지할 수가 없습니다. 또한 JobHistoryServer는 실행이 완료된 맵리듀스 잡의 이력만을 유지하기 때문에 리소스매니저가 다운되거나 맵리듀스 잡이 비정상적으로 종료될 경우 이력 정보가 남지 않습니다.

타임라인 서비스는 이러한 JobHistoryServer의 문제점을 해결하기 위해 제안된 기능입니다. 타임라인 서비스는 맵리듀스뿐 아니라 다른 종류의 애플리케이션에도 적용할 수 있으며, 다음과 같은 종류의 데이터를 처리합니다.

- 애플리케이션 명세 정보: 애플리케이션이나 프레임워크의 특정 정보를 수집하고 검색합니다. 예를 들어, 맵리듀스의 경우, 맵과 리듀스 태스크 개수, 카운터 정보를 수집합니다. 애플리케이션 개발자는 TimelineClient로 애플리케이션마스터와 컨테이너에 포함된 정보를 저장할 수 있습니다.
- 완료된 애플리케이션의 제네릭 정보: 애플리케이션이 사용한 큐 관련 정보, 애플리케이션을 실행한 사용자 정보, 애플리케이션 어템프트 및 컨텍스트 정보, 실행된 컨테이너 목록 및 컨테이너 상세 정보와 같은 애플리케이션 레벨의 정보가 포함됩니다.

15.5.2 타임라인 서비스 아키텍처

이번 절에서는 타임라인 서비스의 아키텍처를 알아보겠습니다. 그림 15.12는 타임라인 서비스의 아키텍처를 나타내는 그림입니다.

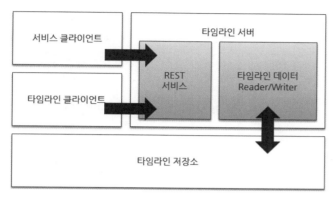

그림 15.12 타임라인 서비스 아키텍처

각 컴포넌트는 다음과 같은 특징이 있습니다.

- 타임라인 저장소: JobHistoryServer가 HDFS에만 데이터를 저장하는 것과는 달리 타임라인 서비스는 다양한 스토리지를 저장소로 활용할 수 있습니다. 기본적으로 인메모리 저장소와 레벨DB[5] 저장소를 사용할 수 있습니다. 단 인메모리 저장소를 사용할 경우, 타임라인 서비스를 재실행하면 기존 데이터가 초기화되므로 주의가 필요합니다. Reader 및 Writer 인터페이스를 이용해 데이터를 조회하고, 저장할 수 있습니다. 최근에 타임라인 서비스 1.5 버전에서 파일 기반의 저장소가 추가됐으며, 2.0 버전에서는 H베이스 저장소 기능이 추가될 예정입니다.

- 타임라인 클라이언트: 타임라인 서비스의 REST API 중 POST 메서드를 래핑하고 있습니다. 타임라인 데이터 모델인 타임라인 엔티티와 타임라인 이벤트의 POJO 객체를 제공합니다. 주로 애플리케이션마스터, 컨테이너, 애플리케이션의 클라이언트 코드에서 사용합니다.

- 서비스 클라이언트: 타임라인 서비스의 REST API를 호출하는 클라이언트를 의미하며, 웹 브라우저 및 CLI 등을 예로 들 수 있습니다.

- REST API: REST API는 HTTP 및 HTTPS 로 호출할 수 있으며, 처리 결과는 JSON 형식으로 전달됩니다. 제공되는 API 종류는 아파치 하둡 사이트[6]에서 확인할 수 있습니다.

5　구글이 오픈소스로 공개한 NoSQL입니다. 키-값 형태로 데이터를 저장하며, 빠른 성능을 제공합니다. 다른 NoSQL에 비해 가볍지만 그만큼 대용량 서버용보다는 단말 혹은 브라우저의 스토리지로 활용성이 높습니다.

6　http://hadoop.apache.org/docs/stable/hadoop-yarn/hadoop-yarn-site/TimelineServer.html

15.5.3 데이터 모델

타임라인 서비스의 데이터 모델은 그림 15.13과 같이 도메인, 엔티티, 이벤트로 구성됩니다.

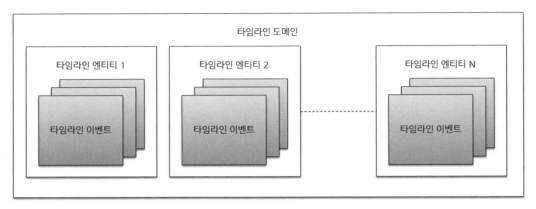

그림 15.13 타임라인 서비스 데이터 모델

- 타임라인 도메인: 타임라인 도메인은 사용자가 다중 엔티티를 관리하고, 해당 엔티티를 다른 사용자와 애플리케이션으로부터 분리할 수 있도록 네임스페이스를 제공합니다. 도메인은 사용자 정보, 읽기 및 쓰기 관련 ACL 정보 등을 기본적으로 저장하며, 타임스탬프 정보를 생성하고 수정합니다. 각 도메인은 아이디로 식별할 수 있으며, 다른 도메인과 중복되지 않도록 고유한 값으로 설정됩니다.

- 타임라인 엔티티: 타임라인 엔티티는 개념적인 엔티티의 메타 정보와 이와 관련된 이벤트 정보를 보관합니다. 애플리케이션, 애플리케이션 어템프트, 컨테이너, 사용자 정의 객체 등이 엔티티가 될 수 있습니다. 또한 엔티티는 타임라인 저장소 내에서 인덱싱하는 데 사용할 필터를 포함하며, 사용자는 어떤 값을 필터로 사용할지 선택할 수 있습니다. 마지막으로 각 엔티티는 고유한 엔티티 아이디와 엔티티 타입을 유지합니다.

- 타임라인 이벤트: 타임라인 이벤트는 타임라인 엔티티와 연관된 이벤트를 설명합니다. 예를 들어, 애플리케이션의 시작, 컨테이너 할당, 작업 실패, 사용자와 클러스터 운영에 관련된 다른 정보 등을 이벤트로 설정할 수 있습니다.

15.5.4 타임라인 서비스 실행

타임라인 서비스는 기본적으로 비활성화돼 있으며, 표 15.2에 정리된 속성을 yarn-site.xml에 추가해야 합니다.

표 15.2 타임라인 서버용 설정

속성	내용	기본값
yarn.timeline-service.enabled	타임라인 서비스 활성화 여부를 설정합니다. 이 속성이 활성화 되면 클라이언트는 타임라인 엔티티와 타임라인 이벤트 정보를 타임라인 서비스에 전송합니다. 타임라인 서비스를 사용하기 위해 true로 설정합니다.	false
yarn.timeline-service.version	현재 실행 중인 타임라인 서비스 버전을 명시합니다. 타임라인 서비스를 사용하는 클라이언트와 이 속성의 버전이 동일해야만 해당 클라이언트가 정상적으로 동작합니다. 1.0 버전을 사용할 때는 1.0f를, 1.5 버전을 사용할 때는 1.5f를 설정합니다.	1.0f
yarn.resourcemanager. system-metrics-publisher. enabled	얀 클러스터의 시스템 메트릭 정보를 타임라인 서비스에 저장 할지를 선택합니다. 여기서는 true로 설정했습니다.	false
yarn.timeline-service.store-class	타임라인 서비스에서 데이터 저장소로 사용할 클래스를 설정 합니다. 기본값으로 레벨디비용 클래스를 사용합니다. 메모리 를 저장소로 사용할 경우 org.apache.hadoop.yarn.server. timeline.MemoryTimelineStore를 설정합니다. 파일 시스템을 저장소로 사용할 경우에는 org.apache.hadoop.yarn.server. timeline.EntityGroupFSTimelineStore를 설정합니다. 단, EntityGroupFSTimelineStore는 타임라인 서비스 1.5 버전부 터 제공되므로 yarn.timeline-service.version을 1.5f로 설정 해야 합니다.	org.apache.hadoop. yarn.server.timeline. LeveldbTimelineStore
yarn.timeline-service.leveldb-timeline-store.path	레벨디비 데이터를 저장할 로컬 파일 경로를 설정합니다. 기본 값은 /tmp 경로로 돼 있기 때문에 네임노드나 데이터노드용 파 일 설정처럼 별도의 경로로 설정하는 것이 좋습니다. 이 책에서 는 테스트 용도로 /home/hadoop/leveldb를 저장 경로로 설 정했습니다. 실제 운영 환경에서는 용량이 크게 증가할 수 있으 니, 디스크 용량이 여유 있는 디렉터리로 설정해야 합니다.	${hadoop.tmp.dir}/ yarn/timeline
yarn.timeline-service.entity-group-fs-store.active-dir	EntityGroupFSTimelineStore를 사용할 경우, 실행 중인 애플 리케이션의 타임라인 데이터를 저장할 경로를 설정합니다. 기 본값은 로컬 파일 시스템으로 돼 있으며, 데이터 유실을 방지하 도록 HDFS 디렉터리를 사용할 것을 권장합니다.	/tmp/entity-file-history/active
yarn.timeline-service.entity-group-fs-store.done-dir	EntityGroupFSTimelineStore를 사용할 경우, 완료된 애플리 케이션의 타임라인 데이터를 저장할 경로를 설정합니다. 기본 값은 로컬 파일 시스템으로 돼 있으며, 데이터 유실을 방지하도 록 HDFS 디렉터리를 사용할 것을 권장합니다.	/tmp/entity-file-history/done/

속성	내용	기본값
yarn.timeline-service.entity-group-fs-store.summary-store	EntityGroupFSTimelineStore를 사용할 경우, 타임라인 데이터의 통계 정보를 별도로 저장합니다. 통계 정보는 빠르게 제공될 수 있도록 인메모리나 NoSQL 등을 이용합니다. 기본값으로 설정된 레벨DB를 사용할 경우 반드시 yarn.timeline-service.leveldb-timeline-store.path 속성을 설정해야 합니다.	org.apache.hadoop.yarn.server.timeline.LeveldbTimelineStore
yarn.timeline-service.hostname	타임라인 서비스용 웹 서버를 실행할 호스트명을 설정합니다. 기본적으로 타임라인 서비스 데몬을 실행하는 서버에서 실행됩니다.	0.0.0.0
yarn.timeline-service.address	타임라인 서비스용 RPC 서버 주소입니다.	${yarn.timeline-service.hostname}:10200
yarn.timeline-service.webapp.address	타임라인 서비스의 HTTP 프로토콜용 웹 서버 주소입니다.	${yarn.timeline-service.hostname}:8188
yarn.timeline-service.webapp.https.address	타임라인 서비스의 HTTPS 프로토콜용 웹 서버 주소입니다.	${yarn.timeline-service.hostname}:8190

설정이 완료되면 다음과 같이 타임라인 서비스를 실행합니다.

```
$ ./sbin/yarn-daemon.sh start timelineserver
```

타임라인 서비스용 데몬인 ApplicationHistoryServer가 자바 프로세스 목록에 출력되는지 확인합니다.

```
$ jps
92948 ApplicationHistoryServer
(생략)
```

얀 클러스터를 재실행합니다.

```
$ ./sbin/stop-yarn.sh
$ ./sbin/start-yarn.sh
```

웹 화면에서 http://wikibooks001:8188에 접속하면 그림 15.14와 같은 화면이 나타납니다.

그림 15.14 타임라인 서비스 웹 인터페이스

타임라인 서비스가 시작된 후 실행된 애플리케이션이 없기 때문에 아무런 정보가 출력되지 않습니다. 실제로 맵리듀스 잡을 실행하면 그림 15.15와 같이 완료된 잡과 실행 중인 잡이 모두 출력됩니다. 각 애플리케이션의 아이디를 클릭하면 상세 실행 정보를 확인할 수 있습니다.

그림 15.15 타임라인 서비스 웹 인터페이스의 애플리케이션 목록

15.6 얀 이벤트 처리 방식

얀이 동작할 때는 내부적으로 다양한 이벤트가 발생합니다. 예를 들어, AMLauncher를 실행하거나 장애가 발생한 노드매니저를 리소스매니저에서 제거하는 작업은 이벤트 호출로 처리됩니다. 얀은 효율적으로 이벤트를 처리하기 위해 비동기 디스패처(AsyncDispatcher)와 스테이트머신(StateMachine) 모델을 제공합니다.

15.6.1 비동기 디스패처

맵리듀스는 잡트래커와 태스크트래커의 내부 이벤트를 멀티 스레드 방식으로 처리합니다. 멀티 스레드 방식은 각 요청마다 하나의 스레드를 새롭게 생성하는데, 스레드가 많아질 경우 시스템의 많은 자원을 소모하게 됩니다.

얀은 맵리듀스와는 달리 비동기 방식으로 이벤트를 처리하며, 이를 지원하기 위한 비동기 디스패처를 제공합니다. 그림 15.16은 비동기 디스패처의 동작 과정을 나타냅니다.

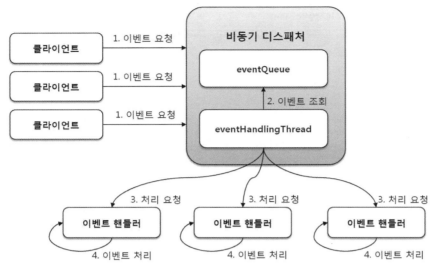

그림 15.16 비동기 디스패처의 동작 과정

1. 클라이언트는 비동기 디스패처의 handle 메서드를 호출해 이벤트 처리를 요청합니다. 비동기 디스패처는 요청받은 이벤트를 내부 큐인 eventQueue에 등록합니다. 이때 클라이언트는 이벤트 처리를 대기하지 않고, 다른 작업을 처리할 수 있습니다.

2. 비동기 디스패처는 이벤트 요청을 처리하는 eventHandlingThread를 제공합니다. eventHandlingThread는 싱글 스레드로 실행되며, eventQueue에 신규 이벤트가 있는지 계속해서 조회합니다.

3. eventHandlingThread는 이벤트 요청 자체를 처리하지는 않으며, 실제 이벤트를 처리하는 클래스에게 전달하는 역할을 담당합니다. 그래서 eventHandlingThread는 이벤트 처리 로직이 구현돼 있는 이벤트 핸들러의 handle 메서드를 호출합니다.

4. 이벤트 핸들러는 요청받은 이벤트 타입을 확인한 후 handle 메서드에 정의된 로직을 실행합니다. 실제 안에 구현된 이벤트 핸들러는 다양한 형태로 로직을 실행합니다. 단순히 이벤트 로직만 실행하고 종료하거나, 또는 이벤트를 처리한 후 클라이언트에게 이벤트가 완료됐음을 알릴 수 있습니다. 마지막으로 이벤트 처리 중에 다른 이벤트를 발생시킬 수도 있습니다(15.5절 참고).

비동기 디스패처는 싱글 스레드 기반으로 동작하기 때문에 멀티 스레드 방식으로 인한 동기화나 데드락과 같은 복잡한 상황에서 벗어날 수 있습니다. 또한 기존 방식에 비해 속도도 빠르고 시스템 자원도 적게 소모합니다. 참고로 현재 비동기 디스패처는 리소스매니저, 노드매니저, MRAppMaster에 적용돼 있습니다.

15.6.2 상태 관리

리소스매니저와 노드매니저의 내부 컴포넌트들은 상태 정보가 다양하게 변경됩니다. 예를 들어, 리소스매니저는 내부 컴포넌트로 RMNodeImpl을 사용합니다. RMNodeImpl은 노드매니저의 상태 정보를 제공하며, 다음과 같은 상태 정보로 구성됩니다.

- NEW: 신규 노드
- RUNNING: 정상적으로 실행되고 있는 노드
- UNHEALTHY: 실행 중이지만 문제가 있는 노드
- DECOMMISSIONED: 서비스에서 제외된 노드
- LOST: 리소스매니저에게 하트비트를 전송하지 않는 노드
- REBOOTED: 재부팅된 노드

RMNodeImpl은 위와 같은 범위 내에서만 상태가 변경됩니다. 예를 들어, 새로운 노드(NEW)가 실행 중인 노드(RUNNING)로 상태가 변경되거나 문제가 있던 노드(UNHEALTHY)가 정상 실행 중인 상태(RUNNING)로 변경될 수 있습니다. 이러한 상태 변경은 이벤트에 의해 처리됩니다. 그림 15.17은 RMNodeImpl의 상태 변경 과정을 나타냅니다. 참고로 아래 그림의 사각형은 상태 정보를, 화살표는 상태를 변경하는 이벤트를 의미합니다.

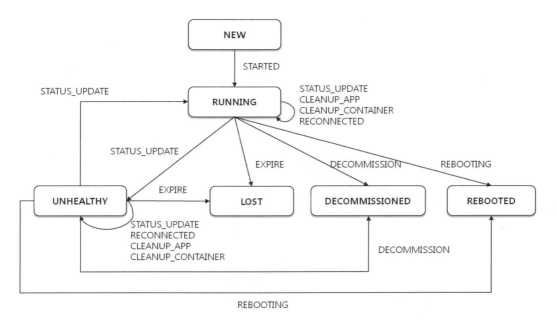

그림 15.17 RMNodeImpl 상태 정보

위 그림에서 알 수 있듯이 하나의 컴포넌트는 다양한 상태와 상태 변경이 발생합니다. RMNode Impl는 상태 정보가 적은 경우이며, 십여 개 이상의 상태를 처리하는 컴포넌트도 있습니다.

얀은 이러한 상태 변경을 효율적으로 처리하기 위해 스테이트머신 모델을 제공합니다. 이 모델은 상태 변경 정보와 관련 이벤트를 명시적으로 설정합니다. 그래서 상태 변경을 자동으로 인지하고 관련된 로직을 처리할 수 있습니다. 또한 잘못된 상태 전환이 발생했을 때 자동으로 장애 처리가 되도록 설정할 수 있습니다. 마지막으로 비동기 디스패처와 연계해 이벤트를 처리하기도 편리합니다.

스테이트머신 모델은 다음과 같이 두 개의 클래스로 구성됩니다.

- **StateMachine**

  현재 상태와 각 상태가 됐을 때 처리해야 할 이벤트 정보로 구성됩니다.

- **StateMachineFactory**

  상태 변경 정보를 스택에 유지하고 있습니다. 변경 전의 상태 정보는 Enum 타입의 변수로 설정하고, 변경 후의 상태 정보는 이벤트 타입과 관련 메서드 정보를 이용해 StateMachine 객체를 생성합니다. 참고로 Enum 변수는 하나만 설정할 수 있지만 변경 후 상태 정보는 여러 개의 StateMachine을 설정할 수 있습니다.

마지막으로 스테이트머신 모델의 동작 과정을 알아보겠습니다. 그림 15.18은 RMNodeImpl의 상태가 REBOOTED로 변경됐을 때의 처리 과정을 나타냅니다.

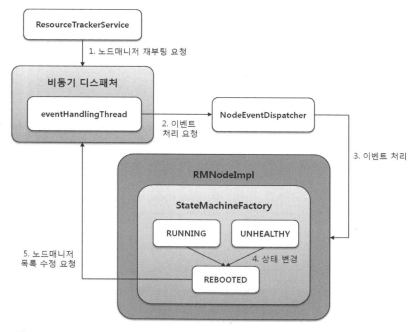

그림 15.18 REBOOTED 이벤트를 처리하는 RMNodeImpl의 스테이트머신 동작 과정

각 동작 과정은 다음과 같습니다.

1. ResourceTrackerService는 노드매니저가 하트비트를 전송하지 않으면 해당 노드매니저를 재부팅할 것을 요청합니다. 이때 ResourceTrackerService는 비동기 디스패처에게 이벤트 타입이 RMNodeEventType. REBOOTING인 이벤트 처리를 요청합니다.

2. 비동기 디스패처는 RMNodeEventType의 이벤트 핸들러인 NodeEventDispatcher의 handle 메서드를 호출해 이벤트 처리를 요청합니다.

3. NodeEventDispatcher의 handle 메서드는 RMNodeImpl의 handle 메서드를 호출합니다.

4. RMNodeImpl은 StateMachine의 doTransition 메서드를 호출해 상태를 변경합니다. 변경 전 상태는 RUNNING과 UNHEALTHY가 될 수 있으며, 변경 후 상태는 REBOOTED로 설정됩니다. StateMachine은 상태가 변경되면 DeactivateNodeTransition 메서드를 호출합니다.

5. 재부팅된 노드매니저는 리소스매니저가 관리하는 노드매니저 목록에서 삭제돼야 합니다. 이를 위해 DeactivateNodeTransition 메서드에서는 NodesListManagerEventType.NODE_UNUSABLE 이벤트를 요청합니다.

15.7 아키텍처 심화 학습

앞서 얀의 단계별 동작 방식을 설명할 때 리소스매니저와 노드매니저의 내부 컴포넌트를 설명했습니다. 그런데 일부 내부 컴포넌트만을 설명했을 뿐이고 실제 리소스매니저와 노드매니저는 다양한 내부 컴포넌트로 구성돼 있습니다. 이번 절에서는 리소스매니저와 노드매니저의 구조에 대해 자세히 알아보겠습니다.

15.7.1 리소스매니저

리소스매니저는 전체 클러스터의 가용한 리소스를 스케줄링하고, 클러스터에서 실행되는 애플리케이션들에게 리소스를 중재합니다. 그리고 노드매니저와 애플리케이션마스터를 제어하면서 애플리케이션들이 정상적으로 실행될 수 있게 도와줍니다. 리소스매니저는 이러한 기능을 수행하기 위해 다양한 컴포넌트로 구성돼 있습니다. 그림 15.19는 리소스매니저의 컴포넌트 구성을 보여줍니다.

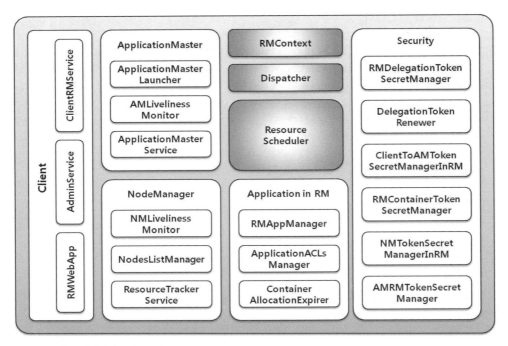

그림 15.19 리소스매니저 컴포넌트 구성

각 컴포넌트는 다음과 같은 기능을 담당합니다.

주요 컴포넌트

- RMContext: 리소스매니저의 컨텍스트 정보를 유지합니다. 그림 15.4에 나타난 대부분의 컴포넌트 정보를 포함합니다.

- Dispatcher: 이벤트 전달을 위한 인터페이스입니다. 이 인터페이스는 이벤트 유형에 맞는 이벤트 핸들러에게 이벤트를 전달합니다. 참고로 리소스매니저는 Dispatcher 인터페이스를 구현하기 위해 앞서 15.4절에서 설명한 비동기 디스패처를 생성합니다.

- ResourceScheduler: 이 컴포넌트는 YarnScheduler 인터페이스를 확장한 인터페이스입니다. 이 인터페이스는 클러스터에서 실행되는 애플리케이션에게 리소스를 할당하는 역할을 담당합니다. 이를 위해 스케줄러 큐 정보 조회, 가용 리소스 조회, 리소스 할당, 노드 수 조회 등 다양한 기능을 제공합니다. ResourceScheduler는 인터페이스이기 때문에 이를 구현한 클래스를 생성해야만 실제 스케줄 기능을 수행할 수 있습니다. 현재 기본 스케줄러는 커패시티 스케줄러를 사용하고 있으며, 얀 설정 파일의 scheduler.class 옵션으로 스케줄러를 설정할 수 있습니다. 참고로 클러스터의 가용한 자원은 메모리, CPU, 디스크, 네트워크 정보가 있지만 현재 커패시티 스케줄러는 CPU와 메모리만으로 자원 스케줄링을 하고 있습니다.

클라이언트 인터페이스

- **ClientRMService**: 클라이언트는 리소스매니저와 인터페이스를 유지해야 합니다. ClientRMService는 클라이언트가 리소스매니저에게 요청하는 모든 RPC 요청을 관리합니다. 애플리케이션 실행, 애플리케이션 종료, 실행 중인 애플리케이션 목록 요청, 클러스터 상태 정보, 큐 정보 조회 등의 인터페이스를 제공합니다.

- **AdminService**: 관리자 사용자로부터 요청되는 RPC 요청을 처리합니다. ClientRMService에서 제공하는 인터페이스보다 권한이 높은 기능을 제공합니다. 큐 설정, 노드 목록, 사용자 그룹 설정, ACL 목록을 리프레시할 수 있습니다.

- **RMWebApp**: 얀은 리소스 사용 및 실행 중인 애플리케이션의 상태 정보를 쉽게 조회할 수 있게 웹 인터페이스를 제공합니다. RMWebApp은 위와 같은 인터페이스를 제공하기 위한 내장 웹 서버입니다.

애플리케이션마스터 관리

- **ApplicationMasterService**: 이 컴포넌트는 모든 애플리케이션마스터에서 요청하는 RPC 요청을 관리합니다. 주요 기능으로는 신규 애플리케이션마스터 등록 및 애플리케이션 종료가 있습니다. 또한 클러스터 내에서 실행 중인 애플리케이션마스터로부터 컨테이너 할당 및 해제에 대한 요청을 받아 리소스매니저의 스케줄러에 전달하는 역할도 수행합니다.

- **ApplicationMasterLauncher**: 애플리케이션마스터를 실행하기 위한 내부 스레드 풀을 유지하고 있습니다. 신규 애플리케이션 실행 요청이 들어오면 스레드 풀은 애플리케이션마스터 런처 클래스인 AMLauncher를 호출하며, 이때 AMLauncher는 노드매니저에게 컨테이너에서 애플리케이션마스터 실행을 요청합니다. 그리고 애플리케이션이 종료되면 AMLauncher에게 애플리케이션마스터 초기화를 요청하고 AMLauncher가 노드매니저에게 이 요청을 전달합니다.

- **AMLivelinessMonitor**: 이 컴포넌트는 애플리케이션마스터의 상태를 모니터링하며, 이를 위해 애플리케이션마스터의 하트비트를 체크합니다. 하트비트는 기본값인 10분을 주기로 체크하며, 이 설정은 얀 설정 파일의 am.liveness-monitor.expiry-interval-ms 옵션을 통해 조정할 수 있습니다. 참고로 10분 내에 애플리케이션마스터로부터 하트비트를 받지 못할 경우 해당 애플리케이션마스터는 종료됐다고 보고, 해당 애플리케이션마스터에게 할당됐던 모든 컨테이너들을 해제합니다.

노드매니저 관리

- **NodesListManager**: 이 컴포넌트는 유효한 노드 목록과 클러스터에서 제외할 노드 목록을 관리합니다. 해당 노드 목록은 환경설정 파일을 참조해 작성하며, 유효한 노드 목록은 nodes.include-path 옵션을, 제외할 노드 목록은 nodes.exclude-path를 참조합니다. 파일이 변경될 경우 관리하고 있는 노드 목록을 초기화할 수

있습니다. 참고로 곧 설명할 ResourceTrackerService는 노드매니저를 등록하는 기능을 제공합니다. 이때 ResourceTrackerService는 노드매니저를 등록하기 전에 NodesListManager를 호출해 해당 노드의 유효성을 검증합니다.

- NMLivelinessMonitor: 이 컴포넌트는 노드매니저의 상태를 모니터링합니다. 앞서 설명한 AMLiveliness Monitor와 동일한 메커니즘으로 동작하며, 하트비트도 10분 주기로 체크합니다. 참고로 하트비트 체크 주기는 얀 환경설정 파일의 nm.liveness-monitor.expiry-interval-ms 옵션으로 변경할 수 있습니다.

- ResourceTrackerService: 이 컴포넌트는 노드매니저들의 RPC 요청을 처리합니다. 주요 기능은 신규 노드매니저 등록과 노드매니저의 하트비트를 확인하는 것입니다. 이러한 기능을 수행하기 위해 앞에서 설명한 NodesListManager, NMLivelinessMonitor를 내부적으로 활용합니다.

애플리케이션 관리

- RMAppManager: 이 컴포넌트는 리소스매니저를 위한 애플리케이션 목록을 관리합니다. 즉, 클라이언트가 얀 클러스터에 실행을 요청한 애플리케이션 목록을 관리합니다. 실행 요청된 애플리케이션의 유효성을 검증하고, 애플리케이션의 실행 관련 통계 정보를 로그로 기록합니다. 또한 애플리케이션에 문제가 있을 경우 복구하는 기능도 제공합니다.

- ApplicationACLsManager: 클라이언트가 RPC 호출을 하는 경우 해당 클라이언트와 호출한 API가 유효한지 검사합니다. 이때 해당 API가 ClientService인지 AdminService인지도 판단합니다. 참고로 내부적으로 정상 승인된 API 목록을 유지하고 있습니다.

- ContainerAllocationExpirer: 15.2.4절에서 애플리케이션마스터가 노드매니저에게 컨테이너 실행을 요청한다고 설명했습니다. 만약 애플리케이션마스터가 자신이 할당받은 컨테이너들을 사용하지 못하고, 컨테이너를 점유하고 있다면 다른 클라이언트들이 리소스매니저에게서 자원을 할당받지 못하는 경우가 발생할 것입니다. 리소스매니저는 이러한 장애를 방지하기 위해 노드매니저가 애플리케이션이 실행 요청한 컨테이너를 정상적으로 실행했는지 확인합니다. 기본적으로 10분까지 컨테이너 실행을 대기한 후 컨테이너 실행 응답을 받지 못할 경우 ResourceScheduler에서 해당 애플리케이션마스터에게 할당됐던 자원을 모두 해제합니다. 참고로 대기 시간은 얀 환경설정 파일의 rm.container-allocation.expiry-interval-ms로 설정할 수 있습니다.

보안

보안은 얀 아키텍처의 중요한 부분입니다. 왜냐하면 얀은 인증된 RPC 호출만을 허가하기 때문입니다. 얀은 RPC 호출을 하는 컴포넌트에게 토큰 혹은 보안키와 같은 인증 정보를 발급합니다. 인증 정보를 발급받은 컴포넌트는 해당 정보를 유지해야 하고, RPC 호출을 할 때마다 인증 정보를 함께 포함해서 요청해야 합니다. RPC 호출을 하는 컴포넌트뿐 아니라 RPC 호출을 받는 컴포넌트는 어떠한 인증 정보를 발급했고, 또한 자신에게 요청된 RPC 호출이 유효한 인증 정보를 포함하는지를 알아야 합니다. 이를 위해 얀은 보안 매니저(SecretManager)를 제공합니다. 보안 매니저는 RPC 호출을 인증하고, 인증 정보를 발급하고, 관리하는 기능을 담당합니다. 이 같은 구조 때문에 리소스매니저도 주요 컴포넌트들의 통신을 위한 다양한 보안 매니저를 제공합니다.

- **RMDelegationTokenSecretManager**: RMDelegationTokenSecretManager는 RPC 호출을 하는 클라이언트를 위한 위임 토큰(Delegation Token)을 발급, 저장, 갱신하는 기능을 수행합니다. ClientRMService가 이 컴포넌트를 호출해 토큰을 생성한 후, 클라이언트에게 토큰을 보내줍니다.

- **DelegationTokenRenewer**: 보안 모드일 경우, 리소스매니저는 커버로스 인증을 사용하며, 위임 토큰을 갱신할 수 있는 서비스를 제공합니다. 이 컴포넌트는 애플리케이션이 실행되는 동안에 실행 요청된 애플리케이션의 토큰을 갱신합니다. 이를 위해 애플리케이션의 상태를 추적해 토큰의 갱신, 해지 여부를 관리합니다.

- **ClientToAMTokenSecretManagerInRM**: 클라이언트가 애플리케이션마스터에 접근하기 위한 보안키를 관리합니다. 클라이언트는 ClientToAMTokenSecretManager가 애플리케이션마스터에 할당된 보안키를 조회합니다. 참고로 ClientToAMTokenSecretManagerInRM와 ClientToAMTokenSecretManager가 모두 BaseClientToAMTokenSecretManager를 상속해서 구현한 클래스입니다.

- **RMContainerTokenSecretManager**: 애플리케이션마스터는 노드매니저에게 자신이 할당받은 컨테이너의 실행을 요청합니다. 이때 노드매니저는 애플리케이션마스터가 유효한 컨테이너 토큰을 전송했는지 확인하게 되는데, 바로 이 컴포넌트가 컨테이너 토큰을 관리하는 기능을 수행합니다.

- **NMTokenSecretManagerInRM**: 이 컴포넌트는 노드매니저 토큰을 관리합니다. 노드매니저가 리소스매니저와 통신하는 경우 이 컴포넌트가 생성한 노드매니저 토큰(NMToken)을 사용하게 됩니다. 보안 매니저는 토큰을 대상으로 활성화 지연(activation delay) 시간을 추가합니다. 리소스매니저는 스케줄러 때문에 특정 시점에 토큰을 버릴 수도 있습니다. 이때 토큰은 새로운 키로 다시 만들어질 것입니다. 하지만 노드매니저는 리소스매니저에게 토큰 갱신을 요청하지 않을 수도 있습니다. 그래서 활성화된 노드매니저들이 갱신된 토큰을 조회할 수 있게 활성화 지연 시간을 추가한 것입니다. 이 시간은 "10분 * 1.5"로 계산되며, 기본값인 10분은 얀 환경설정 파일의 nm.liveness-monitor.expiry-interval-ms 옵션으로 설정할 수 있습니다.

- **AMRMTokenSecretManager**: 이 컴포넌트는 AMRM 토큰을 관리합니다. AMRM 토큰은 Application Attempt(애플리케이션어템프트)별로 할당됩니다. 여기서 애플리케이션어템프트란 애플리케이션마스터가 애플리케이션 실행을 시도한 것을 의미합니다. 애플리케이션마스터가 한 번에 애플리케이션을 실행할 수도 있겠지만 하드웨어 오류가 발생했거나 혹은 네트워크 등에 문제가 생기면 애플리케이션마스터는 원하는 노드에서 애플리케이션을 실행할 수 없을 것입니다. 참고로 얀은 애플리케이션 어템프트 수를 2로 제한하고 있으며, 이 값은 얀의 환경설정 파일의 am.max-attempts 옵션으로 변경할 수 있습니다.

15.7.2 노드매니저

리소스매니저는 마스터 역할을 하는 서버에서만 실행됐지만 노드매니저는 슬레이브 서버 역할을 모든 서버에서 실행됩니다. 노드매니저는 컨테이너의 실행, 모니터링, 종료와 같은 컨테이너의 라이프 사이클을 관리합니다. 그리고 노드매니저가 실행되는 서버 자원(CPU, 메모리, 디스크, 네트워크 등)을 모니터링하고, 이 상태 정보를 리소스매니저에게 전송합니다. 또한 다른 종류의 얀 애플리케이션들이 활용할 수 있는 보조서비스를 제공합니다.

이번 절에서는 이러한 기능을 수행하기 위해 노드매니저가 어떠한 컴포넌트로 구성돼 있는지 알아보겠습니다. 그림 15.20은 노드매니저의 컴포넌트 구성입니다.

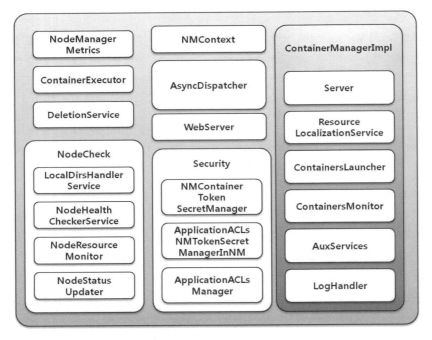

그림 15.20 노드매니저 컴포넌트 구성

각 컴포넌트는 다음과 같은 기능을 담당합니다.

주요 컴포넌트

- **NMContext**: 노드매니저의 주요 컨텍스트 정보를 제공합니다. 주요 컨텍스트는 노드 번호, 웹서버 포트 번호, 컨테이너 목록, 컨테이너에서 실행 중인 애플리케이션 목록, 보안 매니저 정보, 노드 상태, 컨테이너 매니저가 있습니다.

- **비동기 디스패처**: 노드매니저도 내부 이벤트를 처리하기 위해 비동기 디스패처를 사용합니다.

- **WebServer**: 노드매니저는 웹 인터페이스로 다양한 정보를 제공합니다. 주요 정보는 노드매니저에서 실행하는 애플리케이션과 컨테이너 목록이 있으며, 컨테이너 로그 정보도 제공합니다.

- **NodeManagerMetrics**: 노드매니저의 모니터링 메트릭 컴포넌트이며, 주로 컨테이너와 시스템 리소스 정보를 모니터링합니다. 이 메트릭 정보는 ContainerManagerImpl(컨테이너 매니저)와 NodeStatusUpdater에서 사용합니다.

- **ContainerExecutor**: 이 컴포넌트는 서버에서 컨테이너를 실행하는 기능을 제공합니다. 컨테이너를 실행하기 위해서는 초기화 과정에서 컨테이너 실행에 필요한 파일(토큰, 잡 리소스 정보, JAR, 소스 파일 등)을 미리 서버의 로컬 디스크로 복사합니다.

- **DeletionService**: 클라이언트에게 할당됐던 디렉터리와 파일을 삭제하는 컴포넌트입니다.

ContainerManagerImpl

애플리케이션마스터와 노드매니저는 컨테이너 실행, 컨테이너 종료, 실행 중인 컨테이너의 상태 정보를 조회하기 위해 RPC 통신을 합니다. 또한 노드매니저는 애플리케이션마스터의 모든 RPC 호출이 유효한 것인지 확인해야 합니다. 앞서 리소스매니저에서 설명한 것처럼 노드매니저도 보안매니저를 사용해 모든 호출을 증명합니다. 얀은 이러한 RPC 호출을 ContainerManagementProtocol 인터페이스에 정의했고, ContainerManagerImpl이 ContainerManagementProtocol을 구현한 컴포넌트입니다. 이 컴포넌트는 ContainerManagementProtocol 인터페이스를 지원하기 위해 내부적으로 다음과 같은 컴포넌트를 제공합니다.

- **Server**: 이 컴포넌트는 IPC(Inter-Process Communication, 프로세스 간 통신) 서비스를 제공합니다. 실제 프로세스, 즉 컴포넌트들은 RPC 프로토콜을 이용해 통신하게 되며, 이 컴포넌트는 RPC 서버 역할을 수행합니다.

- **ResourceLocalizationService**: 컨테이너가 애플리케이션을 실행하는 데 필요한 리소스 파일을 로컬 파일 시스템으로 복사하는 기능을 담당합니다.

- **ContainersMonitor**: 컨테이너의 메모리 사용 상태가 임계치를 초과했는지 확인하는 인터페이스입니다. ContainersMonitor는 인터페이스로 정의돼 있으며, ContainersMonitorImpl이 인터페이스를 구현한 컴포넌트입니다.

- **ContainersLauncher**: 이 컴포넌트는 ContainerExecutor를 이용해 컨테이너를 실행합니다. 단, 컨테이너를 실행하기 전에 ResourceLocalizationService 컴포넌트가 먼저 실행되므로 노드매니저의 로컬 파일 시스템에 시스템 디렉터리가 생성돼 있어야만 합니다.

- **AuxServices**: 얀은 노드매니저 간의 서비스 제어를 위해 보조서비스를 제공합니다. AuxServices는 얀 클러스터에서 실행되는 각 보조서비스를 관리합니다(보조서비스에 대해서는 15.4절을 참고).

- **LogHandler**: 컨테이너의 로그를 처리하는 컴포넌트입니다. 로그 출력 대상은 애플리케이션 실행 및 종료, 컨테이너 종료 시점입니다. 로그 파일은 노드매니저의 로컬 디스크에 개별적으로 유지하거나, 모든 노드매니저들의 로그를 취합해 압축한 후 HDFS에 업로드해서 저장하는 방식이 있습니다. 전자의 경우 기본 모드로 설정돼 있으며, 후자에 대해서는 얀 설정 파일의 yarn.log-aggregation-enable을 true로 설정하면 됩니다.

노드 관리

- **LocalDirsHandlerService**: 노드매니저가 실행되는 서버의 로컬 디스크 상태를 검사합니다. 이를 위해 이 컴포넌트는 노드매니저용 로컬 디렉터리와 로그 디렉터리를 검사합니다.

- **NodeHealthCheckerService**: 이 컴포넌트는 노드의 상태를 점검하는 기능을 제공합니다. 그리고 점검 결과를 리포팅하는 인터페이스도 함께 제공합니다.

- **NodeResourceMonitor**: 노드의 리소스를 모니터링하기 위한 컴포넌트입니다. 하지만 클래스만 있을 뿐 실제 비즈니스 로직을 위한 코드는 구현돼 있지 않습니다.

- **NodeStatusUpdater**: 이 컴포넌트는 리소스매니저에게 노드 상태 정보 갱신을 요청합니다. 우선 컴포넌트가 실행될 때 해당 노드 번호와 가용 리소스 정보를 리소스매니저에게 등록합니다. 그리고 새로운 컨테이너가 실행되거나 컨테이너 종료와 같은 정보를 리소스매니저에게 알려줍니다. 이를 위해 NodeStatusUpdater는 애플리케이션과 컨테이너의 상태를 지속적으로 확인합니다.

보안

- **NMContainerTokenSecretManager**: 노드매니저는 컨테이너에게 요청되는 다양한 호출을 인증하기 위해 이 컴포넌트를 사용합니다. 이 컴포넌트는 리소스매니저에게 보안키를 조회한 후 이를 이용해 컨테이너 토큰을 생성합니다. 이후 컨테이너에게 요청되는 호출은 바로 이 컨테이너 토큰을 포함하고 있어야만 합니다.

- **NMTokenSecretManagerInNM**: 이 컴포넌트는 노드매니저 간의 통신에 이용되는 노드매니저 토큰을 관리합니다. NMContainerTokenSecretManager처럼 리소스매니저에게 보안키를 조회한 후 토큰을 생성합니다.

- **ApplicationACLsManager**: 이 컴포넌트는 애플리케이션에 대한 ACL 목록을 관리하면서 승인된 사용자가 노드매니저 관련 API를 호출했는지 확인합니다.

얀 클러스터 운영

얀 클러스터를 실제로 운영하려면 다양한 지식이 필요합니다. 특히 하둡1에서 실행하던 맵리듀스 잡을 하둡2에 설치하려면 얀의 환경설정 값에 맞게 튜닝해야 합니다. 또한 하둡1에서 네임노드가 SPOF인 것처럼 얀에서는 리소스매니저가 얀의 SPOF에 해당합니다. 이번 장에서는 얀 클러스터를 운영하는 데 필요한 기술을 알아보겠습니다.

16.1 얀 명령어

얀은 커맨드 라인에서 얀 클러스터를 제어할 수 있게 다양한 명령어를 제공합니다. 얀 명령어는 하둡 디렉터리의 bin 디렉터리에 yarn이라는 파일로 제공됩니다. 이 명령어를 실행하면 다음과 같이 명령어 사용법이 출력됩니다.

```
[hadoop@wikibooks01 hadoop-2.7.2]$ ./bin/yarn
Usage: yarn [--config confdir] COMMAND
where COMMAND is one of:
```

```
resourcemanager -format-state-store    deletes the RMStateStore
resourcemanager                        run the ResourceManager
nodemanager                            run a nodemanager on each slave
timelineserver                         run the timeline server
rmadmin                                admin tools
version                                print the version
jar <jar>                              run a jar file
application                            prints application(s)
                                       report/kill application
applicationattempt                     prints applicationattempt(s)
                                       report
container                              prints container(s) report
node                                   prints node report(s)
queue                                  prints queue information
logs                                   dump container logs
classpath                              prints the class path needed to
                                       get the Hadoop jar and the
                                       required libraries
daemonlog                              get/set the log level for each
                                       daemon
 or
  CLASSNAME                            run the class named CLASSNAME
Most commands print help when invoked w/o parameters.
```

출력된 COMMAND는 얀 명령어 뒤에 사용할 수 있는 옵션을 나타냅니다. 예를 들어, 리소스매니저를 실행할 경우 bin/yarn resourcemanager를 실행하면 됩니다.

이번 절에서는 위와 같은 얀 명령어 사용법을 알아보겠습니다.

얀 명령어는 크게 사용자 명령어와 관리자 명령어로 구분됩니다. 사용자 명령어의 경우 계정에 상관없이 실행할 수 있지만 관리자 명령어의 경우 하둡을 실행한 계정만 실행할 수 있습니다. 예를 들어, hadoop 계정으로 하둡 클러스터를 실행했을 경우 hadoop 계정만이 관리자용 얀 명령어를 실행할 수 있습니다.

16.1.1 사용자 명령어

jar

이 명령어는 jar 파일에 포함된 애플리케이션을 실행할 때 사용합니다. 이 명령어는 다음과 같은 형태로 사용합니다.

```
bin/yarn jar jar파일명 [메인클래스] 추가 옵션
```

예) $HADOOP_HOME/bin/yarn jar share/hadoop/yarn/lib/yarn-examples-1.0-SNAPSHOT.jar com.
wikibooks.hadoop.yarn.examples.MyClient -jar share/hadoop/yarn/lib/yarn-examples-1.0-
SNAPSHOT.jar -num_containers=1

application

이 명령어는 애플리케이션 상태를 출력하거나 특정한 애플리케이션을 종료할 때 사용합니다. 사용 가능한 옵션은 표 16.1과 같습니다.

표 16.1 application 명령어 옵션

옵션	내용	예시
-list	얀 클러스터에서 실행 중인 애플리케이션 목록을 출력한다.	bin/yarn application -list
-appStates 〈상태〉	-list 옵션과 함께 사용 가능한 옵션입니다. 애플리케이션 목록을 출력할 때 특정 상태인 애플리케이션 목록만 출력하게 합니다. 사용 가능한 상태는 다음과 같습니다. • ALL, NEW, NEW_SAVING, SUBMITTED, ACCEPTED, RUNNING, FINISHED, FAILED, KILLED 참고로 콤마를 구분자로 해서 상태를 여러 개 지정할 수 있습니다.	bin/yarn application -list -appStates ACCEPTED,FAILED
-appTypes 〈타입〉	-list 옵션과 함께 사용 가능한 옵션입니다. 애플리케이션 목록을 출력할 때 특정 애플리케이션 타입에 해당하는 애플리케이션을 출력합니다. 타입에는 출력하고자 하는 애플리케이션의 타입을 설정하면 됩니다. 참고로 콤마를 구분자로 해서 타입을 여러 개 지정할 수 있습니다.	bin/yarn application -list -appTypes MAPREDUCE bin/yarn application -list -appTypes YARN

옵션	내용	예시
–kill 〈애플리케이션ID〉	특정 애플리케이션을 강제로 종료합니다. 애플리케이션D는 얀 웹 화면이나 application –list에서 확인합니다.	bin/yarn application –kill application_1409667559273_0004
–movetoqueue 〈애플리케이션ID〉	리소스매니저의 스케줄러는 여러 개의 큐로 구성할 수 있습니다. 이 옵션은 특정 애플리케이션을 스케줄러의 다른 큐로 이동시킬 수 있습니다.	bin/yarn application –movetoqueue application_1409667559273_0004 –queue anotherqueue
–queue 〈큐 이름〉	movetoqueue 옵션과 함께 사용합니다. 이동시킬 큐의 이름을 설정합니다.	상동
–status 〈애플리케이션ID〉	특정 애플리케이션의 상태를 출력합니다.	bin/yarn application –status application_1409667559273_0004

node

노드매니저 상태를 출력하는 명령어입니다. 표 16.2에 이 명령어와 함께 사용 가능한 옵션을 정리했습니다.

표 16.2 node 명령어 옵션

옵션	내용	예시
–list	현재 실행 중인 노드 매니저 목록을 출력합니다.	bin/yarn node –list
–all	– list 옵션과 함께 사용합니다. 실행 중인 노드 매니저 외에 강제로 제거되거나 장애가 발생한 노드매니저도 함께 출력합니다.	bin/yarn node –list –all
–states 〈상태〉	– list 옵션과 함께 사용합니다. 특정 상태의 노드매니저만을 출력하게 합니다. 설정 가능한 상태는 다음과 같습니다. • NEW, RUNNING, UNHEALTHY, ECOMMISSIONED, LOST, REBOOTED 참고로 콤마를 구분자로 해서 상태를 여러 개 지정할 수 있습니다.	bin/yarn node –list –states RUNNING,UNHEALTHY
–status 〈노드매니저ID〉	특정 노드매니저의 상태를 출력합니다. 노드매니저D는 –list에서 출력된 Node–Id를 사용합니다.	bin/yarn node –status 127.0.0.1:63432

logs

애플리케이션의 로그 덤프를 생성합니다. 이 명령어는 다음과 같이 애플리케이션ID를 지정해 실행합니다. 단, 이 명령어를 수행하려면 yarn-site.xml에 yarn.log-aggregation-enable 옵션이 true로 설정돼 있어야 합니다. yarn.log-aggregation-enable 옵션은 노드매니저의 로그의 병합 여부를 나타내며, 기본값은 false입니다.

```
bin/yarn logs -applicationId 애플리케이션ID 추가옵션
```

```
예) bin/yarn logs -applicationId application_1409667559273_0008
```

logs 명령어는 표 16.3과 같은 옵션을 설정할 수 있습니다. 참고로 -applicationId 옵션과 함께 사용해야 합니다.

표 16.3 logs 명령어 옵션

옵션	내용	예시
-appOwner ⟨Application Owner⟩	애플리케이션의 소유자를 설정합니다.	bin/yarn logs -applicationId application_1409667559273_0007 -appOwner hadoop
-containerId ⟨Container ID⟩	특정 컨테이너의 로그 덤프를 생성합니다.	bin/yarn logs -applicationId application_1409667559273_0007 -containerId contain er_1409667559273_0007_01_000009
-nodeAddress ⟨Node Address⟩	특정 노드매니저의 로그 덤프를 생성합니다.	bin/yarn logs -applicationId application_1409667559273_0007 -nodeAddress 127.0.0.1:63432

classpath

얀 클러스터의 클래스패스를 출력합니다.

```
bin/yarn classpath
```

예) [hadoop@wikibooks01 hadoop-2.7.2]$ ./bin/yarn classpath
/home/hadoop/hadoop-2.7.2/etc/hadoop:/home/hadoop/hadoop-2.7.2/etc/hadoop:/home/hadoop/
hadoop-2.7.2/etc/hadoop:/home/hadoop/hadoop-2.7.2/share/hadoop/common/lib/*:/home/hadoop/
hadoop-2.7.2/share/hadoop/common/*:/home/hadoop/hadoop-2.7.2/share/hadoop/hdfs:/home/hadoop/

```
hadoop-2.7.2/share/hadoop/hdfs/lib/*:/home/hadoop/hadoop-2.7.2/share/hadoop/hdfs/*:/home/hadoop/
hadoop-2.7.2/share/hadoop/yarn/lib/*:/home/hadoop/hadoop-2.7.2/share/hadoop/yarn/*:/home/hadoop/
hadoop-2.7.2/share/hadoop/mapreduce/lib/*:/home/hadoop/hadoop-2.7.2/share/hadoop/mapreduce/*:/
contrib/capacity-scheduler/*.jar:/home/hadoop/hadoop-2.7.2/share/hadoop/yarn/*:/home/hadoop/
hadoop-2.7.2/share/hadoop/yarn/lib/*
```

version

현재 하둡 버전을 출력합니다.

```
bin/yarn version

예) [hadoop@wikibooks01 hadoop-2.7.2]$ ./bin/yarn version
Hadoop 2.7.2
Subversion https://git-wip-us.apache.org/repos/asf/hadoop.git -r b165c4fe8a74265c792ce23f546c646
04acf0e41
Compiled by jenkins on 2016-01-26T00:08Z
Compiled with protoc 2.5.0
From source with checksum d0fda26633fa762bff87ec759ebe689c
This command was run using /home/hadoop/hadoop-2.7.2/share/hadoop/common/hadoop-common-2.7.2.jar
```

16.1.2 관리자 명령어

얀은 다음과 같은 관리자용 명령어를 제공합니다.

resourcemanager

리소스매니저를 구동합니다.

```
bin/yarn resourcemanager
```

nodemanager

노드매니저를 구동합니다.

```
bin/yarn nodemanager
```

rmadmin

리소스매니저를 관리하기 위한 다양한 옵션을 제공합니다. 표 16.4에 이 명령어가 지원하는 옵션을
정리했습니다.

표 16.4 rmadmin 옵션

옵션	내용	예시
-refreshQueues	mapred-queues.xml을 리프레시합니다. 이 파일에는 맵리듀스용 큐의 정보가 설정돼 있습니다.	bin/yarn rmadmin -refreshQueues
-refreshNodes	리소스매니저에서 노드매니저의 정보를 리프레시합니다.	bin/yarn rmadmin -refreshNodes
-refreshSuperUserGroupsConfig uration	슈퍼유저(관리자) 프록시그룹 매핑 정보를 리프레시합니다.	bin/yarn rmadmin -refreshSuperUserGr oupsConfiguration
-refreshUserToGroupsMappings	유저와 그룹 간의 매핑 정보를 리프레시 합니다.	bin/yarn rmadmin -refreshUserToGroupsMappings
-refreshAdminAcls	리소스매니저의 관리자용 ACL을 리프레 시합니다.	bin/yarn rmadmin -refreshAdminAcls
-refreshServiceAcl	서비스 레벨의 인증 정책 파일을 리프레 시합니다.	bin/yarn rmadmin -refreshServiceAcl
-getGroups [계정]	특정 계정의 그룹 정보를 출력합니다.	bin/yarn rmadmin -getGroups hadoop

daemonlog

이 명령어는 노드매니저의 로그 출력 레벨을 관리합니다. 표 16.5에 이 명령어에 사용 가능한 옵션
을 정리했습니다.

옵션	내용	예시
–getlevel	특정 노드매니저에서 특정 클래스의 로그 레벨을 출력합니다. 이때 노드매니저의 포트는 반드시 웹 포트를 설정해야 합니다. 참고로 bin/yarn node –list에서 출력된 Node-Http-Address를 사용하면 됩니다.	bin/yarn daemonlog –getlevel [노드매니저호스트: 노드매니저웹포트] [클래스명] bin/yarn daemonlog –getlevel 127.0.0.1:8042 NodeManager bin/yarn daemonlog –getlevel 127.0.0.1:8042 AMRMClient
–setlevel	특정 노드매니저에서 특정 클래스의 로그 레벨을 강제로 설정합니다.	bin/yarn daemonlog –getlevel [노드매니저호스트: 노드매니저웹포트] [클래스명] [로그레벨] bin/yarn daemonlog –getlevel 127.0.0.1:8042 NodeManager INFO bin/yarn daemonlog –getlevel 127.0.0.1:8042 AMRMClient DEBUG

16.2 포트 설정

이번 절에서는 얀의 주요 데몬들이 사용하는 포트를 알아보겠습니다. 이미 9장에서 하둡 포트 관리의 중요성을 설명한 것처럼 얀의 주요 포트도 알고 있어야 합니다. 그래야만 해당 포트가 조직의 포트 관리 정책에 위배되는지 알 수 있기 때문입니다. 또는 한 대의 서버에서 여러 대의 데몬을 동시에 실행하는 경우에도 포트가 충돌하지 않도록 데몬의 포트를 변경해야 하기 때문입니다. 얀의 주요 포트는 크게 HTTP 포트와 IPC 포트로 구분됩니다.

16.2.1 HTTP 포트

HTTP 포트는 사용자가 웹에서 접근할 때 사용하는 포트입니다. 표 16.6은 얀의 주요 HTTP 포트를 나타냅니다. 참고로 두 번째 열의 옵션값은 yarn-site.xml에서 설정 가능한 옵션 이름입니다.

표 16.6 얀 HTTP 포트

데몬	옵션 이름	기본 포트
리소스매니저	yarn.resourcemanager.webapp.address	8088
잡히스토리 서버	yarn.log.server.url	19888

16.2.2 IPC 포트

IPC 포트는 InterProcess Communication의 약자로, 내부 컴포넌트들이 통신할 때 사용하는 포트입니다. 예를 들어, 리소스매니저는 노드매니저나 클라이언트가 접근할 수 있도록 8050 포트를 사용합니다. 표 16.7은 얀의 주요 IPC 포트를 나타냅니다. 표 16.6의 옵션 이름과 같이 표 16.7의 옵션도 yarn-site.xml에서 설정할 수 있습니다. 참고로 포트가 0으로 설정될 경우 사용 가능한 포트를 무작위로 조회해서 사용하게 됩니다.

표 16.7 얀의 IPC 포트

컴포넌트	옵션 이름	기본 포트
리소스매니저	yarn.resourcemanager.address	8032
리소스매니저 내부 리소스트래커	yarn.resourcemanager.resource-tracker.address	8031
RM APIs webapp	yarn.resourcemanager.webapp.https.address	8090
RM 스케줄러	yarn.resourcemanager.scheduler.address	8030
노드매니저	yarn.nodemanager.address	0
RM Admin	yarn.resourcemanager.admin.address	8033

16.3 맵리듀스 설정

이번 절에서는 얀 클러스터에서 맵리듀스를 실행하기 위한 옵션을 알아보겠습니다.

16.3.1 보조서비스 설정

얀 클러스터에서 맵리듀스를 사용하려면 반드시 보조서비스를 설정해야 합니다. 예제 16.1과 같이 yarn-site.xml에 보조서비스를 설정합니다. 참고로 보조서비스에 대한 개념 설명은 15.3절을 참고합니다.

예제 16.1 보조서비스 설정

```xml
<?xml version="1.0"?>
<?xml-stylesheet type="text/xsl" href="configuration.xsl"?>
<configuration>
  <property>
```

```
    <name>yarn.nodemanager.aux-services</name>
    <value>mapreduce_shuffle</value>
  </property>
  <property>
    <name>yarn.nodemanager.aux-services.mapreduce_shuffle.class</name>
    <value>org.apache.hadoop.mapred.ShuffleHandler</value>
  </property>
</configuration>
```

16.3.2 리소스 설정

리소스매니저는 전체 클러스터의 리소스 정보를 토대로 할당 가능한 컨테이너 개수를 계산하며, 맵
리듀스는 필요한 컨테이너들을 할당받아 맵리듀스 태스크를 실행하게 됩니다. 이때 컨테이너 개수
와 맵과 리듀스 태스크 개수는 1:1의 관계가 아니며, 맵과 리듀스 태스크는 상황에 따라 하나 이상의
컨테이너를 실행할 수도 있습니다. 그래서 관리자는 전체 클러스터의 리소스 상황과 얀에서 실행하
는 잡의 워크로드를 고려해 리소스 설정을 진행해야 합니다. 이번 절에서는 아래와 같은 환경으로
구성된 클러스터에서 리소스 설정을 진행하겠습니다.

- 서버별 리소스
  - CPU 물리 코어 개수: 24개
  - 메모리 크기: 128GB
  - 디스크 개수: 12개
- 전체 서버 대수: 20대

16.3.2.1 얀 설정

1) yarn.nodemanager.resource.memory-mb 설정

yarn.nodemanager.resource.memory-mb 속성은 각 노드매니저가 컨테이너 할당에 사용할 메
모리 크기를 나타내며, 다음과 같은 공식으로 계산합니다.

컨테이너 할당용 메모리 크기 = 서버 메모리 크기 - (얀을 제외한 다른 소프트웨어들이 사용할 메모리 크기)

이때 메모리 크기는 노드매니저의 JVM 힙 메모리 크기를 초과하지 않도록 설정해야 합니다. 이 책에서는 전체 메모리 128GB 중 8GB는 운영체제 및 다른 소프트웨어에서 사용한다고 가정하고, 예제 16.2와 같이 120GB를 계산했습니다. 참고로 별도 설정이 없을 경우 기본값으로 8GB를 사용합니다.

예제 16.2 노드매니저가 컨테이너 할당에 사용할 메모리 크기

```
<property>
  <name>yarn.nodemanager.resource.memory-mb</name>
  <value>122880</value>
</property>
```

2) yarn.nodemanager.resource.cpu-vcores 설정

yarn.nodemanager.resource.cpu-vcores 속성은 각 노드매니저가 컨테이너 할당에 사용할 CPU 코어 개수를 의미하며, 다음과 같은 공식으로 계산합니다.

> 컨테이너 할당용 CPU 코어 개수 = MIN(전체 CPU 코어 개수 − 얀을 제외한 다른 소프트웨어들이 사용할 CPU 코어 개수, 2 x 디스크 개수)

CPU 코어 개수는 물리적인 CPU 코어 개수를 적용할 수 있고, 하이퍼스레드를 사용 중이라면 가상의 CPU 코어 개수를 적용해도 됩니다. 이때 CPU 코어 개수만 계산하는 것이 아니라 디스크 개수의 2배수도 함께 계산해서 둘 중에서 작은 값을 컨테이너 할당에 사용합니다. 필자는 얀을 제외한 소프트웨어에서 CPU 코어 2개를 사용한다고 가정한 후, 다음과 같이 컨테이너용 CPU 코어 개수를 22로 계산했습니다.

- 22 = MIN(24 − 2, 2 x 12)

예제 16.3은 계산된 CPU 코어 개수를 yarn-site.xml에 설정한 내용입니다.

예제 16.3 노드매니저가 컨테이너 할당에 사용할 CPU 코어 개수

```
<property>
  <name>yarn.nodemanager.resource.cpu-vcores</name>
  <value>22</value>
</property>
```

3) YARN_NODEMANAGER_HEAPSIZE 설정

yarn-env.sh 파일에 노드매니저의 JVM 힙 메모리 크기를 설정합니다. yarn.nodemanager.resource.memory-mb는 노드매니저의 힙 크기를 초과할 수 없기 때문에 힙 메모리 크기를 이 값보다 조금 여유 있게 설정합니다. 이 책에서는 힙 메모리 크기를 122GB로 설정했습니다.

```
export YARN_NODEMANAGER_HEAPSIZE=124928
```

4) yarn.scheduler.maximum-allocation-mb 설정

yarn.scheduler.maximum-allocation-mb는 리소스매니저가 한 컨테이너를 할당하는 데 필요한 최대 메모리 크기입니다. 관리자는 컨테이너에서 실행할 맵 태스크나 리듀스 태스크가 필요한 메모리 크기를 고려해서 이 값을 설정해야 합니다. 여기서는 예제 16.4와 같이 컨테이너당 최대 4GB의 메모리를 사용한다고 가정했습니다.

예제 16.4 리소스매니저가 각 컨테이너를 할당하는 데 필요한 최대 메모리 크기

```
<property>
  <name>yarn.scheduler.maximum-allocation-mb</name>
  <value>4096</value>
</property>
```

yarn.scheduler.maximum-allocation-mb는 yarn.nodemanager.resource.memory-mb 속성값 이하로 설정해야 하며, 컨테이너 할당에 필요한 최소 메모리 크기는 yarn.scheduler.minimum-allocation-mb 속성으로 설정할 수 있습니다. 참고로 yarn.scheduler.minimum-allocation-mb 속성의 기본값은 1GB, yarn.scheduler.maximum-allocation-mb 기본값은 8GB입니다.

16.3.2.2 맵리듀스 설정

1) yarn.app.mapreduce.am.resource.mb 설정

yarn.app.mapreduce.am.resource.mb 속성은 맵리듀스 애플리케이션의 애플리케이션마스터인 MRAppMaster를 컨테이너에서 실행할 때 필요한 메모리 크기입니다. 이 책에서는 예제 16.5와 같이 mapred-site.xml에 설정했습니다.

예제 16.5 MRAppMaster용 메모리 설정

```
<property>
  <name>yarn.app.mapreduce.am.resource.mb</name>
  <value>1536</value>
</property>
```

2) 맵리듀스 태스크용 메모리 설정

맵리듀스 태스크가 요청하는 컨테이너의 메모리 크기를 설정합니다. 각 설정은 예제 16.6과 같이 mapred-site.xml에 설정합니다. mapreduce.map.memory.mb 속성은 맵 태스크가 요청하는 컨테이너 메모리 크기이고, mapreduce.reduce.memory.mb는 리듀스 태스크가 요청하는 컨테이너 메모리 크기입니다.

예제 16.6 맵리듀스 태스크 컨테이너용 메모리 크기

```
<property>
  <name>mapreduce.map.memory.mb</name>
  <value>2048</value>
</property>
<property>
  <name>mapreduce.reduce.memory.mb</name>
  <value>4096</value>
</property>
```

맵리듀스 애플리케이션이 실행되려면 애플리케이션 마스터, 맵리듀스 태스크가 실행돼야 하므로 최소 3개의 컨테이너가 필요합니다. 그래서 mapreduce.map.memory.mb, mapreduce.reduce.memory.mb, yarn.app.mapreduce.am.resource.mb의 합계가 yarn.nodemanager.resource.memory-mb보다 작게 설정해야 합니다. 또한 각 속성값은 반드시 yarn.scheduler.maximum-allocation-mb 값 이하로 설정해야 합니다.

3) 맵리듀스 태스크용 힙 메모리 설정

맵리듀스 태스크는 JVM 프로세스로 실행되기 때문에 해당 JVM에 대한 최대 힙 메모리 크기를 설정해야 합니다. 힙 메모리 크기는 다음과 같은 식으로 산출되며, 컨테이너 메모리 크기의 80%로 계산합니다.

- 맵 태스크용 최대 힙 메모리 크기 = mapreduce.map.memory.mb x 80%

- 리듀스 태스크용 최대 힙 메모리 크기 = mapreduce.reduce.memory.mb x 80%

이 책에서는 위 공식에 따라 예제 16.6의 설정값의 힙 메모리 값을 계산하며, 계산 결과는 예제 16.7과 같이 mapred-site.xml에 설정합니다.

- 맵 태스크용 최대 힙 메모리 크기 = 2048 x 0.8 = 1638

- 리듀스 태스크용 최대 힙 메모리 크기 = 4096 x 0.8 = 3277

mapreduce.map.java.opts.max.heap은 맵 태스크 스레드의 최대 힙 메모리 크기를, mapreduce.reduce.java.opts.max.heap은 리듀스 태스크 스레드의 최대 힙 메모리 크기를 나타냅니다. 참고로 각 속성의 기준 단위는 MB이며, 별도 설정이 없을 경우 800MB를 기본값으로 사용합니다.

예제 16.7 맵리듀스 태스크의 최대 힙 메모리 크기

```
<property>
    <name>mapreduce.map.java.opts.max.heap</name>
    <value>1638</value>
</property>
<property>
    <name>mapreduce.reduce.java.opts.max.heap</name>
    <value>3277</value>
</property>
```

또한 mapreduce.map.java.opts.max.heap, mapreduce.reduce.java.opts.max.heap에 설정하지 않고, JVM 실행 옵션에 힙 메모리를 설정할 수도 있습니다. 컨테이너가 맵 태스크를 실행할 때는 mapreduce.map.java.opts를, 리듀스 태스크를 실행할 때는 mapreduce.reduce.java.opts 옵션을 적용하며, 각 옵션에 예제 16.8과 같이 힙 메모리를 설정하면 됩니다.

예제 16.8 JVM 실행 옵션을 이용한 맵리듀스 태스크의 최대 힙 메모리 크기 설정

```
<property>
    <name>mapreduce.map.java.opts</name>
    <value>-Xmx1638m</value>
</property>
```

```
<property>
  <name>mapreduce.reduce.java.opts</name>
  <value>-Xmx3277m</value>
</property>
```

지금까지 주요 프로세스에 대한 메모리 설정을 진행했습니다. 그림 16.1은 노드매니저에서 맵리듀스 태스크 실행의 계층 구조와 각 프로세스에 대한 메모리 설정값을 나타낸 그림입니다. 참고로 각 수치는 예제에 사용했던 값입니다.

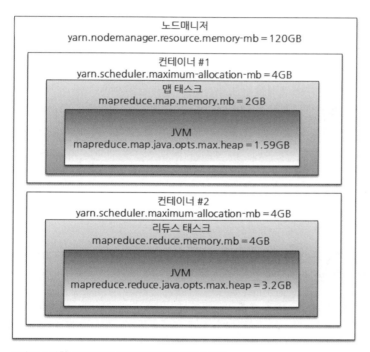

그림 16.1 계층 구조에 따른 주요 프로세스별 메모리 설정

4) 맵리듀스 태스크용 CPU 코어 개수 설정

맵 태스크용 컨테이너의 CPU 코어 개수는 mapreduce.map.cpu.vcores로, 리듀스 태스크용 컨테이너의 CPU 코어 개수는 mapreduce.reduce.cpu.vcores로 mapred-site.xml에 설정하면 됩니다. 이 책에서는 예제 16.9와 같이 각 속성의 기본값인 1을 지정했습니다.

```
<property>
    <name>mapreduce.map.cpu.vcores</name>
    <value>1</value>
</property>
<property>
    <name>mapreduce.reduce.cpu.vcores</name>
    <value>1</value>
</property>
```

16.3.2.3 컨테이너 개수

마지막으로 리소스매니저가 할당할 수 있는 컨테이너 개수에 대해 알아보겠습니다. 리소스매니저는 관리자가 설정한 CPU 코어 개수와 메모리 크기로 컨테이너 할당 기준값을 산정한 후, 맵리듀스가 요청하는 CPU 코어 개수와 메모리 크기를 비교해서 컨테이너 개수를 산출합니다. 컨테이너 개수는 다음과 같은 식으로 산출되며, CPU 코어 계산값과 메모리 계산값 중 최솟값을 전체 서버 대수에 곱한 결과가 컨테이너 개수가 됩니다.

> 맵 태스크용 컨테이너 개수 = MIN(yarn.nodemanager.resource.memory-mb / mapreduce.map.memory.mb, yarn.nodemanager.resource.cpu-vcores / mapreduce.map.cpu.vcores) x 전체 서버 대수

> 리듀스 태스크용 컨테이너 개수 = MIN(yarn.nodemanager.resource.memory-mb / mapreduce.reduce.memory.mb, yarn.nodemanager.resource.cpu-vcores / mapreduce.reduce.cpu.vcores) x 전체 서버 대수

이 책의 경우 각 서버에서는 22개의 컨테이너를 실행할 수 있으며, 전체 클러스터에서는 440개의 컨테이너를 동시에 실행할 수 있습니다.

> 맵 태스크용 컨테이너 개수 = MIN(122880 / 2048, 22 / 1) x 20 = MIN(60, 22) x 20 = 22 x 20 = 440

> 리듀스 태스크용 컨테이너 개수 = MIN(122880 / 4096, 22 / 1) x 20 = MIN(30, 22) x 20 = 22 x 20 = 440

16.3.2.4 메모리 사용량 검사

노드매니저는 컨테이너의 메모리 사용량을 모니터링하며, 메모리 사용량이 설정된 임계치를 넘어서면 자동으로 컨테이너를 종료할 수 있습니다.

1) yarn.nodemanager.vmem-pmem-ratio

이 속성은 컨테이너의 실제 메모리 대비 가상 메모리 사용 비율을 나타냅니다. 기본값은 2.1로 설정돼 있으며, 이는 맵 태스크용 컨테이너는 mapreduce.map.memory.mb 속성값의 2.1배에 달하는 가상 메모리를 사용할 수 있고, 리듀스 태스크용 컨테이너는 mapreduce.reduce.memory.mb 속성값의 2.1배에 달하는 가상 메모리를 사용할 수 있다는 의미입니다. 예를 들어, mapreduce.map.memory.mb가 1536MB로 설정돼 있을 경우, 컨테이너에게 허용되는 가상 메모리는 3225.6MB(2.1 x 1536MB)입니다.

2) yarn.nodemanager.vmem-check-enabled

컨테이너에 대한 가상 메모리 제한이 있는지 확인합니다. 이 속성이 true로 설정된 경우, 노드매니저는 컨테이너가 yarn.nodemanager.vmem-pmem-ratio에 설정된 비율 이상의 가상 메모리를 사용하면 자동으로 컨테이너를 종료합니다. 아래 로그는 설정 가능한 가상 메모리 용량인 2.1GB를 초과해서 컨테이너가 종료됐음을 나타냅니다.

```
Current usage: 510.3 MB of 1 GB physical memory used;
2.2 GB of 2.1 GB virtual memory used. Killing container.
```

참고로 이 속성은 기본적으로 false로 설정돼 있습니다. 운영체제마다 가상 메모리를 할당하는 방식이 다르기 때문에 관리자는 운영체제의 특성을 고려해 이 속성을 사용할지, 혹은 yarn.nodemanager.vmem-pmem-ratio 비율을 늘릴지 고민해야 합니다.

3) yarn.nodemanager.pmem-check-enabled

컨테이너에 대한 물리 메모리 제한이 있는지 확인합니다. 이 속성을 true로 설정하면 노드매니저는 컨테이너가 허용된 물리 메모리 이상을 사용할 경우 해당 컨테이너를 자동으로 종료합니다. 예를 들어, 맵 태스크용 컨테이너가 mapreduce.map.memory.mb 속성값 이상의 물리 메모리를 사용하거나, 리듀스 태스크용 컨테이너가 mapreduce.reduce.memory.mb 속성값 이상을 사용할 경우, 각 컨테이너가 자동으로 종료됩니다. 아래 로그는 2.0GB의 물리 메모리만 허용된 컨테이너가 2.1GB의 물리 메모리를 사용해서 종료된 경우입니다.

```
Current usage: 2.1GB of 2.0GB physical memory used;
1.6GB of 3.15GB virtual memory used. Killing container.
```

하지만 컨테이너가 할당된 것보다 많은 메모리가 필요한 경우에는 이 속성을 false로 설정해야 합니다. 참고로 이 속성은 기본적으로 true로 설정돼 있습니다.

16.3.3 우버 태스크 설정

얀 클러스터에서 동작하는 맵리듀스의 기능 중 우버 태스크(Uber Task)라는 기능이 있습니다. 이 기능은 리소스가 적게 필요한 맵리듀스 잡을 실행할 때 맵 태스크와 리듀스 태스크를 동일한 JVM에서 실행하는 기능입니다. 새로운 컨테이너를 실행하고 태스크를 할당하는 리소스보다 이미 실행돼 있는 하나의 JVM을 활용하는 것이 더 효과적이라고 보고 우버 태스크를 실행하는 것입니다. 우버 태스크는 아래의 조건을 모두 만족해야만 실행됩니다. 참고로 각 옵션은 mapred-site.xml에서 설정할 수 있습니다.

- mapreduce.job.ubertask.enable 옵션값이 true로 설정돼 있어야 합니다.
- 맵리듀스 잡이 실행하는 맵 태스크 개수가 mapreduce.job.ubertask.maxmaps 옵션값보다 작아야 합니다.
- 맵리듀스 잡이 실행하는 리듀스 태스크 개수가 mapreduce.job.ubertask.maxreduces 옵션값보다 작아야 합니다.
- 맵리듀스 잡의 입력 데이터의 바이트 크기가 mapreduce.job.ubertask.maxbytes보다 작아야 합니다.
- 맵리듀스 잡을 실행하기 위한 메모리 크기가 yarn.app.mapreduce.am.resource.mb 옵션값 이하거나 yarn.app.mapreduce.am.resource.mb 옵션값이 -1로 설정돼 있어야 합니다.
- 맵리듀스 잡을 실행하기 위한 CPU 코어 개수가 yarn.app.mapreduce.am.resource.cpu-vcores 옵션값 이하여야 합니다.
- 체인잡은 적용할 수 없습니다. 체인잡에 대한 설명은 5.7절을 참고합니다.

16.3.4 로그 설정

맵리듀스 애플리케이션의 실행 이력은 얀이 제공하는 기본 웹 페이지(http://호스트:8088)에서 확인할 수 있습니다. 하지만 얀 클러스터가 종료될 경우 기존의 실행 이력은 더는 웹 페이지에서 조회할 수 없습니다. 왜냐하면 얀은 애플리케이션 실행 이력을 메모리에 보관하고 있기 때문입니다.

그래서 맵리듀스 잡의 실행 이력을 지속적으로 확인하려면 반드시 잡 히스토리 서버를 실행해야 합니다.

- **잡 히스토리 서버 실행**: sbin/mr-jobhistory-daemon.sh start historyserver

- **잡 히스토리 서버 종료**: sbin/mr-jobhistory-daemon.sh stop historyserver

위와 같이 서버를 실행할 경우 웹 페이지(http://호스트:19888)에서 맵리듀스 잡의 실행 이력과 해당 잡의 맵 태스크와 리듀스 태스크 실행 이력도 함께 확인할 수 있습니다. 그림 16.2는 잡 히스토리 서버에서 조회한 맵리듀스 잡의 상세 실행 정보입니다.

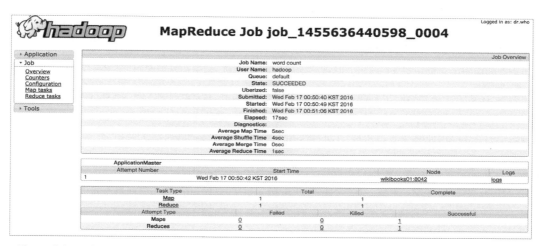

그림 16.2 맵리듀스 잡의 상세 실행 정보

위 화면에서 logs 링크는 해당 잡의 로그 파일을 출력합니다. 그런데 logs 링크를 클릭하면 그림 16.3과 같은 오류 메시지가 출력됩니다.

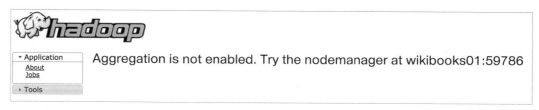

그림 16.3 로그 출력 오류

위와 같은 오류가 발생하는 이유는 로그 취합 옵션이 false로 설정돼 있기 때문입니다. 로그를 정상적으로 확인하려면 yarn-site.xml에 예제 16.10과 같은 내용을 설정합니다.

예제 16.10 로그 취합 옵션 설정

```
<property>
  <name>yarn.log-aggregation-enable</name>
  <value>false</value>
</property>
```

16.4 얀 스케줄러 설정

리소스매니저는 전체 클러스터의 가용한 자원을 관리하고, 애플리케이션이 실행될 경우에 필요한 자원을 할당해야 합니다. 이때 애플리케이션의 요청 순서와 우선순위에 따라 적절히 할당해야만 합니다. 위와 같은 일련의 작업은 스케줄러가 담당합니다. 얀은 ResourceScheduler 인터페이스를 제공하며, 이 인터페이스를 구현한 클래스를 리소스매니저의 스케줄러로 사용할 수 있습니다.

10장에서 맵리듀스 잡에 적용할 수 있는 스케줄러에는 페어 스케줄러와 커패시티 스케줄러가 있다고 설명했습니다. 얀은 위 두 개의 스케줄러를 ResourceScheduler 인터페이스에 맞게 구현했으며, 기본 스케줄러로 커패시티 스케줄러를 사용합니다. 각 스케줄러의 옵션은 얀에 적용되면서 옵션명이 수정됐습니다. 이번 절에서는 커패시티 스케줄러와 페어 스케줄러를 얀 클러스터에 적용하는 방법을 알아보겠습니다. 참고로 하둡1은 커패시티 스케줄러와 페어 스케줄러를 별도로 빌드해야 했지만 얀은 이미 스케줄러가 내장돼 있어서 빌드할 필요가 없습니다.

16.4.1 커패시티 스케줄러

커패시티 스케줄러는 여러 개의 큐를 이용해 스케줄링을 수행합니다. 큐는 클러스터에 자신이 사용할 수 있는 리소스의 할당 비율을 가지고 있으며, 이 할당 비율을 바탕으로 컨테이너를 할당받게 됩니다. 또한 스케줄러는 큐를 지속적으로 모니터링해서 자원을 재분배합니다. 특정 큐가 자원을 사용하지 않을 경우 여분의 용량을 다른 큐에게 임시로 할당합니다. 그리고 큐에서 실행되는 애플리케이션의 우선순위를 설정할 수 있어서 우선순위가 높은 애플리케이션이 빠르게 실행될 수 있습니다. 참고로 맵리듀스의 커패시티 스케줄러와는 달리 동일 큐에서 실행되는 애플리케이션들의 우선순위는 조정할 수 없습니다(이슈번호: YARN-1963). 그래서 각 큐는 애플리케이션이 큐에 등록된 순서대로 리소스를 할당하게 됩니다.

마지막으로 커패시티 스케줄러는 큐를 계층적으로 구성할 수 있습니다. 그림 16.4는 커패시티 스케줄러의 계층형 큐 구조를 나타낸 것입니다. 이 그림은 최상위 계층의 큐가 A, B, C라는 3개의 큐로 구성되고, 그 중 A와 B 큐가 하위 큐를 가진 구조를 나타냅니다. 참고로 큐 이름 밑에 있는 수치는 해당 큐의 리소스 할당 비율을 나타냅니다.

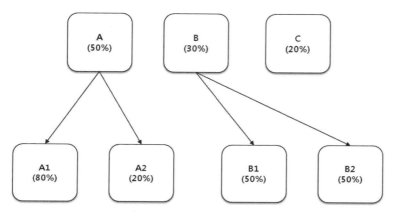

그림 16.4 커패시티 스케줄러의 계층형 큐 구조

기본 설정

커패시티 스케줄러를 사용하려면 예제 16.11과 같이 yarn-site.xml에 설정해야 합니다. 참고로 얀은 기본 스케줄러로 커패시티 스케줄러를 사용합니다.

예제 16.11 커패시티 스케줄러의 기본 설정

```
<property>
  <name>yarn.resourcemanager.scheduler.class</name>
<value>org.apache.hadoop.yarn.server.resourcemanager.scheduler.capacity.CapacityScheduler</value>
</property>
```

큐 등록

이번 단계에서는 커패시티 스케줄러가 사용할 큐를 등록합니다. 예제 16.12와 같이 $HADOOP_HOME/etc/hadoop/capacity-scheduler.xml에 큐를 설정합니다. 커패시티 스케줄러는 반드시

root 큐를 가지고 있어야 하며, root 큐는 여러 개의 하위 큐로 구성할 수 있습니다. 그림 16.4에 나타난 큐는 예제 16.12와 같이 큐를 등록하면 됩니다.

예제 16.12 커패시티 스케줄러의 다중 큐 등록

```
<property>
    <name>yarn.scheduler.capacity.root.queues</name>
    <value>A,B</value>
</property>

<property>
    <name>yarn.scheduler.capacity.root.A.queues</name>
    <value>A1,A2</value>
</property>

<property>
    <name>yarn.scheduler.capacity.root.B.queues</name>
    <value>B1,B2</value>
</property>
```

큐 커패시티 설정

커패시티 스케줄러에 등록한 큐는 다양한 설정을 적용할 수 있습니다. 표 16.8은 $HADOOP_HOMEetc/hadoop/capacity-scheduler.xml에 설정하는 다양한 커패시티 스케줄러 속성을 나타냅니다.

표 16.8 capacity-scheduler.xml의 속성값

속성	내용
yarn.scheduler.capacity.〈큐명칭〉.capacity	큐가 전체 컨테이너에서 사용할 수 있는 비율을 의미합니다. 모든 큐의 사용 비율을 합산했을 때 100이하여야 합니다.
yarn.scheduler.capacity.〈큐명칭〉.maximum-capacity	큐에서 사용할 수 있는 최대 컨테이너 비율입니다. 큐에 잡이 등록되지 않은 경우에도 이 값을 설정함으로써 여분의 컨테이너를 남겨둘 수 있습니다. 기본값은 -1이며, 이 옵션을 사용하지 않는다는 의미입니다.
yarn.scheduler.capacity.〈큐명칭〉.minimum-user-limit-percent	하나의 사용자가 큐에서 사용할 수 있는 컨테이너 비율입니다.

속성	내용
yarn.scheduler.capacity.〈큐명칭〉.user-limit-factor	하나의 사용자가 추가로 획득할 수 있는 컨테이너 개수입니다.
yarn.scheduler.capacity.maximum-applications /yarn.scheduler.capacity.〈큐 명칭〉.maximum-applications	얀 클러스터에서 실행할 수 있는 최대 애플리케이션 개수를 나타냅니다. 큐별로 제어하고 싶을 경우 maximum-applications 앞에 큐 이름을 추가하면 됩니다.
yarn.scheduler.capacity.maximum-am-resource-percent /yarn.scheduler.capacity.〈큐 명칭〉.maximum-am-resource-percent	얀 클러스터에서 애플리케이션마스터를 실행하기 위해 사용할 수 있는 컨테이너 비율을 의미합니다. 큐별로 제어하고 싶을 경우 maximum-am-resource-percent 앞에 큐 이름을 추가하면 됩니다.
yarn.scheduler.capacity.resource-calculator	커패시티 스케줄러 내에서 리소스를 계산할 때 사용하는 클래스입니다. 기본값은 org.apache.hadoop.yarn.util.resource.Default ResourceCalculator로 설정돼 있으며, DefaultResourceCalculator는 메모리 값을 기준으로 계산을 수행합니다.
yarn.scheduler.capacity.node-locality-delay	커패시티 스케줄러는 컨테이너가 실행되는 노드의 종류에 따라 컨테이너를 할당합니다. 컨테이너 종류로는 노드 로컬(Node local), 랙 로컬(Rack Local), 스위치 오프(Switch off)가 있습니다. 각 노드는 다음과 같은 특징이 있습니다. 첫째, 노드 로컬은 애플리케이션이 필요한 데이터가 위치한 노드의 컨테이너를 할당하는 것입니다. 둘째, 랙 로컬은 애플리케이션이 필요한 데이터가 위치한 랙에 포함돼 있는 컨테이너를 할당하는 것입니다. 셋째, 데이터가 있는 랙과 별개의 랙의 컨테이너를 할당하는 것입니다. 스케줄러는 각 노드 타입에 맞게 컨테이너를 할당하는데, 할당하기 전에 해당 노드에 할당이 가능한지 검사합니다. 이때 랙 로컬의 경우 조금 복잡한 검사 로직을 수행합니다. 우선 스케줄러는 애플리케이션의 최종적인 스케줄링을 완료하기 전에 주어진 우선순위로 작업을 스케줄링할 수 있는 기회가 몇 번이나 있었는지 확인합니다. 이 횟수는 SchedulerApplicationAttempt[1]의 getSchedulingOpportunities 메서드로 조회할 수 있습니다. 참고로 SchedulerApplicationAttempt는 스케줄러 관점에서 애플리케이션어템프트를 표현한 클래스입니다. 그리고 얀 클러스터의 노드 개수와 이 옵션값 중 최솟값을 산출합니다. 마지막으로 이 최솟값이 스케줄링할 수 있는 기회 횟수보다 작다면 랙 로컬이 가능한 것으로 가정합니다(이슈번호: YARN-80). 참고로 이 속성의 기본값은 40으로 설정돼 있습니다. 일반적으로 얀 클러스터의 노드 개수만큼 설정하는 것을 권장합니다.

큐 ACL 설정

커패시티 스케줄러는 큐에 대한 접근을 제어하기 위해 ACL을 사용합니다. ACL 정보는 capacity-scheduler.xml 파일에 설정하며, 표 16.9와 같은 속성값을 설정할 수 있습니다.

표 16.9 커패시티 스케줄러 ACL 설정

속성	내용
yarn.scheduler.capacity.⟨큐 명칭⟩.state	큐의 상태를 의미하며, RUNNING 혹은 STOPPED 중 하나를 지정할 수 있습니다. 만약 큐의 상태가 STOPPED로 설정돼 있다면 애플리케이션은 해당 큐를 이용할 수 없습니다. 참고로 루트 큐를 STOPPED로 설정할 경우 전체 큐를 사용할 수 없습니다.
yarn.scheduler.capacity.⟨큐 명칭⟩.acl_submit_applications	해당 큐에 애플리케이션을 등록할 수 있는 사용자명이나 그룹명을 설정합니다. 콤마 단위로 구분해 여러 사용자나 그룹을 등록할 수 있습니다. 만약 이 속성값을 *로 표시하면 권한 제어 없이 모든 사용자에게 해당 큐를 오픈하겠다는 의미입니다.
yarn.scheduler.capacity.root.⟨큐명칭⟩.acl_administer_queue	해당 애플리케이션을 종료하거나 애플리케이션의 우선순위를 변경할 수 있는 사용자나 그룹을 설정합니다. 콤마 단위로 구분해서 입력할 수 있으며, *로 표시할 경우 모든 사용자가 애플리케이션을 제어할 수 있습니다.

커패시티 스케줄러 적용

이번에는 커패시티 스케줄러에 두 개의 큐를 등록하고, 각 큐의 리소스 비율과 ACL을 설정해보겠습니다. 예제 16.13에서는 루트 큐에 default와 test라는 두 개의 큐를 등록합니다.

예제 16.13 커패시티 스케줄러 설정 예제

```
<?xml version="1.0" encoding="UTF-8"?>
<?xml-stylesheet type="text/xsl" href="configuration.xsl"?>
<configuration>

<!-- common  -->
  <property>
    <name>yarn.scheduler.capacity.maximum-applications</name>
    <value>10000</value>
  </property>
  <property>
    <name>yarn.scheduler.capacity.maximum-am-resource-percent</name>
    <value>0.1</value>
```

```xml
  </property>
  <property>
    <name>yarn.scheduler.capacity.resource-calculator</name>
    <value>org.apache.hadoop.yarn.util.resource.DefaultResourceCalculator</value>
  </property>
  <property>
    <name>yarn.scheduler.capacity.root.queues</name>
    <value>default,test</value>
  </property>
  <property>
    <name>yarn.scheduler.capacity.node-locality-delay</name>
    <value>40</value>
  </property>

<!-- root queue -->
  <property>
    <name>yarn.scheduler.capacity.root.default.capacity</name>
    <value>80</value>
  </property>
  <property>
    <name>yarn.scheduler.capacity.root.default.user-limit-factor</name>
    <value>1</value>
  </property>
  <property>
    <name>yarn.scheduler.capacity.root.default.maximum-capacity</name>
    <value>90</value>
  </property>
  <property>
    <name>yarn.scheduler.capacity.root.default.state</name>
    <value>RUNNING</value>
  </property>
  <property>
    <name>yarn.scheduler.capacity.root.default.acl_submit_applications</name>
    <value>*</value>
  </property>
  <property>
    <name>yarn.scheduler.capacity.root.default.acl_administer_queue</name>
```

```
    <value>*</value>
  </property>

<!-- test queue -->
  <property>
    <name>yarn.scheduler.capacity.root.test.capacity</name>
    <value>20</value>
  </property>
  <property>
    <name>yarn.scheduler.capacity.root.test.user-limit-factor</name>
    <value>1</value>
  </property>
  <property>
    <name>yarn.scheduler.capacity.root.test.maximum-capacity</name>
    <value>30</value>
  </property>
  <property>
    <name>yarn.scheduler.capacity.root.test.state</name>
    <value>RUNNING</value>
  </property>
  <property>
    <name>yarn.scheduler.capacity.root.test.acl_submit_applications</name>
    <value>*</value>
  </property>
  <property>
    <name>yarn.scheduler.capacity.root.test.acl_administer_queue</name>
    <value>*</value>
  </property>
</configuration>
```

위 예제를 etc/hadoop/capacity-scheduler.xml 파일에 적용한 후 얀 클러스터를 재구동합니다.
그리고 얀의 웹 인터페이스(http://호스트:8088/cluster/scheduler)에 접속하면 그림 16.5와 같은
화면이 나타납니다. 화면 중앙에 있는 "Application Queues" 항목을 보면 root 큐 아래에 default
와 test 큐가 등록된 것을 확인할 수 있습니다.

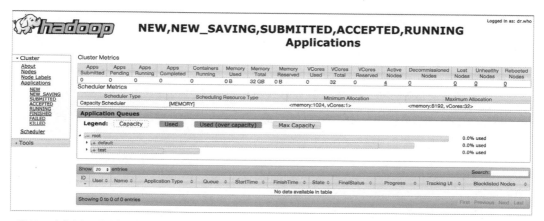

그림 16.5 커패시티 스케줄러 큐 목록

이때 큐 이름의 좌측에 있는 화살표 버튼을 클릭하면 큐의 상세 정보가 출력됩니다. 그림 16.6은 default 큐의 상세 정보 화면입니다. 예제 16.20에서 설정한 대로 최대 커패시티 비율이 80%를 유지하고 큐의 상태가 RUNNING으로 돼 있음을 확인할 수 있습니다.

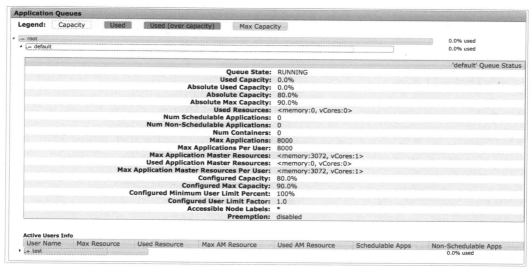

그림 16.6 default 큐의 상세 정보

16.4.2 페어 스케줄러

페어 스케줄러도 커패시티 스케줄러처럼 기존 맵리듀스에서 사용하던 스케줄러입니다(10.2절 참고). 맵리듀스의 페어 스케줄러는 풀(Pool) 단위로 태스크 슬롯을 관리했습니다. 얀의 페어 스케줄러는 기존의 풀을 큐로 명칭만 변경했을 뿐 내부 방식은 풀 관리 방식과 동일하게 동작합니다. 참고로 맵리듀스는 페어 스케줄러를 사용하려면 별도로 빌드해야 했지만 얀은 페어 스케줄러를 기본으로 내장하고 있기 때문에 환경설정만 하면 됩니다.

기본 설정

페어 스케줄러를 적용하려면 얀의 스케줄러를 페어 스케줄러로 변경해야 합니다. yarn-site.xml을 예제 16.14과 같이 설정합니다.

예제 16.14 페어 스케줄러에 대한 기본 설정

```
<property>
  <name>yarn.resourcemanager.scheduler.class</name>
<value>org.apache.hadoop.yarn.server.resourcemanager.scheduler.fair.FairScheduler</value>
</property>
```

얀 환경설정 파일 수정

페어 스케줄러를 실제로 적용하려면 다양한 설정을 변경해야 합니다. 페어 스케줄러의 큐 설정은 별도 파일로 설정하지만 다른 속성들은 yarn-site.xml에 설정하면 됩니다. 표 16.10은 yarn-site.xml에서 설정할 수 있는 페어 스케줄러의 속성값입니다.

표 16.10 yarn-site.xml에서 설정 가능한 페어 스케줄러 속성값

속성	내용
yarn.scheduler.fair.allocation.file	페어 스케줄러에서 사용하는 큐에 대한 설정 파일 경로를 나타냅니다. 기본값은 fair-scheduler.xml입니다.
yarn.scheduler.fair.user-as-default-queue	이 속성값은 애플리케이션을 실행할 때 큐를 별도로 설정하지 않은 경우에 대처하기 위한 속성값입니다. 이 속성값이 true로 설정돼 있다면 사용자 이름을 큐의 이름으로 사용하게 됩니다. 하지만 이 값이 false로 돼 있다면 큐를 설정하지 않은 애플리케이션은 무조건 default 큐로 할당됩니다. 참고로 이 속성의 기본값은 true로 설정돼 있습니다.

속성	내용
yarn.scheduler.fair.preemption	페어 스케줄러의 프리엠션 사용 여부를 설정합니다. 기본값은 false로 돼 있어서 프리엠션이 비활성화돼 있습니다.
yarn.scheduler.fair.preemption.cluster-utilization-threshold	프리엠션 기능이 실행되는 임계치를 의미합니다. 전체 리소스의 최대 사용 비율이 이 임계치에 도달하면 프리엠션이 실행됩니다. 기본값은 0.8f이며, 80%를 의미합니다.
yarn.scheduler.fair.sizebasedweight	애플리케이션의 가중치를 애플리케이션의 크기로 측정하게 하는 값입니다. 기본적으로 애플리케이션의 가중치는 애플리케이션의 우선순위 속성으로 측정됩니다. 하지만 이 속성값을 true로 설정할 경우 애플리케이션이 필요한 메모리 용량이 많은 순서대로 가중치가 부여됩니다. 기본값은 false로 설정돼 있습니다.
yarn.scheduler.fair.assignmultiple	하나의 하트비트에 다중 컨테이너 할당을 허용할지를 설정합니다. 기본값은 false입니다.
yarn.scheduler.fair.max.assign	yarn.scheduler.fair.assignmultiple 속성을 true로 설정할 경우 하나의 하트비트에서 할당 가능한 컨테이너 개수입니다. 기본값은 −1이며, 무제한을 의미합니다.
yarn.scheduler.fair.allow-undeclared-pools	이 속성이 true일 경우 새로운 큐는 애플리케이션의 실행 요청 시간에 생성될 수 있습니다. 왜냐하면 애플리케이션을 실행할 때 큐가 설정돼 있거나 yarn.scheduler.fair.user-as-default-queue 속성으로 사용자 이름이 큐로 설정되기 때문입니다. 하지만 이 속성이 false일 경우 큐 설정 파일에 정의된 속성은 무시됩니다. 그래서 애플리케이션은 큐 설정 파일에 정의되지 않은 큐로 변경될 수 있습니다. 참고로 이 속성의 기본값은 true입니다.

큐 설정

큐 설정 파일에는 최소/최대 리소스, 최대 애플리케이션 실행 개수와 같은 큐의 기본 정보를 설정합니다. 이러한 내용은 XML 형식으로 정의되며, 예제 16.15은 큐 설정 파일의 예입니다.

예제 16.15 큐 설정 파일 예제

```xml
<?xml version="1.0"?>
<allocations>
  <queue name="sample_queue">
    <minResources>10000 mb,0vcores</minResources>
    <maxResources>90000 mb,0vcores</maxResources>
    <maxRunningApps>50</maxRunningApps>
    <maxAMShare>0.1</maxAMShare>
    <weight>2.0</weight>
    <schedulingPolicy>fair</schedulingPolicy>
```

```
  <queue name="sample_sub_queue">
    <aclSubmitApps>charlie</aclSubmitApps>
    <minResources>5000 mb,0vcores</minResources>
  </queue>
</queue>

<queueMaxAMShareDefault>0.5</queueMaxAMShareDefault>

<!—- Queue 'secondary_group_queue' is a parent queue and may have
    user queues under it -—>
<queue name="secondary_group_queue" type="parent">
<weight>3.0</weight>
</queue>

<user name="sample_user">
  <maxRunningApps>30</maxRunningApps>
</user>
<userMaxAppsDefault>5</userMaxAppsDefault>

<queuePlacementPolicy>
  <rule name="specified" />
  <rule name="primaryGroup" create="false" />
  <rule name="nestedUserQueue">
      <rule name="secondaryGroupExistingQueue" create="false" />
  </rule>
  <rule name="default" queue="sample_queue" />
</queuePlacementPolicy>
</allocations>
```

모든 정보는 XML 엘리먼트로 정의되며, queue와 user의 경우에만 하위 엘리먼트로 속성을 정의합니다. queue와 user 엘리먼트는 특정 큐와 특정 사용자에 대한 설정이며, 나머지 엘리먼트는 전체 큐 및 사용자를 대상으로 하는 설정입니다. 각 엘리먼트는 다음과 같은 내용을 나타냅니다.

- **Queue**: 각 큐에 대한 설정 정보입니다.
  - **minResources**: 큐가 최소한으로 점유해야 하는 리소스 규모이며, "X mb, Y cores" 형식으로 표현합니다. 예를 들어, 512MB, 1 코어를 최소로 공유하고 싶다면 "512mb,1vcores"로 설정합니다.
  - **maxResources**: 큐가 최대한으로 점유할 수 있는 리소스 규모이며, "X mb, Y cores" 형식으로 표현합니다.

- maxRunningApps: 큐에서 최대로 실행할 수 있는 애플리케이션 개수입니다.

- maxAMShare: 애플리케이션마스터를 실행하기 위해 사용할 수 있는 큐의 리소스 공유 비율을 제한합니다. 이 속성은 leaf queue(리프큐)에서만 사용할 수 있습니다. 예를 들어, 이 속성값을 1.0f로 설정할 경우 리프큐에 있는 애플리케이션마스터는 공유된 메모리와 CPU의 100%를 사용할 수 있습니다. 참고로 기본값은 −1이며, 이 값은 비율 제한을 확인하지 않겠다는 의미입니다.

- weight: 다른 큐와 비교할 때 사용되는 가중치이며, 기본값은 1.0을 사용합니다. 예를 들어, weight가 2.0으로 설정된 큐는 가중치가 1.0인 큐보다 2배 높은 가중치가 부여된 것으로 인식됩니다.

- aclSubmitApps: 큐에 애플리케이션 실행을 요청할 수 있는 사용자와 그룹 목록입니다.

- aclAdministerApps: 큐에 대한 관리자 기능이 있는 사용자 및 그룹 목록입니다. 참고로 관리자 기능이 있어야만 애플리케이션을 강제로 종료할 수 있습니다.

- minSharePreemptionTimeout: 최소 공유 자원보다 적은 자원을 사용하고 있는 컨테이너가 있을 경우 다른 컨테이너가 종료되기 전까지 대기해야만 하는 시간입니다. 기본값은 무한대(infinite)입니다.

- schedulingPolicy: 큐의 내부 스케줄링 모드를 결정합니다. 페어 스케줄링 방식과 FIFO 방식 중에서 선택할 수 있습니다. 기본값은 페어 스케줄링 방식인 fair입니다.

■ User: 큐를 사용하는 사용자에 대한 정보를 설정합니다. 사용자에게 제한을 두지 않으려면 이 엘리먼트를 정의하지 않아도 됩니다.

- maxRunningApps: 해당 사용자가 큐에서 최대로 실행할 수 있는 애플리케이션 개수입니다.

■ userMaxAppsDefault: 등록된 전체 사용자가 최대한으로 실행할 수 있는 애플리케이션 개수입니다.

■ fairSharePreemptionTimeout: 애플리케이션이 자신에게 할당된 공유 자원의 절반 이하만 사용할 수 있을 경우 프리엠션을 대기해야 하는 시간입니다.

■ defaultMinSharePreemptionTimeout: 등록된 전체 큐에 적용돼야 하는 최소 프리엠션 대기 시간입니다.

■ queueMaxAppsDefault: 등록된 전체 큐가 최대한으로 실행할 수 있는 애플리케이션 개수입니다.

■ queueMaxAMShareDefault: 전체 큐에 적용돼야 하는 애플리케이션 마스터 리소스 공유 비율입니다. 이 속성값을 정의할 경우 Queue 엘리먼트에 정의한 maxAMShare는 오버라이드됩니다.

■ defaultQueueSchedulingPolicy: 전체 큐에 적용돼야 하는 내부 스케줄링 모드입니다. 페어 스케줄링 방식과 FIFO 방식 중에서 선택할 수 있습니다. 기본값은 fair이며, 이는 페어 스케줄링을 의미합니다. 만약 이 속성값을 정의할 경우 Queue 엘리먼트에서 정의한 schedulingPolicy는 오버라이드됩니다.

- **queuePlacementPolicy**: 페어 스케줄러는 실행을 요청한 애플리케이션의 큐를 변경할 수 있습니다. 이때 큐 변경에는 다양한 룰을 적용할 수 있으며, 이 엘리먼트에 각 룰을 설정할 수 있습니다. 참고로 룰은 작성된 순서대로 적용되며, 룰에 맞는 큐를 찾을 수 없을 경우 다음 룰을 실행합니다.
  - **specified**: 애플리케이션이 요청한 큐에 할당합니다. 예를 들어, 애플리케이션을 요청할 때 큐를 명시하지 않았다면 default 큐로 할당됩니다.
  - **user**: 애플리케이션 실행을 요청한 사용자 이름과 동일한 큐로 할당됩니다.
  - **primaryGroup**: 애플리케이션 실행을 요청한 사용자의 기본 그룹 이름과 동일한 큐에 할당됩니다.
  - **secondaryGroupExistingQueue**: 애플리케이션 실행을 요청한 사용자의 보조 그룹 이름과 동일한 큐에 할당됩니다.
  - **nestedUserQueue**: 이 룰이 제안한 큐에 포함돼 있는 사용자 이름을 가진 큐로 애플리케이션을 할당합니다. 이 속성은 User 엘리먼트와 규칙이 매우 유사하지만 부모 큐를 다루는 방식에 차이가 있습니다. User 엘리먼트는 부모 큐의 하위에만 등록할 수 있지만 이 속성은 부모 큐를 중첩해서 사용할 수 있습니다.
  - **default**: 기본룰의 queue 속성에 정의된 큐로 할당됩니다. 만약 queue 속성이 없다면 root.default 큐로 할당됩니다.
  - **reject**: 애플리케이션 할당이 거부됩니다.

페어 스케줄러 적용

이번 단계에서는 페어 스케줄러에 세 개의 큐를 등록해보겠습니다. 예제 16.16에서는 default, service, test라는 세 개의 큐를 등록합니다. 참고로 페어 스케줄러는 root의 default 큐를 기본으로 등록하며, 필자가 등록한 default 큐는 이 큐를 오버라이드합니다.

예제 16.16 fair-scheduler.xml

```
<?xml version="1.0"?>
<allocations>
  <user name="hadoop">
    <maxRunningApps>1000</maxRunningApps>
  </user>
  <userMaxAppsDefault>1000</userMaxAppsDefault>
  <queue name="default">
    <minResources>1024 mb, 1 vcores</minResources>
    <maxResources>5120 mb, 4 vcores</maxResources>
    <schedulingPolicy>fair</schedulingPolicy>
    <weight>0.25</weight>
```

```
          <minSharePreemptionTimeout>2</minSharePreemptionTimeout>
    </queue>
    <queue name="test">
        <minResources>1024 mb, 1 vcores</minResources>
        <maxResources>5120 mb, 4 vcores</maxResources>
        <schedulingPolicy>fair</schedulingPolicy>
        <weight>0.25</weight>
        <minSharePreemptionTimeout>2</minSharePreemptionTimeout>
    </queue>
    <queue name="service">
        <minResources>1024 mb, 1 vcores</minResources>
        <maxResources>8192 mb, 10 vcores</maxResources>
        <weight>0.5</weight>
        <schedulingPolicy>fair</schedulingPolicy>
        <minSharePreemptionTimeout>2</minSharePreemptionTimeout>
    </queue>
</allocations>
```

yarn-site.xml에 예제 16.21과 같이 페어 스케줄러를 설정하고 위 예제를 etc/hadoop/fair-scheduler.xml 파일로 생성한 후 얀 클러스터를 재구동합니다. 그리고 나서 얀의 웹 인터페이스 (http://호스트:8088/cluster/scheduler)에 접속하면 그림 16.7과 같은 화면이 나타납니다. 화면 중앙에 있는 "Application Queues" 항목을 보면 root 큐 아래에 세 개의 큐가 등록된 것을 확인할 수 있습니다.

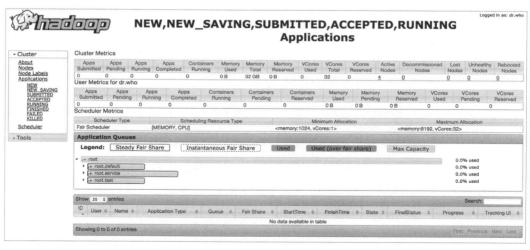

그림 16.7 페어 스케줄러 큐 목록

이때 큐 이름의 좌측에 있는 화살표 버튼을 클릭하면 그림 16.8과 같은 큐의 상세 정보가 출력됩니다. 예제 16.14에서 설정한 속성값과 동일하게 출력되는 것을 확인할 수 있습니다.

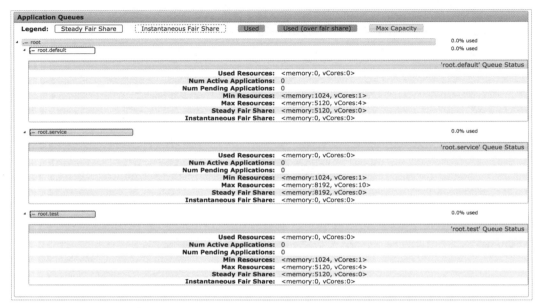

그림 16.8 페어 스케줄러 큐 상세 정보

16.5 노드매니저 추가 및 제거

9장의 9.5절과 9.6절에 HDFS 클러스터를 중단하지 않고 데이터노드를 추가하거나 제거하는 방법을 설명했습니다. 얀 클러스터도 HDFS 클러스터와 유사한 방식으로 미리 정의된 호스트 목록을 이용해 노드매니저를 추가하거나 제거할 수 있습니다. 아래의 두 항목은 해당 기능을 설정할 수 있는 속성값이며, yarn-site.xml에서 설정할 수 있습니다.

- yarn.resourcemanager.nodes.include-path: 얀 클러스터에 등록돼야 하는 호스트 파일의 경로
- yarn.resourcemanager.nodes.exclude-path: 얀 클러스터에서 제거돼야 하는 호스트 파일 경로

각 속성값은 호스트 목록이 작성돼 있는 파일 경로를 나타냅니다. 얀 클러스터가 구동될 때 위의 두 속성값이 자동으로 로딩되어 include-path 속성값의 호스트들은 리소스매니저의 노드매니저 목록에 추가하고, exclude-path 속성값에 있는 호스트들은 리소스매니저의 노드매니저 목록에서 제거합니다.

얀 클러스터를 설치할 때 include-path에는 etc/hadoop/slaves를 설정하거나, 혹은 별도의 파일을 생성해 속성값으로 설정합니다. exclude-path는 내용이 비어있는 파일을 생성한 후 해당 파일의 경로를 속성값으로 설정합니다. 위와 같이 설정한 후 얀 클러스터를 운영하는 중에 특정 호스트에 장애가 발생할 경우 exclude-path로 설정한 파일에 해당 호스트를 등록하면 리소스매니저는 재구동 작업 없이 해당 호스트를 노드매니저 목록에서 제거합니다.

16.6 리소스매니저 HA 구성

얀 아키텍처에서 리소스매니저는 마스터 서버로서 다양한 역할을 수행합니다. 하지만 리소스매니저가 다운될 경우 노드매니저가 살아 있더라도 얀 클러스터 전체를 이용할 수 없습니다. 왜냐하면 클라이언트의 요청을 처리할 서버가 없고, 실행 중이거나 혹은 실행 요청이 들어온 애플리케이션이 필요한 리소스를 스케줄링할 수 없기 때문입니다. 그래서 리소스매니저는 얀의 SPOF였으며, 하둡 커뮤니티도 이 문제점을 해결하기 위해 노력해왔습니다. 다행스럽게도 하둡 2.4.0 버전부터 리소스매니저의 HA가 적용되어 리소스매니저에 대한 장애 복구 부담을 덜 수 있게 됐습니다. 리소스매니저의 HA 구성은 네임노드의 HA 구성과 유사한 방식으로 설계돼 있습니다. 그림 16.9는 리소스매니저의 HA 아키텍처를 나타냅니다.

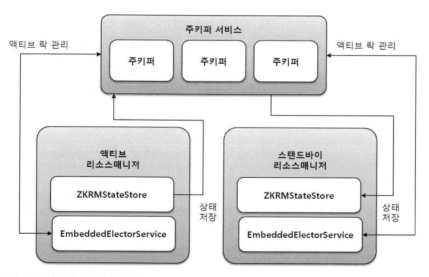

그림 16.9 리소스매니저 HA 아키텍처

리소스매니저의 HA 아키텍처는 다음과 같은 세 개의 컴포넌트로 구성됩니다.

- **주키퍼**: 리소스매니저의 공통 저장소입니다.

- **ZKRMStateStore[1]**: 리소스매니저의 상태 정보를 주키퍼에 저장하는 역할을 담당합니다.

- **EmbeddedElectorService[2]**: 리소스매니저에 내장돼 있는 HA 상태 관리 컴포넌트입니다. 이 컴포넌트는 주키퍼 정보를 모니터링해서 자신을 실행한 리소스매니저의 HA 상태를 갱신합니다. 예를 들어, 액티브 리소스매니저가 실행된 상태에서 스탠바이 리소스매니저를 실행하면 EmbeddedElectorService는 해당 리소스매니저의 HA 상태를 스탠바이로 갱신합니다. 그리고 주키퍼 정보를 모니터링하는 중 액티브 리소스매니저가 주키퍼 정보를 갱신하지 못하고 있을 경우 이를 장애 상태로 인지하고 스탠바이 리소스매니저를 액티브 리소스매니저로 변경합니다.

네임노드의 HA가 ZKFC라는 별도의 데몬을 실행했던 것과 달리 리소스매니저의 HA는 내장돼 있는 EmbeddedElectorService로 HA 상태를 갱신할 수 있습니다. 다만 네임노드의 HA가 stop-dfs.sh, start-dfs.sh로 한 번에 실행되는 것과는 달리 스탠바이 리소스매니저를 해당 호스트에 접속해 yarn-daemon.sh로 실행해야 한다는 번거로움이 있습니다. 대신 커맨드 라인에서 상태 정보를 인위적으로 변경하거나 장애 발생 시 자동으로 복구되는 기능은 정상적으로 진행됩니다.

16.6.1 리소스매니저 HA 환경설정

리소스매니저 HA의 환경설정은 yarn-site.xml에 설정해야만 합니다. 이때 설정 가능한 속성값은 네임노드 HA의 속성값과 매우 유사하기 때문에 쉽게 이해할 수 있습니다. 표 16.11은 yarn-site.xml에서 설정 가능한 속성값을 나타냅니다.

표 16.11 yarn-site.xml에서 설정 가능한 리소스매니저 HA 속성값

속성	내용
yarn.resourcemanager.ha.enabled	리소스매니저 HA 기능의 사용 여부를 설정합니다. 기본값은 false로 설정돼 있습니다.
yarn.resourcemanager.ha.rm-ids	액티브 리소스매니저, 스탠바이 리소스매니저 아이디를 등록합니다. 콤마 단위로 구분하며, 가상의 아이디를 부여합니다. 네임노드 HA에서 각 네임노드에 아이디를 부여하는 것과 동일한 방식입니다.

---

1 org.apache.hadoop.yarn.server.resourcemanager.recovery.ZKRMStateStore
2 org.apache.hadoop.yarn.server.resourcemanager.EmbeddedElectorService

yarn.resourcemanager.ha.id	현재 실행되는 리소스매니저의 아이디입니다. 예를 들어, yarn.resource manager.ha.rm-ids에 rm1, rm2를 등록하고, 현재 rm1을 실행했다면 이 속성에는 반드시 rm1을 설정해야만 합니다.
yarn.resourcemanager.address.⟨rm-id⟩	액티브/스탠바이 리소스매니저의 주소입니다. ⟨rm-id⟩에는 yarn.resource manager.ha.rm-ids에서 등록한 아이디를 사용합니다.
yarn.resourcemanager.scheduler. address.⟨rm-id⟩	액티브/스탠바이 리소스매니저의 스케줄러 주소입니다. ⟨rm-id⟩에는 yarn. resourcemanager.ha.rm-ids에서 등록한 아이디를 사용합니다.
yarn.resourcemanager.admin. address.⟨rm-id⟩	액티브/스탠바이 리소스매니저의 RM Admin 주소입니다. ⟨rm-id⟩에는 yarn. resourcemanager.ha.rm-ids에서 등록한 아이디를 사용합니다.
yarn.resourcemanager.resource- tracker.address.⟨rm-id⟩	액티브/스탠바이 리소스매니저의 리소스트래커 주소입니다. ⟨rm-id⟩에는 yarn. resourcemanager.ha.rm-ids에서 등록한 아이디를 사용합니다.
yarn.resourcemanager.webapp. address.⟨rm-id⟩	액티브/스탠바이 리소스매니저의 웹 주소입니다. ⟨rm-id⟩에는 yarn. resourcemanager.ha.rm-ids에서 등록한 아이디를 사용합니다.
yarn.resourcemanager.recovery.enabled	리소스매니저의 자동 잡 복구 기능의 사용 여부입니다. 기본값은 false로 설정돼 있습니다.
yarn.resourcemanager.zk-address	HA 상태 정보를 저장하는 주키퍼 서버 정보입니다. 주키퍼 호스트와 포트를 등록합니다. 각 주키퍼 서버는 콤마를 구분자로 사용합니다.
yarn.resourcemanager.ha.automatic- failover.enabled	리소스매니저 HA의 자동 장애복구 기능의 사용 여부입니다. 기본값은 true입니다.
yarn.resourcemanager.ha.automatic- failover.embedded	리소스매니저 HA의 자동 장애복구 시 EmbeddedElectorService 사용 여부를 나타냅니다 기본값은 true입니다.
yarn.resourcemanager.cluster-id	액티브 리소스매니저와 스탠바이 리소스매니저를 묶어서 가상의 클러스터 아이디를 부여합니다. 네임노드 HA에서 클러스터 아이디를 부여하는 것과 동일한 방식입니다.

16.6.2 리소스매니저 HA 테스트

이번 절에서는 얀 클러스터에 리소스매니저 HA를 실제로 적용해보겠습니다. 이 테스트는 13장에서 이미 주키퍼와 네임노드 HA로 구성된 하둡을 설치했다는 가정하에 진행됩니다. 만약 주키퍼를 설치하지 않았을 경우 한 대의 주키퍼라도 설치해야 HA 테스트를 진행할 수 있습니다. 우선 wikibooks01 서버의 yarn-site.xml에 예제 16.17의 내용을 적용합니다.

```xml
<?xml version="1.0"?>
<configuration>

  <!-- Site specific YARN configuration properties -->
  <property>
    <name>yarn.nodemanager.aux-services</name>
    <value>mapreduce_shuffle</value>
  </property>

  <property>
    <name>yarn.nodemanager.aux-services.mapreduce_shuffle.class</name>
    <value>org.apache.hadoop.mapred.ShuffleHandler</value>
  </property>

  <property>
    <name>yarn.resourcemanager.ha.enabled</name>
    <value>true</value>
  </property>

  <property>
    <name>yarn.resourcemanager.cluster-id</name>
    <value>local-cluster</value>
  </property>
  <property>
    <name>yarn.resourcemanager.ha.rm-ids</name>
    <value>rm1,rm2</value>
  </property>
  <property>
    <name>yarn.resourcemanager.ha.id</name>
    <value>rm1</value>
  </property>
  <property>
    <name>yarn.resourcemanager.zk-address</name>
    <value>wikibooks01:2181,wikibooks03:2181,wikibooks03:2181</value>
  </property>
  <property>
    <name>yarn.resourcemanager.recovery.enabled</name>
    <value>true</value>
  </property>
  <!-- RM1 configs -->
```

```xml
<property>
  <name>yarn.resourcemanager.address.rm1</name>
  <value>wikibooks01:8032</value>
</property>
<property>
  <name>yarn.resourcemanager.scheduler.address.rm1</name>
  <value>wikibooks01:8030</value>
</property>
<property>
  <name>yarn.resourcemanager.webapp.https.address.rm1</name>
  <value>wikibooks01:8090</value>
</property>
<property>
  <name>yarn.resourcemanager.webapp.address.rm1</name>
  <value>wikibooks01:8088</value>
</property>
<property>
  <name>yarn.resourcemanager.resource-tracker.address.rm1</name>
  <value>wikibooks01:8031</value>
</property>
<property>
  <name>yarn.resourcemanager.admin.address.rm1</name>
  <value>wikibooks01:8033</value>
</property>

<!-- RM2 configs -->
<property>
  <name>yarn.resourcemanager.address.rm2</name>
  <value>wikibooks02:8032</value>
</property>
<property>
  <name>yarn.resourcemanager.scheduler.address.rm2</name>
  <value>wikibooks02:8030</value>
</property>
<property>
  <name>yarn.resourcemanager.webapp.https.address.rm2</name>
  <value>wikibooks02:8090</value>
</property>
<property>
  <name>yarn.resourcemanager.webapp.address.rm2</name>
```

```
      <value>wikibooks02:8088</value>
    </property>
    <property>
      <name>yarn.resourcemanager.resource-tracker.address.rm2</name>
      <value>wikibooks02:8031</value>
    </property>
    <property>
      <name>yarn.resourcemanager.admin.address.rm2</name>
      <value>wikibooks02:8033</value>
    </property>
</configuration>
```

그리고 wikibooks02의 yarn-site.xml에도 예제 16.15를 적용합니다. 단 wikibooks02의 yarn.
resourcemanager.ha.id는 반드시 rm2로 설정합니다. 환경설정이 완료되면 다음과 같이 얀 클러
스터를 재구동합니다.

```
[hadoop@wikibooks01 hadoop-2.7.2]$ sbin/stop-yarn.sh
[hadoop@wikibooks01 hadoop-2.7.2]$ sbin/start-yarn.sh
```

이때 리소스매니저의 로그 파일($HADOOP_HOME/logs/yarn-hadoop-resourcemanager-
wikibooks01.log)을 보면 다음과 같이 액티브 상태로 갱신됐다는 AuditLog가 출력돼 있습니다.

```
INFO org.apache.hadoop.yarn.server.resourcemanager.RMAuditLogger: USER=hadoop
    OPERATION=transitionToActive  TARGET=RMHAProtocolService  RESULT=SUCCESS
```

하지만 아직 스탠바이 리소스매니저는 구동돼 있지 않습니다. 왜냐하면 앞서 설명한 대로 셸 스크립
트에 리소스매니저 HA와 관련된 로직이 들어있지 않기 때문입니다. 스탠바이 리소스매니저를 실행
하기 위해 wikibooks02 서버에 접속해 다음과 같이 리소스매니저를 실행합니다.

```
[hadoop@wikibooks02 hadoop-2.7.2]$ sbin/yarn-daemon.sh start resourcemanager
```

스탠바이 리소스매니저가 실행되면 리소스매니저의 로그파일에는 다음과 같이 스탠바이 상태로 갱
신됐다는 AuditLog가 출력됩니다.

```
INFO resourcemanager.ResourceManager: Already in standby state
INFO resourcemanager.RMAuditLogger: USER=hadoop  OPERATION=transitionToStandby
    TARGET=RMHAProtocolService  RESULT=SUCCESS
```

이제 장애가 발생했을 때 스탠바이 리소스매니저가 액티브로 전환되는지 확인해보겠습니다. wikibooks01 서버에 접속해 리소스매니저의 프로세스 아이디를 조회한 후 강제로 프로세스를 종료시킵니다.

```
[hadoop@wikibooks01 hadoop-2.7.2]$ jps
37436 NodeManager
37502 Jps
35592 QuorumPeerMain
37484 ResourceManager
36802 NameNode
36884 DataNode
[hadoop@wikibooks01 hadoop-2.7.2]$ kill -9 37484
```

마지막으로 wikibooks02의 리소스매니저의 로그 파일을 보면 다음과 같이 액티브 상태로 전환된 것을 확인할 수 있습니다.

```
2016-02-17 01:17:29,265 INFO org.apache.hadoop.ha.ActiveStandbyElector: Checking for any old
active which needs to be fenced...
2016-02-17 01:17:29,267 INFO org.apache.hadoop.ha.ActiveStandbyElector: Old node exists: 0a0d6c6
f63616c2d636c75737465721203726d31
2016-02-17 01:17:29,267 INFO org.apache.hadoop.ha.ActiveStandbyElector: Writing znode /yarn-
leader-election/local-cluster/ActiveBreadCrumb to indicate that the local node is the most
recent active...
2016-02-17 01:17:29,272 INFO org.apache.hadoop.conf.Configuration: found resource yarn-site.xml
at file:/home/hadoop/hadoop-2.7.2/etc/hadoop/yarn-site.xml
2016-02-17 01:17:29,274 INFO org.apache.hadoop.yarn.server.resourcemanager.RMAuditLogger:
USER=hadoop    OPERATION=refreshAdminAcls    TARGET=AdminService    RESULT=SUCCESS
2016-02-17 01:17:29,274 INFO org.apache.hadoop.yarn.server.resourcemanager.ResourceManager:
Transitioning to active state
2016-02-17 01:17:29,932 INFO org.apache.hadoop.yarn.server.resourcemanager.ResourceManager:
Recovery started
(중략)
2016-02-17 01:17:30,729 INFO org.apache.hadoop.yarn.server.resourcemanager.RMAuditLogger:
USER=hadoop    OPERATION=transitionToActive    TARGET=RMHAProtocolService    RESULT=SUCCESS
2016-02-17 01:18:00,489 INFO org.apache.hadoop.yarn.server.resourcemanager.
ResourceTrackerService: Node not found resyncing wikibooks02:49652
```

```
2016-02-17 01:18:01,520 INFO org.apache.hadoop.yarn.util.RackResolver: Resolved wikibooks02 to /
default-rack
2016-02-17 01:18:01,522 INFO org.apache.hadoop.yarn.server.resourcemanager.
ResourceTrackerService: NodeManager from node wikibooks02(cmPort: 49652 httpPort: 8042)
registered with capability: <memory:8192, vCores:8>, assigned nodeId wikibooks02:49652
2016-02-17 01:18:01,526 INFO org.apache.hadoop.yarn.server.resourcemanager.rmnode.RMNodeImpl:
wikibooks02:49652 Node Transitioned from NEW to RUNNING
2016-02-17 01:18:01,530 INFO org.apache.hadoop.yarn.server.resourcemanager.scheduler.capacity.
CapacityScheduler: Added node wikibooks02:49652 clusterResource: <memory:8192, vCores:8>
2016-02-17 01:18:01,533 INFO org.apache.hadoop.yarn.server.resourcemanager.
RMActiveServiceContext: Scheduler recovery is done. Start allocating new containers.
```

PART
05
하둡 에코시스템

하이브는 하둡에 저장된 데이터를 SQL과 유사한 하이브QL로 처리합니다. **17장**에서는 하이브의 기본 개념과 하이브QL 사용법을 소개합니다.

스쿱은 RDBMS에 저장된 데이터를 하둡에 이관하거나 반대로 하둡에 저장된 데이터를 RDBMS로 이관할 수 있는 솔루션입니다. **18장**은 스쿱의 구조와 임포트 및 익스포트 방법을 소개합니다.

19장에서는 차세대 하둡 데이터웨어하우스 엔진인 타조의 기본 구조 및 활용법을 소개합니다.

17

하이브

사실 기존에 데이터 분석 업무를 하시는 분들은 대부분 SQL이나 OLAP 솔루션을 이용해 업무를 수행하셨을 것입니다. 이처럼 RDBMS에 익숙한 데이터 분석가분들이 자바 언어나 파이썬 같은 스크립트를 배우기란 매우 부담스러운 일일 것입니다. 페이스북은 이러한 데이터 분석가를 위해 하이브를 개발했습니다. 하이브는 하둡에 저장된 데이터를 쉽게 처리할 수 있는 데이터웨어하우스 패키지이며, 페이스북은 2009년에 자사의 데이터웨어하우스에 하이브를 이용하고 있다고 발표했습니다. 참고로 2009년 당시 페이스북은 페타바이트 규모의 데이터를 하이브로 처리하고 있었습니다. 하이브는 오픈소스로 공개돼 있으며, 현재는 아파치의 정식 프로젝트로 등록되어 많은 개발자들이 하이브에 기여하고 있습니다.

17.1 하이브 아키텍처

하이브 아키텍처는 그림 17.1과 같이 매우 단순한 구조로 돼 있습니다.

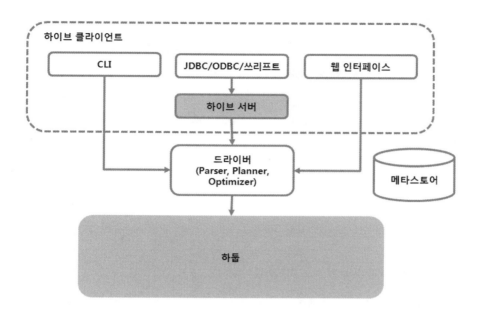

그림 17.1 하이브 아키텍처

우선 하이브의 클라이언트는 커맨드 라인 인터페이스(Command Line Interface; CLI), 하이브 서버, 웹 인터페이스로 구성됩니다. 하이브 서버의 경우 JDBC, ODBC, 쓰리프트로 개발된 클라이언트가 하이브 서비스를 이용할 수 있게 쓰리프트 서비스를 제공합니다. 참고로 이 책에서는 하이브에서 제공하는 CLI를 이용해 하이브QL을 테스트합니다.

또한 하이브는 메타스토어(Metastore)라는 저장소를 만들어 하둡에서 처리된 메타데이터의 구조를 메타스토어에 저장합니다. 기본적으로는 경량 데이터베이스인 아파치 더비를 로컬 클라이언트에 설치해 메타스토어를 구성합니다. 단순한 스터디나 기능 테스트의 경우에는 아파치 더비를 사용해도 문제가 되지 않습니다.

하지만 여러 명의 사용자가 동일한 하둡 클러스터에서 하이브로 작업을 할 경우에는 아파치 더비가 아닌 RDMS로 메타스토어를 구성해야 합니다. 각 사용자의 로컬에 메타스토어가 생성된다면 메타데이터가 전혀 관리되지 않을 것이기 때문입니다. 참고로 하이브는 오라클, MySQL 등 JDBC를 지원하는 모든 데이터베이스를 이용해 메타스토어를 구축할 수 있습니다.

마지막으로 드라이버는 사용가 입력한 하이브QL문을 해석합니다. 하둡과 연결되어 하이브QL문을 실행하고, 하이브QL은 하이브QL문의 실행 계획을 작성하고, 최적화 작업까지 함께 수행합니다.

17.2 하이브 설치

하이브는 아키텍처만큼이나 설치하는 방법도 매우 간단합니다. 하이브 공식 홈페이지(http://hive.apache.org/downloads.html)에서 원하는 하이브 패키지 파일을 내려받으면 됩니다. 책에서는 최신 버전인 2.0.0 버전을 설치하겠습니다. 참고로 하이브 2.0.0 버전부터는 하둡 2.0 버전만 지원합니다. 하둡 1.x 버전에서 하이브를 실행할 경우 하이브 1.x 버전을 설치해야 합니다.

하이브 설치 파일은 하둡 클라이언트가 구성돼 있는 PC에 설치하면 됩니다. 이 책에서는 편의상 네임노드가 설치돼 있는 마스터 서버에 설치했습니다. 하이브 설치 파일은 다음과 같이 tar 명령어로 압축을 풉니다.

```
[hadoop@wikibooks01 ~]$ wget http://mirror.apache-kr.org/hive/hive-2.0.0/apache-hive-2.0.0-bin.
tar.gz

[hadoop@wikibooks01 ~]$ tar xvfz apache-hive-2.0.0-bin.tar.gz
```

압축을 풀면 apache-hive-2.0.0-bin 디렉터리가 생성되며, 해당 디렉터리를 조회하면 다음과 같이 출력됩니다. 출력 목록 가운데 metastore_db 디렉터리는 메타스토어를 로컬로 설정했을 때 아파치 더비의 데이터가 저장되는 디렉터리입니다. 참고로 examples 디렉터리에는 하이브QL을 이용하는 다양한 예제 파일이 들어 있습니다.

```
[hadoop@wikibooks01 apache-hive-2.0.0-bin]$ pwd
/home/hadoop/apache-hive-2.0.0-bin
[hadoop@wikibooks01 apache-hive-2.0.0-bin]$ ls -l
합계 632
-rw-r--r-- 1 hadoop hadoop  26335  1월 22 13:28 LICENSE
-rw-r--r-- 1 hadoop hadoop    513  1월 22 13:28 NOTICE
-rw-r--r-- 1 hadoop hadoop   4348  2월 10 10:50 README.txt
-rw-r--r-- 1 hadoop hadoop 527063  2월 10 10:56 RELEASE_NOTES.txt
drwxrwxr-x 3 hadoop hadoop   4096  2월 20 15:38 bin
drwxrwxr-x 2 hadoop hadoop   4096  2월 20 15:38 conf
drwxrwxr-x 4 hadoop hadoop   4096  2월 20 15:38 examples
drwxrwxr-x 7 hadoop hadoop   4096  2월 20 15:38 hcatalog
drwxrwxr-x 4 hadoop hadoop  12288  2월 20 15:38 lib
drwxrwxr-x 4 hadoop hadoop   4096  2월 20 15:38 scripts
```

하이브는 conf 디렉터리에 있는 hive-env.sh 파일에 기본 환경설정을 합니다. 처음 하이브를 설치했을 경우, conf 디렉터리에는 템플릿 파일만 있으므로 다음과 같이 새로운 hive-env.sh 파일을 만듭니다.

```
[hadoop@wikibooks01 apache-hive-2.0.0-bin]$ mv conf/hive-env.sh.template conf/hive-env.sh
```

하이브는 하둡 환경설정 정보를 이용해 하이브 질의를 수행합니다. hive-env.sh 파일에 다음과 같이 하둡 홈 디렉터리를 설정합니다.

```
# Set HADOOP_HOME to point to a specific hadoop install directory
# HADOOP_HOME=${bin}/../../hadoop
HADOOP_HOME=/home/hadoop/hadoop-2.7.2
```

하이브 서비스의 설정을 세부적으로 수정하고 싶을 때는 conf 디렉터리에 hive-site.xml 파일을 정의해야 합니다. 하이브는 기본적으로 conf 디렉터리에 있는 hive-default.xml 파일을 이용해 환경설정을 진행하는데, hive-site.xml에 hive-default.xml과 같은 속성이 있다면 hive-default.xml에 있는 속성을 무시하고 hive-site.xml에 정의된 속성을 사용합니다. hive-default.xml에는 매우 많은 속성값이 있으며, 그 중에서 중요한 속성을 표 17.1에 정리했습니다. 참고로 다른 속성값에 대한 설명은 conf 디렉터리에 있는 hive-default.xml.template 파일을 확인하면 됩니다.

표 17.1 하이브의 중요 환경설정 속성

속성	내용
hive.metastore.warehouse.dir	데이터 웨어하우스를 저장하는 기본 디렉터리입니다. 기본값은/user/hive/warehouse입니다.
hive.exec.scratchdir	하이브 잡이 수행될 때 생성되는 데이터를 저장할 HDFS 디렉터리입니다. 기본 경로는 "/tmp/hive-계정명"입니다.
hive.metastore.local	원격 서버에 설치된 메타스토어 데이터베이스에 접속할 것인지, 로컬에 아파치 더비를 이용할 것인지 설정합니다. 기본값은 true로 설정돼 있어서 로컬의 아파치 더비를 사용합니다. 여러 사용자가 함께 사용한다면 false로 설정한 후 JDBC 설정 속성을 함께 등록해야 합니다.
javax.jdo.option.ConnectionDriverName	메타스토어 데이터베이스에 접근할 때 사용할 JDBC 드라이버입니다. 기본 드라이버는 org.apache.derby.jdbc.EmbeddedDriver입니다.
javax.jdo.option.ConnectionURL	메타스토어 데이터베이스에 접속하기 위한 커넥션 스트링 값입니다. 기본값은 jdbc:derby::databaseName=metastore_db;create=true입니다.
javax.jdo.option.ConnectionUserName	메타스토어용 데이터베이스에 로그인하는 사용자명입니다. 기본값은 APP입니다.
javax.jdo.option.ConnectionPassword	JDBC 메타스토어용 데이터베이스에 로그인하는 비밀번호이며, 기본값은 mine으로 설정돼 있습니다.

하이브는 기본적으로 아파치 더비디비를 메타스토어로 사용하며, 다른 DBMS를 메타스토어로 사용하려면 hive-site.xml을 수정해야 합니다. 예제 17.1은 MySQL을 메타스토어로 사용하는 hive-site.xml을 나타냅니다. 이처럼 DBMS를 메타스토어로 사용할 경우 반드시 해당 DBMS의 JDBC 드라이버를 하이브의 lib 디렉터리에 복사해야 합니다. 하이브는 JDBC를 이용해 각 DBMS에 접속하기 때문에 해당 드라이버를 찾지 못할 경우 접속 자체가 불가능합니다.

예제 17.1 MySQL을 메타스토어 데이터베이스로 사용하기 위한 hive-site.xml 예제

```xml
<?xml version="1.0"?>
<?xml-stylesheet type="text/xsl" href="configuration.xsl"?>
<configuration>
  <property>
    <name>hive.metastore.local</name>
    <value>false</value>
  </property>
  <property>
    <name>javax.jdo.option.ConnectionURL</name>
    <value>jdbc:mysql://MySQL서버IP:MySQL서버포트/hive?createDatabaseIfNotExist=true</value>
  </property>
  <property>
    <name>javax.jdo.option.ConnectionDriverName</name>
    <value>com.mysql.jdbc.Driver</value>
  </property>
  <property>
   <name>javax.jdo.option.ConnectionUserName</name>
    <value>계정명</value>
  </property>
  <property>
    <name>javax.jdo.option.ConnectionPassword</name>
    <value>암호</value>
  </property>
</configuration>
```

필자는 예제 17.2와 같이 hive-site.xml을 작성했습니다. 기본 디렉터리를 /user/hive/warehouse로 설정했으며, 하이브 커맨드 라인 툴에서 칼럼명이 출력되도록 설정했습니다. 참고로 메타스토어는 아파치 더비를 사용하기 때문에 별도로 설정하지 않았습니다.

```
[hadoop@wikibooks01 apache-hive-2.0.0-bin]$ vi conf/hive-site.xml
<?xml version="1.0"?>
<?xml-stylesheet type="text/xsl" href="configuration.xsl"?>

<!-- Put site-specific property overrides in this file. -->

<configuration>
  <property>
    <name>hive.metastore.warehouse.dir</name>
    <value>/user/hive/warehouse/<value>
  </property>
  <property>
    <name>hive.cli.print.header</name>
    <value>true</value>
  </property>
</configuration>
```

하이브에서 업로드하는 데이터는 HDFS의 /user/hive/warehouse에 저장됩니다. 그리고 하이브에서 실행하는 잡의 여유 공간으로 HDFS의 "/tmp/hive-유저명" 디렉터리를 사용합니다. 이 두 개의 디렉터리를 다음과 같이 미리 생성한 후 실행 권한도 함께 설정해야 합니다.

```
[hadoop@wikibooks01 hadoop-2.7.2]$ ./bin/hdfs dfs -mkdir /tmp
[hadoop@wikibooks01 hadoop-2.7.2]$ ./bin/hdfs dfs -mkdir /user/hive/warehouse
[hadoop@wikibooks01 hadoop-2.7.2]$ ./bin/hdfs dfs -chmod g+w /tmp
[hadoop@wikibooks01 hadoop-2.7.2]$ ./bin/hdfs dfs -chmod g+w /user/hive/warehouse
[hadoop@wikibooks01 hadoop-2.7.2]$ ./bin/hdfs dfs -chmod g+w /user/hive/warehouse
[hadoop@wikibooks01 hadoop-2.7.2]$ ./bin/hdfs dfs -chmod 777 /tmp/hive
```

하이브 2.0.0 버전부터는 하이브를 실행하기 전에 하이브 메타스토어를 초기화해야 합니다. 다음과 같이 initSchema를 이용해 메타스토어를 초기화합니다. hive-site.xml에 별도의 메타스토어를 설정하지 않았다면 -dbType에 derby를 사용하고, 특정 데이터베이스를 설정했다면 해당 데이터베이스 타입을 설정합니다. 예를 들어, MySQL을 설정했다면 "-dbType mysql", 오라클을 설정했다면 "- dbType oracle"을 설정합니다.

```
[hadoop@wikibooks01 apache-hive-2.0.0-bin]$ ./bin/schematool -initSchema -dbType derby
  SLF4J: Class path contains multiple SLF4J bindings.
```

```
(중략)
Metastore connection URL:    jdbc:derby:;databaseName=metastore_db;create=true
Metastore Connection Driver :    org.apache.derby.jdbc.EmbeddedDriver
Metastore connection User:    APP
Starting metastore schema initialization to 2.0.0
Initialization script hive-schema-2.0.0.derby.sql
Initialization script completed
schemaTool completed
```

메타스토어 초기화가 완료되면 하이브를 설치한 디렉터리에서 다음과 같이 하이브 명령어를 실행합니다. "show databases"를 실행하면 기본 데이터베이스인 default가 출력되는 것을 확인할 수 있습니다.

```
[hadoop@wikibooks01 apache-hive-2.0.0-bin]$ ./bin/hive
(중략)
hive> show databases;
OK
default
Time taken: 0.021 seconds, Fetched: 1 row(s)
```

17.3 하이브QL

하이브는 하이브QL이라는 SQL문과 매우 유사한 언어를 제공합니다. 대부분의 기능은 SQL과 유사하지만 다음과 같은 차이점이 있으니 사용할 때 참고하기 바랍니다.

1. 하이브에서 사용하는 데이터가 HDFS에 저장되는데, HDFS가 한 번 저장한 파일은 수정할 수 없기 때문에 UPDATE와 DELETE를 사용할 수 없습니다. 같은 이유로 INSERT도 비어 있는 테이블에 입력하거나, 이미 입력된 데이터를 덮어 쓰는 경우에만 가능합니다. 그래서 하이브QL은 "INSERT OVERWRITE"라는 키워드를 사용하게 됩니다.

2. SQL은 어떠한 절에서도 서브쿼리를 사용할 수 있지만 하이브QL은 FROM 절에서만 서브 쿼리를 사용할 수 있습니다.

3. SQL의 뷰는 업데이트할 수 있고, 구체화된 뷰 또는 비구체화된 뷰를 지원합니다. 하지만 하이브QL의 뷰는 읽기 전용이며, 비구체화된 뷰만 지원합니다.

4. SELECT 문을 사용할 때 HAVING 절을 사용할 수 없습니다.

5. 저장 프로시저(stored procedure)를 지원하지 않습니다. 대신 맵리듀스 스크립트를 실행할 수 있습니다.

이번 절에서는 미국 항공 운항 지연 데이터를 분석하기 위한 하이브QL 쿼리문을 작성하겠습니다. 참고로 하이브QL은 대소문자를 구분하지 않지만 이 책에서는 가독성을 위해 대소문자를 섞어서 사용했습니다.

17.3.1 테이블 생성

하둡은 HDFS에 저장된 파일에 직접 접근해서 처리하지만 하이브는 메타스토어에 저장된 테이블을 분석합니다. 데이터를 조회하기 전에 먼저 테이블을 생성해야 합니다. 예제 17.3과 같이 CREATE TABLE을 이용해 airline_delay 테이블을 생성합니다. SQL 문의 CREATE TABLE과 매우 유사하게 느껴질 것입니다.

예제 17.3 하이브 테이블 생성 스크립트

```
CREATE TABLE airline_delay(Year INT, Month INT,
    DayofMonth INT, DayOfWeek INT,
    DepTime INT, CRSDepTime INT,
    ArrTime INT, CRSArrTime INT,
    UniqueCarrier STRING, FlightNum INT,
    TailNum STRING, ActualElapsedTime INT,
    CRSElapsedTime INT, AirTime INT,
    ArrDelay INT, DepDelay INT,
    Origin STRING, Dest STRING,
    Distance INT, TaxiIn INT,
    TaxiOut INT, Cancelled INT,
    CancellationCode STRING
    COMMENT 'A = carrier, B = weather, C = NAS, D = security',
    Diverted INT COMMENT '1 = yes, 0 = no',
    CarrierDelay STRING, WeatherDelay STRING,
    NASDelay STRING, SecurityDelay STRING,
    LateAircraftDelay STRING)
COMMENT 'The data consists of flight arrival and departure details for all commercial flights
```

```
within the USA, from October 1987 to April 2008'
PARTITIONED BY (delayYear INT)
ROW FORMAT DELIMITED
    FIELDS TERMINATED BY ','
    LINES TERMINATED BY '\n'
    STORED AS TEXTFILE;
```

이 쿼리문은 미국 항공 운항 지연 데이터의 양식과 동일하게 29개의 칼럼을 정의합니다. 하이브QL의 칼럼 타입은 표 17.2와 같고, airline_delay 테이블에서는 INT와 STRING 타입만 사용했습니다.

표 17.2 하이브 칼럼 타입

타입	내용
TINYINT	1바이트 정수
SAMLLINT	2바이트 정수
INT	4바이트 정수
BIGINT	8바이트 정수
BOOLEAN	TRUE/FALSE
FLOAT	단정밀도 부동 소수점
DOUBLE	배정밀도 부동 소수점
STRING	문자열

CREATE TABLE 테이블(칼럼명 칼럼 타입, …)과 같은 방식으로 테이블을 생성하며, 각 칼럼은 콤마로 구분합니다. 위 예제에서는 LateAircraftDelay STRING)까지만 선언해도 테이블이 생성되며, 이후에 있는 구문은 테이블에 대한 부가적인 정보를 설정하는 부분입니다.

COMMENT 'The data consists of …. 2008' 절은 테이블의 설명을 참고용으로 등록하는 부분입니다.

PARTITIONED BY (delayYear INT) 절은 테이블의 파티션을 설정하는 부분입니다. 하이브는 쿼리문의 수행 속도를 향상시키기 위해 파티션을 설정할 수 있습니다. 파티션을 설정하면 해당 테이블의 데이터를 파티션별로 디렉터리를 생성해서 저장하게 됩니다. 실제로 이 테이블의 데이터를 업로드한 후 HDFS 디렉터리를 조회하면 다음과 같이 파티션키인 delayYear별로 디렉터리가 생성돼 있습니다. 참고로 파티션키는 해당 테이블의 새로운 칼럼으로 추가됩니다.

```
[hadoop@wikibooks01 hadoop]$ ./bin/hdfs dfs -ls /user/hive/warehouse/airline_delay
Found 3 items
drwxr-xr-x   - hadoop supergroup          0 2016-02-21 11:11 /user/hive/warehouse/airline_delay/
delayyear=2006
drwxr-xr-x   - hadoop supergroup          0 2016-02-21 11:10 /user/hive/warehouse/airline_delay/
delayyear=2007
drwxr-xr-x   - hadoop supergroup          0 2016-02-21 11:08 /user/hive/warehouse/airline_delay/
delayyear=2008
```

ROW FORMAT 절은 해당 테이블 내의 데이터가 어떠한 형식으로 저장되는지 설정합니다. 이 쿼리문은 필드를 콤마 기준으로 구분하고, 행과 행은 \n 값으로 구분합니다.

마지막으로 STORED AS 절은 데이터 저장 파일 포맷을 의미합니다. 하이브는 텍스트 파일을 위한 TEXTFILE과 시퀀스파일을 저장하기 위한 SEQUENCEFILE을 지원합니다.

```
STORED AS TEXTFILE;
```

airline_delay 테이블을 생성하고 나면 다음과 같이 메타스토어 데이터베이스에 저장된 테이블 목록을 조회합니다. MySQL과 같은 show tables를 입력하면 airline_delay 테이블이 표시됩니다.

```
hive> SHOW TABLES;
OK
airline_delay
Time taken: 0.108 seconds
```

참고로 테이블을 생성할 때 CREATE 문 뒤에 EXTERNAL 키워드를 추가할 수 있습니다. EXTERNAL 키워드로 생성하는 테이블은 외부 테이블이라고 합니다. 외부 테이블은 hive.metastore.warehouse.dir 속성이 가리키는 디렉터리에 데이터를 저장하지 않고, 테이블 생성 시 설정한 경로로 데이터를 저장합니다. 사용자가 실수로 테이블을 DROP했더라도 데이터가 보존된다는 장점이 있습니다.

참고로 예제 17.3은 예제 17.4와 같이 외부 테이블을 생성할 수 있습니다. 기존 코드와의 차이점은 CREATE문 뒤에 EXTERNAL이 추가되고 마지막 줄에 LOCATION이라는 키워드 뒤에 데이터를 저장할 경로가 설정된다는 것입니다.

```
CREATE EXTERNAL TABLE airline_delay(Year INT, Month INT,
    DayofMonth INT, DayOfWeek INT,
    DepTime INT, CRSDepTime INT,
    ArrTime INT, CRSArrTime INT,
    UniqueCarrier STRING, FlightNum INT,
    TailNum STRING, ActualElapsedTime INT,
    CRSElapsedTime INT, AirTime INT,
    ArrDelay INT, DepDelay INT,
    Origin STRING, Dest STRING,
    Distance INT, TaxiIn INT,
    TaxiOut INT, Cancelled INT,
    CancellationCode STRING
    COMMENT 'A = carrier, B = weather, C = NAS, D = security',
    Diverted INT COMMENT '1 = yes, 0 = no',
    CarrierDelay STRING, WeatherDelay STRING,
    NASDelay STRING, SecurityDelay STRING,
    LateAircraftDelay STRING)
COMMENT 'The data consists of flight arrival and departure details for all commercial flights
within the USA, from October 1987 to April 2008'
PARTITIONED BY (delayYear INT)
ROW FORMAT DELIMITED
    FIELDS TERMINATED BY ','
    LINES TERMINATED BY '\n'
    STORED AS TEXTFILE
LOCATION '/user/hadoop/airline_delay';
```

이번에는 airline_delay 테이블의 칼럼이 정상적으로 구성돼 있는지 DESCRIBE 명령어를 이용해 확인해보겠습니다. CREATE TABLE(..) 내에 있는 29개의 칼럼과 파티션 칼럼인 delayYear가 모두 출력됩니다.

```
Hive> DESCRIBE airline_delay;
OK
year    int
month   int
(중략)
```

```
nasdelay           string
securitydelay      string
lateaircraftdelay          string
delayyear          int
Time taken: 0.171 seconds
```

이미 생성된 테이블은 ALTER TABLE을 이용해 수정할 수 있습니다. 예를 들어, 테이블 이름은 ALTER TABLE에 RENAME 옵션을 설정해 변경할 수 있습니다.

```
ALTER TABLE airline_delay RENAME TO delay_statics;
```

기존 테이블의 칼럼을 추가할 때도 다음과 같이 ADD COLMNS 옵션을 설정하면 됩니다. 여러 개의 칼럼을 추가할 경우 콤마로 구분해서 입력합니다.

```
ALTER TABLE delay_statics ADD COLUMNS (delayMonth STRING);
```

테이블을 삭제할 때는 DROP TABLE을 입력하면 됩니다. 이 경우 메타스토어 데이터베이스에 저장된 테이블과 HDFS에 저장된 데이터가 모두 삭제됩니다. DROP TABLE을 실행할 때 실행 여부를 묻지 않으므로 중요한 테이블이 삭제되지 않도록 주의합니다. 참고로 EXTERNAL 키워드를 이용해 외부 테이블을 생성했다면 데이터는 남아 있고 메타데이터만 삭제됩니다.

```
DROP TABLE delay_statics;
```

17.3.2 데이터 업로드

이번 절에서는 앞서 생성한 airline_delay 테이블에 데이터를 업로드하겠습니다. 하이브는 로컬 파일 시스템에 있는 데이터와 HDFS에 저장된 데이터를 모두 업로드할 수 있습니다. 이 절에서는 5.2절에서 작업한 항공 운항 통계 데이터 파일을 업로드하겠습니다.

하이브 CLI에서 다음과 같이 LOAD DATA를 입력합니다. OVERWRITE INTO 절은 중복된 데이터가 있어도 무시하고 입력한다는 의미입니다. 그리고 PARTITION 절은 파티션 키인 delayYear 값을 2008로 설정해 데이터를 입력하는 설정입니다. 참고로 테이블에는 파티션을 설정했는데, 테이블을 등록할 때 PARTITION 절을 선언하지 않으면 LOAD DATA 실행 시 오류가 발생합니다.

```
LOAD DATA LOCAL INPATH '/home/hadoop/dataexpo/2008_new.csv
OVERWRITE INTO TABLE airline_delay
PARTITION (delayYear='2008');
```

LOAD DATA가 실행되면 다음과 같은 SELECT 쿼리문을 실행해 데이터가 정상적으로 등록됐는지 확인합니다. SELECT 절의 기본 문법은 RDBMS의 SQL 문법과 유사하며, MySQL처럼 LIMIT를 이용해 상위 10개의 데이터만 조회합니다.

```
SELECT year, month, deptime, arrtime, uniquecarrier, flightnum
FROM airline_delay
WHERE delayYear = '2008'
LIMIT 10;
```

원래 하이브는 질의를 실행하면 맵리듀스 잡을 실행합니다. 그러나 최근 버전의 하이브는 하나의 테이블을 limit 조건으로 조회하면 맵리듀스 잡을 실행하지 않고 파일을 직접 조회해서 출력합니다. 다음과 같이 즉시 데이터가 출력됩니다.

```
year      month    deptime   arrtime   uniquecarrier    flightnum
2008      1        2003      2211      WN               335
2008      1        754       1002      WN               3231
2008      1        628       804       WN               448
2008      1        926       1054      WN               1746
2008      1        1829      1959      WN               3920
2008      1        1940      2121      WN               378
2008      1        1937      2037      WN               509
2008      1        1039      1132      WN               535
2008      1        617       652       WN               11
2008      1        1620      1639      WN               810
Time taken: 0.556 seconds, Fetched: 10 row(s)
```

17.3.3 집계 함수

이번 절에서는 하이브가 지원하는 다양한 집계 함수를 이용해 쿼리문을 작성하겠습니다. 표 17.3은 하이브에서 지원하는 집계 함수를 정리한 것입니다.

표 17.3 하이브의 내장 집계 함수

함수	내용
COUNT(1), COUNT(*)	전체 데이터 건수를 반환합니다.
COUNT(DISTINCT 칼럼)	유일한 칼럼값의 건수를 반환합니다.

함수	내용
SUM(칼럼)	칼럼값의 합계를 반환합니다.
SUM(DISTINCT 칼럼)	유일한 칼럼값의 합계를 반환합니다.
AVG(칼럼)	칼럼값의 평균을 반환합니다.
AVG(DISTINCT 칼럼)	유일한 칼럼값의 평균을 반환합니다.
MAX(칼럼)	칼럼의 최댓값을 반환합니다.
MIN(칼럼)	칼럼의 최솟값을 반환합니다.

내장 집계 함수 중 건수를 구하는 COUNT 함수를 이용한 쿼리문을 작성해 보겠습니다. 다음 쿼리문은 미국 항공 운항 지연 데이터 가운데 2008년도의 지연 건수를 조회하는 쿼리문입니다.

```
SELECT COUNT(1)
FROM airline_delay
WHERE delayYear = 2008;
```

하이브는 사용자가 입력한 하이브QL을 분석한 후, 맵리듀스 잡으로 생성해서 실행합니다. 로그 상단에 이 쿼리문은 하나의 잡으로 구성되고 리듀서는 필요 없다는 메시지가 출력돼 있습니다. 매퍼와 리듀서의 수행 단계가 퍼센트로 표시되며, 작업이 완료되면 몇 개의 맵 태스크와 리듀스 태스크가 실행됐고 HDFS와 CPU 자원은 얼마나 소모했는지 표시됩니다. 위 질의의 경우 4개의 맵 태스크와 1개의 리듀스 태스크를 실행한 후, 질의 결과로 7,009,728을 출력합니다.

```
Query ID = tajo_20160221100134_b649fc27-9dc0-4516-a4ba-e924818594a0
Total jobs = 1
Launching Job 1 out of 1
Number of reduce tasks determined at compile time: 1
In order to change the average load for a reducer (in bytes):
  set hive.exec.reducers.bytes.per.reducer=<number>
In order to limit the maximum number of reducers:
  set hive.exec.reducers.max=<number>
In order to set a constant number of reducers:
  set mapreduce.job.reduces=<number>
Starting Job = job_1455692533034_0003, Tracking URL = http://wikibooks-cluster/proxy/
application_1455692533034_0003/
Kill Command = /home/hadoop/hadoop-2.7.2/bin/hadoop job  -kill job_1455692533034_0003
```

```
Hadoop job information for Stage-1: number of mappers: 4; number of reducers: 1
2016-02-21 10:02:36,990 Stage-1 map = 0%,  reduce = 0%
2016-02-21 10:02:41,146 Stage-1 map = 25%,  reduce = 0%, Cumulative CPU 1.65 sec
2016-02-21 10:02:42,174 Stage-1 map = 75%,  reduce = 0%, Cumulative CPU 8.01 sec
2016-02-21 10:02:43,201 Stage-1 map = 100%,  reduce = 0%, Cumulative CPU 12.66 sec
2016-02-21 10:02:46,284 Stage-1 map = 100%,  reduce = 100%, Cumulative CPU 14.22 sec
MapReduce Total cumulative CPU time: 14 seconds 220 msec
Ended Job = job_1455692533034_0003
MapReduce Jobs Launched:
Stage-Stage-1: Map: 4  Reduce: 1   Cumulative CPU: 14.22 sec   HDFS Read: 689468765 HDFS Write:
8 SUCCESS
Total MapReduce CPU Time Spent: 14 seconds 220 msec
OK
7009728
Time taken: 15.771 seconds, Fetched: 1 row(s)
```

하이브 쿼리는 SQL 문의 GROUP BY 기능도 지원합니다. GROUP BY를 써서 연도와 월별로 도착 지연 건수를 조회해 보겠습니다. 다음은 미국 항공 운항 지연 데이터 가운데 2008년도의 도착 지연 건수를 조회하는 쿼리문입니다.

```
SELECT Year, Month, COUNT(*) AS arrive_delay_count
FROM airline_delay
WHERE delayYear = 2008
AND ArrDelay > 0
GROUP BY Year, Month;
```

쿼리문을 실행하면 다음과 같이 2008년 1월부터 12월까지의 도착 지연 건수가 출력됩니다. 출력 결과는 5장의 5.3절에서 생성한 결과와 동일합니다.

```
year    month   arrive_delay_count
2008    2       278902
2008    5       254673
2008    8       239737
2008    11      181506
2008    3       294556
2008    6       295897
2008    9       169959
```

2008	12	280493
2008	1	279427
2008	4	256142
2008	7	264630
2008	10	183582

이번에는 AVG 함수를 이용해 평균 지연 시간을 산출하겠습니다. 다음 쿼리문은 2008년도의 평균 지연 시간을 연도와 월별로 계산하는 쿼리문입니다.

```
SELECT Year, Month, AVG(ArrDelay) AS avg_arrive_delay_time, AVG(DepDelay) AS avg_departure_
delay_time
FROM airline_delay
WHERE delayYear = 2008
AND ArrDelay > 0
GROUP BY Year, Month;
```

쿼리문을 실행하면 다음과 같이 DOUBLE 형태로 평균값이 출력됩니다. 최소 10분에서 길게는 40분까지 도착 시간이 지연된 것을 확인할 수 있습니다.

year	month	avg_arrive_delay_time	avg_departure_delay_time
2008	2	35.2220242235624	29.100845458261325
2008	5	27.72738766967837	21.854393673455764
2008	8	32.68384521371336	28.069522017877926
2008	11	27.18647868390026	21.300386764073917
2008	3	33.05309686443325	27.787201754505087
2008	6	36.22588603466747	29.810112978502655
2008	9	24.856736036338177	19.63487664672068
2008	12	40.27475551974559	33.933164107482185
2008	1	32.978978409387786	26.99834303771647
2008	4	28.46694802101959	22.53727619835872
2008	7	36.05012281298416	30.91604126516268
2008	10	22.73930995413494	17.70378359534159

그리고 하이브는 집계 함수 외에도 다양한 내장 함수를 지원합니다. 표 17.4는 하이브의 주요 내장 함수를 정리한 것입니다.

표 17.4 하이브의 내장 함수

함수	내용
concat(string a, string b,...)	문자열 a 뒤에 문자열 b를 붙여서 반환합니다. 예를 들어, concat('facebook,''hive')를 수행하면 facebookhadoop을 반환합니다.
substr(string str, int start)	문자열 str의 start 인덱스에서 문자열의 마지막 인덱스까지를 잘라낸 문자열을 반환합니다. 예를 들어, substr('hadoop',4)는 'oop'를 반환합니다.
substr(string str, int start, int length)	문자열 str의 start 인덱스에서 설정한 length만큼을 잘라낸 문자열을 반환합니다. 예를 들어, substr('hadoop',4,2)라고 하면 'oo'를 반환합니다.
upper(string str)	문자열 str를 대문자로 변환해서 반환합니다. 예를 들어, –upper('hive')는 'HIVE'를 반환합니다.
ucase(string str)	upper 함수와 동일합니다.
lower(string str)	문자열 str을 소문자로 변환해서 반환합니다. 예를 들어, llower('HIVE')는 'hive'를 반환합니다.
lcase(string str)	Lower 함수와 동일합니다.
trim(string str)	문자열 str의 양쪽에 있는 공백을 제거합니다. 예를 들어, trim(' hive ')는 'hive'를 반환합니다.
ltrim(string str)	문자열 str의 왼쪽에 공백을 제거합니다. 예를 들어, ltrim(' hive ')는 'hive '를 반환합니다.
rtrim(string str)	문자열 str의 오른쪽의 공백을 제거합니다. 예를 들어, rtrim(' hive ')는 ' hive'를 반환합니다.
regexp_replace(string str, string regex, string replacement)	문장열 str에서 정규 표현식 regex와 일치하는 모든 문자열을 replacement로 변경해서 반환합니다. 예를 들어, regexp_replace('hive', 'iv', '')는 'he'를 반환합니다.
from_unixtime(int unixtime)	유닉스 시간 문자열(1970–01–01 00:00:00 UTC)을 현재 시스템의 시간대로 변경해서 반환합니다.
to_date(string timestamp)	타임스탬프 문자열에서 날짜값만 반환합니다. 예를 들어, to_date("2012–09–01 00:00:00")은 "2012–09–01"을 반환합니다.
round(double a)	double 값 a에 대한 반올림 정수값(BIGINT)을 반환합니다.
floor(double a)	double 값 a보다 작거나 같은 최대 정수값(BIGINT)을 반환합니다.
ceil(double a)	double 값 a보다 크거나 같은 최소한의 정수값(BIGINT)을 반환합니다.
rand(), rand(int seed)	랜덤값을 반환합니다. seed 파라미터로 랜덤값의 범위를 설정할 수 있습니다.
year(string date)	날짜 혹은 타임스탬프 문자열에서 연도만 반환합니다. 예를 들어, year("2012–09–01 00:00:00")은 "2012"를 반환합니다.
month(string date)	날짜 혹은 타임스탬프 문자열에서 월만 반환합니다. 예를 들어, month("2012–09–01 00:00:00")은 "09"를 반환합니다.

함수	내용
day(string date)	날짜 혹은 타임스탬프 문자열에서 일만 반환합니다. 예를 들어, day("2012-09-01 00:00:00")은 "01"을 반환합니다.
get_json_object(string json_string, string path)	디렉터리 path에서 문자열 json_string으로부터 json 객체를 추출하고 json 문자열로 반환합니다. 만약 json이 유효하지 않으면 null 값을 반환합니다.
size(Map⟨K,V⟩)	맵 타입의 엘리먼트의 개수를 반환합니다.
size(Array⟨T⟩)	배열 타입의 엘리먼트의 개수를 반환합니다.
cast(⟨expr⟩ as⟨type⟩)	정규 표현식 expr을 type으로 타입을 변환합니다. 예를 들어, cast('100' as BIGINT)는 '100'을 BIGINT로 변환해서 반환합니다. 변환에 실패할 경우 null 값을 반환합니다.

17.3.4 조인

맵리듀스로 조인을 구현하려면 수십 줄 이상의 클래스를 작성해야 합니다. 하지만 하이브를 이용하면 간단하게 조인을 수행할 수 있습니다. 대신 다음과 같은 제약사항이 있습니다.

- 하이브는 EQ 조인만 지원합니다. EQ 조인이란 두 테이블 대상으로 동일성을 비교한 후, 그 결과를 기준으로 조인하는 것입니다. 이 조인에서는 조인 서술자로 등호(=)만 사용할 수 있습니다.

- 하이브는 FROM 절에 테이블 하나만 지정할 수 있고, ON 키워드를 사용해 조인을 처리해야 합니다.

이번 절에서는 하이브의 조인 기능을 사용해 항공 운항 지연 데이터와 항공사 코드 테이블을 조인해 보겠습니다.

내부 조인(INNER JOIN)

이번에는 항공사 코드 데이터를 저장하기 위한 테이블을 생성합니다. 다음과 같이 두 개의 문자열로 구성하며, 필드와 라인의 구분은 airline_delay와 동일하게 설정합니다.

```
CREATE TABLE carrier_code(Code STRING, Description STRING)
ROW FORMAT DELIMITED
  FIELDS TERMINATED BY ','
  LINES TERMINATED BY '\n'
STORED AS TEXTFILE;
```

테이블이 생성되면 다음과 같이 따옴표를 제거한 데이터를 업로드합니다.

```
LOAD DATA LOCAL INPATH '/home/hadoop/meta/carriers.csv'
OVERWRITE INTO TABLE carrier_code;
```

샘플로 코드 테이블에서 10건의 데이터만 조회해보겠습니다.

```
SELECT * FROM carrier_code LIMIT 10;
```

쿼리를 실행할 때 다음과 같이 코드와 설명값이 정상적으로 출력됩니다. 참고로 첫 번째 줄의 경우 코드값이 일치하는 경우가 없으므로 삭제하지 않아도 됩니다.

```
carrier_code.code   carrier_code.description
02Q  Titan Airways
04Q  Tradewind Aviation
05Q  Comlux Aviation
06Q  Master Top Linhas Aereas Ltd.
07Q  Flair Airlines Ltd.
09Q  Swift Air
0BQ  DCA
0CQ  ACM AIR CHARTER GmbH
0FQ  Maine Aviation Aircraft Charter
0GQ  Inter Island Airways
```

이제 항공 운항 지연 테이블과 항공사 코드 테이블을 조인해보겠습니다. 다음과 같이 ON 키워드를 사용해 조인을 걸 겁니다. 이 쿼리문은 두 테이블의 조인키인 항공사 코드로 내부 조인을 처리합니다. 따라서 두 테이블의 항공사 코드가 일치하는 데이터만 조회하게 됩니다. 참고로 쿼리문을 보면 SQL 처럼 테이블 별칭(alias)을 사용했는데, 하이브QL도 SQL처럼 테이블 별칭을 지원합니다. 대신 별칭 앞에 AS 키워드를 추가하면 오류가 발생하므로 사용할 때 주의해야 합니다.

```
SELECT A.Year, A.UniqueCarrier, B.Description, COUNT(*)
FROM airline_delay A
JOIN carrier_code  B ON (A.UniqueCarrier = B.Code)
WHERE A.ArrDelay > 0
GROUP BY A.Year, A.UniqueCarrier, B.Description;
```

쿼리문을 실행하면 다음과 같이 SELECT 문에 선언한 대로 각 칼럼값과 건수 합계가 출력됩니다.

a.year	a.uniquecarrier	b.description	_c3
2008	AQ	Aloha Airlines Inc.	1908
2008	B6	JetBlue Airways	83202
2008	DL	Delta Air Lines Inc.	209018
2008	F9	Frontier Airlines Inc.	46836
2008	FL	AirTran Airways Corporation	117632
2008	NW	Northwest Airlines Inc.	158797
2008	OH	Comair Inc.	96154
2008	US	US Airways Inc. (Merged with America West 9/05. Reporting for both starting 10/07.)	167945
2008	XE	Expressjet Airlines Inc.	162602
2008	AA	American Airlines Inc.	293277
2008	HA	Hawaiian Airlines Inc.	18736
2008	YV	Mesa Airlines Inc.	111004
2008	9E	Pinnacle Airlines Inc.	90601
2008	AS	Alaska Airlines Inc.	62241
2008	CO	Continental Air Lines Inc.	141680
2008	EV	Atlantic Southeast Airlines	122751
2008	MQ	American Eagle Airlines Inc.	205765
2008	OO	Skywest Airlines Inc.	219367
2008	UA	United Air Lines Inc.	200470
2008	WN	Southwest Airlines Co.	469518

이번에는 두 개 이상의 테이블을 내부 조인으로 처리해 보겠습니다. 우선 http://goo.gl/xr2FAw[1] 에서 airports.csv 파일을 내려받습니다. 이 데이터는 미국 내 공항 정보를 정리한 파일입니다. 이 파일도 항공사 코드 데이터처럼 다음과 같이 모든 따옴표를 제거하고 첫 번째 줄을 삭제합니다.

```
[hadoop@wikibooks01 meta]$ find . -name airports.csv -exec perl -p -i -e 's/"//g' {} \;
[hadoop@wikibooks01 meta]$ sed -e '1d' airports.csv > airports_new.csv
[hadoop@wikibooks01 meta]$ mv airports_new.csv airports.csv
```

airports.csv 파일을 하이브에서 처리할 수 있게 다음과 같이 테이블을 생성합니다.

```
CREATE TABLE airport_code(Iata String, Airport String, City String, State String, Country String, Lat Double, Longitude Double)
```

---

1 http://stat-computing.org/dataexpo/2009/supplemental-data.html

```
ROW FORMAT DELIMITED
  FIELDS TERMINATED BY ','
  LINES TERMINATED BY '\n'
STORED AS TEXTFILE;
```

테이블이 생성되면 다음과 같이 airports.csv를 업로드합니다.

```
LOAD DATA LOCAL INPATH '/home/hadoop/meta/airports.csv'
OVERWRITE INTO TABLE airport_code;
```

airport_code 테이블에 공항 데이터 등록이 완료되면 다음과 같이 두 개의 테이블을 조인하는 쿼리를 실행합니다. 이 쿼리문은 출발 공항 코드(Origin)와 도착 공항 코드(Dest), airport_code 테이블을 조인해 공항별 지연 건수를 계산하는 쿼리문입니다.

```
SELECT A.Year, A.Origin, B.AirPort, A.Dest, C.AirPort, COUNT(*)
FROM airline_delay A
JOIN airport_code B ON (A.Origin = B.Iata)
JOIN airport_code C ON (A.Dest = C.Iata)
WHERE A.ArrDelay > 0
GROUP BY  A.Year, A.Origin, B.AirPort, A.Dest, C.AirPort;
```

쿼리문이 실행되면 다음과 같이 출발 공항과 도착 공항별 지연 건수가 조회됩니다. 공항 코드 테이블(airport_code)과의 조인도 잘 처리되어 해당 공항명까지 정상적으로 표시됩니다.

```
(중략)
2008   XNA   Northwest Arkansas Regional   EWR   Newark Intl                      281
2008   XNA   Northwest Arkansas Regional   IAH   George Bush Intercontinental     657
2008   XNA   Northwest Arkansas Regional   LAX   Los Angeles International         164
2008   XNA   Northwest Arkansas Regional   ORD   Chicago O'Hare International      1278
2008   XNA   Northwest Arkansas Regional   SGF   Springfield-Branson Regional     1
2008   XNA   Northwest Arkansas Regional   SLC   Salt Lake City Intl              3
2008   YUM   Yuma MCAS-Yuma International   LAX   Los Angeles International         398
2008   YUM   Yuma MCAS-Yuma International   PHX   Phoenix Sky Harbor International  727
2008   YUM   Yuma MCAS-Yuma International   SLC   Salt Lake City Intl              143
```

외부 조인(OUTER JOIN)

하이브는 내부 조인 외에 외부 조인도 지원합니다. 외부 조인을 테스트하기 위해 항공사 코드에서 일부 항공사 코드를 삭제하겠습니다. 다음과 같이 로컬에 있는 carriers.csv 파일의 1389번째 줄을 삭제합니다. 1390번째 줄은 항공사 코드값이 WN인 Southwest Airlines Co 항공사의 데이터 입니다.

```
sed -e '1389d' carriers.csv > carriers_new.csv
```

하이브 메타스토어 데이터베이스에는 항공사 코드 테이블을 추가로 생성합니다.

```
CREATE TABLE carrier_code2(Code STRING, Description STRING)
ROW FORMAT DELIMITED
  FIELDS TERMINATED BY ','
  LINES TERMINATED BY '\n'
STORED AS TEXTFILE;
```

추가한 항공사 테이블인 carrier_code2에 WN 코드를 삭제한 코드 데이터를 업로드합니다.

```
LOAD DATA LOCAL INPATH '/home/hadoop/meta/carriers_new.csv'
OVERWRITE INTO TABLE carrier_code2;
```

코드 데이터 등록이 완료되면 다음과 같이 왼쪽 외부 조인 쿼리를 입력합니다. 조인할 carrier_code2 테이블에 WN 코드가 없더라도 airline_delay 테이블에서 WN 코드가 등록된 데이터를 모두 출력합니다.

```
SELECT A.Year, A.UniqueCarrier, B.Code, B.Description
FROM airline_delay A
LEFT OUTER JOIN carrier_code2 B ON (A.UniqueCarrier = B.Code)
WHERE A.UniqueCarrier = 'WN'
LIMIT 10;
```

위 쿼리문을 실행하면 다음과 같은 결과가 출력됩니다.

```
2008    WN    NULL    NULL
2008    WN    NULL    NULL
2008    WN    NULL    NULL
2008    WN    NULL    NULL
```

```
2008    WN    NULL    NULL
2008    WN    NULL    NULL
2008    WN    NULL    NULL
2008    WN    NULL    NULL
2008    WN    NULL    NULL
2008    WN    NULL    NULL
```

airline_delay 테이블에서 항공사 코드가 WN인 데이터를 출력했지만 carrier_code2 테이블에는
'WN' 코드 데이터가 존재하지 않아 NULL로 출력됐습니다. 하지만 이때 LEFT OUTER JOIN 절 때
문에 carrier_code2 테이블에 데이터가 없어도 airline_delay의 데이터가 조회된 것입니다.

17.3.5 버킷 활용

하이브는 효율적인 쿼리문 수행을 위해 버킷이라는 데이터 모델을 제공합니다. 버킷은 버킷 칼럼 해
시를 기준으로 데이터를 지정된 개수의 파일로 분리해서 저장합니다. 버킷은 테이블을 생성할 때 다
음과 같은 형태로 선언합니다.

```
CLUSTERED BY (칼럼) INTO 버킷 개수 BUCKETS;
```

버킷을 사용하면 우선 쿼리의 성능을 향상시킬 수 있습니다. 예를 들어, 조인키로 버킷을 생성해 두
면 생성된 버킷 중 필요한 버킷만 조회하면 되기 때문에 디렉터리 전체를 풀스캔하는 것보다 훨씬
빠르게 작업을 처리할 수 있습니다. 또한 버킷을 이용하면 데이터 샘플링을 이용한 다양한 쿼리를
수행할 수 있습니다.

그럼 실제로 버킷이 어떠한 구조로 생성되고, 샘플링은 어떻게 하는지 알아보겠습니다. 우선 다음과
같은 테스트용 테이블을 생성합니다. 이 테이블은 UniqueCarrier 칼럼을 대상으로 20개의 버킷을
생성합니다.

```
CREATE TABLE airline_delay2(Year INT, Month INT, UniqueCarrier STRING, ArrDelay INT, DepDelay
INT)
CLUSTERED BY (UniqueCarrier) INTO 20 BUCKETS;
```

테이블을 생성했으면 2008년도 항공 운항 지연 데이터를 새로운 테이블에 등록합니다.

```
INSERT OVERWRITE TABLE airline_delay2
SELECT Year, Month, UniqueCarrier, ArrDelay, DepDelay
```

```
    FROM airline_delay
    WHERE delayYear = 2008;
```

HDFS의 하이브 웨어하우스 디렉터리를 조회하면 airline_delay2 디렉터리에 20개의 파일이 생성된 것을 확인할 수 있습니다. 0000nn_0인 파일은 모두 버킷을 나타냅니다.

```
hive> dfs -ls /user/hive/warehouse/airline_delay2;
Found 3 items
-rw-r--r--    3 hadoop supergroup    43602627 2014-11-25 22:28 /user/hive/warehouse/airline_
delay2/000000_0
-rw-r--r--    3 hadoop supergroup    43712468 2014-11-25 22:28 /user/hive/warehouse/airline_
delay2/000001_0
-rw-r--r--    3 hadoop supergroup    26114632 2014-11-25 22:28 /user/hive/warehouse/airline_
delay2/000002_0
```

쿼리문에서 버킷 데이터 샘플을 사용하려면 TABLESAMPLE 절을 이용하면 됩니다. 다음은 20개의 버킷 중 첫 번째 버킷에서 샘플을 조회하는 쿼리문입니다.

```
SELECT UniqueCarrier, COUNT(*)
FROM airline_delay2
TABLESAMPLE(BUCKET 1 OUT OF 20)
GROUP BY UniqueCarrier;
```

쿼리가 수행되면 다음과 같은 결과가 나오는데, airline_delay를 조회했을 때와 항공사별 합계 건수가 다르게 조회됐습니다. 이는 파일 전체를 조회하지 않고 첫 번째 버킷만 조회했기 때문입니다.

uniquecarrier	_c1
AA	204519
B6	67478
UA	193900

이런 식으로 버킷을 활용한다면 샘플용 데이터를 조회할 때 크게 도움될 것입니다. 대신 버킷을 사용할 때는 버킷이 너무 작은 크기로 만들어지지 않게 주의해야 합니다. 하둡에서 너무 작은 파일을 많이 처리하게 되면 부하가 발생하기 때문입니다. 그리고 버킷은 사용자가 생각하는 샘플 데이터와 크기가 같거나 작아야만 합니다.

17.4 파티션 테이블

하이브 테이블에 데이터를 로딩하는 방법은 다음과 같은 세 가지 방법이 있습니다.

- LOAD DATA 명령어: 로컬 파일 혹은 HDFS 파일을 로딩
- INSERT INTO TABLE 구문: 기존 데이터를 덮어쓰지 않고 데이터를 입력
- INSERT OVERWRITE TABLE 구문: 데이터를 입력할 때 기존 데이터를 덮어씀

기본 테이블, 외부 테이블, 파티션 테이블 모두 위와 같은 방법으로 데이터를 로딩할 수 있습니다. 그러나 파티션 테이블은 INSERT 구문을 사용할 때 다른 테이블과 약간의 차이점이 있습니다. 이번 절에서는 파티션 테이블에 INSERT 구문으로 데이터를 입력하는 방법을 알아보겠습니다. 이를 위해 이 책에서는 예제 17.5와 같은 외부 테이블을 생성했습니다. 이 테이블은 항공 운항 데이터를 사용하기 위해 LOCATION 옵션에 "/user/hadoop/input"을 설정합니다.

예제 17.5 airline_delay_raw 테이블 생성 질의문

```
CREATE external TABLE airline_delay_raw(
    year int,
    month int,
    dayofmonth int,
    dayofweek int,
    deptime int,
    crsdeptime int,
    arrtime int,
    crsarrtime int,
    uniquecarrier string,
    flightnum int,
    tailnum string,
    actualelapsedtime int,
    crselapsedtime int,
    airtime int,
    arrdelay int,
    depdelay int,
    origin string,
    dest string,
    distance int,
```

```
    taxiin int,

    taxiout int,

    cancelled int,

    cancellationcode string COMMENT 'A = carrier, B = weather, C = NAS, D = security',

    diverted int COMMENT '1 = yes, 0 = no',

    carrierdelay string,

    weatherdelay string,

    nasdelay string,

    securitydelay string,

    lateaircraftdelay string)
ROW FORMAT DELIMITED
    FIELDS TERMINATED BY ','
    LINES TERMINATED BY '\n'
STORED AS TEXTFILE
LOCATION
    'hdfs://wikibooks01:9010/user/hadoop/input'
```

그럼 airline_delay_raw 테이블의 데이터를 17.3.1절에서 생성한 파티션 테이블에 입력해 보겠습니다. 예제 17.6은 airline_delay_raw 테이블의 2007년도 데이터를 airline_delay에 입력하는 질의문입니다.

예제 17.6 파티션 테이블에 데이터를 입력하는 질의문

```
INSERT OVERWRITE TABLE airline_delay PARTITION (delayyear = '2007')
SELECT *
FROM airline_delay_raw
WHERE year = 2007;
```

파티션 테이블에 데이터를 입력할 때는 반드시 PARTITION 절을 사용해야 합니다. 그리고 PARTITION 절 뒤에는 파티셔닝할 칼럼 이름과 칼럼 값을 함께 설정해야 합니다. 위 예제의 경우 파티션 칼럼 이름은 delayyear, 파티션 칼럼 값은 2007입니다. 실제로 위 예제를 실행한 후 해당 테이블의 파티션 정보를 조회하면 다음과 같이 두 개의 파티션이 출력됩니다. 참고로 show partitions 명령어는 해당 파티션의 전체 파티션 정보를 출력하는 명령어입니다.

```
hive> show partitions airline_delay;
OK
partition
delayyear=2007
delayyear=2008
Time taken: 0.074 seconds, Fetched: 2 row(s)
```

airline_delay는 파티션 칼럼이 하나라서 PARTITION 절 뒤에 하나의 칼럼만 설정했습니다. 만약 칼럼이 두 개 이상인 경우에는 다음과 같이 콤마 단위로 칼럼을 설정하면 됩니다.

```
INSERT OVERWRITE TABLE airline_delay PARTITION (delayyear = '2006', delaymonth = '12')
```

위와 같은 방법은 사용자가 파티션 칼럼값을 미리 알고 있어야만 합니다. 하지만 매번 파티션 칼럼값을 알고 있기란 쉽지 않은 일입니다. 이러한 단점을 보완하기 위해 하이브는 다이내믹 파티션이라는 기능을 제공합니다. 이 기능을 이용하면 예제 17.7과 같이 PARTITION 절 뒤에 칼럼명만 설정하면 됩니다.

예제 17.7 다이내믹 파티션을 이용한 데이터 입력 질의문

```
INSERT OVERWRITE TABLE airline_delay PARTITION (delayYear)
SELECT *
FROM airline_delay_raw
WHERE year = 2006;
```

하지만 위 질의문을 그대로 실행하면 다음과 같은 오류 메시지가 출력됩니다.

```
FAILED: SemanticException [Error 10096]: Dynamic partition strict mode requires at least one
static partition column. To turn this off set hive.exec.dynamic.partition.mode=nonstrict
```

위 오류는 다이내믹 파티션 설정이 비활성화돼 있기 때문에 발생한 것입니다. 다음과 같이 다이내믹 파티션 설정을 활성화한 후 다시 한 번 질의문을 실행합니다.

```
hive> set hive.exec.dynamic.partition.mode=nonstrict;
hive> set hive.exec.dynamic.partition=true;
hive> INSERT OVERWRITE TABLE airline_delay PARTITION (delayYear)
    > SELECT *
    > FROM airline_delay_raw
```

```
        > WHERE year = 2006
Query ID = hadoop_20141202230101_4f76d47c-1995-4e71-b12d-704361efa91c
Total jobs = 3
Launching Job 1 out of 3
Number of reduce tasks is set to 0 since there's no reduce operator
(생략)
```

질의문이 실행된 후 파티션 정보를 조회하면 2006년도 데이터가 파티셔닝된 것을 확인할 수 있습니다.

```
hive> show partitions airline_delay;
OK
partition
delayyear=2006
delayyear=2007
delayyear=2008
```

하이브는 사용자의 실수로 너무 많은 파티션이 생성되는 것에 대비하기 위해 다이내믹 파티션을 비활성화합니다. 표 17.5는 이러한 다이내믹 파티션 관련 속성을 정리한 내용입니다.

표 17.5 다이내믹 파티션 속성

속성	기본값	내용
hive.exec.dynamic.partition	false	다이내믹 파티션 사용 여부를 설정합니다.
hive.exec.dynamic.partition.mode	strict	모든 파티션을 동적으로 설정하고 싶다면 nonstrict로 설정합니다.
hive.exec.max.dynamic.partitions. pernode	100	각 매퍼 및 리듀서가 생성할 수 있는 최대 다이내믹 파티션 개수입니다. 예를 들어, 하나의 질의에 매퍼 두 개가 실행 될 경우 각 매퍼는 100개의 파티션을 생성할 수 있으며, 해당 질의에서는 최대 200개의 파티션이 생성될 수 있습니다.
hive.exec.max.dynamic.partitions	1000	하나의 절에서 만들어질 수 있는 최대 다이내믹 파티션 개수입니다.
hive.exec.max.created.files	100000	하나의 질의에서 만들어질 수 있는 최대 다이내믹 파티션 개수입니다.

17.5 데이터 정렬

이번 절에서는 하이브가 제공하는 데이터 정렬 기능에 대해 알아보겠습니다.

17.5.1 ORDER BY

질의문 결과에 대해 전체 정렬을 수행하며, 이를 위해 마지막 맵리듀스 잡에서 하나의 리듀서만 실행합니다. 그래서 정렬 대상 데이터가 클 경우 성능이 느려지는 단점이 있습니다.

사용 예:

```
SELECT *
FROM airline_delay
ORDER BY year DESC;
```

17.5.2 SORT BY

SORT BY는 전체 정렬을 포기하는 대신 질의 성능을 높이는 데 초점을 맞춥니다. ORDER BY 절과는 다르게 여러 개의 리듀서를 실행하며, 각 리듀서의 출력 결과를 정렬합니다. 하지만 이 방법은 각 리듀서가 같은 키만 받는 것을 보장하지 않기 때문에 각 리듀서의 출력 결과에 동일한 키가 생성될 수 있습니다.

사용 예:

```
SELECT *
FROM airline_delay
SORT BY year DESC;
```

17.5.3 DISTRIBUTED BY

DISTRIBUTED BY는 같은 키를 가진 레코드가 같은 리듀서로 보내지는 것을 보장합니다. 그래서 SORT BY와 함께 사용할 경우 각 리듀서는 키가 중복되지 않고, 정렬을 수행할 수 있습니다.

사용 예:

```
SELECT *
```

```
FROM airline_delay
DISTRIBUTED BY year
SORT BY year DESC;
```

17.5.4 CLUSTERED BY

CLUSTERED BY는 DISTRIBUTED BY와 SORT BY를 함께 사용하는 것과 동일한 기능을 제공합니다. 아래 예제는 17.5.3절의 예제를 CLUSTERED BY 절로 변경한 질의문입니다.

사용 예:
```
SELECT *
FROM airline_delay
CLUSTERED BY year DESC;
```

17.6 데이터 저장 포맷

하이브의 데이터 저장 포맷은 파일 포맷과 레코드 포맷으로 구분됩니다. 파일 포맷은 파일에 레코드를 저장할 때 인코딩되는 방식을 의미합니다. 텍스트 파일, 시퀀스파일 등이 파일 포맷에 해당됩니다. 레코드 포맷은 칼럼 값이 레코드 내에서 인코딩되는 방식을 의미합니다.

17.6.1 SerDe

하이브는 레코드 내에 인코딩돼 있는 데이터를 처리하기 위한 SerDe(Serialize/Deserialze)를 제공합니다. 하이브는 INSERT나 CTAS(CREATE TABLE AS SELECT) 구문을 실행할 때 SerDe를 이용해 레코드의 직렬화(Serialize)를 수행합니다. 또한 테이블에 저장된 데이터를 조회할 때는 SerDe를 이용해 역직렬화(Deserialize)를 수행합니다. 하이브는 기본적으로 다음과 같은 SerDe를 제공합니다.

- LazySimpleSerDe: CSV 파일과 같은 단순 텍스트 파일용. 기본 SerDe로 사용
- LazyBinarySerDe: 텍스트 파일을 바이너리 형태로 저장할 때 사용
- ColumnarSerDe: RC 파일을 텍스트 형태로 저장할 때 사용
- LazyBinaryColumnarSerDe: RC 파일을 바이너리 형태로 저장할 때 사용
- OrcSerde: ORC 파일용 SerDe

- **RegexSerDe**: 정규표현식으로 설정된 칼럼이 포함된 텍스트 데이터를 조회할 때 사용

- **ThriftByteStreamTypedSerDe**: 쓰리프트 바이너리 데이터용 SerDe

- **HBaseSerDe**: H베이스 테이블에 데이터를 저장하고 조회할 때 사용

이번 절에서는 RegexSerDe를 이용해 아파치 웹 로그 조회용 테이블을 만들어보겠습니다. 예제 17.8은 테이블 생성 CREATE 질의문을 나타냅니다. SerDer는 ROW FORMAT SERDE 옵션으로 설정할 수 있으며, 옵션값은 해당 SERDE의 패키지와 클래스명을 입력하면 됩니다.

예제 17.8 아파치 웹 로그 조회용 테이블 생성 스크립트

```
CREATE TABLE apache_access_logs(
    remote_host STRING,
    remote_logname STRING,
    remote_userid STRING,
    finish_time STRING,
    request STRING,
    status_code STRING,
    size STRING,
    referer STRING,
    user_agent STRING)
    ROW FORMAT SERDE 'org.apache.hadoop.hive.contrib.serde2.RegexSerDe'
    WITH SERDEPROPERTIES (
  "input.regex" = "([^ ]*) ([^ ]*) ([^ ]*) (-|\\[[^\\]]*\\]) ([^ \"]*|\"[^\"]*\") (-|[0-9]*)
(-|[0-9]*)(?: ([^ \"]*|\".*\") ([^ \"]*|\".*\"))?",
  "output.format.string" = "%1$s %2$s %3$s %4$s %5$s %6$s %7$s %8$s %9$s"
  )
    STORED AS TEXTFILE;
```

하이브에서 위 테이블을 생성한 후, 다음과 같이 아파치 액세스 로그 파일을 로딩합니다. 필자는 가상의 IP와 사용자 정보를 조합한 아파치 액세스 파일을 생성했습니다. 이 파일은 http://goo.gl/ZcZb3s[2]에서 내려 받을 수 있습니다. 참고로 이 파일은 http://goo.gl/FZC0SQ[3]에 공개된 루비 스크립트를 이용해 생성했습니다.

---

2 https://github.com/blrunner/hadoop-beginners-example/blob/master/src/main/resources/chapter17/apache_access.log
3 https://gist.github.com/fetep/2037301

```
hive> LOAD DATA LOCAL INPATH '/home/hadoop/apache_access.log' OVERWRITE INTO TABLE apache_
access_logs;
```

마지막으로 RegexSerDe가 정상적으로 적용됐는지 각 칼럼을 조회합니다.

```
hive> SELECT remote_host, remote_userid, finish_time, status_code \
FROM apache_access_logs limit 5;
OK
remote_host  remote_userid  finish_time  status_code
124.206.51.197 - [30/Nov/2014:19:47:56 +0900]  200
19.223.244.133 - [30/Nov/2014:19:47:56 +0900]  503
33.4.86.250  - [30/Nov/2014:19:47:56 +0900]  200
191.1.53.135 - [30/Nov/2014:19:47:56 +0900]  503
64.184.152.135 - [30/Nov/2014:19:47:56 +0900]  200
Time taken: 0.037 seconds, Fetched: 5 row(s)
```

17.6.2 파일 포맷

하이브는 다양한 파일 포맷을 지원합니다. 데이터의 크기 및 성능을 고려해 적절한 파일 포맷을 설정해야 합니다. 표 17.6은 하이브가 지원하는 파일 포맷을 정리한 것입니다.

표 17.6 하이브 지원 파일 포맷

항목	텍스트 파일	시퀀스파일	RC 파일	ORC 파일	파케이
저장 기반	로우 기반	로우 기반	칼럼 기반	칼럼 기반	칼럼 기반
압축	파일 압축	레코드/블록 압축	블록 압축	블록 압축	블록 압축
스플릿 지원	지원	지원	지원	지원	지원
압축 적용 시 스플릿 지원	미지원	지원	지원	지원	지원
하이브 키워드	TEXTFILE	SEQUENCEFILE	RCFILE	ORCFILE	PARQUET

테이블의 파일 포맷은 CREATE의 STORED AS 옵션으로 설정할 수 있습니다. 예제 17.9는 SerDe 별 시퀀스파일 테이블 생성 구문입니다. 참고로 하이브는 텍스트 파일을 기본 파일 포맷으로 사용합니다.

예제 17.9 시퀀스파일 테이블 생성 구문

```
// 텍스트 파일 SerDe
CREATE TABLE table1
(id int, name string, score float, type string)
ROW FORMAT SERDE 'org.apache.hadoop.hive.serde2.lazy.LazySimpleSerDe'
STORED AS SEQUENCEFILE;
// 바이너리 SerDe
CREATE TABLE table1
(id int, name string, score float, type string)
ROW FORMAT SERDE 'org.apache.hadoop.hive.serde2.lazybinary.LazyBinarySerDe'
STORED AS SEQUENCEFILE;
```

RC 파일

RC(Record-Columar)[4] 파일은 칼럼 기반의 파일 포맷이며, 로우 그룹 단위로 레코드를 관리합니다. 그림 17.2는 RC 파일의 단계별 생성 과정을 나타내는 그림입니다.

---

4 http://goo.gl/l4lSnp

데이터 모델

A	B	C	D
101	111	121	131
102	112	122	132
103	113	123	133
104	114	124	134
105	115	125	135

1.수평 로우 파티셔닝

로우 그룹1

A	B	C	D
101	111	121	131
102	112	122	132
103	113	123	133

로우 그룹2

A	B	C	D
104	114	124	134
105	115	125	135

2.수직 칼럼 파티셔닝

로우 그룹1

101	102	103
111	112	113
121	122	123
131	132	133

로우 그룹2

104	105
114	115
124	125
134	135

그림 17.2 RC 파일 생성 과정

각 과정은 다음과 같이 동작합니다.

1. 로우 데이터를 로우 그룹으로 수평 파티셔닝합니다. 로우 그룹의 크기는 사용자가 설정할 수 있으며, 기본값은 HDFS의 블록 크기와 동일합니다.

2. 로우 그룹을 수직으로 칼럼 파티셔닝합니다. 이때 로우 그룹의 동일한 칼럼끼리 분리되어 저장됩니다. 참고로 로우 그룹은 다음과 같이 3개의 포맷으로 구성됩니다.

   - **싱크 마커(sync marker):** 각 로우 그룹을 구분하는 데 사용합니다.

   - **메타데이터 헤더:** 로우 그룹에 저장된 레코드 건수, 각 칼럼별 바이트 크기, 각 필드별 바이트 크기를 저장합니다.

   - **테이블 데이터:** 동일한 칼럼의 필드값이 연속적으로 저장됩니다. 예를 들어, 그림 17.2의 칼럼A의 경우, 로우 그룹 1과 로우 그룹2의 첫 번째 레코드에 연속적으로 저장돼 있습니다.

RC 파일은 칼럼 개수가 많은 테이블에 유리합니다. 로우 기반의 테이블은 특정 칼럼만 조회할 경우에도 내부적으로 해당 레코드의 전체 칼럼을 조회하게 됩니다. 왜냐하면 각 레코드에 모든 칼럼이 저장돼 있기 때문입니다. 하지만 RC 파일에서는 데이터가 각 칼럼별로 분리되어 저장돼 있기 때문에 필요한 칼럼만 조회합니다. 그래서 데이터 조회 속도가 로우 기반 파일보다 더 뛰어납니다. 또한 RC 파일은 칼럼별로 압축하기 때문에 해당 칼럼이 필요한 시점에만 압축을 해제합니다.

참고로 예제 17.10은 SerDe별 RC 파일 테이블 생성 구문을 나타냅니다.

예제 17.10 RC 파일 테이블 생성 구문

```
//텍스트 파일 SerDe
CREATE TABLE table1
(id int, name string, score float, type string)
ROW FORMAT SERDE org.apache.hadoop.hive.serde2.columnar.ColumnarSerDe'
STORED AS RCFILE;

// 바이너리 SerDe
CREATE TABLE table1
(id int, name string, score float, type string)
ROW FORMAT SERDE 'org.apache.hadoop.hive.serde2.columnar.LazyBinaryColumnarSerDe'
STORED AS RCFILE;
```

ORC 파일

RC 파일은 칼럼 타입에 영향을 받으며, 한 번에 하나의 레코드에만 SerDe를 적용할 수 있습니다. 그래서 데이터 타입별로 효과적인 압축 방식을 적용할 수 없습니다. 또한 RC 파일은 Map, List와 같은 데이터 타입의 특정 값을 조회할 때도 비효율적입니다. 왜냐하면 RC 파일은 순차적인 레코드 접근을 위해 설계돼 있어서 Map과 List 내의 불필요한 데이터도 함께 조회하기 때문입니다.

ORC(Optimized Record-Columnar)[5] 파일은 이러한 RC 파일의 단점을 개선한 파일 포맷입니다. ORC 파일은 다음과 같은 특징이 있습니다.

---

5 http://goo.gl/ju4LFH

- 하나의 파일에 칼럼을 JSON처럼 중첩(nested) 구조로 저장할 수 있습니다.
- Map, Struct, List 등을 칼럼값 대신 사용할 수 있습니다.
- 네임노드의 부하를 줄이기 위해 하나의 태스크는 하나의 출력 파일만 생성하게 합니다.
- 빠른 조회를 위해 파일 내에 경량 인덱스를 저장합니다.
- 필터 조건에 해당되지 않는 로우 그룹을 제외함으로써 빠른 스캔이 가능합니다.
- 파일을 읽고 저장할 때 일정량의 메모리만 필요합니다.

ORC 파일은 하이브 0.12.0부터 추가됐으며, 특정 형태의 질의의 경우 기존 파일 포맷보다 높은 성능 향상을 보여줍니다. 하지만 기존 파일에 대비해 ORC 파일을 생성하는 데 상당히 많은 시간이 소요된다는 단점이 있습니다.

예제 17.11은 ORC 파일 테이블 생성 구문을 나타냅니다. ORC 파일은 SerDe를 org.apache. hadoop.hive.ql.io.orc.OrcSerde를 사용하기 때문에 별도로 SerDe를 설정할 필요가 없습니다. ORC 파일에 대한 자세한 설정 방법은 http://goo.gl/a1zrCf[6]를 참고합니다.

예제 17.11 ORC 파일 테이블 생성 구문

```
CREATE TABLE table1
(id int, name string, score float, type string)
STORED AS ORC;
```

파케이

ORC 파일은 중첩 구조의 칼럼 저장 방식과 높은 압축율이라는 뛰어난 장점에도 불구하고, 하이브 외에 다른 플랫폼에서는 사용할 수 없습니다. 파케이(Parquet) 파일 포맷은 ORC 파일처럼 중첩 구조로 칼럼을 저장할 수 있습니다. 그래서 SNS에 댓글을 다는 것처럼 칼럼을 계층적으로 늘려갈 수 있습니다. 또한 파케이는 하이브와는 달리 범용적으로 사용 가능하며, 현재 하이브, 피그, 타조, 임팔라 등 다양한 플랫폼에 적용돼 있습니다. 파케이는 하나의 파일에 여러 칼럼을 저장하기 때문에 조인 작업을 최소화할 수 있으며, 다양한 압축과 인코딩 방식을 적용할 수 있습니다.

예제 17.12는 파케이 테이블 생성 구문을 나타냅니다. 파케이에 대한 자세한 설정 방법은 http:// goo.gl/C7ng1t를 참고합니다.

---

6 https://cwiki.apache.org/confluence/display/Hive/LanguageManual+ORC

```
CREATE TABLE parquet_test (
    id int,
    str string,
    mp MAP<STRING,STRING>,
    lst ARRAY<STRING>,
    strct STRUCT<A:STRING,B:STRING>)
PARTITIONED BY (part string)
STORED AS PARQUET;
```

18

스쿱

하둡으로 어떠한 데이터를 분석할지 고민하다 보면 기존에 운영 중인 관계형 데이터베이스에 저장된 데이터를 고려할 수밖에 없습니다. 관계형 데이터베이스에는 잘 정의돼 있는 데이터가 수년간 적재돼 있기 때문입니다. 특히 OLTP용 데이터베이스는 대규모 배치 분석 시 부하가 발생할 수 있지만 하둡으로 데이터를 이관할 수 있다면 기존 서비스에 영향을 주지 않고도 다양한 배치 분석을 수행할 수 있습니다. 또한 하둡에 수집된 비정형 데이터와 기존 데이터베이스에 저장된 정보를 조인해서 분석해야 하는 경우도 발생할 수 있습니다. 그래서 18장에서는 이러한 상황에 도움을 주는 스쿱(Sqoop)을 소개하고자 합니다.

스쿱은 관계형 데이터베이스와 하둡 사이에서 데이터 이관을 지원하는 툴입니다. 스쿱을 이용하면 관계형 데이터베이스의 데이터를 HDFS, 하이브, H베이스, 어큐물로(Accumulo[1])에 임포트하거나

---

[1] 구글의 빅테이블 디자인을 기반으로 만들어진 분산 키-밸류 저장소다. NoSQL의 일종이며, 아파치 오픈소스 프로젝트로 공개돼 있다(https://accumulo.apache.org).

반대로 HDFS, 하이브, H베이스의 데이터를 관계형 데이터로 익스포트할 수 있습니다. 스쿱은 클라우데라에서 개발했으며, 현재 아파치 오픈소스 프로젝트로 공개돼 있습니다. 스쿱에 대한 자세한 정보는 http://sqoop.apache.org/에서 확인할 수 있습니다(그림 18.1).

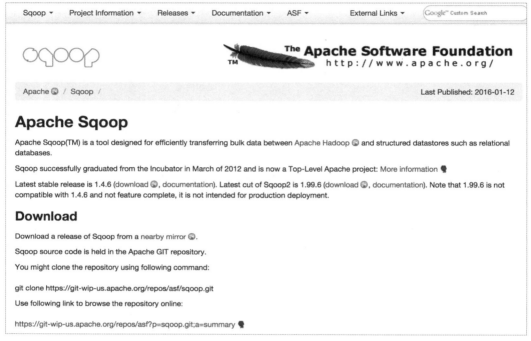

그림 18.1 스쿱 공식 홈페이지

18.1 스쿱 아키텍처

스쿱의 아키텍처는 매우 단순합니다. 스쿱은 관계형 데이터베이스를 읽고 쓸 수 있는 커넥터라는 개념을 사용합니다. 커넥터는 각 데이터베이스별로 구현돼 있으며, JDBC 드라이버를 이용해 데이터베이스 접속 및 질의 실행을 요청합니다. 그림 18.2는 커넥터를 이용하는 스쿱의 아키텍처를 나타낸 그림입니다.

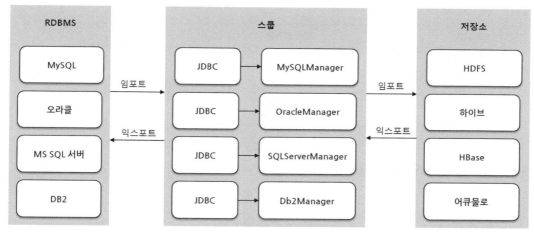

그림 18.2 스쿱 아키텍처

스쿱은 관계형 데이터베이스에 맞게 로직이 구현된 다양한 커넥터를 제공합니다. 표 18.1은 스쿱의 기본 커넥터를 정리한 내용입니다. 참고로 필요한 데이터베이스용 커넥터가 없더라도 해당 데이터 베이스의 JDBC 드라이버만 있다면 GenericJdbcManager로 스쿱을 이용할 수 있습니다.

표 18.1 스쿱 기본 커넥터 목록

커넥터 이름	지원 관계형 데이터베이스
MySQLManager	MySQL
OracleManager	오라클
SQLServerManager	마이크로소프트 SQL 서버
Db2Manager	DB2
PostgresqlManager	PostgreSQL
NetezzaManager	네테자
HsqldbManager	HsqlDB
GenericJdbcManager	일반 JDBC

스쿱은 해당 데이터베이스의 데이터 특성에 맞게 배치 알고리즘을 구현한 고속 커넥터를 제공하며, 이를 이용해 기본 커넥터보다 빠르게 임포트를 수행할 수 있습니다. 참고로 현재는 표 18.2와 같은 고속 커넥터가 제공됩니다.

표 18.2 스쿱 고속 커넥터 목록

고속 커넥터 이름	지원 관계형 데이터베이스
DirectMySQLManager	MySQL
DirectNetezzaManager	네테자
DirectPostgresqlManager	PostgreSQL

18.1.1 데이터 임포트 동작 방식

이번 절에서는 스쿱이 관계형 데이터베이스의 데이터를 HDFS로 임포트하는 방식을 알아보겠습니다. 그림 18.3은 클라이언트가 스쿱에 임포트를 요청했을 때의 동작 방식을 보여줍니다.

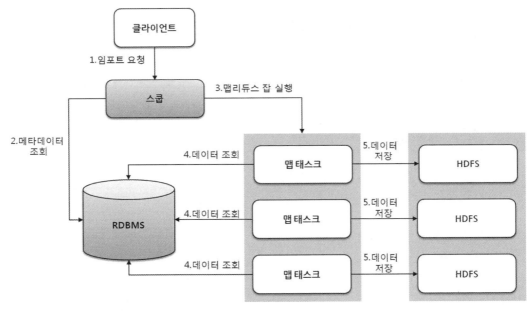

그림 18.3 RDBMS에서 HDFS로 임포트할 때의 동작 방식

각 단계를 자세히 설명하면 다음과 같습니다.

1. 클라이언트가 스쿱에 임포트를 요청합니다. 이때 클라이언트는 데이터베이스 접속 정보, 임포트 대상 테이블, 임포트 질의, 실행할 맵 태스크 개수 등을 설정합니다.

2. 스쿱은 데이터베이스에서 해당 테이블의 메타데이터를 조회해 ORM[2] 클래스를 생성합니다. ORM 클래스에는 익스 포트 대상 테이블의 칼럼을 자바 변수로 매핑하고, 맵리듀스 잡 실행에 필요한 직렬화 메서드가 생성됩니다.

3. 스쿱은 ORM 클래스가 정상적으로 생성되면 맵리듀스 잡 실행을 요청합니다. 그리고 스쿱은 맵 태스크의 출력 결과 를 임포트에 사용하기 때문에 리듀스 태스크는 실행하지 않습니다.

4. 맵 태스크는 데이터베이스에 JDBC로 접속한 후 SELECT 질의를 실행합니다. 이때 질의문은 사용자가 직접 설정한 질의일 수도 있고, 사용자가 테이블만 설정했을 경우에는 ORM 클래스를 이용해 질의를 설정합니다.

모든 맵 태스크가 동일한 질의문을 실행하면 동일한 결과가 생성됩니다. 이 경우 데이터베이스에도 부하가 커지고, 임포트한 데이터도 중복되는 문제가 발생합니다. 이를 방지하기 위해 스쿱은 대상 테이블의 기본키(Primary Key)의 최솟값과 최댓값을 조회한 후 데이터가 균등하게 분포되도록 질의문을 수정합니다. 표 18.3은 table1을 맵 태스크 4 개로 임포트할 때의 질의문을 정리한 내용입니다.

표 18.3 table1을 임포트할 때의 맵 태스크별 질의

항목	내용
table1의 기본키	Id
기본키의 최솟값, 최댓값	0, 100
맵 태스크 개수	4
첫 번째 맵 태스크용 질의	select a.* from (select * from table1) a where a.id >= 0 and a.id < 25
두 번째 맵 태스크용 질의	select a.* from (select * from table1) a where a.id >= 25 and a.id < 50
세 번째 맵 태스크용 질의	select a.* from (select * from table1) a where a.id >= 50 and a.id < 75
네 번째 맵 태스크용 질의	select a.* from (select * from table1) a where a.id >= 75 and a.id <= 100

참고로 기본키 외의 다른 칼럼을 이용하고 싶을 경우 —split-by 옵션으로 해당 칼럼을 설정하면 됩니다.

5. 맵 태스크는 질의문을 실행한 결과를 HDFS에 저장합니다. 전체 맵 태스크가 종료되면 스쿱은 클라이언트에게 작업 이 정상적으로 종료됐다고 알려줍니다.

앞서 설명한 대로 스쿱은 하이브, H베이스, 어큐물로에도 데이터를 임포트할 수 있습니다. 그림 18.4는 하이브에 데이터를 임포트하는 과정을 보여줍니다.

---

2 Object Relational Mapping: 관계형 데이터베이스의 스키마를 객체지향 프로그래밍 방식에 맞게 매핑하는 개발 모델. 테이블과 컬럼이 클래스와 인스턴스 변 수에 매핑되며, 하나의 레코드가 하나의 객체 인스턴스가 되는 식이다.

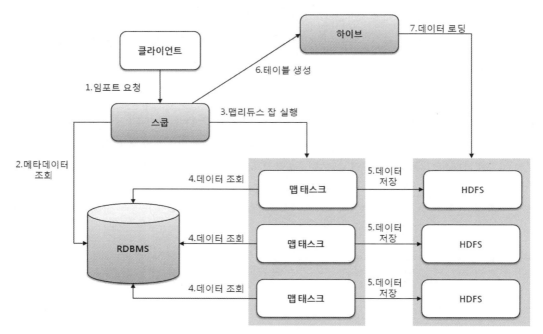

그림 18.4 RDBMS에서 하이브로 임포트할 때의 동작 방식

하이브는 맵 태스크의 실행 결과가 HDFS에 저장된 후, 다음과 같이 동작합니다.

6. 사용자가 설정한 하이브 테이블을 생성합니다.

7. 맵 태스크에 저장된 결과를 하이브 테이블의 데이터 경로로 로딩합니다.

18.1.2 데이터 익스포트 동작 방식

이번 절에서는 HDFS에 저장된 데이터를 데이터베이스로 익스포트하는 과정을 알아보겠습니다. HDFS 익스포트는 그림 18.5에 나온 것처럼 동작합니다.

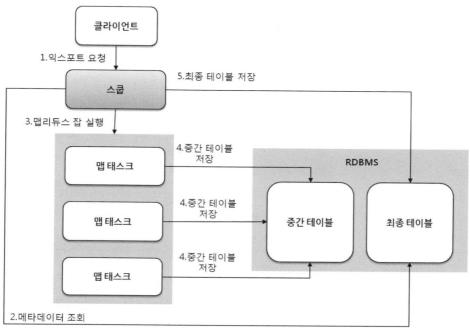

그림 18.5 HDF에서 RDBMS로 익스포트할 때의 동작 방식

그림 18.5의 각 단계는 다음과 같이 동작합니다.

1. 클라이언트는 스쿱에 익스포트를 요청합니다.

2. 스쿱은 데이터베이스에서 메타데이터를 조회한 후 맵리듀스 잡에서 사용할 ORM 클래스를 생성합니다.

3. 스쿱은 데이터베이스의 중간 테이블의 데이터를 모두 삭제한 후 맵리듀스 잡을 실행합니다.

4. 맵 태스크는 HDFS에서 데이터를 조회한 후 INSERT 질의문을 만들어 중간 테이블에 데이터를 입력합니다. 이 때 질의문은 레코드당 한 번씩 실행하는 것이 아니라 천 개 단위로 배치로 실행합니다. 참고로 중간 테이블 사용 여부와 배치 단위는 sqoop.export.records.per.statement 옵션으로 수정할 수 있습니다.

5. 스쿱은 맵리듀스 잡이 정상적으로 종료되면 중간 테이블의 결과를 최종 테이블에 입력합니다. 예를 들어, 중간 테이블 이름이 tmp_table1, 최종 테이블이 table1이라면 다음과 같은 질의를 실행합니다.

```
INSERT INTO table1 (SELECT * from tmp_talbe1)
```

18.1.3 스쿱2

스쿱은 현재 스쿱1과 스쿱2라는 두 가지 버전이 릴리스돼 있습니다. 표 18.4는 두 버전의 차이점을 정리한 내용입니다.

표 18.4 스쿱1과 스쿱2의 차이점

스쿱1	스쿱2
1.4.x 버전	1.99.x 버전
클라이언트 모델	클라이언트/서버 모델
CLI로 스쿱 실행	CLI, 웹, REST API를 통한 스쿱 실행
하둡 보안 적용	하둡 보안, 데이터베이스와 같은 외부 시스템 접근 권한 제어 가능
리소스 관리 정책 없음	리소스 관리 정책 설정 가능

두 버전의 가장 큰 차이점은 클라이언트/서버 모델의 도입입니다. 스쿱1은 클라이언트마다 스쿱과 JDBC 드라이버를 설치하지만 스쿱2는 스쿱 서버에만 스쿱과 JDBC를 설치하면 됩니다. 스쿱2가 REST API를 이용한 우지와의 연동이나 일부 보안 기능이 강화되긴 했지만 두 버전이 함께 릴리스 되고 있고, 여전히 실무에서는 스쿱1이 많이 사용되고 있습니다. 이 책에서는 스쿱1로 실습을 진행 하겠습니다.

18.2 스쿱 설치

스쿱은 공식 사이트(http://mirror.apache-kr.org/sqoop)에서 내려받을 수 있습니다. 하둡1을 사용하는 경우에는 sqoop-1.4.6.bin__hadoop-1.0.0.tar.gz 파일을, 하둡2를 사용하는 경우에는 sqoop-1.4.6.bin__hadoop-2.0.4-alpha.tar.gz 파일을 내려받습니다. 참고로 필자는 하둡2와 스쿱을 연동했습니다.

스쿱을 내려받았으면 다음과 같이 압축을 풉니다.

```
[hadoop@wikibooks01 ~]$ tar xvfz sqoop-1.4.6.bin__hadoop-2.0.4-alpha.tar.gz
```

압축이 해제되면 스쿱 설치 디렉터리에서 sqoop 명령어를 실행합니다.

```
[hadoop@wikibooks01 ~]$ cd sqoop-1.4.6.bin__hadoop-2.0.4-alpha
[hadoop@wikibooks01 sqoop-1.4.6.bin__hadoop-2.0.4-alpha]$ ./bin/sqoop
```

```
Error: /home/hadoop/sqoop-1.4.6.bin__hadoop-2.0.4-alpha/bin/../../hadoop does not exist!
Please set $HADOOP_COMMON_HOME to the root of your Hadoop installation.
```

위와 같은 오류가 발생한 이유는 스쿱용 하둡 디렉터리를 설정하지 않았기 때문입니다. 스쿱이 맵리듀스 잡 실행을 요청하려면 하둡의 홈 디렉터리를 알고 있어야 합니다. 스쿱은 스크립트 실행 환경변수를 conf 디렉터리의 sqoop-env.sh에서 설정합니다. 처음 스쿱을 설치한 경우에는 템플릿 파일밖에 없기 때문에 다음과 같이 sqoop-env.sh를 생성합니다.

```
[hadoop@wikibooks01 sqoop-1.4.6.bin__hadoop-2.0.4-alpha]$ mv conf/sqoop-env-template.sh conf/
sqoop-env.sh
```

sqoop-env.sh 파일의 HADOOP_MAPRED_HOME 속성에 맵리듀스 라이브러리가 저장된 디렉터리를 설정합니다. 하둡1을 사용하는 경우에는 /home/hadoop/hadoop-1.2.1을 설정하면 됩니다.

```
#Set path to where bin/hadoop is available
export HADOOP_COMMON_HOME=/home/hadoop/hadoop-2.7.2

#Set path to where hadoop-*-core.jar is available
export HADOOP_MAPRED_HOME=/home/hadoop/hadoop-2.7.2
```

sqoop-env.sh를 수정했으면 다시 한 번 스쿱을 실행해봅니다. 이때 다양한 경고 메시지가 출력되는데, 이는 하이브 연동을 위한 HCatalog, 어큐물로 및 H베이스 연동을 위한 주키퍼 경로가 설정돼 있지 않다는 메시지입니다. 스쿱은 하둡 경로만 설정돼 있으면 기본 기능은 수행할 수 있습니다. 마지막 줄은 아무런 옵션을 설정하지 않았으므로 도움말로 확인하라는 메시지입니다.

```
[hadoop@wikibooks01 sqoop-1.4.6.bin__hadoop-2.0.4-alpha]$ ./bin/sqoop
Warning: /home/hadoop/sqoop-1.4.6.bin__hadoop-2.0.4-alpha/bin/../../hbase does not exist! HBase
imports will fail.
Please set $HBASE_HOME to the root of your HBase installation.
Warning: /home/hadoop/sqoop-1.4.6.bin__hadoop-2.0.4-alpha/bin/../../hcatalog does not exist!
HCatalog jobs will fail.
Please set $HCAT_HOME to the root of your HCatalog installation.
Warning: /home/hadoop/sqoop-1.4.6.bin__hadoop-2.0.4-alpha/bin/../../accumulo does not exist!
Accumulo imports will fail.
Please set $ACCUMULO_HOME to the root of your Accumulo installation.
Warning: /home/hadoop/sqoop-1.4.6.bin__hadoop-2.0.4-alpha/bin/../../zookeeper does not exist!
Accumulo imports will fail.
```

```
Please set $ZOOKEEPER_HOME to the root of your Zookeeper installation.
Try 'sqoop help' for usage.
```

도움말에서 알려준 대로 help 명령어를 실행하면 다음과 같이 다양한 스쿱 명령어가 출력됩니다.

```
[hadoop@wikibooks01 sqoop-1.4.6.bin__hadoop-2.0.4-alpha]$ ./bin/sqoop help
(중략)
16/02/23 22:57:28 INFO sqoop.Sqoop: Running Sqoop version: 1.4.6
usage: sqoop COMMAND [ARGS]

Available commands:
  codegen            Generate code to interact with database records
  create-hive-table  Import a table definition into Hive
  eval               Evaluate a SQL statement and display the results
  export             Export an HDFS directory to a database table
  help               List available commands
  import             Import a table from a database to HDFS
  import-all-tables  Import tables from a database to HDFS
  import-mainframe   Import datasets from a mainframe server to HDFS
  job                Work with saved jobs
  list-databases     List available databases on a server
  list-tables        List available tables in a database
  merge              Merge results of incremental imports
  metastore          Run a standalone Sqoop metastore
  version            Display version information

See 'sqoop help COMMAND' for information on a specific command.
```

도움말에 해당 커맨드를 옵션으로 입력하면 다음과 같이 구체적인 사용법이 출력됩니다.

```
[hadoop@wikibooks01 sqoop-1.4.6.bin__hadoop-2.0.4-alpha]$ ./bin/sqoop help import
(중략)
usage: sqoop import [GENERIC-ARGS] [TOOL-ARGS]

Common arguments:
  --connect <jdbc-uri>                    Specify JDBC connect
                                          string
  --connection-manager <class-name>       Specify connection manager
```

```
                                         class name
    --connection-param-file <properties-file>   Specify connection
                                         parameters file
    --driver <class-name>                Manually specify JDBC
                                         driver class to use
    --hadoop-home <hdir>                 Override
                                         $HADOOP_MAPRED_HOME_ARG
    --hadoop-mapred-home <dir>           Override
                                         $HADOOP_MAPRED_HOME_ARG
    --help                               Print usage instructions
 -P                                      Read password from console
    --password <password>                Set authentication
                                         password
```

(생략)

마지막으로 MySQL용 JDBC 드라이버를 설치합니다. JDBC 드라이버는 http://goo.gl/p9VSRl에서 최신 버전을 내려받습니다. 참고로 2016년 2월을 기준으로 5.1.38 버전이 최신 버전입니다. 내려받은 mysql-connector-java-5.1.38.tar.gz의 압축을 풀면 mysql-connector-java-5.1.38 디렉터리가 생성됩니다. 이 디렉터리에 있는 mysql-connector-java-5.1.38-bin.jar 파일을 스쿱의 lib 디렉터리로 복사하면 모든 설치 작업이 끝납니다.

18.3 TPC-H 데이터 구성

스쿱을 설치했으니 데이터베이스에서 임포트할 테스트 데이터를 구성하겠습니다. 이 책에서는 MySQL[3]에 TPC-H 벤치마크 데이터셋을 구성했습니다. 많은 데이터베이스 관련 솔루션들은 성능을 입증하기 위해 공신력 있는 기관의 벤치마크 결과를 인용합니다. TPC(Transaction Processing Performance Council)는 이러한 벤치마크에서 가장 공신력 있는 기관으로 알려진 곳이며, TPC-C, TPC-DS, TPC-H 등 워크로드에 따른 다양한 데이터셋을 제공합니다. 각 데이터셋은 TPC에서 제공하는 셸 스크립트로 개발자가 직접 데이터를 생성할 수 있습니다. TPC-H 데이터셋은 다음과 같은 순서로 설치합니다. 참고로 필자는 편의상 root 계정으로 설치를 진행했습니다.

3　MySQL 설치 방법: http://dev.mysql.com/doc/refman/5.7/en/installing.html

18.3.1 MySQL 데이터베이스 생성

MySQL에 root 계정으로 접속해 TPC-H 데이터베이스를 생성합니다. 여기서는 데이터베이스 이름을 tcph_1g로 지정했습니다.

```
[root@wikibooks01 dbgen]# mysql -u root -p
Enter password:
Welcome to the MySQL monitor.  Commands end with ; or \g.
Your MySQL connection id is 69065
Server version: 5.6.20-log MySQL Community Server (GPL)

(중략)

mysql> create database tpch_1g;
Query OK, 1 row affected (0.03 sec)
```

TPC-H 데이터베이스에 대한 접근 권한을 설정합니다. 여기서는 계정과 암호를 hadoop으로 지정하고, 모든 IP에서 접근 가능하도록 설정했습니다.

```
mysql> grant all privileges on tpch_1g.*to hadoop@localhost identified by 'hadoop';
Query OK, 0 rows affected (0.00 sec)

mysql> grant all privileges on tpch_1g.* to hadoop@"%" identified by 'hadoop';
Query OK, 0 rows affected (0.04 sec)

mysql> flush privileges;
Query OK, 0 rows affected (0.02 sec)
```

18.3.2 DBGEN 설치 파일 다운로드

TPC에서는 벤치마크 데이터셋을 생성하는 DBGEN 프로그램을 제공합니다. 개발자는 이 프로그램을 이용해 데이터베이스에 임포트할 텍스트 파일과 테이블 스키마를 생성할 수 있습니다. DBGEN 설치 파일은 TPC 공식 사이트(http://www.tpc.org/tpch)에서 내려받을 수 있습니다. 사이트 우측 상단에 있는 "DBGEN & Reference Data Set zip" 버튼을 클릭해 설치 파일을 다운로드합니다 (그림 18.6).

그림 18.6 TPC 공식 사이트

혹은 다음과 같이 wget으로 /usr/local 디렉터리에 바로 내려받습니다.

```
[root@wikibooks01 ~]# cd /usr/local
[root@wikibooks01 local]# wget http://www.tpc.org/tpch/spec/tpch_2_14_3.zip
```

압축 파일을 풀면 dbgen 디렉터리가 만들어집니다.

```
[root@wikibooks01 local]# unzip tpch_2_14_3.zip
[root@wikibooks01 local]# ls -l
합계 26468
drwxr-xr-x.  2 root root    4096 2011-09-23 20:50 bin
drwxr-xr-x   8 root root    4096 2014-11-30 05:08 dbgen
drwxr-xr-x.  2 root root    4096 2011-09-23 20:50 etc
drwxr-xr-x.  2 root root    4096 2011-09-23 20:50 games
drwxr-xr-x.  2 root root    4096 2011-09-23 20:50 include
(중략)
```

18.3.3 DBGEN 실행

DBGEN 실행파일은 다음과 같은 순서로 빌드합니다.

첫째, makefile.suite를 복사해 makefile을 생성합니다.

```
[root@wikibooks01 local]# cd dbgen/
[root@wikibooks01 dbgen]# cp makefile.suite makefile
```

둘째, makefile을 예제 18.1과 같이 수정합니다. CC 속성은 C컴파일러, DATABASE 속성은 데이터베이스, MACHINE은 운영체제를 의미합니다.

예제 18.1 MySQL용 makefile 수정 사항

```
CC      = gcc
DATABASE= MYSQL
MACHINE = LINUX
```

셋째, DBGEN 프로그램을 빌드합니다.

```
[root@wikibooks01 dbgen]# make dbgen
gcc  -g -DDBNAME=\"dss\" -DLINUX -DMYSQL -DTPCH -DRNG_TEST -D_FILE_OFFSET_BITS=64    -c -o
build.o build.c
gcc  -g -DDBNAME=\"dss\" -DLINUX -DMYSQL -DTPCH -DRNG_TEST -D_FILE_OFFSET_BITS=64    -c -o
driver.o driver.c
gcc  -g -DDBNAME=\"dss\" -DLINUX -DMYSQL -DTPCH -DRNG_TEST -D_FILE_OFFSET_BITS=64    -c -o bm_
utils.o bm_utils.c
(중략)
gcc  -g -DDBNAME=\"dss\" -DLINUX -DMYSQL -DTPCH -DRNG_TEST -D_FILE_OFFSET_BITS=64  -O -o dbgen
build.o driver.o bm_utils.o rnd.o print.o load_stub.o bcd2.o speed_seed.o text.o permute.o
rng64.o -lm
```

넷째, DBGEN을 실행합니다. 참고로 DBGEN은 −s 옵션으로 생성할 데이터 크기를 설정할 수 있습니다. −s 1은 1GB의 데이터셋을, −s 10은 10GB의 데이터셋을, −s 100은 100GB의 데이터셋을 생성합니다. 참고로 별도로 설정하지 않은 경우에는 1GB의 데이터셋을 생성합니다. 이 책에서는 1GB의 데이터셋을 생성했습니다. DBGEN 실행 옵션에 대한 자세한 설명은 dbgen −help 명령어로 확인할 수 있습니다.

```
[root@wikibooks01 dbgen]# ./dbgen -s 1
TPC-H Population Generator (Version 2.14.3)
Copyright Transaction Processing Performance Council 1994 - 2010
```

18.3.4 TPC-H 데이터 임포트

DBGEN을 실행하면 테이블 스키마 파일인 dss.ddl을 생성하며, 모든 스키마는 대문자로 작성돼 있습니다. MySQL은 테이블 스키마의 대소문자를 구분하기 때문에 개발의 편의성을 위해 스키마를 소문자로 변경합니다.

```
[root@wikibooks01 dbgen]# tr '[:upper:]' '[:lower:]' < dss.ddl > dss2.ddl
```

MySQL에 변경한 스키마를 임포트합니다.

```
[root@wikibooks01 dbgen]# mysql -u root -p tpch_1g < dss2.ddl
```

마지막으로 DBGEN이 생성한 데이터 파일을 MySQL에 로딩합니다. MySQL에 접속한 후 LOAD DATA 명령어를 이용해 각 데이터 파일을 로딩합니다.

```
[root@wikibooks01 dbgen]# mysql -u hadoop -p tpch_1g
mysql> use tpch_1g;
mysql> LOAD DATA LOCAL INFILE '/usr/local/dbgen/nation.tbl' INTO TABLE nation FIELDS TERMINATED
BY '|';
mysql>  LOAD DATA LOCAL INFILE '/usr/local/dbgen/region.tbl' INTO TABLE region FIELDS TERMINATED
BY '|';
mysql> LOAD DATA LOCAL INFILE '/usr/local/dbgen/part.tbl' INTO TABLE part FIELDS TERMINATED BY
'|';
mysql> LOAD DATA LOCAL INFILE '/usr/local/dbgen/supplier.tbl' INTO TABLE supplier FIELDS
TERMINATED BY '|';
mysql> LOAD DATA LOCAL INFILE '/usr/local/dbgen/partsupp.tbl' INTO TABLE partsupp FIELDS
TERMINATED BY '|';
mysql> LOAD DATA LOCAL INFILE '/usr/local/dbgen/customer.tbl' INTO TABLE customer FIELDS
TERMINATED BY '|';
mysql> LOAD DATA LOCAL INFILE '/usr/local/dbgen/orders.tbl' INTO TABLE orders FIELDS TERMINATED
BY '|';
mysql>  LOAD DATA LOCAL INFILE '/usr/local/dbgen/lineitem.tbl' INTO TABLE lineitem FIELDS
TERMINATED BY '|';
```

SELECT 문으로 데이터를 조회하면 데이터가 정상적으로 출력됩니다.

```
mysql> select c_custkey, c_name from customer limit 5;
+-----------+-------------------+
| c_custkey | c_name            |
+-----------+-------------------+
|         1 | Customer#000000001 |
|         2 | Customer#000000002 |
|         3 | Customer#000000003 |
|         4 | Customer#000000004 |
|         5 | Customer#000000005 |
+-----------+-------------------+
5 rows in set (0.00 sec)
```

18.4 데이터 임포트

이제 MySQL에 생성된 TPC-H 데이터를 HDFS로 임포트해보겠습니다. 스쿱은 커맨드 라인에서 임포트/익스포트 옵션을 설정할 수 있으며, 파일에 생성된 옵션을 사용할 수도 있습니다. 하지만 커맨드 라인에 설정할 경우, 데이터베이스 비밀번호가 노출될 수 있고, 설정값을 변경하는 것도 어렵기 때문에 파일을 사용하는 방법을 권장합니다. 이 책에서도 파일에 설정값을 미리 저장한 후 모든 테스트를 진행했습니다.

18.4.1 HDFS에 데이터 임포트

이번 절에서는 TPC-H 데이터 중 nation 테이블을 임포트하겠습니다. 스쿱 설치 디렉터리에 예제 18.2와 같은 파일을 생성합니다.

예제 18.2 nation_import.sh

```
[hadoop@wikibooks01 sqoop-1.4.6.bin__hadoop-2.0.4-alpha]$ vi nation_import.sh
--username
hadoop
--password
hadoop
--connect
```

```
jdbc:mysql://wikibooks01:3306/tpch_1g
--table
nation
```

참고로 표 18.5는 임포트에서 사용할 수 있는 옵션을 정리한 내용입니다.

표 18.5 데이터 임포트 기본 옵션 목록

옵션	내용
―username	데이터베이스 접속 계정
―password	데이터베이스 접속 암호
―connect	JDBC 접속 URL
―table	임포트 대상 테이블
―columns	특정 칼럼만 임포트할 경우 칼럼명을 설정. 이 옵션을 설정하지 않을 경우 전체 칼럼을 임포트 예) ―columns n_nationkey,n_nationname
―target―dir	임포트 결과를 저장할 HDFS 디렉터리. 별도로 설정하지 않을 경우 "/user/계정명/테이블명"에 데이터가 저장됨
―query	특정 테이블을 설정하지 않고 질의문 실행 결과를 임포트. 단, 이 옵션을 사용할 경우 $CONDITIONS를 반드시 WHERE절에 사용해야 함. $CONDITIONS는 스쿱이 자동으로 생성하는 WHERE 조건을 나타내는 키워드임 예) 　--query 'SELECT a.*, b.* FROM a JOIN b on (a.id = b.id) WHERE $CONDITIONS' \\ 　--query 'SELECT a.*, b.* FROM a JOIN b on (a.id = b.id) WHERE $CONDITIONS' \\
-m,―num―mappers	실행할 맵 태스크 개수. 데이터베이스에 부하를 줄 수 있으므로 적절한 태스크 개수를 설정해야 함.
―where	임포트할 때 사용할 WHERE 절
-z,―compress	임포트 결과를 압축
―compression―codec	하둡 압축 코덱. 기본값으로 Gzip을 사용함
―as―textfile	임포트 결과를 텍스트 파일로 저장. 스쿱은 텍스트 파일을 기본값으로 사용함
―as―sequencefile	임포트 결과를 시퀀스파일로 저장
―null―string 〈널값 문자열〉	문자열 칼럼에서 널 값 대신 사용할 문자열
―null―non―string 〈널값 문자열〉	문자열이 아닌 칼럼에서 널 값 대신 사용할 문자열
―direct	고속 커넥터를 이용할 경우 사용

임포트를 수행할 때는 다음과 같이 import를 선언한 후 --options-file 옵션에 설정 파일을 지정합니다.

./bin/sqoop import --options-file 설정 파일 경로

이제 nation_import.sh 파일을 이용해 데이터 임포트를 실행하겠습니다.

```
[hadoop@wikibooks01 sqoop-1.4.6.bin__hadoop-2.0.4-alpha]$ ./bin/sqoop import --options-file
nation_import.sh
(중략)
16/02/23 23:17:14 INFO sqoop.Sqoop: Running Sqoop version: 1.4.6
16/02/23 23:17:14 WARN tool.BaseSqoopTool: Setting your password on the command-line is
insecure. Consider using -P instead.
16/02/23 23:17:14 INFO manager.MySQLManager: Preparing to use a MySQL streaming resultset.
16/02/23 23:17:14 INFO tool.CodeGenTool: Beginning code generation
16/02/23 23:17:14 INFO manager.SqlManager: Executing SQL statement: SELECT t.* FROM `nation` AS
t LIMIT 1
16/02/23 23:17:14 INFO manager.SqlManager: Executing SQL statement: SELECT t.* FROM `nation` AS
t LIMIT 1
16/02/23 23:17:14 INFO orm.CompilationManager: HADOOP_MAPRED_HOME is /Users/blrunner/apps/
hadoop-2.7.2
(중략)
16/02/23 23:17:16 WARN manager.MySQLManager: It looks like you are importing from mysql.
16/02/23 23:17:16 WARN manager.MySQLManager: This transfer can be faster! Use the --direct
16/02/23 23:17:16 WARN manager.MySQLManager: option to exercise a MySQL-specific fast path.
16/02/23 23:17:16 INFO manager.MySQLManager: Setting zero DATETIME behavior to convertToNull
(mysql)
16/02/23 23:17:16 ERROR tool.ImportTool: Error during import: No primary key could be found for
table nation. Please specify one with --split-by or perform a sequential import with '-m 1'.
```

그런데 스쿱을 실행하면 마지막 줄에 오류 메시지가 발생합니다. 18.1.1절을 설명할 때 스쿱은 기본키의 최솟값과 최댓값을 조회한 후 질의문을 생성한다고 설명했습니다. 하지만 nation 테이블은 기본키가 없어서 스쿱에서 오류가 발생한 것입니다. 이 경우 --split-by 옵션에 기본키를 대신해서 사용할 키를 설정하거나, 또는 하나의 맵 태스크만 실행되도록 -m 옵션을 1로 설정해야 합니다. 임포트가 실행될 수 있도록 nation_import.sh 파일에 예제 18.3의 내용을 추가합니다.

예제 18.3 nation_import.sh 추가 항목

```
--split-by
n_regionkey
-m
1
```

이제 다시 스쿱을 실행하면 정상적으로 맵리듀스 잡이 실행되는 것을 확인할 수 있습니다.

```
[hadoop@wikibooks01 sqoop-1.4.6.bin__hadoop-2.0.4-alpha]$ ./bin/sqoop import --options-file
nation_import.sh
16/02/23 23:18:54 INFO sqoop.Sqoop: Running Sqoop version: 1.4.6
(중략)
16/02/23 23:18:59 INFO mapreduce.Job: Running job: job_1456235541769_0001
16/02/23 23:19:07 INFO mapreduce.Job: Job job_1456235541769_0001 running in uber mode : false
16/02/23 23:19:07 INFO mapreduce.Job:  map 0% reduce 0%
16/02/23 23:19:12 INFO mapreduce.Job:  map 100% reduce 0%
16/02/23 23:19:12 INFO mapreduce.Job: Job job_1456235541769_0001 completed successfully
16/02/23 23:19:13 INFO mapreduce.Job: Counters: 30
(중략)
    Job Counters
        Launched map tasks=1
        Other local map tasks=1
        Total time spent by all maps in occupied slots (ms)=2325
        Total time spent by all reduces in occupied slots (ms)=0
        Total time spent by all map tasks (ms)=2325
        Total vcore-milliseconds taken by all map tasks=2325
        Total megabyte-milliseconds taken by all map tasks=2380800
    Map-Reduce Framework
        Map input records=25
        Map output records=25
        Input split bytes=87
(중략)
16/02/23 23:19:13 INFO mapreduce.ImportJobBase: Transferred 2.1475 KB in 16.4236 seconds
(133.8926 bytes/sec)
16/02/23 23:19:13 INFO mapreduce.ImportJobBase: Retrieved 25 records.
```

스쿱이 종료된 후 HDFS에 저장된 결과를 조회합니다. --target-dir을 설정하지 않았기 때문에 /user/hadoop/nation 디렉터리를 조회합니다.

```
[hadoop@wikibooks01 hadoop-2.7.2] ./bin/hdfs dfs -ls  /user/hadoop/nation/
Found 2 items
-rw-r--r--   1 hadoop supergroup          0 2016-02-23 23:19 /user/hadoop/nation/_SUCCESS
-rw-r--r--   1 hadoop supergroup       2199 2016-02-23 23:19 /user/hadoop/nation/part-m-00000
```

파일 내용을 조회하면 데이터베이스에 저장된 내용과 동일한 데이터가 임포트된 것을 확인할 수 있습니다.

```
[hadoop@wikibooks01 hadoop-2.7.2]$ ./bin/hdfs dfs -cat /user/hadoop/nation/part-m-00000
0,ALGERIA,0, haggle. carefully final deposits detect slyly agai
1,ARGENTINA,1,al foxes promise slyly according to the regular accounts. bold requests alon
2,BRAZIL,1,y alongside of the pending deposits. carefully special packages are about the ironic
forges. slyly special
3,CANADA,1,eas hang ironic, silent packages. slyly regular packages are furiously over the
tithes. fluffily bold
(중략)
```

이제 TPC-H의 나머지 테이블을 임포트합니다. 참고로 각 설정 파일은 http://goo.gl/DTQYOX 에서 확인할 수 있습니다.

```
./bin/sqoop import --options-file customer_import.sh
./bin/sqoop import --options-file lineitem_import.sh
./bin/sqoop import --options-file orders_import.sh
./bin/sqoop import --options-file part_import.sh
./bin/sqoop import --options-file partsupp_import.sh
./bin/sqoop import --options-file region_import.sh
./bin/sqoop import --options-file supplier_import.sh
```

18.4.2 증분된 데이터 임포트

스쿱은 테이블에 새로 추가된 데이터나 수정된 데이터를 임포트할 수도 있습니다. 표 18.6은 증분(Incremental)된 데이터를 임포트할 때 사용하는 옵션을 나타냅니다.

표 18.6 증분된 데이터 임포트용 옵션

옵션	내용
—check—column	데이터 증분을 확인할 칼럼명
—incremental	데이터 증분 확인 방법 append: 새롭게 추가된 행을 조회함 lastmodified: 설정한 타임스탬프값보다 최근의 타임스탬프로 설정된 데이터를 조회함
—last—value	lastmodified 모드에서 사용하는 타임스탬프 기준값

아래 예제는 lastmodified 모드로 데이터를 임포트하는 스크립트입니다.

```
./bin/sqoop import --options-file orders_import.sh \
--check-column o_orderdate \
--incremental lastmodifed \
--last-value "2014-12-01
```

18.4.3 하이브로 데이터 임포트

하이브로 데이터를 임포트할 때는 표 18.7과 같은 옵션을 사용할 수 있습니다.

표 18.7 하이브 데이터 임포트 옵션

옵션	내용
—hive—home	하이브 홈 디렉터리
—hive—import	하이브 임포트 모드
—hive—overwrite	기존 하이브 데이터 겹쳐 쓰기
—create—hive—table	임포트 실행 시 하이브 테이블을 신규 생성. 기존에 동일한 하이브 테이블이 있을 경우 임포트 작업이 실패함
—hive—table	임포트될 하이브 테이블명
—hive—drop—import—delims	임포트 시 레코드의 '\n','\r','\01' 제거
—hive—delims—replacement	임포트 시 레코드의 '\n','\r','\01'을 사용자가 설정한 문자열로 변경
—hive—partition—key	하이브 파티션 테이블에 임포트할 경우의 파티션 칼럼명
—hive—partition—value	하이브 파티션 칼럼값

아래 예제 18.4는 MySQL의 orders 테이블을 하이브의 orders 테이블로 임포트하는 스쿱 설정 파일입니다.

```
--username
hadoop
--password
hadoop
--connect
jdbc:mysql://wikibooks01:3306/tpch_1g
--table
orders
--split-by
o_orderkey
--hive-import
--hive-table
orders
--hive-overwrite
-m
2
```

18.5 데이터 익스포트

이번 절에서는 HDFS에 저장된 항공 운항 통계 메타데이터를 MySQL로 익스포트하겠습니다.

18.5.1 MySQL로 데이터 익스포트

우선 MySQL에 항공 메타 테이블을 생성합니다. carrier_code는 최종 테이블이고, carrier_code_staging은 중간 결과를 저장하는 테이블입니다.

```
mysql> create table carrier_code(code TEXT, description TEXT);
mysql> create table carrier_code_staging like carrier_code;
```

예제 18.5와 같이 익스포트용 설정 파일을 작성합니다.

예제 18.5 carrier_export.sh 파일

```
[hadoop@wikibooks01 sqoop-1.4.6.bin__hadoop-2.0.4-alpha]$ vi carrier_export.sh
--username
hadoop
```

```
--password
hadoop
--connect
jdbc:mysql://wikibooks01:3306/tpch_1g
--table
carrier_code
--staging-table
carrier_code_staging
--clear-staging-table
--input-fields-terminated-by
,
--export-dir
/user/hadoop/meta
-m
1
```

표 18.8은 익스포트에서 사용할 수 있는 옵션을 정리한 내용입니다. 참고로 username, password 와 같은 데이터베이스 접속 정보는 임포트와 공통으로 사용합니다.

표 18.8 데이터 익스포트 기본 옵션 목록

옵션	내용
—export—dir	익스포트 대상 HDFS 디렉터리
—m,—num—mappers	실행할 맵 태스크 개수. 데이터베이스에 부하를 줄 수 있으므로 적절한 태스크 개수를 설정해야 함
—table	데이터베이스 최종 대상 테이블
—staging—table	데이터베이스 중간 데이터 저장용 테이블
—clear—staging—table	중간 데이터용 테이블 데이터 삭제 여부
—null—string 〈널값 문자열〉	문자열 칼럼에서 널 값 대신 사용할 문자열
—null—non—string 〈널값 문자열〉	문자열이 아닌 칼럼에서 널 값 대신 사용할 문자열
—direct	고속 커넥터를 이용할 경우 사용

이제 스쿱의 carrier_export.sh를 옵션으로 설정한 후 export 명령어를 실행합니다.

```
[hadoop@wikibooks01 sqoop-1.4.6.bin__hadoop-2.0.4-alpha]$ ./bin/sqoop export --options-file
carrier_export.sh
```

(중략)

```
16/02/24 16:27:43 INFO orm.CompilationManager: Writing jar file: /tmp/sqoop-hadoop/compile/51629
2619583431bd27d2e1ad9021862/carrier_code.jar
16/02/24 16:27:43 INFO mapreduce.ExportJobBase: Data will be staged in the table: carrier_code_
staging
16/02/24 16:27:43 INFO mapreduce.ExportJobBase: Beginning export of carrier_code
16/02/24 16:27:43 INFO manager.SqlManager: Deleted 0 records from `carrier_code_staging`
(중략)
Map-Reduce Framework
Map input records=1492
Map output records=1492
(중략)
16/02/24 16:28:15 INFO mapreduce.ExportJobBase: Exported 1492 records.
16/02/24 16:28:15 INFO mapreduce.ExportJobBase: Starting to migrate data from staging table to
destination.
16/02/24 16:28:15 INFO manager.SqlManager: Migrated 1492 records from `carrier_code_staging` to
`carrier_code`
```

마지막으로 MySQL에 익스포트된 데이터를 확인합니다.

```
mysql> select * from carrier_code limit 5;
+------+-------------------------------+
| code | description                   |
+------+-------------------------------+
| Code | Description                   |
| 02Q  | Titan Airways                 |
| 04Q  | Tradewind Aviation            |
| 05Q  | Comlux Aviation               |
| 06Q  | Master Top Linhas Aereas Ltd. |
+------+-------------------------------+
5 rows in set (0.00 sec)
```

HDFS, 하이브 등에 저장된 데이터를 익스포트하는 경우 데이터 타입에 유의할 필요가 있습니다.
가령 항공 운항 통계 데이터의 경우 "NA"로 설정된 값이 많은데, 이런 값을 MySQL의 Integer,
Float과 같은 숫자형 칼럼에 익스포트할 경우 아래와 같은 오류가 발생합니다.

```
16/02/24 16:17:05 INFO mapreduce.Job: Task Id : attempt_1417329884692_0003_m_000002_1, Status :
FAILED
Error: java.io.IOException: Can't export data, please check failed map task logs
(중략)
Caused by: java.lang.RuntimeException: Can't parse input data: 'NA'
    at ontime.__loadFromFields(ontime.java:1410)
    at ontime.parse(ontime.java:1218)
    at org.apache.sqoop.mapreduce.TextExportMapper.map(TextExportMapper.java:83)
    ... 10 more
Caused by: java.lang.NumberFormatException: For input string: "NA"
    at java.lang.NumberFormatException.forInputString(NumberFormatException.java:65)
    at java.lang.Integer.parseInt(Integer.java:492)
    at java.lang.Integer.valueOf(Integer.java:582)
    at ontime.__loadFromFields(ontime.java:1387)
    ... 12 more
```

위 오류는 숫자형 칼럼에 NA라는 문자열을 저장해서 발생한 것입니다. 이러한 오류를 방지하려면
데이터를 칼럼 유형에 맞게 가공해야 합니다.

18.5.2 UPDATE 질의문을 이용한 익스포트

스쿱은 익스포트를 할 때 기본적으로 INSERT 질의문을 만들어 데이터를 입력합니다. 하지만 테
이블의 기본키에 따라 데이터가 중복 입력되면 오류가 발생할 수 있습니다. 이를 방지하기 위해 스
쿱에서는 UPDATE 질의문 실행을 지원합니다. 즉, 사용자가 --update-key 옵션에 설정하면
UPDATE 질의문을 실행하게 됩니다. 표 18.9는 UPDATE 질의문용 옵션을 정리한 것입니다.

표 18.9 데이터 익스포트를 위한 기본 옵션 목록

옵션	내용
—update-key	업데이트 확인용 칼럼 설정. 칼럼이 여러 개일 경우 콤마 단위로 설정 예: —update-key col1,col2,col3
—update-mode	UPDATE 실행 모드 updateonly: 익스포트하는 레코드와 일치하는 키가 없을 경우 업데이트 실패. 기본값으로 사용함 allowinsert: 익스포트하는 레코드와 일치하는 키가 없을 경우 INSERT 질의문 실행

타조

과거 하둡을 도입한 회사들은 대용량의 데이터를 저장하고, 맵리듀스를 이용한 배치 처리만으로도 만족했습니다. 왜냐하면 그전까지는 하둡 외에는 대안이 없었기 때문입니다. 그러나 최근 몇 년 사이에 하둡에 대한 요구사항이 변화하기 시작했습니다. HDFS에 저장된 데이터를 더 빠르게 처리하고, 처리한 데이터를 의사결정에 신속하게 반영하기를 원하게 된 것입니다.

이러한 시장의 변화는 SQL-온-하둡(SQL-on-Hadoop)이라는 새로운 기술이 출현하는 계기가 됐습니다. 구글은 2010년에 SQL-온-하둡의 개념을 구현한 드레멜(Dremel)의 기술 논문을 발표했고, 클라우데라는 2012년에 드레멜을 구현한 임팔라(Impala)라는 시스템을 공개했습니다. 아파치 타조(Tajo), 하이브를 고도화하는 스팅거(Stinger) 프로젝트, 페이스북의 프레스토(Presto), 스파크의 서브 프로젝트인 SparkSQL 등 다양한 SQL-온-하둡 기술이 출시됐습니다. 이번 장에서는 SQL-온-하둡의 정의와 분류 기준, 그리고 SQL-온-하둡 기술 중 하나인 아파치 타조에 대해 알아보겠습니다.

19.1 SQL-온-하둡이란?

SQL-온-하둡이란 HDFS에 저장된 데이터에 대한 SQL 질의 처리를 제공하는 시스템을 의미합니다. 대부분의 SQL-온-하둡 시스템들은 하둡1에서 제공하는 맵리듀스 아키텍처를 이용하지 않고 새로운 분산 처리 모델과 프레임워크를 기반으로 구현돼 있습니다.

하이브, 타조, 클라우데라의 임팔라, 페이스북의 프레스토, Pivotal HD의 호크(HAWQ), 맵알의 드릴(Drill)을 비롯해 수많은 SQL-온-하둡 엔진들이 앞다투어 출시되고 있으며, 춘추전국시대라는 표현이 과하지 않을 정도로 치열한 경쟁을 벌이고 있습니다.

그렇다면 왜 갑자기 다양한 SQL-온-하둡이 출시되고 있는 것일까요?

첫째, 하둡을 도입한 사용자들의 요구사항이 변했습니다. 과거에는 투자 대비 저렴한 가격으로 대용량 데이터를 배치 처리하는 것에 만족했습니다. 하지만 이제는 더욱 높은 처리 성능과 빠른 반응 속도를 요구하고 있습니다. 데이터 분석 과정에서는 질의를 실행하고 결과를 분석한 후, 그 결과를 토대로 다양한 질의를 반복해서 실행하게 됩니다. 이때 시스템이 빠르게 질의를 처리한다면 데이터 분석의 생산성이 증가할 것입니다.

둘째, SQL의 개발 편의성 때문입니다. SQL은 사용자가 이해하기 쉬운 단어로 구성돼 있어서 쉽게 배울 수 있습니다. 또한 복잡한 로직도 간단하게 표현할 수 있고, 문법도 표준화돼 있습니다. 그래서 자바에 익숙하지 않은 데이터 분석가들이 손쉽게 데이터를 처리할 수 있습니다.

셋째, 질의 성능 보장과 사람에 의해 발생하는 오류를 방지하기 위해서입니다. 맵리듀스 프로그램의 품질은 개발자의 역량에 좌우됩니다. 또한 프로그램에 버그가 있을 경우 발견하기도 힘듭니다. 맵리듀스뿐 아니라 질의 기반의 하이브도 질의를 잘못 작성할 경우 성능이 매우 저하되는 것을 경험할 수 있습니다.

19.2 SQL-온-하둡 분류 기준

올바른 SQL-온-하둡 시스템을 선택하려면 SQL-온-하둡 시스템이 어떻게 분류되는지 알고 있어야 합니다. 그래야 실제 업무에 알맞은 시스템을 적용할 수 있기 때문입니다. 그렇다면 어떤 기준으로 SQL-온-하둡 시스템을 분류할 수 있을까요?

19.2.1 인터랙티브 질의 vs. 롱 타임 질의

여러 요건이 있지만 그중 가장 중요한 요건은 롱 타임 질의(Long Time Query)의 지원 여부입니다. SQL-온-하둡 시스템들의 벤치마크 테스트 결과를 보면 수 밀리초 혹은 수 초가 소요되는 질의의 테스트 결과만 제시하는 경우가 많습니다. 이처럼 눈 깜짝할 사이에 끝날 수 있는 질의는 숏 타임 질의(Short Time Query) 혹은 인터랙티브 질의(Interactive Query)를 의미하며, 이는 로우 레이턴시(low latency)를 지원한다고 말합니다. 이와 달리 롱 타임 질의는 질의를 수행하는 데 오랜 시간이 소요되는 질의를 의미합니다. 적게는 수 분에서, 많게는 수 시간까지 소요되는 질의를 가리킵니다.

롱 타임 질의의 지원 여부는 처리하고자 하는 데이터 크기에도 영향을 받습니다. 데이터 처리를 빠르게 하는 방법 중 하나는 캐시나 메모리에 데이터를 로딩하는 것입니다. 이때 원본 데이터의 크기가 메모리보다 크면 질의를 처리할 수 없거나 다른 방법으로 질의를 실행해야 할 것입니다. 실제로 로우 레이턴시를 지향하는 시스템을 테스트해보면 로우 레이턴시에 적합한 질의는 매우 빠르게 처리되지만 특정 질의는 오류가 나거나 예상 실행 시간과 극도로 차이가 나는 것을 쉽게 확인할 수 있습니다. 하지만 롱 타임 질의는 수 TB에서 수 PB 이상의 원본 데이터를 지원할 수 있습니다. 그래서 데이터의 규모가 폭발적으로 증가해도 시스템이 안정적으로 질의를 처리해 줍니다.

이러한 롱 타임 질의를 지원하려면 두 가지 중요한 설계 포인트가 있습니다. 첫째는 내고장성(Fault Tolerance)이고, 둘째는 다이내믹 스케줄링입니다.

내고장성

모든 시스템은 언제든지 장애가 발생할 수 있습니다. 애플리케이션에 문제가 있을 수도 있고, CPU, 메모리, 디스크, 네트워크 같은 시스템 리소스도 언제든지 문제가 발생할 수 있습니다. SQL-온-하둡에서 내고장성이란 "질의 처리 중 발생하는 오류를 처리해 질의를 완료하는 기능"을 의미합니다. 롱 타임 질의 경우 수십 분에서 수 시간 이상이 소요됩니다. 이러한 질의는 작은 단위의 태스크로 나누어 처리하고, 오류의 범위를 해당 태스크로 한정한 후, 태스크를 재시작해야 합니다. 단, 내고장성을 지원할 경우 질의 처리 중간에 생성되는 데이터를 병합해야 하는데, 이는 디스크 부하를 유발할 수 있습니다. 결국 내고장성과 시스템의 처리량(Throughput)은 트레이드 오프 관계라고 볼 수 있습니다.

다이내믹 스케줄링

스케줄링 기법에는 고정 스케줄링(Fixed Scheduling)과 다이내믹 스케줄링(Dynamic Scheduling)이 있습니다. 고정 스케줄링의 경우 작업을 시작할 때 클러스터 노드에게 균등하게 분할된 작업을 한 번에 할당합니다. 하지만 다이내믹 스케줄링은 각 노드에 노드가 한 번에 실행할 수 있는 태스크를 우선적으로 분배합니다. 그리고 노드가 할당받은 태스크가 완료되면 다시 태스크를 할당합니다.

19.2.2 데이터 웨어하우스 인프라스트럭처 vs. 분산 질의 엔진

롱 타임 질의의 지원 여부는 해당 시스템이 데이터 웨어하우스 인프라스트럭처(Data Warehouse Infrastructure)에 적합한 시스템인지, 아니면 빠른 질의만을 처리하기 위한 분산 질의 엔진 (distributed Query Engine)인지를 결정합니다. 그렇다면 데이터 웨어하우스 인프라스트럭처와 분산 질의 엔진에는 어떤 차이가 있을까요? 두 시스템은 다음과 같은 특성을 띠고 있습니다.

- **데이터 웨어하우스 인프라스트럭처**
  - 수 시간 이상 걸리는 질의 수행 가능
  - ETL 작업: 데이터 변환 및 데이터 노이즈 제거, 데이터 파티셔닝
  - 다수 데이터 소스에 대한 통합
  - 애드혹 질의(Ad-hoc Query)

- **분산 질의 엔진**
  - 수 초에서 수 분까지 걸리는 질의를 수행하는 데 최적화
  - 빠른 응답을 가지는 애드혹 질의
  - 중간 데이터 크기와 지원에 따라 질의가 다소 제약됨
    - → 인메모리 처리 구조와 파이프 라인 방식에 따라 제약 발생

19.2.3 설계 원칙에 따른 분류

표 19.1은 앞서 설명한 설계 원칙에 따라 SQL-온-하둡 시스템을 분류한 것입니다.

표 19.1 설계 원칙에 따른 SQL-온-하둡 시스템 분류

시스템 이름	내고장성	다이내믹 스케줄링	롱 타임 질의	로우 레이턴시
타조	O	O	O	O
임팔라	X	X	X	O
하이브	O	O	O	O
프레스토	X	X	X	O

이번에는 데이터 웨어하우스 인프라스트럭처와 분산 질의 엔진 기준으로 시스템을 분류해봤습니다. 표 19.2는 위 두 기준에 의한 시스템 분류입니다.

표 19.2 데이터 웨어하우스 인프라스트럭처 vs. 분산 질의 엔진

데이터 웨어하우스 인프라스트럭처	분산 질의 엔진
타조, 하이브	임팔라, 프레스토

지금까지 SQL-온-하둡의 정의와 분류 기준에 대해 알아봤습니다. SQL-온-하둡을 선택할 때는 반드시 시스템 분류 기준을 이해한 후 워크로드에 알맞은 시스템을 선택해야 합니다. 이를 고려하지 않고 특정 벤더 혹은 특정 언론의 벤치마크 수치만을 믿고 시스템을 선택한다면 역효과를 볼 수 있습니다.

19.3 타조란?

타조는 하둡 기반의 대용량 데이터 웨어하우스 시스템입니다. 타조는 2010년 고려대학교 컴퓨터학과 데이터베이스 연구실에서 리서치 프로토타입으로 시작됐습니다. 2013년 3월에 아파치 재단의 인큐베이션 프로젝트로 채택됐고, 2014년 3월에는 최상위 프로젝트로 승격되는 쾌거를 이뤘습니다. 타조는 현재 다음과 같은 기능을 제공하며, 지금도 빠른 속도로 기능이 개선되고 있습니다.

- SQL과 유사한 질의가 아니라 SQL 표준을 지원합니다.
- 성능 향상을 위해 질의 전체를 분산 처리합니다.
- HDFS를 기본 저장소로 사용하기 때문에 질의 실행 결과가 HDFS에 저장됩니다.
- 관계형 모델을 사용하며, 현재는 Nested 모델로 확장하기 위한 논의를 진행 중입니다(이슈번호: TAJO-710).
- 롱 타임 질의에 해당하는 ETL 작업뿐만 아니라 로우 레이턴시 질의도 지원합니다. 100밀리초부터 수 시간까지 실행되는 질의를 처리할 수 있습니다.

- 사용자가 직접 함수를 정의할 수 있습니다.
- 다양한 최적화를 위해 비용 기반 최적화 모델(Cost-based optimization model)과 확장 가능한 리라이트 룰(Rewrite Rule)을 제공합니다.

19.3.1 타조 아키텍처

이번 절에서는 타조의 아키텍처를 알아보겠습니다. 타조는 마스터 슬레이브 구조를 적용했습니다. 그래서 마스터 서버에서 실행되는 타조마스터(TajoMaster)와 슬레이브 서버에서 실행되는 타조워커(TajoWorker)로 구성됩니다. 하지만 이러한 구조에서는 마스터 서버에 문제가 생길 경우 클라이언트의 타조 사용이 불가능하거나, 이미 실행 중인 질의도 정상적으로 실행될 수 없게 됩니다. 이러한 상황을 극복하고자 타조는 각 질의별로 질의 실행을 관리하는 쿼리마스터(QueryMaster)를 제공합니다. 그림 19.1은 이러한 타조 아키텍처를 나타낸 것입니다.

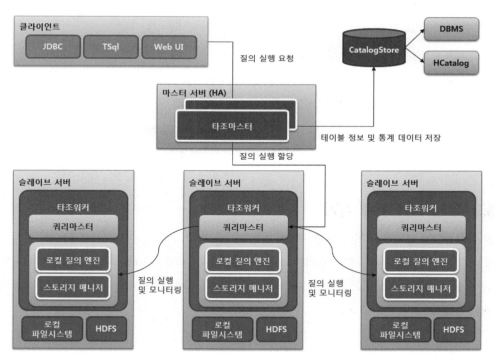

그림 19.1 타조 아키텍처

그림 19.1의 각 컴포넌트에는 다음과 같은 특징이 있습니다.

- **클라이언트**: 타조는 다양한 채널을 통해 질의를 실행할 수 있습니다. JDBC 드라이버, 커맨드 라인으로 제공되는 tsql 셸, 타조가 제공하는 웹 인터페이스에 질의를 실행할 수 있습니다.

- **타조마스터**: 타조마스터는 타조 클러스터의 마스터 역할을 담당합니다.

  - 테이블 생성 및 삭제 등 분산 처리 없이 가능한 질의를 실행합니다.

  - 클라이언트 API를 RPC로 제공합니다.

  - 클라이언트가 요청하는 질의를 파싱하는 질의 파서, 논리적인 질의 실행 계획을 수립하는 플래너를 제공합니다.

  - 질의 실행 계획을 최적화합니다.

  - 쿼리마스터를 관리합니다. 질의 실행 요청이 들어올 경우 유효한 타조워커 중 하나를 쿼리마스터로 선정합니다.

  - 테이블 정보 및 각종 통계 정보와 같은 메타데이터를 관리하는 카탈로그 서버를 내장하고 있습니다. 물론 그림 19.2와 같이 독립적으로 실행할 수도 있습니다.

  - 마지막으로 전체 클러스터의 자원을 관리합니다.

- **타조워커**: 타조워커는 다음과 같은 두 가지 기능을 수행합니다.

  - **쿼리마스터**: 타조마스터가 생성한 논리 실행 계획을 분산 실행 계획으로 변환합니다. 타조 클러스터의 다른 타조워커들에게 질의 실행을 요청하며, 실행 중인 질의를 모니터링합니다.

  - **로컬 질의 실행**: 로컬 질의 실행 엔진은 쿼리마스터의 질의 실행 요청을 처리합니다. 이 엔진에는 스토리니지 매니저가 내장돼 있어서 HDFS, S3, 로컬 파일 시스템과 같은 다양한 스토리지에 접근할 수 있습니다.

19.3.2 질의 실행 계획 과정

DBMS에서 질의를 입력하면 질의 실행 계획이 수립됩니다. 기존 DBMS 사용자들은 자신이 입력한 질의에 대한 실행 계획을 확인하고, 질의를 직접 튜닝하기도 합니다. 타조도 사용자가 실행하는 질의에 대한 실행 계획을 작성하고, 이 계획을 바탕으로 질의를 실행합니다. 그림 19.2는 타조의 질의 실행 계획 과정을 나타낸 것입니다.

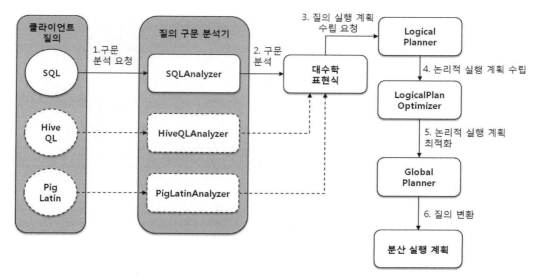

그림 19.2 타조 질의 실행 계획 과정

그림 19.2는 다음과 같은 순서로 작업을 진행합니다.

1. 사용자가 작성한 질의에 대한 구분 분석(parse)을 요청합니다. 이때 사용자가 작성하는 질의는 SQL뿐만 아니라 HiveQL, 피그라틴 등 다양한 언어를 사용할 수 있습니다. 언어 사용의 다양성은 다음 항목에서 자세히 설명하겠습니다.

2. 질의 구문 분석기는 클라이언트가 전달한 질의를 대수학 표현식으로 생성합니다. 표현식은 앞서 설명한 대로 JSON 형식으로 생성됩니다. 예를 들어, 사용자가 다음과 같은 질의 실행을 요청할 경우

```
select id, name, age, gender from people
```

타조는 예제 19.1과 같은 대수학 표현식을 생성합니다.

예제 19.1 타조 대수학 표현식 예제

```
{
  "all": false,
  "distinct": false,
  "targets": [
    {
      "expr": {
        "name": "id",
```

```
        "opType": "Column"
      },
      "opType": "Target"
    },
    {
      "expr": {
        "name": "name",
        "opType": "Column"
      },
      "opType": "Target"
    },
(중략)
  ],
  "child": {
    "relations": [
      {
        "tableName": "people",
        "opType": "Relation"
      }
    ],
    "opType": "RelationList"
  },
  "opType": "Projection"
}
```

위와 같은 작업을 위해 SQL 문법을 해석하고, 해석된 문법을 적절한 대수학 표현식으로 변환하는 구문 분석기(SQLAnalyzer)가 구현돼 있습니다. 하이브QL이나 피그라틴 또한 위와 같은 방식으로 처리할 수 있습니다. 타조의 이러한 자료 구조는 SQL뿐만 아니라 다른 질의 처리 언어도 수용할 수 있습니다. 하이브QL과 피그라틴도 타조의 대수학 표현식으로 변환할 수 있다면 얼마든지 처리할 수 있습니다. 타조는 하이브QL을 해석하기 위한 구문 분석기인 HiveQLAnalyzer를 제공하는데, 이 구문 분석기는 하이브 문법을 인식하고 이를 대수학 표현식으로 변환합니다. 참고로 하이브QL 지원은 타조 0.8 버전부터는 기능 지원이 중단됐으며, 피그라틴은 향후에 지원될 수도 있습니다.

3. 대수학 표현식이 생성되면 질의 실행 계획을 수립합니다. 질의 실행 계획은 논리적 질의 실행 계획과 글로벌 질의 실행 계획으로 구성됩니다.

4. LogicalPlanner는 대수학 표현식을 이용해 논리적 질의 실행 계획을 수립합니다. 논리적 질의 실행 계획은 분산 환경을 고려하지 않고 단순히 문법만을 고려해서 생성된 계획입니다.

5. LogicalOptimizer는 논리적 실행 계획을 최적화합니다. 이 과정에서 비용 기반 최적화를 진행하고, 다양한 리라이트 룰(Rewrite Rule)을 적용합니다.

6. GlobalPlanners는 최적화된 논리적 실행 계획을 분산 실행 계획으로 변환합니다. 이 과정에서 타조워커에서 실행할 물리적인 실행 계획, 셔플 방식, 파티션 범위, 메모리 조인 처리 등 다양한 설정 작업이 진행됩니다. 참고로 타조의 분산 실행 계획과 관련된 내용은 다음 절에서 자세히 설명할 예정입니다.

19.3.3 타조 분산 처리 모델

이번 절에서는 타조의 분산 처리 모델에 대해 알아보겠습니다. 타조의 분산 처리 모델을 이해하려면 그래프 모델의 하나인 DAG를 알고 있어야 합니다. 왜냐하면 타조는 질의를 DAG로 표현하기 때문입니다.

그래프(Graph) 모델은 자료구조 중의 하나로, 객체들 사이의 관계나 연결에 따라 정의되는 문제를 모델링할 때 표현되는 기법입니다. 객체는 정점(Vertex)으로 표현되고, 객체들 사이의 관계와 연결은 간선(Edge)으로 표현됩니다. 예를 들어, 하둡 에코시스템 간의 관계를 나타낸 그림 19.3과 같은 그래프로 표현할 수 있습니다.

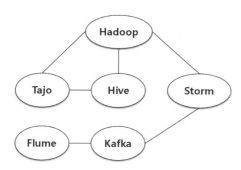

그림 19.3 그래프 모델의 예

위 그래프의 정점은 Hadoop, Tajo, Hive, Storm. Flume, Kafka입니다. 그 중 Tajo는 다른 정점에 해당하는 Hadoop 및 Hive와 인접해 있으며, 간선은 (Tajo, Hadoop), (Tajo, Hive)입니다. 위 그래프의 간선은 단순히 정점을 연결할 뿐 정점 간의 방향을 나타내지 않습니다. 위와 같이 간선의 방향성이 없는 그래프를 무향(Undirected) 그래프라고 합니다. 그러나 간선이 화살표로 표시되어 방향성을 알 수 있는 경우에는 유향(Directed) 그래프라고 합니다. 유향 그래프 중에서 정점들 간의 사이클이 없는 그래프를 DAG(Directed Acyclic Graph), 흔히 비순환 방향 그래프라고 표현합니다.

그렇다면 타조의 DAG는 어떻게 표현될까요? 앞서 타조는 사용자가 입력한 질의를 논리적 실행 계획을 수립한 후 논리적 실행 계획을 바탕으로 분산 실행 계획을 수립한다고 설명했습니다. 타조는 이러한 실행 계획을 DAG로 표현하게 됩니다.

이번에는 실제 질의가 DAG로 표현되는 과정을 알아보겠습니다. 우선 사용자가 예제 19.2와 같은 질의를 타조에서 실행했다고 가정합니다. 참고로 이 질의는 DBMS 벤치마킹 테스트에서 자주 사용하는 TPC-H 벤치마크셋의 Q3 질의입니다.

예제 19.2 TPC-H Q3 질의

```
select l_orderkey, sum(l_extendedprice*(1-l_discount)) as revenue,
           o_orderdate, o_shippriority
from customer as c
join orders as o on c.c_mktsegment = 'BUILDING' and c.c_custkey = o.o_custkey
join lineitem as l on l.l_orderkey = o.o_orderkey
where o_orderdate < '1995-03-15' and l_shipdate > '1995-03-15'
group by l_orderkey, o_orderdate, o_shippriority order by revenue desc, o_orderdate
```

타조는 위 질의를 그림 19.4와 같은 논리적 실행 계획으로 표현합니다. DAG의 정의대로 질의는 정점과 간선으로 구성됩니다. SCAN, INNER JOIN, GROUP BY와 같은 정점으로 구성되며, 각 정점은 데이터를 처리하기 위한 논리적인 연산자를 나타냅니다. 각 정점은 화살표로 표현된 간선으로 연결돼 있습니다. 각 화살표는 정점이 끝난 후에 다음 정점이 실행돼야 한다는 순서를 나타내므로 유향 그래프라는 것을 알 수 있습니다. 그리고 마지막 간선이 정점 SORT에서 끝이 나므로 이 그래프가 사이클이 없는 그래프, 즉 DAG인 것을 알 수 있습니다.

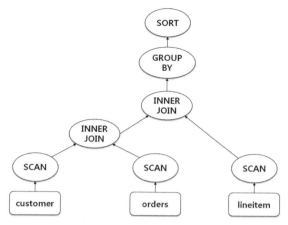

그림 19.4 타조의 논리적 실행 계획 DAG의 예

이제 타조는 논리적 실행 계획을 바탕으로 분산 실행 계획을 수립하며, 그림 19.5와 같은 DAG로 표현됩니다.

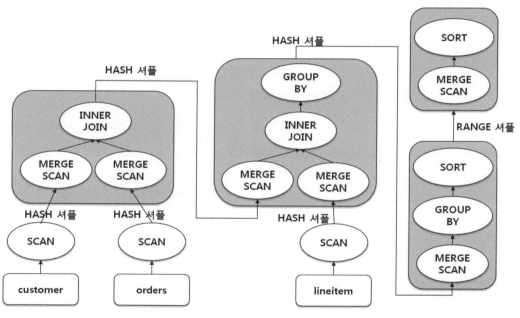

그림 19.5 타조의 분산 실행 계획 예

분산 실행 계획의 정점은 데이터 처리 단계를 표현하며, 다음과 같이 두 가지 항목으로 구성됩니다.

- **논리적 연산자**: SCAN, INNER JOIN, GROUP BY 등 데이터를 처리하기 위한 논리 연산자를 표현합니다. 참고로 SCAN은 데이터를 조회하는 연산자를 나타내며, 다른 연산자는 SQL 문법과 동일한 형식의 연산자로 이해하면 됩니다.

- **인포서(Enforcer)**: 타조워커는 물리적 실행 계획을 바탕으로 질의를 실행합니다. 인포서는 물리적 실행 계획 옵션을 설정하는 컴포넌트입니다.

분산 실행 계획의 간선은 정점 간의 데이터 흐름을 표현합니다. 표현 방법에는 다음의 세 가지 방법이 있습니다.

- **전송 방법**: 전송 방법에는 Pull(풀)과 Push(푸시)가 있습니다. 풀 방식은 로컬 디스크에 데이터를 저장한 후, 다른 서버들이 HTTP로 데이터를 끌어가는 방식을 의미합니다. 하둡1의 맵리듀스에서 맵 태스크의 결과를 리듀스 태스크가 끌어가는 방식과 같은 방식으로 이해하면 됩니다. 푸시 방식은 중간 데이터를 끌어가는 방식이 아니라 중간 데이터를 생성한 서버가 직접 전송하는 방식을 의미합니다. 푸시되는 양쪽의 실행 단계는 파이프라이닝으로 처리할 수 있습니다.

- **셔플 방법**: 셔플이란 전송하는 데이터를 파티셔닝하는 방법을 의미하며, 타조는 HASH(해시)와 RANGE(레인지) 방식을 지원합니다. 해시 파티셔닝이란 해시 키를 이용해 중간 데이터를 파티셔닝하는 방법을 의미합니다. 레인지 파티셔닝이란 각 서버에 범위를 할당한 후 범위에 만족하도록 파티셔닝하는 기법입니다. 주로 분산 정렬을 할 때 사용합니다.

- 정점에서 생성해야 하는 파티션 개수도 간선에 표현됩니다.

타조의 글로벌플래너가 바로 위와 같은 분산 실행 계획의 DAG를 생성합니다. 분산 실행 계획의 DAG는 각 정점을 ExecutionBlock(익스큐션블록)이라는 컴포넌트로 구현합니다. 그림 19.6은 글로벌플래너가 생성한 예제 19.2의 분산 실행 계획 DAG를 나타내는 것입니다. 참고로 이 그림은 타조의 기본 웹 인터페이스에서 조회할 수 있습니다.

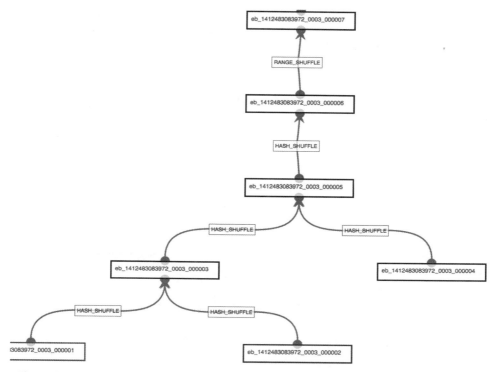

그림 19.6 익스큐션블록으로 표현된 분산 실행 계획

각 익스큐션블록은 논리 연산자와 인포서로 구현됩니다. 참고로 위 그림에서 eb_1412483083972
_0004_000001은 예제 19.3과 같이 구성됩니다. 이 익스큐션블록은 customer 테이블을 스캔하는
논리 연산자로 구성됩니다. 스캔 논리 연산자에는 필터링 조건과 입력 및 출력 스키마 등 테이블 조
회를 위한 다양한 정보가 포함돼 있습니다.

예제 19.3 eb_1412483083972_0004_000001의 플랜 정보

```
SCAN(0) on tpch100.customer as c
  => filter: tpch100.c.c_mktsegment (TEXT) = BUILDING
  => target list: tpch100.c.c_custkey (INT8)
  => out schema: {(1) tpch100.c.c_custkey (INT8)}
  => in schema: {(8) tpch100.c.c_custkey (INT8),tpch100.c.c_name (TEXT),tpch100.c.c_address
(TEXT),tpch100.c.c_nationkey (INT8),tpch100.c.c_phone (TEXT),tpch100.c.c_acctbal
(FLOAT8),tpch100.c.c_mktsegment (TEXT),tpch100.c.c_comment (TEXT)}
```

참고로 예제 19.3의 각 항목은 다음과 같습니다.

- input schema: 익스큐션블록의 입력 테이블 스키마. 칼럼명과 칼럼 타입으로 구성

- output schema: 익스큐션블록의 출력 테이블 스키마. 칼럼명과 칼럼 타입으로 구성

- target list: 익스큐션블록의 출력 테이블 상세 스키마. 칼럼명, 칼럼 타입, 수식 정보까지 포함

- filter: 조회 조건

eb_1412483083972_0004_000002는 예제 19.4와 같이 구성됩니다. 이 익스큐션블록은 orders 테이블을 스캔하는 논리 연산자로 구성됩니다. 스캔 논리 연산자에는 예제 19.2 질의의 WHERE 절에 있는 o_orderdate 〈 '1995-03-15'가 필터 조건으로 설정돼 있습니다.

예제 19.4 eb_1412483083972_0004_000002 구성 정보

```
SCAN(1) on tpch100.orders as o
  => filter: tpch100.o.o_orderdate (TEXT) < 1995-03-15
  => target list: tpch100.o.o_orderdate (TEXT), tpch100.o.o_shippriority (INT4), tpch100.o.o_
orderkey (INT8), tpch100.o.o_custkey (INT8)
  => out schema: {(4) tpch100.o.o_orderdate (TEXT),tpch100.o.o_shippriority (INT4),tpch100.o.o_
orderkey (INT8),tpch100.o.o_custkey (INT8)}
  => in schema: {(9) tpch100.o.o_orderkey (INT8),tpch100.o.o_custkey (INT8),tpch100.o.o_
orderstatus (TEXT),tpch100.o.o_totalprice (FLOAT8),tpch100.o.o_orderdate (TEXT),tpch100.o.o_
orderpriority (TEXT),tpch100.o.o_clerk (TEXT),tpch100.o.o_shippriority (INT4),tpch100.o.o_
comment (TEXT)}
```

DAG로 표현된 분산 실행 계획은 각 타조워커에서 실행돼야 합니다. 타조워커는 Task(태스크) 단위로 익스큐션블록을 실행합니다. 즉, 하나의 익스큐션블록은 여러 대의 타조워커에서 N개의 태스크로 분산 실행됩니다. 그림 19.7은 eb_1412483083972_0004_000002가 태스크 단위로 분산 실행된 결과를 보여줍니다. 참고로 이 화면은 타조가 제공하는 웹 인터페이스에서 조회할 수 있습니다.

```
SCAN(1) on tpch100.orders as o
  => filter: tpch100.o.o_orderdate (TEXT) < 1995-03-15
  => target list: tpch100.o.o_shippriority (INT4), tpch100.o.o_orderkey (INT8), tpch100.o.o_custkey (INT8)
  => out schema: {(4) tpch100.o.o_orderdate (TEXT),tpch100.o.o_shippriority (INT4),tpch100.o.o_orderkey (INT8),tpch100.o.o_custkey (INT8)}
  => in schema: {(9) tpch100.o.o_orderkey (INT8),tpch100.o.o_custkey (INT8),tpch100.o.o_orderstatus (TEXT),tpch100.o.o_totalprice (FLOAT8),tpch100.o.o_orderdate
(TEXT),tpch100.o.o_orderpriority (TEXT),tpch100.o.o_clerk (TEXT),tpch100.o.o_shippriority (INT4),tpch100.o.o_comment (TEXT)}
```

Status:	SUCCEEDED
Started:	2014-10-05 19:12:58 ~ 2014-10-05 19:13:08
# Tasks:	140 (Local Tasks: 138, Rack Local Tasks: 2)
Progress:	100.0%
# Shuffles:	0
Input Bytes:	16.6 GiB (17,793,116,301 B)
Actual Processed Bytes:	16.6 GiB (17,793,124,283 B)
Input Rows:	150,000,000
Output Bytes:	1.9 GiB (2,018,921,408 B)
Output Rows:	72,874,383

Status: ALL   Page Size: 2000   [Filter]

Tasks: 140 / # Pages: 1

No	Id	Status	Progress	Started	Running Time	Host
1	t_1412483083972_0004_000002_000000	TA_SUCCEEDED	100.0%	2014-10-05 19:12:59	2418 ms	
2	t_1412483083972_0004_000002_000001	TA_SUCCEEDED	100.0%	2014-10-05 19:12:59	3518 ms	
3	t_1412483083972_0004_000002_000002	TA_SUCCEEDED	100.0%	2014-10-05 19:12:59	2450 ms	
4	t_1412483083972_0004_000002_000003	TA_SUCCEEDED	100.0%	2014-10-05 19:12:59	2272 ms	
5	t_1412483083972_0004_000002_000004	TA_SUCCEEDED	100.0%	2014-10-05 19:12:59	2478 ms	
6	t_1412483083972_0004_000002_000005	TA_SUCCEEDED	100.0%	2014-10-05 19:12:59	2372 ms	
7	t_1412483083972_0004_000002_000006	TA_SUCCEEDED	100.0%	2014-10-05 19:12:59	2302 ms	
8	t_1412483083972_0004_000002_000007	TA_SUCCEEDED	100.0%	2014-10-05 19:12:59	2486 ms	
9	t_1412483083972_0004_000002_000008	TA_SUCCEEDED	100.0%	2014-10-05 19:12:59	2272 ms	
10	t_1412483083972_0004_000002_000009	TA_SUCCEEDED	100.0%	2014-10-05 19:12:59	3351 ms	
11	t_1412483083972_0004_000002_000010	TA_SUCCEEDED	100.0%	2014-10-05 19:12:58	1595 ms	
12	t_1412483083972_0004_000002_000011	TA_SUCCEEDED	100.0%	2014-10-05 19:12:59	2644 ms	
13	t_1412483083972_0004_000002_000012	TA_SUCCEEDED	100.0%	2014-10-05 19:12:59	2201 ms	

그림 19.7 eb_1412483083972_0004_000002 분산 실행 결과

19.3.4 타조 활용 사례

지금까지 타조의 주요 특징을 알아봤습니다. 그렇다면 타조는 실제로 업무에서 어떻게 활용할 수 있을까요? 타조의 사용 사례를 알아보기에 앞서 데이터 웨어하우스의 구조에 대해 알아보겠습니다. 그림 19.8은 기업에서 많이 사용하는 엔터프라이즈 데이터 웨어하우스의 구조를 나타낸 것입니다.

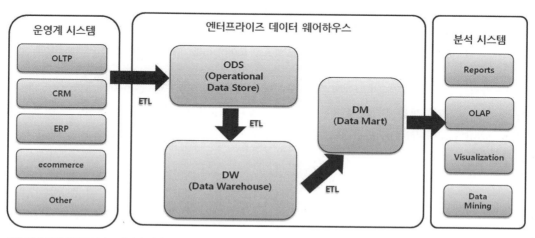

그림 19.8 기존 엔터프라이즈 데이터 웨어하우스의 구조

엔프라이즈 데이터 웨어하우스는 다음과 같은 구성 요소로 구성됩니다.

- **운영계 시스템**: 기업 운영에 필요한 업무용 시스템이며, 이 시스템의 사용자는 직원이 될 수도 있고, 외부 고객이 될 수도 있습니다. 예를 들어, 전자상거래 사이트에서 물건을 주문할 경우, 인터넷뱅킹 사이트에서 이체를 진행할 경우, 내부 인사시스템의 사원 정보를 갱신하는 경우와 같이 프로세스가 모두 운영계 시스템에서 처리됩니다. 이 시스템에 발생하는 데이터는 대부분 데이터베이스 트랜잭션 단위로 데이터를 처리하고 저장하며, 흔히 OLTP(Online Transaction Processing) 데이터라고 표현합니다.

- **ODS**: 운영계 시스템의 데이터는 트랜잭션을 중심으로 설계돼 있어서 운영계 시스템 데이터를 대상으로 데이터 분석을 진행할 경우 효용성이 매우 떨어집니다. 그래서 데이터 분석을 위한 DW(Data Warehouse)를 설계하고 데이터를 보관하게 됩니다. ODS는 DW로 데이터를 저장하기 전에 임시로 운영계 데이터를 보관하는 장소이며, 운영계 시스템의 이력성 데이터를 보관하게 됩니다. 참고로 ODS가 별도로 존재하는 경우에는 운영계 시스템의 복사본으로 활용되며, DW의 일부일 경우에는 임시 저장소로 사용됩니다.

- **DW**: DW란 운영계 데이터를 사용자 관점에서 주제별로 통합해 별도의 장소에 저장해 놓은 통합 데이터베이스입니다. 사용자가 쉽게 이해할 수 있고, 최소한의 조인으로 데이터를 획득할 수 있게 매우 단순한 구조로 설계돼 있습니다. DW란 데이터 창고와 같은 역할을 한다고 이해하면 됩니다. 참고로 상용 DW로는 오라클의 ExaData, HP의 버티카(Vertica), IBM의 네테자(Netezza), EMC의 그린플럼(GreenPlum) 등이 있습니다.

- **DM(Data Mart)**: 분석의 편의성을 높이고자 DW의 데이터를 주제별, 업무별로 요약해 구성한 데이터 저장소입니다. 일반적으로 각 부서별로 다양한 예측과 분석을 목표로 만들어집니다.

- **ETL(Extraction, Transform, Load)**: ETL은 데이터를 추출, 가공, 적재하는 프로세스입니다. 그림 19.8의 경우 운영계 시스템과 ODS, ODS와 DW, DW와 DM 간에 ETL이 진행됩니다.

- **분석 시스템**: 일반적인 보고서 시스템, BI(Business Intelligence)용으로 활용되는 온라인 분석 처리(OLAP: OnLine Analytical Processing) 시스템, 시각화 도구, 데이터 마이닝 시스템이 이 분류에 포함됩니다.

엔터프라이즈 데이터 웨어하우스에서 타조는 어떤 역할을 담당할까요? 결론부터 말씀드리면 타조는 ETL과 대화형 분석을 대체하게 됩니다. 그림 19.9는 하둡과 타조 기반으로 구축된 기존 엔터프라이즈 데이터 웨어하우스를 나타냅니다.

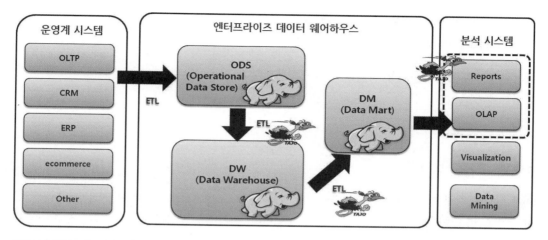

그림 19.9 하둡과 타조 기반의 엔터프라이즈 데이터 웨어하우스 구조

각 구성 요소는 다음과 같은 특징이 있습니다.

첫째, 데이터 저장소는 하둡으로 대체됩니다. 정확히는 하둡의 HDFS가 저장소 역할을 담당합니다. ODS, DW, DM 모두 HDFS로 구성할 수 있습니다. 이때 각 저장소의 테이블은 모두 타조 기반으로 설계합니다. 타조는 표준 SQL이 지원하는 대부분의 데이터 포맷을 지원하기 때문에 기존 테이블 구조를 그대로 활용할 수 있습니다.

둘째, 타조는 ODS와 DW, DW와 DM의 ETL을 담당합니다. 타조는 상용 DW 시스템들이 제공하는 대부분의 SQL을 지원함으로써 기존의 ETL 질의를 그대로 활용할 수 있습니다. 그뿐만 아니라 대부분의 질의를 분산 실행하기 때문에 상용 DW보다 더 빠른 속도로 ETL 작업을 진행할 수 있습니다. 참고로 운영계 시스템과 ODS 간의 ETL에는 스쿱과 같은 DBMS를 하둡에 이관하기 위한 시스템, HDFS API 혹은 HDFS 클라이언트를 이용한 프로그램, 플럼과 같은 로그 수집 솔루션 등이 활용될 수 있습니다.

셋째, 타조는 분석 툴에서 실행되는 대화형 분석을 담당합니다. 타조는 수 시간이 걸리는 ETL 질의뿐만 아니라 수 밀리초가 소요되는 질의도 지원합니다. 그래서 사용자가 분석 툴에서 실행하는 질의도 빠른 속도로 처리할 수 있습니다. 타조는 이를 위한 커맨드 라인 기반의 셸 인터페이스, JDBC 드라이버, 자바 API를 제공합니다.

- ApacheCon 2014: http://goo.gl/GrDqKV

- SparkSummit 2014: http://goo.gl/RJN0GH

참고로 타조의 또 다른 활용 사례는 타조 프로젝트의 PoweredBy(http://goo.gl/Xc4KPW)에서 확인할 수 있습니다.

19.4 타조 설치

이제 타조를 직접 설치하고 실행해보겠습니다. 타조는 두 가지 방법으로 설치할 수 있습니다. 첫 번째 방법은 타조 사이트에서 바이너리 파일을 내려받아 설치하는 것입니다. 이 책에서 설명했던 하둡, 하이브를 설치하는 방법과 동일한 방식입니다. 두 번째 방법은 타조 소스 저장소에서 타조 소스를 내려받아 직접 소스를 빌드해서 설치하는 것입니다. 첫 번째 방법은 직접 소스를 빌드해서 설치하는 방법보다 간편하다는 장점이 있습니다. 두 번째 방법은 빌드하기가 번거롭지만 타조의 최신 기능을 사용할 수 있다는 장점이 있습니다. 필자는 두 가지 방법을 모두 설명하겠습니다.

19.4.1 타조 실행 환경

타조를 설치하려면 다음과 같이 실행 환경이 구성돼 있어야 합니다.

첫째, 다음과 같은 소프트웨어가 모든 타조 서버에 설치돼 있어야 합니다.

- JDK 1.7 이상

- 하둡 2.3.0 이상

- 프로토콜 버퍼 2.5.0

둘째, 타조를 실행할 계정도 선택해야 합니다. 기존에 하둡을 실행하는 hadoop 계정으로 실행할 수 있지만 가능한 한 다음과 같이 tajo 계정을 생성하는 것을 권장합니다. 이때 tajo 계정을 사용할 경우 tajo 계정이 hadoop 계정의 디렉터리에 접근할 수 있게 권한을 수정해야 합니다. 다음과 같이 hadoop 계정의 홈 디렉터리 권한을 변경합니다.

```
[root@wikibooks01 home]# chmod 755 /home/hadoop/
```

혹은 tajo 계정의 그룹 이름을 hadoop으로 변경한 후 그룹 접근 권한을 수정합니다.

셋째, tajo 계정의 SSH 인증키를 전체 서버에 복사해야 합니다. 2.4절과 2.8절을 참고해 계정 생성 및 SSH 설정을 진행합니다. 물론 hadoop 계정으로 타조를 실행한다면 이 과정은 생략해도 상관없습니다.

넷째, 타조 데몬을 구성을 선택합니다. 이 책에서는 wikibooks01에 타조마스터를 설치하고, wikibooks01 ~ wikibook04에 타조워커를 설치하겠습니다.

19.4.2 타조 다운로드

타조 패키지 파일은 타조 사이트에서 내려받을 수 있습니다. http://tajo.apache.org/downloads.html에 접속하면 그림 19.10과 같은 페이지가 나타납니다. 이 페이지에서 타조 바이너리나 소스 파일을 내려받을 수 있습니다.

그림 19.10 타조 다운로드 페이지

그림 19.10의 "Binary Tarball" 옆에 있는 tajo-0.11.1.tar.gz 링크를 클릭하면 그림 19.11과 같은 페이지가 나타납니다.

그림 19.11 타조 바이너리 파일 다운로드 페이지

그림 19.11의 링크 중 하나를 클릭하면 타조 바이너리 파일이 다운로드됩니다. 혹은 리눅스 콘솔에서 wget 명령어를 사용해 내려받을 수도 있습니다.

```
wget http://apache.tt.co.kr/tajo/tajo-0.11.1/tajo-0.11.1.tar.gz
```

바이너리 파일을 설치하지 않고 소스를 직접 빌드할 경우에는 타조 소스 저장소에서 소스를 내려받아야 합니다. 다음과 같이 리눅스 콘솔에서 Git 명령어를 사용해 내려받습니다.

```
git clone https://git-wip-us.apache.org/repos/asf/tajo.git
Cloning into 'tajo'...
remote: Counting objects: 96151, done.
remote: Compressing objects: 100% (27319/27319), done.
remote: Total 96151 (delta 52648), reused 92540 (delta 50582)
Receiving objects: 100% (96151/96151), 15.23 MiB | 752.00 KiB/s, done.
Resolving deltas: 100% (52648/52648), done.
Checking connectivity... done.
```

Git은 최근 사용자가 급격하게 늘고 있는 분산 버전 관리 시스템입니다. Git에 대한 상세한 설명 및 사용법은 http://git-scm.com/book/ko 사이트를 참고합니다. 리눅스 서버에 Git이 설치돼 있지 않다면 yum 명령어를 이용해 설치합니다.

```
yum install git
```

19.4.3 타조 소스 빌드

타조 소스를 빌드하려면 19.4.1절에서 설명한 실행 환경이 미리 구성돼 있어야 합니다. 소스를 빌드하려면 다음과 같은 명령어를 실행합니다.

```
cd tajo
mvn clean install -DskipTests -Pdist -Dtar -Dhadoop.version=하둡 설치 버전
```

소스를 빌드할 때 한 가지 주의할 점은 하둡 설치 버전을 정확히 명시해야 한다는 것입니다. 하둡 2.7.2 버전이 설치돼 있다면 다음과 같이 -Dhadoop.version=2.7.2이라고 명시합니다. mvn 명령어로 빌드를 실행하면 다음과 같이 타조가 빌드가 진행됩니다. 참고로 소스를 빌드하려면 외부 인터넷에 연결 가능한 환경이어야 합니다 왜냐하면 빌드할 때 필요한 각종 라이브러리를 로컬 디렉터리에 내려받기 때문입니다.

```
mvn clean install -DskipTests -Pdist -Dtar -Dhadoop.version=2.7.2
[INFO] Scanning for projects...
[INFO] ------------------------------------------------------------------------
[INFO] Reactor Build Order:
[INFO]
[INFO] Tajo Main
[INFO] Tajo Project POM
[INFO] Tajo Maven Plugins
[INFO] Tajo Common
[INFO] Tajo Algebra
[INFO] Tajo Catalog Common
(중략)
[INFO] Tajo Client Example ............................... SUCCESS [  1.034 s]
[INFO] Tajo HBase Storage ................................ SUCCESS [  2.057 s]
[INFO] Tajo Cluster Tests ................................ SUCCESS [  2.776 s]
[INFO] Tajo JDBC Driver .................................. SUCCESS [  3.029 s]
[INFO] Tajo JDBC storage common .......................... SUCCESS [  0.745 s]
[INFO] Tajo PostgreSQL JDBC storage ...................... SUCCESS [  1.095 s]
[INFO] Tajo S3 storage ................................... SUCCESS [  0.204 s]
[INFO] Tajo Storage ...................................... SUCCESS [  0.929 s]
[INFO] Tajo Distribution ................................. SUCCESS [  5.713 s]
[INFO] Tajo Core Tests ................................... SUCCESS [  3.558 s]
```

```
[INFO] ------------------------------------------------------------------------
[INFO] BUILD SUCCESS
[INFO] ------------------------------------------------------------------------
[INFO] Total time: 01:11 min
[INFO] Finished at: 2016-02-23T23:51:52+09:00
[INFO] Final Memory: 163M/1363M
[INFO] ------------------------------------------------------------------------
```

이제 실제로 바이너리 파일이 생성됐는지 확인하겠습니다.

$ ls -l tajo-dist/target/
```
total 159344
drwxr-xr-x    3 tajo   tajo        102  2 23 23:51 antrun
drwxr-xr-x    4 tajo   tajo        136  2 23 23:51 classes
-rw-r--r--    1 tajo   tajo       3441  2 23 23:51 dist-layout-stitching.sh
-rw-r--r--    1 tajo   tajo        593  2 23 23:51 dist-tar-stitching.sh
drwxr-xr-x    3 tajo   tajo        102  2 23 23:51 maven-archiver
drwxr-xr-x    3 tajo   tajo        102  2 23 23:51 maven-shared-archive-resources
-rw-r--r--    1 tajo   tajo       2616  2 23 23:51 rat.txt
drwxr-xr-x   39 tajo   tajo       1326  2 23 23:51 tajo-0.12.0-SNAPSHOT
-rw-r--r--    1 tajo   tajo   81554830  2 23 23:51 tajo-0.12.0-SNAPSHOT.tar.gz
-rw-r--r--    1 tajo   tajo       9330  2 23 23:51 tajo-dist-0.12.0-SNAPSHOT.jar
drwxr-xr-x    3 tajo   tajo        102  2 23 23:51 test-classes
-rw-r--r--    1 tajo   tajo        594  2 23 23:51 verify-protocbuf.sh
```

tajo-dist의 target 디렉터리를 조회하면 tajo-0.12.0-SNAPSHOT.tar.gz이 있을 것입니다. 참고로 소스 저장소에서 내려받는 버전은 개발 버전으로, 최신 기능들이 포함돼 있지만 공식 릴리스 버전보다는 안정성이 조금 부족할 수도 있습니다. 개발 버전인 0.12.0-SNAPSHOT 버전이 아니라 0.11.0 버전을 빌드해서 설치하고 싶다면 그림 19.10에서 tajo-0.11.1-src.tar.gz을 내려받아 빌드합니다.

이제 타조 바이너리 파일이 준비됐습니다. 빌드해서 생성된 바이너리 파일을 홈 디렉터리로 복사한 후 압축을 해제합니다.

```
cp tajo-dist/target/tajo-0.12.0-SNAPSHOT.tar.gz /home/tajo
tar xvfz tajo-0.12.0-SNAPSHOT.tar.gz
```

혹은 타조 사이트에서 내려받은 설치 파일의 압축을 해제합니다.

```
tar xvfz tajo-0.11.1.tar.gz
```

참고로 필자는 0.11.1 버전을 기준으로 설명을 진행하고자 합니다. 물론 0.12.0-SNAPSHOT 버전을 설치하더라도 설정 방법은 동일하게 적용 가능합니다.

19.4.4 타조 환경설정 파일 수정

이제 타조 환경설정 파일을 수정하겠습니다. 환경설정 파일은 타조 홈 디렉터리의 conf 디렉터리에 들어 있습니다. 이곳에서 표 19.3에 나열된 네 개의 파일을 수정하면 됩니다.

표 19.3 타조 환경설정 파일

파일명	용도
tajo-env.sh	타조를 실행하는 셸 스크립트 파일에서 필요한 환경변수를 설정합니다. 이 파일에는 JDK 경로, 클래스 패스, 데몬 실행 옵션 등 다양한 환경변수를 설정할 수 있습니다.
tajo-site.xml	타조마스터와 타조워커에서 사용하는 속성값을 설정합니다. tajo-core-0.11.1.jar에 포함돼 있는 tajo-default.xml을 오버라이드한 파일입니다. tajo-site.xml에 설정값이 없을 경우 tajo-default.xml에 있는 기본값을 사용합니다.
catalog-site.xml	타조의 카탈로그 서버 정보를 설정합니다. tajo-core-0.11.1.jar에 포함돼 있는 catalog-default.xml을 오버라이드한 파일입니다. catalog-site.xml에 설정값이 없을 경우 catalog-default.xml에 있는 기본값을 사용합니다.
workers	타조워커를 실행할 서버를 설정합니다.

이번 장에서는 테스트 환경을 구성하는 데 반드시 필요한 옵션만 소개하겠습니다. 각 환경설정 파일에 대한 상세 정보는 다음 경로에 있는 파일을 참고하면 됩니다.

- tajo-core/src/main/resources/tajo-default.xml
- tajo-core/src/main/resources/catalog-default.xml

tajo-env.sh 수정

tajo-env.sh에는 표 19.4와 같은 정보를 설정합니다.

표 19.4 tajo—env.sh 속성

속성	내용
HADOOP_HOME	타조가 접속하는 하둡 홈 디렉터리를 설정합니다. 하둡 홈 디렉터리가 정상적으로 설정되지 않은 경우 타조 클러스터를 실행할 수 없습니다. 예: export HADOOP_HOME=/home/hadoop/hadoop-2.7.2
JAVA_HOME	JDK 홈 디렉터리를 설정합니다. 예: export JAVA_HOME=/usr/local/java
TAJO_PID_DIR	타조 프로세스의 PID 저장 디렉터리를 설정합니다. 기본값은 /tmp 디렉터리로 설정되기 때문에 반드시 경로를 설정해야 합니다. /tmp 디렉터리는 리눅스의 임시 디렉터리이기 때문에 언제든지 삭제될 수 있기 때문입니다. 예: export TAJO_PID_DIR=/home/tajo/tajo-0.11.1/pids
TAJO_MASTER_HEAPSIZE	타조마스터의 힙 메모리 크기를 설정합니다. 기본값은 1GB입니다. 참고로 타조마스터는 적은 양의 메모리만을 요구하기 때문에 기본값만으로 충분히 타조마스터를 구동할 수 있습니다. 예: export TAJO_MASTER_HEAPSIZE=1000
TAJO_ WORKER_HEAPSIZE	타조워커의 힙 메모리 크기를 설정합니다. 기본값은 5GB입니다. 타조워커는 타조마스터보다는 많은 양의 힙 메모리를 요구합니다. 실제로 타조 클러스터를 운영하면서 적절한 용량을 찾아야 합니다. 참고로 하둡과 다른 하둡 에코시스템도 타조와 마찬가지로 운영하면서 각 데몬의 적절한 힙 메모리 크기를 찾아야 합니다. 예: export TAJO_ WORKER_HEAPSIZE=5000

tajo—site.xml 수정

conf 디렉터리에는 tajo—site.xml.template 파일만 들어있으므로 이 파일의 이름을 tajo—site.xml로 변경하거나 새롭게 파일을 생성해야 합니다. 우선 타조클러스터를 실행하는 데 반드시 필요한 속성값을 알아보겠습니다. 예제 19.5는 기본 속성을 tajo—site.xml에 정의한 예입니다.

예제 19.5 tajo—site.xml

```xml
<?xml version="1.0" encoding="UTF-8"?>
<?xml-stylesheet type="text/xsl" href="configuration.xsl"?>
<configuration>
  <property>
    <name>tajo.rootdir</name>
    <value>hdfs://wikibooks-cluster/tajo</value>
  </property>
```

```
  <property>
    <name>tajo.master.umbilical-rpc.address</name>
    <value>wikibooks01:26001</value>
  </property>

  <property>
    <name>tajo.master.client-rpc.address</name>
    <value>wikibooks01:26002</value>
  </property>

  <property>
    <name>tajo.resource-tracker.rpc.address</name>
    <value>wikibooks01:26003</value>
  </property>

  <property>
    <name>tajo.catalog.client-rpc.address</name>
    <value>wikibooks01:26005</value>
  </property>
</configuration>
```

- **tajo.rootdir**: 타조의 데이터 파일을 저장할 디렉터리입니다. 기본값은 로컬 파일의 시스템의 /tmp 디렉터리에 생성하므로 반드시 타조가 사용하는 HDFS의 네임스페이스를 등록해야 합니다. 참고로 tajo.rootdir로 설정한 디렉터리는 다음과 같이 HDFS에 디렉터리를 생성하고 권한을 설정해야 합니다. 물론 hadoop 계정으로 타조를 실행할 경우에는 아래 작업을 생략해도 됩니다.

```
[hadoop@wikibooks01 hadoop-2.7.2]$ ./bin/hdfs dfs -mkdir /tajo
[hadoop@wikibooks01 hadoop-2.7.2]$ ./bin/hdfs dfs -chown tajo:supergroup /tajo
```

- **tajo.master.umbilical-rpc.address**: 타조마스터의 RPC 서버로 사용하는 포트입니다.

- **tajo.master.client-rpc.address**: 타조마스터의 RPC 클라이언트가 사용하는 포트입니다.

- **tajo.resource-tracker.rpc.address**: 타조의 리소스트래커가 사용하는 RPC 포트입니다.

- **tajo.catalog.client-rpc.address**: 타조의 카탈로그 클라이언트가 사용하는 RPC 포트입니다.

타조가 병렬로 실행할 수 있는 태스크의 개수는 가용 가능한 클러스터 자원과 실행 중인 질의의 워크로드에 따라서 결정됩니다. 타조워커는 태스크를 동시에 실행할 수 있으며, 사용자는 tajo-site.xml 파일에 타조 워커가 사용할 수 있는 가용 자원들인 CPU, 메모리, 디스크 개수 등을 다음과 같이 설정할 수 있습니다.

- **tajo.worker.resource.cpu-cores**: 타조워커에게 할당되는 CPU 코어 개수입니다. 별도 설정이 없을 경우, 각 서버의 실제 CPU 코어 개수를 사용합니다.

- **tajo.worker.resource.memory-mb**: 타조워커에게 할당되는 메모리 용량입니다. 기본값은 최대 힙 메모리 용량을 사용합니다.

- **tajo.worker.resource.disks**: 타조워커에게 할당되는 디스크 개수입니다. 기본값은 2입니다.

- **tajo.worker.resource.dfs-dir-aware**: 이 값이 true로 설정될 경우, 하둡의 dfs.datanode.data.dir 속성에 정의된 디스크 목록을 로딩해서 tajo.worker.resource.disks 를 설정합니다. 이때 기존 tajo.worker.resource.disks 값은 무시됩니다.

- **tajo.task.resource.min.memory-mb**: 태스크 실행에 필요한 최소 메모리 용량입니다. 기본값은 1000MB입니다.

- **tajo.qm.resource.min.memory-mb**: 쿼리마스터에 할당할 최소 메모리 용량입니다. 기본값은 500MB입니다.

- **tajo.worker.tmpdir.locations**: 타조워커에서 생성하는 임시 데이터를 저장하는 경로입니다. 서버에 설치돼 있는 디스크별로 설정하는 것이 좋습니다.

예를 들어 타조워커에 15GB의 힙 메모리를 할당한 후, 2GB 메모리, 디스크 4개, CPU 코어 12개를 태스크의 가용 자원으로 활용하고 싶다면 예제 19.6과 같이 tajo-site.xml을 설정합니다. 이때 tajo-env.sh에는 export TAJO_WORKER_HEAPSIZE=15000을 설정해야 합니다. 만약 하둡의 dfs.datanode.data.dir에도 4개의 디스크가 설정되어 있다면, tajo.worker.resource.disks를 삭제한 후 tajo.worker.resource.dfs-dir-aware를 true로 설정합니다.

예제 19.6 타조워커를 위한 tajo-site.xml 예제

```
<property>
  <name>tajo.worker.resource.cpu-cores</name>
  <value>12</value>
</property>

<property>
  <name>tajo.task.resource.min.memory-mb</name>
  <value>2000</value>
</property>

<property>
  <name>tajo.worker.resource.disks</name>
  <value>4</value>
</property>
```

```
<property>
  <name>tajo.worker.tmpdir.locations</name>
  <value>/data1/tajo,/data2/tajo,/data3/tajo,/data4/tajo</value>
</property>
```

catalog—site.xml 수정

타조는 모든 메타 정보를 카탈로그 서버에 저장합니다. 타조는 다양한 종류의 DBMS를 카탈로그 서버로 사용할 수 있으며, 이와 관련된 설정을 catalog—site.xml에 저장하게 됩니다. 이 책에서는 MySQL을 카탈로그 서버로 사용해보겠습니다. 예제 19.7은 MySQL을 카탈로그 서버로 사용하는 catalog—site.xml 파일을 작성한 예입니다.

예제 19.7 catalog—site.xml

```
<?xml version="1.0" encoding="UTF-8"?>
<?xml-stylesheet type="text/xsl" href="configuration.xsl"?>
<configuration>
  <property>
    <name>tajo.catalog.store.class</name>
    <value>org.apache.tajo.catalog.store.MySQLStore</value>
  </property>

  <property>
    <name>tajo.catalog.connection.id</name>
    <value>tajo</value>
  </property>

  <property>
    <name>tajo.catalog.connection.password</name>
    <value>tajo</value>
  </property>

  <property>
    <name>tajo.catalog.uri</name>
    <value>jdbc:mysql://wikibooks01:3306/tajo?createDatabaseIfNotExist=true</value>
  </property>
</configuration>
```

위 예제는 wikibooks01 서버에 이미 MySQL이 설치돼 있고, 다음과 같이 데이터베이스가 설정돼 있다고 가정합니다.

- MySQL 데이터베이스 이름: tajo
- tajo 데이터베이스용 MySQL 계정: tajo
- MySQL tajo 계정 패스워드: tajo

물론 MySQL이 설치돼 있지 않더라도 타조를 설치할 수 있습니다. 타조는 catalog-site.xml에 정의된 정보가 없을 경우 더비디비(DerbyDB)를 기본 카탈로그 서버로 사용합니다. 더비디비는 오픈소스 RDBMS이며, 설치 파일의 크기가 작고, 설치 및 사용법이 매우 쉽습니다. 타조는 로컬 파일 시스템의 /tmp 디렉터리에 더비디비를 설치하며, 경로는 catalog-site.xml에서 수정할 수 있습니다.

더비디비는 단순한 테스트 용도로는 괜찮지만 상용 서비스에 사용하기는 적합하지 않으므로 가능한 한 MySQL, MariaDB 같은 RDBMS를 카탈로그 서버로 사용하는 것이 좋습니다. 더비디비는 기본적으로 /tmp 디렉터리에 설치되기 때문에 쉽게 디비가 손상되거나 누락될 수 있기 때문입니다.

workers 수정

workers 파일에는 다음과 같이 타조워커 설치용 호스트 목록을 설정합니다.

```
wikibooks01
wikibooks02
wikibooks03
wikibooks04
```

19.4.5 타조 배포

마지막으로 전체 서버에 wikibooks01의 타조를 배포하겠습니다. 우선 타조 설치 디렉터리를 다음과 같이 압축합니다.

```
[tajo@wikibook01 ~]# cd /home/tajo
[tajo@wikibook01 ~]# tar cvfz tajo.tar.gz tajo-0.11.1
```

그런 다음 압축 파일을 wikibooks02, wikibooks03, wikibooks04에 배포합니다.

```
[tajo@wikibook01 ~]# scp tajo.tar.gz tajo@wikibooks02:/home/tajo
[tajo@wikibook01 ~]# scp tajo.tar.gz tajo@wikibooks03:/home/tajo
```

```
[tajo@wikibook01 ~]# scp tajo.tar.gz tajo@wikibooks04:/home/tajo
```

이제 SSH 명령어로 각 설치 파일의 압축을 풉니다. 참고로 SCP, SSH 명령어를 원활하게 실행하는 것을 비롯해 타조 데몬이 실행되려면 wikibooks01의 SSH 공개키가 다른 서버에 미리 복사돼 있어야 합니다.

```
[tajo@wikibook01 ~]# ssh tajo@wikibooks02 "cd /home/tajo; tar xvfz tajo.tar.gz"
[tajo@wikibook01 ~]# ssh tajo@wikibooks03 "cd /home/tajo; tar xvfz tajo.tar.gz"
[tajo@wikibook01 ~]# ssh tajo@wikibooks04 "cd /home/tajo; tar xvfz tajo.tar.gz"
```

타조 중간 디렉터리 설정

타조는 질의 실행 과정에서 생성되는 중간 데이터를 HDFS에 저장합니다. 중간 데이터 저장 경로는 tajo.staging.directory 속성으로 설정할 수 있으며, 기본값은 /tmp/tajo-계정명/staging입니다. 그래서 tajo.staging.directory를 별도로 설정하지 않았을 경우에는 다음과 같이 HDFS의 /tmp 디렉터리 권한을 수정해야 합니다.

```
[hadoop@wikibooks01 hadoop-2.7.2]$ ./bin/hdfs dfs -rmr /tmp
[hadoop@wikibooks01 hadoop-2.7.2]$ ./bin/hdfs dfs -mkdir /tmp
[hadoop@wikibooks01 hadoop-2.7.2]$ ./bin/hdfs dfs -chmod 777 /tmp
```

물론 타조를 hadoop 계정으로 실행했다면 이 절차는 무시해도 상관없습니다. 하지만 타조를 실행한 tajo 계정이 /tmp 디렉터리에 대해 권한이 없을 경우에는 권한 오류 때문에 타조마스터가 실행되지 않습니다.

19.4.6 타조 실행

이제 타조 클러스터를 실행하겠습니다. 다음과 같이 타조 홈 디렉터리의 하위 디렉터리인 bin 디렉터리에 저장된 start-tajo.sh를 실행합니다.

```
[tajo@wikibooks01 tajo-0.11.1]$ ./bin/start-tajo.sh
Starting single TajoMaster
starting master, logging to /home/tajo/tajo-0.11.1/bin/../logs/tajo-tajo-master-wikibooks01.out
wikibooks03: starting worker, logging to /home/tajo/tajo-0.11.1/bin/../logs/tajo-tajo-worker-
wikibooks03.out
wikibooks02: starting worker, logging to /home/tajo/tajo-0.11.1/bin/../logs/tajo-tajo-worker-
wikibooks02.out
wikibooks04: starting worker, logging to /home/tajo/tajo-0.11.1/bin/../logs/tajo-tajo-worker-
wikibooks04.out
```

```
wikibooks01: starting worker, logging to /home/tajo/tajo-0.11.1/bin/../logs/tajo-tajo-worker-
wikibooks01.out
Tajo master web UI: http://wikibooks01:26080
Tajo Client Service: wikibooks01:26002
```

타조가 실행되면 wikibooks01에는 다음과 같이 두 개의 자바 프로세스가 출력됩니다. 나머지 서버
에는 TajoWorker만이 출력돼야 합니다.

```
[tajo@wikibooks01 tajo-0.11.1]$ jps
4150 TajoMaster
4255 TajoWorker
```

참고로 타조 클러스터는 다음과 같이 stop-tajo.sh 스크립트로 종료할 수 있습니다.

```
[tajo@wikibooks01 tajo-0.11.1]$ ./bin/stop-tajo.sh
wikibooks04: stopping worker
wikibooks03: stopping worker
wikibooks02: stopping worker
wikibooks01: stopping worker
stopping master
```

그럼 실제로 테이블을 생성하고, SQL문을 실행하겠습니다. 다음과 같이 타조 홈 디렉터리에 data.
csv 파일을 생성합니다.

```
[tajo@wikibooks01 tajo-0.11.1]$ vi data.csv
1|abc|1.1|a
2|def|2.3|b
3|ghi|3.4|c
4|jkl|4.5|d
5|mno|5.6|e
```

타조는 사용자가 질의를 실행할 수 있게 다음과 같은 컴포넌트를 제공합니다.

- **TSQL**: 셸 기반의 커맨드 라인 인터페이스입니다. 셸에서 SQL을 실행할 수 있으며, 카탈로그 정보도 조회할 수 있
  습니다.

- **자바 API**: 타조 질의를 자바 API 인터페이스로 제공합니다.

- **타조 JDBC**: 질의 실행을 위한 JDBC 드라이버를 제공합니다. JDBC 드라이버를 지원하는 분석 툴과 연동할 수 있
  습니다.

여기서는 TSQL을 이용해 질의를 실행하겠습니다. TSQL은 타조 홈 디렉터리의 bin 디렉터리에 들어 있습니다.

```
[tajo@wikibooks01 tajo-0.11.1]$ ./bin/tsql

welcome to
    ____  _____  ____  ___
   /_  _/ _  |/_  _/  /
    / // /_| |_/ // /
   /_//_/ /_/___/ \_/  0.11.1


Try \? for help.
default>
```

TSQL은 HDFS 실행 기능을 제공하며, \dfs 옵션으로 HDFS 명령어를 실행할 수 있습니다. 다음과 같이 예제 테이블의 데이터가 저장될 디렉터리를 생성합니다.

```
default> \dfs -mkdir /tajo/warehouse/table1;
```

앞서 작성한 data.csv 파일을 방금 생성한 테이블 디렉터리에 업로드합니다.

```
default> \dfs -put /home/tajo/tajo-0.11.1/data.csv /tajo/warehouse/table1
```

CREATE 문을 이용해 샘플 테이블을 생성합니다.

```
default> create external table table1
(id int, name text, score float, type text)
using TEXT with ('text.delimiter'='|')
location 'hdfs://wikibooks-cluster/tajo/warehouse/table1';
OK
```

샘플 테이블의 메타데이터를 조회합니다. 테이블 및 함수의 메타데이터는 \d 옵션으로 조회할 수 있습니다.

```
default> \d table1;
table name: default.table1
table path: hdfs://wikibooks-cluster/tajo/warehouse/table1
store type: TEXT
number of rows: unknown
```

```
volume: 60 B
Options:
  'text.delimiter'='|'
schema:
id INT4
name TEXT
score FLOAT4
type TEXT
```

실제 데이터가 제대로 조회되는지 확인합니다.

```
default> select * from table1;
id,  name,  score,  type
-------------------------------
1,  abc,  1.1,  a
2,  def,  2.3,  b
3,  ghi,  3.4,  c
4,  jkl,  4.5,  d
5,  mno,  5.6,  e
(5 rows, 0.399 sec, 60 B selected)
```

19.4.7 타조 웹 인터페이스

타조는 사용자 편의를 위한 웹 인터페이스를 제공합니다. http://wikibooks01:26080에 접속하면
그림 19.12와 같은 페이지가 나타납니다.

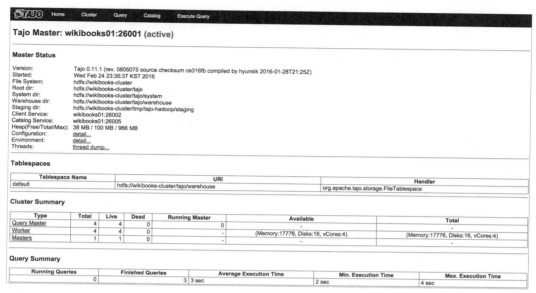

	Tablespace Name	URI		Handler
default		hdfs://wikibooks-cluster/tajo/warehouse		org.apache.tajo.storage.FileTablespace

Master Status

Version:	Tajo 0.11.1 (rev. 0805075 source checksum ce316fb compiled by hyunsik 2016-01-28T21:25Z)
Started:	Wed Feb 24 23:35:37 KST 2016
File System:	hdfs://wikibooks-cluster
Root dir:	hdfs://wikibooks-cluster/tajo
System dir:	hdfs://wikibooks-cluster/tajo/system
Warehouse dir:	hdfs://wikibooks-cluster/tajo/warehouse
Staging dir:	hdfs://wikibooks-cluster/tmp/tajo-hadoop/staging
Client Service:	wikibooks01:26002
Catalog Service:	wikibooks01:26005
Heap(Free/Total/Max):	38 MB / 100 MB / 966 MB
Configuration:	detail...
Environment:	detail...
Threads:	thread dump...

Tablespaces

Tablespace Name	URI	Handler
default	hdfs://wikibooks-cluster/tajo/warehouse	org.apache.tajo.storage.FileTablespace

Cluster Summary

Type	Total	Live	Dead	Running Master	Available	Total
Query Master	4	4	0	0	-	-
Worker	4	4	0	-	(Memory:17776, Disks:16, vCores:4)	(Memory:17776, Disks:16, vCores:4)
Masters	1	1	0	-	-	-

Query Summary

Running Queries	Finished Queries	Average Execution Time	Min. Execution Time	Max. Execution Time
0	3	3 sec	2 sec	4 sec

그림 19.12 타조 웹 인터페이스 메인 페이지

위 페이지의 Master Status에는 타조마스터의 상세 정보가 출력됩니다. 이곳에 타조 버전 정보와 다양한 디렉터리 정보, 카탈로그 서버 정보가 출력됩니다. 그리고 화면 하단의 Cluster Summary 에는 타조워커 서버의 구성 정보가 출력됩니다. 화면 최상위 메뉴에 있는 Cluster를 클릭하면 그림 19.13과 같은 페이지가 출력됩니다.

Tajo Master: wikibooks01:26001 (active)

Live:1, Dead: 0, Total: 1

No	TajoMaster	Rpc Server	Rpc Client	ResourceTracker	Catalog	Active/Backup	Status
1	0.0.0.0:26080	wikibooks01:26001	wikibooks01:26002	wikibooks01:26003	wikibooks01:26005	ACTIVE	RUNNING

Query Master

Live:4, Dead: 0, QueryMaster Tasks: 0

Live QueryMasters

No	QueryMaster	Client Port	Running Query	Heartbeat	Status
1	wikibooks01:28093	28092	0	4.0 sec	RUNNING
2	wikibooks02:28093	28092	0	5.0 sec	RUNNING
3	wikibooks03:28093	28092	0	8.0 sec	RUNNING
4	wikibooks04:28093	28092	0	9.0 sec	RUNNING

Node

Live:4, Dead: 0

Live Nodes

No	Node	PullServer Port	Running Tasks	Available	Total	Heartbeat	Status
1	wikibooks01:28091	40636	0	(Memory:4444, Disks:4, vCores:1)	(Memory:4444, Disks:4, vCores:1)	4.0 sec	RUNNING
2	wikibooks02:28091	48872	0	(Memory:4444, Disks:4, vCores:1)	(Memory:4444, Disks:4, vCores:1)	5.0 sec	RUNNING
3	wikibooks03:28091	33133	0	(Memory:4444, Disks:4, vCores:1)	(Memory:4444, Disks:4, vCores:1)	8.0 sec	RUNNING
4	wikibooks04:28091	51950	0	(Memory:4444, Disks:4, vCores:1)	(Memory:4444, Disks:4, vCores:1)	9.0 sec	RUNNING

그림 19.13 타조 클러스터 조회 페이지

위 페이지에는 타조 클러스터의 상세 정보가 출력됩니다. 이곳에서 각 서버에서 실행되는 타조워커와 쿼리마스터가 얼마나 많은 서버 자원을 사용하는지 확인할 수 있습니다. 이 페이지를 통해 타조가 서버 자원을 적절히 사용하는지 확인하고, 문제가 되는 서버를 확인할 수 있습니다. 화면 최상위 메뉴의 Query를 클릭하면 그림 19.14와 같은 페이지가 나타납니다.

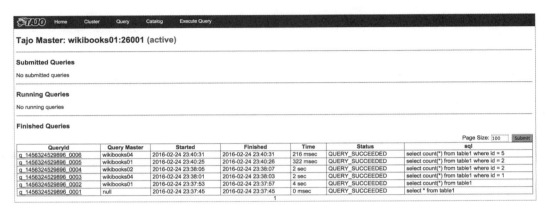

그림 19.14 타조 질의 모니터링 페이지

위 페이지에서는 현재 실행 중인 질의와 실행이 완료된 질의 목록이 출력됩니다. 각 테이블의 QueryId 값을 클릭하면 그림 19.15와 같이 질의 상세 정보 페이지로 이동합니다.

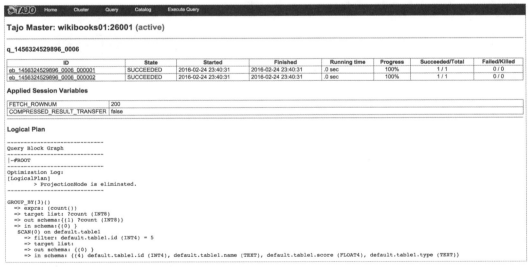

그림 19.15 타조 질의 상세 정보 페이지

위 페이지에서는 타조의 질의 실행 계획 정보와 실제 분산 실행된 정보가 출력됩니다. 화면 상단의 eb로 시작되는 ID들은 19.3.3절에서 설명한 익스큐션블록입니다. 각 익스큐션블록을 클릭하면 상세 실행 정보를 확인할 수 있습니다. 그리고 익스큐션블록 목록의 하단에는 논리적 실행 계획과 분산 실행 계획이 출력됩니다. 이곳에 있는 실행 계획 정보를 통해 어떤 방식으로 질의가 실행됐는지 확인할 수 있습니다.

이 책에서는 타조의 기본적인 개념과 사용법만을 다뤘습니다. 타조의 자세한 사용법은 타조 프로젝트에서 제공되는 사용자 가이드(http://tajo.apache.org/docs/current/)를 참고합니다.

19.5 항공 운항 통계 데이터 분석

지금까지 미국 항공 운항 통계 데이터를 맵리듀스와 하이브의 예제 데이터로 사용했습니다. 이번 절에서는 타조를 이용해 항공 통계 데이터를 분석해보겠습니다.

19.5.1 데이터베이스 생성

먼저 항공 운항 통계용 데이터베이스를 생성하겠습니다. 타조는 효율적인 테이블 관리를 위해 데이터베이스 생성 기능을 제공합니다. 타조에서 생성하는 모든 테이블은 반드시 하나의 데이터베이스에 포함됩니다. 타조는 기본 데이터베이스로 default라는 데이터베이스를 생성합니다. 참고로 처음 TSQL을 실행할 경우 데이터베이스는 default로 선택됩니다. 예를 들어, 다음과 같이 TSQL을 실행한 상태에서 테이블을 생성합니다.

```
./bin/tsql
Try \? for help.
default> create table table2 (id int);
```

생성된 테이블을 \d 명령어로 조회하면 테이블의 데이터 파일 경로가 /tajo/warehouse/default/table2로 설정돼 있습니다. 즉, 타조 데이터 웨어하우스 디렉터리의 하위 디렉터리에 데이터베이스 디렉터리가 생성됩니다. 그리고 사용자가 생성한 테이블은 해당 데이터베이스 디렉터리의 하위 디렉터리에 생성됩니다.

```
default> \d table2
table name: default.table2
table path: hdfs://wikibooks-cluster/tajo/warehouse/default/table2
```

```
store type: TEXT
number of rows: 0
volume: 0 B
Options:
  'text.delimiter'='¦'
schema:
idINT4
```

이제 다음과 같이 \c 옵션을 입력해 항공 운항 통계용 데이터베이스를 생성합니다. 데이터베이스 이름은 wikibooks로 정의합니다. 데이터베이스가 생성된 후 현재 데이터베이스가 default에서 wikibooks로 변경된 것을 확인할 수 있습니다.

```
default> \c wikibooks;
You are now connected to database "wikibooks" as user "tajo".
```

19.5.2 테이블 생성

이번 절에서는 타조 테이블을 생성하겠습니다. 이 책에서는 이미 맵리듀스 예제에서 가공했던 데이터를 사용하겠습니다. 해당 데이터는 HDFS에 다음과 같이 저장돼 있다고 가정합니다(5.2절, 7.1절 참고).

- 통계 데이터 파일: /user/hadoop/input
- 메타데이터 파일: /user/hadoop/meta

타조도 하이브와 동일하게 일반 테이블과 외부 테이블로 테이블을 지원합니다. 여기서는 편의상 외부 테이블로 테이블을 생성하겠습니다. 외부 테이블은 대상 디렉터리가 미리 HDFS에 생성돼 있어야 합니다. 이를 위해 다음과 같이 TSQL에서 테이블 디렉터리를 생성합니다.

```
wikibooks> \dfs -mkdir /tajo/warehouse/dataexpo2009
wikibooks> \dfs -mkdir /tajo/warehouse/dataexpo2009/airline_delay
```

이제 TSQL에서 예제 19.8과 같이 테이블을 생성합니다. 참고로 일반 테이블은 예제 19.6에서 EXTERNAL과 LOCATION 구문을 삭제하면 됩니다. airline_delay_raw 테이블은 항공 운항 통계 데이터의 원본 테이블이며, 기존에 하둡에 저장돼 있는 파일을 데이터로 사용합니다. 또한 carrier_code 테이블은 항공사 이름이 저장된 메타데이터 파일을 사용합니다.

예제 19.8 타조 테이블 생성 쿼리문

```
CREATE EXTERNAL TABLE airline_delay_raw(year INT, month INT,
    day_of_month INT, day_of_week INT,
    dep_time INT, crs_dep_time INT,
    arr_time INT, crs_arr_time INT,
    unique_carrier TEXT, flight_num INT,
    tail_num TEXT, actual_elapsed_time INT,
    crs_elapsed_time INT, air_time INT,
    arr_delay INT, dep_delay INT,
    origin TEXT, dest TEXT,
    distance INT, taxi_in INT,
    taxi_out INT, cancelled INT,
    cancellation_code TEXT, diverted INT,
    carrier_delay TEXT, weather_delay TEXT,
    nas_delay TEXT, security_delay TEXT,
    late_aircraft_delay TEXT)
USING TEXT WITH ('text.delimiter'=',')
LOCATION 'hdfs://wikibooks-cluster/tajo/warehouse/dataexpo2009/airline_delay_raw';
CREATE EXTERNAL TABLE airline_delay(month INT,
    day_of_month INT, day_of_week INT,
    dep_time INT, crs_dep_time INT,
    arr_time INT, crs_arr_time INT,
    unique_carrier TEXT, flight_num INT,
    tail_num TEXT, actual_elapsed_time INT,
    crs_elapsed_time INT, air_time INT,
    arr_delay INT, dep_delay INT,
    origin TEXT, dest TEXT,
    distance INT, taxi_in INT,
    taxi_out INT, cancelled INT,
    cancellation_code TEXT, diverted INT,
    carrier_delay TEXT, weather_delay TEXT,
    nas_delay TEXT, security_delay TEXT,
    late_aircraft_delay TEXT)
USING TEXT WITH ('text.delimiter'=',')
PARTITION BY COLUMN (year int)
LOCATION 'hdfs://wikibooks-cluster/tajo/warehouse/dataexpo2009/airline_delay';
```

```
CREATE EXTERNAL TABLE carrier_code(code TEXT, description TEXT)
USING TEXT WITH ('text.delimiter'=',')
LOCATION 'hdfs://wikibooks-cluster/tajo/warehouse/dataexpo2009/carrier_code';
```

airline_delay 테이블은 airline_delay_raw 테이블을 파티션으로 재구성하는 테이블입니다. 타조
는 하이브와 유사한 칼럼값 기반의 테이블 파티션을 제공합니다. 필자는 편의상 연도 칼럼을 파티
션 칼럼으로 설정했습니다. 그리고 하이브에서는 문자열 칼럼을 STRING으로 선언했지만 타조는
TEXT로 선언합니다.

19.5.3 질의 실행

이번 절에서는 타조 테이블을 대상으로 질의를 실행하겠습니다.

데이터 입력

우선 airline_delay_raw 테이블의 데이터를 airline_delay 테이블에 입력할 것입니다. 예제 19.9는
airline_delay 테이블에 데이터를 로딩하는 질의입니다. 앞서 설명한 대로 airline_delay는 파티션
테이블로 선언돼 있습니다. 하이브에서는 파티션 테이블에 데이터를 입력할 경우 칼럼값을 정의하
거나 다이내믹 파티션 실행 옵션을 별도로 설정해야 합니다. 하지만 타조는 질의에 칼럼값을 선언하
지 않더라도 자동으로 파티션 디렉터리를 생성합니다.

예제 19.9 airline_delay 테이블 데이터 입력 쿼리

```
INSERT OVERWRITE INTO airline_delay
SELECT month,
    day_of_month, day_of_week,
    dep_time, crs_dep_time,
    arr_time, crs_arr_time,
    unique_carrier, flight_num,
    tail_num, actual_elapsed_time,
    crs_elapsed_time, air_time,
    arr_delay, dep_delay,
    origin, dest,
    distance, taxi_in,
    taxi_out, cancelled,
```

```
        cancellation_code, diverted,
        carrier_delay, weather_delay,
        nas_delay, security_delay,
        late_aircraft_delay, year
FROM airline_delay_raw;
```

질의 실행이 완료되면 \d 명령어를 이용해 테이블 스키마를 확인합니다. 여기서 volume은 출력 데이터 용량을 나타냅니다.

```
wikibooks> \d airline_delay

table name: wikibooks.airline_delay
table path: hdfs://gta/tajo/warehouse/dataexpo2009/airline_delay
store type: TEXT
number of rows: 123534969
volume: 11.2 GB
Options:
  'text.delimiter'=','

schema:
month  INT4
day_of_month INT4
day_of_week  INT4
dep_time INT4
crs_dep_time INT4
arr_time INT4
crs_arr_time INT4
unique_carrier TEXT
flight_num INT4
tail_num TEXT
actual_elapsed_time INT4
crs_elapsed_time INT4
(중략)
weather_delay  TEXT
nas_delay  TEXT
security_delay TEXT
late_aircraft_delay TEXT
```

```
Partitions:
type:COLUMN
columns::year (INT4)
```

실제로 파티션 칼럼인 year별로 디렉터리가 생성됐는지 \dfs 명령어를 이용해 확인합니다.

```
wikibooks> \dfs -ls /tajo/warehouse/dataexpo2009/airline_delay
Found 22 items
drwxr-xr-x   - tajo supergroup          0 2016-02-25 21:09 /tajo/warehouse/dataexpo2009/airline_
delay/year=1987
drwxr-xr-x   - tajo supergroup          0 2016-02-25 21:09 /tajo/warehouse/dataexpo2009/airline_
delay/year=1988
(중략)
drwxr-xr-x   - tajo supergroup          0 2016-02-25 21:09 /tajo/warehouse/dataexpo2009/airline_
delay/year=2007
drwxr-xr-x   - tajo supergroup          0 2016-02-25 21:09 /tajo/warehouse/dataexpo2009/airline_
delay/year=2008
```

파티션 칼럼 디렉터리에 데이터가 정상적으로 생성됐는지 확인하겠습니다. 참고로 앞으로 실행하는 모든 쿼리문은 17장에서 실행한 쿼리문과 동일합니다. 다음 쿼리문은 항공 운항 지연 데이터 가운데 2008년도 데이터를 10건만 출력합니다.

```
SELECT year, month, dep_time, arr_time, unique_carrier, flight_num
FROM airline_delay
WHERE year = '2008'
LIMIT 10;
```

쿼리문을 실행하면 다음과 같이 2008년도 데이터가 10건만 출력되는 것을 확인할 수 있습니다.

```
year, month, dep_time, arr_time, unique_carrier, flight_num
-----------------------------------------------------------
2008, 9,1426, 1729, EV, 4469
2008, 9,1535, 1703, EV, 4470
2008, 9,1737, 1924, EV, 4470
2008, 9,1217, 1311, EV, 4471
2008, 9,944,1049, EV, 4472
2008, 9,1140, 1300, EV, 4472
2008, 9,657,912,EV, 4473
```

```
2008,  9,1947,  2114,  EV,  4474
2008,  9,1250,  1357,  EV,  4476
2008,  9,858,1008,  EV,  4477
(10 rows, 1.156 sec, 246 B selected)
```

집계 함수 활용

타조는 SUM, AVG, MIN, MAX 같은 집계 함수를 지원합니다. 내장 집계 함수에서 건수를 구하는 COUNT 함수를 이용해 2008년도 지연 건수를 조회하겠습니다.

```
SELECT COUNT(1)
FROM airline_delay
WHERE year = 2008;
```

쿼리문을 실행하면 다음과 같이 전체 건수가 7,009,728로 출력됩니다.

```
?count
-------------------------------
7009728
(1 rows, 2.893 sec, 8 B selected)
```

이번에는 데이터를 그룹핑하는 GROUP BY와 데이터를 정렬하는 ORDER BY를 이용해 건수 조회 쿼리문을 실행하겠습니다. 다음 쿼리문은 연도와 연월을 기준으로 도착 지연 건수를 산출합니다.

```
SELECT year, month, COUNT(*) AS arrive_delay_count
FROM airline_delay
WHERE year = 2008
AND arr_delay > 0
GROUP BY year, month
ORDER BY year, month;
```

쿼리문을 실행하면 2008년 1월부터 12월까지의 도착 지연 건수가 출력됩니다.

```
year,   month,   arrive_delay_count
-----------------------------------
2008,   1,       279427
2008,   2,       278902
2008,   3,       294556
```

```
2008,   4,      256142
2008,   5,      254673
2008,   6,      295897
2008,   7,      264630
2008,   8,      239737
2008,   9,      169959
2008,   10,     183582
2008,   11,     181506
2008,   12,     280493
(12 rows, 3.228 sec, 171 B selected)
```

조인

타조는 NATURAL 조인, INNER 조인, OUTER(LEFT, RIGHT, FULL) 조인을 지원합니다. 조인 조건은 두 가지 방식으로 표현할 수 있습니다. 첫째, ON 절에 조인 조건을 설정할 수 있습니다. 참고로 하이브는 ON 절로만 조인을 설정할 수 있습니다.

```
SELECT A.year, A.unique_carrier, B.description, COUNT(*)
FROM airline_delay A
JOIN carrier_code  B ON (A.unique_carrier = B.code)
WHERE A.arr_delay > 0
GROUP BY A.year, A.unique_carrier, B.description
ORDER BY A.year, A.unique_carrier, B.description;
```

둘째, WHERE 절에서 조인 조건을 표현할 수 있습니다. WHERE 절로 표현할 경우 조인 대상 테이블을 모두 FROM 절에 나열하고, 모든 조회 조건은 WHERE 절에서 설정하기 때문에 쿼리문의 가독성이 좋습니다. ON 절에서 예제로 사용한 쿼리문은 다음과 같이 WHERE 절을 사용하는 쿼리문으로 표현할 수 있습니다. 이 쿼리문은 항공 운항 지연 데이터와 항공사 코드 테이블에 조인을 걸어서 연도와 항공사별로 도착 지연 건수 합계를 조회합니다.

```
SELECT A.year, A.unique_carrier, B.description, COUNT(*)
FROM airline_delay A, carrier_code  B
WHERE A.unique_carrier = B.code
AND A.arr_delay > 0
GROUP BY A.year, A.unique_carrier, B.description
ORDER BY A.year, A.unique_carrier, B.description;
```

쿼리문을 실행하면 다음과 같이 1987년부터 항공사별 도착 지연 건수 합계가 출력됩니다. 1987년부터 출력되는 이유는 ORDER BY에 year를 설정했기 때문입니다.

```
year,  unique_carrier,  description,              ?count
---------------------------------------------------------
1987,  AA,              American Airlines Inc.,    83421
1987,  AS,              Alaska Airlines Inc.,      15316
1987,  CO,              Continental Air Lines Inc., 62300
1987,  DL,              Delta Air Lines Inc.,     142189
1987,  EA,              Eastern Air Lines Inc.,    60018
(중략)
```

19.6 파일 포맷

타조는 테이블을 생성할 때 다양한 파일 포맷을 적용할 수 있습니다. 표 19.5는 타조의 파일 포맷을 정리한 내용입니다.

표 19.5 타조에서 지원하는 파일 포맷

항목	텍스트 파일	시퀀스파일	RC파일	파케이
저장 기반	로우 기반	로우 기반	칼럼 기반	칼럼 기반
압축	파일 압축	레코드/블록 압축	블록 압축	블록 압축
스플릿 지원	지원	지원	지원	지원
압축 적용 시 스플릿 지원	미지원	지원	지원	지원
타조 키워드	CSV	SEQUENCEFILE	RCFILE	PARQUET

이번 절에서는 각 파일 포맷의 사용법을 알아보겠습니다.

19.6.1 텍스트 파일

타조의 기본 파일 포맷은 텍스트 파일입니다. 그래서 테이블을 생성할 때 별도의 파일 포맷을 설정하지 않으면 텍스트 파일로 테이블이 생성됩니다. 예제 19.10은 텍스트 파일을 생성하는 구문입니다.

```
CREATE TABLE table1 (
    id int,
    name text,
    score float,
    type text
) USING TEXT WITH('text.delimiter'='\u0001',
'text.null'='\\N',
'compression.codec'='org.apache.hadoop.io.compress.SnappyCodec');
```

텍스트 파일은 USING CSV 구문으로 생성할 수 있으며, WITH에 다음과 같은 옵션을 설정할 수 있습니다.

- text.delimiter: 필드 구분자 옵션이며, 기본값은 '|'입니다.

- text.null: 널값을 표기할 널 문자입니다. 기본값은 ''입니다. 참고로 하이브의 널 문자값은 '\\N'입니다.

- compression.codec: 데이터 압축 시 적용할 압축 코덱을 설정합니다. 하둡 압축 코덱(http://goo.gl/5St5AH)을 사용할 수 있으며, 기본값은 압축을 사용하지 않는 것으로 설정돼 있습니다.

- text.serde: 레코드의 직렬화 및 역직렬화를 담당하는 SerDe 클래스를 정의합니다. 텍스트 파일의 기본 SerDe 클래스는 org.apache.tajo.storage.TextSerializerDeserializer이며, 사용자가 정의한 SerDe 클래스도 사용할 수 있습니다.

19.6.2 시퀀스파일

타조는 시퀀스파일을 지원하며, 압축 및 바이너리 포맷 적용은 WITH 옵션으로 설정할 수 있습니다. 시퀀스파일에는 다음과 같은 WITH 옵션을 사용할 수 있습니다.

- sequencefile.null: 텍스트 포맷을 사용하는 경우의 널 문자입니다. 기본값은 ''입니다. 참고로 하이브의 널 문자값은 '\\N'입니다.

- compression.format: 레코드/블록 압축 여부를 설정합니다. 레코드 압축은 RECORD, 블록 압축은 BLOCK을 사용합니다.

- compression.codec: 데이터 압축 시 적용할 압축 코덱을 설정합니다. 하둡 압축 코덱(http://goo.gl/5St5AH)을 사용할 수 있으며, 기본값은 압축을 사용하지 않는 것으로 설정돼 있습니다.

- sequencefile.serde: 레코드의 직렬화 및 역직렬화를 담당하는 SerDe 클래스를 정의합니다. 텍스트 파일의 기본 SerDe 클래스는 TextSerializerDeserializer[1]이고, 바이너리 포맷의 경우 BinarySerializerDeserializer[2]를 사용합니다.

예제 19.11은 스내피 코덱으로 블록 압축을 하는 바이너리 포맷의 시퀀스파일 테이블 생성 구문입니다.

예제 19.11 시퀀스파일 테이블을 생성하는 구문

```
CREATE TABLE table1 (id int, name text, score float, type text)
USING SEQUENCEFILE WITH (
'compression.type'='BLOCK',
'compression.codec'='org.apache.hadoop.io.compress.SnappyCodec',
'sequencefile.serde'='org.apache.tajo.storage.BinarySerializerDeserializer')
```

19.6.3 RC 파일

타조는 컬럼 기반 스토리지인 RC 파일을 지원하며, 압축 및 바이너리 포맷 적용은 WITH 옵션으로 설정할 수 있습니다. RC 파일에는 다음과 같은 WITH 옵션을 사용할 수 있습니다.

- rcfile.null: 텍스트 포맷을 사용할 경우의 널 문자입니다. 기본값은 ''입니다. 참고로 하이브의 널 문자값은 '\\N'입니다.

- compression.codec: 데이터 압축 시 적용할 압축 코덱을 설정합니다. 하둡 압축 코덱(http://goo.gl/5St5AH)을 사용할 수 있으며, 기본값은 압축을 사용하지 않는 것으로 설정돼 있습니다.

- rcfile.serde: 레코드의 직렬화 및 역직렬화를 담당하는 SerDe 클래스를 정의합니다. 기본 SerDe 클래스는 BinarySerializerDeserializer[3]이고, 텍스트 포맷의 경우 TextSerializerDeserializer[4]를 사용합니다.

예제 19.12는 스내피 코덱으로 블록 압축을 하는 바이너리 포맷의 RC 파일 테이블 생성 구문입니다.

---

1 org.apache.tajo.storage.TextSerializerDeserializer
2 org.apache.tajo.storage.BinarySerializerDeserializer
3 org.apache.tajo.storage.BinarySerializerDeserializer
4 org.apache.tajo.storage.TextSerializerDeserializer

```
CREATE TABLE table1 (id int, name text, score float, type text)
USING RCFILE WITH (
 'compression.codec'='org.apache.hadoop.io.compress.SnappyCodec',
 'rcfile.serde'='org.apache.tajo.storage.BinarySerializerDeserializer')
```

19.6.4 파케이

파케이 포맷의 테이블은 USING PARQUET 구문으로 생성할 수 있습니다. 단 중첩된 형태의 칼럼 타입은 사용할 수 없습니다. 예제 19.13은 파케이 테이블을 생성하는 구문입니다.

예제 19.13 파케이 테이블을 생성하는 구문

```
CREATE TABLE table1 (
  id int,
  name text,
  score float,
  type text
) USING PARQUET;
```

시퀀스파일에는 다음과 같은 WITH 옵션을 사용할 수 있습니다.

- parquet.block.size: 메모리 버퍼에 사용되는 로우 그룹의 크기입니다. 이 값을 높게 설정할 경우 데이터 조회 속도도 함께 증가합니다. 단, 데이터를 저장할 때 더 많은 메모리를 소비하게 됩니다. 참고로 기본값은 128MB입니다.

- parquet.page.size: 블록은 페이지로 구성돼 있으며, 각 페이지는 하나의 레코드에 접근 할 때 반드시 조회해야만 하는 가장 작은 단위를 나타냅니다. 데이터를 조회할 때 각 페이지는 독립적으로 압축을 해제할 수 있습니다. 이 값을 너무 작게 설정하면 압축 성능이 저하될 수도 있습니다. 참고로 기본값은 1MB입니다.

- parquet.compression: 데이터 압축에 사용할 코덱을 설정합니다. 압축을 적용하지 않을 경우에는 none, 스내피는 snappy, LZO는 lzo, GZIP은 gzip을 사용합니다.

- parquet.enable.dictionary: 딕셔너리 사용 여부를 설정합니다. 기본값은 true로 설정돼 있습니다.

19.7 하이브 연동

이번 절에서는 타조 카탈로그와 하이브 메타스토어를 연동하는 방법을 알아보겠습니다. 타조는 모든 메타데이터를 CatalogServer에 저장하며, CatalogServer는 Catalog 인터페이스의 API를 호출하도록 설계돼 있습니다. Catalog 인터페이스는 테이블 생성, 테이블 조회, 함수 생성, 함수 조회 메타데이터 처리를 위한 기본적인 API를 제공합니다. CatalogServer 입장에서는 Catalog 인터페이스만 정확하게 구현돼 있다면 어떠한 데이터베이스라도 사용할 수 있습니다. 그림 19.16은 이러한 CatalogStore 인터페이스 구조를 나타냅니다.

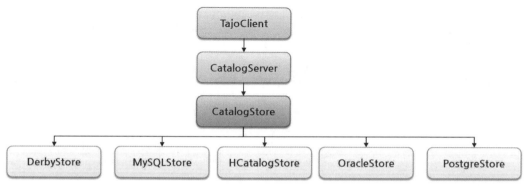

그림 19.16 CatalogStore 인터페이스 구조

그렇다면 타조 카탈로그와 하이브 메타스토어는 어떻게 연동해야 할까요? 타조 입장에서는 하이브 메타스토어도 하나의 카탈로그 서버일 뿐입니다. 하이브 메타스토어가 어떤 데이터베이스에 저장돼 있든 Catalog 인터페이스만 구현돼 있다면 수용할 수 있습니다.

그래서 타조는 HCatalog를 이용해 하이브 메타스토어와 연동합니다. HCatalog는 하둡 기반의 데이터 처리 시스템(하이브, 피그, 맵리듀스)을 위한 메타데이터 레이어로, 하둡 기반의 데이터 처리 시스템이 서로 메타데이터를 서로 공유할 수 있게 API를 제공합니다.

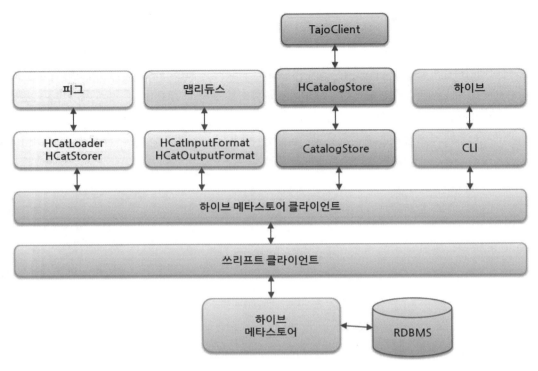

그림 19.17 HCatalog와 타조의 연동 구조

타조는 Catalog 인터페이스를 HCatalog가 제공하는 API로 구현한 HCatalogStore를 제공합니다. 그림 19.17은 HCatalog와 타조의 통합 구조를 나타냅니다.

하이브 사용자의 경우 이미 구현된 하이브 테이블이 많기 때문에 이를 쉽게 수정하거나 삭제할 수는 없을 것입니다. 하지만 타조의 HCatalog 연동 기능을 이용한다면 기존의 하이브 테이블을 타조에서 조회하고, 또한 타조에서 INSERT 구문을 실행할 수 있기 때문에 하이브 테이블 이관에 대한 부담을 줄일 수 있습니다.

타조에서 하이브 메타스토어를 이용하려면 우선 다음과 같이 타조를 빌드해야 합니다. 빌드할 때 Phcatalog-0.1x.0 옵션을 사용하는데, hive-0.14.0을 사용 중이라면 Phcatalog-0.14.0을 사용하면 됩니다.

```
mvn clean package -DskipTests -Pdist -Dtar -Phcatalog-0.1x.0
```

빌드가 완료되면 환경설정 변수에 하이브 관련 설정을 추가하면 됩니다. 우선 tajo-env.sh에 다음과 같이 하이브가 설치된 경로를 HIVE_HOME으로 설정하고, 하이브 메타스토어 접속에 사용하는 JDBC 드라이버 경로를 HIVE_JDBC_DRIVER_DIR로 설정하면 됩니다.

```
export HIVE_HOME=하이브 설치 경로
export HIVE_JDBC_DRIVER_DIR=JDBC 드라이버 경로/드라이버 파일명
```

마지막으로 catalog-site.xml에 다음과 같이 HCatalog를 CatalogServer로 사용하겠다고 설정하면 됩니다. 참고로 타조는 HIVE_HOME의 conf 디렉터리에 있는 hive-site.xml을 이용해 하이브 메타스토어에 접속합니다.

```xml
<?xml-stylesheet type="text/xsl" href="configuration.xsl"?>
<configuration>
 <property>
   <name>tajo.catalog.store.class</name>
   <value>org.apache.tajo.catalog.store.HCatalogStore</value>
 </property>
</configuration>
```

06

하둡 적용 사례

6부에서는 다양한 국내 하둡 적용 사례를 소개합니다. 네이버에서 전체
서비스의 사용자 콘텐츠를 모니터링하기 위해 구축한 하둡과 몽고디비
기반의 로그 분석 시스템을 비롯해 아프리카TV에서 구축한 하둡 기반의
추천 시스템, 마지막으로 타조를 이용한 코호트 분석 방법을 소개합니다.

하둡 적용 사례

이 장에서 다루는 내용
- 네이버: 하둡과 몽고디비를 이용한
  로그 분석 시스템
- 아프리카TV의 추천 시스템 구축 사례
- 타조를 이용한 코호트 분석

이번 장에서는 하둡을 실무에 적용하고 있는 다양한 사례를 소개하겠습니다. 이번 장에서 다룰 내용은 하둡을 어떤 업무에 적용하고, 어떻게 전체 시스템을 구성할지 고민하는 분께 많이 도움될 것입니다.

20.1 네이버: 하둡과 몽고디비를 이용한 로그 분석 시스템

이 글은 2011년 12월에 작성된 "Hadoop과 MongoDB를 이용한 로그분석시스템"(http://goo.gl/9wVMP)을 바탕으로 재작성한 것입니다. 네이버의 모니터링시스템개발팀에서는 전체 서비스에서 발생하는 UGC(User Generated Contents)를 모니터링하기 위한 xMon 시스템을 개발해서 운영하고 있었습니다. xMon은 최근 6개월의 UGC의 메타데이터와 그에 대한 많은 양의 로그 데이터를 20TB 규모의 오라클 스토리지에 저장합니다. 그리고 이 데이터를 처리하기 위해 128GB 메모리가 장착된 오라클 장비 3대를 사용해왔습니다.

참고로 이 시스템이 구축될 때 벤치마킹 대상이었던 솔루션들도 1년여 동안 많은 발전이 있었습니다. 실제로 이번 사례와 같은 시스템을 적용하려면 각 오픈소스 솔루션을 최신 버전으로 테스트해야 최적의 결과가 나올 것입니다. 또한 벤치마킹 대상에서 제외돼 있는 H베이스도 함께 테스트하길 권장합니다.

20.1.1 스토리지의 급격한 증가

UGC가 급격하게 증가하면서 데이터 보관 주기가 문제가 되기 시작했습니다. 또한 오라클 스토리지의 추가 비용도 무시할 수 없는 상황에 이르렀습니다. 표 20.1은 xMon의 오라클 스토리지의 사용 현황을 정리한 것입니다.

표 20.1 xMon 오라클 스토리지의 사용 현황

구분	남은 공간(GB)	사용 공간(GB)	전체 공간(GB)	사용률(%)
xmona	4,593	3,506	8,100	43.29
xmonb	2,768	5,619	8,387	66.99
xmonc	1,533	3,018	4,552	66.30

그림 20.1은 xMon의 2009년 10월부터 2011년 3월까지의 스토리지 사용 추이입니다.

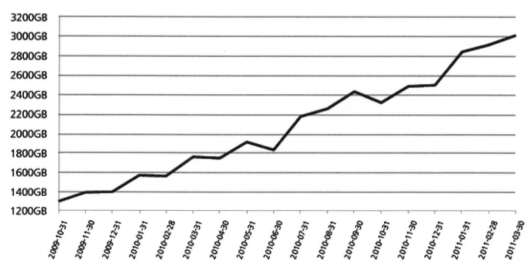

그림 20.1 xMon 오라클 스토리지의 사용 추이[1]

---

1 출처: http://goo.gl/2c9F4H

위와 같이 3대의 오라클 서버로 통계 작업을 진행해오던 중 기획 부서에서 다음과 같은 요구사항을 받게 됐습니다.

- 기존의 로그 데이터를 활용해 사용자 단위로 지표를 추출(최소 1일 1회 이상 추출)
- 기존 시스템에 사용자 단위 지표 조회 기능 추가

개발팀에서는 이 요구사항을 반영하기 위해 다양한 기술적인 검토를 시작했습니다.

20.1.2 통계 작업 솔루션 선정

지표를 추출하기 위한 테이블은 30~60개의 칼럼으로 구성된 로그성 테이블 형태이며, 테이블 간에 관계(Relation)가 없이 단순하게 설계돼 있습니다. 통계 작업은 오라클과 맵리듀스 프레임워크를 이용하는 두 가지 방법으로 접근했습니다.

20.1.2.1 오라클을 이용한 통계 작업

우선 오라클에서 SQL에서 해당 지표를 조회하는 테스트를 진행했습니다. 이미 다양한 통계 데이터를 제공하기 위해 PL/SQL과 여러 통계 테이블이 운영 중이어서 SQL만 추가하면 되기 때문입니다. SQL 성능만 보장된다면 가장 빠른 해법이기도 합니다. 예제 20.1은 유사한 통계 작업에서 실제로 활용하고 있는 SQL 문의 일부를 발췌한 내용입니다.

예제 20.1 최근 1개월에 대한 통계 SQL

```
INSERT INTO kpi_total_xxxxxx (dd, td,... )
SELECT /*+ index(b MSTR_CATE_PK) */
        SBUSTR(v_start_datehour, 1, 8)  dd, a.td,... SUM(cnt) as cnt,...
FROM    (SELECT /*+ parallel_index(cm 3) index_ss(cm CONT_MSTR_IDX01) */
            TO_CHAR(regist_date, 'YYYYMMDD') td,... COUNT(1) as cnt
        FROM    mstr cm
        WHERE   ...
AND cm.regist_date >= : LastDayOfMonth
        GROUP  BY TO_DATE(cm.regist_date, 'YYYYMMDD'), cm.category_id) a,
        mstr_cate b
WHERE   a.scode = b.scode ...
GROUP  BY a.td;
```

하지만 테스트 결과 SQL 문이 860분 동안이나 수행되고, 평소에 30~40% 정도였던 CPU 사용량이 60%까지 증가했습니다. SQL 문이 860분 동안 수행됐는데도 작업이 완료되지 않고 CPU 부하만 일으켜서 SQL을 강제로 종료시킬 수밖에 없었습니다. 결국 오라클을 이용한 접근법은 성능이 보장되지 않아 제외했습니다.

20.1.3 맵리듀스 프레임워크를 이용한 통계 작업

이번에는 맵리듀스 프레임워크에 대한 벤치마크 결과를 소개하겠습니다. 하둡 외에도 몽고디비, H베이스, CouchDB, Hypertable도 맵리듀스를 지원합니다. 모니터링시스템개발팀은 하둡과 몽고디비를 선정해서 테스트를 진행했습니다. NoSQL 중 몽고디비를 선택한 이유는 몽고디비가 도큐먼트 저장소(Document Store) 방식으로 로그를 순차적으로 저장하기에 편리하기 때문입니다. 참고로 몽고디비는 설치 및 개발이 쉽고 빠른 성능을 보장합니다. 몽고디비는 결합 인덱스 기능을 제공해 백만 건 정도의 데이터에 대한 인덱스를 1초 내로 생성할 수 있습니다. 또한 기존의 SQL을 사용하는 방식과 개념적으로 비슷해서 RDBMS에 익숙한 개발자가 빠르게 접근할 수 있습니다.

20.1.3.1 하둡을 이용한 통계 작업

하둡으로 데이터를 처리하려면 오라클의 데이터를 HDFS에 업로드해야 합니다. 이를 위해 오픈소스 ETL(Extract, Transform, Load) 솔루션인 펜타호(Pentaho)의 kettle을 이용해 오라클에 저장된 데이터를 추출한 후 가공해서 HDFS에 업로드했습니다.

하둡 클러스터는 독립 실행 모드와 완전 분산 모드를 모두 테스트했습니다. 완전 분산 모드는 그림 20.2와 같이 4개의 서버로 구성했습니다. 그리고 독립 실행 모드는 HDFS를 사용하지 않고 맵리듀스 프레임워크만 사용하기 때문에 하둡 데몬을 실행하지 않았습니다.

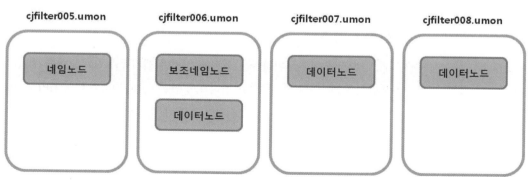

그림 20.2 하둡 완전 분산 모드의 구성도

테스트 서버는 표 20.2와 같은 사양으로 구성했으며, 모든 서버에 동일한 사양을 적용했습니다. 참고로 다음 절에서 소개할 몽고디비 테스트 서버도 이와 동일한 사양으로 준비했습니다.

표 20.2 하둡 테스트 서버 사양

리소스	내용
CPU	Intel(R) Xeon(R) CPU L5420@2.50GHz * 2 (8 코어)
MEM	32GB
HDD	814GB (300GB * 6대, RAID 0 + 1)
O/S	CentOS 5.2 x86_64

테스트 결과, 작은 양의 데이터를 처리할 때는 독립 실행 모드가 좋은 성능을 내고, 많은 양의 데이터를 처리할 때는 완전 분산 모드에서 더 좋은 결과가 나타났습니다. 표 20.3은 설치 모드에 따른 테스트 결과를 정리한 내용입니다.

표 20.3 하둡 테스트 결과

데이터 건수	파일 크기	독립 실행 모드	완전 분산 모드
10,000	2MB	1초	23초
100,000	25MB	3초	22초
1,000,000	248MB	20초	29초
10,000,000	2,480MB	183초	53초

완전 분산 모드는 1천만 건 이상부터 독립 실행 모드보다 더 좋은 성능을 발휘했습니다. 작은 데이터가 완전 분산 모드에서 성능이 좋지 않았던 이유는 데이터노드에서 맵 작업이 수행되는 것보다 셔플하는 데 드는 비용이 더 컸기 때문입니다.

20.1.3.2 몽고디비를 이용한 통계 작업

몽고디비는 로그를 순차적으로 저장하기에 용이하다는 장점도 있지만 맵리듀스 프로그램을 개발할 때 하둡보다 월등한 개발 생산성을 제공합니다. 동일한 맵리듀스 잡을 예제 20.2는 하둡 API로, 예제 20.3은 몽고디비 명령어로 구현한 코드입니다.

예제 20.2 하둡API를 이용한 맵리듀스 코드

```
//맵
public static class DailyIdCountMapClass extends Map-ReduceBase implements
Mapper<longwritable ,="" text,="" intwritable=""> {
  public void map(LongWritable key, Text value, OutputCollector<text ,="" intwritable="">
output, Reporter reporter) throws IOException {
    String line = value.toString();
    String[] tokens = line.split(UserIdConstants.COLUMN_SEPARATOR);
    String userKey = tokens[0];
    output.collect(new Text(userKey), new IntWritable(1));
  }
}
//리듀스
public static class DailyIdCountReduceClass extends Map-ReduceBase implements
Reducer<text ,="" intwritable,="" text,="" intwritable=""> {
  public void reduce(Text key, Iterator<intwritable> values, OutputCollector<text ,=""
intwritable=""> output,
    Reporter reporter) throws IOException {
    int sum = 0;
    while (values.hasNext()) {
      sum += values.next().get();
    }
    output.collect(key, new IntWritable(sum));
  }
```

예제 20.3 몽고디비를 이용한 맵리듀스 코드

```
m = function() { emit(this.user_id, 1); }//맵
> r = function(k,vals) { return 1; }//리듀스
> res = db.wklog_user.Map-Reduce(m, r);
```

예제 코드를 비교해보면 몽고디비를 이용했을 때가 훨씬 단순하게 구현돼 있습니다. 하둡 스트리밍을 이용하면 스크립트 언어로 단순하게 구현할 수 있지만 몽고디비만큼 간단명료하게 구현되지는 않습니다. 또한 하둡은 맵리듀스 잡의 로그가 분산된 데이터노드에 저장되어 디버깅하기도 쉽지 않

습니다. 그리고 맵리듀스 프로그램을 수정할 때마다 프로젝트를 다시 빌드하고, JAR 파일을 생성해야 하기 때문에 유지보수하는 데도 불편함이 있습니다.

이렇게 막강한 개발 생산성을 제공함에도 불구하고 몽고디비 대신 하둡을 통계 작업 시스템으로 결정하게 됐습니다. 표 20.4를 보면 왜 이러한 선택을 했는지 알 수 있습니다. 참고로 몽고디비에 대한 시스템 구성은 그림 20.3과 같습니다.

표 20.4 몽고디비 테스트 결과

데이터 건수	파일 크기	몽고디비
10,000	2MB	1초
100,000	25MB	12초
1,000,000	248MB	65초
10,000,000	2,480MB	805초

데이터가 작을 경우에는 하둡과 큰 차이가 없지만 100만 건은 2배, 천만 건의 경우 10배 이상 성능 차이가 납니다. 이러한 성능 차이 때문에 하둡이 통계 작업 시스템으로 선정된 것입니다.

20.1.4 통계 결과 저장소 선정

하둡에서 처리한 통계 결과를 웹에서 실시간으로 조회하려면 별도의 스토리지에 통계 결과를 저장하고 있어야 합니다. 오라클은 스토리지 증가에 대한 비용과 제약 때문에 배제됐으며, 대표적인 NoSQL 솔루션인 카산드라와 몽고디비를 대상으로 벤치마크를 진행했습니다. 카산드라는 페이스북에서 개발한 NoSQL로, Column/Column Family Data Store 방식의 데이터 모델을 사용하며, 구글의 빅 테이블 데이터 모델과 Dynamo의 분산 기술을 결합해서 구현돼 있습니다.

표 20.5는 카산드라와 몽고디비에서 데이터 읽기 및 쓰기를 테스트한 결과입니다. 참고로 카산드라와 몽고디비는 모두 단일 노드로 구성해서 테스트를 진행했습니다. 표를 보면 카산드라에서 쓰기 성능이 현저하게 떨어지는 것을 확인할 수 있습니다. 쓰기 성능이 차이 나는 이유는 카산드라와 몽고디비의 구조적인 차이 때문입니다.

표 20.5 몽고디비와 카산드라의 데이터 읽기 및 쓰기 성능 비교

테스트 구분	기준	몽고디비	카산드라(30개 열)	카산드라(2개 열)
쓰기	10만 건	3,551초	1057,437초	32,980초
전체 읽기	10만 건	54,362초	측정 불가	
임의 읽기	임의 1건 탐색	1,162초	(1시간 대기 응답 없음)	
CPU		3%	20%	15%

몽고디비는 도큐먼트 기반이라서 RDBMS의 1행에 해당하는 단위를 단 한 번의 입력으로 끝낼 수 있습니다. 하지만 칼럼 기반인 카산드라는 열 단위로 입력해야 하기 때문에 입력해야 할 열이 많을수록 처리 시간이 지연될 수밖에 없습니다. 카산드라에서 열을 2개 사용할 때가 30개를 사용할 때보다 성능이 좋았지만 그래도 몽고디비보다 성능이 너무 떨어져서 적용 대상에서 제외됐습니다.

카산드라와의 성능 테스트를 할 때는 단일 노드로 구성했지만 최종적으로 그림 20.3과 같이 5대의 서버로 몽고디비를 구성했습니다. 참고로 네트워크 장애가 발생할 경우 여러 서버가 설치된 샤드 구성이 올바르지 않아서 데이터 정합성이 보장되지 못할 수 있습니다. 이를 위해 cbat05.umon 서버처럼 arbiter 서버를 설정해야 합니다.

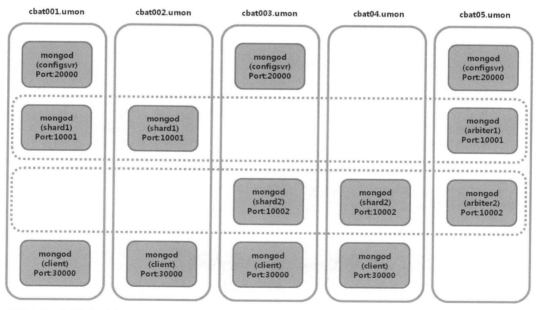

그림 20.3 몽고디비 클러스터의 구성

20.1.5 최종 시스템 구성

최종 시스템은 하둡과 몽고디비를 결합해서 그림 20.4와 같이 구성됐습니다.

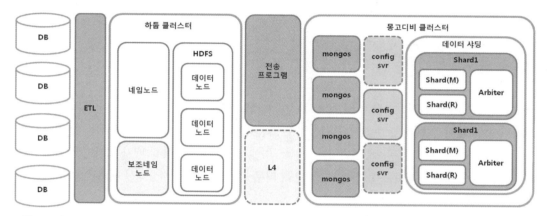

그림 20.4 최종 통계 시스템 구성

이 통계 시스템은 다음과 같은 단계로 통계 작업을 수행합니다.

1. 오라클 데이터베이스에서 집계할 대상 데이터를 선정합니다.
2. ETL 도구를 이용해 데이터를 추출합니다.
3. 추출 데이터를 HDFS 데이터노드에 저장합니다.
4. 하둡 클러스터의 네임노드에서 맵리듀스 잡을 수행합니다.
5. 전송 애플리케이션을 이용해 맵리듀스 작업 결과를 전송합니다.
6. 몽고디비에 저장된 통계 데이터는 지표 조회 시스템에서 조회됩니다.

전송 프로그램은 몽고디비에서 제공하는 API를 이용해 데이터를 저장합니다. 그리고 하둡 클러스터와 몽고디비의 사이에는 로드 밸런서인 L4 스위치를 구성해 몽고디비 서버의 부하를 분산하는 것이 좋습니다.

20.2 아프리카TV의 추천 시스템 구축 사례

인터넷 방송 기반의 SNS 플랫폼인 아프리카TV는 실시간 대용량 데이터를 처리할 수 있는 기반 시스템을 구축했으며, 이를 통해 방송 추천과 랭킹 서비스를 제공하고 있습니다. 이번 절에서는 위와 같은 대용량 기반 시스템에서 추천 시스템이 어떠한 방식으로 구성돼 있는지 알아보겠습니다.

20.2.1 실시간 대용량 처리 기반 시스템

우선 아프리카TV의 실시간 대용량 처리 시스템에 대해 알아보겠습니다. 그림 20.5는 이 시스템의 구조와 데이터 흐름을 보여줍니다.

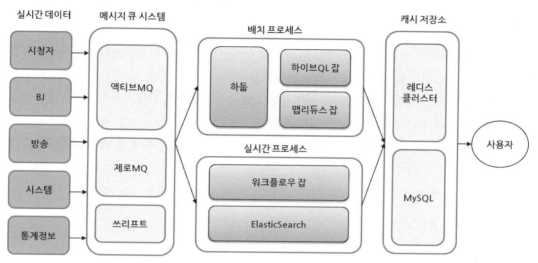

그림 20.5 실시간 대용량 처리 기반 시스템 구조도

데이터 흐름은 그림의 왼쪽부터 오른쪽으로 순차적으로 진행됩니다. 시청자, BJ(Broadcasting Jockey: 방송 진행자)에서 실시간으로 발생하는 데이터는 메시지 큐 시스템에 수집됩니다. 메시지 큐 시스템은 수집된 데이터를 적절한 데이터 프로세스에 전달하는 역할을 하며, 대표적인 큐 시스템인 액티브MQ(ActiveMQ)와 제로MQ(ZeroMQ), 다양한 프로그래밍 언어와의 호환을 위한 쓰리프트(Thrift)를 사용합니다.

메시지 큐 시스템에서 라우팅하는 데이터는 배치 프로세스와 실시간 프로세스에 전달됩니다. 배치 프로세스는 HDFS에 저장한 후, 이를 질의 기반의 하이브와 맵리듀스 잡으로 처리됩니다. 그리고 실시간 프로세스에서는 방송 건수를 집계하는 워크플로우 잡과 랭킹 서비스를 위한 엘라스틱서치(ElasticSearch)가 사용됩니다. 각 프로세스에서 처리된 데이터는 메모리 캐시인 레디스(Redis) 클러스터와 DBMS인 MySQL에 저장되어 사용자에게 제공됩니다.

20.2.2 하둡과 하이브 도입 배경

아프리카TV의 일간 순방문자 수는 300만 명이고, 일일 방송 개설 개수는 10만 개, 일일 방송 시청 횟수는 2천만 건에 달할 만큼 트래픽의 양이 많습니다. 이러한 트래픽하에서 생성되는 대용량 데이터를 저장하기 위해서는 하둡이 가장 적합한 솔루션입니다. 또한 단순한 저장소로만 사용하는 것이 아니라 맵리듀스와 하이브를 배치 분석에 적용하면서 하둡의 활용성을 높였습니다.

특히 하이브를 도입한 배경은 맵리듀스에 비해 질의 방식이 추천 조건을 튜닝하기에 용이하기 때문입니다. 추천 시스템을 운영하다 보면 다양한 항목을 지속적으로 수정할 필요가 있습니다. 하지만 매번 맵리듀스 프로그램을 수정, 컴파일, 배포하는 과정을 반복한다면 개발 프로세스가 더디게 진행될 것입니다. 이러한 단점을 극복하고자 하이브를 도입했으며, 현재 BJ 관심도 측정을 위한 대부분의 작업을 하이브 질의로 처리하고 있습니다. 또한 레디스 클러스터에 데이터를 저장하는 작업도 하이브 UDF 기반으로 처리하고 있습니다.

20.2.3 추천 시스템

이제 추천 시스템의 시스템 구조와 데이터 흐름을 알아보겠습니다.

20.2.3.1 데이터 흐름

추천 시스템을 이해하려면 우선 추천 데이터의 흐름을 이해해야 합니다. 그림 20.6은 추천 시스템의 데이터 흐름을 보여줍니다.

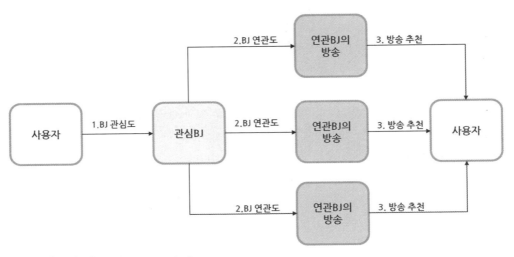

* BJ: 방송 진행자(Broadcasting Jockey)

그림 20.6 추천 시스템의 데이터 흐름

각 단계는 다음과 같이 동작합니다.

1. 전체 사용자의 기호 정보를 분석해 각 사용자의 관심BJ를 찾아냅니다.
2. 전체 BJ의 연관 관계를 분석한 후 BJ 연관도를 생성합니다.
3. BJ연관도를 이용해 사용자의 관심BJ와 유사한 BJ의 방송을 분석한 후, 각 방송을 해당 사용자에게 추천합니다.

추천 시스템은 위와 같은 데이터 흐름을 기반으로 관심BJ 측정 시스템과 유사BJ 측정 시스템으로 구성됩니다. 이제 각 서브 시스템의 상세 구조를 알아보겠습니다.

20.2.3.2 BJ 관심도 측정 시스템

BJ관심도는 각 분석 항목별 파라미터 튜닝이 용이하도록 하이브QL을 이용해 분석합니다. 그리고 하이브에서 분석한 결과는 빠른 데이터 제공이 가능하도록 캐시 시스템인 레디스 클러스터에 저장하게 됩니다. 그림 20.7은 이러한 BJ 관심도를 측정하기 위한 시스템 아키텍처를 보여줍니다.

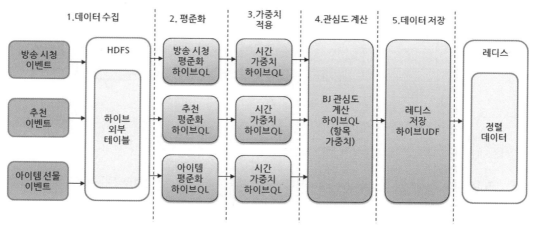

그림 20.7 BJ 관심도 측정 시스템 아키텍처

위 시스템은 다음과 같은 순서로 동작합니다.

1. 사용자의 방송 시청 이력, 방송별 추천 이력, BJ별 아이템 선물 이력은 HDFS에 저장됩니다. 이 데이터들은 BJ관심도 분석에 이용되며, 하이브에서 외부(External) 테이블 형태로 저장합니다.
2. 전체 사용자의 평균값을 이용해 각 항목의 값을 평준화합니다.
3. 평준화된 값에 시간 가중치를 부여합니다. 최근 일자일수록 더 높은 가중치를 부여합니다.

4. 각 항목별 가중치를 적용한 후 하이브QL을 이용해 관심도를 계산합니다.

5. 하이브 UDF를 이용해 BJ관심도를 레디스 클러스터에 저장합니다.

20.2.3.3 BJ 연관도 측정 시스템

BJ 연관도 시스템은 맵리듀스를 기반으로 데이터를 처리하며, 최종 데이터는 빠른 서비스를 위해 레디스 클러스터에 저장됩니다. 그림 20.8은 BJ연관도 측정을 위한 시스템 아키텍처를 보여줍니다.

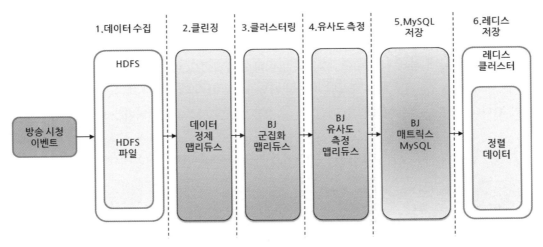

그림 20.8 BJ 연관 측정 시스템 아키텍처

위 시스템은 다음과 같은 순서로 합니다. 참고로 한 시간 단위 배치 작업으로 실행됩니다.

1. BJ연관도는 기본적으로 사용자의 방송 시청 이력을 토대로 측정합니다. 이를 위해 모든 사용자의 방송 시청 이력을 HDFS에 저장합니다.

2. 클러스터링을 편리하게 진행하도록 데이터를 정제하는 맵리듀스 잡을 실행합니다.

3. 유사할 것 같은 BJ들끼리 묶어주는 클러스터링 맵리듀스 잡을 실행합니다. 이때 클러스터링 기법은 그래프 클러스터링을 이용합니다.

4. 클러스터링이 실행되면 여러 개의 클러스터가 생성됩니다. 이 단계에서는 각 클러스터 내 BJ 간의 유사도를 계산하는 맵리듀스 잡을 실행합니다. 이때 유사도를 측정하는 데 아이템의 비율을 측정하는 코사인 유사도(Cosine Similarity) 알고리즘을 적용합니다.

5. 유사도 측정 결과는 관리자가 문제가 되는 BJ를 삭제하거나, 또는 관리자가 유사도 가중치를 조정할 수 있도록 MySQL에 저장합니다.

6. MySQL에서 수정된 데이터는 레디스 클러스터에 저장합니다.

위와 같은 한 시간 배치 작업으로는 실시간으로 방송되고 있는 콘텐츠를 반영할 수가 없습니다. 예를 들어, 현재 월드컵 경기가 진행 중이라면 다른 방송보다는 월드컵 관련 방송을 추천해야만 합니다. 그래서 BJ별 실시간 방송 현황을 집계하는 시스템을 추가로 구축했습니다. 그림 20.9는 이 시스템의 아키텍처를 나타냅니다.

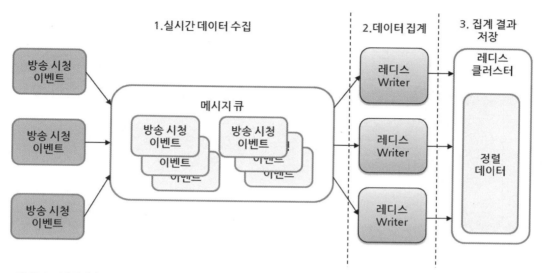

그림 20.9 BJ별 실시간 방송 현황 집계 시스템

위 시스템은 다음과 같은 순서로 동작합니다.

1. 실시간 방송 시청 이력을 메시지 큐 시스템인 ActiveMQ에 저장합니다.
2. 레디스에 데이터를 저장하는 Writer 프로그램은 ActiveMQ에 저장된 데이터를 조회해 BJ별 방송 건수를 집계합니다.
3. 집계된 데이터는 레디스 클러스터에 저장합니다.

20.2.3.4 추천 그래프

이제 X축은 BJ 관심도, Y축은 연관BJ로 하는 추천 그래프를 생성합니다. 각 사용자로부터 거리를 계산한 후 추천 데이터로 제공합니다. 그림 20.10은 예제 추천 그래프를 나타내며, 사용자와 각 방송 사이의 화살표에 거리가 기재돼 있습니다.

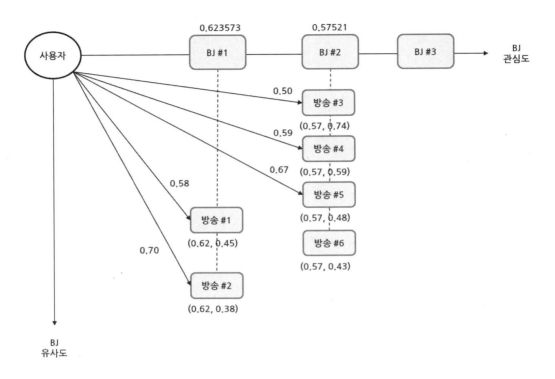

그림 20.10 추천 그래프

사용자에게는 기본적으로 거리가 가까운 순으로 방송을 추천하며, 시청 가능한 방송만 추천되도록 오프라인된 방송의 가중치를 낮게 조정합니다. 그리고 조금 덜 인기 있는 방송들이 추천될 수 있도록 BJ 랭킹이 높은 BJ의 방송과 많이 추천되는 방송의 추천 순위를 낮춥니다.

아프리카TV는 이러한 추천 데이터를 이용해 기본 추천, 랭킹 역 빈도 추천, 연관 역 빈도 추천, 관심 카테고리 추천과 같은 다양한 추천 서비스를 제공합니다. AB테스트 결과에 따르면 인기방송 랭킹이 제공되는 서비스에 대비해 추천 서비스의 클릭률이 전반적으로 높은 것으로 측정됐습니다. 참고로 인기방송의 평균 클릭률은 2.3%, 카테고리 추천 평균 클릭률은 6.1%로 측정됐습니다.

20.3 타조를 이용한 코호트 분석

코호트(Cohort) 분석은 소비자를 그룹으로 구분해 시간의 흐름에 따라 각 그룹별로 성과 및 여러 액션을 측정하는 분석 방법입니다. 예를 들어, 코호트 분석을 이용할 경우 다음과 같은 성과를 측정할 수 있습니다.

- 가입자의 잔존율(Retention)
- 특정 고객 그룹(예: 국가, 나이, 도시, 성별 등)의 제품 사용 빈도
- 특정 월에 가입한 사용자를 분류해 각 사용자의 성과를 트래킹

코호트 분석은 주로 온라인 서비스에서 많이 활용되며, 최근 스타업에 유용한 분석 기법으로 자주 소개되고 있습니다. 이번 절에서는 아파치 타조를 이용한 코호트 분석 방법을 소개하겠습니다.

20.3.1 데이터 준비

여기서는 18장에서 사용한 TPC-H 벤치마크 데이터셋의 orders 테이블을 대상으로 코호트 분석을 진행할 것입니다. 표 20.6은 orders 테이블의 스키마를 정리한 내용입니다. 참고로 18.1.4절에서 orders 테이블의 데이터를 이미 하둡으로 임포트했다고 가정합니다.

표 20.6 orders 테이블 스키마

칼럼	내용	칼럼 타입
o_orderkey	주문번호	integer
o_custkey	고객번호	integer
o_orderstatus	주문상태	char(1)
o_totalprice	주문금액	decimal(15,2)
o_orderdate	주문일자	date
o_orderpriority	주문 우선순위	char(15)
o_clerk	점원 이름	char(15)
o_shippriority	배송 우선순위	integer
o_comment	코멘트	varchar(79)

우선 타조에 코호트 분석을 위한 데이터베이스를 생성합니다.

```
default> create database cohort;
OK
default> \c cohort;
You are now connected to database "cohort" as user "hadoop".
```

그리고 타조에서 예제 20.4와 같이 외부 테이블을 생성합니다.

예제 20.4 타조용 orders 테이블 생성 구문

```
CREATE EXTERNAL TABLE orders (o_orderkey int, o_custkey int,
o_orderstatus text,  o_totalprice float, o_orderdate text, o_orderpriority text,
o_clerk text, o_shippriority int, o_comment text)
USING CSV WITH ('text.delimiter'=',')
LOCATION 'hdfs://localhost:9010/user/hadoop/orders';
```

orders 테이블을 조회하면 데이터가 출력되는 것을 확인할 수 있습니다.

```
cohort> select * from orders limit 3;
o_orderkey,  o_custkey,  o_orderstatus,  o_totalprice,  o_orderdate,  o_orderpriority,  o_clerk,
o_shippriority,  o_comment
-------------------------------
1,  36901,  0,  173665.47,  1996-01-02,  5-LOW,  Clerk#000000951,  0,  nstructions sleep
furiously among
2,  78002,  0,  46929.18,  1996-12-01,  1-URGENT,  Clerk#000000880,  0,   foxes. pending
accounts at the pending, silent asymptot
3,  123314,  F,  193846.25,  1993-10-14,  5-LOW,  Clerk#000000955,  0,  sly final accounts
boost. carefully regular ideas cajole carefully. depos
(3 rows, 0.051 sec, 164.0 MiB selected)
```

20.3.2 코호트 정의

우선 특정 월의 첫 번째 구매자를 그룹(코호트)으로 묶고, 각 그룹의 이후의 월 단위 재구매 패턴을
비교 분석할 것입니다. 예제 20.5는 1992년 1월부터 6월 사이의 주문 고객을 코호트 그룹으로 묶는
질의문입니다.

```
CREATE TABLE cohort AS
SELECT o_custkey, -- 고객번호
  min(o_orderdate) as cohort_date, -- 최초 주문일
  min(substr(o_orderdate, 0, 8)) cohort_id -- 코호트 그룹ID
FROM orders
WHERE o_orderdate BETWEEN '1992-01-01' AND '1992-06-30'
GROUP BY o_custkey
ORDER BY o_custkey;
```

예제 20.5를 실행한 후 cohort 테이블을 조회하면 다음과 같이 데이터가 출력됩니다.

```
cohort> select * from cohort limit 3;
o_custkey,  cohort_date,  cohort_id
------------------------------
1,   1992-04-19,  1992-04
2,   1992-04-05,  1992-04
4,   1992-04-26,  1992-04
(65315 rows, 0.053 sec, 2.4 MiB selected)
```

20.3.3 재구매 패턴 분석

이제 코호트 그룹의 고객들의 재구매 패턴을 분석해보겠습니다. 예제 20.6은 코호트 그룹과 orders 테이블을 조인한 후 코호트 그룹의 주문 총액과 평균 주문액을 계산하는 질의문입니다.

예제 20.6 재구매 패턴 분석용 질의문

```
-- cohort, 주문 월, 주문자 수, 주문 건수, 주문 총액, 평균 주문액
CREATE TABLE cohort_analysis AS
SELECT c.cohort_id,
  substr(o_orderdate,0,8) as order_month,
  count(distinct(o.o_custkey)) as buyer_cnt,
  count(o.o_orderkey) as order_cnt,
  round(sum(o.o_totalprice)) as amount,
  round(avg(o.o_totalprice)) as avg_amount
FROM    orders o
```

```
JOIN cohort c ON o.o_custkey = c.o_custkey
WHERE  o.o_orderdate between '1992-01-01' and '1992-06-30'
GROUP BY c.cohort_id, substr(o_orderdate,0,8)
ORDER BY c.cohort_id, substr(o_orderdate,0,8) ASC
```

만약 cohort 테이블을 생성하지 않았다면 예제 20.7과 같이 서브쿼리 형태로 재구매 패턴을 분석할 수도 있습니다.

예제 20.7 서브쿼리를 이용한 재구매 패턴 분석용 질의문

```
CREATE TABLE cohort_analysis AS
SELECT c.cohort_id,
    substr(o_orderdate,0,8) as order_month,
    count(distinct(o.o_custkey)) as buyer_cnt,
    count(o.o_orderkey) as order_cnt,
    round(sum(o.o_totalprice)) as amount,
    round(avg(o.o_totalprice)) as avg_amount
FROM   orders o JOIN (
    SELECT o_custkey,
    min(o_orderdate) as cohort_date,  min(substr(o_orderdate,0,8)) as cohort_id
    FROM   orders
    WHERE o_orderdate between '1992-01-01' and '1992-06-30'
    GROUP BY o_custkey
) c ON o.o_custkey = c.o_custkey
WHERE  o.o_orderdate between '1992-01-01' and '1992-06-30'
GROUP BY c.cohort_id, substr(o_orderdate,0,8)
ORDER BY c.cohort_id, substr(o_orderdate,0,8) ASC
```

분석 질의문을 실행한 후 cohort_analysis 테이블을 조회하면 다음과 같이 데이터가 출력됩니다.

```
cohort> select * from cohort_analysis;
cohort_id,  buyer_cnt,  order_cnt,  amount,  avg_amount
cohort_id,  order_month,  buyer_cnt,  order_cnt,  amount,  avg_amount
-----------------------------
1992-01,  1992-01,  17409,  19330,  2924475520,  151292
1992-01,  1992-02,  3117,  3486,  527538064,  151330
```

```
1992-01,  1992-03,  3342,  3802,  570538560,  150063
1992-01,  1992-04,  3231,  3621,  541002048,  149407
(중략)
1992-01,  1992-05,  3379,  3797,  567691136,  149510
1992-05,  1992-06,  1338,  1482,  222910456,  150412
1992-06,  1992-06,  6227,  6816,  1031019040,  151265
(21 rows, 0.047 sec, 916 B selected)
```

마지막으로 재구매 패턴의 시각화를 진행하겠습니다. 우선 cohort_analysis 테이블 데이터를 이용해 엑셀에서 피벗 테이블을 생성합니다. 그림 20.11은 행 레이블은 cohort 그룹ID, 열 레이블은 주문 월, 값 항목은 평균 주문액 합계로 설정한 피벗 테이블입니다.

합계 : avg_amount	열 레이블						
행 레이블	1992-01	1992-02	1992-03	1992-04	1992-05	1992-06	총합계
1992-01	151,292	151,330	150,063	149,407	149,510	152,193	903,795
1992-02		150,624	153,407	151,847	148,187	149,797	753,862
1992-03			150,328	152,783	149,548	154,045	606,704
1992-04				151,178	149,859	148,542	449,579
1992-05					152,174	150,412	302,586
1992-06						151,265	151,265
총합계	151,292	301,954	453,798	605,215	749,278	906,254	3,167,791

그림 20.11 cohort_analysis 데이터의 피벗 테이블

위 테이블은 각 코호트 그룹의 첫 구매 이후의 평균 주문액 합계를 나타냅니다. 필자는 데이터를 쉽게 이해하도록 그림 20.12와 같이 테이블을 수정했습니다. 열 레이블은 첫 구매월부터 5달 후까지로 설정하고, 각 칼럼값을 해당 월로 이동시켰습니다.

Cohort	첫 구매월	1달 후	2달 후	3달 후	4달 후	5달 후
1월 첫 구매 그룹	151,292	151,330	150,063	149,407	149,510	152,193
2월 첫 구매 그룹	150,624	153,407	151,847	148,187	149,797	
3월 첫 구매 그룹	150,328	152,783	149,548	154,045		
4월 첫 구매 그룹	151,178	149,859	148,542			
5월 첫 구매 그룹	152,174	150,412				
6월 첫 구매 그룹	151,265					

그림 20.12 재구매 분석 결과 테이블

마지막으로 위 테이블을 이용해 그림 20.13과 같은 꺾은선 차트를 생성했습니다.

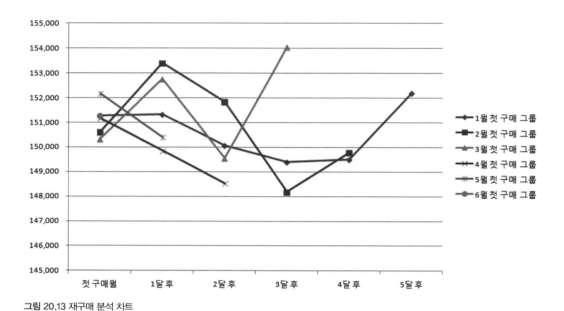

그림 20.13 재구매 분석 차트

차트를 보면 4월과 5월 첫 구매자 그룹은 재구매가 감소하지만 2월과 3월 첫 구매자 그룹은 3달 후부터는 재구매가 증가하는 것을 확인할 수 있습니다.

Appendix A

하둡 개발 환경 설정

이 장에서 다루는 내용
- 이클립스
- 메이븐
- Git

부록에서는 하둡 애플리케이션을 개발하기 위한 개발 환경을 구성하겠습니다. 여기서는 편리한 개발을 위해 개발 툴, 빌드 도구, 버전 관리 도구 등 다양한 툴을 설치할 것입니다.

A.1 이클립스

이클립스(Eclipse)란 애플리케이션을 개발할 때 실용적인 개발 환경을 제공하는 통합 개발 환경 (IDE; Integrated Development Environment)입니다. IBM에서 시작된 오픈소스 프로젝트로서 자바 언어로 구현돼 있으며 http://www.eclipse.org/downloads/에서 내려받을 수 있습니다.

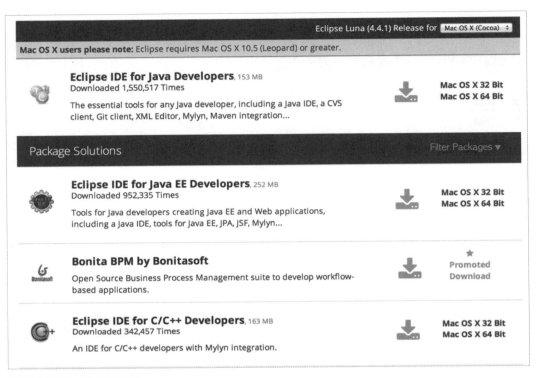

그림 A.1 이클립스 다운로드 페이지

다운로드 페이지에 접속하면 다양한 버전의 이클립스가 나오는데, 이 중에서 각자의 운영체제와 개발 목적에 해당하는 버전을 선택하면 됩니다. 참고로 필자는 맥 OS X 버전의 "Eclipse IDE for Java Developers"를 내려받았습니다.

이클립스는 압축 파일 형태로 배포됩니다. 설치할 때 별도의 설치 마법사를 실행하는 것이 아니라 압축 파일을 풀고 실행 파일을 실행하기만 하면 됩니다. 즉, 윈도우에서는 eclipse.exe, 맥 OS X에서는 eclipse를 실행하면 됩니다.

단, 이클립스로 자바 애플리케이션을 개발할 경우 반드시 JDK가 설치돼 있어야 합니다. 윈도우의 경우 반드시 시스템 환경변수에 JAVA_HOME이라는 환경변수로 자바 설치 디렉터리를 설정해야 합니다.

A.2 메이븐

메이븐(maven)은 빌드 관리 도구이며, 오픈소스로(http://maven.apache.org/) 공개돼 있습니다.
메이븐은 빌드 설정을 자유롭게 지정할 수 있으며, 지정된 규칙에 빌드 설정 코드를 배치함으로써
컴파일, 문서화 등 여러 작업을 자동으로 수행할 수 있습니다. 이클립스, 인텔리제이 같은 개발 도구
에도 메이븐 플러그인이 포함돼 있어서 손쉽게 메이븐을 사용할 수 있습니다.

A.2.1 메이븐 설치

메이븐을 설치하는 방법은 매우 간단합니다. 먼저 메이븐 다운로드 페이지(http://maven.apache.
org/download.cgi)에 접속합니다(그림 A.2 참고).

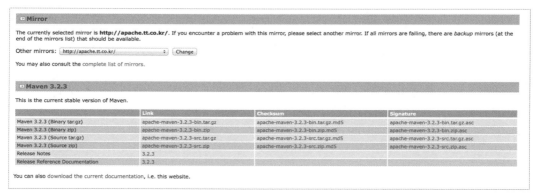

그림 A.2 메이븐 다운로드 페이지

위 사이트에서 메이븐 바이너리 파일을(apache-maven-3.2.3-bin.zip 혹은 apache-maven-
3.2.3-bin.tar.gz)을 내려받습니다. 그런 다음 메이븐 바이너리 파일의 압축을 풉니다.

```
tar xvfz apache-maven-3.2.3-bin.tar.gz
```

압축이 풀린 디렉터리를 리눅스 프로파일(/etc/profile)에 추가합니다. 예를 들어, 메이븐이 /usr/
local/apache-maven-3.2.3-bin에 설치됐다면 다음과 같은 설정을 추가합니다.

```
export PATH=$PATH:/usr/local/apache-maven-3.2.3-bin/bin
```

끝으로 다음과 같이 mvn 명령어를 실행했을 때 메이븐 관련 로그가 출력되면 메이븐이 제대로 설치된 것입니다.

```
[root@wikibooks01 ~]# mvn
[INFO] Scanning for projects...
[INFO] ------------------------------------------------------------------------
[INFO] BUILD FAILURE
[INFO] ------------------------------------------------------------------------
[INFO] Total time: 0.141 s
[INFO] Finished at: 2014-11-08T12:29:25+09:00
[INFO] Final Memory: 5M/56M
[INFO] ------------------------------------------------------------------------
[ERROR] No goals have been specified for this build. You must specify a valid lifecycle phase or
a goal in the format <plugin-prefix>:<goal> or <plugin-group-id>:<plugin-artifact-id>[:<plugin-
version>]:<goal>. Available lifecycle phases are: validate, initialize, generate-sources,
process-sources, generate-resources, process-resources, compile, process-classes, generate-test-
sources, process-test-sources, generate-test-resources, process-test-resources, test-compile,
process-test-classes, test, prepare-package, package, pre-integration-test, integration-test,
post-integration-test, verify, install, deploy, pre-clean, clean, post-clean, pre-site, site,
post-site, site-deploy. -> [Help 1]
[ERROR]
[ERROR] To see the full stack trace of the errors, re-run Maven with the -e switch.
[ERROR] Re-run Maven using the -X switch to enable full debug logging.
[ERROR]
[ERROR] For more information about the errors and possible solutions, please read the following
articles:
[ERROR] [Help 1] http://cwiki.apache.org/confluence/display/MAVEN/NoGoalSpecifiedException
```

A.2.2   이클립스와의 연동

이번에는 이클립스에서 메이븐용 프로젝트를 생성하겠습니다. 우선 메뉴에서 "New"를 선택한 후 "New Maven Project"를 선택합니다. 그림 A.3은 "New Maven Project"의 설정 화면입니다. 그림에 나온 대로 첫 번째와 두 번째 체크박스를 체크합니다. 그런 다음 "Use default workspace location"에 있는 "Browse" 버튼을 클릭해 프로젝트에서 사용할 경로를 설정합니다.

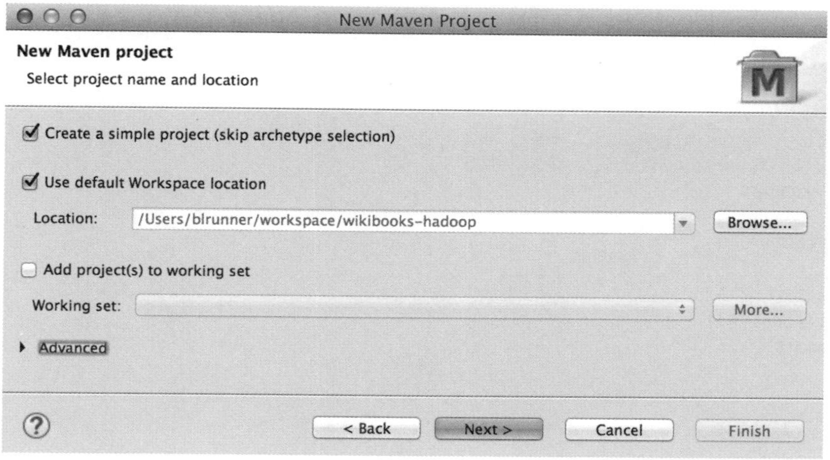

그림 A.3 New Maven Project 설정

경로 설정이 완료되면 화면 하단에 있는 "Next" 버튼을 클릭합니다. "Next" 버튼을 클릭하면 그림 A.4와 같은 화면이 나타납니다. 이 화면은 메이븐 프로젝트의 상세 정보를 설정하는 화면입니다. 그림에 나온 것처럼 Group Id, Artifact Id, Version 정보를 입력합니다.

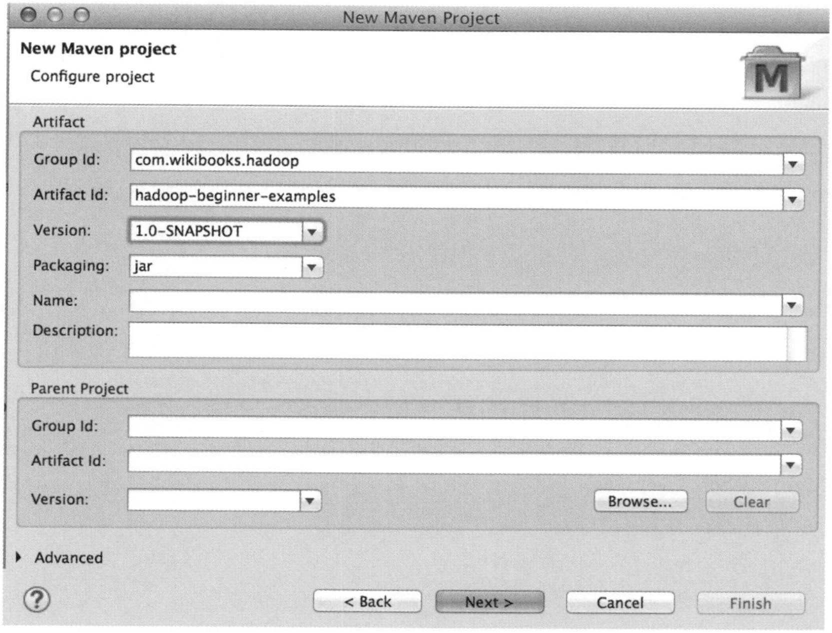

그림 A.4 New Maven Project의 상세 정보

이제 메이븐 프로젝트 생성을 위한 설정이 완료됐습니다. 화면 하단의 "Finish" 버튼을 클릭하면 그림 A.5와 같이 프로젝트가 만들어집니다.

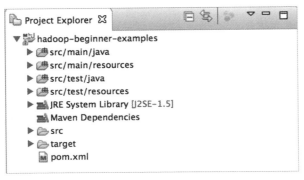

그림 A.5 메이븐 프로젝트의 디렉터리 구조

그림 A.5의 디렉터리 구조는 메이븐 프로젝트의 기본 디렉터리 구조입니다. 메이븐 프로젝트에서는 src 디렉터리에 모든 소스코드가 들어갑니다. 이때 src 디렉터리는 main 디렉터리와 test 디렉터리로 나뉘며, main 디렉터리에는 프로젝트의 메인 소스코드가 들어가고 test 디렉터리에는 메인 소스코드를 테스트하는 코드가 들어갑니다. pom.xml 파일에는 메이븐 프로젝트의 설정 정보가 담기며, target 디렉터리에는 프로젝트를 빌드한 결과물이 생성됩니다.

이제 pom.xml 파일에 하둡 관련 설정을 추가하겠습니다. 앞서 설명한 대로 빌드 정보를 설정하면 메이븐이 자동으로 빌드를 진행합니다. 메이븐에는 dependencies라는 속성이 있어서 해당 프로젝트가 필요한 라이브러리를 자동으로 내려받습니다. 이를 위해 pom.xml 파일에 예제 A.1과 같은 코드를 추가합니다.

예제 A.1 pom.xml

```
<properties>
    <project.build.sourceEncoding>UTF-8</project.build.sourceEncoding>
    <project.reporting.outputEncoding>UTF-8</project.reporting.outputEncoding>
    <hadoop.version>1.2.1</hadoop.version>
</properties>

<repositories>
    <repository>
        <id>repository.jboss.org</id>
```

```xml
        <url>https://repository.jboss.org/nexus/content/repositories/releases/
        </url>
        <snapshots>
          <enabled>false</enabled>
        </snapshots>
      </repository>
    </repositories>

    <dependencies>
      <dependency>
        <groupId>org.apache.hadoop</groupId>
        <artifactId>hadoop-core</artifactId>
        <version>${hadoop.version}</version>
      </dependency>
      <dependency>
        <groupId>org.apache.hadoop</groupId>
        <artifactId>hadoop-client</artifactId>
        <version>${hadoop.version}</version>
      </dependency>
    </dependencies>

    <build>
      <plugins>
        <plugin>
          <groupId>org.apache.maven.plugins</groupId>
          <artifactId>maven-antrun-plugin</artifactId>
          <version>1.7</version>
          <dependencies>
            <dependency>
              <groupId>org.apache.ant</groupId>
              <artifactId>ant-jsch</artifactId>
              <version>1.9.1</version>
            </dependency>
            <dependency>
              <groupId>com.jcraft</groupId>
              <artifactId>jsch</artifactId>
              <version>0.1.50</version>
```

```
              </dependency>
           </dependencies>
           <executions>
             <execution>
               <phase>install</phase>
               <goals>
                 <goal>run</goal>
               </goals>
               <configuration>
                 <tasks>
                   <taskdef name="scp" classname="org.apache.tools.ant.taskdefs.optional.ssh.Scp"
classpathref="maven.dependency.classpath" />
                   <scp file="target/${project.artifactId}-${project.version}.jar"
todir="userId:userPwd@targetHost:targetDirectory" />
                 </tasks>
               </configuration>
             </execution>
           </executions>
         </plugin>
       </plugins>
     </build>
```

properties: 메이븐 프로젝트의 기본 속성 정보입니다. 이 책에서는 소스코드와 결과물의 인코딩 타입을 UTF-8로 설정했습니다. 그리고 hadoop.version이라는 사용자 정의 속성을 추가하고, 1.2.1로 값을 설정했습니다. 이 책에서 작성한 예제를 다른 버전의 하둡에 배포할 경우 이 속성의 값을 수정하면 됩니다.

- **repositories**: 메이븐 프로젝트에 필요한 라이브러리를 내려받을 저장소입니다.

- **dependencies**: 메이븐 프로젝트에 필요한 라이브러리입니다.

- **plugins**: 메이븐에서는 다양한 플러그인을 사용할 수 있습니다. 필자는 빌드된 파일을 서버에 배포하기 위해 scp 명령어를 사용하기 위한 플러그인을 사용했습니다. 이 경우 scp 속성을 자신의 환경에 맞게 설정합니다.

  예) `todir="hadoop:12345@wikibooks01:/home/hadoop/hadoop-1.2.1`

이제 메이븐 프로젝트를 빌드하겠습니다. 메뉴에서 "Run As"를 선택한 후 "Maven Build"를 선택합니다. "Maven Build"를 선택하면 그림 A.6과 같은 화면이 나타납니다.

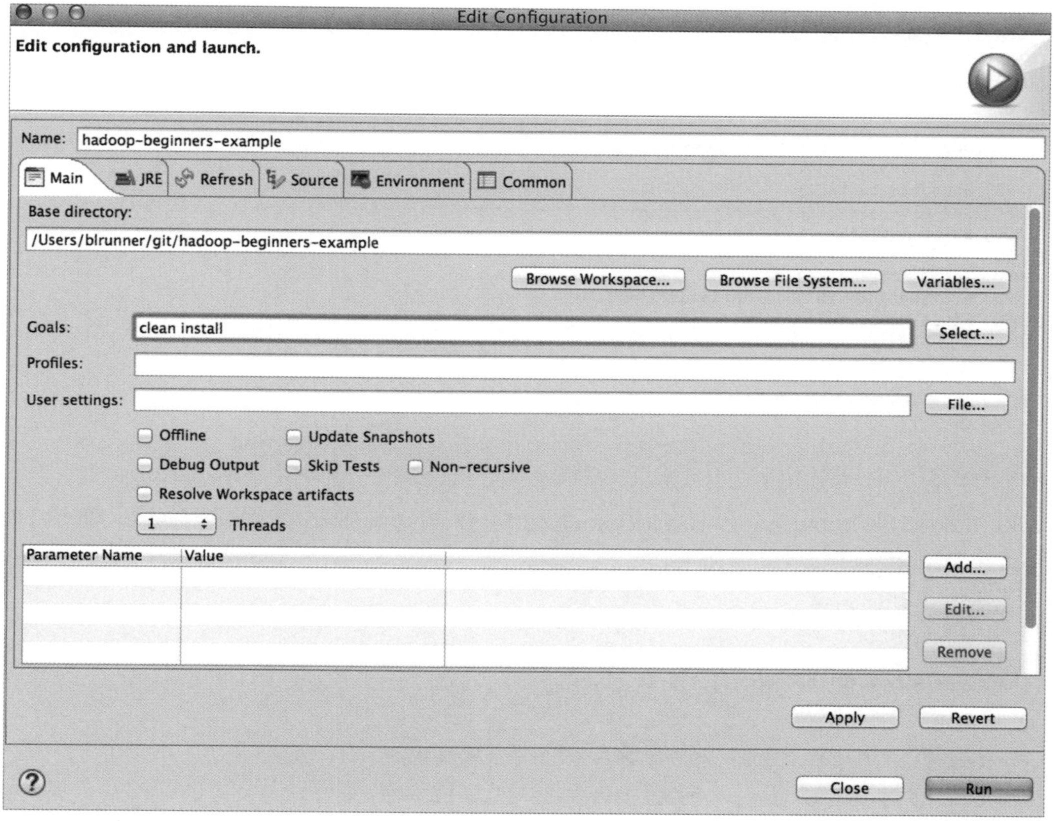

그림 A.6 메이븐 프로젝트 실행 설정

그림 A.6은 메이븐 프로젝트의 실행 정보를 설정하는 화면입니다. 골(Goal)이란 메이븐에서 실행할수 있는 작업을 의미합니다. 필자는 clean으로 target 디렉터리를 삭제하고, install로 빌드된 결과를 로컬 디렉터리에 배포되도록 설정했습니다. 이때 로컬 디렉터리는 target 디렉터리를 의미하며, 로컬 디렉터리에 배포한 후 예제 A.1에서 설정한 대로 하둡 클러스터로 배포됩니다. clean install 을 입력한 후 "Run"을 실행하면 그림 A.7과 같이 빌드가 수행됩니다.

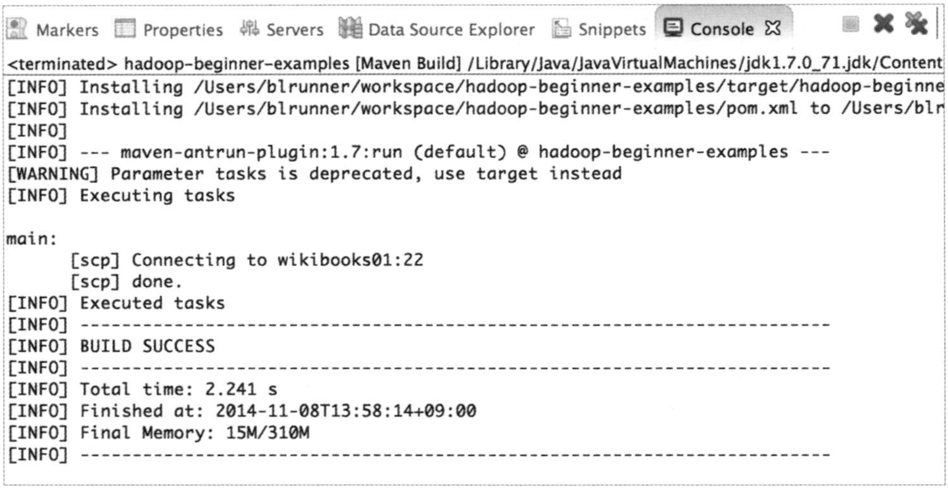

그림 A.7 메이븐 프로젝트의 실행 결과

마지막으로 SCP 명령어가 정상적으로 수행됐는지 확인합니다. 필자의 경우 hadoop 계정으로 wikibooks01의 /home/hadoop/hadoop-1.2.1 디렉터리에 복사되도록 설정했습니다. 해당 디렉터리를 확인해 보면 다음과 같이 hadoop-beginner-examples-1.0-SNAPSHOT.jar라는 파일이 복사된 것을 확인할 수 있습니다.

```
[hadoop@wikibooks01 hadoop-1.2.1]$ ls -l
합계 8468
-rw-r--r--.  1 hadoop hadoop  493744 2013-07-23 07:26 CHANGES.txt
-rw-r--r--.  1 hadoop hadoop   13366 2013-07-23 07:26 LICENSE.txt
-rw-r--r--.  1 hadoop hadoop     101 2013-07-23 07:26 NOTICE.txt
-rw-r--r--.  1 hadoop hadoop    1366 2013-07-23 07:26 README.txt
(중략)
-rw-r--r--.  1 hadoop hadoop    6842 2013-07-23 07:26 hadoop-ant-1.2.1.jar
-rw-r--r--.  1 hadoop hadoop   52284 2014-11-08 13:48 hadoop-beginner-examples-1.0-SNAPSHOT.jar
-rw-r--r--.  1 hadoop hadoop     414 2013-07-23 07:26 hadoop-client-1.2.1.jar
-rw-r--r--.  1 hadoop hadoop 4203147 2013-07-23 07:26 hadoop-core-1.2.1.jar
-rw-r--r--.  1 hadoop hadoop  142726 2013-07-23 07:26 hadoop-examples-1.2.1.jar
-rw-r--r--.  1 hadoop hadoop     417 2013-07-23 07:26 hadoop-minicluster-1.2.1.jar
-rw-r--r--.  1 hadoop hadoop 3126576 2013-07-23 07:26 hadoop-test-1.2.1.jar
-rw-r--r--.  1 hadoop hadoop  385634 2013-07-23 07:26 hadoop-tools-1.2.1.jar
(생략)
```

A.3 Git

깃(Git)이란 리누스 토르발스(Linux Torvalds)가 리눅스 커널의 소스를 관리하기 위해 만든 버전 관리 시스템입니다. 깃은 분산형 버전 관리 시스템(Distributed Version Control System; DVCS)로서 서브버전(SVN)과는 달리 로컬 저장소에 소스를 커밋하고, 푸시(push)라는 동작을 통해 원격 저장소에 소스를 반영합니다. 깃은 효율적인 소스 브랜치 관리, 빠른 속도, 분산 환경 등의 장점이 있습니다. 참고로 깃의 동작 원리와 사용법은 http://git-scm.com/book/ko/v1에 상세히 설명돼 있으니 참고하기 바랍니다.

최근에는 깃허브(http://www.github.com)라는 서비스가 깃의 확산에 앞장서고 있습니다. 깃허브는 깃을 사용하는 프로젝트를 호스팅하는 서비스입니다. 트위터, 페이스북, 야후, EMI 같은 글로벌 기업들이 깃허브를 사용하고 있으며, 대형 오픈소스 프로젝트들도 깃허브에서 프로젝트를 관리하고 있습니다. 깃허브는 유료 서비스와 무료 서비스가 모두 제공되며, 개인의 경우 대부분 무료 서비스를 이용합니다. 필자는 이 책에서 사용하는 예제 코드를 깃허브(https://github.com/blrunner/hadoop-beginners-example)[1]에 공개했으며, 누구나 이 소스를 내려받을 수 있습니다.

A.3.1 깃 설치

이번 절에서는 깃의 설치 방법과 이클립스와 깃을 연동하는 방법을 설명하겠습니다. 우선 다음과 같이 깃이 설치돼 있는지 확인합니다. 이미 깃이 설치돼 있다면 버전 정보가 출력됩니다.

```
[hadoop@wikibooks01 hadoop-1.2.1]$ git --version
git version 1.7.1
```

아직 깃이 설치돼 있지 않다면 yum 명령어로 깃을 설치합니다(레드햇 계열 운영체제에서는 yum을, 우분투 및 데비안 계열 운영체제에서는 apt-get을 이용합니다).

```
[root@wikibook01 apache-maven-3.2.3]# yum install git
```

이제 필자가 작성한 예제 코드를 깃의 clone 명령어로 내려받습니다.

```
[hadoop@wikibooks01 ~]$ git clone https://github.com/blrunner/hadoop-beginners-example.git
Initialized empty Git repository in /home/hadoop/hadoop-beginners-example/.git/
```

---

[1] http://git.io/FKswxg

```
remote: Counting objects: 54, done.
remote: Compressing objects: 100% (29/29), done.
remote: Total 54 (delta 21), reused 54 (delta 21)
```

내려받기가 완료되면 hadoop—beginners—example 디렉터리가 만들어집니다. 이 디렉터리를 확인해 보면 다음과 같이 src 디렉터리와 pom.xml 파일이 출력됩니다.

```
[hadoop@wikibooks01 ~]$ ls -l hadoop-beginners-example/
합계 8
-rw-rw-r--. 1 hadoop hadoop 2478 2014-11-08 14:57 pom.xml
drwxrwxr-x. 3 hadoop hadoop 4096 2014-11-08 14:57 src
```

마지막으로 hadoop—beginners—example에서 빌드를 실행합니다.

```
[hadoop@wikibooks01 hadoop-beginners-example]$ mvn clean install
[INFO] Scanning for projects...
[INFO]
[INFO] ------------------------------------------------------------------------
[INFO] Building hadoop-beginner-examples 1.0-SNAPSHOT
[INFO] ------------------------------------------------------------------------
[INFO]
[INFO] --- maven-clean-plugin:2.5:clean (default-clean) @ hadoop-beginner-examples ---
[INFO] Deleting /home/hadoop/hadoop-beginners-example/target
[INFO]
(중략)
[INFO] Installing /home/hadoop/hadoop-beginners-example/target/hadoop-beginner-examples-1.0-
SNAPSHOT.jar to /home/hadoop/.m2/repository/com/wikibooks/hadoop/hadoop-beginner-examples/1.0-
SNAPSHOT/hadoop-beginner-examples-1.0-SNAPSHOT.jar
[INFO] Installing /home/hadoop/hadoop-beginners-example/pom.xml to /home/hadoop/.m2/repository/
com/wikibooks/hadoop/hadoop-beginner-examples/1.0-SNAPSHOT/hadoop-beginner-examples-1.0-
SNAPSHOT.pom
[INFO] ------------------------------------------------------------------------
[INFO] BUILD SUCCESS
[INFO] ------------------------------------------------------------------------
[INFO] Total time: 4.537 s
[INFO] Finished at: 2014-11-08T15:03:28+09:00
[INFO] Final Memory: 16M/56M
[INFO] ------------------------------------------------------------------------
```

빌드가 완료된 후 target 디렉터리를 조회하면 jar 파일이 생성된 것을 확인할 수 있습니다.

```
[hadoop@wikibooks01 hadoop-beginners-example]$ ls -l target/
합계 64
drwxrwxr-x. 3 hadoop hadoop  4096 2014-11-08 15:03 classes
-rw-rw-r--. 1 hadoop hadoop 52124 2014-11-08 15:03 hadoop-beginner-examples-1.0-SNAPSHOT.jar
drwxrwxr-x. 2 hadoop hadoop  4096 2014-11-08 15:03 maven-archiver
drwxrwxr-x. 3 hadoop hadoop  4096 2014-11-08 15:03 maven-status
```

참고로 필자는 깃허브에 공개된 pom.xml 파일에는 ant 플러그인 기능을 주석으로 처리했습니다.
아울러 빌드 후 SCP 명령어를 실행하려면 SCP 관련 옵션을 설정한 후 주석을 해제해야 합니다.

A.3.2 이클립스와 깃 연동

이번 절에서는 이클립스와 깃을 연동하겠습니다. 이클립스에서는 깃과 연동하는 플러그인을 제공하
며, 여기서는 깃허브에 등록된 이 책의 예제 코드를 이클립스에서 내려받은 다음 소스코드를 빌드할
것입니다. 우선 메뉴에서 Import를 선택하면 그림 A.8과 같은 화면이 나타납니다.

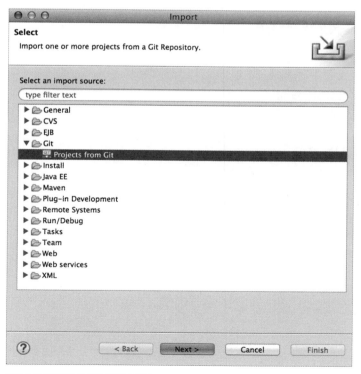

그림 A.8 이클립스의 깃 프로젝트 임포트

위 화면에서 "Git → Projects from Git" 메뉴를 선택합니다. 그런 다음 화면 하단의 "Next" 버튼을 클릭하면 그림 A.9와 같은 깃 저장소 설정 화면이 나타납니다.

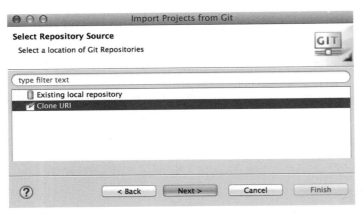

그림 A.9 깃 저장소 설정

원격에 있는 깃허브 저장소와 연동할 것이므로 두 번째 항목인 "Clone URI"를 선택합니다. 이 항목을 선택한 후 화면 하단의 "Next" 버튼을 클릭하면 그림 A.10과 같은 화면이 나타납니다.

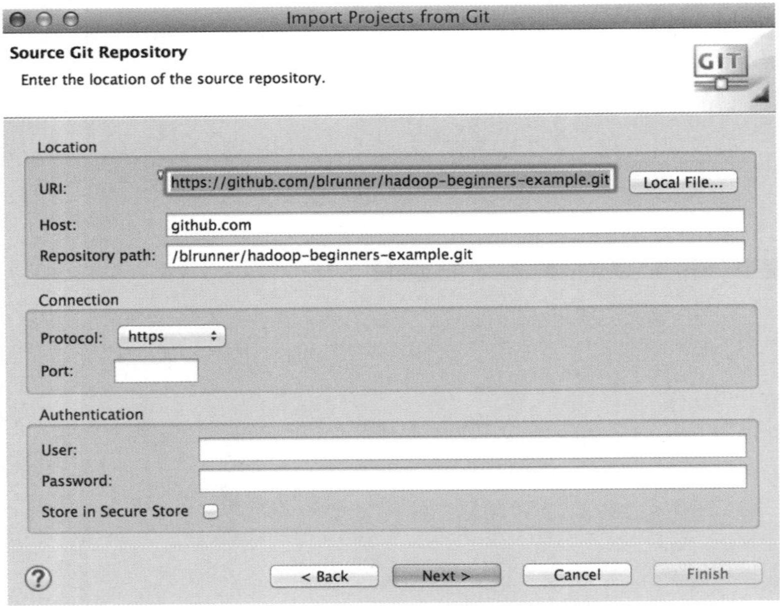

그림 A.10 깃 원격 저장소 설정

위 그림은 깃 원격 저장소 정보를 설정하는 모습입니다. URI 항목에 https://github.com/blrunner/hadoop-beginners-example.git를 입력합니다. 그러면 이클립스가 URI를 인식해 자동으로 Host와 Repository Path를 설정합니다. 두 항목이 출력되면 화면 하단의 "Next" 버튼을 클릭합니다. "Next"를 클릭하면 그림 A.11과 같은 화면이 나타납니다.

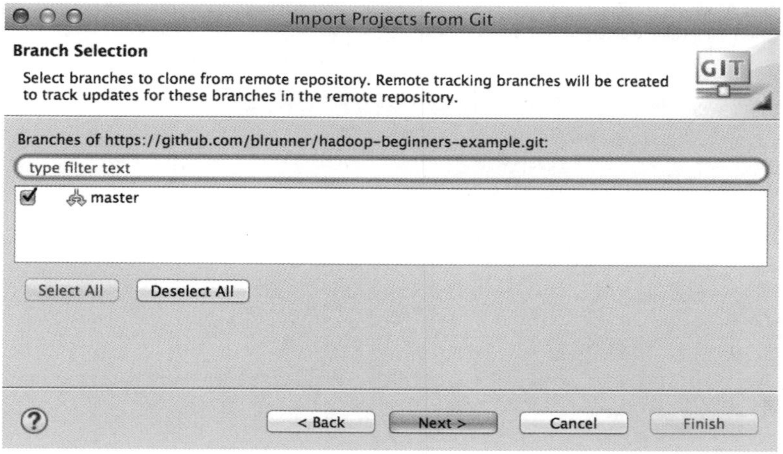

그림 A.11 깃 브랜치 선택

위 화면에서 깃 저장소의 브랜치를 선택합니다. master를 선택한 후 "Next" 버튼을 클릭합니다. "Next" 버튼을 클릭하면 그림 A.12와 같은 화면이 나타납니다.

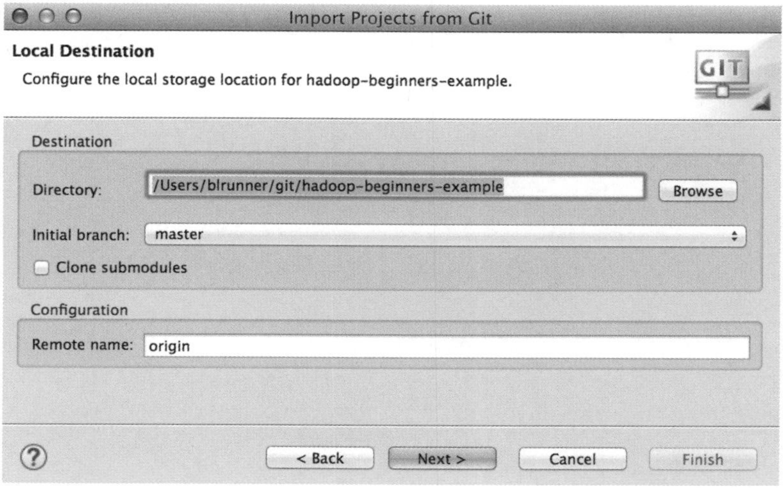

그림 A.12 깃 로컬 저장소 설정

앞서 깃을 설명할 때 깃에서 커밋을 하면 로컬 저장소에 먼저 커밋한다고 했습니다. 위 화면은 깃의 로컬 저장소의 경로를 설정하는 화면입니다. 디렉터리를 설정한 후 "Next" 버튼을 클릭하면 그림 A.13과 같은 화면이 나타납니다.

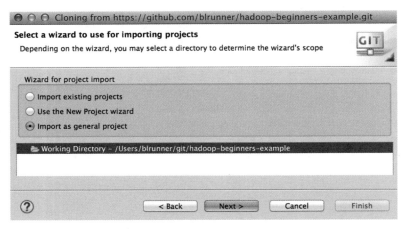

그림 A.13 프로젝트 임포트 유형 선택

위 화면에서 프로젝트 임포트 방식을 선택합니다. 세 번째 항목을 선택한 후 "Next" 버튼을 클릭합니다. 마지막으로 그림 A.14와 같은 화면이 나타납니다.

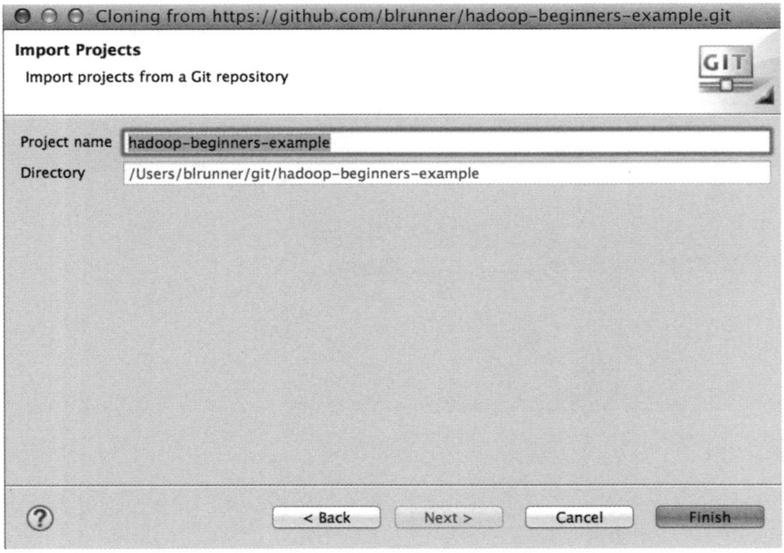

그림 A.14 프로젝트 임포트 완료

그림 A.14는 프로젝트 임포트를 완료하는 화면이며, 화면 하단의 "Finish"를 클릭하면 프로젝트 임포트가 완료됩니다. 임포트가 완료되면 이클립스 좌측의 "Project Explorer"에 pom.xml 파일과 src 디렉터리가 나타납니다. 이때 src 디렉터리를 클릭하면 그림 A.15와 같이 다양한 디렉터리와 소스 파일을 확인할 수 있습니다.

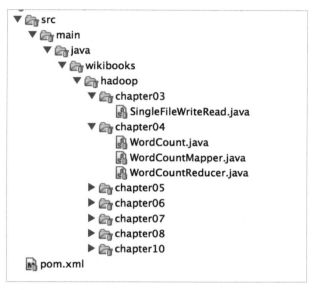

그림 A.15 프로젝트를 임포트한 결과

참고로 프로젝트를 빌드하려면 "Run As → Maven Build" 메뉴를 선택한 후 goal 항목에 "clean install"을 입력하면 됩니다.

Appendix B

HDFS 롤링 업그레이드

하둡을 운영하다 보면 여러 가지 이유로 업그레이드해야 하는 경우가 발생합니다. 예를 들어, 치명적인 버그가 최신 버전에서 패치되거나, 사용하고 싶은 하둡 에코시스템이 특정 하둡 버전에서만 설치 가능한 경우가 있습니다.

하지만 상용 서비스에서 하둡 클러스터를 운영 중이라면 업그레이드 작업이 상당한 부담이 될 수 있습니다. 우선 기존의 업그레이드 방법은 하둡 클러스터를 종료한 후 진행하기 때문에 하둡을 이용하는 서비스도 함께 중지해야 합니다. 그리고 데이터노드의 블록 정보를 갱신하는 작업에도 상당히 많은 시간이 걸립니다. 여러 대의 디스크에 블록이 나눠서 저장돼 있을 경우, 각 디스크를 병렬로 처리하지 않고 디스크 순서대로 블록 정보를 갱신하게 됩니다. 그 결과 디스크 개수가 많거나 디스크에 저장된 블록이 많을수록 업그레이드 작업에 시간이 오래 걸립니다. 결국 상용 서비스의 서비스 중단 시간이 예상 시간보다 훨씬 더 길어질 수 있습니다.

B.1 HDFS 롤링 업그레이드란?

이러한 문제점을 해결하기 위해 하둡 커뮤니티에서는 하둡 2.4.0 버전부터 HDFS 롤링 업그레이드라는 기능을 제공합니다. HDFS 롤링 업그레이드는 네임노드 HA가 구성된 HDFS를 무중단 상태에서 업그레이드하는 기능입니다. 업그레이드 과정에서 클라이언트들은 계속해서 하둡에 파일을 읽고 쓸 수 있습니다. 또한 업그레이드 중 문제가 발생하더라도 손쉽게 이전 버전으로 복원할 수 있습니다.

그리고 현재 버전이 롤링 업그레이드를 지원하는 경우에만 롤링 업그레이드가 가능합니다. 예를 들어, 하둡 2.4.0에서 2.7.1 버전으로 올리거나 하둡 2.6.0에서 2.7.2 버전으로 업그레이드하는 경우에 롤링 업그레이드를 할 수 있습니다. 하지만 하둡 2.2.0에서 2.6.0으로 업그레이드하는 경우에는 예전 방식대로 하둡 클러스터를 중지하고 업그레이드를 진행해야 합니다.

B.2 HDFS 롤링 업그레이드 실행하기

이제 HDFS 롤링 업그레이드 작업 과정을 살펴보겠습니다. 여기서는 표 B.1과 같이 구성된 하둡 2.4.0 버전의 클러스터를 하둡 2.7.2 버전으로 업그레이드하겠습니다.

표 B.1 HDFS 롤링 업그레이드용 테스트 환경 구성

호스트명	하둡 설치 내용
wikibooks01	주키퍼, 액티브 네임노드, 저널노드, 데이터노드
wikibooks02	주키퍼, 스탠바이 네임노드, 저널노드, 데이터노드
wikibooks03	주키퍼, 저널노드, 데이터노드
wikibooks04	데이터노드

참고로 이 책에서 사용한 하둡 2.4.0 버전은 하둡 전체 버전을 모아둔 https://archive.apache.org/dist/hadoop/core 페이지에서 내려받을 수 있습니다.

HDFS 롤링 업그레이드 작업은 기존 방식보다는 조금 복잡한 편입니다. 그럼 단계별 작업 과정을 알아보겠습니다.

B.2.1 롤링 업그레이드 준비

1. 우선 새로운 버전의 하둡 설치 파일을 전체 클러스터에 배포합니다.

```
[hadoop@wikibooks01 ~]$ wget https://archive.apache.org/dist/hadoop/core/hadoop-2.7.2/hadoop-2.7.2.tar.gz
[hadoop@wikibooks01 ~]$ scp hadoop-2.7.2.tar.gz wikibooks02:/home/hadoop
[hadoop@wikibooks01 ~]$ scp hadoop-2.7.2.tar.gz wikibooks03:/home/hadoop
[hadoop@wikibooks01 ~]$ scp hadoop-2.7.2.tar.gz wikibooks04:/home/hadoop
[hadoop@wikibooks01 ~]$ ssh wikibooks02 "cd /home/hadoop; tar xfz hadoop-2.7.2.tar.gz"
[hadoop@wikibooks01 ~]$ ssh wikibooks03 "cd /home/hadoop; tar xfz hadoop-2.7.2.tar.gz"
[hadoop@wikibooks01 ~]$ ssh wikibooks04 "cd /home/hadoop; tar xfz hadoop-2.7.2.tar.gz"
```

2. 기존 버전의 설정 파일을 새로운 버전의 하둡에 복사합니다.

```
[hadoop@wikibooks01 ~]$ cp /home/hadoop/hadoop-2.4.0/etc/hadoop/* /home/hadoop/hadoop-2.7.2/etc/hadoop/
[hadoop@wikibooks01 ~]$ ssh wikibooks02 "cp /home/hadoop/hadoop-2.4.0/etc/hadoop/* /home/hadoop/hadoop-2.7.2/etc/hadoop/"
[hadoop@wikibooks01 ~]$ ssh wikibooks03 "cp /home/hadoop/hadoop-2.4.0/etc/hadoop/* /home/hadoop/hadoop-2.7.2/etc/hadoop/"
[hadoop@wikibooks01 ~]$ ssh wikibooks04 "cp /home/hadoop/hadoop-2.4.0/etc/hadoop/* /home/hadoop/hadoop-2.7.2/etc/hadoop/"
```

3. 기존 HDFS의 롤백용 fsimage 파일을 생성합니다.

```
[hadoop@wikibooks01 hadoop-2.4.0]$ ./bin/hdfs dfsadmin -rollingUpgrade prepare
PREPARE rolling upgrade ...
Preparing for upgrade. Data is being saved for rollback.
Run "dfsadmin -rollingUpgrade query" to check the status
for proceeding with rolling upgrade
  Block Pool ID: BP-1996689603-192.168.56.120-1456678322540
     Start Time: Mon Feb 29 01:54:51 KST 2016 (=1456678491556)
  Finalize Time: <NOT FINALIZED>
```

4. rollingUpgrade 명령어의 query 옵션을 이용해 롤백용 fsimage 파일의 상태를 체크합니다.

```
[hadoop@wikibooks01 hadoop-2.4.0]$ ./bin/hdfs dfsadmin -rollingUpgrade query
QUERY rolling upgrade ...
Preparing for upgrade. Data is being saved for rollback.
Run "dfsadmin -rollingUpgrade query" to check the status
for proceeding with rolling upgrade
   Block Pool ID: BP-1996689603-192.168.56.120-1456678322540
      Start Time: Mon Feb 29 01:54:51 KST 2016 (=1456678491556)
   Finalize Time: <NOT FINALIZED>
```

이때 액티브 네임노드의 웹 UI에 접속하면 그림 B.1과 같이 롤링 업그레이드가 시작됐다는 메시지가 화면 상단에 출력됩니다.

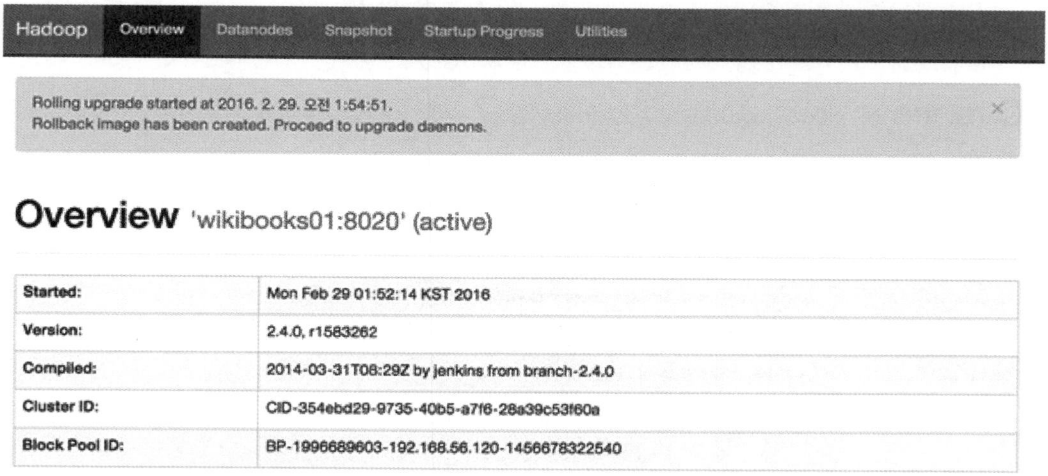

그림 B.1 액티브 네임노드의 롤링 업그레이드 시작 알림 메시지

B.2.2 네임노드 업그레이드

1. wikibooks02 서버에서 실행 중인 스탠바이 네임노드와 ZKFC를 종료합니다.

```
[hadoop@wikibooks02 hadoop-2.4.0]$ ./sbin/hadoop-daemon.sh stop namenode
[hadoop@wikibooks02 hadoop-2.4.0]$ ./sbin/hadoop-daemon.sh stop zkfc
```

2. wikibooks02 서버에서 새로운 버전의 네임노드를 롤링 업그레이드 모드로 실행합니다.

```
[hadoop@wikibooks02 hadoop-2.7.2]$ ./sbin/hadoop-daemon.sh start namenode -rollingUpgrade
started
```

3. 스탠바이 네임노드용 ZKFC를 실행합니다.

```
[hadoop@wikibooks02 hadoop-2.7.2]$ ./sbin/hadoop-daemon.sh start zkfc
```

4. 스탠바이 네임노드의 웹 UI에 접속한 후 하둡 버전과 안전 모드 상태를 확인합니다. 그림 B.2와 같이 하둡 버전
   에 새로운 버전이 표시되고, 안전 모드가 해제돼 있다면 다음 단계를 진행합니다.

| Hadoop | Overview | Datanodes | Datanode Volume Failures | Snapshot | Startup Progress | Utilities |

Rolling upgrade started at 2016. 2. 29. 오전 1:54:51.
Rollback image has been created. Proceed to upgrade daemons. ✕

Overview 'wikibooks02:8020' (standby)

Namespace:	wikibooks-cluster
Namenode ID:	nn2
Started:	Mon Feb 29 01:56:50 KST 2016
Version:	2.7.2, rb165c4fe8a74265c792ce23f546c64604acf0e41
Compiled:	2016-01-26T00:08Z by jenkins from (detached from b165c4f)
Cluster ID:	CID-354ebd29-9735-40b5-a7f6-28a39c53f60a
Block Pool ID:	BP-1996689603-192.168.56.120-1456678322540

Summary

Security is off.

Safemode is off.

그림 B.2 스탠바이 네임노드의 롤링 업그레이드 시작 알림 메시지

5. wikibooks01 서버에서 실행 중인 액티브 네임노드와 액티브 네임노드용 ZKFC를 종료한 후, 새로운 버전의
   네임노드를 롤링 업그레이드 모드로 실행합니다.

```
[hadoop@wikibooks01 hadoop-2.4.0]$ ./sbin/hadoop-daemon.sh stop namenode
[hadoop@wikibooks01 hadoop-2.4.0]$ ./sbin/hadoop-daemon.sh stop zkfc
```

```
[hadoop@wikibooks01 hadoop-2.7.2]$ ./sbin/hadoop-daemon.sh start namenode -rollingUpgrade
started
```

6. 액티브 네임노드용 ZKFC를 실행합니다.

```
[hadoop@wikibooks01 hadoop-2.7.2]$ ./sbin/hadoop-daemon.sh start zkfc
```

7. wikibooks01 서버에서 실행 중인 네임노드의 웹 UI에 접속해 네임노드의 상태를 확인합니다. 네임노드는 스탠바이 모드로 실행 중이고, 안전모드가 해제돼 있어야 합니다. 참고로 블록이 많을 경우 안전모드를 해제하는 데 시간이 오래 걸릴 수 있습니다.

B.2.3 데이터노드 업그레이드

1. dfsadmin 명령어의 shutdownDatanode 옵션을 이용해 첫 번째 데이터노드를 종료합니다. 이때 데이터노드의 포트로 hdfs-site.xml의 dfs.datanode.ipc.address에 설정된 포트를 사용합니다.

```
[hadoop@wikibooks01 hadoop-2.4.0]$ ./bin/hdfs dfsadmin -shutdownDatanode wikibooks01:50020
Submitted a shutdown request to datanode wikibooks01:50020
```

2. 종료한 데이터노드가 설치된 서버에 접속해 새로운 버전의 데이터노드를 실행합니다.

```
[hadoop@wikibooks01 hadoop-2.7.2]$ ./sbin/hadoop-daemon.sh start datanode
```

3. dfsadmin 명령어의 getDatanodeInfo 옵션을 이용해 해당 데이터노드의 상태를 확인합니다. 데이터노드가 정상적으로 실행되면 소프트웨어 버전에 2.7.2가 출력돼야 합니다.

```
[hadoop@wikibooks01 hadoop-2.4.0]$ ./bin/hdfs dfsadmin -getDatanodeInfo wikibooks01:50020
Uptime: 54, Software version: 2.7.2, Config version: core-0.23.0,hdfs-1
```

4. 다음 차례의 데이터노드를 작업하기 전에 앞서, 작업 데이터노드의 로그를 확인합니다. 아래와 같이 데이터노드가 블록 리포트를 받은 것을 확인한 후, 다음 차례의 데이터노드를 작업합니다.

```
2016-02-29 01:07:42,133 INFO org.apache.hadoop.hdfs.server.datanode.DataNode: Successfully sent
block report 0xb26a8d793f3,  containing 1 storage report(s), of which we sent 1. The reports had
33 total blocks and used 1 RPC(s). This took 14 msec to generate and 213 msecs for RPC and NN
processing. Got back no commands.
2016-02-29 01:07:42,143 INFO org.apache.hadoop.hdfs.server.datanode.DataNode: Successfully sent
block report 0xb26a9eec883,  containing 1 storage report(s), of which we sent 1. The reports had
```

33 total blocks and used 1 RPC(s). This took 0 msec to generate and 206 msecs for RPC and NN processing. Got back no commands.

5. wikibooks02, wikibooks03, wikibooks04의 데이터노드도 앞서 진행한 1~4단계 작업을 진행합니다.

B.2.4 롤링 업그레이드 완료

1. 기존 저널노드를 종료하고, 새로운 버전의 저널노드를 실행합니다. 한 번에 전체 노드를 종료하지 말고, 한 번에 하나씩 작업을 진행해야 합니다.

```
[hadoop@wikibooks01 hadoop-2.4.0]$ ./sbin/hadoop-daemon.sh stop journalnode
[hadoop@wikibooks01 hadoop-2.7.2]$ ./sbin/hadoop-daemon.sh start journalnode


[hadoop@wikibooks02 hadoop-2.4.0]$ ./sbin/hadoop-daemon.sh stop journalnode
[hadoop@wikibooks02 hadoop-2.7.2]$ ./sbin/hadoop-daemon.sh start journalnode


[hadoop@wikibooks03 hadoop-2.4.0]$ ./sbin/hadoop-daemon.sh stop journalnode
[hadoop@wikibooks03 hadoop-2.7.2]$ ./sbin/hadoop-daemon.sh start journalnode
```

참고로 마지막 저널노드를 종료할 때 다음과 같이 wikibooks02 서버에서 실행 중인 액티브 네임노드가 종료되는 현상이 발생할 수 있습니다. 이는 wikibooks03 서버에 editlog를 갱신하지 못해서 발생한 현상이며, 네임노드 HA 구성 때문에 하둡 클러스터는 무정지 상태로 서비스됩니다.

```
16/02/29 01:25:01 WARN client.QuorumJournalManager: Remote journal 192.168.56.121:8485 failed to
write txns 279-279. Will try to write to this JN again after the next log roll.
org.apache.hadoop.ipc.RemoteException(org.apache.hadoop.hdfs.qjournal.protocol.
JournalOutOfSyncException): Can't write, no segment open
    at org.apache.hadoop.hdfs.qjournal.server.Journal.checkSync(Journal.java:474)
    at org.apache.hadoop.hdfs.qjournal.server.Journal.journal(Journal.java:343)
(중략)
16/02/29 01:25:06 INFO ipc.Client: Retrying connect to server: wikibooks03/192.168.56.122:8485.
Already tried 4 time(s); retry policy is RetryUpToMaximumCountWithFixedSleep(maxRetries=10,
sleepTime=1000 MILLISECONDS)
16/02/29 01:25:07 INFO client.QuorumJournalManager: Waited 6002 ms (timeout=20000 ms) for a
response for sendEdits. Exceptions so far: [192.168.56.121:8485: Can't write, no segment open
    at org.apache.hadoop.hdfs.qjournal.server.Journal.checkSync(Journal.java:474)
```

```
   at org.apache.hadoop.hdfs.qjournal.server.Journal.journal(Journal.java:343)
(중략)
16/02/29 01:25:11 FATAL namenode.FSEditLog: Error: flush failed for required journal
(JournalAndStream(mgr=QJM to [192.168.56.120:8485, 192.168.56.121:8485, 192.168.56.122:8485],
stream=QuorumOutputStream starting at txid 278))
org.apache.hadoop.hdfs.qjournal.client.QuorumException: Got too many exceptions to achieve
quorum size 2/3. 3 exceptions thrown:
192.168.56.122:8485: Call From wikibooks02/192.168.56.121 to wikibooks03:8485 failed on
connection exception: java.net.ConnectException: 연결이 거부됨; For more details see:  http://
wiki.apache.org/hadoop/ConnectionRefused
192.168.56.121:8485: Can't write, no segment open
   at org.apache.hadoop.hdfs.qjournal.server.Journal.checkSync(Journal.java:474)
   at org.apache.hadoop.hdfs.qjournal.server.Journal.journal(Journal.java:343)
(생략)
```

2. 액티브 네임노드의 웹 UI에서 HDFS 블록 개수, 데이터노드의 버전 정보 및 커넥션 갱신 횟수, 로그 메시지 등
   을 확인합니다. 각 수치가 정상적이라고 판단되면 새로운 터미널을 열어서 업그레이드 작업을 종료합니다. 수치
   가 비정상적이거나 작업 중에 문제가 발생하면 롤링 다운그레이드나 롤백을 진행합니다. 참고로 이전 하둡 버전
   으로 복원하는 방법은 다음 절에서 설명할 예정입니다.

```
[hadoop@wikibooks01 hadoop-2.7.2]$ ./bin/hdfs dfsadmin -rollingUpgrade finalize
FINALIZE rolling upgrade ...
Rolling upgrade is finalized.
  Block Pool ID: BP-1996689603-192.168.56.120-1456678322540
    Start Time: Mon Feb 29 01:54:51 KST 2016 (=1456678491556)
 Finalize Time: Mon Feb 29 02:21:08 KST 2016 (=1456680068368)
```

3. wikibooks02 서버에서 새로운 버전의 네임노드를 재실행합니다. 이때 네임노드의 로그 파일이나 웹 UI에서 안
   전 모드 해제를 확인하고 다음 단계를 진행합니다.

```
[hadoop@wikibooks02 hadoop-2.7.2]$ ./sbin/hadoop-daemon.sh start namenode
```

4. wikibooks01 서버에서 새로운 버전의 네임노드를 재실행합니다.

```
[hadoop@wikibooks01 hadoop-2.7.2]$ ./sbin/hadoop-daemon.sh stop namenode
[hadoop@wikibooks01 hadoop-2.7.2]$ ./sbin/hadoop-daemon.sh start namenode
```

5. **기존 얀 클러스터를 중지하고 새로운 버전의 얀 클러스터를 실행합니다.**

```
[hadoop@wikibooks01 hadoop-2.4.0]$ ./sbin/stop-yarn.sh
[hadoop@wikibooks01 hadoop-2.4.0]$ cd /home/hadoop/hadoop-2.7.2
[hadoop@wikibooks01 hadoop-2.7.2]$ ./sbin/start-yarn.sh
```

마지막으로 네임노드 웹 UI에 접속하면 그림 B.3과 같이 업그레이드 메시지가 사라진 것을 확인할 수 있습니다.

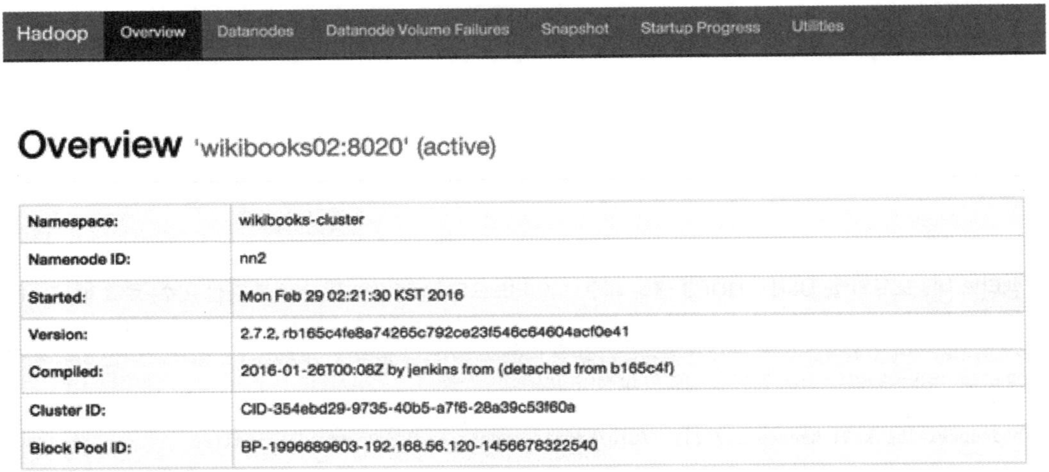
Hadoop
Overview
Datanodes
Datanode Volume Failures
Snapshot
Startup Progress
Utilities
Overview 'wikibooks02:8020' (active)
Namespace: wikibooks-cluster
Namenode ID: nn2
Started: Mon Feb 29 02:21:30 KST 2016
Version: 2.7.2, rb165c4fe8a74265c792ce23f546c64604acf0e41
Compiled: 2016-01-26T00:08Z by jenkins from (detached from b165c4f)
Cluster ID: CID-354ebd29-9735-40b5-a7f6-28a39c53f60a
Block Pool ID: BP-1996689603-192.168.56.120-1456678322540

그림 B.3 HDFS 업그레이드 완료 후 네임노드 웹 UI의 모습

B.3 HDFS 업그레이드 복원

업그레이드 중인 HDFS 클러스터를 복원하는 데는 다음과 같이 두 가지 방법이 있습니다.

- 다운그레이드: 롤링 업그레이드를 시작한 시점으로 되돌립니다. 그래서 필요한 경우 다시 업그레이드를 진행할 수도 있습니다. 또한 롤링 방식의 다운그레이드와 클러스터를 중단한 후 진행하는 두 가지 방법이 있습니다. 단, 다운그레이드는 하둡의 메이저 버전이 동일한 경우에만 적용할 수 있습니다. 예를 들어, 하둡 2.6.0에서 하둡 2.6.1 혹은 하둡 2.6.4로 업그레이드하는 중인 경우에만 다운그레이드가 가능합니다.
- 롤백: HDFS 스냅샷을 업그레이드 이전 상태로 되돌립니다. 만약 롤링 업그레이드 과정 중에 새로 저장한 파일이 있다면 롤백할 경우 파일이 유실됩니다. 유실을 막으려면 롤링 다운그레이드를 진행해야 합니다.

B.3.1 롤링 다운그레이드 실행

여기서는 메이저 버전을 동일하게 유지하기 위해 하둡 2.7.0에서 하둡 2.7.2 버전으로 업그레이드하는 예제를 설명하겠습니다. 참고로 데이터노드까지 업그레이드가 완료된 상태라고 가정했습니다.

B.3.1.1 데이터노드 다운그레이드

롤링 업그레이드 작업처럼 다음과 같이 데이터노드를 한 대씩 작업합니다.

1. 새로운 버전의 데이터노드를 종료합니다.

```
[hadoop@wikibooks01 hadoop-2.7.2]$ ./bin/hdfs dfsadmin -shutdownDatanode wikibooks01:50020
upgrade
Submitted a shutdown request to datanode wikibooks01:50020
```

2. 데이터노드를 종료한 서버에 접속한 후 데이터노드 실행 여부를 확인합니다. jps 명령어를 실행했을 때 데이터노드용 프로세스 아이디가 프로세스 목록에 없어야 합니다.

```
[hadoop@wikibooks01 hadoop-2.7.2]$ jps
5709 Jps
4969 NameNode
4530 JournalNode
2826 QuorumPeerMain
5060 DFSZKFailoverController
```

3. 이전 버전의 데이터노드를 다운그레이드 옵션으로 실행합니다.

```
[hadoop@wikibooks01 hadoop-2.7.0]$ ./sbin/hadoop-daemon.sh start datanode -rollback
```

액티브 네임노드의 웹 UI에서 DataNodes 탭을 선택하면 그림 B.4와 같이 wikibooks01 서버의 데이터노드가 이전 버전으로 실행 중인 것을 확인할 수 있습니다.

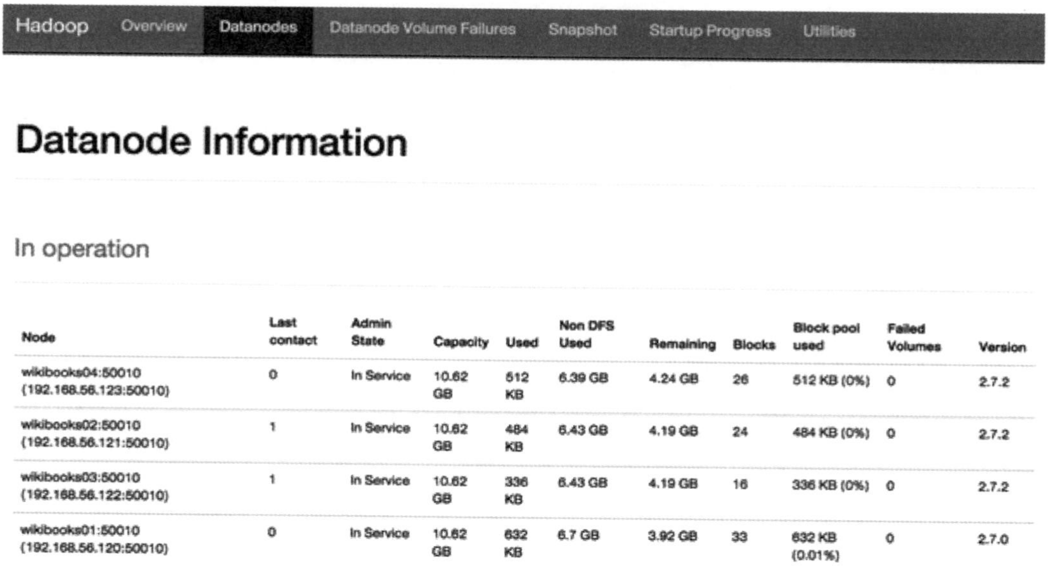

Datanode Information

In operation

Node	Last contact	Admin State	Capacity	Used	Non DFS Used	Remaining	Blocks	Block pool used	Failed Volumes	Version
wikibooks04:50010 {192.168.56.123:50010}	0	In Service	10.62 GB	512 KB	6.39 GB	4.24 GB	26	512 KB (0%)	0	2.7.2
wikibooks02:50010 {192.168.56.121:50010}	1	In Service	10.62 GB	484 KB	6.43 GB	4.19 GB	24	484 KB (0%)	0	2.7.2
wikibooks03:50010 {192.168.56.122:50010}	1	In Service	10.62 GB	336 KB	6.43 GB	4.19 GB	16	336 KB (0%)	0	2.7.2
wikibooks01:50010 {192.168.56.120:50010}	0	In Service	10.62 GB	632 KB	6.7 GB	3.92 GB	33	632 KB (0.01%)	0	2.7.0

그림 B.4 다운그레이드 중인 데이터노드 목록

4. wikibooks02, wikibooks03, wikibooks04의 데이터노드도 1~3단계 작업을 진행합니다.

B.3.1.2 네임노드 다운그레이드하기

1. haadmin 명령어로 스탠바이 네임노드를 확인한 후, 해당 네임노드를 종료합니다. 여기서는 wikibooks01에서 실행 중인 네임노드가 스탠바이 네임노드입니다.

```
[hadoop@wikibooks01 hadoop-2.7.2]$ ./bin/hdfs haadmin -getServiceState nn1
standby
[hadoop@wikibooks01 hadoop-2.7.2]$ ./bin/hdfs haadmin -getServiceState nn2
active
[hadoop@wikibooks01 hadoop-2.7.2]$ ./sbin/hadoop-daemon.sh stop namenode
```

2. 새로운 버전의 네임노드를 downgrade 옵션으로 실행합니다. 네임노드 웹 UI나 로그 파일에서 안전 모드 해제를 확인한 후 다음 단계를 진행합니다.

```
[hadoop@wikibooks01 hadoop-2.7.2]$ ./sbin/hadoop-daemon.sh start namenode -rollingUpgrade
downgrade
```

3. 다운그레이드 모드로 실행했던 네임노드를 중지한 후, 이전 버전의 네임노드를 실행합니다.

```
[hadoop@wikibooks01 hadoop-2.7.2]$ ./sbin/hadoop-daemon.sh stop namenode
[hadoop@wikibooks01 hadoop-2.7.0]$ ./sbin/hadoop-daemon.sh start namenode
```

wikibooks01 서버의 네임노드 웹 UI에 접속하면 그림 B.5와 같이 하둡 버전이 2.7.0으로 변경돼 있습니다.

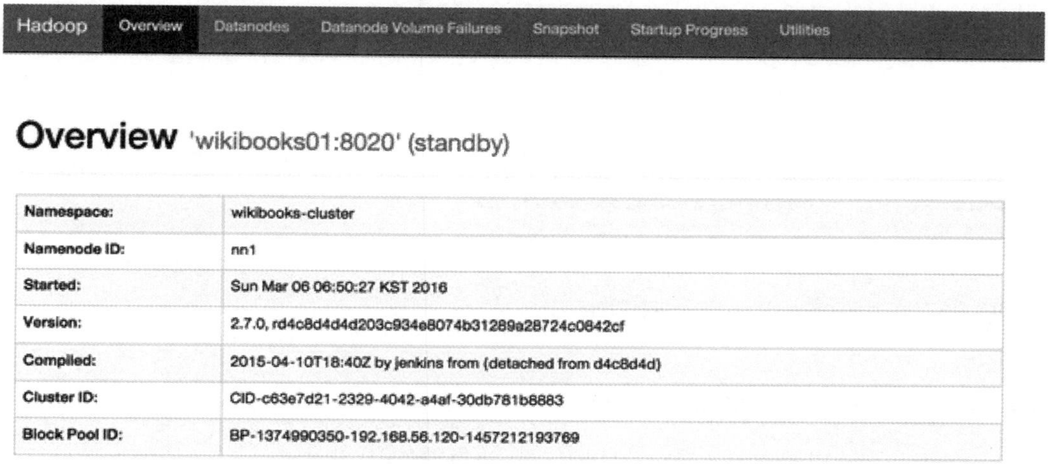

Namespace:	wikibooks-cluster
Namenode ID:	nn1
Started:	Sun Mar 06 06:50:27 KST 2016
Version:	2.7.0, rd4c8d4d4d203c934e8074b31289a28724c0842cf
Compiled:	2015-04-10T18:40Z by jenkins from (detached from d4c8d4d)
Cluster ID:	CID-c63e7d21-2329-4042-a4af-30db781b8883
Block Pool ID:	BP-1374990350-192.168.56.120-1457212193769

그림 B.5 롤링 다운그레이드된 wikibooks01 서버의 네임노드

4. 이제 wikibooks02에서 실행 중인 액티브 네임노드를 다운그레이드하겠습니다. 새로운 버전의 네임노드를 종료한 후 이전 버전의 네임노드를 실행합니다.

```
[hadoop@wikibooks02 hadoop-2.7.2]$ ./sbin/hadoop-daemon.sh stop namenode
[hadoop@wikibooks02 hadoop-2.7.0]$ ./sbin/hadoop-daemon.sh start namenode
```

B.3.1.3 롤링 다운그레이드 완료

그런데 스탠바이 네임노드의 웹 UI에 접속하면 그림 B.6과 같이 롤링 업그레이드가 진행 중이라는 메시지가 출력됩니다. 롤링 다운그레이드는 업그레이드 가능 상태를 유지하기 때문에 아래와 같은 메시지가 출력되는 것입니다. 이 메시지를 없애기 위해 다음과 같이 finalize 작업을 진행합니다.

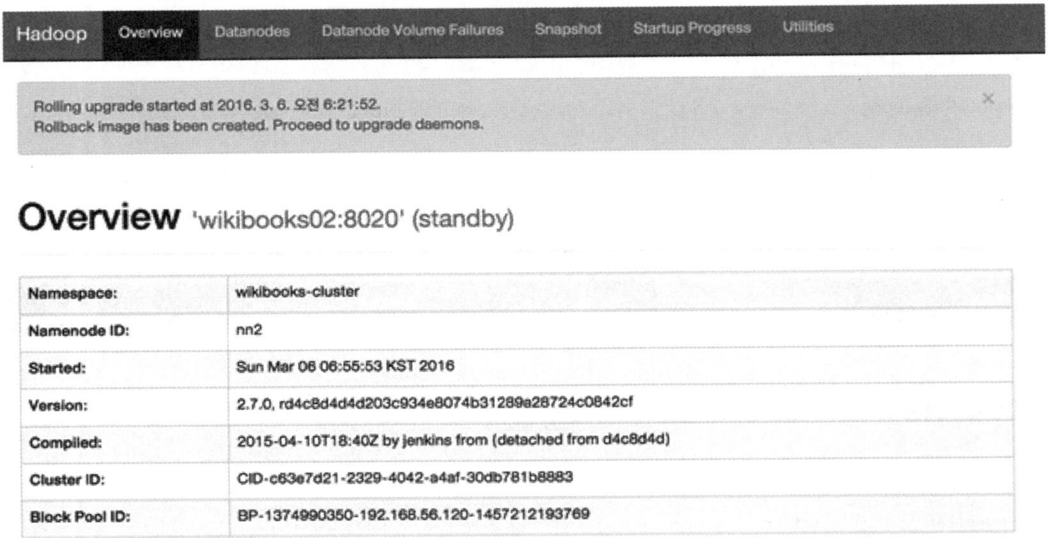

Rolling upgrade started at 2016. 3. 6. 오전 6:21:52.
Rollback image has been created. Proceed to upgrade daemons.

×

Overview 'wikibooks02:8020' (standby)

Namespace:	wikibooks-cluster
Namenode ID:	nn2
Started:	Sun Mar 06 06:55:53 KST 2016
Version:	2.7.0, rd4c8d4d4d203c934e8074b31289a28724c0842cf
Compiled:	2015-04-10T18:40Z by jenkins from (detached from d4c8d4d)
Cluster ID:	CID-c63e7d21-2329-4042-a4af-30db781b8883
Block Pool ID:	BP-1374990350-192.168.56.120-1457212193769

그림 B.6 롤링 다운그레이드 후 wikibooks02 서버의 네임노드

1. dfsadmin 명령어로 롤링 작업을 finalize합니다.

```
[hadoop@wikibooks02 hadoop-2.7.0]$ ./bin/hdfs dfsadmin -finalizeUpgrade
Finalize upgrade successful for wikibooks01/192.168.56.120:8020
Finalize upgrade successful for wikibooks02/192.168.56.121:8020
```

2. 스탠바이 네임노드를 종료한 후, 새로운 버전의 네임노드를 다운그레이드합니다.

```
[hadoop@wikibooks02 hadoop-2.7.0]$ ./sbin/hadoop-daemon.sh stop namenode
[hadoop@wikibooks02 hadoop-2.7.2]$ ./sbin/hadoop-daemon.sh start namenode -rollingUpgrade
downgrade
```

3. 스탠바이 네임노드의 안전 모드가 해제되면 네임노드를 종료합니다.

```
[hadoop@wikibooks02 hadoop-2.7.2]$ ./sbin/hadoop-daemon.sh stop namenode
```

4. 이전 버전의 네임노드를 실행합니다.

```
[hadoop@wikibooks02 hadoop-2.7.0]$ ./sbin/hadoop-daemon.sh start namenode
```

B.3.2 HDFS 롤백 실행

롤백은 네임노드와 데이터노드를 모두 중지한 상태에서 다음과 같은 순서로 진행합니다. 참고로 여기서는 저널노드와 ZKFC는 이전 버전으로 실행되고 있다고 가정했습니다. 새로운 버전으로 저널노드와 ZKFC가 실행되고 있다면 해당 데몬을 종료하고 이전 버전으로 실행하시기 바랍니다. 참고로 여기서는 하둡 2.4.0에서 하둡 2.7.2로 업그레이드 중에 이전 버전으로 롤백하는 경우를 설명하겠습니다.

1. 새로운 버전으로 실행 중인 네임노드와 데이터노드를 중지합니다.

```
[hadoop@wikibooks01 hadoop-2.7.2]$ ./sbin/hadoop-daemons.sh stop namenode
[hadoop@wikibooks01 hadoop-2.7.2]$ ./sbin/hadoop-daemons.sh stop datanode
```

2. 이전 버전의 네임노드에 "-rollingUpgrade rollback" 옵션을 지정해서 실행합니다.

```
[hadoop@wikibooks01 hadoop-2.4.0]$ ./sbin/hadoop-daemon.sh start namenode -rollingUpgrade
rollback
```

3. wikibooks02 서버의 네임노드에서 bootstrapStandby를 적용합니다.

```
[hadoop@wikibooks02 hadoop-2.4.0]$ ./bin/hdfs namenode -bootstrapStandby
16/03/06 02:04:32 INFO namenode.NameNode: STARTUP_MSG:
/************************************************************
STARTUP_MSG: Starting NameNode
STARTUP_MSG:   host = wikibooks02/192.168.56.121
STARTUP_MSG:   args = [-bootstrapStandby]
STARTUP_MSG:   version = 2.4.0
(생략)
```

4. wikibooks02에서 스탠바이 네임노드를 실행합니다.

```
[hadoop@wikibooks02 hadoop-2.4.0]$ ./sbin/hadoop-daemon.sh start namenode
```

5. wikibooks01의 액티브 네임노드를 종료한 후 재실행합니다.

```
[hadoop@wikibooks01 hadoop-2.4.0]$ ./sbin/hadoop-daemon.sh stop namenode
[hadoop@wikibooks01 hadoop-2.4.0]$ ./sbin/hadoop-daemon.sh start namenode
```

6. "rollback" 옵션을 이용해 전체 데이터노드를 재실행합니다.

```
[hadoop@wikibooks01 hadoop-2.4.0]$ ./sbin/hadoop-daemons.sh start datanode -rollback
```

마지막으로 네임노드의 웹 UI에 접속하면 하둡 2.4.0 버전으로 복원된 것을 확인할 수 있습니다.

Appendix C
용어 설명

- 하둡(Hadoop): 하둡은 대용량 데이터를 분산 처리할 수 있는 자바 기반의 오픈소스 프레임워크입니다.

- HDFS(Hadoop Distributed File System): HDFS는 대용량 파일을 분산된 서버에 저장하고, 많은 클라이언트가 저장된 데이터를 빠르게 처리할 수 있게 설계된 파일 시스템입니다.

- 네임노드(NameNode): 네임노드는 HDFS의 모든 메타데이터를 관리하고, 클라이언트가 HDFS에 저장된 파일에 접근할 수 있게 해줍니다.

- fsimage: HDFS의 네임스페이스(디렉터리명, 파일명, 상태 정보)와 파일에 대한 블록 매핑 정보를 저장하는 파일입니다.

- editlog: HDFS의 메타데이터에 대한 모든 변화를 기록하는 로그 파일입니다.

- 데이터노드(DataNode): HDFS에 데이터를 입력하면 입력 데이터는 32MB의 블록으로 나눠져서 여러 대의 데이터노드에 분산 저장됩니다.

- 보조네임노드(SecondaryNameNode): 보조네임노드는 주기적으로 네임노드의 파일 시스템 이미지 파일을 갱신하는 역할을 수행합니다

- 맵리듀스(MapReduce): 맵리듀스 프로그래밍 모델은 과거부터 사용하던 알고리즘으로, 맵(map)과 리듀스(reduce)라는 두 개의 메서드로 구성된 알고리즘입니다. 맵리듀스 프레임워크는 이러한 알고리즘을 이용해 개발된 프레임워크이며, 대규모 분산 컴퓨팅 혹은 단일 컴퓨팅 환경에서 대량의 데이터를 병렬로 분석할 수 있게 합니다.

- 맵리듀스 잡(MapReduce Job): 클라이언트가 하둡으로 실행을 요청하는 맵리듀스 프로그램은 잡(job)이라는 하나의 작업 단위로 관리됩니다.

- 잡트래커(JobTracker): 잡트래커는 하둡 클러스터에 등록된 전체 잡의 스케줄링을 관리하고 모니터링합니다.

- 태스크트래커(TaskTracker): 태스크트래커는 사용자가 설정한 맵리듀스 프로그램을 실행하며, 하둡의 데이터 노드에서 실행되는 데몬입니다. 이때 map task(맵 태스크)와 reduce task(리듀스 태스크)란 사용자가 설정한 map(맵)과 reduce(리듀스) 프로그램입니다.

- 입력 스플릿(Input split): 하나의 맵에서 처리해야 하는 입력 파일의 크기입니다.

- 매퍼(Mapper): 맵리듀스 프로그래밍 모델에서 맵 메서드의 역할을 수행하는 클래스입니다. 매퍼는 키와 값으로 구성된 입력 데이터를 전달받아 이 데이터를 가공하고 분류해 새로운 데이터 목록을 생성합니다.

- 리듀서(Reducer): 맵리듀스 프로그래밍 모델에서 리듀스 메서드의 역할을 수행하는 클래스입니다. 리듀서는 맵 태스크의 출력 데이터를 입력 데이터로 전달받아 집계 연산을 수행합니다.

- 셔플(Shuffle): 맵 태스크와 리듀스 태스크 사이의 데이터 전달 과정입니다.

- 콤바이너(Combiner): 콤바이너 클래스는 매퍼의 출력 데이터를 입력 데이터로 전달받아 연산을 수행합니다. 이러한 연산을 통해 셔플할 데이터의 크기를 줄이는 데 도움을 줍니다.

- 파티셔너(Partitioner): 파티셔너는 맵 태스크의 출력 데이터가 어떤 리듀스 태스크로 전달될지를 결정합니다.

- 얀(YARN): 하둡2에서 도입된 리소스 관리 엔진이며, 전체 클러스터 자원을 통합 관리하며, 애플리케이션을 플러그인 형태로 실행합니다. 맵리듀스, 피그, 하이브, 타조, 스톰, H베이스는 모두 얀에서 실행할 수 있는 플러그인에 해당합니다.

- 리소스매니저(ResourceManager): 얀 클러스터에서 가용한 모든 시스템 자원을 관리합니다.

- 노드매니저(NodeManager): 클라이언트가 얀 클러스터에 요청한 애플리케이션을 컨테이너에서 실행하고, 컨테이너의 라이프 사이클을 모니터링합니다

- 컨테이너(Container): 노드매니저가 실행되는 서버의 CPU, 메모리, 디스크와 같은 시스템 자원을 표현합니다.

- 애플리케이션마스터(ApplicationMaster): 얀 클러스터에서 하나의 애플리케이션을 관리하는 마스터 서버입니다.

- SPOF(Single Point Of Failure): 시스템의 구성 요소 가운데 특정 요소가 동작하지 않으면 시스템 전체가 중단되는 요소를 의미합니다.

- HA(High Availability): 시스템의 장애가 발생했을 때도 지속적으로 서비스를 운영할 수 있는 시스템이나 컴포넌트를 의미합니다.

- 저널노드(JournalNode): 하둡2에서 네임노드 HA를 위해 제공하는 데몬이며, 에디트 로그를 자신이 실행되는 서버의 로컬 디스크에 저장합니다.

- ZKFC(ZooKeeperFailoverController): 주키퍼에 네임노드의 HA 상태를 저장하기 위해 주키퍼를 제어하기 위한 주키퍼 클라이언트입니다.

- AWS(Amazon Web Services): 아마존에서 제공하는 웹 서비스로, 컴퓨팅 리소스, 스토리지, 네트워킹, 애플리케이션 등 다양한 서비스를 제공합니다.

- EC2(Elastic Compute Cloud): EC2는 AWS에서 컴퓨팅 리소스를 제공하는 서비스로, 고객이 원하는 대로 가상 서버를 구동할 수 있습니다.

- S3(Simple Storage Service): S3는 AWS의 인터넷 스토리지 서비스입니다.

- HDFS 페더레이션: 하나의 하둡 클러스터에 여러 개의 네임노드를 구동하는 것

- 프리엠션(preemption) : 자원을 공평하게 할당받지 못하는 상황에서 다른 애플리케이션의 자원을 회수할 수 있는 기능

- 헤테로지니어스(Heterogeneous) 스토리지: 스토리지 성능과 특성에 맞게 블록 복제본이 저장될 스토리지를 선택할 수 있는 기능

- 쇼트 서킷 조회(short-circuit read): 클라이언트가 로컬 파일에 저장된 블록에 접근할 경우 데이터노드와의 소켓 통신을 통하지 않고 직접 로컬 파일에 접근하는 것을 허가하는 방식

Appendix D

참고 문헌

참고 자료

하둡 완벽 가이드(톰 화이트 지음/심탁길, 김우현 옮김, 한빛미디어)

클라우드 컴퓨팅 구현 기술(김형준, 조준호, 안성화 외 1명 지음, 에이콘)

Hadoop In Action(척 램 지음, Manning)

거침없이 배우는 하둡(척 램 지음/이현남, 강택현 옮김, 지앤선)

실전 하둡 운용 가이드(에릭 새머 지음, 장형석 옮김, 한빛미디어)

빅 데이터 시대의 하둡 완벽 입문(김완섭 옮김, 제이펍)

하이브 완벽 가이드(오세봉 옮김, 한빛미디어)

하둡 인 프랙티스(알렉스 홈즈 지음, 유윤선 옮김, 위키북스)

Pro Hadoop(Jason Venner 지음, Apress)

Big data: The next frontier for innovation, competition, and productivity(McKinsey Global Institute, 2011년 6월)

BIG DATA ANALYTICS By Philip Russom(TDWI BEST PRACTICES REPORT, 2011년 4/4분기)

HADOOP PERFORMANCE TUNING(impetus, 2009년 10월)

Hadoop Development at Facebook(Scott Chen, 2010년 9월)

행복한 개발자: http://blrunner.com

Yahoo! Hadoop Tutorial: http://yhoo.it/1vLO0Ol

참고 사이트

- ### 빅 데이터

  빅 데이터: http://bit.ly/268qtxf

  빅 데이터의 중요성: http://kimstreasure.tistory.com/405

  빅 데이터의 정의: http://blog.naver.com/creemsn1/70131471397

  SNS와 빅 데이터: http://blog.naver.com/jinhyungez/30137699277

  넘쳐나는 빅 데이터, 노란 코끼리 'Hadoop'이 해결한다: http://nstckorea.tistory.com/418

  빅 데이터는 어느 곳에나 필요하다: http://hrmac.tistory.com/341

  What is big data?: https://www.oreilly.com/ideas/what-is-big-data

  Three Vs of Big Data: Volume, Velocity, Variety: http://www.datacenterknowledge.com/archives/2012/03/08/three-vs-of-big-data-volume-velocity-variety/

  노무라 연구소, 빅 데이터 성공의 열쇠는 리더십과 인재: http://letitbe.biz/blog/2012/03/post-185.html

  빅 데이터 도대체 얼마나 크길래: http://news.inews24.com/php/news_view.php?g_serial=632249&g_menu=020200

  미 백악관, 국가차원의 빅 데이터 R&D 추진안 발표: http://www.ciokorea.com/news/12109

  빅 데이터 시대의 명과 암: http://news.mk.co.kr/newsRead.php?year=2011&no=782676

  매년 2조여원 팔리는 쿠키, 중국선 힘 못쓰는 건: http://news.joins.com/article/7743863

  빅 데이터, 통신, 은행, 유통, 의류서 세계적 활용: http://www.dt.co.kr/contents.html?article_no=2012030202013160746002

  의료 서비스, 빅 데이터로 빛 발한다: http://www.dt.co.kr/contents.html?article_no=2012052402011560786003

  일기 예보? 아니 '질병예보' 시대가 온다: http://www.koreahealthlog.com/news/newsview.php?newscd=2012062400005

  글로벌 기업, 빅 데이터 이렇게 활용한다: http://www.etnews.com/201207130198

  7억 방문자 관심사 정밀 분석…야후 '빅 데이터 제공합니다': http://news.donga.com/3/all/20120214/44019177/1

  빅 데이터를 위한 가장 좋은 서비스는? : http://www.itworld.co.kr/news/75547

  2012년 뜨거운 감자, '빅 데이터' : http://www.bloter.net/archives/89426

  빅 데이터의 이해: http://www.itworld.co.kr/techlibrary/75481

  빅 데이터 시대 도래에 따른 데이터 처리 기술 현황과 전망: http://blog.naver.com/ifsea73/90132198730

■ 하둡 보도 자료

빅 데이터 선봉장 '하둡' : http://www.dt.co.kr/contents.html?article_no=2012051402011860786001

빅 데이터 Q&A – 하둡이란?: http://www.dt.co.kr/contents.html?article_no=2012040402010960600002

빅 데이터의 시대에는 '저렴한 하둡'이 대세: http://news.inews24.com/php/news_view.php?g_serial=610817&g_menu=020200&rrf=nv

빅 데이터를 위한 개방향 프레임워크, "하둡"의 이해: http://www.itworld.co.kr/techlibrary/73831

하둡으로 가는 길: http://www.ciokorea.com/news/11314

빅 데이터의 해결사, 2012년 하둡의 현주소: http://blog.naver.com/idg_korea/60161048741

네이버 라인은 왜 카카오톡보다 병목현상이 적을까?: http://www.ddaily.co.kr/news/article.html?no=90737

데이터 통합, 하둡과 NoSQL까지 확장: http://www.ddaily.co.kr/news/article.html?no=83469

왜 페이스 북은 글 수정이 안될까?: http://www.ddaily.co.kr/news/article.html?no=85500

게놈 연구 "고맙다, 하둡": http://www.bloter.net/archives/112591

데이터 베이스 업체는 왜 '하둡'을 품는가: http://www.bloter.net/archives/83875

페이스북, 하둡의 치명적 급소에 태클: http://bit.ly/1GyrkrC

■ 하둡1 설치

Hadoop 설치 및 설정: http://blog.naver.com/juner84/100142809930

Hadoop 설치: http://charism.tistory.com/29

Hadoop 0.20.2 Single node 설치 및 환경설정: http://cardia.tistory.com/35

■ HDFS

HDFS?: http://choong0121.tistory.com/192

SQL7강좌 – 데이터 무결성이란: http://www.sqler.com/126027

분산처리 프레임웍 Apache Hadoop 아키텍처 소개: http://bcho.tistory.com/650

Understanding Hadoop Clusters and the Network: http://bradhedlund.com/2011/09/10/understanding-hadoop-clusters-and-the-network/

Hadoop 1.0 뽀개기: http://blog.udanax.org/2012/06/hadoop-10-hbase.html

Hadoop의 secondary namenode는 백업용이 아닙니다: http://www.jaso.co.kr/352

■ 맵리듀스

MapReduce: 단순하지만 유용한 병렬 데이터 처리 기법: http://bart7449.tistory.com/276

MapReduce Patterns, Algorithms, and Use Cases: https://highlyscalable.wordpress.com/2012/02/01/mapreduce-patterns/

What is MapReduce?: http://blog.tonybain.com/tony_bain/2008/09/what-is-mapreduce.html

Hadoop 1.0 뽀개기 (2): http://blog.udanax.org/2012/06/10-2.html

Interaction between the JobTracker, TaskTracker and the Scheduler: http://www.thecloudavenue.com/2011/11/interaction-between-jobtracker.html

플랫 파일: http://terms.naver.com/entry.nhn?docId=823572&cid=50376&categoryId=50376

시퀀스파일: http://dailyhadoopsoup.blogspot.kr/2014/01/sequence-file.html

hadoop_job_submit_conclusion: http://www.cnblogs.com/douba/p/hadoop_job_submit_conclusion.html

JobTracker Hadoop code Hadoop job submission of receiving the job submiss: http://www.programering.com/a/MDMzkDMwATQ.html

Hadoop세부사항 및 로그: http://www.jaso.co.kr/265

Hadoop Introduction: http://www.slideshare.net/snehalmasne/hadoop-introduction-22438119

■ 정렬

Secondary sorting aka sorting values in Hadoop's Map/Reduce programming paradigm: https://vangjee.wordpress.com/2012/03/20/secondary-sorting-aka-sorting-values-in-hadoops-mapreduce-programming-paradigm/

Sorting feature of MapReduce: http://hadooptutorial.wikispaces.com/Sorting+feature+of+MapReduce

■ 조인

MapReduce Algorithms – Understanding Data Joins Part 1: http://codingjunkie.net/mapreduce-reduce-joins/

■ 튜닝

10 MapReduce Tips: http://blog.cloudera.com/blog/2009/05/10-mapreduce-tips/

7 Tips for Improving MapReduce Performance: http://blog.cloudera.com/blog/2009/12/7-tips-for-improving-mapreduce-performance/

Advanced Hadoop Tuning and Optimizations by Sanjay Sharam: http://www.slideshare.net/ImpetusInfo/ppt-on-advanced-hadoop-tuning-n-optimisation

Setting up a Hadoop cluster: http://gbif.blogspot.kr/2011/01/setting-up-hadoop-cluster-part-1-manual.html

hadoop에서 map task 조절하기: http://xlos.tistory.com/1512

Tuning Hadoop for Performance: http://www.slideshare.net/ydn/hadoop-summit-2010-tuning-hadoop-to-deliver-performance-to-your-application

Hadoop Configurations and Tuning: http://mapreduce-deepak4278.blogspot.kr/2010/08/hadoop-configurations-and-tuning.html

Partitioning your job into maps and reduces: http://wiki.apache.org/hadoop/HowManyMaps AndReduces

About Performance of Map Reduce Jobs: http://apmblog.dynatrace.com/2012/01/25/about-the-performance-of-map-reduce-jobs/

Hadoop Troubleshooting 101: http://www.slideshare.net/cloudera/hadoop-troubleshooting-101-kate-ting-cloudera

Hadoop io.sort.mb 관련: http://www.jaso.co.kr/268

Hadoop & Hive Performance Tuning: http://www.cnblogs.com/smilingleo/archive/2012/07/30/2615091.html

Hadoop Performance Tuning A case study: http://www.slideshare.net/gnap/berkeley-performance-tuning

Optimizing MapReduce Job Performance: http://www.slideshare.net/cloudera/mr-perf

Very basic question about Hadoop and compressed input files: http://stackoverflow.com/questions/2078850/very-basic-question-about-hadoop-and-compressed-input-files

Compressed Storage: https://cwiki.apache.org/confluence/display/Hive/CompressedStorage

Is a Block compressed (GZIP) SequenceFile splittable in MR operation? : http://grokbase.com/t/hadoop/mapreduce-user/111z8p4s3y/is-a-block-compressed-gzip-sequencefile-splittable-in-mr-operation

Making gzip splittable for Hadoop: http://niels.basjes.nl/splittable-gzip

Compression Options in Hadoop – A Tale of Tradeoffs: http://www.slideshare.net/Hadoop_Summit/kamat-singh-june27425pmroom210cv2

■ 하둡 운영

NameNode Recovery Tools for the Hadoop Distributed File System: http://blog.cloudera.com/blog/2012/05/namenode-recovery-tools-for-the-hadoop-distributed-file-system/

Preview of hadoop Security: http://www.slideshare.net/hadoopusergroup/hadoop-security-preview

Hadoop Security Design: http://goo.gl/dnWtBZ

Security in Hadoop: http://hortonworks.com/solutions/security/

Hadoop Security overview: http://www.slideshare.net/cloudera/hadoop-security-overview

Hadoop Operations: Starting Out Small: http://www.slideshare.net/Hadoop_Summit/hadoop-operations-13395960

HA Namenode for HDFS with Hadoop 1.0: http://bit.ly/268qtxf

How Facebook keeps 100 petabytes of Hadoop data online: https://gigaom.com/2012/06/13/how-facebook-keeps-100-petabytes-of-hadoop-data-online/

하둡 파일 시스템 (HDFS)를 위한 고가용성: http://bit.ly/1Dsrt3F

Hadoop Availability: http://blog.cloudera.com/blog/2011/02/hadoop-availability/

Automatic namespace recovery from the secondary image.: https://issues.apache.org/jira/browse/HADOOP-2585

NameNodeFailover: http://wiki.apache.org/hadoop/NameNodeFailover

Hadoop Engineering : http://www.slideshare.net/powerbox/hadoop-engineeringv10

Linux, 프로세스가 사용하는 시스템자원 제한하기(ulimit) http://blog.naver.com/dudwo567890/130156432746

[Linux/Ulimit] Ulimit 설정 저장 방법 http://blog.naver.com/mklife/150034479727

PAM 정의, 동작 원리, 파일과 위치, 구성, 모듈과 모듈 인자: http://blog.naver.com/jb8917/120178335127

사용자 보안 PAM: http://bban2.tistory.com/223

Hadoop `sysctl.conf` parameters

 http://whatizee.blogspot.kr/2015/01/hadoop-sysctlconf-parameters.html

File Descriptor 확인 및 설정 http://bit.ly/1TcoHEo

Tune Hadoop Cluster to get Maximum Performance (Part 1): http://crazyadmins.com/tune-hadoop-cluster-to-get-maximum-performance-part-1/

Too many open files: http://codeholic.net/post/50340172253/too-many-open-files

Hadoop server performance tuning: http://mapredit.blogspot.kr/2014/11/hadoop-server-performance-tuning.html

Linux, 파일시스템테이블(/etc/fstab): http://blog.naver.com/dudwo567890/130156449983

ext3: https://ko.wikipedia.org/wiki/Ext3

ext4: https://ko.wikipedia.org/wiki/Ext4

HBase Filesystem : ext3, ext4, XFS: http://kwoncharlie.blog.me/10170792330

Swap 메모리: http://bit.ly/1S2ChLq

리눅스 메모리 관리, 왜 메모리 여유공간이 없을까?: http://blog.daum.net/ckcjck/31

스와핑 조절 방법 (swappiness): http://blog.naver.com/websearch/70107627810

리눅스에서 메모리 관리 (Memory Management): http://egloos.zum.com/NeoMotion/v/5572944

Improving Hadoop Performance via Linux: http://www.slideshare.net/technmsg/improving-hadoop-performancevialinux

- 하둡 스트리밍

Simple Hadoop Streaming Example: http://www.analyticalway.com/?p=124

HadoopStreaming: http://wiki.apache.org/hadoop/HadoopStreaming

Hadoop Example Program: http://www.cs.brandeis.edu/~cs147a/lab/hadoop-example/

Writing An Hadoop MapReduce Program In Python: http://www.michael-noll.com/tutorials/writing-an-hadoop-mapreduce-program-in-python/

Custom Input/Output Formats in Hadoop Streaming: https://research.neustar.biz/2011/08/30/custom-inputoutput-formats-in-hadoop-streaming/

Hadoop streaming doc should not use IdentityMapper as an example: https://issues.apache.org/jira/browse/MAPREDUCE-1772

- 스케줄러

Job Scheduling with the Fair and Capacity Schedulers: http://www.cs.berkeley.edu/~matei/talks/2009/hadoop_summit_fair_scheduler.pdf

Scheduling in Hadoop: http://withincc.blogspot.kr/2012/05/scheduling-in-hadoop.html

Enabling Fair Scheduler Resource Pools: https://extremehadoop.wordpress.com/2011/08/23/enabling-fair-scheduler-resource-pools/

- MR유닛

Unit Testing Hadoop MapReduce Jobs With MRUnit, Mockito, & PowerMock: http://www.infoq.com/articles/HadoopMRUnit

MRUnit Tutorial: https://cwiki.apache.org/confluence/display/MRUNIT/MRUnit+Tutorial

Testing Hadoop Programs with MRUnit: https://dzone.com/articles/testing-hadoop-programs-mrunit

■ 아마존 웹 서비스

Cloud Front 사용하기: http://arisu1000.tistory.com/27560

Amazon 클라우드 서비스에 대한 소개: http://bcho.tistory.com/531

아마존 웹 서비스: http://yoontaesub.egloos.com/2045178

AWS EC2에 EBS 추가하기: http://blog.naver.com/olovesun/10126360648

Hadoop on EC2 – A Primer: http://www.larsgeorge.com/2010/10/hadoop–on–ec2–primer.html

ec2 ubuntu hadoop 설치: http://cloudelee.tistory.com/23

Hadoop on EC2: http://www.slideshare.net/markkerzner/hadoop–on–ec2

Running Hadoop on Amazon EC2: http://wiki.apache.org/hadoop/AmazonEC2

Getting Started with Amazon Elastic MapReduce: http://awsmedia.s3.amazonaws.com/pdf/introduction–to–amazon–elastic–mapreduce.pdf

s3cmd : command line S3 client: http://s3tools.org/s3cmd

Configuring a Hadoop cluster on EC2: http://arunxjacob.blogspot.kr/2009/04/configuring–hadoop–cluster–on–ec2.html

AmazonEC2 서비스를이용한 HadoopMapReduce 성능측정:http://www.knom.or.kr/knom–review/v13n2/5.PDF

Start an EC2 Instance: http://cs.smith.edu/dftwiki/index.php/Hadoop_Tutorial_4:_Start_an_EC2_Instance

Hadoop on Amazon EC2 – Part 4 – Running on a cluster: http://bickson.blogspot.kr/2011/02/mahout–on–amazon–ec2–part–4–running–on.html

Ec2–hadoop 설치: http://greenalice.tistory.com/259

Configuring Your First Hadoop Cluster On Amazon EC2: http://www.slideshare.net/benjaminwootton/configuring–your–first–hadoop–cluster–on–ec2

How to Run Elastic MapReduce Job Using Custom Jar – Amazon EMR Tutorial: http://muhammadkhojaye.blogspot.kr/2012/04/how–to–run–amazon–elastic–mapreduce–job.html   Amazon S3: http://wiki.apache.org/hadoop/AmazonS3

S3 instead of HDFS with Hadoop: http://www.technology–mania.com/2012/05/s3–instead–of–hdfs–with–hadoop_05.html

S3 as Input or Output for Hadoop MR jobs: http://www.technology–mania.com/2011/05/s3–as–input–or–output–for–hadoop–mr.html

클라우드 서비스!! 과연 저렴할까?: http://www.jiniya.net/wp/archives/6103

계속되는 클라우드 서비스 장애, 대책 없나: http://www.ddaily.co.kr/news/article.html?no=92626

아마존 클라우드를 쓰는 이유: http://www.bloter.net/archives/70958

클라우드 맹주 아마존 한국사업 본격화: http://www.mt.co.kr/view/mtview.php?type=1&no=201205160
9263218475

클라우드 컴퓨팅 – 퍼블릭 클라우드: http://ktdsblog.com/60137279233

■ 하둡 에코시스템

주키퍼란?: http://goo.gl/RFwJml

HBase.. 그 아이디어를 빌려서 보는 클라우드.: http://blog.naver.com/zedli/60100101537

Oozie : open–source workflow / coordination Service: http://julingks.tistory.com/146

BIG DATA 관련 사이트 모음_하둡/연동 Project/Nosql: http://cy.cyworld.com/home/22604274/
post/14392404

Facebook의 hadoop과 hive: http://blog.naver.com/beabeak/50143689836

하둡 마훗? hadoop mahout? 코끼리를 모는 사람?: http://sonsworld.tistory.com/8

Avro: http://ahnchan.tistory.com/70

Apache Avro: https://en.wikipedia.org/wiki/Apache_Avro

Flume 소개: https://blog.outsider.ne.kr/797

아파치, 하둡 관련 스쿱 프로젝트 전력 지원: http://www.itworld.co.kr/news/75049

클라우데라, 하둡의 새로운 스토리지 Kudu를 OSS로 공개: http://bit.ly/1XCQChV

페이스북, SQL온하둡 '프레스토' 공개: http://www.zdnet.co.kr/news/news_view.asp?artice_
id=20131107085722

카프카 소개 및 아키텍처 정리: http://epicdevs.com/17

빅데이터 윤활유 '아파치 카프카', 왜 주목받나: http://www.ciokorea.com/news/27214

데이터 수집의 강자 – 동급 최강 성능의 아파치 카프카: http://www.dbguide.net/knowledge.
db?cmd=view&boardUid=183426

Apache Mesos – Cluster Resource Management: http://www.yongbok.net/blog/apache–mesos–
cluster–resource–management

Mesos 기초 – 스터디 발표자료: http://theplmingspace.tistory.com/897

Apache Thrift 소개: http://blog.naver.com/mdscss/220397455018

NSA, 데이터 모니터링 기술 오픈소스로 공개: http://www.bloter.net/archives/213898

'데이터'를 똑똑하게 만드는 오픈소스 기술 12종: http://www.bloter.net/archives/238491

에어비앤비, 머신러닝 데이터 분석도구 오픈소스로 공개: http://www.bloter.net/archives/229587

■ 하둡 2.0

hadoop mapreduce의 새로운 버전 yarn: http://jaso.co.kr/447

YARN (MapReduce 2.0): http://inking007.tistory.com/163

Apache Hadoop 0.23: http://xlos.tistory.com/1548

HDFS Federation: http://xlos.tistory.com/1555

YARN – Next Generation Hadoop Map–Reduce: http://conferences.oreilly.com/oscon/oscon2011/public/schedule/detail/19234

Concepts and Applications: http://www.slideshare.net/hortonworks/nextgen-apache-hadoop-mapreduce

Background and an Overview: http://hortonworks.com/blog/apache-hadoop-yarn-concepts-and-applications/

MapReduce 2.0 in Hadoop 0.23: http://blog.cloudera.com/blog/2012/02/mapreduce-2-0-in-hadoop-0-23/

Big Data Refinery Fuels Next–Generation Data Architecture: http://hortonworks.com/blog/big-data-refinery-fuels-next-generation-data-architecture/

MRv2 aka MR2 aka NextGen MR aka YARN: http://sonsworld.tistory.com/3

Architecture of Next Generation Apache Hadoop MapReduce Framework: https://issues.apache.org/jira/secure/attachment/12486023/MapReduce_NextGen_Architecture.pdf

HDFS scalability with multiple namenodes: https://issues.apache.org/jira/browse/HDFS-1052

Scaling HDFS Namenode using Multiple Namespace (Namenodes) and Block Pools: https://issues.apache.org/jira/secure/attachment/12442372/Mulitple%20Namespaces5.pdf

Proposal for redesign/refactoring of the JobTracker and TaskTracker: https://issues.apache.org/jira/browse/MAPREDUCE-278

Introduction to the Hadoop Ecosystem: http://www.slideshare.net/uweseiler/introduction-to-the-hadoop-ecosystem-itstammtisch-darmstadt-edition?related=2

■ 얀

Apache Hadoop YARN – ResourceManager: http://hortonworks.com/blog/apache-hadoop-yarn-resourcemanager/

Birdseye View of Developing YARN Applications: https://tzulitai.wordpress.com/2013/08/22/birdseye-view-of-developing-yarn-applications/

YARN/MRv2 Resource Manager: http://dongxicheng.org/mapreduce-nextgen/yarnmrv2-resource-manager-infrastructure/, http://dongxicheng.org/mapreduce-nextgen/resourcemanager-code-details/ , http://dongxicheng.org/mapreduce-nextgen/yarnmrv2-resource-manager-rmapp-state-machine/

Deep Dive into Hadoop YARN Node Manager: http://blogs.data-flair.com/deep-dive-into-hadoop-yarn-node-manager/

MapReduce 2.0 in Apache Hadoop 0.23: http://blog.cloudera.com/blog/2012/02/mapreduce-2-0-in-hadoop-0-23/

Introduction to YARN and MapReduce 2: http://www.slideshare.net/cloudera/introduction-to-yarn-and-mapreduce-2

Apache Hadoop YARN – NodeManager: http://hortonworks.com/blog/apache-hadoop-yarn-nodemanager/

Hadoop Yarn: http://book.51cto.com/art/201312/422053.htm , http://book.51cto.com/art/201312/422056.htm

YARN System Modification Chances with NodeManager Auxiliary Service: https://tzulitai.wordpress.com/2013/08/18/yarn-system-modification-chances-with-nodemanager-auxiliary-service/

Event Driven Architectures: http://soft.vub.ac.be/~tvcutsem/invokedynamic/presentations/eda.pdf

Node.js: 비동기 프로그래밍 이해: http://www.nextree.co.kr/p7292/

비동기 I/O, 논블럭킹 I/O, I/O 다중화에 관해서: http://blog.naver.com/parkjy76/30165812423

동기 방식과 비동기 방식: http://blog.naver.com/wpdls6012/220075333811

이벤트 기반의 비동기 방식: http://ripper.tistory.com/300

Node.js 개요: http://blog.movenext.co.kr/68

자바의 동기식 방식과 Node.js 비동기 비교 : http://blog.naver.com/platinasnow/220021059442

HDFS Storage Efficiency Using Tiered Storage: http://www.ebaytechblog.com/2015/01/12/hdfs-storage-efficiency-using-tiered-storage/

Archival Storage, SSD & Memory: http://hadoop.apache.org/docs/current/hadoop-project-dist/hadoop-hdfs/ArchivalStorage.html

HETEROGENEOUS STORAGES IN HDFS: http://hortonworks.com/blog/heterogeneous-storages-hdfs/

HETEROGENEOUS STORAGE POLICIES IN HDP 2.2: http://hortonworks.com/blog/heterogeneous-storage-policies-hdp-2-2/

하둡 파일시스템(HDFS) 2.0으로 기업의 다양한 스토리지 환경에 대응하는 방법: http://bit.ly/1W8S252

Memory Storage Support in HDFS: http://hadoop.apache.org/docs/current/hadoop-project-dist/hadoop-hdfs/MemoryStorage.html

용량 · 성능 한 단계 업그레이드된 SSD 시장: http://www.it.co.kr/news/article.html?no=2816654

HDD를 대체하는 고속의 데이터 저장장치 - SSD: http://it.donga.com/21701/

SSD 시대에 HDD가 살아남는 방법, 성능보다 '용량': http://www.it.co.kr/news/article.html?no=2811607

'뚝뚝' 떨어지는 SSD 가격, HDD 종말 다가오나: http://www.mt.co.kr/view/mtview.php?type=1&no=2016030714033627937

Enable support for heterogeneous storages in HDFS - DN as a collection of storages: https://issues.apache.org/jira/browse/HDFS-2832

Preemption:https://docs.hortonworks.com/HDPDocuments/HDP2/HDP-2.4.0/bk_yarn_resource_mgt/content/preemption.html

BETTER SLAS VIA RESOURCE-PREEMPTION IN YARN'S CAPACITYSCHEDULER: http://hortonworks.com/blog/better-slas-via-resource-preemption-in-yarns-capacityscheduler/

CapacityScheduler: support for preemption (using a capacity monitor): https://issues.apache.org/jira/browse/YARN-569

The YARN Timeline Server: http://hadoop.apache.org/docs/stable/hadoop-yarn/hadoop-yarn-site/TimelineServer.html

Analyzing Historical Data of Applications on YARN for Fun and Profit: http://www.slideshare.net/Hadoop_Summit/th-130hall1shen

Application Timeline Server - Past, Present and Future: http://www.slideshare.net/vsaxenavarun/application-timeline-server-past-present-and-future-53021735Tuning the Cluster for MapReduce v2 (YARN): http://www.cloudera.com/documentation/enterprise/5-3-x/topics/cdh_ig_yarn_tuning.html

HOW TO PLAN AND CONFIGURE YARN AND MAPREDUCE 2 IN HDP 2.0: http://hortonworks.com/blog/how-to-plan-and-configure-yarn-in-hdp-2-0/

MapReduce YARN Memory Parameters: https://support.pivotal.io/hc/en-us/articles/201462036-MapReduce-YARN-Memory-Parameters

MANAGING CPU RESOURCES IN YOUR HADOOP YARN CLUSTERS : http://hortonworks.com/blog/managing-cpu-resources-in-your-hadoop-yarn-clusters/

Configuring Heapsize for Mappers and Reducers in Hadoop 2: https://documentation.altiscale.com/heapsize-for-mappers-and-reducers

Best Practices for YARN Resource Management: https://www.mapr.com/blog/best-practices-yarn-resource-management

HDFS Rolling Upgrade: http://hadoop.apache.org/docs/r2.7.1/hadoop-project-dist/hadoop-hdfs/HdfsRollingUpgrade.html

HDFS ROLLING UPGRADES: http://hortonworks.com/blog/hdfs-rolling-upgrades/

ENTERPRISE-GRADE ROLLING UPGRADES IN HDP 2.2: http://hortonworks.com/blog/enterprise-grade-rolling-upgrades-in-hdp-2-2/

Enterprise-Grade Rolling Upgrade for a Live Hadoop Cluster: http://www.slideshare.net/Hadoop_Summit/enterprisegrade-rolling-upgrade-for-a-live-hadoop-cluster-49479614

- 하이브

Hive Confluence: https://cwiki.apache.org/confluence/display/Hive/GettingStarted

HADOOP HIVE 설치: http://blog.naver.com/beabeak/50143990646

Hive 설치: http://blog.naver.com/heehow/140161131942

Hive의 Metastore를 mysql로 설정하기: http://blog.naver.com/beabeak/50144707643

Hive 성능 테스트 및 튜닝: http://odysseymoon.tistory.com/35

Hive 기본 쿼리: http://dancal.egloos.com/10929223

RCFile : https://en.wikipedia.org/wiki/RCFile

Scaling the Facebook data warehouse to 300 PB: https://code.facebook.com/posts/229861827208629/scaling-the-facebook-data-warehouse-to-300-pb/

RCFile: http://zhangjunhd.github.io/2013/03/07/rcfile.html

스토리지 파일 형식 정리: http://sentri.tistory.com/7

ORC File Introduction: http://www.slideshare.net/oom65/orc-fileintro

ORCFile in HDP 2 - Better Compression, Better Performance: http://hortonworks.com/blog/orcfile-in-hdp-2-better-compression-better-performance/

Parquet Format: https://github.com/Parquet/parquet-format

Introducing Parquet: http://goo.gl/RISVDT

하둡 속도 높여라 – 하둡 포맷 대권 레이스 : http://www.zdnet.co.kr/news/news_view.asp?artice_id=20131211140045

- **스쿱**

  Apache Sqoop: http://sqoop.apache.org

  Sqoop 사용자 가이드: http://mczo.blogspot.kr/2012/04/sqoop.html

  Sqoop: http://www.slideshare.net/hadoopxnttdata/sqoop-hadoop12
  A New GeneraAon of Data Transfer Tools for Hadoop: Sqoop : http://www.slideshare.net/Hadoop_Summit/new-data-transfer-tools-for-hadoop

  MySQL용 TPC-H Data 생성하기 : http://mysqlguru.github.io/mysql/2014/03/05/mysql-tpc-h.html

  Apache Sqoop을 활용하여 RDBMS 데이터 수집(2): http://hochul.net/blog/datacollector_apache_sqoop_from_rdbms2/

  Failed to import data using mysql-connector-java-5.1.17.jar: http://goo.gl/kEFDNN

- **타조**

  Apache Tajo: http://tajo.apache.org

  User Documentation: http://tajo.apache.org/docs/current/index.html

- **하둡 적용 사례**

  Live Broadcasting 추천 시스템: http://deview.kr/2014/session?seq=21

  AWS에서 Tajo를 이용한 빅데이터 분석 실습 : http://www.slideshare.net/gruter/grutertechday201404tajocloudhandson